중학 역사 ❶

이 책을 집필하신 선생님

곽주현_엠베스트

이 책을 검토하신 선생님들

정선희 정민주 안새로미 서권희_곽주현사회탐구연구소

개념 학습 정리책

중학 역사 ①

이 책의 구성과 특징

올쏘와 함께하는 중학 역사 정복 비법

비법 1

개념 학습 정리책

6종 교과서를 야무지게 담은 내용 정리로 **개념 마스터**

+

STEP 1-2-3의 **단계별 문제**로 반복 학습

비법 2

실력 확인 문제책

핵심 정리에 빈칸을 채우며 **내용 복습**

+

실력 확인 문제로 성취도를 확인하고 **최종 점검**

개념 학습 정리책

군더더기 없는 내용 정리

시간은 없는데 공부할 내용은 많아서 부담되었죠? 꼭 필요한 내용만 꾹꾹 눌러 담았으니 이것만은 반드시 알아 두도록 해요.

핵심 자료와 개념

시험 문제로 다루어질 수 있는 중요한 자료나 개념을 모두 모았으니 반복 학습하세요.

개념 이해를 돕는 용어 해설

역사 공부에서 중요한 개념을 제대로 이해하기 위해서는 용어를 바르게 아는 것이 중요합니다. 이제 무조건 암기하지 말고 쉽게 이해하세요.

시험에 꼭 나오는 개념 체크

내용 정리에서 반드시 알아야 하는 개념을 가볍게 체크하세요.

개념 확인

빈칸 채우기, 선 잇기 등 간단한 문제를 풀다 보면 주요 개념을 자연스럽게 내 것으로 만들 수 있어요.

대표 문제

핵심 내용을 철저히 분석하여 반드시 풀어 보아야 하는 문제만 골라 넣었어요. 비슷한 문제에도 대응할 수 있도록 답보다는 해결 방법 위주로 접근하세요.

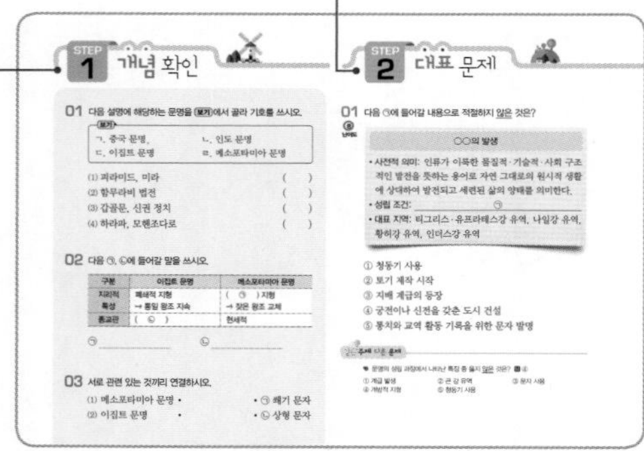

주관식 · 서술형

서술형 평가가 중요해지는 만큼 서술형 문제도 대비할 수 있도록 했어요. 꼭 풀어 보고 넘어가세요.

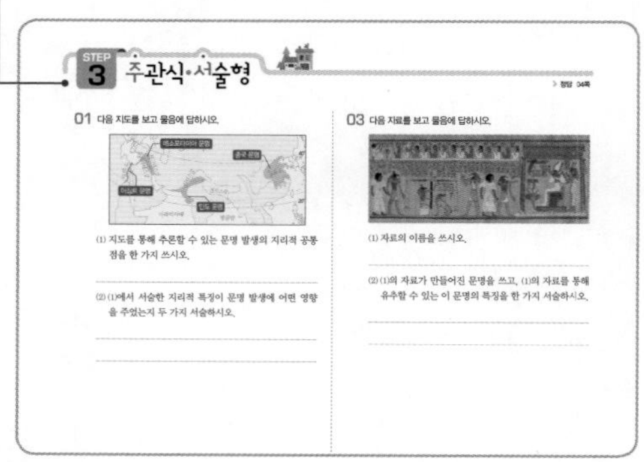

정답과 해설

꼼꼼한 해설로
문제 해결 방법을 익히고
왜 틀렸지? 로 **오답까지 챙기기**

비법 4

든든한 보충 수업

무료 동영상 강의로 아는 내용은
한 번 더 공부하고 모르는 문제는
완벽하게 이해하기

든든한 보충 수업

정리책을 공부하다가 설명을 더 듣고 싶거나 애매한 것이 있다면?
그럴 땐 **무료 동영상 강의**가 있는 **동아출판 홈페이지(www.bookdonga.com)**를 이용하세요. 선생님의 든든한 강의를 듣다 보면 모르는 문제도 어느새 머리에 쏙쏙~!

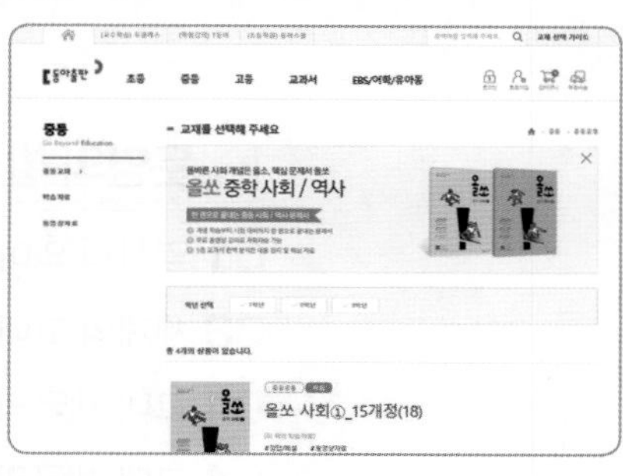

대단원 한눈에 정리하기

대단원의 전체적인 내용을 한눈에 파악할 수 있도록 정리해 두었으니 꼭 확인하고 넘어가세요~!

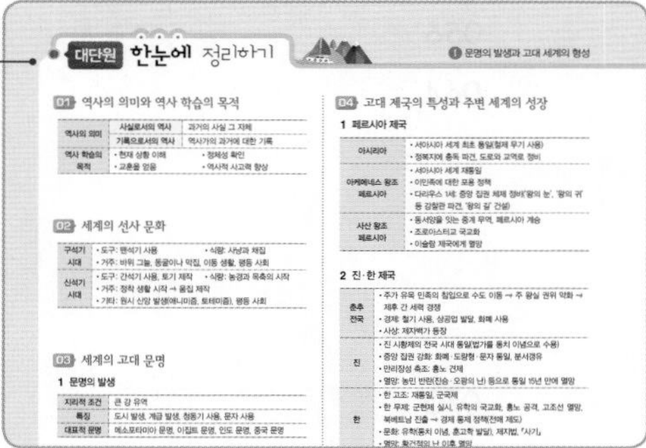

대단원 마무리 문제

실제 시험에 출제되기 쉬운 문제들만 골라 대단원별로 구성하였어요. 대단원 마무리 문제로 이보다 더 좋을 순 없겠죠?

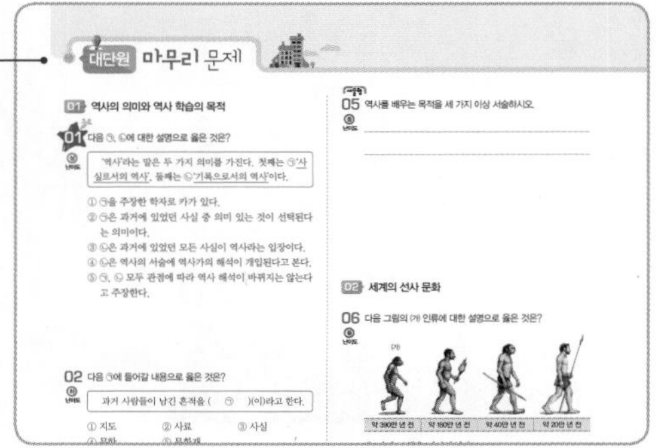

실력 확인 문제책

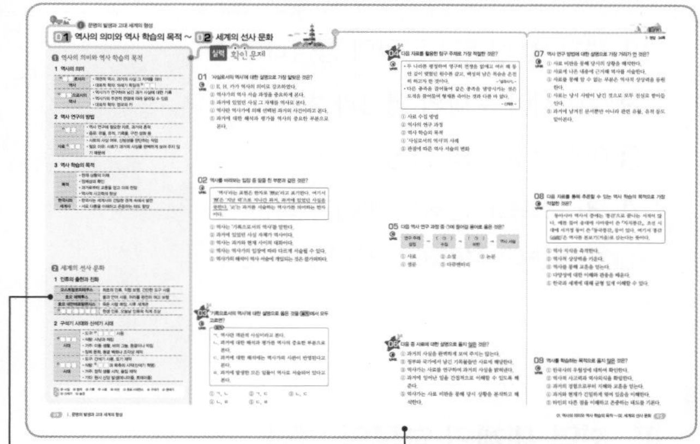

빈칸 채우기

실력 확인 문제를 풀기 전 정리책에서 학습한 내용을 완벽하게 이해했는지 점검하도록 하였어요.

실력 확인 문제

복습은 가장 효율적인 학습 방법~!!! 정리책으로 학습하고, 문제책으로 복습하세요. 문제를 많이 틀렸거나 머릿속 개념이 명확하게 정립되지 않은 느낌이라면 정리책으로 돌아가 다시 한 번 공부하세요.

정답과 해설

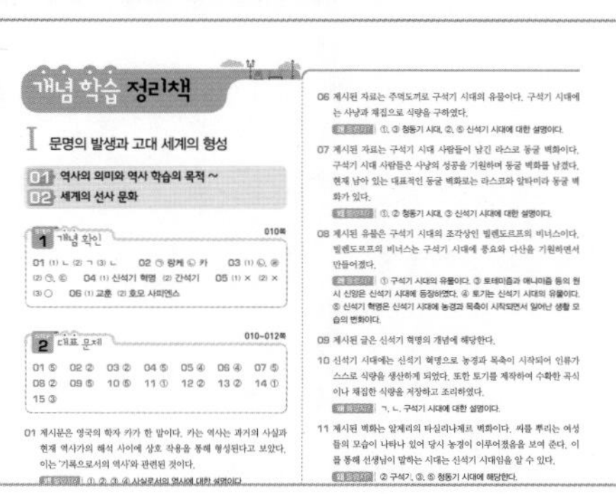

꼼꼼한 해설로 자료를 해석하고 정답을 찾는 방법을 익히도록 하였어요. 틀린 보기를 상세하게 설명하여 왜 답이 아닌지도 알 수 있어요. 문제 풀이에 필요한 보충 자료를 제시하여 작은 부분도 놓치지 않아요!

이 책의 차례

I. 문명의 발생과 고대 세계의 형성

01 역사의 의미와 역사 학습의 목적 ~ 02 세계의 선사 문화 008
03 세계의 고대 문명 014
04 고대 제국의 특성과 주변 세계의 성장 ① 020
04 고대 제국의 특성과 주변 세계의 성장 ② 026
대단원 한눈에 정리하기 + 마무리 문제 032

II. 세계 종교의 확산과 지역 문화의 형성

01 불교 및 힌두교 문화의 형성과 확산 038
02 동아시아 문화의 형성과 확산 044
03 이슬람 문화의 형성과 확산 050
04 크리스트교 문화의 형성과 확산 056
대단원 한눈에 정리하기 + 마무리 문제 064

III. 지역 세계의 교류와 변화

01 몽골 제국과 문화 교류 070
02 동아시아 지역 질서의 변화 076
03 서아시아 · 북아프리카 지역 질서의 변화 082
04 신항로 개척과 유럽 지역 질서의 변화 088
대단원 한눈에 정리하기 + 마무리 문제 094

Ⅳ. 제국주의 침략과 국민 국가 건설 운동

01 유럽과 아메리카의 국민 국가 체제 100

02 유럽의 산업화와 제국주의 108

03 서아시아와 인도의 국민 국가 건설 운동 114

04 동아시아의 국민 국가 건설 운동 120

대단원 한눈에 정리하기 + 마무리 문제 126

Ⅴ. 세계 대전과 사회 변동

01 제1차 세계 대전과 국제 질서의 변화 132

02 대공황과 제2차 세계 대전 ~ 140

03 민주주의와 평화 확산을 위한 노력

대단원 한눈에 정리하기 + 마무리 문제 148

Ⅵ. 현대 세계의 전개와 과제

01 냉전 체제와 제3 세계의 형성 ~ **02** 세계화와 경제 통합 154

03 탈권위주의 운동과 대중문화의 발달 ~ 160

04 현대 세계의 문제 해결을 위한 노력

대단원 한눈에 정리하기 + 마무리 문제 166

내 교과서 단원 찾기

올쏘 중학 역사①		동아	미래엔	비상	천재교육	금성	지학사
Ⅰ 문명의 발생과 고대 세계의 형성	01 역사의 의미와 역사 학습의 목적 ~ 02 세계의 선사 문화	012~021	012~021	010~020	012~017	010~017	010~015
	03 세계의 고대 문명	022~029	022~029	021~027	018~025	018~023	016~021
	04 고대 제국의 특성과 주변 세계의 성장 ①	030~035	030~039	028~036	026~035	024~033	022~024 033~037
	04 고대 제국의 특성과 주변 세계의 성장 ②	036~043	040~047	037~045	036~045	034~041	025~032
Ⅱ 세계 종교의 확산과 지역 문화의 형성	01 불교 및 힌두교 문화의 형성과 확산	048~057	054~061	050~057	050~055	048~055	044~049
	02 동아시아 문화의 형성과 확산	058~065	062~071	058~067	056~063	056~065	050~061
	03 이슬람 문화의 형성과 확산	066~073	072~079	068~075	064~071	066~071	062~071
	04 크리스트교 문화의 형성과 확산	074~085	080~093	076~089	072~087	072~083	072~083
Ⅲ 지역 세계의 교류와 변화	01 몽골 제국과 문화 교류	090~097	100~107	094~101	094~103	090~097	090~097
	02 동아시아 지역 질서의 변화	098~105	108~115	102~109	104~113	098~107	098~109
	03 서아시아 · 북아프리카 지역 질서의 변화	106~113	116~123	110~117	114~121	108~115	110~115
	04 신항로 개척과 유럽 지역 질서의 변화	114~121	124~131	118~127	122~131	116~125	116~125

올쏘 중학 역사①		동아	미래엔	비상	천재교육	금성	지학사
Ⅳ 제국주의 침략과 국민 국가 건설 운동	01 유럽과 아메리카의 국민 국가 체제	126~137	138~153	132~145	136~147	132~145	130~139
	02 유럽의 산업화와 제국주의	138~145	154~163	146~157	148~157	146~153	140~149
	03 서아시아와 인도의 국민 국가 건설 운동	146~153	164~171	158~163	158~163	154~161	150~161
	04 동아시아의 국민 국가 건설 운동	154~163	172~181	164~173	164~175	162~173	162~173
Ⅴ 세계 대전과 사회 변동	01 제1차 세계 대전과 국제 질서의 변화	168~177	188~196	178~184	180~191	180~187	178~185
	02 대공황과 제2차 세계 대전 ~ 03 민주주의와 평화 확산을 위한 노력	178~189	197~211	185~203	192~209	188~203	186~209
Ⅵ 현대 세계의 전개와 과제	01 냉전 체제와 제3 세계의 형성 ~ 02 세계화와 경제 통합	194~205	218~229	208~221	214~231	210~217	214~231
	03 탈권위주의 운동과 대중문화의 발달 ~ 04 현대 세계의 문제 해결을 위한 노력	206~219	230~239	222~233	232~247	218~227	232~245

01 ● 역사의 의미와 역사 학습의 목적
02 ● 세계의 선사 문화

1 역사의 의미

1 역사의 의미
– 역사를 뜻하는 영어 단어 'history'는 '탐구해서 얻은 지식'을 의미하는 그리스어 'historia'에서 유래하였다.

(1) **역사의 어원** '역'은 세월, 세대, ❶왕조의 변화를, '사'는 기록하는 사람을 의미

자료 1 (2) **역사의 두 가지 의미**

사실로서의 역사	• 과거에 있었던 사실 그 자체, 객관적 의미 • 대표 학자: 19세기 독일의 랑케
기록으로서의 역사	• 역사가가 연구하여 남긴 과거 사실에 대한 기록 • 역사가의 주관적 관점에 따라 달라질 수 있음 – 같은 인물에 대한 평가가 달라지기도 한다. • 대표 학자: 20세기 영국의 E. H. 카

2 역사 연구의 방법
(1) **역사 연구 방법** 주제 선정 → ❷사료 수집 → 사료 비판 → 역사가의 해석과 서술

– 사료 비판: 사료의 사실 여부를 판단하고 그 내용을 분석한다.
– 역사가의 해석과 서술: 사료 비판을 통해 당시 상황을 분석하고 해석하여 역사를 서술한다.

자료 2 (2) **사료**

의미	역사 연구에 필요한 자료, 남아 있는 과거의 흔적
종류	유물, 유적, 기록물, 구전 설화 등
필요 이유	과거에 일어난 일을 직접 알 수 없기 때문에 남겨진 자료(사료)를 통해 간접적으로 이해할 수밖에 없음

(3) **사료 비판**

① 의미: 사료의 사실 여부, ❸신빙성을 판단하는 작업

② 필요성: 사료는 과거의 사실을 완벽하게 보여 주지 않으며 주관적일 수 있음, 완전한 형태로 전해지지도 않음

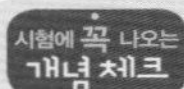

1. 역사의 의미 중 역사가가 연구하여 남긴 과거에 대한 기록을 '사실로서의 역사'라고 한다. (○, ×)
2. 역사 연구에 필요한 자료로 과거로부터 남아 있는 흔적을 ＿＿라고 한다.

답 1. × 2. 사료

2 역사 학습의 목적

1 역사 학습의 목적
(1) 현재 상황의 이해

(2) ❹정체성의 확인

(3) 과거로부터 교훈을 얻고, 미래를 전망 – 『동국통감』, 『자치통감』 등 동아시아 역사책의 이름에 자주 들어가는 한자인 '감(鑑 – 거울)' 자는 과거의 역사를 거울삼아 교훈을 얻는다는 의미를 담고 있다.

(4) 역사적 사고력의 향상

2 한국사와 세계사
(1) 한국사는 세계 여러 나라의 역사와 ❺긴밀한 관계 속에서 발전

(2) **한국사와 세계사에 대한 이해의 필요성** 서로 다름에 대한 이해와 존중하는 태도 ❻함양

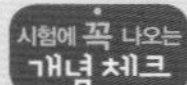

1. 역사 학습을 통해 나의 정체성을 확인하고 역사적 사고력을 향상시킬 수 있다. (○, ×)
2. 한국사는 세계사와 긴밀한 연관 속에서 발전하였다. (○, ×)

답 1. ○ 2. ○

자료 1 역사의 두 가지 의미

인물	랑케	카
활동 시기	19세기 독일	20세기 영국
주장	역사적 사실 자체가 중요하므로 역사가는 자신의 판단을 개입시키지 말아야 한다.	역사란 과거와 현재 사이의 끊임없는 대화로, 역사적 사실과 해석 사이의 상호 작용을 통해 역사가 서술된다.

'사실로서의 역사'는 19세기 랑케의 연구 이후 강조되었다. 20세기에는 역사적 사실 그 자체보다 역사가와의 상호 작용 속에서 역사가 서술된다는 '기록으로서의 역사'가 강조되었다.

교과서마다 달라요 사료의 종류

금성, 지학	유물, 유적, 기록물
미래엔	유물, 유적, 문헌
천재	유물, 유적, 기록물, 구전 설화
동아, 비상	유물, 유적, 기록

자료 2 사료의 종류

유물	유적	기록물

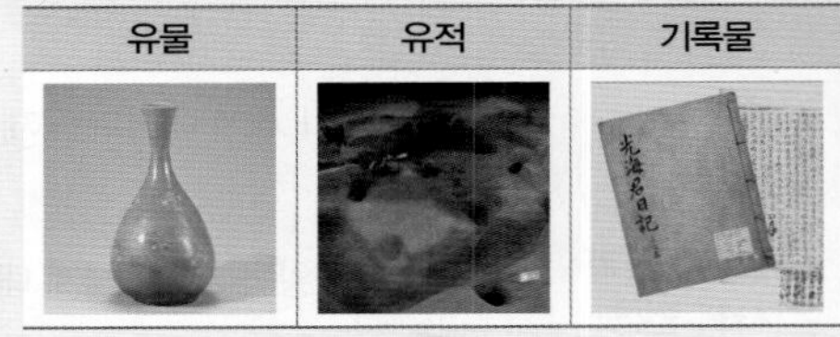

과거 사람이 남긴 것으로 옮길 수 있는 것을 유물, 옮길 수 없는 것을 유적이라고 하며, 옛 사람들이 문자, 그림 등으로 기록해 남긴 것을 기록물이라고 한다.

더 알기 역사 연대를 표기하는 방법

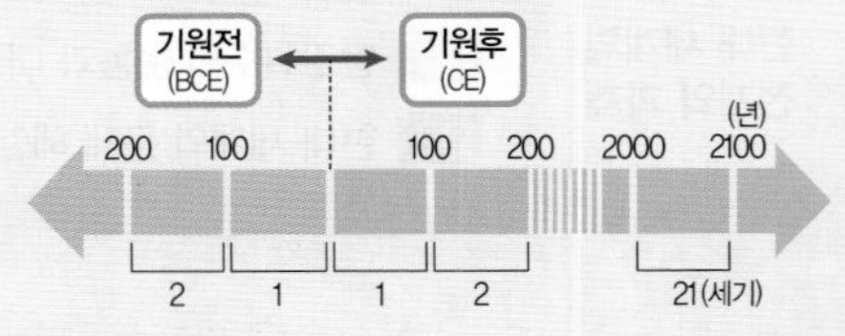

기원전(B.C.) 기원후(A.D.)	예수 탄생 연도를 기준으로 나눔
불기	석가모니 사망 연도 기준
이슬람력	헤지라 기준

최근에는 연대 표기에서 종교적 성격을 없애려 BCE(공통 시대 이전), CE(공통 시대)를 많이 사용한다.

용어 쏙쏙

❶ 왕조(王 – 임금, 朝 – 아침, 왕의 재위 기간): 고려, 조선과 같이 한 왕가가 다스리는 시기
❷ 사료(史 – 역사, 料 – 재료): 과거 사람이 남긴 기록이나 흔적, 역사 연구의 재료
❸ 신빙성(信 – 믿다, 憑 – 기대다, 性 – 성질): 믿을 수 있는 정도
❹ 정체성: 영어로는 'identity', 변하지 아니하는 존재의 본질
❺ 긴밀(緊 – 꼭 필요하다, 굳다, 密 – 빽빽하다, 빈틈없다): 서로의 관계가 밀접하고 매우 가까움
❻ 함양(涵 – 잠기다, 받아들이다, 養 – 키우다): 능력이나 품성 등을 길러서 키움

3 인류의 출현과 구석기 문화

1 인류의 출현과 진화

교과서마다 달라요
오스트랄로피테쿠스

천재, 금성, 지학	오스트랄로피테쿠스
동아, 미래엔, 비상	오스트랄로피테쿠스 아파렌시스

교과서마다 달라요
호모 하빌리스 미래엔은 약 250만 년 전 호모 하빌리스가 최초 도구 제작

오스트랄로피테쿠스	최초의 인류, 아프리카에서 등장, ❶직립 보행, 간단한 도구 사용
호모 에렉투스	허리를 완전히 펴고 걸음, 불과 언어 사용
호모 네안데르탈렌시스	죽은 사람 매장, ❷사후 세계관
호모 사피엔스	❸현생 인류, 오늘날 인류의 직계 조상, 세계 각지로 이동해 환경에 적응

약 390만 년 전 등장
오스트랄로피테쿠스

약 180만 년 전 등장
호모 에렉투스

약 40만 년 전 등장
호모 네안데르탈렌시스

약 20만 년 전 등장
호모 사피엔스

약 4만 5천 년 전에 나타난 크로마뇽인이 대표적이다.

교과서마다 달라요
호모 사피엔스 미래엔은 현생 인류의 직계 조상

2 구석기 시대

도구 (자료 3)	뗀석기: 돌을 떼어 만든 도구(주먹도끼, 찍개, 찌르개 등)
생활	• 사냥과 채집으로 식량을 구함 • 식량을 찾아 이동 생활, 평등 사회 • 주거: 바위 그늘, 동굴에 살거나 막집을 지음
특징	• 언어와 불의 사용, 장례 문화 ─ 죽은 사람을 매장하고 꽃을 뿌렸다. • 동굴 벽화: 사냥의 성공 기원, 라스코·알타미라 동굴 벽화 • 조각상: ❹다산과 ❺풍요를 기원, 빌렌도르프의 비너스

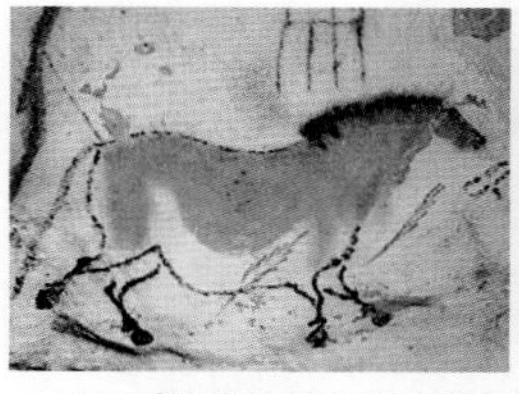
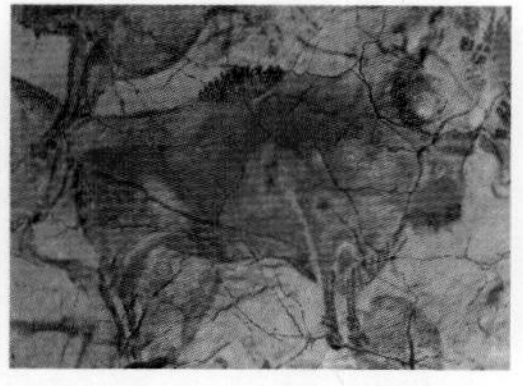
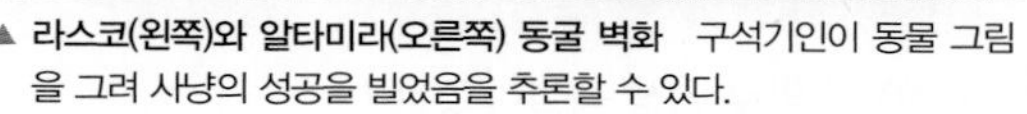

▲ **라스코(왼쪽)와 알타미라(오른쪽) 동굴 벽화** 구석기인이 동물 그림을 그려 사냥의 성공을 빌었음을 추론할 수 있다.

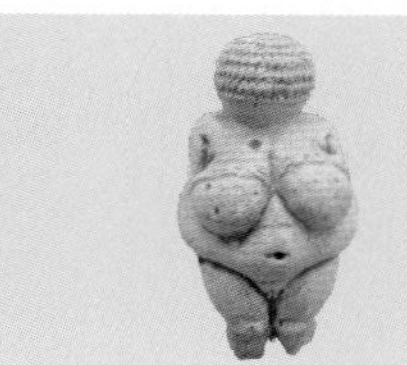

▲ **빌렌도르프의 비너스** 구석기인이 다산과 풍요를 기원하였음을 알 수 있다.

3 신석기 시대 (자료 4)

배경	기온이 상승하면서 작고 빠른 동물 번성 → 더 정교한 사냥 도구 필요
도구	간석기(돌을 갈아 만든 도구), 토기
생활 (자료 5)	• 신석기 혁명: 농경과 목축 시작 → 식량을 직접 생산 → 생활 모습 변화 ─ 일부 지역에서는 간석기를 사용했지만 여전히 사냥, 채집, 유목 등으로 식량을 얻었다. • 정착 생활 → ❻주거지 형성(움집 제작, 마을 형성)
특징	• 사회 생활: 평등한 공동체 사회 • 원시 신앙: ❼애니미즘, ❽토테미즘 등 • 예술 활동: 동물의 뼈, 조개껍데기 등으로 장신구 제작

시험에 꼭 나오는 개념 체크

1. 구석기 시대에는 뗀석기를 도구로 사용하였다. (○, ×)
2. 신석기 시대에 농경과 목축의 시작으로 생겨난 일련의 생활 모습 변화를 _ _ _ _ _이라고 한다.

답 1. ○ 2. 신석기 혁명

용어 쏙쏙

❶ 직립 보행(直-곧다, 立-서다): 두 발로 똑바로 서서 걸음
❷ 사후 세계(死-죽다, 後-뒤): 죽은 뒤의 세계
❸ 현생 인류(現-지금, 生-살다): 지금 살아 있는 인류와 같은 종에 속하는 인류
❹ 다산(多-많다, 産-낳다): 아이를 많이 낳는 것
❺ 풍요(豊-풍년, 饒-넉넉하다): 넘치고 넉넉함
❻ 주거지(住-살다, 居-살다, 址-터): 사람이 사는 곳
❼ 애니미즘: 태양, 물과 같은 자연물에 영혼이 있다고 믿고 숭배하는 것
❽ 토테미즘: 특정 동식물을 부족의 수호신으로 섬기는 것

자료 3 여러 가지 뗀석기

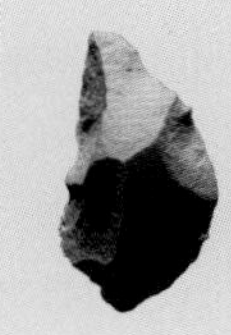

▲ 주먹도끼

▲ 찍개

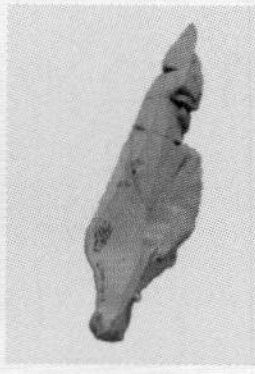

▲ 슴베찌르개

구석기 시대 사람들은 돌을 떼어 찍개, 긁개, 주먹도끼 등 뗀석기를 만들고 다양한 용도로 사용하였다.

교과서마다 달라요
오스트랄로피테쿠스의 등장

비상, 천재, 금성, 미래엔	390만 년 전
동아, 지학	약 400만 년 전

자료 4 신석기 시대의 유물·유적

▲ 토기

▲ 간석기

▲ 움집

신석기 시대에는 간석기와 토기를 제작하였으며, 움집을 짓고 정착 생활을 하였다.

자료 5 신석기 시대의 변화

신석기 시대 생활 모습을 잘 보여 주는 벽화이다. 씨를 뿌리는 여성의 모습이 나타나 있다.

STEP 1 개념 확인

01 다음 설명에 해당하는 역사의 의미를 보기에서 골라 기호를 쓰시오.

보기
ㄱ. 사실로서의 역사　　　　ㄴ. 기록으로서의 역사

(1) 역사가의 관점에 따라 다양한 해석이 가능 (　　)
(2) 과거에 실제로 일어난 일들, 객관적 사실 (　　)
(3) 역사가가 과거에 대하여 연구한 결과와 기록 (　　)

02 다음 ㉠, ㉡에 들어갈 인물의 이름을 쓰시오.

구분	(㉠)	(㉡)
활동 시기	19세기 독일	20세기 영국
주장	역사적 사실 자체가 중요하므로 역사가 자신의 판단을 개입시키지 말아야 한다.	역사란 과거와 현재 사이의 끊임없는 대화로 역사적 사실과 해석 사이의 상호 작용을 통해 역사가 서술된다.

㉠ ______　　㉡ ______

03 서로 관련 있는 것끼리 연결하시오.

(1) 구석기 •　　　• ㉠ 간석기
(2) 신석기 •　　　• ㉡ 뗀석기
　　　　　　　　• ㉢ 토기
　　　　　　　　• ㉣ 바위 그늘, 막집

04 다음 중 알맞은 말에 ○표를 하시오.

(1) 신석기 시대 농경과 목축의 시작으로 나타난 생활 모습의 획기적인 변화를 (애니미즘, 신석기 혁명)이라고 한다.
(2) 신석기 시대에 들어 (뗀석기, 간석기)를 사용하기 시작하였다.

05 다음 설명이 맞으면 ○표, 틀리면 ×표 하시오.

(1) 과거에 대하여 국가가 남긴 기록만을 사료로 볼 수 있다. (　　)
(2) 정부에서 남긴 공식적인 기록은 사료 비판이 필요 없다. (　　)
(3) 카는 역사란 과거와 현재의 끊임없는 대화라고 보았다. (　　)

06 다음 빈칸에 알맞은 말을 쓰시오.

(1) 역사를 공부하는 목적 중 하나는 과거로부터 (　　　　) 을(를) 얻을 수 있기 때문이다.
(2) (　　　　)은(는) 인류의 진화 단계상 오늘날 인류의 직접적 조상이다.

STEP 2 대표 문제

01 다음 주장에 나타난 역사의 의미에 대한 설명으로 옳은 것은?
㊥ 난이도

> 역사는 과거와 현재의 끊임없는 대화이다.
> －카－

① 역사는 객관적 사실을 말한다.
② 독일의 학자 랑케와 같은 입장에서 한 표현이다.
③ 역사는 과거에 있었던 사실 그 자체를 가리킨다.
④ 역사가는 역사 연구에 자신의 해석을 넣어서는 안 된다.
⑤ 역사는 과거에 있었던 사실과 역사가의 해석이 상호 작용을 한 결과이다.

02 다음과 관련된 역사의 의미에 대한 설명으로 옳지 않은 것은?
㊥ 난이도

> • 나폴레옹은 다른 나라의 주권과 자유를 짓밟은 침략자이다.
> • 나폴레옹은 뛰어난 행정가이자 정책 입안자로 현재 프랑스의 여러 제도를 확립하였다.

① 역사의 의미 중 '기록으로서의 역사'를 보여 준다.
② 역사는 과거에 일어난 모든 사실 그 자체를 의미한다.
③ 역사가는 사료를 바탕으로 해석을 거쳐 역사를 서술한다.
④ 역사가에 따라 역사적 사실에 대한 해석이 달라질 수 있다.
⑤ '역사는 과거와 현재의 대화'라는 의견을 보여 주는 사례이다.

03 다음 ㉠에 들어갈 말로 가장 적절한 것은?
㊦ 난이도

> (㉠)은(는) 과거로부터 남겨진 다양한 형태의 자료로, 역사 연구의 기반이 된다.

① 논문　② 사료　③ 통계
④ 인터뷰　⑤ 실험 결과

04 다음 역사 연구 과정을 순서대로 바르게 나열한 것은?
㊦ 난이도

> ㄱ. 사료 비판　　ㄴ. 역사 서술
> ㄷ. 사료 수집　　ㄹ. 주제 선정

① ㄱ－ㄴ－ㄷ－ㄹ　② ㄴ－ㄹ－ㄱ－ㄷ
③ ㄷ－ㄱ－ㄴ－ㄹ　④ ㄷ－ㄹ－ㄱ－ㄴ
⑤ ㄹ－ㄷ－ㄱ－ㄴ

05 중요 다음 ㉠에 들어갈 내용으로 가장 적절한 것은?

중 난이도

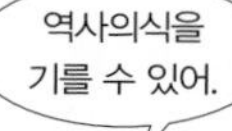

① 역사의 연구 방법
② 사료의 의미와 종류
③ 동서양 역사의 차이점
④ 역사를 공부하는 이유
⑤ 한국사와 세계사의 관계

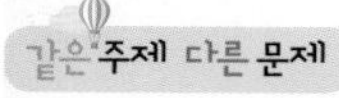
같은 주제 다른 문제

역사 학습의 목적으로 옳지 않은 것은? 답 ⑤

① 민족 정체성 확립
② 역사적 사고력 배양
③ 세계 시민 의식 함양
④ 과거로부터 교훈 획득
⑤ 우리 민족에 대한 우월 의식 함양

06 다음 유물이 사용된 시대에 대한 설명으로 옳은 것은?

상 난이도

① 계급 발생
② 농경 시작
③ 문자 발명
④ 사냥과 채집
⑤ 토테미즘 등장

07 중요 다음 문화유산을 통해 추론할 수 있는 사실로 가장 적절한 것은?

중 난이도

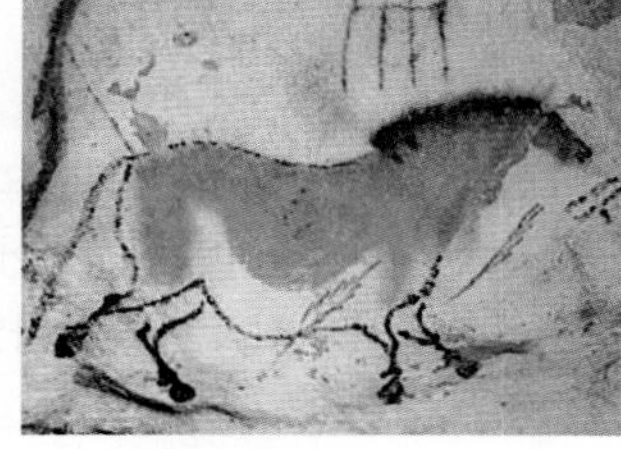

① 도시가 발전하였다.
② 정복 전쟁이 활발하였다.
③ 신석기 혁명이 일어났다.
④ 사유 재산제가 등장하였다.
⑤ 사냥과 채집으로 식량을 마련하였다.

08 다음 유물에 대한 설명으로 옳은 것은?

상 난이도

① 신석기 시대의 예술을 잘 보여 준다.
② 다산과 풍요를 기원하기 위해 만들었다.
③ 구석기 시대의 토테미즘을 보여 주는 유물이다.
④ 이 유물과 다양한 종류의 토기가 함께 만들어졌다.
⑤ 신석기 혁명으로 농경이 시작되면서 만들어진 유물이다.

09 다음 ㉠에 들어갈 말로 옳은 것은?

하 난이도

(㉠)은 신석기 시대 농경과 목축의 시작으로 나타난 일련의 생활 방식의 변화를 일컫는 표현이다.

① 애니미즘
② 문명의 발생
③ 문자의 사용
④ 도시의 등장
⑤ 신석기 혁명

10 중요 신석기 시대의 생활 모습에 대한 설명으로 옳은 것을 보기에서 모두 고르면?

중 난이도

보기

ㄱ. 뗀석기를 사용하기 시작
ㄴ. 주로 이동 생활을 하며 동굴, 막집 등에서 거주
ㄷ. 농경과 목축을 통해 스스로 식량을 생산하기 시작
ㄹ. 토기를 제작하여 수확한 곡식과 채집물을 저장, 조리

① ㄱ, ㄴ
② ㄱ, ㄷ
③ ㄴ, ㄷ
④ ㄴ, ㄹ
⑤ ㄷ, ㄹ

같은 주제 다른 문제

신석기 시대의 생활 모습으로 옳지 않은 것은? 답 ③

① 토기 제작
② 농경과 목축의 시작
③ 도구로 뗀석기를 주로 사용
④ 움집을 제작해 거주하기 시작
⑤ 자연물 숭배 등 원시 신앙 발생

11 중요 다음 선생님의 질문에 대한 학생의 답변으로 가장 알맞은 것은?
난이도 중

① 농경이 시작되었습니다.
② 동굴이나 막집에서 생활하였습니다.
③ 지배 계급이 세금을 징수하였습니다.
④ 사유 재산에 대한 관념이 생겼습니다.
⑤ 문자로 생활 모습에 대한 기록을 남겼습니다.

12 다음 문화유산과 관련된 시대에 대한 설명으로 옳은 것을 보기에서 모두 고르면?
난이도 중

보기
ㄱ. 농경과 목축이 시작되었다.
ㄴ. 동굴이나 막집에서 거주하였다.
ㄷ. 부족 단위로 정착 생활을 하였다.
ㄹ. 지배 계급이 도시 문명을 만들었다.

① ㄱ, ㄴ ② ㄱ, ㄷ ③ ㄴ, ㄷ
④ ㄴ, ㄹ ⑤ ㄷ, ㄹ

13 다음 (가), (나) 시대에 대한 설명으로 옳지 않은 것은?
난이도 상

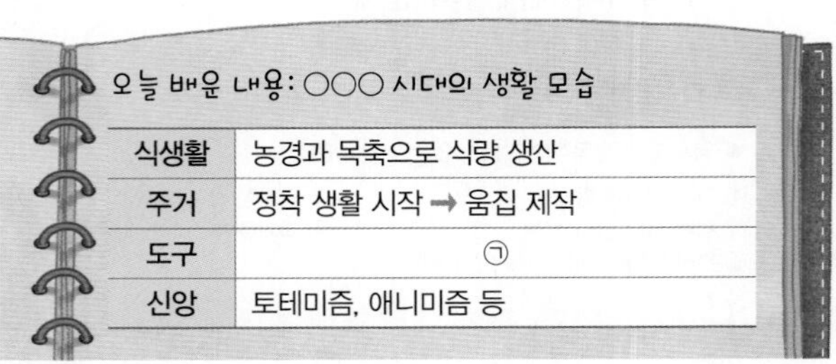

(가) 시대의 대표 도구	(나) 시대의 대표 도구

① (가) 시대에 동굴 벽화를 남겼다.
② (가) 시대에 토테미즘이 나타났다.
③ (나) 시대에 토기가 제작되었다.
④ (가) 시대에서 (나) 시대로 발전하였다.
⑤ (가), (나) 시대는 계급이 없는 평등 사회였다.

14 다음 ㉠에 들어갈 내용으로 옳은 것을 보기에서 모두 고르면?
난이도 중

오늘 배운 내용: ○○○ 시대의 생활 모습

식생활	농경과 목축으로 식량 생산
주거	정착 생활 시작 → 움집 제작
도구	㉠
신앙	토테미즘, 애니미즘 등

보기
ㄱ. 토기 제작 ㄴ. 간석기 사용
ㄷ. 뗀석기 제작 ㄹ. 청동 무기 등장

① ㄱ, ㄴ ② ㄱ, ㄷ ③ ㄴ, ㄷ
④ ㄴ, ㄹ ⑤ ㄷ, ㄹ

15 다음 ㉠에 들어갈 내용으로 가장 적절한 것은?
난이도 중

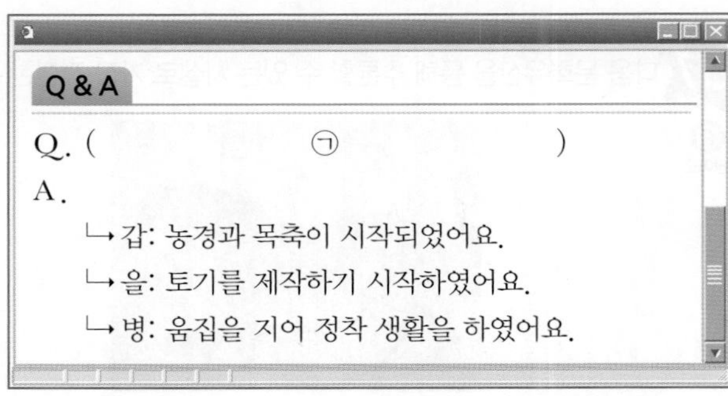

① 문명이 발생하게 된 원인을 정리해 주세요.
② 인류의 탄생과 진화 과정을 설명해 주세요.
③ 신석기 시대 생활 모습의 변화를 알려 주세요.
④ 라스코 동굴 벽화를 통해 무엇을 알 수 있나요?
⑤ 선사 시대와 역사 시대를 나누는 기준이 무엇인가요?

정답 03쪽

01 다음 글을 통해 알 수 있는 역사의 의미를 두 가지로 나누어 서술하시오.

> '역사'를 한자로 표현하면 '歷史'이다. 여기서 '歷'은 지나간 일, 과거의 사건을 의미하며, '史'는 과거의 사실을 쓰는 역사가의 손에서 나온 한자이다.

____

____

02 다음 조건을 참고하여 역사 연구가 이루어지는 과정을 서술하시오.

> 조건
> '사료' 용어를 포함할 것

____

____

03 다음 자료를 보고 물음에 답하시오.

(가) 시대 벽화

(나) 시대 벽화

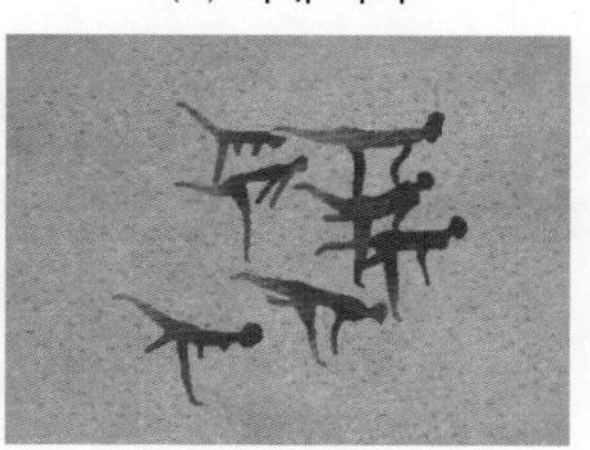

(1) (가), (나)에 들어갈 시대를 쓰시오.

(가) __________ (나) __________

(2) (나) 시대에 나타난 식량 생산 방식의 변화를 (가) 시대와 비교하여 서술하시오.

____

____

04 다음 글을 읽고 물음에 답하시오.

> 수렵·채집에만 의존하던 인류가 농경과 목축이라는 전혀 새로운 차원의 생산 방식을 시작하면서 나타난 일련의 변화를 말한다.

(1) 윗글에서 설명한 개념을 쓰시오.

____

(2) (1)이 가져온 인류 생활 모습의 변화를 두 가지 서술하시오.

____

____

03 세계의 고대 문명

1 문명의 발생과 메소포타미아·이집트 문명

자료 1 **1 대표적 ❶문명** ❷메소포타미아 문명, 이집트 문명, 인도 문명, 중국 문명

2 공통점

큰 강 유역	• 농경에 유리한 강 주변의 비옥한 땅에 인구가 모임 • 가뭄이나 홍수를 막기 위해 대규모 토목 공사 진행
계급 발생	• 대규모 토목 공사를 위해 노동력 동원 • 농업 생산력의 증가로 잉여 생산물 발생, 사유 재산제, 빈부 격차 커짐
청동기 사용	지배층이 무기, 제사 도구 등으로 사용 ➡ 정복 전쟁이 활발해지며 부족 통합 가속화
도시 등장	• 관개 농업과 전쟁 등으로 부족이 통합되면서 도시 등장 • 지배 계급은 제사와 정치 담당, 성벽·신전·궁전 건설
문자 사용	통치와 교역 활동 기록을 위해 문자 사용 ➡ 역사 시대 └ 문자가 사용되기 이전은 선사 시대라고 한다.

3 메소포타미아 문명

(1) **위치** 티그리스강과 유프라테스강 유역

(2) **특징** 개방적인 지형에 위치 ➡ 이민족의 침입 ➡ 잦은 왕조 교체 (이에 따라 현실을 중시하는 문화가 발달하였다. 이는 「길가메시 서사시」에 잘 나타나 있다.)

❸수메르인	• 기원전 3500년경 우르 등지에 도시 국가 건설, 신권 정치 • 지구라트 건설, 현세 중시, 다신교, 쐐기 문자, 태음력, 60진법
❹바빌로니아 왕국	• 기원전 1800년경 아무르인이 건설 • 함무라비왕: 메소포타미아 대부분 정복, 함무라비 법전 편찬
히타이트	철기를 바탕으로 바빌로니아 왕국 정복

교과서마다 달라요 **수메르 문명의 시작** 금성은 기원전 3000년 무렵

자료 2

4 이집트 문명

(1) **위치** 기원전 3000년경 나일강 유역에서 여러 도시 국가를 통합한 왕국 등장

(2) **특징** 폐쇄적인 지형에 위치 ➡ 이민족의 침입을 거의 받지 않아 통일 왕국 유지

정치	왕을 ❺파라오(태양신의 아들)라 부르며 숭배 ➡ 정치·종교 장악, 절대 권력 행사(신권 정치)
문화	• 사후 세계 중시: 영혼 불멸 사상, 미라 제작, 피라미드 건축, 「사자의 서」 • 천문학과 태양력, 기하학, 측량술 발달, 10진법 사용, 상형 문자, 파피루스

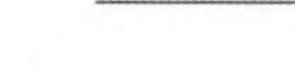

교과서마다 달라요 **상형 문자** 미래엔은 그림 문자

▲ 지구라트

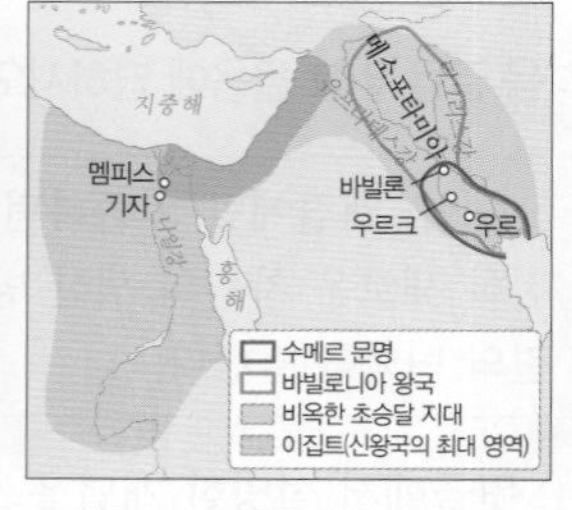

▲ 메소포타미아 문명과 이집트 문명

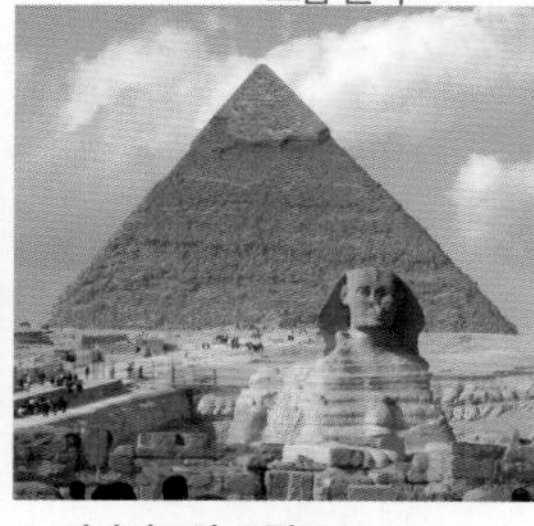

▲ 피라미드와 스핑크스

시험에 꼭 나오는 개념 체크

1. 메소포타미아 문명은 폐쇄적 지형에서 발달하여 외세의 침입을 받지 않았다. (○, ×)

2. 이집트 문명에서는 왕을 ＿＿＿라고 부르며 태양신의 아들로 숭배하였다.

답 1. × 2. 파라오

자료 1 문명의 발생지

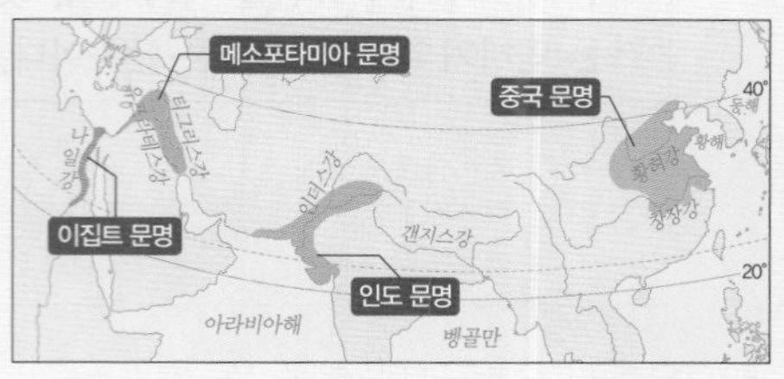

자료 2 함무라비 법전

• 만약 귀족이 귀족의 눈을 다치게 하면, 그의 눈을 다치게 한다.

• 만약 귀족이 평민의 눈을 다치게 하였거나 뼈를 부러뜨리면, 그는 은화 1미나를 지불해야 한다.

• 만약 귀족이 다른 사람의 노예의 눈을 다치게 하였거나 뼈를 부러뜨렸다면, 그는 노예 값의 반을 지불해야 한다.

함무라비 법전은 총 282개 조문으로, 돌기둥에 쐐기 문자로 새겨져 있다. 함무라비 법전은 복수주의를 원칙으로 하였으며, 조문을 통해 신분과 화폐(은)가 있었음을 알 수 있다.

교과서마다 달라요 **신권 정치** 지학은 신정 정치

자료 3 사자의 서

아누비스 죽은 자 오시리스

오시리스는 사후 세계를 관장하는 재판장이고, 아누비스는 죄의 무게를 저울로 달고 있다.

교과서마다 달라요 **페니키아와 헤브라이** 비상, 천재, 미래엔, 금성만 다룸

더 알기 페니키아와 헤브라이

페니키아	헤브라이
• 활발한 해상 활동으로 식민 도시 건설 • 표음 문자 사용(알파벳의 기원)	• 헤브라이 왕국 ➡ 유대, 이스라엘로 분열 • 유대교 창시 ➡ 크리스트교와 이슬람교에 영향

용어 쏙쏙

❶ 문명: 인류가 이룩한 물질적·기술적·사회 구조적인 발전, '도시'(civitas)라는 말에서 유래함

❷ 메소포타미아: '두 강 사이'라는 의미로 유프라테스강과 티그리스강 유역

❸ 수메르인: 고대 메소포타미아(오늘날 이라크) 남부에 살던 민족

❹ 바빌로니아 왕국: 메소포타미아 지역을 지배한 고대 국가로 함무라비 시대에 전성기를 맞이함

❺ 파라오: 고대 이집트의 최고 통치자로 이집트의 정치적·종교적 지도자 역할을 함, 태양신 '라'의 아들로 여겨짐

2 인도 문명과 중국 문명

1 인도 문명

(1) **인더스 문명** 기원전 2500년경 인더스강 상류 지역에서 ❶드라비다인이 건설

(2) **인더스 문명의 특징**

① 하라파, 모헨조다로 등에 도시 문명 발달

② 포장 도로, 배수 시설, 공중목욕탕, 창고 등의 시설물 발견

③ 청동기와 인장, 그림 문자 사용, 메소포타미아와 교역
└ 4대 문명에서 사용된 문자 중 유일하게 해독이 되지 않았다.

자료 4 (3) **아리아인의 이동**

① 이동: 기원전 1500년경에 인더스강, 기원전 1000년경에 갠지스강 유역 진출

② 특징: 갠지스강 유역에 정착할 무렵 철기를 바탕으로 도시 국가 건설

자료 5 ③ 카스트제(바르나)

의미	아리아인이 원주민을 지배하기 위해 운영한 엄격한 신분 제도
특징	브라만, 크샤트리아, 바이샤, 수드라 구분, 신분 ❷세습

④ 브라만교: 아리아인의 자연 숭배 사상이 발전해 성립, 경전 ❸『베다』, 복잡한 제사 의식

▲ 모헨조다로

▲ 인장 – 동물과 함께 그림 문자가 새겨져 있다.

▲ 제사장 추정 인물

2 중국 문명

교과서마다 달라요
하 동아, 천재, 미래엔만 다룸

하	• 기원전 7000년~6000년경 황허강, 창장강 유역에서 신석기 문화 발달 • 기원전 2500년경부터 황허강 유역에 초기 국가 등장, 청동기와 문자 사용 • 기원전 2000년경 황허강 유역에 하 성립, 사마천의 『사기』에서 전하는 최초의 왕조
상	• 기원전 1600년경 성립, 황허강 중·하류를 중심으로 번성 • 신권 정치(중요한 일을 점을 쳐서 결정), 갑골문(한자 기원), 청동기 발달, ❹은허 유적
주	• 기원전 1100년경 상을 무너뜨리고 호경에 도읍, 창장강 유역까지 영토 확장 • ❺봉건제: 수도 주변은 왕이, 나머지 지역은 왕족이나 공신을 제후로 임명하여 통치, 왕과 제후는 혈연관계 • 쇠퇴: 제후 세력 강화, 유목 민족의 침입으로 낙읍(뤄양)으로 수도 이동

자료 6 (주)

교과서마다 달라요
갑골문 비상은 갑골 문자

점친 내용을 거북 껍질이나 동물 뼈에 새겼다. 오늘날 한자의 기원이다.

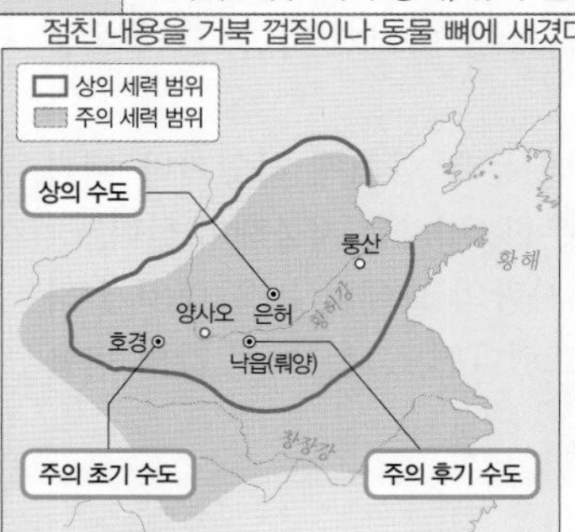

▲ 상과 주의 세력 범위

▲ 갑골문

▲ 청동 제기

1. 아리아인의 이동 과정에서 브라만교가 성립하였다. (○, ×)
2. 주 왕조에서 수도 주변은 왕이 다스리고 나머지 지역은 제후가 다스리는 ____가 등장하였다.

답 1. ○ 2. 봉건제

자료 4 아리아인의 이동

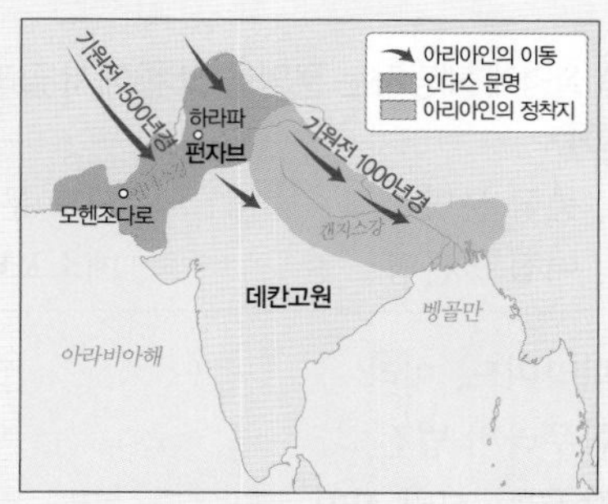

아리아인이 이동하면서 인더스 문명이 쇠퇴하고, 카스트제가 성립하였다.

자료 5 카스트제

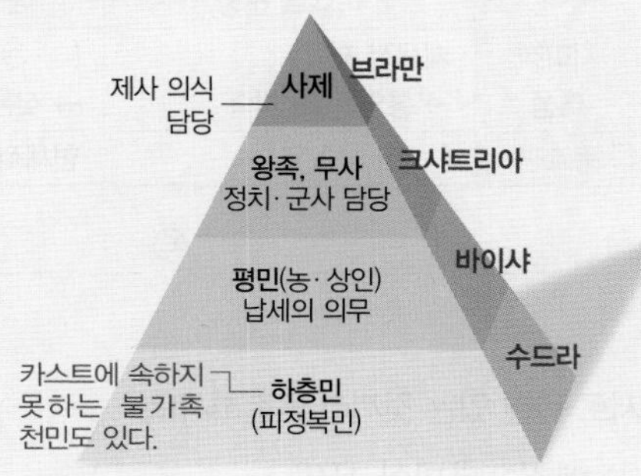

아리아인의 이동으로 정복민과 피정복민 사이에 엄격한 신분제인 카스트제가 운영되었다.

자료 6 봉건제

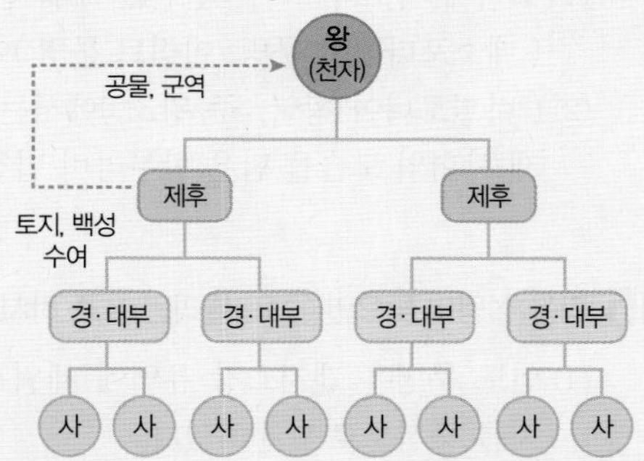

주는 넓은 영토를 효율적으로 다스리기 위해 혈연을 바탕으로 한 봉건제를 시행하였다.

교과서마다 달라요
아메리카의 고대 문명 동아만 다룸

더 알기 아메리카의 고대 문명

올메카	기원전 1200년경 멕시코 동쪽, 달력(1달 20일, 1년 13개월), 피라미드, 문자, 거석 인두상
마야	멕시코·과테말라 일대, 피라미드식 신전, 달력, 아스테카와 잉카 문명에 영향

❶ 드라비다인: 지중해계 인종에 속하는 인도 대륙의 원주민
❷ 세습(世 - 세대, 襲 - 잇다): 대를 이어 전함
❸ 베다: 브라만교의 경전으로 고대 인도의 종교 지식과 제례 규정을 담고 있으며 구전되다가 산스크리트어로 기록된 것으로 추정
❹ 은허(殷 - 나라 이름, 墟 - 유적): 상(은)의 마지막 수도가 있던 곳으로 상의 다양한 유물이 발굴됨
❺ 봉건제: 천자(天子)가 왕족이나 공신에게 땅을 분배하여 통치하도록 한 지방 분권적 통치 제도

STEP 1 개념 확인

01 다음 설명에 해당하는 문명을 보기에서 골라 기호를 쓰시오.

보기
ㄱ. 중국 문명　　ㄴ. 인도 문명
ㄷ. 이집트 문명　　ㄹ. 메소포타미아 문명

(1) 피라미드, 미라 (　　)
(2) 함무라비 법전 (　　)
(3) 갑골문, 신권 정치 (　　)
(4) 하라파, 모헨조다로 (　　)

02 다음 ㉠, ㉡에 들어갈 말을 쓰시오.

구분	이집트 문명	메소포타미아 문명
지리적 특성	폐쇄적 지형 → 통일 왕조 지속	(㉠) 지형 → 잦은 왕조 교체
종교관	(㉡)	현세적

㉠ ________　㉡ ________

03 서로 관련 있는 것끼리 연결하시오.

(1) 메소포타미아 문명 •　　• ㉠ 쐐기 문자
(2) 이집트 문명 •　　• ㉡ 상형 문자

04 다음 중 알맞은 말에 ○표를 하시오.

(1) 도시에 지구라트라는 신전을 세워 신을 섬겼던 문명은 (메소포타미아 문명, 이집트 문명)이다.
(2) (바빌로니아 왕국, 주 왕조)에서는 복수주의와 신분제 사회의 모습을 담은 함무라비 법전을 만들었다.

05 다음 설명이 맞으면 ○표, 틀리면 ×표 하시오.

(1) 인도 문명은 갠지스강 유역에 세워진 하라파 등의 도시를 중심으로 발전하였다. (　　)
(2) 아리아인의 이동 과정에서 엄격한 신분제인 카스트제가 시행되었다. (　　)
(3) 이집트 문명에서는 자연 현상을 찬미한 경전인 『베다』가 제작되었다. (　　)

06 다음 빈칸에 알맞은 말을 쓰시오.

(1) 상에서는 중요한 일을 점을 쳐서 결정하였고, 점친 내용을 기록한 (　　　)을(를) 남겼다.
(2) 주는 넓은 영토를 효율적으로 다스리기 위해 (　　　)을(를) 시행하였다.

STEP 2 대표 문제

01 다음 ㉠에 들어갈 내용으로 적절하지 않은 것은?
중 난이도

○○의 발생

• 사전적 의미: 인류가 이룩한 물질적·기술적·사회 구조적인 발전을 뜻하는 용어로 자연 그대로의 원시적 생활에 상대하여 발전되고 세련된 삶의 양태를 의미한다.
• 성립 조건: ___㉠___
• 대표 지역: 티그리스·유프라테스강 유역, 나일강 유역, 황허강 유역, 인더스강 유역

① 청동기 사용
② 토기 제작 시작
③ 지배 계급의 등장
④ 궁전이나 신전을 갖춘 도시 건설
⑤ 통치와 교역 활동 기록을 위한 문자 발명

같은 주제 다른 문제

문명의 성립 과정에서 나타난 특징 중 옳지 않은 것은? 답 ④
① 계급 발생　② 큰 강 유역　③ 문자 사용
④ 개방적 지형　⑤ 청동기 사용

02 (중요) 다음 법전이 만들어진 문명에 대한 설명으로 옳은 것을 보기에서 모두 고르면?
상 난이도

• 만약 귀족이 귀족의 눈을 다치게 하면, 그의 눈을 다치게 한다.
• 만약 귀족이 평민의 눈을 다치게 하였거나 뼈를 부러뜨리면, 그는 은화 1미나를 지불해야 한다.
• 만약 귀족이 다른 사람의 노예의 눈을 다치게 하였거나 뼈를 부러뜨렸다면, 그는 노예 값의 반을 지불해야 한다.

보기
ㄱ. 60진법과 태음력을 사용하였다.
ㄴ. 쐐기 문자를 사용하여 기록하였다.
ㄷ. 나일강 하류를 중심으로 발전하였다.
ㄹ. 파라오의 무덤인 피라미드를 조성하였다.

① ㄱ, ㄴ　② ㄱ, ㄷ　③ ㄴ, ㄷ
④ ㄴ, ㄹ　⑤ ㄷ, ㄹ

정답 03쪽

03 다음 지역에서 발달한 문명에 대한 설명으로 옳은 것은?

상 난이도

> 기원전 3500년경 수메르인이 문명을 일으킨 이 지역은 사방이 트인 개방적인 지역이었다. 이에 다른 지역과의 교류가 활발하였으나, 이민족의 침입이 잦아 지배 세력이 자주 바뀌었다.

① 태양력과 10진법을 사용하였다.
② 황허강을 중심으로 발전하였다.
③ 지구라트라는 신전을 건립하였다.
④ 영혼 불멸과 내세를 중시하여 피라미드를 만들었다.
⑤ 왕은 직할지만 다스리고 제후에게 토지를 나누어 줬다.

중요

04 다음 (가), (나) 지역의 문명에 대한 설명으로 옳은 것을 **보기** 에서 모두 고르면?

중 난이도

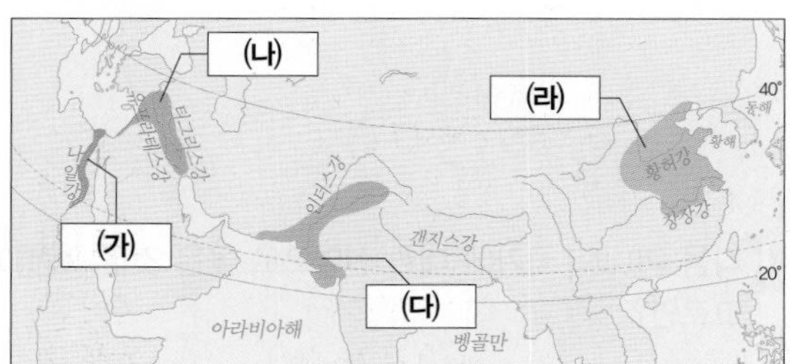

보기

ㄱ. (가): 지구라트라는 신전을 지었다.
ㄴ. (가): 피라미드와 미라를 만들었다.
ㄷ. (나): 「사자의 서」를 제작하였다.
ㄹ. (가), (나): 문자가 등장하였다.

① ㄱ, ㄴ ② ㄱ, ㄷ ③ ㄴ, ㄷ
④ ㄴ, ㄹ ⑤ ㄷ, ㄹ

같은 주제 다른 문제

위 지도의 (다), (라) 지역의 문명에 대한 설명으로 옳은 것을 〈보기〉에서 모두 고르면? 답 ①

〈보기〉
ㄱ. (다): 그림 문자가 사용되었다.
ㄴ. (다): 하라파와 모헨조다로에 도시를 건설하였다.
ㄷ. (라): 함무라비 법전이 편찬되었다.
ㄹ. (다), (라): 철기 문화를 바탕으로 성립하였다.

① ㄱ, ㄴ ② ㄱ, ㄷ ③ ㄴ, ㄷ
④ ㄴ, ㄹ ⑤ ㄷ, ㄹ

05 다음 밑줄 친 '이 문명'에 대한 설명으로 옳은 것은?

중 난이도

> 이 문명의 사람들은 영혼 불멸의 내세를 믿었다. 그들은 사람이 부활하려면 육체가 온전하게 보전되어야 한다고 믿어 죽은 사람을 미라로 만들었다. 그 과정에서 의학이 발달하기도 하였다.

① 갑골문으로 기록을 남겼다.
② 함무라비 법전을 제작하였다.
③ 인더스강 유역에서 발달하였다.
④ 태음력과 60진법을 사용하였다.
⑤ 피라미드와 스핑크스를 조성하였다.

같은 주제 다른 문제

밑줄 친 '이 문명'과 연관된 것을 〈보기〉에서 모두 고르면? 답 ③

〈보기〉
ㄱ. 상형 문자 ㄴ. 지구라트
ㄷ. 모헨조다로 ㄹ. 「사자의 서」

① ㄱ, ㄴ ② ㄱ, ㄷ ③ ㄱ, ㄹ
④ ㄴ, ㄷ ⑤ ㄷ, ㄹ

06 다음 (가), (나) 문자를 사용한 문명에 대한 설명으로 옳은 것은?

상 난이도

(가)

(나)

① (가): 점친 결과를 담은 갑골문을 남겼다.
② (가): 자연신을 숭배한 브라만교가 성립하였다.
③ (나): 함무라비 법전을 제작하였다.
④ (나): 나일강 유역에서 발전하였다.
⑤ (가), (나): 폐쇄적 지형의 영향으로 이민족의 침입을 적게 받았다.

07 다음 지도에 나타난 (가)와 관련된 설명으로 옳은 것은?
(상) 난이도

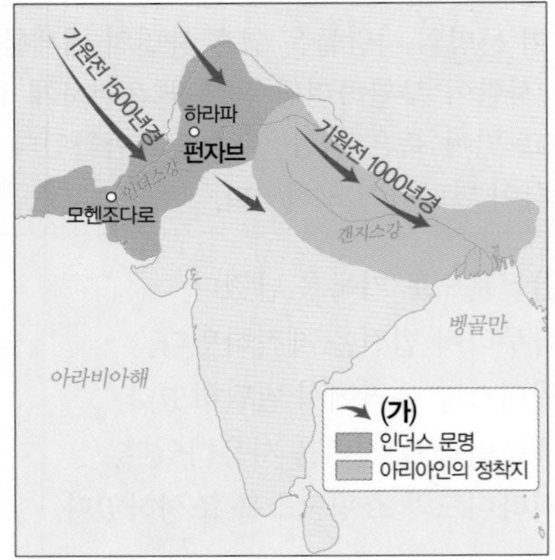

① 주 왕조가 성립하였다.
② 바빌로니아 왕국이 등장하였다.
③ 엄격한 신분제인 카스트제가 만들어졌다.
④ 하라파와 모헨조다로에 계획도시가 조성되었다.
⑤ 지구라트에서 수호신을 섬기는 제사를 행하였다.

08 다음 제도가 성립된 문명에 대한 설명으로 옳은 것은?
(중) 난이도

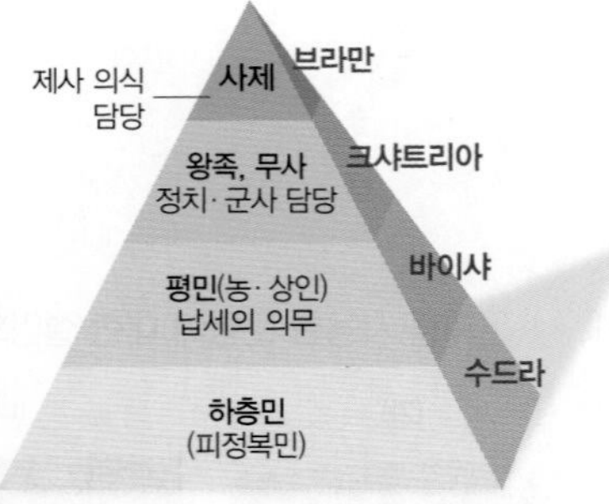

① 파피루스에 기록을 남겼다.
② 「길가메시 서사시」라는 작품을 남겼다.
③ 점을 쳐서 국가의 중대사를 결정하였다.
④ 영혼 불멸 사상을 믿어 미라를 제작하였다.
⑤ 『베다』라는 경전과 복잡한 제사 의식을 특징으로 하는 브라만교가 성립되었다.

같은 주제 다른 문제

위 제도를 만든 민족은? 답 ②

① 수메르인 ② 아리아인 ③ 아무르인
④ 히타이트인 ⑤ 드라비다인

09 (중요) 다음 (가), (나) 유물을 남긴 문명에 대한 설명으로 옳은 것은?
(중) 난이도

(가)

(나)

① (가): 아리아인이 진출하면서 철기가 사용되었다.
② (가): 죽은 자에 대한 안내서인 「사자의 서」가 제작되었다.
③ (나): 봉건제를 시행하여 통치하였다.
④ (나): 왕을 태양의 아들을 뜻하는 '파라오'라고 불렀다.
⑤ (가), (나): 문자를 만들어 사용하였다.

같은 주제 다른 문제

위 (가) 유물에 대한 설명으로 옳은 것은? 답 ⑤

① 이집트에서 사용되었다.
② 당시 철기가 사용되었음을 알려 준다.
③ 새겨진 내용은 아직까지 해석되지 않았다.
④ 함무라비왕이 만든 법전의 내용을 담고 있다.
⑤ 나라의 중요한 일을 점치고 그 결과를 기록하였다.

10 (중요) 다음 (가), (나) 국가에 대한 설명으로 옳은 것을 보기에서 모두 고르면?
(중) 난이도

(가)의 세력 범위
(나)의 세력 범위
(가)의 수도
룽산
황해
양사오 은허
호경
낙읍(뤄양)
황허강
창장강
(나)의 초기 수도
(나)의 후기 수도

보기

ㄱ. (가): 브라만교가 형성되었다.
ㄴ. (가): 점을 쳐서 국가 중대사를 결정하였다.
ㄷ. (나): 역사서에 전하는 중국 최초의 왕조이다.
ㄹ. (나): 봉건제를 시행하여 넓어진 영토를 다스렸다.

① ㄱ, ㄴ ② ㄱ, ㄷ ③ ㄴ, ㄷ
④ ㄴ, ㄹ ⑤ ㄷ, ㄹ

STEP 3 주관식·서술형

정답 04쪽

01 다음 지도를 보고 물음에 답하시오.

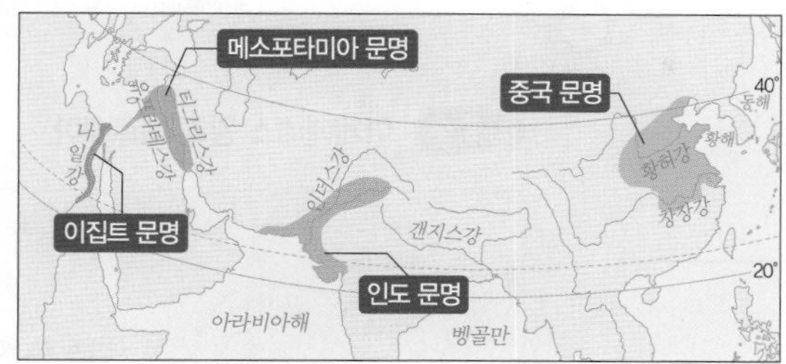

(1) 지도를 통해 추론할 수 있는 문명 발생의 지리적 공통점을 한 가지 쓰시오.

(2) (1)에서 서술한 지리적 특징이 문명 발생에 어떤 영향을 주었는지 두 가지 서술하시오.

02 다음 자료를 보고 물음에 답하시오.

- 만약 귀족이 귀족의 눈을 다치게 하면, 그의 눈을 다치게 한다.
- 만약 귀족이 평민의 눈을 다치게 하였거나 뼈를 부러뜨리면, 그는 은화 1미나를 지불해야 한다.
- 만약 귀족이 다른 사람의 노예의 눈을 다치게 하였거나 뼈를 부러뜨렸다면, 그는 노예 값의 반을 지불해야 한다.

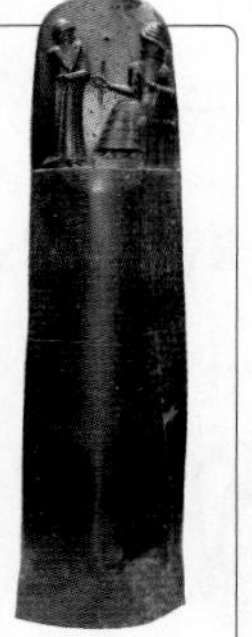

(1) 자료에 제시된 법전의 이름을 쓰시오.

(2) 위 법전의 내용을 통해 알 수 있는 사회 모습을 두 가지 서술하시오.

03 다음 자료를 보고 물음에 답하시오.

(1) 자료의 이름을 쓰시오.

(2) (1)의 자료가 만들어진 문명을 쓰고, (1)의 자료를 통해 유추할 수 있는 이 문명의 특징을 한 가지 서술하시오.

04 다음 자료를 보고 물음에 답하시오.

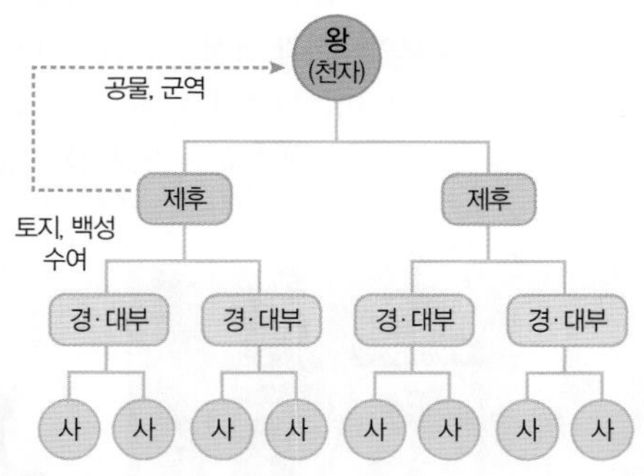

(1) 제도의 명칭을 쓰시오.

(2) 위 제도가 시행된 왕조를 쓰고, 이 왕조가 위와 같은 제도를 시행한 이유는 무엇인지 서술하시오.

04 고대 제국의 특성과 주변 세계의 성장 ① (고대 페르시아 제국과 중국 진·한 제국)

1 페르시아 제국

1 아시리아

성장	철제 무기, 기마 전술, 전차 기술 → 기원전 7세기경 서아시아를 최초로 통일
통치	중앙 집권 체제 강화: 정복지에 총독 파견, 법률과 도로 정비
멸망	가혹한 통치로 ❶피지배 민족의 반발 → 잦은 반란으로 멸망

자료 1 2 아케메네스 왕조 페르시아

(1) **재통일** 키루스 2세가 타 문화와 종교 포용 정책을 내세워 서아시아 재통일 (이와 관련해 '키루스 2세의 원통'이라는 유물이 남아 있다.)

(2) **관용 정책** 피정복민이 세금을 바치고 복종하면 전통과 종교 존중, 자치 인정

(3) **다리우스 1세** 전성기, 서아시아 ~ 이집트 ~ 인더스강에 이르는 대제국 건설

지방 통치	• 전국을 20개 주로 나누고 총독 파견, 각 지역에 군대 주둔 • 감찰관('왕의 눈', '왕의 귀')을 파견해 총독 감시
도로 정비	'왕의 길'이라 불리는 도로를 정비해 정보와 물자 유통 ❷촉진
경제 정책	세금 제도 정비, 화폐와 ❸도량형 통일

(지방 통치, 도로 정비: 넓어진 영토를 효율적으로 다스리려 중앙 집권적 통치 체제를 마련하였다.)

(4) **멸망** 그리스와의 전쟁 패배, 지방 반란 등으로 쇠퇴 → 알렉산드로스에 멸망(기원전 4세기 말)

자료 2 3 파르티아와 사산 왕조 페르시아

교과서마다 달라요 **파르티아** 동아, 미래엔, 비상, 지학만 다룸

파르티아	동서 교역으로 번영 → 사산 왕조 페르시아에 멸망
사산 왕조 페르시아	• 페르시아 부흥 주장, 메소포타미아 ~ 인더스강에 이르는 제국 건설 • 조로아스터교를 국교로 삼음, 페르시아어 ❹공용어, 중앙 집권 강화, 동서 교역으로 번영(샤푸르 1세 때 전성기) 교과서마다 달라요 **샤푸르 1세** 천재, 미래엔, 비상만 다룸 • 쇠퇴: 비잔티움 제국과의 전쟁, 내분으로 쇠퇴 → 이슬람 세력에 멸망

4 페르시아 제국의 문화와 종교

자료 3 (1) **문화** 다양한 문화가 융합된 국제적 문화 발달 → 공예 기술은 동아시아에까지 영향 (사산 왕조 페르시아의 물품이 동아시아까지 전파되었다.)

(2) **조로아스터교** 조로아스터가 창시

① 특징: 유일신 ❺아후라 마즈다 ❻신봉, 불 숭배, 경전 『아베스타』 (선한 신의 상징이 불이어서 배화교라고도 부른다.)

② 영향: 사산 왕조 페르시아의 ❼국교, ❽교리는 유대교·크리스트교·이슬람교에 영향 끼침

▲ 비시툰(베히스툰) 비문

▲ 뿔잔

▲ 물병

시험에 꼭 나오는 개념 체크

1. 사산 왕조 페르시아는 다리우스 1세 때 전성기를 맞았다. (○, ×)
2. 아후라 마즈다를 신봉하는 ＿＿＿＿＿＿가 사산 왕조 페르시아의 국교가 되었다.

답 1. × 2. 조로아스터교

자료 1 아케메네스 왕조 페르시아

다리우스 1세는 넓은 영토를 효율적으로 관리하기 위하여 '왕의 길'이라는 도로를 정비하고 전국에 '왕의 눈', '왕의 귀'라는 감찰관을 파견하여 각 지역 총독을 감시하게 하였다.

자료 2 사산 왕조 페르시아

사산 왕조 페르시아는 페르시아의 부흥을 주장하며 메소포타미아에서 인더스강에 이르는 대제국을 건설하였다.

자료 3 페르세폴리스

아케메네스 왕조 페르시아의 수도인 페르세폴리스는 여러 민족의 문화를 융합한 페르시아의 국제적 문화를 잘 보여 준다.

용어 쏙쏙

❶ 피지배: 지배를 받음
❷ 촉진(促 – 재촉하다, 進 – 나아가다): 재촉해서 나아가게 함
❸ 도량형: 길이, 부피, 무게 등을 재는 방법
❹ 공용어(公 – 공공, 用 – 사용하다, 語 – 말): 한 나라에서 공식적으로 사용하는 언어
❺ 아후라 마즈다: 조로아스터교의 유일신으로 선의 신
❻ 신봉(信 – 믿다, 奉 – 받들다): 믿고 받듦
❼ 국교(國 – 나라, 敎 – 종교): 한 나라에서 공식적으로 믿는 종교
❽ 교리(敎 – 종교, 理 – 이치): 종교의 원리나 이치

2 춘추 전국 시대와 진·한

자료 4 1 춘추 전국 시대

(1) **전개** 기원전 8세기 초 주가 유목 민족의 침입을 피해 천도 → 여러 제후 간 세력 다툼

(2) **사회 변화** 철기 사용으로 사회·경제적으로 큰 변화

철제 무기	전쟁의 규모가 커지고 빈도가 잦아짐, 전쟁에서 평민 역할 확대
철제 농기구	농업 생산량 증가에 따른 상공업 및 도시·시장 발달, 청동 화폐 사용

(3) **제자백가** 각국이 개혁을 위해 유능한 인재 등용 → 제자백가 등장

유가	인과 예를 통한 도덕 정치(공자, 맹자)	도가	자연의 순리에 따른 삶(노자, 장자)
법가	엄격한 법의 적용, 상과 벌(한비자)	묵가	자신과 타인을 차별 없이 사랑(묵자)

여러 사상가를 이르는 '제자'와 다양한 학파를 의미하는 '백가'를 함께 이르는 말이다.

자료 5 2 진의 중국 통일

(1) **배경** 법가 사상을 바탕으로 한 개혁 성공 → ❶시황제 때 중국 통일(기원전 221)

(2) **시황제의 정책**

전국에 군현을 설치하고 황제가 관리를 파견해 다스리는 제도이다.

중앙 집권 강화 (자료 6)	• '황제' 칭호 처음 사용, 군현제 실시 • 도로 정비, 도량형·화폐·문자 통일 • 법가 사상을 중심으로 사상 통일 → ❷분서갱유로 반대 세력 억누름
대외 팽창	흉노 공격, 만리장성 축조, 베트남 북부까지 진출

(3) **멸망** 가혹한 통치와 대규모 토목 공사(만리장성, ❸아방궁 등) → 시황제 사후 농민 반란(진승·오광의 난 등) → 통일 15년 만에 멸망(기원전 206)

3 한과 흉노

교과서마다 달라요 **전매 제도**

미래엔	전매제
동아, 비상, 천재	전매 제도
지학	전매 정책
금성	다루지 않음

교과서마다 달라요 **진승·오광의 난** 천재만 다룸

자료 7 (1) **한의 건국과 발전**

수도와 그 주변은 군현제로, 나머지 지역은 봉건제로 다스리는 제도이다.

한 고조	중국 재통일(기원전 202), 장안에 도읍, 군국제 시행
한 무제	• 중앙 집권 체제 확립: 군현제 확립, 유교를 통치 이념으로 채택 • 영토 확장: 흉노 공격(장건을 대월지에 파견), 고조선 멸망, 베트남 북부 점령 • 경제: 잦은 전쟁으로 재정 부담 → 소금·철·술 ❹전매 제도 시행

(2) **후한의 성립** 무제 사후 한 쇠퇴(전한) → 외척 왕망이 신 건국 → 광무제가 후한 건국

(3) **멸망** 지방 호족의 대토지 소유 → 황건적의 난 → 후한 멸망(220)

(4) **한의 문화** 중국 전통문화의 기틀 마련

사상	유학	• 한 무제 때 동중서의 건의로 통치 이념이 됨 • 유학 교육(❺태학, ❻오경박사), 유교 지식으로 관리 선발 • 훈고학: 경전을 정리하고 연구하는 학문 발전
	불교	인도에서 처음 전래
역사학		사마천의 『사기』: 기전체 서술로 이후 중국 역사 서술의 모범
기술		• 해시계와 지진계 등 발명 • ❼제지법: 채륜이 개량 → 학문과 사상 발달에 기여

반고는 『한서』를 지었다.

(5) **흉노와 진·한 제국**

① 흉노: 중국 북방 초원 지대에서 유목 생활, 기원전 3세기경 동아시아 최초의 유목 제국

② 흉노와 진·한 제국의 대립

진	진의 시황제가 만리장성을 쌓아 흉노를 북쪽으로 몰아냄
한	• 묵특 선우가 초원 통일, 한 고조에게 승리 • 한 무제의 공격으로 흉노 일부 복속, 일부는 서쪽 이동

시험에 꼭 나오는 개념 체크

1. 춘추 전국 시대에 유가, 법가 등 제자백가가 출현하였다. (○, ×)
2. 한대에 유학을 통치 이념으로 수용한 인물은 ＿ ＿＿이다.

답 1. ○ 2. 한 무제

자료 4 춘추 전국 시대

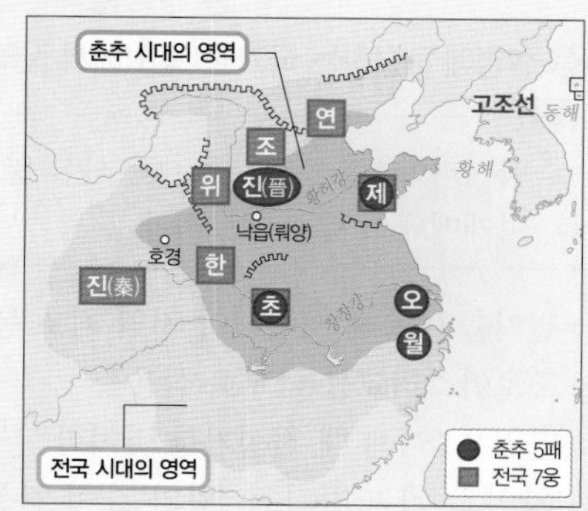

춘추 시대의 강한 다섯 나라를 춘추 5패, 전국 시대의 강한 일곱 나라를 전국 7웅이라고 한다.

자료 5 진의 중국 통일

▲ 만리장성

진은 법가 사상을 바탕으로 제도를 개혁하여 국력을 키웠다. 이를 바탕으로 기원전 221년 진이 중국을 통일하였다.

자료 6 진 시황제의 통일 정책

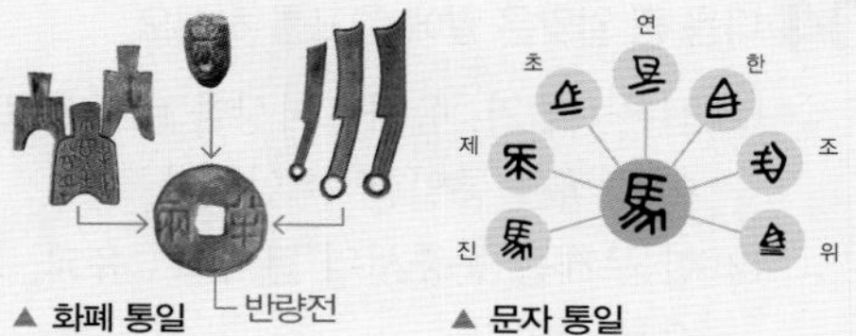

▲ 화폐 통일 ▲ 문자 통일

자료 7 한의 발전

한 무제가 흉노를 공격하기 위해 장건을 대월지로 파견하는 과정에서 동서 교역로인 비단길이 개척되었다.

용어 쏙쏙

❶ 시황제(始 - 처음, 皇 - 임금, 帝 - 임금): 진의 왕이 '황제' 칭호를 처음 사용하며 칭함
❷ 분서갱유(焚 - 태우다, 書 - 책, 坑 - 묻다, 儒 - 유학): 여러 서적을 불태우고 유학자를 매장함
❸ 아방궁: 시황제 때 건설된 진의 궁궐
❹ 전매 제도: 독점 판매 제도를 말함, 한 무제 때 소금·철·술에 대하여 시행
❺ 태학: 한 무제 때 설치한 유교 교육 기관
❻ 오경박사: 한대에 유학을 가르치던 관리
❼ 제지법(製 - 만들다, 紙 - 종이, 法 - 방법): 종이를 만드는 방법

STEP 1 개념 확인

01 다음 설명에 해당하는 국가를 보기에서 골라 기호를 쓰시오.

보기
ㄱ. 아시리아　　　ㄴ. 사산 왕조 페르시아
ㄷ. 아케메네스 왕조 페르시아

(1) 철기를 이용해 서아시아 지역 최초 통일 (　　)
(2) 조로아스터교를 국교로 삼음 (　　)
(3) 다리우스 1세 때 전성기를 맞이함 (　　)
(4) '왕의 눈'이 파견되고, '왕의 길'이 건설됨 (　　)

02 다음 ㉠, ㉡에 들어갈 말을 쓰시오.

구분	진의 통일 정책
사상	(　㉠　)을(를) 중심으로 사상 통일
경제	(　㉡　)을(를) 반량전으로 통일, 도량형 통일
문자 통일	각지에서 사용하던 문자를 한 가지로 통일

㉠ ________　㉡ ________

03 서로 관련 있는 것끼리 연결하시오.

(1) 시황제 •　　• ㉠ 군국제
(2) 한 고조 •　　• ㉡ 법가 사상
(3) 한 무제 •　　• ㉢ 전매 제도

04 다음 중 알맞은 말에 ○표를 하시오.

(1) 진은 (법가, 유가) 사상을 바탕으로 한 개혁에 성공하여 중국을 통일할 수 있었다.
(2) 한 무제는 동중서의 건의로 (유교, 불교)를 통치 이념으로 삼았다.

05 다음 설명이 맞으면 ○표, 틀리면 ×표 하시오.

(1) 춘추 전국 시대에 철기가 도입되고 철제 농기구가 사용되었다. (　　)
(2) 한 무제가 진의 시황제 이후의 혼란을 수습하고 중국을 통일하였다. (　　)
(3) 흉노는 묵특 선우 때 초원 지역을 통일하고 한 고조에게 승리를 거두었다. (　　)

06 다음 빈칸에 알맞은 말을 쓰시오.

(1) 다리우스 1세는 (　　　)(이)라는 도로를 정비하여 정보와 물자 유통을 촉진하였다.
(2) 한대에는 유교 경전을 정리하고 연구하는 (　　　) 이(가) 발전하였다.

STEP 2 대표 문제

01 아시리아에 대한 설명으로 옳은 것을 보기에서 모두 고르면?
하 난이도

보기
ㄱ. 조로아스터교를 국교로 신봉하였다.
ㄴ. 이슬람 제국의 공격으로 멸망하였다.
ㄷ. 서아시아 지역을 처음으로 통일하였다.
ㄹ. 피정복민에 대한 가혹한 통치로 멸망하였다.

① ㄱ, ㄴ　② ㄱ, ㄷ　③ ㄴ, ㄷ
④ ㄴ, ㄹ　⑤ ㄷ, ㄹ

02 중요 다음 (가), (나) 국가에 대한 설명으로 옳은 것을 보기에서 모두 고르면?
상 난이도

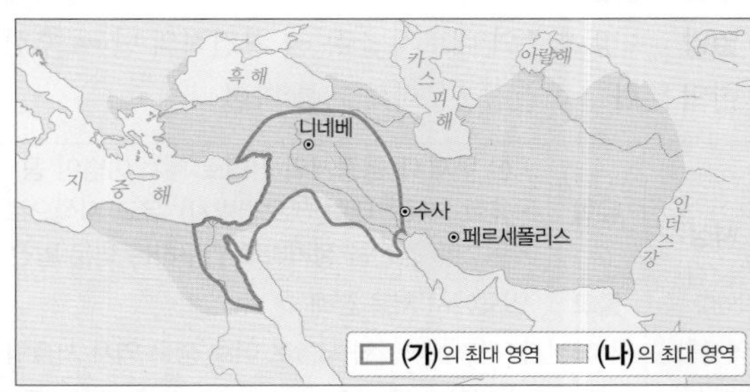

보기
ㄱ. (가): 철제 무기와 기마 전술이 발달하였다.
ㄴ. (나): 유대교가 등장하였다.
ㄷ. (나): 다리우스 1세 때 전성기를 맞았다.
ㄹ. (가), (나): 조로아스터교를 국교로 삼았다.

① ㄱ, ㄴ　② ㄱ, ㄷ　③ ㄴ, ㄷ
④ ㄴ, ㄹ　⑤ ㄷ, ㄹ

같은 주제 다른 문제

위 (나) 국가에 대한 설명으로 옳지 않은 것은? 답 ②

① 그리스와의 전쟁에서 패배하였다.
② 피정복민을 가혹하게 통치하였다.
③ 분열된 서아시아를 다시 통일하였다.
④ '왕의 눈', '왕의 귀'를 파견하여 총독을 감찰하였다.
⑤ 다리우스 1세 때 '왕의 길'이라는 도로망을 정비하였다.

정답 04쪽

03 중요 다음 인물에 대한 설명으로 옳은 것을 보기에서 모두 고르면?

상 난이도

보기

ㄱ. 비잔티움 제국과 대립하였다.
ㄴ. 크리스트교를 국교로 삼았다.
ㄷ. 중앙 집권 체제 강화 정책을 펼쳤다.
ㄹ. '왕의 눈'이라 불리는 감찰관을 파견하였다.

① ㄱ, ㄴ ② ㄱ, ㄷ ③ ㄴ, ㄷ
④ ㄴ, ㄹ ⑤ ㄷ, ㄹ

같은 주제 다른 문제

- 위 인물에 대한 설명으로 옳은 것은? 답 ⑤

① 마니교를 국교로 삼았다.
② 비잔티움 제국과 대립하였다.
③ 서아시아 세계를 최초로 통일하였다.
④ 피정복민을 강압적으로 통치하였다.
⑤ 전국을 20개의 주로 나누고 총독을 파견하였다.

04 다음 (가) 국가에 대한 설명으로 옳은 것은?

중 난이도

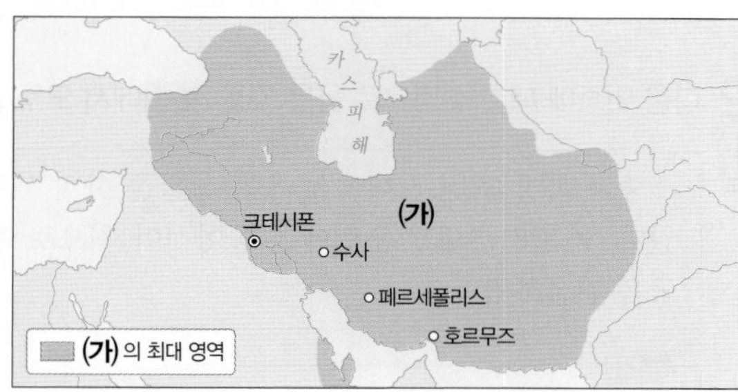

① 크리스트교를 국교로 삼았다.
② 아케메네스 왕조 페르시아의 부흥을 내세웠다.
③ 중앙 집권 체제를 강화하려 '왕의 길'을 설치하였다.
④ 그리스 여러 나라와의 계속된 전쟁으로 쇠약해졌다.
⑤ 우수한 철제 무기로 메소포타미아 지역 대부분을 통일하였다.

05 다음 선생님의 질문에 대한 답변으로 가장 적절한 것은?

중 난이도

① 이슬람교가 확산되었습니다.
② 동서 교역이 활발하였습니다.
③ 서아시아 세계를 최초로 통일하였습니다.
④ 메디아, 리디아, 신바빌로니아, 이집트로 분열되었습니다.
⑤ 전국을 20개의 주로 나누고 각 주에는 총독을 파견하였습니다.

06 다음 ㉠에 들어갈 종교로 옳은 것은?

하 난이도

페르시아에서는 불을 숭배하는 종교인 (㉠)가 등장하였다. 이 종교는 아후라 마즈다를 유일신으로 믿었으며, 이후 다양한 종교 등장에 영향을 주었다.

① 불교 ② 이슬람교 ③ 힌두교
④ 크리스트교 ⑤ 조로아스터교

07 중요 다음 지도에 나타난 시기에 대한 설명으로 옳은 것은?

중 난이도

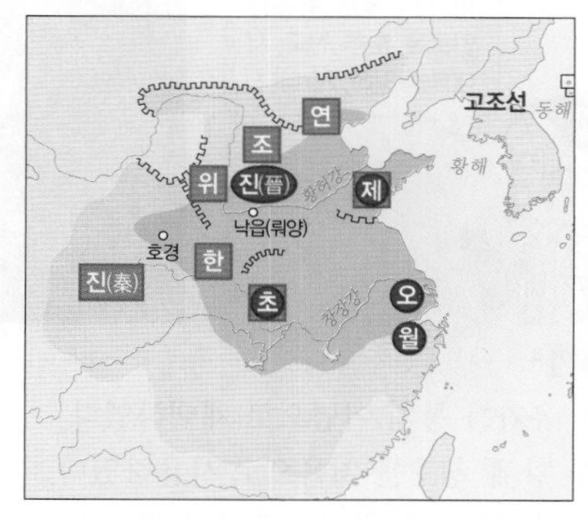

① 봉건제가 도입되었다.
② 제자백가가 출현하였다.
③ 분서갱유가 단행되었다.
④ 화폐·도량형이 통일되었다.
⑤ 장건이 대월지에 파견되었다.

08 다음 글에 해당하는 제자백가를 바르게 연결한 것은?

난이도 중

> (가) '인'과 '예'를 통한 도덕 정치를 해야 합니다.
> (나) 엄격하게 법을 적용해 사회를 바로잡아야 합니다.
> (다) 인위적인 제도보다는 자연의 순리에 따라야 합니다.

	(가)	(나)	(다)
①	도가	법가	유가
②	도가	유가	법가
③	법가	도가	유가
④	법가	유가	도가
⑤	유가	법가	도가

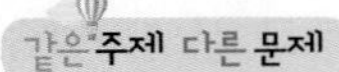

● 위 (나) 사상에 대한 설명으로 옳은 것은? 답 ④

① 묵자가 주장하였다.
② 한 무제 때 통치 이념이 되었다.
③ 이후 중국을 대표하는 종교로 발전하였다.
④ 진은 이 사상을 바탕으로 부국강병에 성공하였다.
⑤ 이 사상을 연구하는 과정에서 훈고학이 발달하였다.

중요 **09** 다음 밑줄 친 '인물'에 대한 설명으로 옳은 것을 보기에서 모두 고르면?

난이도 중

이 건축물을 축조한 <u>인물</u>은 춘추 전국 시대를 통일하였습니다.

보기

ㄱ. 유가를 통치 이념으로 채택하였다.
ㄴ. '황제' 칭호를 처음으로 사용하였다.
ㄷ. 재정이 어려워지자 전매 제도를 도입하였다.
ㄹ. 문자 · 화폐 · 도량형을 통일하는 등 중앙 집권을 강화하였다.

① ㄱ, ㄴ ② ㄱ, ㄷ ③ ㄴ, ㄷ
④ ㄴ, ㄹ ⑤ ㄷ, ㄹ

중요 **10** 다음 (가)와 관련된 시기에 대한 설명으로 옳은 것은?

난이도 상

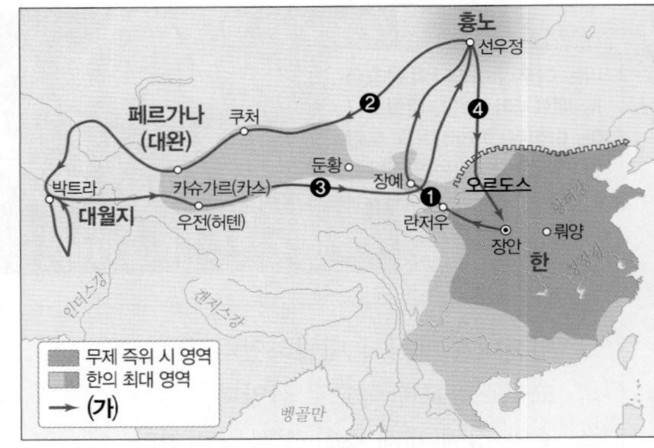

① 이민족의 침입을 받아 뤄양으로 수도를 옮겼다.
② 중국을 통일하고 '황제' 칭호를 처음 사용하였다.
③ 군국제를 시행하여 중앙 집권 체제를 강화하였다.
④ 동중서의 건의를 받아들여 유학을 통치 이념으로 채택하였다.
⑤ 철제 무기가 보급되면서 제후국 사이의 전쟁이 더욱 치열해졌다.

11 한대 문화에 대한 설명으로 옳은 것을 보기에서 모두 고르면?

난이도 중

보기

ㄱ. 채륜이 제지법을 개량하였다.
ㄴ. 사마천이 기전체로 된 『사기』를 저술하였다.
ㄷ. 다양한 사상이 발달해 제자백가가 등장하였다.
ㄹ. 장건의 서역 파견으로 바닷길이 개척되어 동서 교류가 활발해졌다.

① ㄱ, ㄴ ② ㄱ, ㄷ ③ ㄴ, ㄷ
④ ㄴ, ㄹ ⑤ ㄷ, ㄹ

12 다음 민족에 대한 설명으로 옳은 것을 보기에서 모두 고르면?

난이도 중

> 중국 북방 초원 지대에서 유목 생활을 하며 세력을 키웠다. 기원전 3세기 무렵에는 동아시아 최초로 유목 제국을 건설하였다.

보기

ㄱ. 한 고조와의 전쟁에서 승리하였다.
ㄴ. 황건적의 난을 일으켜 한을 멸망시켰다.
ㄷ. 한 무제가 장건을 파견해 동맹을 맺으려 하였다.
ㄹ. 이 민족을 막기 위해 시황제는 만리장성을 세웠다.

① ㄱ, ㄴ ② ㄱ, ㄹ ③ ㄴ, ㄷ
④ ㄴ, ㄹ ⑤ ㄷ, ㄹ

정답 05쪽

01 다음 지도를 보고 물음에 답하시오.

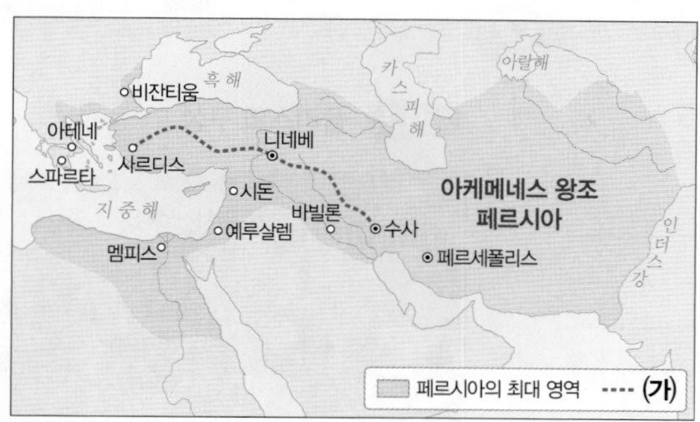

(1) (가)에 들어갈 말을 쓰시오.

(2) (1)을 건설한 왕을 쓰고, (1)의 건설과 다음 정책 시행의 공통된 목적은 무엇인지 서술하시오.

- 피정복민의 종교와 풍습 존중
- 전국을 20개 주로 나누고 총독 파견

02 다음 자료를 보고 물음에 답하시오.

(가)	신라의 유리병

(1) (가) 유물을 제작한 나라를 쓰시오.

(2) (가) 유물과 신라의 유리병이 유사하게 생긴 것에서 알 수 있는 점을 서술하시오.

03 다음 자료를 보고 물음에 답하시오.

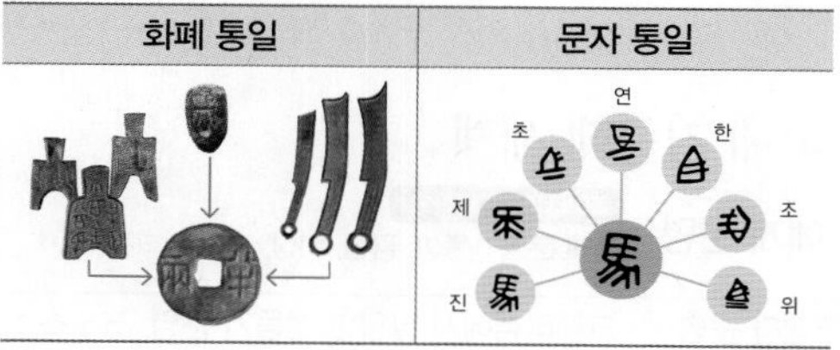

(1) 자료의 정책을 시행한 왕을 쓰시오.

(2) 자료와 같은 정책을 시행한 목적을 서술하시오.

04 다음 지도를 보고 물음에 답하시오.

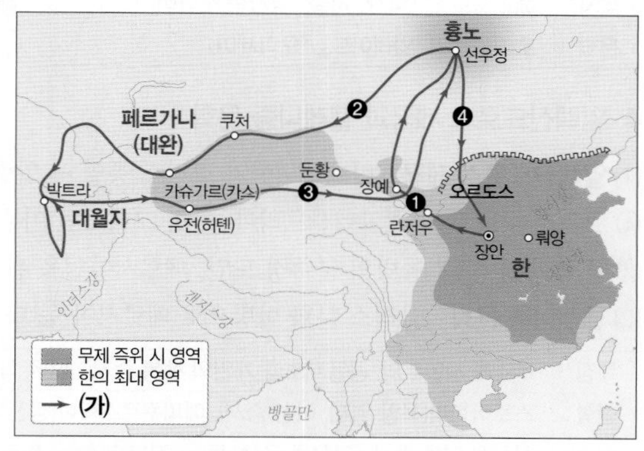

(1) 위 지도의 (가) 여행을 지시한 왕을 쓰시오.

(2) (가)가 이루어진 배경과 그 영향을 서술하시오.

04 고대 제국의 특성과 주변 세계의 성장 ② (지중해 세계의 발전과 크리스트교의 성립)

1 고대 지중해 세계

1 에게 문명

교과서마다 달라요 **에게 문명** 동아, 금성, 비상, 지학만 다룸

크레타 문명	크레타섬에서 발달한 청동기 문명, 크노소스 궁전, 금·은 세공품
미케네 문명	그리스 본토에서 남하하여 에게해 장악, 철기를 사용한 도리스인에 멸망

자료 1 2 폴리스의 형성

(1) **의미** 기원전 8세기경 그리스 지역에 나타난 도시 국가, 도시와 주변 지역으로 구성
- 도시 국가: 주로 해안에 가깝고 방어에 유리한 지형에 위치하였다.

(2) **특징** 정치적 독립, ❶동족 의식(같은 언어 사용, 같은 신 숭배, 올림피아 제전)
- 올림피아 제전: 4년에 한 번씩 열어 동족 의식을 강화하였다.

(3) **아테네와 스파르타** 가장 대표적인 폴리스

자료 2 ① 아테네 민주 정치: 왕정 → 귀족정 → 민주정으로 발달

배경	상공업 발달로 부유해진 평민이 전쟁에 참여하며 지위 향상, 정치 참여
솔론	소유한 재산에 따라 정치 참여 허용, 군사적 의무 부여
클레이스테네스	평민의 정치 참여 확대, ❷도편 추방제 도입
페리클레스	• 페르시아와의 전쟁에서 승리하면서 민회 중심의 직접 민주 정치 발전 • 민회가 실질적 입법권, 대부분 관직과 배심원은 추첨으로 선출 • 한계: 시민인 성인 남성만 참여, 여자, 외국인, 노예는 참여하지 못함

교과서마다 달라요 **도편 추방제** 지학은 다루지 않음

② 스파르타: 소수 시민이 다수 피지배층 감시, 엄격한 군사 훈련
- 귀족이 정치를 담당하였지만, 중요한 일은 민회에서 결정하였다.

(4) **아테네의 번영과 쇠퇴**

교과서마다 달라요 **그리스·페르시아 전쟁** 동아는 페르시아 전쟁

그리스·페르시아 전쟁	페르시아의 침입 격퇴 → 아테네가 ❸델로스 동맹의 맹주로 번영
펠로폰네소스 전쟁	아테네 세력 확장에 스파르타 등 반발 → 스파르타 승리, 아테네 쇠퇴

- 페르시아의 침입 격퇴: 마라톤, 살라미스 전투에서 그리스가 승리했다.

3 그리스 문화 합리적·인간 중심적 문화 발달

철학	소피스트(진리의 상대성 강조) → 소크라테스(진리의 절대성 주장) → 플라톤과 아리스토텔레스
예술	조화와 균형 강조, 파르테논 신전
역사	헤로도토스: 『역사』 저술, '역사학의 아버지'
문학	호메로스의 『일리아드』, 『오디세이』

- 플라톤과 아리스토텔레스: 소크라테스의 철학이 이들에게 이어져 서양 철학의 바탕이 되었다.

▲ 파르테논 신전

4 알렉산드로스 제국과 헬레니즘 문화

자료 3 (1) **알렉산드로스 제국** 마케도니아가 그리스 통일 → 알렉산드로스, 대제국 건설

① 그리스 문화 전파: ❹알렉산드리아 건설, 그리스인 이주, 그리스어를 공용어로 사용

② 동서 융합 정책: 동방의 군주정 도입, 페르시아인을 관리로 등용

자료 4 (2) **헬레니즘 문화** 그리스 문화 바탕으로 페르시아 등 다른 문화 융합

교과서마다 달라요 **헬레니즘 문화** 동아는 그리스 + 오리엔트

특징	❺세계 시민주의, 공동체보다 개인의 행복 중시(개인주의)		
철학	스토아학파(욕망 억제, 이성 중시), 에피쿠로스학파(정신적 즐거움 추구)		
예술	사실적 미를 중시, 「라오콘 군상」 등	자연 과학	아르키메데스(물리학), 유클리드(기하학)

시험에 꼭 나오는 개념 체크

1. 아테네는 _ _ _ _ _ 시기에 민회 중심의 직접 민주 정치를 꽃피웠다.
2. 그리스에서는 합리적·인간 중심적인 문화가 발달하였다. (○, ×)

답 1. 페리클레스 2. ○

자료 1 폴리스의 구성

폴리스는 종교와 군사 거점인 아크로폴리스와 시민들의 집회, 경제 활동이 이뤄지는 아고라를 중심으로 구성되었다.

자료 2 도편 추방제

독재자(참주)의 출현을 막기 위해 매년 도자기 파편에 독재자가 될 가능성이 있는 사람을 투표해 6,000표 이상 나온 사람을 10년간 외국으로 추방하는 제도이다.

▲ 도편(도자기 조각)

자료 3 알렉산드로스 제국

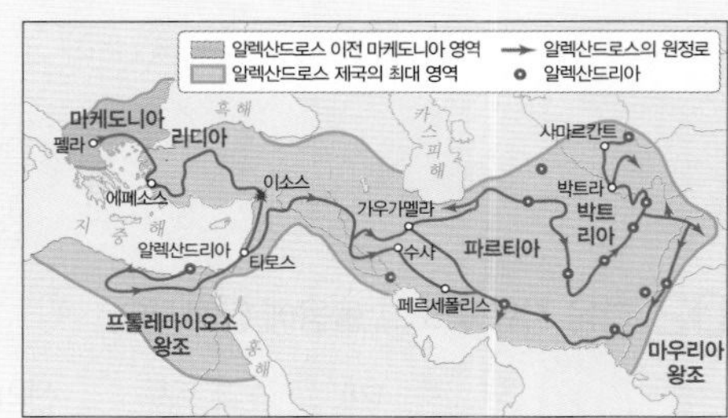

알렉산드로스가 죽은 뒤 제국은 시리아, 마케도니아, 이집트로 분열되었고 이후 로마에 흡수되었다.

자료 4 라오콘 군상

교과서마다 달라요 **라오콘 군상** 미래엔은 라오콘상

라오콘과 두 아들이 고통스럽게 죽어 가는 모습을 묘사한 작품이다. 헬레니즘 시대의 예술은 인체를 사실적이고 생동감 있게 표현하였다.

용어 쏙쏙

❶ 동족(同 - 같다, 族 - 종족, 민족): 같은 종족, 민족
❷ 도편(陶 - 도자기, 片 - 조각): 도자기 조각
❸ 델로스 동맹: 페르시아 전쟁 후 아테네의 제창으로 결성된 그리스 도시 국가들의 해군 동맹
❹ 알렉산드리아: 알렉산드로스가 제국 곳곳에 건설한 도시, 자신의 이름을 따서 알렉산드리아라고 하였으며 이집트의 알렉산드리아가 대표적
❺ 세계 시민주의: 폴리스의 틀을 벗어나 개인이 세계 시민으로 모두 평등하다는 사상으로 알렉산드로스 제국 때 발전

2 로마 제국의 발전

1 로마 공화정의 성립과 발달

(1) **건국** 기원전 8세기경 이탈리아반도의 작은 도시 국가로 출발

자료 5 (2) **공화정의 성립** └ 선출된 대표, 또는 대표 기관이 다스리는 정치이다.

초기	• 기원전 6세기경 귀족들이 왕을 몰아내고 공화정 수립 • 집정관(행정·군사 담당), 원로원(자문 및 의결 기관)을 귀족이 독점
평민권 확대	• 배경: 상공업 발달로 평민의 전쟁 참여가 확대 ➡ 평민들이 ❶참정권 요구 • 평민회 구성, ❷호민관 선출, 12표법 제정 └ 로마 최초의 성문법이다.

자료 6 (3) **대외 팽창** 이탈리아반도 통일 ➡ ❸포에니 전쟁 승리 ➡ 서지중해 패권 장악 ➡ 마케도니아, 그리스, 소아시아로 세력 확대

(4) **그라쿠스 형제의 개혁**

① 배경: 포에니 전쟁 이후 ❹자영농 몰락, 라티푼디움 성행

자료 7 ② 개혁 시도: 그라쿠스 형제의 개혁 시도 ➡ 귀족의 반대로 실패 ➡ 귀족파와 평민파의 대립 심화 ➡ 군인 정치가의 내전

┌ 황제가 다스리는 정치이다.

2 제정의 성립과 로마의 쇠퇴

┌ 독재에 반대한 반대파에 암살되었다.

(1) **제정 성립** 카이사르가 내전 수습, 독재 정치 ➡ 카이사르 이후 옥타비아누스가 혼란 수습 ➡ 군사·재정 장악, 원로원으로부터 '❺아우구스투스' 칭호 받음

(2) **전성기** 약 200여 년간 로마의 평화라 불리는 번영 누림 ┘ 5현제라 불리는 뛰어난 황제들이 통치하였다.

(3) **쇠퇴** 2세기 말부터 군대의 정치 개입, 외적의 침입으로 쇠퇴

자료 8 (4) **부흥 노력**

디오클레티아누스(3세기 말)	전제 군주제 확립, 제국을 넷으로 나누어 통치
콘스탄티누스 대제(4세기 초)	크리스트교 공인, 비잔티움(콘스탄티노폴리스) 천도

(5) **멸망** 4세기 말 동서 로마 분리 ➡ 게르만족의 침입으로 서로마 제국 멸망(476년)

└ 비잔티움(동로마) 제국은 이후 1,000여 년간 지속되었다.

3 로마의 문화

특징	제국 유지를 위해 실용적인 문화 발달(건축, 법률 등)
법률	• 관습법 ➡ ❻시민법(12표법) ➡ ❼만민법 ➡ 『유스티니아누스 법전』(비잔티움 제국)으로 집대성 • 근대 유럽 법 체계에 영향 교과서마다 달라요 **법률** 비상은 관습법 → 12표법 → 시민법 → 만민법
건축	도로, 수도교, 콜로세움, 공중목욕탕 등 실용적 건축 발달

▲ 아피우스 가도(도로)

▲ 수도교

▲ 콜로세움

4 크리스트교의 전파 그리스·로마 문화와 함께 유럽 문화의 기반이 됨

창시	팔레스타인 지역에서 예수가 신의 사랑과 평등 강조
전파	제자들의 포교로 여성, 하층민 중심 확산 ➡ 황제 숭배를 거부해 ❽박해받음
발전	콘스탄티누스 대제 때 공인(밀라노 칙령, 313) ➡ 테오도시우스 황제 때 국교화(392)

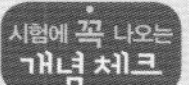

1. 로마 제국에서는 건축, 법률 등 실용적 문화가 발달하였다. (○, ×)
2. 옥타비아누스는 악티움 해전 이후 원로원으로부터 '＿＿＿＿＿＿'라는 칭호를 받았다.

답 1. ○ 2. 아우구스투스

자료 5 로마 공화정의 특징 교과서마다 달라요 **민회** 천재, 금성만 제시

┌ 이후 한 명은 평민 중에서 선출했다.

집정관: 행정·군사 담당
원로원: 자문 및 의결 기관 → (자문) 집정관
호민관: 평민의 이익·권리 옹호
민회 → (선출) 집정관
평민회 → (선출) 호민관
민회, 평민회: 국가의 중요한 일 결정

로마 공화정은 원로원과 민회, 집정관이 세력 균형을 이루었다.
└ 모든 시민으로 구성된 기구, 평민회는 평민(귀족 제외)으로만 구성된 기구이다.

자료 6 로마의 영토 확장

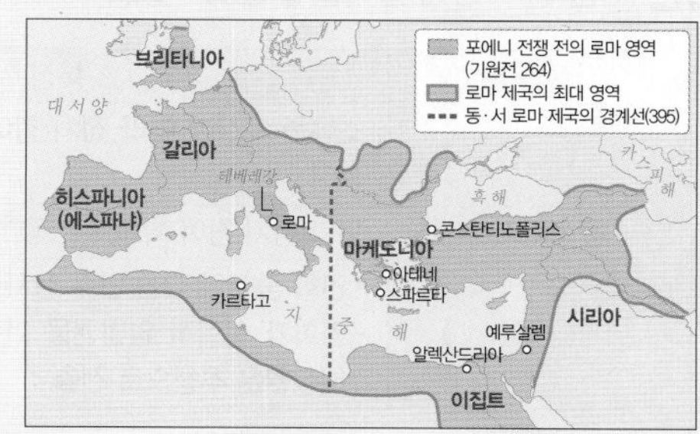

로마는 포에니 전쟁 이후 지중해 세계를 장악하였다.

자료 7 그라쿠스 형제의 개혁

> 이탈리아를 위해 싸우고 죽어 가는 사람들이 가진 것이라고는 공기와 햇볕밖에 없다. 집도 안식처도 없이 처자를 이끌고 거리를 방황하고 있다. 그들은 다른 사람의 부귀와 사치를 위해 싸우다 죽지만 한 뼘의 땅도 갖지 못하고 있다.

포에니 전쟁 이후 유력자들이 노예를 이용해 대농장(라티푼디움)을 경영하면서 자영농이 몰락하였다. 그라쿠스 형제는 유력자의 토지 소유를 제한하고 농민에게 토지 재분배를 주장하였으나 귀족의 반발로 실패하였다.

자료 8 로마의 분할

3세기 말 디오클레티아누스 황제는 넓은 영토를 효율적으로 다스리기 위해 두 명의 황제와 두 명의 부황제가 제국을 나눠 통치하도록 하였다.

▲ 로마의 분할을 나타낸 조각상

❶ 참정권(參 - 참여, 政 - 정치, 權 - 권리): 정치에 참여할 권리
❷ 호민관(護 - 보호하다, 民 - 백성, 官 - 관리): 평민의 권리를 보호하는 관리
❸ 포에니 전쟁: 로마와 카르타고 사이에 세 차례에 걸쳐 일어난 전쟁
❹ 자영농(自 - 스스로, 營 - 경영, 農 - 농업): 자기 토지를 농사짓는 사람
❺ 아우구스투스: '존엄한 자'라는 뜻
❻ 시민법: 로마 시민에게 적용되는 법률
❼ 만민법: 로마 제국의 모든 민족에게 적용되는 법률
❽ 박해(迫 - 핍박하다, 害 - 해하다): 못살게 굴고 해를 끼침

STEP 1 개념 확인

01 다음 설명에 해당하는 나라를 보기에서 골라 기호를 쓰시오.

보기
ㄱ. 아테네 ㄴ. 스파르타
ㄷ. 알렉산드로스 제국 ㄹ. 로마 제국

(1) 민회 중심의 직접 민주 정치 발달 ( )
(2) 법과 건축 등 실용적인 문화 발달 ( )
(3) 그리스 문화를 바탕으로 페르시아 문화 등 통합 ( )
(4) 소수의 시민이 다수의 피정복민 통치, 엄격한 군사 훈련 ( )

02 다음 ㉠~㉢에 들어갈 말을 쓰시오.

구분	특징
(㉠)	소유한 재산에 따라 정치 참여 허용, 군사적 의무 부여
클레이스테네스	평민 정치 참여 확대, (㉡) 추방제 도입
(㉢)	• 민회 중심의 직접 민주 정치 발전 • 민회가 실질적 입법권을 가짐, 대부분의 관직과 배심원은 추첨으로 선출

㉠ ________ ㉡ ________ ㉢ ________

03 서로 관련 있는 것끼리 연결하시오.

(1) 아테네 • • ㉠ 민주 정치
(2) 스파르타 • • ㉡ 엄격한 군사 훈련
• ㉢ 델로스 동맹

04 다음 중 알맞은 말에 ○표를 하시오.

(1) 그리스에서는 평민들이 전쟁에서 활약한 결과 정치에 참여하게 되면서(민주정, 제정)이 발달하였다.
(2) (그리스, 로마)에서는 넓은 제국을 다스리는 데 도움이 되는 법률, 건축 등 실용적 문화가 발달하였다.

05 다음 설명이 맞으면 ○표, 틀리면 ×표 하시오.

(1) 아테네는 펠로폰네소스 전쟁에서 승리하면서 전성기를 맞이하였다. ( )
(2) 로마는 알렉산드로스의 동방 원정으로 대제국으로 성장하였다. ( )

06 다음 빈칸에 알맞은 말을 쓰시오.

(1) 알렉산드로스 제국에서 그리스 문화와 페르시아 등 서아시아 문화가 융합되어 ( ) 문화가 발달하였다.
(2) ( )은(는) 포에니 전쟁 이후 로마에서 확대된 노예 노동으로 운영되던 대농장이다.
(3) 콘스탄티누스 대제가 발표한 ( ) 칙령으로 크리스트교가 공인되었다.

STEP 2 대표 문제

01 그리스 폴리스에 대한 설명으로 옳지 않은 것은?
중 난이도
① 크리스트교를 숭배하였다.
② 아테네와 스파르타가 대표적이다.
③ 광장으로 아고라라는 공간이 형성되었다.
④ 폴리스 간에 올림피아 제전을 개최하였다.
⑤ 군사·종교 거점에 아크로폴리스가 만들어졌다.

02 다음과 같은 구조를 가진 그리스 도시 국가에 대한 설명으로 알맞은 것을 보기에서 모두 고르면?
중 난이도

보기
ㄱ. 아고라에서는 토론과 집회 등이 열렸다.
ㄴ. 각 폴리스는 스파르타의 지배를 받았다.
ㄷ. 아크로폴리스는 군사·종교적 거점 역할을 하는 공간이었다.
ㄹ. 폴리스들은 올림피아 제전을 열어 동족 의식을 강화하였다.

① ㄱ, ㄴ ② ㄴ, ㄷ ③ ㄷ, ㄹ
④ ㄱ, ㄷ, ㄹ ⑤ ㄱ, ㄴ, ㄷ, ㄹ

03 중요 다음 ㉠에 들어갈 내용으로 가장 알맞은 것은?
상 난이도

기원전 7세기경부터 아테네에서 상공업이 발달하며 평민 중 부유한 사람들이 등장하였다. 이들은 중장 보병으로 전쟁에 참여하면서 그에 걸맞는 정치적 권리를 요구하였다. 그 결과 기원전 6세기경 ____㉠____

① 그라쿠스 형제가 개혁을 시도하였다.
② 페리클레스가 도편 추방제를 도입하였다.
③ 스파르타 등과 펠로폰네소스 전쟁이 일어났다.
④ 클레이스테네스가 아테네 민주정을 완성하였다.
⑤ 솔론이 부유한 평민들의 정치 참여를 인정하였다.

정답 06쪽

04 다음 ㉠에 들어갈 인물로 옳은 것은?

하 난이도

(㉠)은(는) 독재자의 출현을 막기 위해 도자기 파편에 독재자가 될 가능성이 높은 사람의 이름을 써서 투표하는 도편 추방제를 실시하였다.

① 솔론 ② 옥타비아누스
③ 페리클레스 ④ 클레이스테네스
⑤ 디오클레티아누스

05 다음 아테네의 발전 과정을 순서대로 바르게 나열한 것은?

중 난이도

ㄱ. 도편 추방제가 시행되었다.
ㄴ. 재산의 정도에 따라 정치 참여가 허용되었다.
ㄷ. 민회 중심의 직접 민주 정치가 크게 발전하였다.
ㄹ. 펠로폰네소스 전쟁에서 펠로폰네소스 동맹에 패배하였다.

① ㄱ－ㄴ－ㄹ－ㄷ ② ㄴ－ㄱ－ㄷ－ㄹ
③ ㄴ－ㄷ－ㄱ－ㄹ ④ ㄷ－ㄱ－ㄴ－ㄹ
⑤ ㄷ－ㄴ－ㄱ－ㄹ

06 그리스 문화에 대한 설명으로 옳지 않은 것은?

중 난이도

① 헤로도토스가 『역사』를 집필하였다.
② 호메로스가 『오디세이』를 저술하였다.
③ 예술에서는 조화와 균형을 강조하였다.
④ 시민법을 발전시켜 만민법이 발달하였다.
⑤ 소피스트들이 진리의 상대성을 주장하였다.

07 다음 (가) 국가에 대한 설명으로 옳은 것은?

중요 · 중 난이도

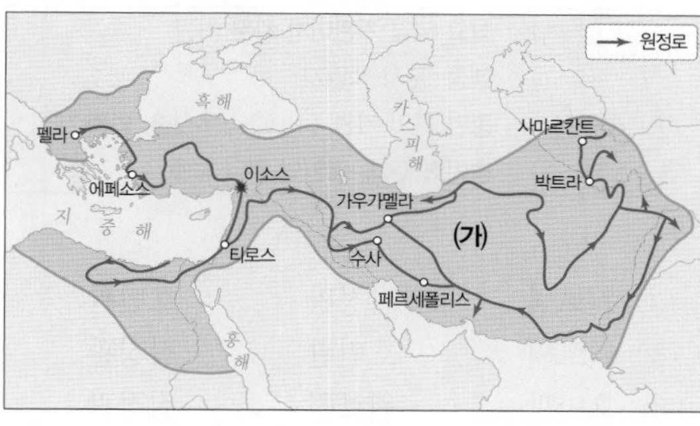

① 페르시아의 침입을 마라톤에서 막아 냈다.
② 수도를 로마에서 콘스탄티노폴리스로 옮겼다.
③ 민회의 권한을 확대하여 민주정을 발달시켰다.
④ 포에니 전쟁으로 서지중해 지역을 차지하였다.
⑤ 알렉산드리아를 건설해 문화의 중심지로 삼았다.

08 다음 (가), (나) 문화유산과 관련된 문화에 대한 설명으로 옳은 것을 보기에서 모두 고르면?

중요 · 중 난이도

(가)

(나)

보기

ㄱ. (가): 예술에서는 조화와 균형이 강조되었다.
ㄴ. (가): 금욕을 강조한 스토아학파가 출현하였다.
ㄷ. (나): 세계 시민주의와 개인주의가 강조되었다.
ㄹ. (나): 철학에서는 소크라테스가 진리의 절대성을 주장하였다.

① ㄱ, ㄴ ② ㄱ, ㄷ ③ ㄴ, ㄷ
④ ㄴ, ㄹ ⑤ ㄷ, ㄹ

같은 주제 다른 문제

(나)와 관련된 문화에 대한 설명으로 옳지 않은 것은? 답 ①

① 폴리스 사이의 동족 의식 강화
② 세계 시민주의와 개인주의 강조
③ 스토아학파와 에피쿠로스학파 발전
④ 사실적이고 생동감 넘치는 예술 발전
⑤ 그리스와 페르시아 등의 문화가 융합된 문화

09 다음 ㉠~㉢에 들어갈 말을 바르게 연결한 것은?

중 난이도

(㉠)	최고 의결 기관이자 자문 기관
(㉡)	행정·군사 책임자
평민회	평민 회의 기관, (㉢) 선출, 법률 제정
(㉢)	평민회 주재, 평민의 권익 보호

	㉠	㉡	㉢
①	원로원	집정관	호민관
②	원로원	호민관	집정관
③	호민관	원로원	집정관
④	호민관	집정관	원로원
⑤	집정관	원로원	호민관

10 포에니 전쟁의 결과로 가장 적절한 것은?

하 난이도

① 라티푼디움이 확대되었다.
② 밀라노 칙령이 발표되었다.
③ 델로스 동맹이 결성되었다.
④ 페리클레스가 민회를 강화하였다.
⑤ 제국의 수도를 콘스탄티노폴리스로 옮겼다.

11 다음 밑줄 친 '전쟁'에 대한 설명으로 옳은 것은?

상 난이도

> 이탈리아를 위해 <u>전쟁</u>에서 싸우고 죽어 가는 사람들이 가진 것이라고는 공기와 햇볕밖에 없다. 집도 안식처도 없이 처자를 이끌고 거리를 방황하고 있다. 그들은 다른 사람의 부귀와 사치를 위해 싸우다 죽지만 한 뼘의 땅도 갖지 못하고 있다.

① 로마와 카르타고 사이의 전쟁이다.
② 마케도니아와 그리스를 정복하였다.
③ 로마 공화정이 발전하는 계기가 되었다.
④ 페르시아를 멸망시키고 동방으로 진출하였다.
⑤ 마라톤 전투와 살라미스 해전에서 승리하였다.

같은 주제 다른 문제

위 연설이 나온 배경으로 가장 적절한 것은? 답 ②

① 옥타비아누스가 군대와 재정을 장악하였다.
② 포에니 전쟁 결과 라티푼디움이 확대되었다.
③ 로마에서 평민회와 호민관 제도가 만들어졌다.
④ 군인 정치가가 등장하여 삼두 정치를 실시하였다.
⑤ 디오클레티아누스 황제가 전제 군주제를 확립하였다.

12 다음 국가의 발전 과정을 순서대로 바르게 나열한 것은?

중 난이도

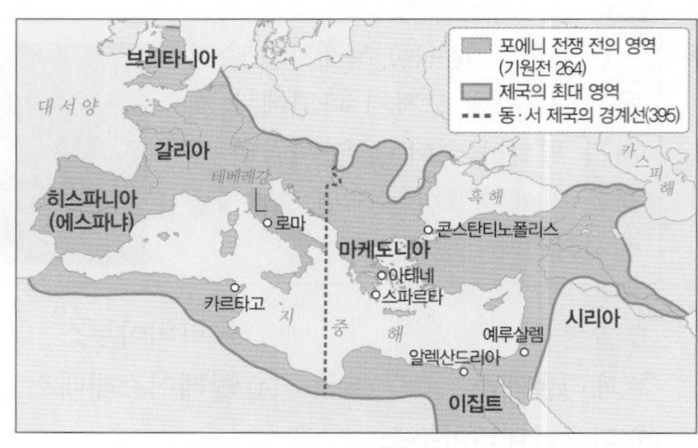

> ㄱ. 귀족들이 왕을 몰아내고 공화정을 수립하였다.
> ㄴ. 그라쿠스 형제가 개혁을 추진하였으나 실패하였다.
> ㄷ. 옥타비아누스가 권력을 장악하면서 제정이 시작되었다.
> ㄹ. 제국을 넷으로 나눈 뒤 네 명의 통치자가 공동으로 통치하였다.

① ㄱ－ㄴ－ㄷ－ㄹ　② ㄱ－ㄴ－ㄹ－ㄷ
③ ㄴ－ㄷ－ㄱ－ㄹ　④ ㄷ－ㄱ－ㄴ－ㄹ
⑤ ㄷ－ㄹ－ㄴ－ㄱ

13 다음과 같은 문화유산을 남긴 문화에 대한 설명으로 옳은 것을 보기에서 모두 고르면?

중 난이도

보기
> ㄱ. 법과 건축 등 실용적인 문화가 발전하였다.
> ㄴ. 법은 관습법 → 시민법 → 만민법으로 발전하였다.
> ㄷ. 제국 전역에 도로망을 건설하여 사람과 물자의 이동을 도왔다.
> ㄹ. 그리스 문화를 바탕으로 페르시아 문화 등을 융합한 문화가 나타났다.

① ㄱ, ㄴ　② ㄴ, ㄷ　③ ㄷ, ㄹ
④ ㄱ, ㄴ, ㄷ　⑤ ㄱ, ㄷ, ㄹ

STEP 3 주관식·서술형

> 정답 06쪽

01 다음 글을 읽고 물음에 답하시오.

> **페리클레스의 연설**
>
> 우리의 정부 제도는 이웃 폴리스의 제도를 모방한 것이 아닙니다. 오히려 우리는 그들의 모범이 되었습니다. 우리 정치 체제는 권력이 소수가 아닌 다수에게서 나오기에 (　㉠　)(이)라고 부릅니다.

(1) 윗글의 ㉠에 들어갈 정치 형태를 쓰시오.

(2) 아테네의 ㉠ 정치 형태가 오늘날과 어떻게 다른지 참여 대상을 중심으로 서술하시오.

02 다음 자료를 보고 물음에 답하시오.

(1) 자료와 관련된 문화를 쓰시오.

(2) 위 문화가 나타나게 된 배경과 특징을 서술하시오.

03 다음 글을 읽고 물음에 답하시오.

> 이탈리아를 위해 전쟁에서 싸우고 죽어 가는 사람들이 가진 것이라고는 공기와 햇볕밖에 없다. 집도 안식처도 없이 처자를 이끌고 거리를 방황하고 있다. 그들은 다른 사람의 부귀와 사치를 위해 싸우다 죽지만 한 뼘의 땅도 갖지 못하고 있다.

(1) 윗글의 밑줄 친 '전쟁'이 무엇인지 쓰시오.

(2) 그라쿠스 형제가 위와 같은 주장을 하면서 개혁을 실시한 이유를 서술하시오.

04 다음 글을 읽고 물음에 답하시오..

> 예수가 창시한 종교로 사랑과 평등을 강조하였다. 이후 이 종교는 예수의 제자들에 의해 확산되었다. 로마에도 전파되어 박해를 받기도 하였으나 교세는 더욱 커졌다.

(1) 윗글에서 설명하는 종교를 쓰시오.

(2) 위 종교가 로마 제국에서 공인되고 국교화된 과정을 서술하시오.

01 역사의 의미와 역사 학습의 목적

역사의 의미	사실로서의 역사	과거의 사실 그 자체
	기록으로서의 역사	역사가의 과거에 대한 기록
역사 학습의 목적	• 현재 상황 이해 • 교훈을 얻음	• 정체성 확인 • 역사적 사고력 향상

02 세계의 선사 문화

구석기 시대	• 도구: 뗀석기 사용 • 식량: 사냥과 채집 • 거주: 바위 그늘, 동굴이나 막집, 이동 생활, 평등 사회
신석기 시대	• 도구: 간석기 사용, 토기 제작 • 식량: 농경과 목축의 시작 • 거주: 정착 생활 시작 → 움집 제작 • 기타: 원시 신앙 발생(애니미즘, 토테미즘), 평등 사회

03 세계의 고대 문명

1 문명의 발생

지리적 조건	큰 강 유역
특징	도시 발생, 계급 발생, 청동기 사용, 문자 사용
대표적 문명	메소포타미아 문명, 이집트 문명, 인도 문명, 중국 문명

2 고대 문명의 발전

메소포타미아 문명	• 티그리스·유프라테스강 유역 • 개방적 지형 → 이민족 침입 → 잦은 왕조 교체 • 지구라트, 함무라비 법전 • 쐐기 문자, 60진법, 태음력
이집트 문명	• 나일강 유역 • 폐쇄적 지형 → 통일 왕조 유지 • 파라오가 정치·종교 장악, 신권 정치 • 상형 문자, 10진법, 태양력 • 내세적 문화: 피라미드, 미라, 「사자의 서」
인도 문명	• 인더스강 유역 • 인더스 문명: 하라파, 모헨조다로에 계획도시 건설, 그림 문자, 동물 모양 인장 • 아리아인의 이동: 철기 보급, 카스트제 성립, 『베다』 제작, 브라만교 등장
중국 문명	• 황허강 유역 • 하: 기록상의 최초의 왕조 • 상: 신권 정치, 갑골문(한자의 기원) • 주: 혈연관계를 바탕으로 한 봉건제 시행

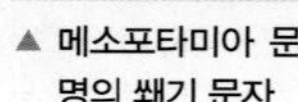

▲ 메소포타미아 문명의 쐐기 문자

▲ 이집트 문명의 상형 문자

▲ 인도 문명의 그림 문자

▲ 중국 문명의 갑골문

04 고대 제국의 특성과 주변 세계의 성장

1 페르시아 제국

아시리아	• 서아시아 세계 최초 통일(철제 무기 사용) • 정복지에 총독 파견, 도로와 교역로 정비
아케메네스 왕조 페르시아	• 서아시아 세계 재통일 • 이민족에 대한 포용 정책 • 다리우스 1세: 중앙 집권 체제 정비('왕의 눈', '왕의 귀' 등 감찰관 파견, '왕의 길' 건설)
사산 왕조 페르시아	• 동서양을 잇는 중계 무역, 페르시아 계승 • 조로아스터교 국교화 • 이슬람 제국에게 멸망

2 진·한 제국

춘추 전국	• 주가 유목 민족의 침입으로 수도 이동 → 주 왕실 권위 약화 → 제후 간 세력 경쟁 • 경제: 철기 사용, 상공업 발달, 화폐 사용 • 사상: 제자백가 등장
진	• 진 시황제의 전국 시대 통일(법가를 통치 이념으로 수용) • 중앙 집권 강화: 화폐·도량형·문자 통일, 분서갱유 • 만리장성 축조: 흉노 견제 • 멸망: 농민 반란(진승·오광의 난) 등으로 통일 15년 만에 멸망
한	• 한 고조: 재통일, 군국제 • 한 무제: 군현제 실시, 유학의 국교화, 흉노 공격, 고조선 멸망, 북베트남 진출 → 경제 통제 정책(전매 제도) • 문화: 유학(통치 이념, 훈고학 발달), 제지법, 『사기』 • 멸망: 황건적의 난 이후 멸망

3 그리스·로마 세계의 발전

(1) 그리스

아테네 민주정 발달	• 솔론: 재산에 따른 참정권 • 클레이스테네스: 도편 추방제 • 페리클레스: 민회 강화, 추첨제, 직접 민주 정치 발전(성인 남성 시민만 참여)
전쟁	• 그리스·페르시아 전쟁: 승리 후 아테네 번성 • 펠로폰네소스 전쟁: 스파르타 승리 → 아테네 쇠퇴
문화	• 합리적, 인간 중심적 • 파르테논 신전, 헤로도토스의 『역사』, 소피스트, 소크라테스

(2) 알렉산드로스 제국 유럽, 아시아, 아프리카에 걸친 대제국 건설 → 동서 융합 정책, 헬레니즘 문화(세계 시민주의, 개인주의)

(3) 로마

공화정 시기	• 이탈리아반도 통일 → 포에니 전쟁으로 지중해 장악 • 라티푼디움 확산 → 그라쿠스 형제 개혁 시도 실패
제정 시기	• 옥타비아누스가 '아우구스투스'라 불리며 제정 시작 • 로마의 평화 → 군인 정치가 등장, 속주 반란 등 혼란 • 제국의 중흥: 디오클레티아누스(제국 4분할), 콘스탄티누스 대제(콘스탄티노폴리스 천도) • 멸망: 게르만족의 침입 → 서로마 제국 멸망
문화	• 크리스트교 공인(밀라노 칙령) → 테오도시우스 황제 때 국교화 • 실용적 문화 발달: 법률, 건축

지도로 정리하기

03 세계의 고대 문명

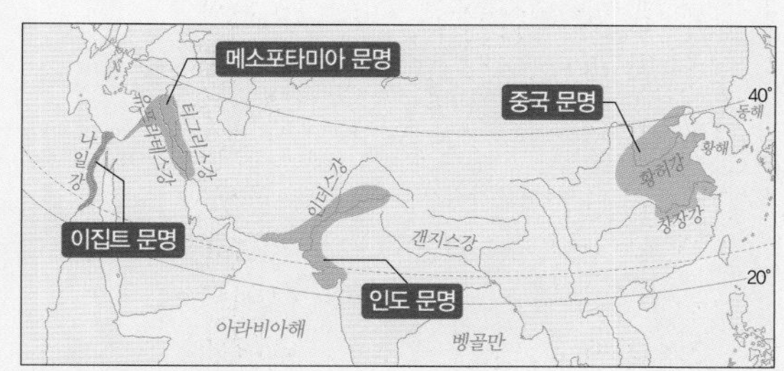

▲ 주요 문명의 발상지

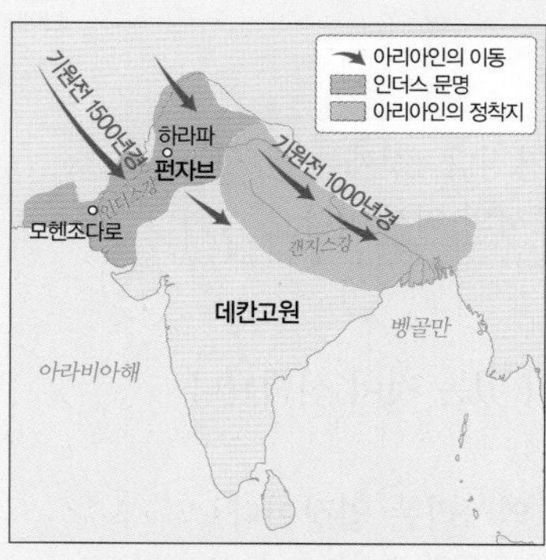

▲ 인도 문명과 아리아인의 이동

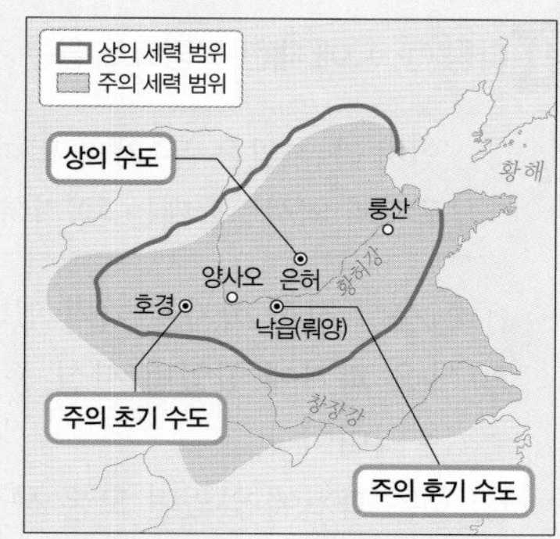

▲ 중국 문명

04 고대 제국의 특성과 주변 세계의 성장

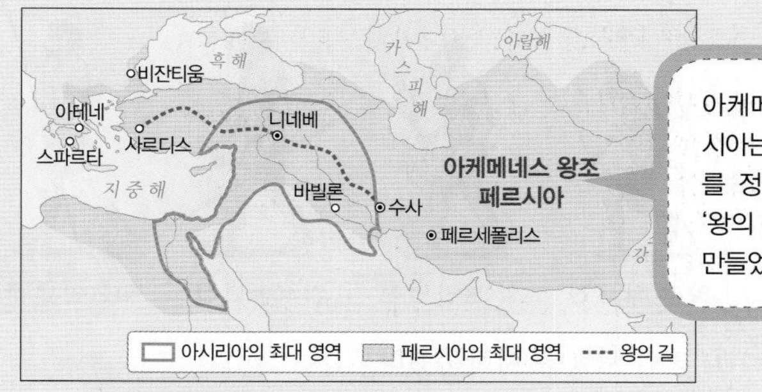

▲ 아케메네스 왕조 페르시아

아케메네스 왕조 페르시아는 중앙 집권 체제를 정비하는 과정에서 '왕의 길'이라는 도로를 만들었다.

▲ 파르티아와 사산 왕조 페르시아

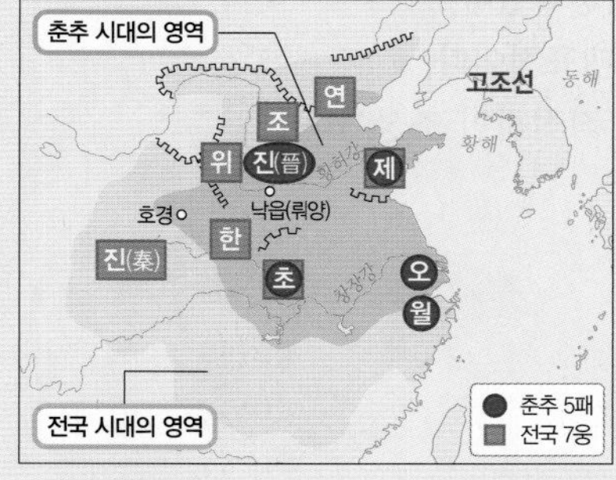

▲ 춘추 전국 시대

▲ 진

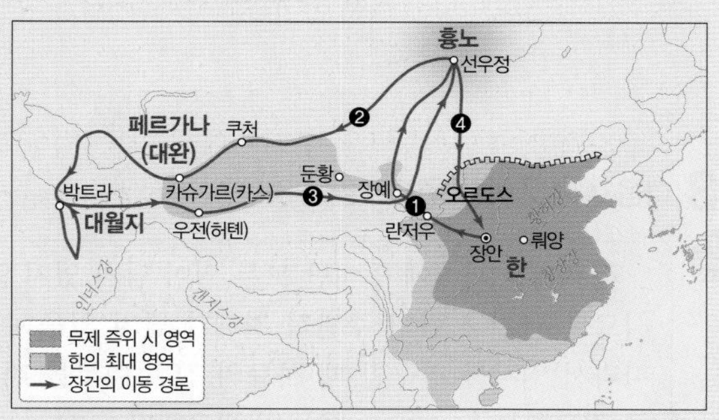

▲ 한과 비단길 개척

▲ 알렉산드로스 제국

알렉산드로스는 영토를 넓히고, 곳곳에 알렉산드리아라는 도시를 만들었다.

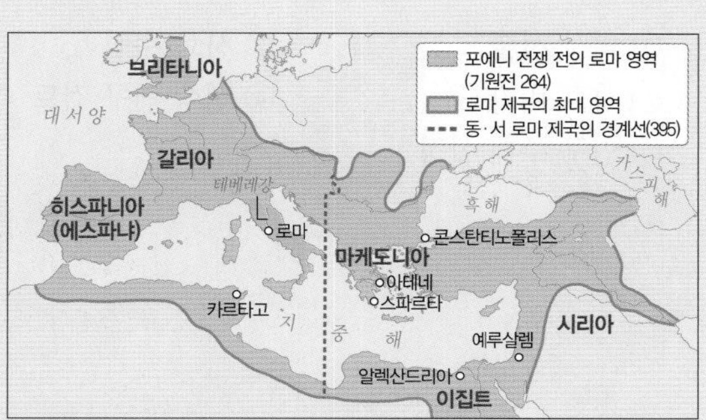

▲ 로마 제국

대단원 마무리 문제

01 역사의 의미와 역사 학습의 목적

01 (중요) 다음 ㉠, ㉡에 대한 설명으로 옳은 것은?

상 난이도

> '역사'라는 말은 두 가지 의미를 가진다. 첫째는 ㉠'사실로서의 역사', 둘째는 ㉡'기록으로서의 역사'이다.

① ㉠을 주장한 학자로 카가 있다.
② ㉠은 과거에 있었던 사실 중 의미 있는 것이 선택된다는 의미이다.
③ ㉡은 과거에 있었던 모든 사실이 역사라는 입장이다.
④ ㉡은 역사의 서술에 역사가의 해석이 개입된다고 본다.
⑤ ㉠, ㉡ 모두 관점에 따라 역사 해석이 바뀌지는 않는다고 주장한다.

02 다음 ㉠에 들어갈 내용으로 옳은 것은?

하 난이도

> 과거 사람들이 남긴 흔적을 (㉠)(이)라고 한다.

① 지도 ② 사료 ③ 사실
④ 문학 ⑤ 문화재

03 다음 ㉠에 들어갈 용어로 옳은 것은?

중 난이도

> 사료에는 과거에 일어난 모든 일이 담겨 있지 않으며, 사료를 남긴 사람의 주관적 견해가 담겨 있을 수 있다. 따라서 역사를 연구할 때 사료의 진위 여부를 비판적으로 검토하는 (㉠)이(가) 필요하다.

① 역사 서술 ② 사료 수집
③ 사료 비판 ④ 선행 연구 검토
⑤ 연구 주제 설정

04 다음 중 사료에 해당하지 않는 것은?

하 난이도

① 유물 ② 유적 ③ 기록물
④ 자연 현상 ⑤ 구전 설화

서술형

05 역사를 배우는 목적을 세 가지 이상 서술하시오.

중 난이도

02 세계의 선사 문화

06 다음 그림의 (가) 인류에 대한 설명으로 옳은 것은?

중 난이도

(가)

약 390만 년 전	약 180만 년 전	약 40만 년 전	약 20만 년 전

① 직립 보행을 시작하였다.
② 불과 언어를 사용하였다.
③ 죽은 사람을 매장하였다.
④ 크로마뇽인이 대표적이다.
⑤ 오늘날 인류의 직접적인 조상이다.

07 (중요) 다음 인류의 진화 과정을 순서대로 바르게 나열한 것은?

상 난이도

> ㄱ. 불과 언어를 사용하였다.
> ㄴ. 죽은 사람을 매장하였다.
> ㄷ. 직립 보행을 시작하였다.
> ㄹ. 오늘날 인류의 직계 조상이다.

① ㄱ－ㄴ－ㄷ－ㄹ ② ㄴ－ㄷ－ㄱ－ㄹ
③ ㄷ－ㄱ－ㄴ－ㄹ ④ ㄷ－ㄴ－ㄱ－ㄹ
⑤ ㄷ－ㄹ－ㄱ－ㄴ

08 다음 ㉠에 들어갈 사진으로 가장 알맞은 것은?

중 난이도

[유물 카드] No.1

㉠	• 출토지: 오스트리아 • 시기: 구석기 시대 • 특징: 다산과 풍요를 기원하며 만듦

① 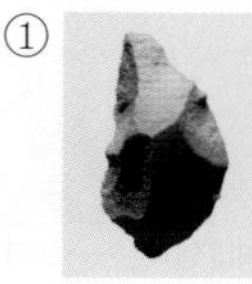
② 
③ 
④ 
⑤ 

09 다음 ㉠에 들어갈 내용으로 적절하지 않은 것은?

중 난이도

Q & A

Q. 구석기 시대의 생활 모습을 알려 주세요.
A. (㉠)

① 주먹도끼 등 도구를 만들어 사용하였어요.
② 이동 생활을 하며 동굴이나 막집에 거주하였어요.
③ 불을 이용해 음식을 조리하거나 추위를 피했어요.
④ 동굴에 벽화를 그려 사냥의 성공을 기원하였어요.
⑤ 농사의 성공을 빌기 위해 애니미즘이 발달하였어요.

10 다음 ㉠에 들어갈 내용으로 옳은 것은?

하 난이도

> 신석기 시대 (㉠)을 시작하면서 인류의 생활 방식이 급속도로 바뀌었다. 그래서 학자들은 이러한 변화를 신석기 혁명이라고 부른다.

① 이동 생활
② 불의 사용
③ 농경과 목축
④ 직립 보행
⑤ 동굴 벽화 제작

03 세계의 고대 문명

11 다음 ㉠에 들어갈 내용으로 옳은 것은?

중 난이도

> 농사를 지으면서 사람들은 큰 강 유역에 모여 살게 되었다. 강의 범람이나 가뭄 등 자연재해에 대처하는 과정에서 지배층과 피지배층이 나뉘었다. 지배 계급은 도시를 건설하여 신전, 궁전 등을 짓고, 청동기를 사용하여 제사를 지내기도 하였다. 그 결과 ㉠

① 정착 생활을 시작하였다.
② 고대 문명이 탄생하였다.
③ 현생 인류가 출현하였다.
④ 사유 재산제가 등장하였다.
⑤ 토기를 제작하기 시작하였다.

12 다음과 관련된 사진으로 옳은 것은?

중 난이도

〈모둠 탐구 보고서〉 세계 고대 문명 탐구

• 우리 모둠이 선택한 문명: ○○○○○○ 문명
• 대표적 문화유산: 이 문화유산은 신전으로 쓰였을 것으로 추정된다. 원래 각 도시에 세워졌으나 우르에 세워진 것이 가장 잘 보존되어 있다.

① 
② 
③ 
④ 
⑤ 

13 다음에서 설명하는 법전을 쓰시오.

중 난이도

> 바빌로니아 왕국의 법전으로 복수주의, 신분과 화폐(은)의 존재를 알려 준다.

14 다음 유물이 제작된 문명에 대한 설명으로 옳은 것은?
상 난이도

① 함무라비 법전이 제작되었다.
② 인더스강 유역에서 발전하였다.
③ 10진법과 태양력을 사용하였다.
④ 점을 치고 그 내용을 갑골문으로 남겼다.
⑤ 신권 정치가 발전해 지구라트라는 신전을 건설하였다.

15 다음 ㉠에 들어갈 내용으로 가장 적절한 것은?
상 난이도

인더스강 유역에서 도시 문명이 건설되었다.	→	 ㉠	→	카스트제가 시행되고 브라만교가 등장하였다.

① 청동 무기가 사용되기 시작하였다.
② 함무라비 법전을 제작해 통치하였다.
③ '파라오'라는 전제 군주가 등장하였다.
④ 유목 생활을 하던 아리아인이 이동하였다.
⑤ 혈연관계를 바탕으로 한 봉건제를 시행하였다.

16 다음 ㉠ 왕조에 대한 설명으로 옳은 것은?
상 난이도

〈문자로 보는 세계사〉

중국 문명의 (㉠) 왕조 사람들은 점을 치고 소와 같은 짐승의 뼈나 거북 껍질 등에 그 내용을 글로 새겼다. 이때 사용된 문자는 오늘날 한자의 바탕이 되었다.

① 군현제가 실시되었다.
② 신권 정치가 이루어졌다.
③ 춘추 전국 시대를 통일하였다.
④ 아리아인의 이동으로 멸망하였다.
⑤ 동물 그림이 새겨진 인장을 사용하였다.

04 고대 제국의 특성과 주변 세계의 성장

17 중요 다음 왕조에 대한 설명으로 옳은 것은?
중 난이도

비잔티움
흑해
카스피해
아랄해
아테네
스파르타
사르디스
니네베
시돈
지중해
바빌론
수사
예루살렘
멤피스
페르세폴리스
인더스강
최대 영역
왕의 길

① 조로아스터교를 국교로 삼았다.
② 알렉산드로스 제국을 멸망시켰다.
③ '왕의 귀'라 불리는 관리가 각지에 파견되었다.
④ 평민이 중장 보병으로 활약해 민주정이 발달하였다.
⑤ 조각술이 발달해 간다라 양식 성립에 영향을 주었다.

서술형
18 아시리아와 달리 아케메네스 왕조 페르시아가 200여 년간 번영한 이유를 다음 조건에 맞춰 서술하시오.
상 난이도

조건
피지배 민족에 대한 정책을 비교할 것

19 중국에서 다음과 같은 사회 변화가 나타난 시대에 대한 설명으로 옳은 것을 보기에서 모두 고르면?
중 난이도

철제 무기가 사용되면서 전쟁이 더욱 치열하고 잦아졌다. 또한 철제 농기구가 도입되면서 농업 생산량이 증가하였다.

보기
ㄱ. 제자백가 출현
ㄴ. 봉건제의 도입
ㄷ. 화폐·도량형·문자 통일
ㄹ. 춘추 5패와 전국 7웅 등장

① ㄱ, ㄴ ② ㄱ, ㄷ ③ ㄱ, ㄹ
④ ㄴ, ㄹ ⑤ ㄷ, ㄹ

정답 07쪽

중요
20 다음 인물에 대한 설명으로 옳은 것을 보기에서 모두 고르면?
중 난이도

중국 최초의 황제
이 인물은 중국을 최초로 통일하였다. '황제'라는 명칭을 최초로 사용하고 옥새를 처음 쓴 것도 이 인물이다. 그러나 가혹한 통치로 이 왕조는 통일 이후 곧 멸망하였다.

보기
ㄱ. 군국제를 실시하였다.
ㄴ. 분서갱유를 단행하였다.
ㄷ. 흉노를 몰아내고 만리장성을 축조하였다.
ㄹ. 소금, 철, 술에 대한 전매 제도를 시행하였다.

① ㄱ, ㄴ ② ㄱ, ㄷ ③ ㄴ, ㄷ
④ ㄴ, ㄹ ⑤ ㄷ, ㄹ

21 밑줄 친 '황제'에 대한 설명으로 옳은 것은?
상 난이도

① 고조선을 공격하였다.
② 군국제를 실시하였다.
③ 토지 국유화를 단행하였다.
④ 진승·오광의 난을 유발하였다.
⑤ 한을 건국하고 중국을 재통일하였다.

서술형
22 아테네 민주정의 발달 과정을 다음 조건에 맞추어 세 문장으로 서술하시오.
상 난이도

조건
1. 평민들이 중장 보병으로 활약하면서 나타난 변화를 한 문장으로 서술할 것
2. 독재자의 출현을 막기 위해 시행된 제도를 한 문장으로 서술할 것
3. 민회의 참여 자격과 관련하여 한 문장으로 서술할 것

23 다음 문학 작품과 관련된 문화에 대한 설명으로 옳은 것은?
상 난이도

호메로스의 대표 작품, ○○○○
1만 5,693행, 24권으로 이루어져 있다. 이 작품의 명칭은 도시 트로이의 별명 '일리오스'(Ilios)에서 유래하였다. 이 작품은 그리스군의 트로이 공격을 노래한 서사시이다.

① 합리적·인간 중심의 문화가 발전하였다.
② 금욕을 강조한 스토아학파가 성장하였다.
③ 법과 건축 등 실용적인 문화가 발전하였다.
④ 소피스트들은 진리의 절대성을 강조하였다.
⑤ 폴리스를 벗어난 세계 시민주의가 강화되었다.

중요
24 다음 ㉠ 문화와 관련된 국가에 대한 설명으로 옳은 것은?
중 난이도

(㉠) 문화의 철학
• 에피쿠로스학파: 정신적 즐거움 추구
• 스토아학파: 개인의 행복을 위하여 금욕 강조

① 카르타고를 물리치고 지중해를 장악하였다.
② 동서 융합 정책으로 페르시아인을 관리로 등용하였다.
③ 펠로폰네소스 전쟁에서 패배하여 마케도니아에 정복되었다.
④ 부유한 평민이 전쟁에 참여하면서 직접 민주 정치가 꽃을 피웠다.
⑤ 각 폴리스는 정치적으로 독립되었지만 동족 의식을 가지고 있었다.

25 다음 로마의 발전 과정을 순서대로 바르게 나열한 것은?
중 난이도

ㄱ. 크리스트교를 로마 제국의 국교로 삼았다.
ㄴ. 수도를 콘스탄티노폴리스(비잔티움)로 옮겼다.
ㄷ. 옥타비아누스가 아우구스투스의 칭호를 받았다.
ㄹ. 200여 년간 로마의 평화로 불리는 번영이 이어졌다.

① ㄱ－ㄴ－ㄷ－ㄹ ② ㄴ－ㄷ－ㄱ－ㄹ
③ ㄷ－ㄱ－ㄴ－ㄹ ④ ㄷ－ㄴ－ㄱ－ㄹ
⑤ ㄷ－ㄹ－ㄴ－ㄱ

01 불교 및 힌두교 문화의 형성과 확산

1 불교문화의 형성

1 배경

교과서마다 달라요 인도 사회 변화 시기

지학, 비상	기원전 6세기경
동아, 미래엔, 천재, 금성	기원전 7세기경

(1) **인도 사회의 변화** 기원전 7세기경 철기 문화 확산 ➡ 전쟁 증가로 크샤트리아, 상공업 발달로 바이샤 성장

(2) **브라만교에 대한 불만** 크샤트리아와 바이샤를 중심으로 ❶브라만 중심의 카스트제와 브라만교의 형식적 제사 의식 비판

2 불교의 등장

고타마 싯다르타가 속한 부족인 '석가'와 성자라는 의미의 '모니'를 합친 말로 '석가족의 성자'라는 뜻이다.

창시	고타마 싯다르타(석가모니)
특징	• 평등(누구나 수행을 통해 ❷해탈에 이를 수 있음)과 자비 강조 • 브라만교의 엄격한 권위주의와 신분 차별에 반대
전파	브라만 중심의 엄격한 신분제에 반발한 크샤트리아와 바이샤를 중심으로 빠르게 전파 ➡ 인도 여러 지역으로 확산

자료 1

시험에 꼭 나오는 개념 체크

1. 상공업이 발달하고 전쟁이 증가하면서 브라만 중심의 카스트제에 대한 반발이 심해졌다. (○, ×)
2. 불교의 창시자는 ＿＿＿ ＿＿＿＿이다.

답 1. ○ 2. 고타마 싯다르타

2 마우리아 왕조의 성장

1 건국과 발전

(1) **배경** 기원전 4세기경 알렉산드로스의 원정으로 정치적 혼란

(2) **건국** 찬드라굽타 마우리아가 정치적 혼란 수습 ➡ 최초로 북인도 통일

(3) **아소카왕** 기원전 3세기경, 전성기

영토 확장	남부 지역 일부를 제외하고 인도 대부분 지역 통일
통치 정책	• 중앙 집권 강화: 도로망 정비, 전국에 관리 파견 • 지역 간의 교역 확대
불교 진흥 (자료 2)	• 배경: 잦은 전쟁과 ❸살생에 대한 후회 • 정책: 불교의 가르침과 통치 방침을 새긴 돌기둥 설치, 불교 경전 정리, 사원과 불탑 건설, 불교 ❹포교(주변 지역에 ❺사절과 승려 파견)

현존하는 가장 오래된 불탑이다.

▲ 산치 대탑

(4) **쇠퇴** 아소카왕 사후 마우리아 왕조 쇠퇴, 인도 다시 분열

2 마우리아 왕조 시기의 불교

(1) **특징** 개인의 해탈을 강조하는 ❻상좌부 불교 발전

자료 3 (2) **전파** 마우리아 왕조의 포교 노력 ➡ 스리랑카와 동남아시아 등지로 불교 전파

시험에 꼭 나오는 개념 체크

1. 마우리아 왕조는 알렉산드로스의 원정으로 멸망하였다. (○, ×)
2. ＿＿＿＿＿은 불교의 가르침을 담은 돌기둥을 세우는 등 불교 진흥 정책을 펼쳤다.

답 1. × 2. 아소카왕

자료 1 마우리아 왕조

▲ 아소카왕의 돌기둥

마우리아 왕조는 아소카 왕 때 전성기를 맞았다.

자료 2 아소카왕과 불교

칼링가 전투가 끝난 후 나의 마음속에는 많은 갈등과 불법을 향한 갈망이 싹텄다. 정복에 대한 후회도 생겼다. 자유민을 정복한다는 것은 사람을 죽이고 노예로 만든다는 뜻이다. 나는 이제 이런 일에 고뇌를 느낀다.

아소카왕은 정복 전쟁 중 많은 학살을 저지른 점을 후회하며 불교에 귀의하였다.

자료 3 불교의 전파

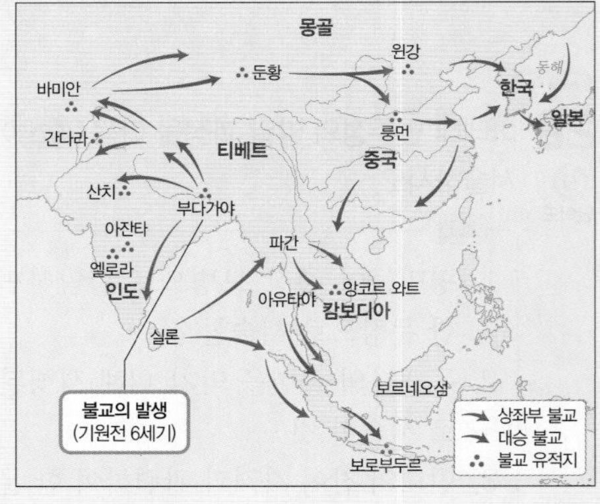

용어 쏙쏙

❶ 브라만: 카스트제의 최상위 계층으로 제사를 담당함
❷ 해탈(解 - 풀다, 脫 - 벗어나다): 불교에서 제시하는 인간이 세상의 모든 속박으로부터 벗어나게 된 상태
❸ 살생(殺 - 죽이다, 生 - 살다): 살아 있는 생명을 죽임
❹ 포교(布 - 펼치다, 敎 - 종교): 종교 등을 널리 퍼뜨림
❺ 사절(使 - 사신, 보내다, 節 - 마디): 한 나라를 대표해 다른 나라에 보내진 사신
❻ 상좌부 불교: 개인의 엄격한 수행과 해탈을 강조하는 불교의 한 종류, 동남아시아 등지에서 많이 믿음

3 쿠샨 왕조의 성장

1 성립과 발전

(1) **성립** 1세기경 이란 계통의 유목 민족인 쿠샨족이 인도 북부 대부분 차지

자료 4 (2) **카니슈카왕** 2세기 중엽, 전성기

영토 확장	❶간다라 지역 중심으로 동서 교역로 장악, 북인도에서 중앙아시아에 이르는 영역 차지
불교 장려	사원과 탑 건설, 불교 경전 연구, 불교 교리 전파

(3) **쇠퇴** 4세기경에 멸망, 이후 북인도는 여러 나라로 분열

2 쿠샨 왕조 시기의 불교

(1) **특징** ❷대승 불교 발전, 부처를 숭배의 대상으로 삼음 (대승 불교: 선행을 통한 만인의 구제를 강조하였다.)

(2) **전파** 비단길을 따라 중앙아시아, 중국, 한국, 일본 등 전파, 보로부두르 사원 건설 (보로부두르 사원: 인도네시아 자와섬의 사일렌드라 왕조에서 세운 대승 불교 사원이다.)

자료 5 **3 간다라 양식의 발전**

(1) **초기 불교** 불상을 만들지 않고, 탑, 보리수, 부처의 발자국 등으로 부처를 표현

(2) **간다라 양식** ❸헬레니즘 문화 + 인도 불교문화

교과서마다 달라요 **간다라 양식** 미래엔, 지학은 간다라 미술

배경	알렉산드로스 원정으로 그리스인이 이주하면서 헬레니즘 문화 전파
성립	• 간다라 지방에서 인도 불교문화와 헬레니즘 문화 융합해 간다라 양식 탄생 • 헬레니즘 문화의 영향으로 부처를 인간의 모습으로 표현하는 불상 제작
영향	대승 불교의 확산과 함께 동아시아 지역까지 전파

교과서마다 달라요 **간다라 양식** 비상, 금성은 인도 문화+헬레니즘 문화

시험에 꼭 나오는 개념 체크

1. 쿠샨 왕조 시기에 상좌부 불교가 발달하였다. (○, ×)
2. 쿠샨 왕조 시기에 헬레니즘 문화와 인도의 불교문화가 융합되어 ＿＿＿ ＿＿이 등장하였다.

답 1. × 2. 간다라 양식

4 굽타 왕조의 발전과 힌두교의 등장

자료 6 **1 굽타 왕조**

(1) **성립** 4세기경 북인도를 중심으로 성립

(2) **찬드라굽타 2세** 5세기 초 북인도 대부분 지역 통일, 인도 중부로 세력 확장

(3) **멸망** 유목 민족 ❹에프탈의 침입으로 쇠퇴 ➡ 6세기 중엽 멸망

2 힌두교의 등장과 확산

형성	브라만교를 바탕으로 다양한 민간 신앙과 불교 결합
특징	• 창시자와 체계적 교리가 없으며 다양한 신을 숭배(브라흐마, 시바, 비슈누 중심) • 제사 의식 간소화, 모두가 제사 지낼 수 있음, 토착적 성격 ➡ 백성에게 쉽게 수용 • 카르마(업)와 카스트에 따른 의무 수행 중시 ➡ 카스트제가 정착됨 • 『마누 법전』: 카스트에 따른 의무 정리, 오늘날까지 큰 영향
확산	• 신이 왕의 모습으로 나타났다고 인식하며 굽타 왕조가 후원 ➡ 인도의 대표적 종교로 성장 • 동남아시아 지역에 영향, 참파 왕국(베트남 중남부), 앙코르 왕조(앙코르 와트 건축)

교과서마다 달라요 **앙코르 왕조** 지학은 크메르 왕국

3 인도 고전 문화의 발달 인도 고유의 색채가 뚜렷해짐

문학	❺산스크리트어 공용어 ➡ 산스크리트 문학 발전, 『라마야나』, 『마하바라타』, 『샤쿤탈라』
예술	굽타 양식: 간다라 양식 + 인도 고유 양식 ➡ 동아시아 불교 미술에도 영향 (자료 7)
과학	자연 과학 발달(지구 자전), '0' 개념, 10진법 사용 ➡ 이슬람 과학에 영향

시험에 꼭 나오는 개념 체크

1. 굽타 왕조에서는 평등사상을 강조한 불교가 발달하였다. (○, ×)
2. 간다라 양식과 인도 고유의 양식이 결합하여 만들어진 양식을 ＿＿ ＿＿이라고 한다.

답 1. × 2. 굽타 양식

용어 쏙쏙

❶ 간다라: 지금의 파키스탄 페샤와르 일대
❷ 대승 불교: 대승은 '많은 사람을 구제해 태운 수레'란 뜻으로 불교의 한 종파
❸ 헬레니즘: 알렉산드로스 제국 시기 그리스 문화와 페르시아 등 문화의 융합으로 나타난 문화
❹ 에프탈: 5세기 중엽부터 7세기 중반까지 투르키스탄과 아프가니스탄을 통일한 중앙아시아 지역 유목 민족
❺ 산스크리트어: 인도 고유의 언어로 현재 인도 공화국에서 사용하는 여러 공용어 가운데 하나

자료 4 쿠샨 왕조

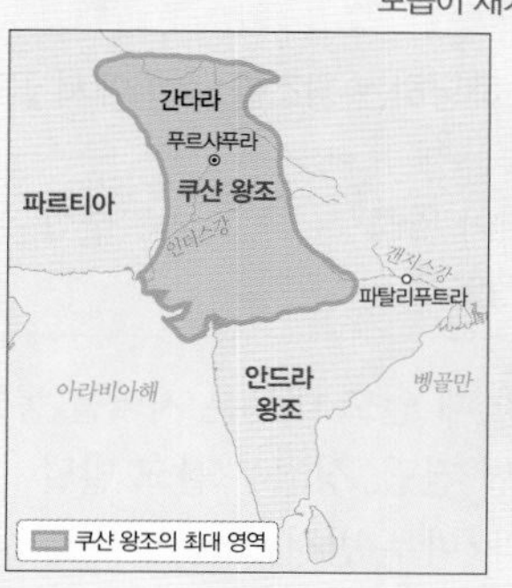

쿠샨 왕조의 금화로 한 면에는 카니슈카왕이, 한 면에는 부처의 모습이 새겨져 있다.

▲ 쿠샨 왕조의 금화

쿠샨 왕조는 동서 교역로를 장악하였으며, 후한과 로마를 연결하는 중계 무역으로 번영하였다.

자료 5 간다라 양식

▲ 그리스 조각

▲ 간다라 불상

간다라 양식 불상은 그리스 조각의 영향으로 곱슬머리, 오똑한 코, 자연스러운 옷 주름 등을 묘사하였다.

자료 6 굽타 왕조

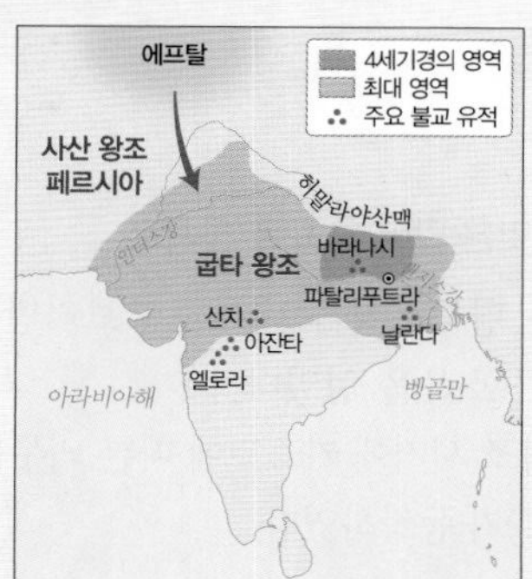

자료 7 굽타 양식 옷 주름 표현을 생략하고 인체의 윤곽을 그대로 드러냈다.

▲ 엘로라 석굴

▲ 아잔타 석굴 벽화

굽타 왕조 시기 미술과 조각에서는 인도 고유의 색채가 뚜렷해진 굽타 양식이 발달하였다.

STEP 1 개념 확인

STEP 2 대표 문제

01 다음 설명에 해당하는 왕조를 보기에서 골라 기호를 쓰시오.

보기
ㄱ. 마우리아 왕조　　ㄴ. 쿠샨 왕조
ㄷ. 굽타 왕조

(1) 아소카왕 때 인도 대부분 지역을 통일 (　　)
(2) 산치 대탑 건립, 상좌부 불교 발달 (　　)
(3) 힌두교와 『마누 법전』 (　　)
(4) 카니슈카왕 때 전성기, 대승 불교 발달 (　　)

02 다음 ㉠, ㉡에 알맞은 말을 넣으시오.

불교의 종파	상좌부 불교	(㉠)
특징	개인 해탈 강조	대중 구제 강조
발전 시기	마우리아 왕조	(㉡) 왕조
전파	스리랑카, 동남아시아	한국, 중국, 일본 등 동아시아

㉠ ________　㉡ ________

03 서로 관련 있는 것끼리 연결하시오.

(1) 불교 •　　• ㉠ 평등사상
(2) 힌두교 •　　• ㉡ 카스트제 정착
• ㉢ 고타마 싯다르타
• ㉣ 『마누 법전』

04 다음 중 알맞은 말에 ○표를 하시오.

(1) 불교는 평등사상을 내세워 (브라만, 크샤트리아) 계급의 큰 호응을 얻었다.
(2) 굽타 왕조 시기에 카스트에 따른 의무를 중시하는 (불교, 힌두교)가 등장하였다.

05 다음 설명이 맞으면 ○표, 틀리면 ×표 하시오.

(1) 아소카왕 때 산치 대탑이 건립되고 불교의 가르침을 적은 돌기둥이 곳곳에 세워졌다. (　　)
(2) 쿠샨 왕조에서 상좌부 불교가 발달하여 동남아시아 등지에 전파되었다. (　　)
(3) 굽타 왕조는 카니슈카왕 시기에 전성기를 맞아 인도 중부까지 영토를 확대하였다. (　　)

06 다음 빈칸에 알맞은 말을 쓰시오.

(1) 쿠샨 왕조 시기에 헬레니즘 문화의 영향으로 등장한 불교 미술을 (　　　　)(이)라고 한다.
(2) 굽타 왕조 시기에는 인도 고유의 색채가 뚜렷해진 (　　　　) 양식이 발달하였다.

01 불교의 등장 배경에 대한 설명으로 옳은 것을 보기에서 모두 고르면?
난이도 중

보기
ㄱ. 브라만교의 엄격한 신분제에 대한 반발이 커졌다.
ㄴ. 마우리아 왕조에 의해 인도가 최초로 통일되었다.
ㄷ. 상공업이 발달하면서 바이샤 계급이 세력을 키웠다.
ㄹ. 헬레니즘 문화의 영향으로 간다라 양식이 나타났다.

① ㄱ, ㄴ　② ㄱ, ㄷ　③ ㄴ, ㄷ
④ ㄴ, ㄹ　⑤ ㄷ, ㄹ

02 다음에서 설명하는 종교를 창시한 인물은?
난이도 하

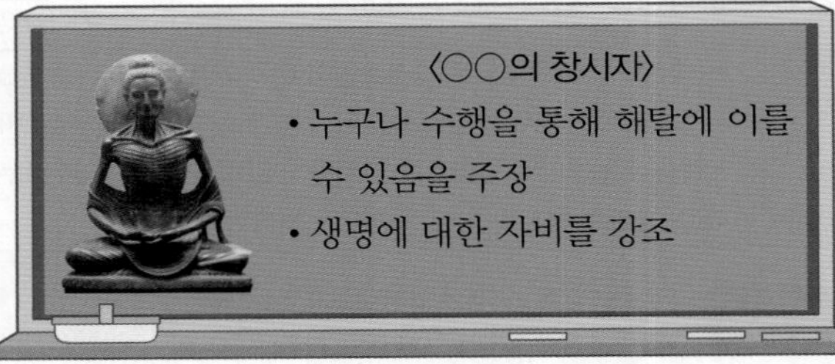

① 공자　② 노자　③ 예수
④ 아소카　⑤ 석가모니

중요 **03** 다음 (가) 왕조에 대한 설명으로 옳은 것은?
난이도 중

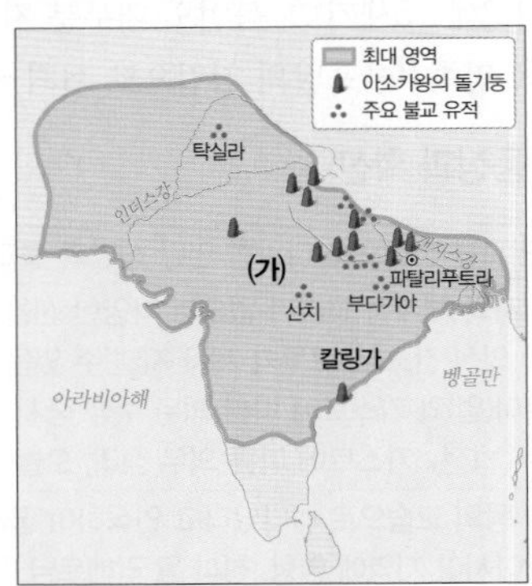

① 불교가 발달하여 불상이 제작되었다.
② 알렉산드로스의 원정으로 쇠퇴하였다.
③ 아소카왕 때 인도 대부분 지역을 통일하였다.
④ 아리아인의 이동으로 카스트제가 성립되었다.
⑤ 대승 불교가 발달하여 중생의 구제를 강조하였다.

같은 주제 다른 문제

위 지도에 나타난 시기에 대한 설명으로 옳은 것은? 답 ③
① 고타마 싯다르타가 불교를 창시하였다.
② 알렉산드로스의 원정으로 공격을 받았다.
③ 상좌부 불교를 동남아시아에 전파하였다.
④ 간다라 양식의 영향으로 불상을 제작하였다.
⑤ 브라만교에 바탕을 둔 힌두교가 등장하였다.

정답 08쪽

04 밑줄 친 '나'에 대한 설명으로 옳은 것은?

상 난이도

> 칼링가 전투가 끝난 후 나의 마음속에는 많은 갈등과 불법을 향한 갈망이 싹텄다. 정복에 대한 후회도 생겼다. 자유민을 정복한다는 것은 사람을 죽이고 노예로 만든다는 뜻이다. 나는 이제 이런 일에 고뇌를 느낀다.

① 쿠샨 왕조를 세워 인도를 재통일하였다.
② 불교의 가르침을 새긴 돌기둥을 각지에 세웠다.
③ 대승 불교를 수용하고 각지에 절과 탑을 세웠다.
④ 사산 왕조 페르시아, 로마 제국 등과 교역하였다.
⑤ 인간 평등과 해탈을 강조하는 불교를 창시하였다.

05 다음 문화유산이 만들어진 왕조에 대한 설명으로 옳은 것을 보기에서 모두 고르면?

중요 / 중 난이도

보기
ㄱ. 상좌부 불교가 발달하였다.
ㄴ. 아소카왕 때 최대 영토를 확보하였다.
ㄷ. 아잔타·엘로라 석굴 사원이 제작되었다.
ㄹ. 비단길을 따라 불교가 동북아시아에 전파되었다.

① ㄱ, ㄴ ② ㄱ, ㄷ ③ ㄴ, ㄷ
④ ㄴ, ㄹ ⑤ ㄷ, ㄹ

06 다음에서 설명하는 왕조로 옳은 것은?

하 난이도

- 1세기경 이란 계통 민족이 건국
- 카니슈카왕 때 전성기를 맞이함
- 대승 불교 발전

① 굽타 왕조 ② 쿠샨 왕조
③ 마우리아 왕조 ④ 사산 왕조 페르시아
⑤ 아케메네스 왕조 페르시아

07 다음 (가), (나) 불교와 관련된 왕조에 대한 설명으로 옳은 것을 보기에서 모두 고르면?

중요 / 상 난이도

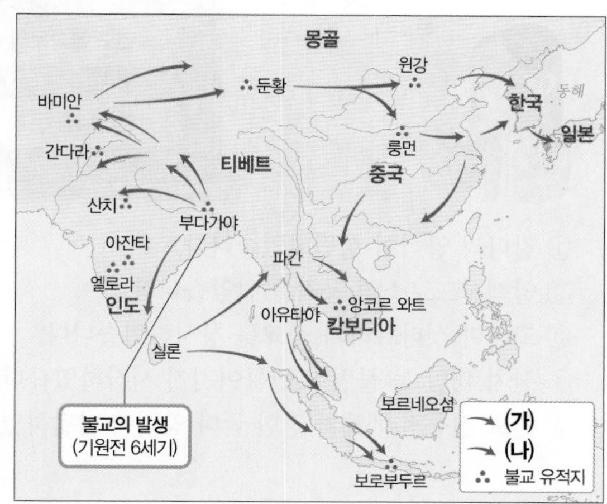

보기
ㄱ. (가): 대중의 구제를 중시하는 불교가 발달하였다.
ㄴ. (가): 개인의 해탈을 중시하는 불교가 발달하였다.
ㄷ. (나): 산스크리트 문학이 발달하였다.
ㄹ. (나): 헬레니즘 문화의 영향으로 불상이 제작되었다.

① ㄱ, ㄴ ② ㄱ, ㄷ ③ ㄴ, ㄷ
④ ㄴ, ㄹ ⑤ ㄷ, ㄹ

08 다음 ㉠ 왕조와 관련된 설명으로 옳은 것은?

중 난이도

① 인도 전역을 최초로 통일하였다.
② 『샤쿤탈라』 등 산스크리트 문학이 발달하였다.
③ 개인의 해탈을 강조하는 상좌부 불교가 발달하였다.
④ '0' 개념과 10진법을 사용하는 등 수학이 발달하였다.
⑤ 헬레니즘 문화의 영향으로 간다라 양식이 발달하였다.

09 중요 다음 ㉠에 들어갈 내용으로 가장 적절한 것은?

중 난이도

① 간다라 양식이 성립하였습니다.
② 알렉산드로스의 공격을 받았습니다.
③ 고타마 싯다르타가 불교를 창시하였습니다.
④ 산치 대탑 등 불탑이 만들어지기 시작하였습니다.
⑤ 인도 전통적 색채가 강한 굽타 양식이 발달하였습니다.

10 다음 (가) 왕조에 대한 설명으로 옳은 것은?

상 난이도

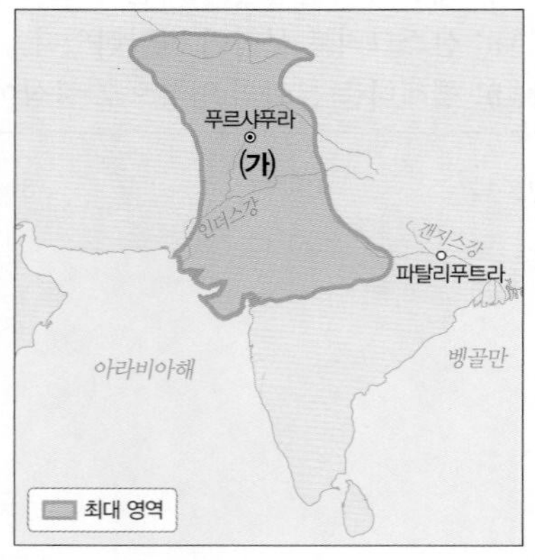

① 찬드라굽타 2세 때 북인도를 재통일하였다.
② 아잔타 석굴, 엘로라 석굴 사원이 세워졌다.
③ 카니슈카왕 때 전성기를 맞아 영토를 확장하였다.
④ 카스트제에 따른 의무를 담은 『마누 법전』이 정리되었다.
⑤ 통치 방침과 불교의 가르침을 담은 돌기둥을 각지에 세웠다.

11 다음 종교에 대한 설명으로 옳은 것은?

하 난이도

> 굽타 왕조 시기에 성립하였으며 기존의 브라만교를 중심으로 각종 민간 신앙과 불교가 결합되어 만들어졌다.

① 만민의 평등과 해탈을 강조하였다.
② 비단길을 통해 동북아시아로 전파되었다.
③ 브라만교의 신분 차별에 반대하여 등장하였다.
④ 알렉산드로스의 원정으로 아시아에 전파되었다.
⑤ 카스트에 따른 의무를 규정한 『마누 법전』이 편찬되었다.

12 굽타 왕조에 대한 설명으로 옳은 것은?

중 난이도

① 중앙아시아에서 남하한 쿠샨족이 건국하였다.
② 상좌부 불교가 발달하여 주변국에 전파되었다.
③ 카니슈카왕 때 영토를 넓히고 불교를 장려하였다.
④ 헬레니즘 문화의 영향으로 불상이 제작되기 시작하였다.
⑤ 인도 고유의 예술적 특색이 강조된 굽타 양식이 발달하였다.

13 중요 다음과 관련된 왕조에 대한 설명으로 옳은 것을 보기에서 모두 고르면?

상 난이도

보기
ㄱ. 10진법과 '0' 개념을 사용하였다.
ㄴ. 산스크리트어로 『라마야나』 등이 정리되었다.
ㄷ. 아소카왕 때 영토를 넓히고 불교를 수용하였다.
ㄹ. 부처의 상징물로 불상이 만들어지기 시작하였다.

① ㄱ, ㄴ　② ㄱ, ㄷ　③ ㄴ, ㄷ
④ ㄴ, ㄹ　⑤ ㄷ, ㄹ

14 다음 ㉠에 들어갈 내용으로 가장 적절한 것은?

중 난이도

> **모둠 탐구 계획서**
> • 탐구 주제: ㉠
> • 조사할 내용
> – 산스크리트 문학의 특징과 사례
> – 아잔타 석굴 벽화를 통해 본 굽타 양식의 특징
> – 자연 과학 및 수학의 발달과 세계사적 의미

① 인도 고전 문화의 발달과 그 사례
② 카스트제가 인도 사회에 끼친 영향
③ 불상의 제작 과정과 동북아시아 전파
④ 『베다』를 통해 알아본 브라만교의 특징
⑤ 알렉산드로스 원정이 불상 제작에 끼친 영향

STEP 3 주관식·서술형

정답 09쪽

01 불교가 등장하게 된 배경과 불교의 주요 교리를 서술하시오.

02 다음 지도를 보고 물음에 답하시오.

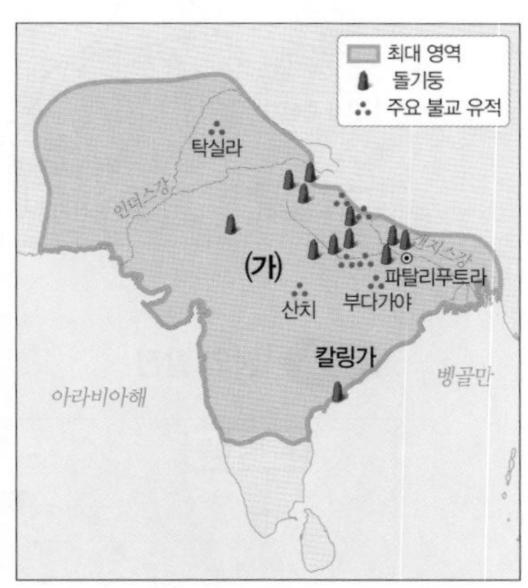

(1) (가) 왕조의 전성기를 이끈 왕을 쓰시오.

(2) 위 왕의 업적을 종교적인 측면에서 서술하시오(사례를 세 가지 포함할 것).

03 다음 자료를 보고 물음에 답하시오.

(㉠) 양식의 등장

(1) 위 ㉠에 들어갈 말을 쓰시오.

(2) ㉠ 양식이 등장하게 된 배경을 서술하시오.

04 다음 자료를 보고 물음에 답하시오..

(1) 자료와 관련된 예술 양식이 등장한 시기를 쓰시오.

(2) 위 예술 양식의 특징을 간다라 양식과 비교하여 서술하시오.

02 동아시아 문화의 형성과 확산

1 위진 남북조 시대의 성립과 발전

자료 1 1 위진 남북조 시대의 전개

삼국 시대		후한 멸망 이후 위·촉·오 삼국 분열 ➡ 위를 계승한 진이 통일
❶5호 16국 시대		• 유목 민족(5호)과 한족이 화북 지방에 여러 나라 건국(16국) • 진은 수도를 빼앗긴 뒤 강남 지역으로 이동해 동진 건국
남북조 시대 (자료 2)	북조	• 화북의 유목 민족 왕조, 선비족의 북위가 5호 16국 통일(439) • 북위 효문제: 균전제 시행, ❷한화 정책 추진(선비족 언어·복장 금지, 한족과 결혼 장려) ➡ 유목민과 한족의 문화 융합
	남조	• 강남의 한족 왕조, 동진-송-제-양-진 잇따라 건국 • 강남 개발: 한족의 강남 개발 추진, 화북의 농경 기술 전파

균전제: 농민에게 토지를 나눠 주는 제도로 수·당으로 이어졌다.

한화 정책: 한족 사이에 의자·침대의 사용과 염소와 양의 젖이 유행하였다. 유목 민족도 한족의 복식을 입었다.

2 위진 남북조 시대의 사회와 문화

교과서마다 달라요 **남북조의 사회와 문화** 동아는 다루지 않음

교과서마다 달라요 **9품중정제** 비상, 미래엔, 금성만 다룸

사회		❸9품중정제 시행 ➡ 유력 호족이 중앙 관직 독점 ➡ 문벌 귀족 성장
종교	불교	왕실과 귀족의 보호로 크게 발전, 윈강·룽먼 등 석굴 사원 건설(북조)
	도교	도가 철학(노장사상)에 신선 사상이 결합된 도교 발전
문화		• 귀족 문화 발달, 자유로운 정신세계를 추구하는 청담 사상 유행 • 시(도연명의 「귀거래사」), 서예(왕희지), 그림(고개지의 「여사잠도」)

귀족 문화: 남조를 중심으로 귀족 문화가 발달하였으며, 북조에서는 한족 문화에 유목민의 강건하고 소박한 기풍이 더해졌다.

▲ 윈강 석굴 ▲ 여사잠도

교과서마다 달라요 **도교**

미래엔	노장사상+신선 사상+민간 신앙
금성	도가 철학+신선 사상
지학	도가+신선 사상+무속 신앙
비상	도가 사상+민간 사상

시험에 꼭 나오는 개념 체크

1. 5호가 침입해 화북 지방을 차지하고 여러 나라를 세웠다. (○, ×)
2. 북위의 효문제는 한족의 문화를 수용하는 _ _ _ _을 실시하였다.

답 1. ○ 2. 한화 정책

2 수·당 제국의 발전과 동아시아 문화

1 수의 중국 통일

수 문제는 균전제, 3성 6부제, 부병제 등의 제도를 정비하였고, 이들 제도는 당으로 이어졌다.

수 문제	6세기 말 분열된 중국 통일, 제도 정비, 과거제 시행
수 양제 (자료 3)	대운하 건설: 화북과 강남 지방 연결, 물자 운송 및 남북 교류 촉진
멸망	대규모 토목 사업, 고구려 원정 실패 ➡ 이후 각지에서 반란이 일어나 멸망(618)

2 당 제국의 발전

자료 4 (1) 당의 성립과 발전

건국	이연(고조)이 혼란을 수습하고 장안을 수도로 건국
발전	• 당 태종: ❹돌궐 복속, 유목 민족 공격, 동서 교역로 확보 • 당 고종: 서돌궐 복속, 백제·고구려 멸망, 이슬람 제국과 교류 • 당 현종: 인재 등용, 재정 확충
쇠퇴	8세기 중엽 ❺안사의 난 ➡ 9세기 후반 황소의 난 ➡ ❻절도사 주전충에 멸망

교과서마다 달라요 **당 현종** 천재만 다룸

황소의 난: 황소를 중심으로 일어난 농민 반란이다.

자료 1 위진 남북조 시대의 전개

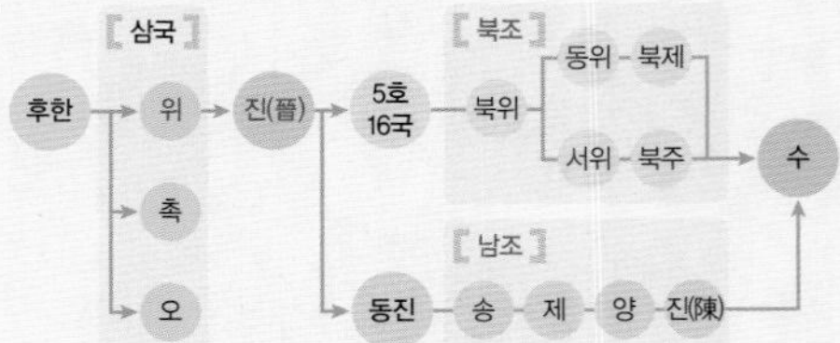

자료 2 남북조 시대

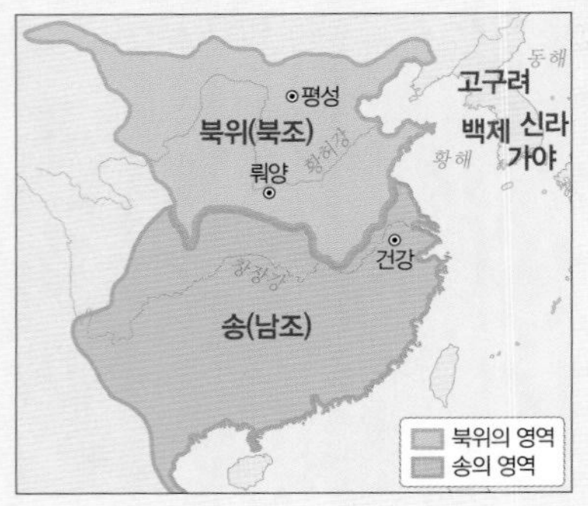

자료 3 수의 대운하 건설

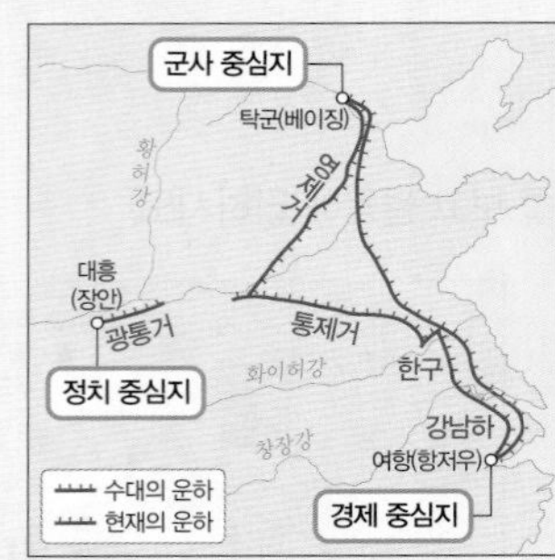

수의 양제는 강남의 물자를 정치 중심지인 화북으로 운송하기 위해 대운하를 건설하였다.

자료 4 당의 발전

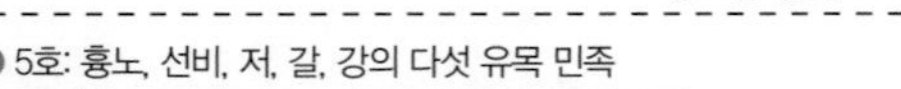

용어 쏙쏙

❶ 5호: 흉노, 선비, 저, 갈, 강의 다섯 유목 민족
❷ 한화(漢-한족, 化-되다): 문화 등이 한족처럼 됨
❸ 9품중정제: 중앙에서 파견한 중정관이 향촌의 여론을 모아 인재의 등급을 매겨 중앙에 추천하면 중앙에서 관리로 임용하는 제도
❹ 돌궐: 6세기 중반부터 활동한 튀르크 계통의 유목 민족
❺ 안사의 난: 당 현종 때 절도사 안녹산과 그의 부하 사사명이 일으킨 반란
❻ 절도사: 중국에서 지방의 방어를 위해 둔 군사령관. 군사·행정·사법의 권한을 가지고 있었음

(2) **당의 통치 제도**

① **특징**: 수의 제도를 계승, ❶율령에 기초한 통치 체제 마련

과거제	능력에 따른 인재 등용	❷조·용·조	조세 제도
자료 5 3성 6부제	중앙 행정 조직, 중앙 집권 체제 강화	❸부병제	군사력 확충
❹균전제	대토지 소유를 억제하기 위해 농민들에게 토지 분배		

② **변천**: 안사의 난 이후 조·용·조는 양세법, 부병제는 모병제, 균전제는 장원제로 변화

(모병제 – 전문 군인을 모집하는 제도이다.)

③ **대외 관계**: 주변 여러 나라와 조공·책봉, ❺기미, 교역 등으로 개방적 관계 유지

(양세법 – 1년에 두 번(여름, 가을) 재산에 따라 세금을 걷는 제도이다.)
(장원제 – 균전제가 붕괴하고 대토지 소유가 늘어났다.)

(3) **당의 문화** 국제적·귀족적 문화

자료 6 국제적	• 비단길을 통해 종교(조로아스터교, 네스토리우스교, 마니교, 이슬람교) 유입, 회화, 도자기(당삼채) 등 도입 • 당의 비단, 도자기가 서역에 수출, 제지법 전파(탈라스 전투) • 장안: 다양한 외국인이 왕래하는 국제 도시로 번영
귀족적	귀족 중심 문화: 이백·두보(시), 구양순(글씨), 왕유(그림)
학문·종교	• 유학: 훈고학을 집대성한 해석서인 『오경정의』 완성 ➡ 과거 시험의 기준이 됨 • 불교: 현장이 인도에서 직접 불경을 가져와 번역, 다양한 종파 형성 • 도교: 당 황실의 보호 아래 성장

교과서마다 달라요
탈라스 전투 비상, 천재만 다룸

(4) **동아시아 문화권** 한대 이래 주변에 전파된 중국 문화가 당대에 더욱 확산

공통 요소	한자·율령·유교·불교
영향	각국의 체제 정비에 기여, 각국은 당의 문화를 선택적으로 수용해 전통과 융합해 독자적 문화 발전

시험에 꼭 나오는 개념 체크

1. 당대에 화북과 강남을 연결하기 위해 대운하를 건설하였다. (○, ×)
2. 당대 형성된 동아시아 문화권의 공통 요소로 ___·율령·유교·불교가 있다.

답 1. × 2. 한자

자료 5 당의 통치 제도

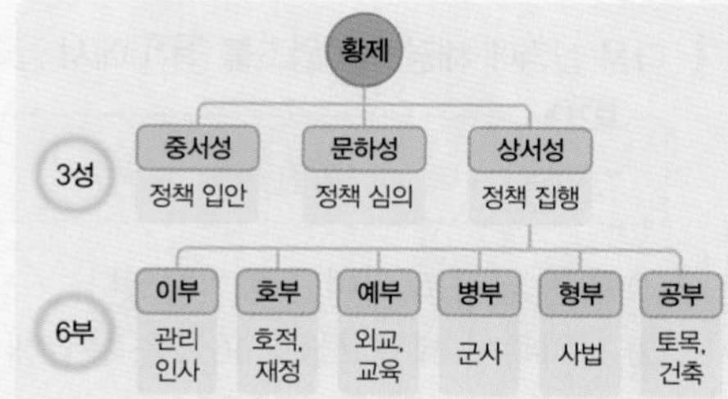

당의 3성 6부제는 이후 동아시아 여러 나라에 영향을 끼쳤다.

교과서마다 달라요
동아시아 문화권 동아, 금성은 동아시아 문화

자료 6 당의 국제적 문화

▼ 장안성

◀◀ 당삼채
◀ 대진경교유행중국비

당의 개방적인 정책을 바탕으로 당대에는 국제적인 문화가 발전하였다.

└ 녹색·흰색·황색 등을 이용해 채색한 도자기이다.

└ 네스토리우스교는 경교라고도 한다. 장안에 경교 사원과 대진경교유행중국비가 세워지기도 하였다.

3 한반도·일본의 고대 국가

1 만주와 한반도 고대 국가의 발전

고조선	만주와 한반도에 등장한 최초의 국가, 한에 멸망
삼국	중국 문화 수용, 일본 고대 국가 발전에 영향, 신라가 당과 동맹 맺고 삼국 통일
남북국	신라의 삼국 통일 이후 남쪽 신라와 북쪽 발해(고구려 계승) 성장

자료 7 2 일본 고대 국가의 성립

교과서마다 달라요
야요이 시대 금성, 비상은 야요이 문화

야요이 시대	중국·한반도에서 벼농사, 청동기, 철기 전래
야마토 정권	• 4세기경 야마타이국 중심으로 소국 통합 • 아스카 시대: 6세기 후반 쇼토쿠 태자가 중국과 한반도의 문물 수용, 중앙 집권 체제 강화, 불교문화 발전(아스카 문화) • 다이카 개신(7세기 중반): 당의 율령 수용해 국왕 중심 중앙 집권 체제 수립 • 7세기 말: '일본' 국호, '천황' 칭호 처음 사용
나라 시대	• 나라에 당의 수도 장안 모방한 헤이조쿄 건설하고 수도로 삼음(8세기 초) • 견당사, 견신라사 파견, 불교문화 발전(도다이사 등 건설), 『일본서기』, 『고사기』
헤이안 시대	• 8세기 말 헤이안쿄로 천도 • ❻국풍 문화 발달: '가나' 문자 사용, 주택이나 의복에 일본 독자성 강화

교과서마다 달라요
아스카 시대 천재는 다루지 않음

(헤이안쿄로 천도 – 이 시기에는 당의 혼란으로 견당사, 견신라사를 파견하지 않게 되었고, 이에 따라 일본 고유문화가 발전하였다.)

시험에 꼭 나오는 개념 체크

1. 신라는 나당 동맹을 결성해 백제, 고구려를 멸망시켰다. (○, ×)
2. 헤이조쿄를 수도로 견당사와 견신라사를 활발히 파견한 시대를 __ __ __라고 부른다.

답 1. ○ 2. 나라 시대

자료 7 일본의 발전

용어 쏙쏙

❶ 율령: '율'은 형법, '령'은 행정법으로 나라를 다스리는 기본 법령
❷ 조·용·조: 토지세(곡물, 조), 노동력(용), 특산물(직물, 조)을 함께 이르는 말
❸ 부병제: 토지를 받은 농민을 일정 기간 군인으로 복무시키는 제도
❹ 균전제: 나라가 농민에게 일정한 면적의 토지를 나누어 주는 제도
❺ 기미(羈 – 말의 굴레, 縻 – 쇠고삐): 견제 ·통제를 통한 당의 주변국 간접 통치 방식을 가리킴
❻ 국풍(國 – 나라, 風 – 양식, 바람) 문화: 헤이안 시대에 발달한 문화로 일본 고유의 양식이 발달함

STEP 1 개념 확인

01 다음 설명에 해당하는 왕조를 보기에서 골라 기호를 쓰시오.

보기
ㄱ. 북위　　ㄴ. 동진　　ㄷ. 수　　ㄹ. 당

(1) 위진 남북조 시대를 통일하였다. (　　)
(2) 선비족이 세웠고 5호 16국을 통일해 화북 지방을 지배하였다. (　　)
(3) 5호의 침입을 받자 진이 강남으로 내려가 세웠다. (　　)
(4) 안사의 난으로 쇠퇴한 후 절도사에게 멸망하였다. (　　)

02 다음 ㉠~㉢에 들어갈 당의 제도를 쓰시오.

구분	전기	안사의 난 이후
토지	(㉠)	장원제
군사	부병제	(㉡)
조세	(㉢)	양세법

㉠ ________ ㉡ ________ ㉢ ________

03 서로 관련 있는 것끼리 연결하시오.

(1) 수 •　　• ㉠ 안사의 난
(2) 당 •　　• ㉡ 동아시아 문화권
　　　　　• ㉢ 대운하 건설

04 다음 중 알맞은 말에 ○표를 하시오.

(1) 동아시아 문화권의 구성 요소로 한자, 율령, 유교, (크리스트교, 불교)가 있다.
(2) (조·용·조, 양세법)은(는) 빈부의 격차를 인정하고 재산에 따라 1년에 두 번 징수하는 조세 제도로 안사의 난 이후 등장하였다.

05 다음 설명이 맞으면 ○표, 틀리면 ×표 하시오.

(1) 신라의 삼국 통일 이후 남북국 시대가 시작되었다. (　　)
(2) 일본 나라 시대의 수도는 헤이안쿄이다. (　　)
(3) 나라 시대에 일본에서 국풍 문화가 발달하였다. (　　)

06 다음 빈칸에 알맞은 말을 쓰시오.

(1) 당의 수도 장안성에 이슬람교와 조로아스터교 사원이 세워졌다는 점을 통해 당의 문화가 (　　　　)적이라는 것을 알 수 있다.
(2) 일본에서 당의 율령 체제를 도입해 국왕 중심의 정치 체제를 확립한 사건을 (　　　　)(이)라고 한다.

STEP 2 대표 문제

01 다음 사건의 결과로 가장 적절한 것은?
하 난이도

> 진은 삼국 시대를 통일하였지만 왕실 내에서 분열이 계속되었다. 이때 중국 주변에 거주하던 유목 민족들이 침입해 들어와 화북 지방을 차지하였다.

① 불교가 중국에 전파되었다.
② 5호 16국 시대가 시작되었다.
③ 동아시아 문화권이 성립되었다.
④ 한반도에서 삼국이 통일되었다.
⑤ 후한이 멸망하고 중국이 분열되었다.

중요 **02** 다음 ㉠에 들어갈 말로 옳은 것은?
하 난이도

> (㉠)은(는) 북위에서 처음 만들어진 후 수·당에서도 시행한 것으로 대토지 소유를 제한하기 위해 농민에게 토지를 분배한 제도이다.

① 모병제　② 균전제　③ 양세법
④ 3성 6부제　⑤ 조·용·조

같은 주제 다른 문제

위 제도에 대한 설명으로 옳은 것은? 답 ①
① 수·당대에도 시행하였다.
② 안사의 난 이후 도입되었다.
③ 농민에게 1년에 두 번 세금을 징수하였다.
④ 능력 있는 인재를 선발하기 위해 시행되었다.
⑤ 급료를 받는 직업 군인을 고용하는 제도이다.

03 중국 남조의 문화에 대한 설명으로 옳은 것을 보기에서 모두 고르면?
중 난이도

보기
ㄱ. 귀족 문화가 발달하였다.
ㄴ. 청담 사상이 유행하였다.
ㄷ. 현장이 불교 경전을 번역하였다.
ㄹ. 대규모 석굴 사원이 조성되었다.

① ㄱ, ㄴ　② ㄱ, ㄷ　③ ㄴ, ㄷ
④ ㄴ, ㄹ　⑤ ㄷ, ㄹ

04 다음 문화유산이 만들어진 시대에 대한 설명으로 옳은 것은?

중 난이도

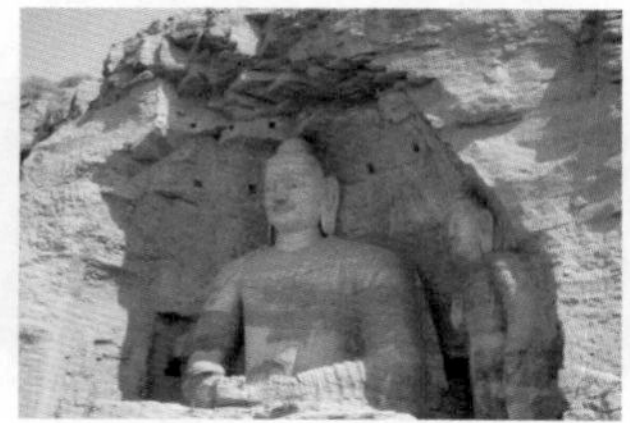

① 훈고학이 집대성되었다.
② 이백과 두보의 시가 유행하였다.
③ 중국에 불교가 최초로 유입되었다.
④ 수도인 장안이 세계적인 도시로 번영하였다.
⑤ 왕실에서 불교를 보호하여 대규모 석굴 사원을 조성하였다.

중요 **05** 다음 ㉠ 국가에 대한 설명으로 옳은 것을 보기에서 모두 고르면?

중 난이도

(㉠) 왕조의 특징
• 과거제: 능력에 따른 인재 등용
• 3성 6부제: 중앙 행정 조직, 중앙 집권 강화
• 대운하: 강남과 화북 연결

보기
ㄱ. 절도사 세력에게 멸망하였다.
ㄴ. 위진 남북조 시대를 통일하였다.
ㄷ. 안사의 난을 겪으며 쇠퇴하였다.
ㄹ. 고구려 원정에 실패하여 쇠퇴하였다.

① ㄱ, ㄴ ② ㄱ, ㄷ ③ ㄴ, ㄷ
④ ㄴ, ㄹ ⑤ ㄷ, ㄹ

06 다음 시설을 조성한 국가에 대한 설명으로 옳은 것은?

중 난이도

① 과거제를 최초로 시행하였다.
② 황소의 난 등 농민 봉기로 국력이 약화되었다.
③ 신라와 연합하여 백제와 고구려를 멸망시켰다.
④ 선비족이 세운 왕조로 5호 16국을 통일하였다.
⑤ 유목 민족의 침입을 받아 수도를 강남으로 옮겼다.

07 다음 (가) 왕조에 대한 설명으로 옳은 것은?

중 난이도

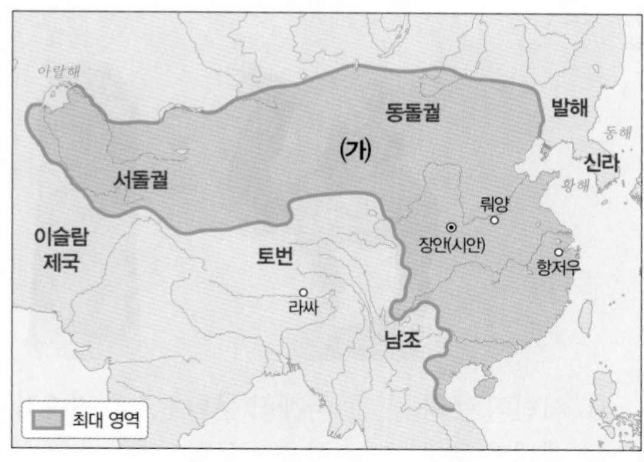

① 청담 사상이 유행하였다.
② 균전제를 최초로 시행하였다.
③ 안사의 난이 일어나 위기를 맞았다.
④ 뤄양으로 천도하고 한화 정책을 시행하였다.
⑤ 과거제를 처음 도입하여 시험으로 인재를 등용하였다.

같은 주제 다른 문제

• 위 (가) 왕조 시기의 일로 옳은 것은? 답 ②
① 5호가 침입해 16국을 세웠다.
② 절도사의 반란으로 쇠퇴하였다.
③ 윈강에 대규모 석굴 사원이 조성되었다.
④ 이민족의 침입으로 수도를 강남으로 옮겼다.
⑤ 강남과 화북의 경제를 연결하려 대운하를 건설하였다.

중요 **08** 다음 제도에 대한 설명으로 옳은 것을 보기에서 모두 고르면?

상 난이도

안사의 난 이후 조·용·조를 대신하여 등장한 조세 제도

보기
ㄱ. 균전제의 시행과 함께 등장하였다.
ㄴ. 여름과 가을, 1년에 두 번 징수하였다.
ㄷ. 빈부의 격차를 반영해 차등 징수하였다.
ㄹ. 수대에 처음으로 시행되어 당에 계승되었다.

① ㄱ, ㄴ ② ㄱ, ㄷ ③ ㄴ, ㄷ
④ ㄴ, ㄹ ⑤ ㄷ, ㄹ

09 다음 ㉠에 들어갈 민족으로 옳은 것은?

하 난이도

(㉠)은(는) 당의 북쪽에서 세력을 확대하며 당을 위협하였다. 이후 동·서로 분열되었으며, 당의 지배를 받게 되었다.

① 흉노 ② 토번 ③ 위구르
④ 베트남 ⑤ 돌궐

10 다음 자료를 통해 알 수 있는 당 문화의 특징으로 가장 알맞은 것은?

하 난이도

① 서민적 문화 ② 국제적 문화 ③ 귀족적 문화
④ 폐쇄적 문화 ⑤ 실용적 문화

11 중요 다음 ㉠에 들어갈 내용으로 가장 적절한 것은?

중 난이도

〈탐구 계획서〉

• 탐구 주제: ㉠
• 탐구 내용
– 성립 배경: 당이 세계 제국으로 발전하면서 한국, 일본, 베트남과 활발한 교류 → 당 문화 전파
– 공통 요소: 한자, 율령, 유교, 불교
– 의의: 동아시아인이 비슷한 가치관과 생활 양식을 공유하게 됨

① 동아시아 문화권 성립
② 일본의 견당사 파견 중단 과정
③ 비단길에 남아 있는 불교 문화재
④ 신라의 삼국 통일과 동아시아 전쟁
⑤ 당 문화의 귀족적인 모습과 그 사례

12 다음 ㉠에 들어갈 나라로 옳은 것은?

하 난이도

(㉠)의 대외 관계
• 건국: 고구려 계승 의식을 내세워 만주 지역에 건국
• 무왕: 당과 대립
• 문왕: 당과 친선 관계, 인적·물적 교류 활발

① 신라 ② 발해 ③ 고조선
④ 백제 ⑤ 고구려

13 중요 다음 ㉠에 들어갈 설명으로 옳은 것을 보기에서 모두 고르면?

중 난이도

보기
ㄱ. 헤이조쿄에 도읍을 두었다.
ㄴ. 다이카 개신이 단행되었다.
ㄷ. 고유 문자인 '가나'가 사용되었다.
ㄹ. 견당사와 견신라사가 파견되었다.

① ㄱ, ㄴ ② ㄱ, ㄷ ③ ㄱ, ㄹ
④ ㄴ, ㄷ ⑤ ㄴ, ㄹ

같은 주제 다른 문제

● 나라 시대에 대한 설명으로 가장 알맞은 것은? 답 ②
① '일본' 국호가 처음 사용되었다.
② 불교문화가 발전하여 여러 사원이 세워졌다.
③ 다이카 개신이 실시되어 중앙 집권 체제가 강화되었다.
④ 국풍 문화라고 불리는 일본 고유의 문화가 발전하였다.
⑤ 쇼토쿠 태자가 중국과 한반도의 불교문화를 받아들였다.

14 다음 (가), (나) 시대에 대한 설명으로 옳은 것을 보기에서 모두 고르면?

상 난이도

보기
ㄱ. (가) 시대에 견당사가 폐지되었다.
ㄴ. (가) 시대 이후에 (나) 시대가 되었다.
ㄷ. (나) 시대에 『일본서기』가 편찬되었다.
ㄹ. (나) 시대에 일본 고유의 국풍 문화가 발달하였다.

① ㄱ, ㄴ ② ㄱ, ㄷ ③ ㄴ, ㄷ
④ ㄴ, ㄹ ⑤ ㄷ, ㄹ

▶ 정답 10쪽

01 다음 자료를 보고 물음에 답하시오.

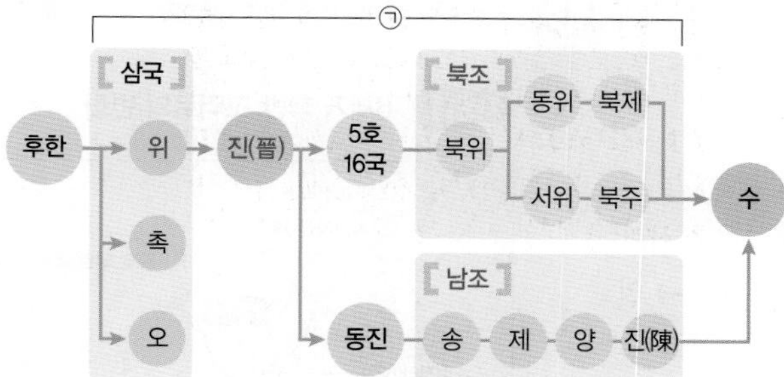

(1) 위 도표의 ㉠ 시대를 쓰시오.

(2) ㉠ 시대의 문화에 대해 서술하시오.

02 다음 지도를 보고 물음에 답하시오.

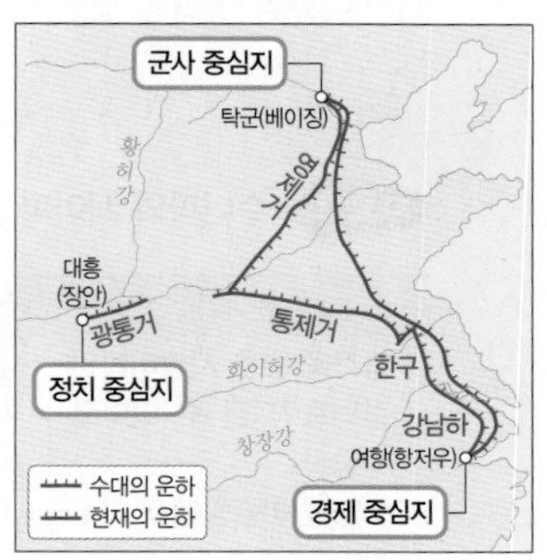

(1) 지도의 대운하를 건설한 왕을 쓰시오.

(2) 위 인물이 대운하를 건설한 이유를 서술하시오.

03 다음 밑줄 친 ㉠ 제도의 내용을 서술하시오.

> 당은 수의 제도를 바탕으로 율령 체제를 중심으로 하는 통치 체제를 정비하였다. 중앙 통치 조직은 3성 6부제로 조직하였으며, 과거제를 시행하여 인재를 등용하였다. 그리고 ㉠ <u>균전제, 조·용·조, 부병제</u>를 실시하였다.

04 다음 자료를 보고 물음에 답하시오.

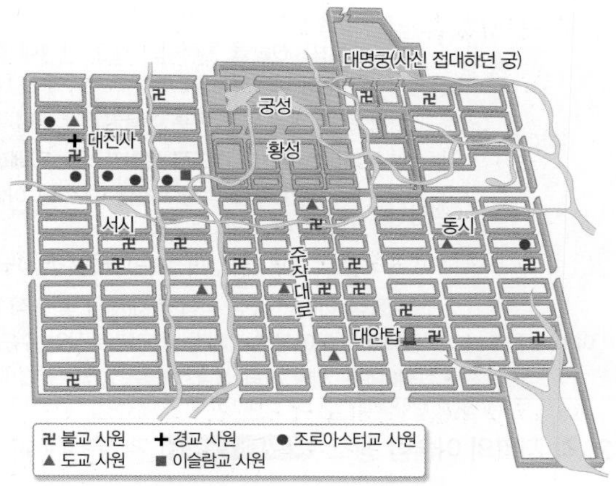

(1) 자료에 나타난 도시의 명칭을 쓰시오.

(2) 자료에서 당의 문화가 국제적 성격을 보였다는 점을 뒷받침하는 종교적 근거를 찾아 서술하시오.

03 이슬람 문화의 형성과 확산

1 이슬람교의 성립

1 아라비아반도의 상황

(1) **동서 무역 악화** 사산 왕조 페르시아와 ❶비잔티움 제국의 대립으로 기존 교역로 쇠퇴

자료 1 (2) **아라비아반도 교역 활성화** 대체 교역로로 메카, 메디나가 무역 중심지로 번영 ➡ 일부 귀족이 부를 독점, 교역로 장악 위해 부족 간의 갈등 심화

2 ❷이슬람교의 성립

└ 유대교, 크리스트교 등의 영향을 받았다.

(1) **창시자** 메카 상인 출신의 무함마드

(2) **교리** 유일신 알라에 절대 복종, 우상 숭배 금지, 모든 인간이 신 앞에 평등 강조

3 이슬람교의 성장

(1) **박해** 메카 보수 귀족층의 박해(무함마드의 가르침에 반발하여 박해하였다.) ➡ 무함마드 세력 메카에서 메디나로 피신(❸헤지라)

(2) **교세 확장** 메디나에서 이슬람 공동체 조직 ➡ 메카 재입성 ➡ 아라비아반도 통일

> **시험에 꼭 나오는 개념 체크**
> 1. 사산 왕조 페르시아와 비잔티움 제국의 대립으로 아라비아반도의 교역로가 활성화되었다. (○, ×)
> 2. 무함마드 세력이 보수 귀족층의 박해를 피해 메디나로 피신한 사건을 ＿＿＿라고 한다.
>
> 답 1. ○ 2. 헤지라

자료 2

2 이슬람 제국의 성장

1 이슬람 제국의 발전

정통 칼리프 시대	성립	• 무함마드 사후 4대에 걸쳐 칼리프를 합의를 통해 선출 • 칼리프: 무함마드 사후 선출된 후계자, 종교·정치 지배자
	성장	• 사산 왕조 페르시아를 멸망시키고 비잔티움 제국 위협, 이집트 정복 • 비이슬람교도도 ❹인두세를 내면 재산과 신앙의 자유 인정 ➡ 피정복민의 환영, 자발적 개종자 증가
우마이야 왕조 (자료 3)	성립	• 칼리프 선출을 둘러싸고 내분 ➡ 4대 칼리프 알리가 살해된 후 우마이야 가문이 칼리프 지위 세습 • 영향: 알리 암살 이후 이슬람교가 수니파와 시아파로 분화
	성장	• 다마스쿠스를 수도로 북아프리카, 이베리아반도까지 영토 확장 • ❺아랍인 중심 정책: 아랍인이 아닌 이슬람교도 차별(관직 진출, 세금 등에서 차별하였다.), 이슬람교로 개종한 사람에게도 인두세 징수 • 멸망: 내부 분열, 피정복민 저항으로 아바스 왕조에 멸망(8세기 중엽)
아바스 왕조		• 포용 정책: 아랍인 중심 정책 폐지(세금 및 관직 등용 차별 철폐) • ❻탈라스 전투에서 승리해 동서 교역로 장악, 수도인 바그다드는 동서 교역으로 번영 • 쇠퇴: 내분, 지방 세력 성장, 이민족 침입 ➡ 13세기 몽골에 멸망

2 각 지역의 이슬람 왕조

교과서마다 달라요 **각 지역의 이슬람 왕조** 지학은 다루지 않음

(1) **후우마이야 왕조** 우마이야 왕조의 일부 세력이 ❼이베리아반도에 수립, 코르도바 수도

(2) **파티마 왕조** 이집트를 중심으로 성장

> **시험에 꼭 나오는 개념 체크**
> 1. 우마이야 왕조는 아랍인 우대 정책을 펴 불만을 샀다. (○, ×)
> 2. 아바스 왕조의 수도는 ＿＿＿＿이다.
>
> 답 1. ○ 2. 바그다드

자료 1 6세기 후반 교역로의 변화

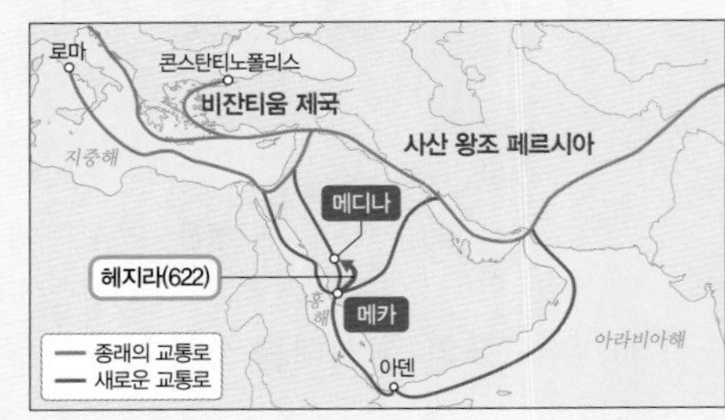

6세기 후반 비잔티움 제국과 사산 왕조 페르시아가 대립하면서 동서 교역로가 막히게 되었다. 이에 아라비아반도 교역로가 활성화되었고, 그 길목에 위치한 메카, 메디나가 번영하였다.

셀주크 튀르크는 아바스 왕조의 칼리프에게 술탄 호칭을 받았다. 이후 예루살렘을 정복하고 비잔티움 제국을 압박하였다.

교과서마다 달라요 **셀주크 튀르크** 미래엔은 이 단원에서, 다른 교과서는 Ⅲ-3에서 다룸

자료 2 이슬람 제국의 변천

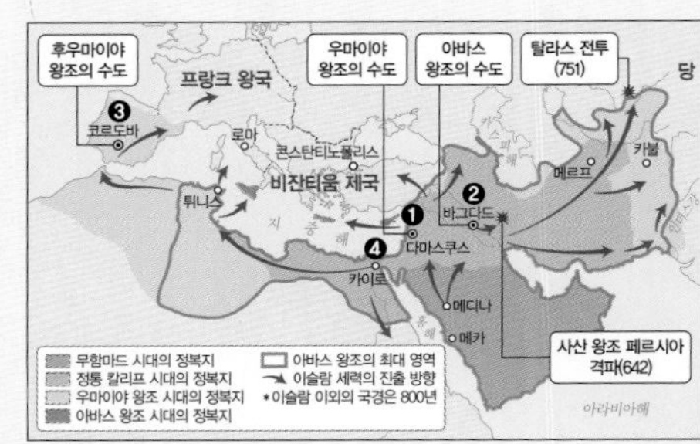

이슬람 세력은 아라비아반도를 시작으로 세력을 키워 중앙아시아와 북아프리카, 유럽의 이베리아반도까지 영역을 넓혔다.

자료 3 수니파와 시아파

수니파	시아파
• 자격을 갖춘 사람이라면 칼리프가 될 수 있다고 주장 • 오늘날 이슬람에서 다수 차지	• 살해된 4대 칼리프 알리가 정통, 무함마드 후손이 칼리프 계승 주장 • 이란을 중심으로 한 소수파

알리가 살해되자 그를 추종하는 세력은 우마이야 왕조를 정통으로 여기지 않았다. 그 결과 오늘날 이슬람은 수니파와 시아파로 나뉘게 되었다.

용어 쏙쏙

❶ 비잔티움 제국: 서로마 제국 멸망 후 유지된 동로마 제국을 부르는 말
❷ 이슬람: '신에게 순종한다'는 의미
❸ 헤지라: 성스러운 이주란 뜻으로 무함마드가 귀족의 박해를 받아 메카에서 메디나로 피신한 사건, 이후 이슬람력의 원년이 됨
❹ 인두세: 각 사람마다 일괄적으로 매겨진 세금
❺ 아랍인: 아랍어를 사용하는 민족들을 통틀어서 일컫는 말
❻ 탈라스 전투: 당과 아바스 왕조가 중앙아시아 탈라스 지역에서 맞붙은 전투
❼ 이베리아반도: 오늘날 포르투갈과 에스파냐가 위치한 유럽의 반도

3 이슬람 세계의 생활

1 기본 규범

(1) **쿠란과 하디스** 이슬람 사회 일상생활의 기본 규범

쿠란	• 무함마드가 받은 알라의 ❶계시를 정리한 이슬람교의 경전 • 5행: 『쿠란』에 적힌 이슬람교도의 다섯 가지 의무 • 아랍어: 아랍어로 쓰인 『쿠란』의 번역 금지 → 이슬람교와 함께 아랍어 확산
하디스	무함마드의 말과 행동을 기록한 책 교과서마다 달라요 하디스 비상과 지학만 다룸

(2) **일상생활** 신 앞에 평등 강조, 여성 ❷히잡 착용(지역에 따라 차이), ❸하람과 ❹할랄

2 이슬람과 동서 교류의 확대

(1) **배경** 이슬람 세계에서 상업 행위를 긍정적으로 인식, 자유로운 상업 활동 보장, 교통로 정비, 상업 활동 장려 → 상인 성장, 도시 발달 └ 이슬람 제국도 도로망을 정비하는 등 상업 활동을 지원하였다.

(2) **상업 발달**

① 금·은 화폐 사용, 신용 거래 발달로 ❺어음, 수표 사용

② 동서 교역로를 장악하면서 이슬람 상인이 동서 교류 촉진, 교역 중심지로 바그다드 발달

시험에 꼭 나오는 개념 체크

1. 『쿠란』은 무함마드가 받은 알라의 계시를 정리한 책이다. (○, ×)
2. 이슬람교가 전파된 지역에서는 ＿ ＿ ＿를 공용어로 사용하였다.

답 1. ○ 2. 아랍어

4 이슬람 세계의 문화

교과서마다 달라요 **이슬람 문화권** 동아와 미래엔은 이슬람교와 아랍어를 이슬람 문화권의 공통 요소로 제시함

1 특징
이슬람교를 바탕으로 다양한 지역의 문화 요소가 융합된 이슬람 문화권 형성

2 이슬람의 학문과 문화

┌ 이슬람 세계에서 연구한 아리스토텔레스의 저작 등을 다시 유럽에 전해 주었다.

학문	• 『쿠란』과 관련되어 신학과 법학 발달 • 그리스 철학 연구 발전 → 이후 유럽 학문 발전에 기여
지리·역사	• 상업 활동, 성지 ❻순례와 관련해 지리학·역사학 발전 • 『역사 서설』(이븐 할둔), 『여행기』(이븐 바투타) – 모로코의 여행가로 중국까지 여행하였다.
문학	『천일 야화』(아라비안나이트) – 여러 지역의 설화를 모아 만든 책이다.
건축	• 모스크 양식: 돔과 뾰족한 탑(미너렛)이 특징 • 아라베스크 무늬: 우상 숭배 금지로 식물·기하학적 모양, 문자 이용한 장식
자연 과학	• 수학: 아라비아 숫자 완성 – 인도에서 '0'의 개념을 받아들여 만들었다. • 의학: 바그다드에 병원 설립, 이븐 시나가 『의학전범』으로 의학 집대성 • 화학: ❼연금술 연구 과정에서 발달 • 중국의 제지술, 화약, 활판 인쇄술, 나침반 등과 함께 유럽 세계에 전해짐

교과서마다 달라요 **모스크** 비상은 아치도 제시

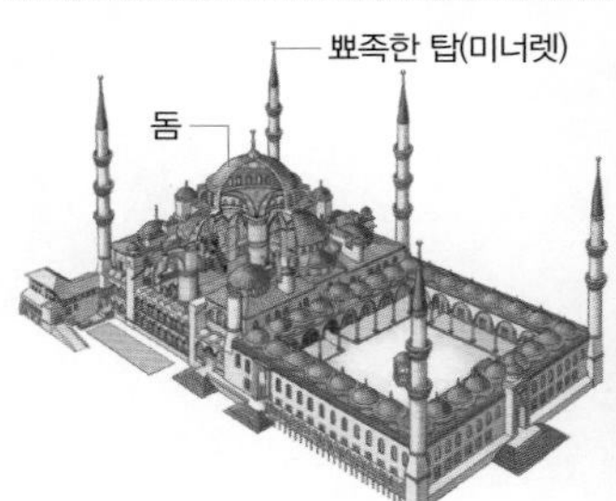

▲ 모스크의 구조

▲ 아라베스크 무늬

▲ 아스트롤라베 ┘ 시간, 경도를 재는 도구로 이후 유럽의 신항로 개척에 영향을 주었다.

시험에 꼭 나오는 개념 체크

1. 모스크는 이슬람 사원으로 돔과 뾰족한 탑, 아라베스크 무늬를 특징으로 한다. (○, ×)
2. ＿＿ ＿＿＿는 『여행기』를 남겨 이슬람 지리학 발전에 영향을 주었다.

답 1. ○ 2. 이븐 바투타

자료 4 5행

신앙 고백	유일신 알라만을 섬긴다는 신앙 고백을 한다.
예배	하루 다섯 번 메카를 향해 기도한다.
단식	이슬람력 9월(라마단)에는 해가 떠서 질 때까지 단식한다.
희사	소득의 2.5%를 양심에 따라 기부한다.
성지 순례	일생에 한 번 이상 성지인 메카를 방문한다.

무슬림(이슬람교도)은 『쿠란』에 적힌 5행을 중요하게 여기고 일상생활에서도 종교 생활을 실천하려고 노력한다.

자료 5 이슬람 상인의 활동

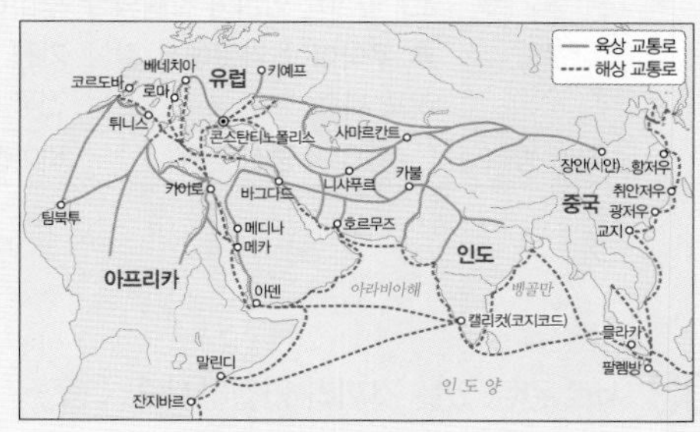

상업을 긍정적으로 여기는 이슬람교의 교리로 이슬람 세계에서 상업이 발달하였다. 또한 이슬람 제국은 유럽과 아시아를 잇는 위치에 자리하여 동서 교역도 활발하였다.

자료 6 이슬람의 자연 과학

인도	० १ २ ३ ४ ५ ६ ७ ८ ९
아라비아	٠ ١ ٢ ٣ ٤ ٥ ٦ ٧ ٨ ٩
현대	0 1 2 3 4 5 6 7 8 9

▲ 숫자의 변천

단어	아랍어	영어
알코올	Al-kohl	Alcohol
알칼리	Al-qaliy	Alkali

▲ 아랍어에서 비롯된 용어

이슬람 세계에서 발달한 과학 기술은 지금까지 큰 영향을 끼치고 있다.

용어 쏙쏙

❶ 계시(啓-열다, 示-보이다): 신적인 존재가 깨달음을 내려 줌
❷ 히잡: 머리와 귀, 목, 어깨 등을 가리는 천
❸ 하람: 돼지고기, 술 등 이슬람교에서 허용되지 않는 식품
❹ 할랄: 이슬람교도가 먹고 사용할 수 있도록 허용된 식품
❺ 어음: 돈을 주기로 약속하고, 그 내용을 기록한 것
❻ 순례(巡-돌다, 禮-예의를 표하다): 종교적으로 중요한 곳 등을 찾아가 경배하는 것
❼ 연금술(鍊-단련하다, 金-황금, 術-기술): 다른 물질을 금, 은과 같은 귀중한 금속으로 바꾸는 기술

STEP 1 개념 확인

STEP 2 대표 문제

STEP 1 개념 확인

01 다음 설명에 해당하는 왕조 또는 시대를 보기에서 골라 기호를 쓰시오.

보기
ㄱ. 무함마드 시대　　ㄴ. 정통 칼리프 시대
ㄷ. 우마이야 왕조　　ㄹ. 아바스 왕조

(1) 사산 왕조 페르시아 멸망 (　　)
(2) 메디나에서 세력을 키워 메카 점령 (　　)
(3) 바그다드를 수도로 비아랍인에 대한 차별 철폐 (　　)
(4) 북아프리카와 이베리아반도까지 진출 (　　)

02 다음 ㉠~㉢에 들어갈 알맞은 말을 쓰시오.

구분	우마이야 왕조	(㉠) 왕조
수도	(㉡)	바그다드
건국	4대 칼리프 알리가 살해된 후 우마이야 가문에서 칼리프 세습	우마이야 왕조에 불만을 가진 세력이 중심이 되어 건국
지배 방식	(㉢) 중심 정책	비아랍인에 대한 차별 철폐

㉠ ________ ㉡ ________ ㉢ ________

03 서로 관련 있는 것끼리 연결하시오.

(1) 의학 •　　• ㉠ 이븐 바투타
(2) 지리학 •　　• ㉡ 이븐 시나
(3) 역사학 •　　• ㉢ 이븐 할둔

04 다음 중 알맞은 말에 ○표를 하시오.

(1) 이슬람 세계의 종교적 지도자이자 정치적 지배자를 (칼리프, 술탄)(이)라고 한다.
(2) 이슬람 경전인 (『베다』, 『쿠란』)은(는) 종교 서적일 뿐만 아니라 일상생활 규범서의 역할도 한다.

05 다음 설명이 맞으면 ○표, 틀리면 ×표 하시오.

(1) 이슬람교는 다양한 신을 믿는다. (　　)
(2) 이슬람교는 무함마드가 메카에서 창시하였다. (　　)
(3) 『쿠란』은 아랍어로 쓰였으며, 번역이 금지되었다. (　　)

06 다음 빈칸에 알맞은 말을 쓰시오.

(1) 아바스 왕조의 수도로 정치·종교·경제의 중심지가 되었던 도시는 (　　　)이다.
(2) 이슬람 건축에서는 둥근 지붕과 뾰족한 탑을 특징으로 하는 이슬람 사원인 (　　　)이(가) 발달하였다.

STEP 2 대표 문제

01 이슬람교의 등장 배경에 대한 설명으로 옳은 것을 보기에서 모두 고르면?

중 난이도

보기
ㄱ. 몽골의 침입으로 아바스 왕조가 멸망하였다.
ㄴ. 우마이야 왕조의 비아랍인에 대한 차별이 심화되었다.
ㄷ. 사산 왕조 페르시아와 비잔티움 제국의 대립이 심화되었다.
ㄹ. 상업 발달로 아라비아반도에서 빈부 격차가 심화되었다.

① ㄱ, ㄴ　② ㄱ, ㄷ　③ ㄴ, ㄷ
④ ㄴ, ㄹ　⑤ ㄷ, ㄹ

02 이슬람교에 대한 설명으로 옳은 것을 보기에서 모두 고르면?

하 난이도

보기
ㄱ. 알라를 유일신으로 숭배한다.
ㄴ. 모든 사람이 신 앞에 평등하다고 본다.
ㄷ. 상업이 발달한 바그다드에서 창시되었다.
ㄹ. 유대교와 크리스트교 성립에 영향을 주었다.

① ㄱ, ㄴ　② ㄱ, ㄷ　③ ㄴ, ㄷ
④ ㄴ, ㄹ　⑤ ㄷ, ㄹ

03 다음 ㉠에 들어갈 용어로 옳은 것은?

하 난이도

무함마드 사후에는 선출된 칼리프가 이슬람 공동체를 통치하는 (㉠)가 시작되었다.

① 아바스 왕조　② 우마이야 왕조
③ 파티마 왕조　④ 후우마이야 왕조
⑤ 정통 칼리프 시대

정답 11쪽

04 중요 다음과 같은 상황이 일어나게 된 배경으로 가장 알맞은 것은?

난이도 중

무함마드의 혈통을 이어받은 사람이 정통 칼리프이다.

전체 이슬람 공동체의 지지를 받으면 칼리프가 될 수 있다.

① 몽골 세력이 이슬람 왕조를 멸망시켰다.
② 무함마드가 아라비아반도를 통일하였다.
③ 무함마드가 메카에서 메디나로 피신하였다.
④ 아라비아반도가 이슬람 세력에 의해 통일되었다.
⑤ 4대 칼리프가 암살된 뒤 우마이야 가문이 칼리프를 세습하였다.

05 다음 (가), (나) 시기 사이에 발생한 사건으로 옳은 것은?

난이도 상

(가) 무함마드가 이슬람교를 창시하였다.
(나) 정통 칼리프 시대가 시작되었다.

① 후우마이야 왕조가 성립하였다.
② 4대 칼리프인 알리가 살해되었다.
③ 북아프리카에 파티마 왕조가 성립하였다.
④ 무함마드가 메카에서 메디나로 피신하였다.
⑤ 탈라스 전투에서 이슬람 세력이 승리하였다.

06 다음 ㉠에 들어갈 내용으로 가장 알맞은 것은?

난이도 상

정통 칼리프 시대가 시작되었다.
↓
㉠
↓
아바스 왕조가 성립하였다.

① 몽골 세력이 이슬람 왕조를 멸망시켰다.
② 무함마드가 메카에서 메디나로 피신하였다.
③ 탈라스 전투에서 이슬람 세력이 승리하였다.
④ 이슬람 세력이 아라비아반도를 장악하였다.
⑤ 우마이야 왕조가 아랍인 중심 정책을 펼쳤다.

07 중요 다음 ㉠ 왕조에 대한 설명으로 옳은 것은?

난이도 중

〈수행 평가 보고서〉

(㉠) 왕조의 통치 방식

이 왕조는 시리아 총독 무아위야가 칼리프가 되면서 시작되었다. 이 왕조는 아랍인 우대 정책을 펼쳐 비아랍인 이슬람교도에게도 세금을 거두어 비아랍인의 불만을 사기도 하였다.

① 헤지라가 단행되었다.
② 다마스쿠스를 수도로 발전하였다.
③ 사산 왕조 페르시아를 멸망시켰다.
④ 선출된 칼리프가 이슬람 세계를 지배하였다.
⑤ 탈라스 전투에서 승리하여 동서 교역로를 확보하였다.

08 다음 왕조에 대한 설명으로 옳은 것은?

난이도 중

• 최초로 칼리프의 지위를 세습하기 시작함
• 이슬람 사회가 시아파와 수니파로 나뉘게 된 계기

① 이베리아반도를 정복하였다.
② 탈라스 전투에서 승리하였다.
③ 바그다드를 수도로 발전하였다.
④ 사산 왕조 페르시아를 멸망시켰다.
⑤ 술탄이 정치적 지배자 역할을 하였다.

09 다음 (가) 왕조에 대한 설명으로 옳은 것을 보기에서 모두 고르면?

난이도 상

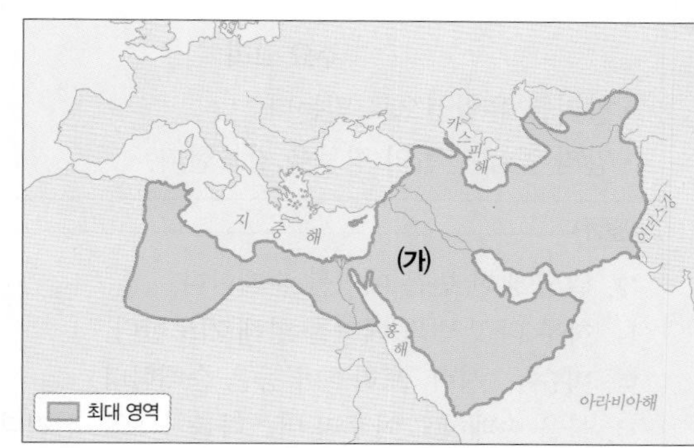

보기

ㄱ. 다마스쿠스를 수도로 발전하였다.
ㄴ. 우마이야 왕조를 물리치고 성립하였다.
ㄷ. 최초로 칼리프 지위를 세습한 왕조이다.
ㄹ. 아랍인 중심 정책을 폐지하여 비아랍인 이슬람교도에게 부과하던 세금을 면제하였다.

① ㄱ, ㄴ ② ㄱ, ㄷ ③ ㄴ, ㄷ
④ ㄴ, ㄹ ⑤ ㄷ, ㄹ

10 이슬람 제국의 팽창 과정을 순서대로 바르게 나열한 것은?

난이도

ㄱ. 당과의 탈라스 전투에서 승리
ㄴ. 무함마드가 박해를 피해 메디나로 이주
ㄷ. 비아랍인 이슬람교도에게 인두세를 징수
ㄹ. 협의를 통해 칼리프 선출, 사산 왕조 페르시아 정복

① ㄱ－ㄴ－ㄷ－ㄹ　② ㄴ－ㄷ－ㄱ－ㄹ
③ ㄴ－ㄷ－ㄹ－ㄱ　④ ㄴ－ㄹ－ㄷ－ㄱ
⑤ ㄹ－ㄷ－ㄱ－ㄴ

11 중요 다음과 관련된 종교로 옳은 것은?

하 난이도

• 5행의 실천
•『쿠란』이 일상생활의 규범

① 불교　② 유대교　③ 이슬람교
④ 크리스트교　⑤ 조로아스터교

12 중요 다음 종교를 믿는 사람들의 생활에 대한 설명으로 옳은 것을 보기에서 모두 고르면?

난이도

주요 교리
• 알라를 유일신으로 믿는다.
• 알라 앞에 만인의 평등을 강조한다.

보기
ㄱ. 일생에 한 번은 메카를 순례한다.
ㄴ. 하루 다섯 번씩 메카를 향해 기도한다.
ㄷ. 비슈누, 시바, 브라흐마 등을 숭배한다.
ㄹ. 불을 숭배하고 아후라 마즈다를 신으로 섬긴다.

① ㄱ, ㄴ　② ㄱ, ㄷ　③ ㄴ, ㄷ
④ ㄴ, ㄹ　⑤ ㄷ, ㄹ

같은 주제 다른 문제

위 종교를 믿는 사람들의 생활에 대한 설명으로 옳지 않은 것은? 답 ⑤

① 돼지고기를 금기시한다.
② 알라를 유일신으로 숭배한다.
③ 하루에 다섯 번 예배를 드린다.
④ 일생에 한 번은 메카를 방문한다.
⑤ 브라만 계급의 특권을 강조한다.

13 다음 ㉠에 들어갈 용어로 옳은 것은?

난이도

(㉠)은(는) 이슬람교의 경전으로 알라가 무함마드에게 내린 계시를 기록하고 있다. 이 책은 아랍어로 쓰여져 있는데 번역이 원칙적으로 금지되어 아랍어 확산에 영향을 주었다.

① 베다　② 쿠란　③ 아베스타
④ 마누 법전　⑤ 함무라비 법전

14 중요 다음과 같은 건축물의 특징에 대한 설명으로 옳은 것을 보기에서 모두 고르면?

중 난이도

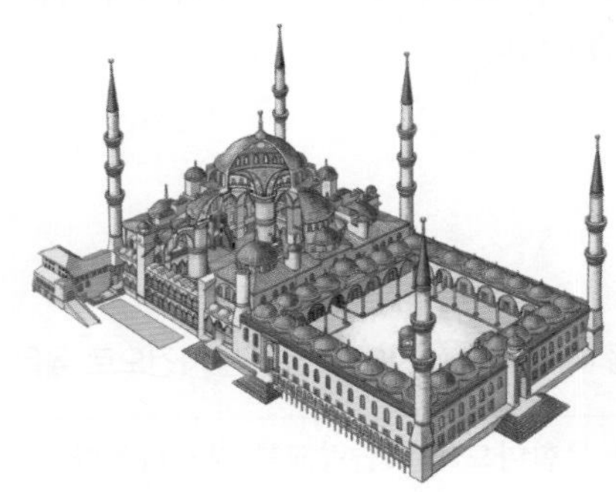

보기
ㄱ. 대표적으로 지구라트가 있다.
ㄴ. 스테인드글라스로 내부를 꾸몄다.
ㄷ. 둥근 지붕(돔)과 미너렛을 설치하였다.
ㄹ. 기하학적인 아라베스크 무늬로 장식하였다.

① ㄱ, ㄴ　② ㄱ, ㄷ　③ ㄴ, ㄷ
④ ㄴ, ㄹ　⑤ ㄷ, ㄹ

15 다음 문학 작품을 남긴 종교권의 문화에 대한 설명으로 옳지 않은 것은?

중 난이도

『천일 야화』는 아랍어로 쓰인 설화집으로 영어로는 '아라비안나이트'라고 한다. 이 책의 내용은 페르시아 왕에게 세헤라자데가 1,000일 밤 넘게 다양한 이야기를 들려주는 것이다. 세계 각지의 연애, 범죄, 여행담, 동화, 역사적 일화 등으로 이루어졌다.

① 이븐 바투타가『여행기』를 저술하였다.
② 제지법을 발명해 유럽 세계에 전달하였다.
③ 연금술 연구 과정에서 화학이 발달하였다.
④ 이븐 시나가 의학을 집대성하여『의학전범』을 지었다.
⑤ 그리스 철학을 연구해 유럽 사상 발달에 영향을 주었다.

STEP 3 주관식·서술형

정답 12쪽

01 다음 글을 읽고 물음에 답하시오.

> 알라를 유일신으로 믿는 종교인 이슬람교를 창시하였다. 메카의 귀족들로부터 박해를 받아 메디나로 이동한 622년(헤지라)은 이후 이슬람 달력의 원년이 되었다.

(1) 윗글에서 설명하는 인물을 쓰시오.

(2) 위 인물이 이슬람교를 창시하게 된 배경을 다음 조건에 맞춰 서술하시오.

조건

> 사산 왕조 페르시아, 비잔티움 제국, 메카, 메디나

02 다음 글을 읽고 물음에 답하시오.

> 정통 칼리프 시대 말기, 4대 칼리프 알리가 암살되었다. 이때 무아위야 1세가 새 이슬람 왕조를 열고, 이후 칼리프의 지위를 세습하였다.

(1) 밑줄 친 '새 이슬람 왕조'의 명칭을 쓰시오.

(2) 위 왕조의 비아랍인 통치 방식을 서술하시오.

03 다음 자료를 보고 물음에 답하시오.

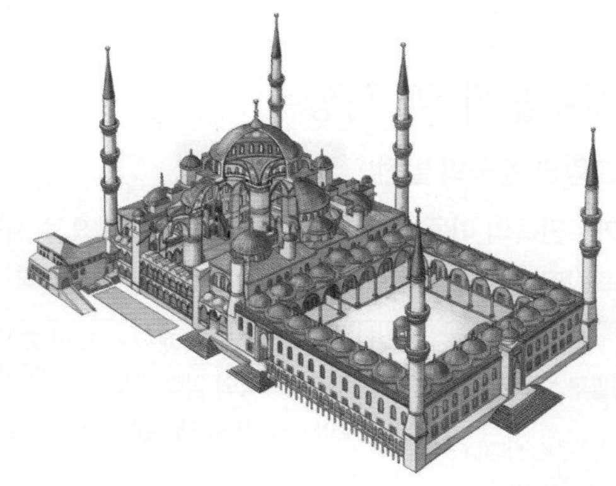

(1) 자료와 같은 이슬람교의 예배당을 무엇이라고 하는지 쓰시오.

(2) 위 건축물의 특징을 세 가지 서술하시오.

04 다음 글의 내용을 뒷받침하는 근거를 밑줄 친 분야에서 각각 한 가지씩 서술하시오.

> 이슬람 세계는 페르시아와 인도 등의 다양한 학문을 받아들여 과학 연구 수준을 한층 높였다. 특히 자연 과학의 발전이 두드러져 화학, 수학 등의 연구가 활발하였으며, 천문학, 의학 등도 발전하였다.

04 크리스트교 문화의 형성과 확산

1 서유럽 세계의 형성

1 프랑크 왕국의 발전

교과서마다 달라요 **프랑크 왕국** 지학은 다루지 않음

자료1 (1) **게르만족의 이동** 4세기 후반 ❶훈족의 압박으로 이동, 서로마 제국 멸망(476) ─ 게르만족은 유럽 각지에 국가를 건설하였다.

(2) **프랑크 왕국의 발전** 원거주지와 가까운 곳에 정착, 일찍 크리스트교로 개종

클로비스	5세기 말, 크리스트교로 개종 → 로마 교회의 지지 받음
카롤루스 마르텔	8세기 이슬람 세력의 침략 격퇴 ─ 마르텔의 아들 피핀은 교황을 보호하고, 이탈리아 중부를 교황에게 넘겨주었다.
카롤루스 대제 (전성기)	• 옛 서로마 제국 영토 대부분 회복, 크리스트교 장려 → 로마 교황이 서로마 황제로 인정 • 로마 문화+크리스트교 문화+게르만 문화 → 중세 서유럽 문화의 ❷기틀 마련
쇠퇴	카롤루스 대제 사후 분열, 오늘날 독일, 이탈리아, 프랑스의 기원 ─ 동·중·서프랑크로 분열되었다.

2 봉건 사회의 성립

(1) **배경** 프랑크 왕국 분열 이후 이민족 침입으로 혼란 → 기사 등장 ─ 힘을 가진 사람이 성을 쌓고 기사로 무장하였다.

자료2 (2) **봉건 사회** 주종 관계와 장원제를 바탕으로 하는 사회

주종 관계	• 세력이 강한 기사(주군)와 약한 기사(봉신) 사이의 계약 관계 ─ 한쪽이 의무를 지키지 않으면 계약은 깨질 수 있었다. • 주군은 봉신에게 토지 수여, 봉신은 주군에게 충성 서약, 군역 등 봉사 의무
장원제	• 장원: 봉신이 주군에게 받은 토지를 바탕으로 운영, 봉신이 독자 운영 • ❸농노: 장원 주민의 대다수, 재산 소유 및 결혼 가능, ❹영주의 허락 없이는 거주 이전 불가, 각종 세금 부담

시험에 꼭 나오는 개념 체크

1. 게르만족의 이동으로 동로마 제국이 멸망하였다. (○, ×)
2. 프랑크 왕국의 _ _ _ _ _ _는 서로마 황제의 관을 받았다.

답 1. × 2. 카롤루스 대제

2 비잔티움 제국의 발전과 동유럽 문화의 형성

자료3 ### 1 비잔티움 제국의 발전

(1) **황제 중심 중앙 집권 체제** 황제가 군대와 관리 직접 지배, 교회의 수장

(2) **유스티니아누스 황제** 영토 확장, ❺『유스티니아누스 법전』 편찬, 성 소피아 대성당 건축

(3) **교회의 분열** 레오 3세가 ❻성상 파괴령 발표 → 동서 교회 분열(그리스 정교와 로마 가톨릭)

(4) **멸망** 대토지 소유 확산 → 자영농 몰락, 황제권 약화 → 십자군 전쟁으로 쇠퇴, 오스만 제국에 멸망(1453)

교과서마다 달라요 **성상 파괴령**

천재, 지학, 미래엔	성상 숭배 금지령
동아, 금성, 비상	성상 파괴령

2 비잔티움 문화

교과서마다 달라요 **그리스 정교** 지학은 정교

특징	그리스 정교를 바탕으로 그리스·로마 문화와 헬레니즘 문화 융합
학문	그리스어 공용어, 그리스 고전 수집과 연구 → 이탈리아 르네상스에 영향 ─ 비잔티움 제국 멸망 과정에서 많은 학자가 이탈리아로 이주하였다.
종교	그리스 정교, 황제가 주교를 임명하는 등 황제 교황주의
법률	로마법을 집대성한 『유스티니아누스 법전』 편찬
건축 (자료4)	비잔티움 양식(돔, 내부의 모자이크 벽화), 성 소피아 대성당

자료 1 게르만족의 이동

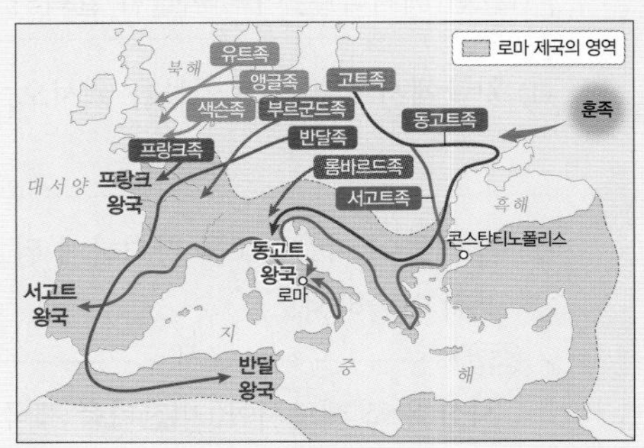

자료 2 봉건제의 구조

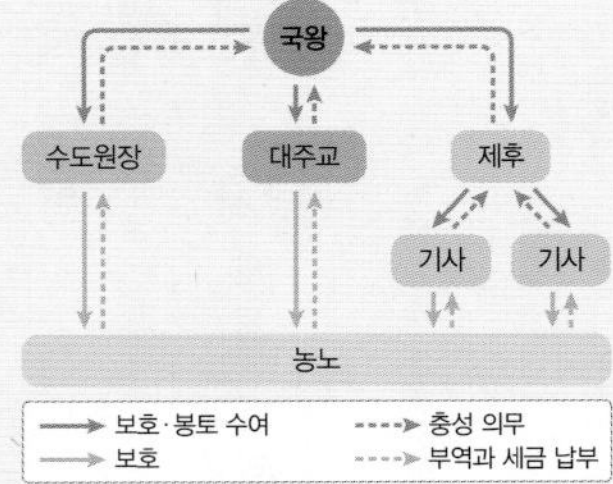

서유럽에서는 주종 관계와 봉건제를 바탕으로 하는 지방 분권적인 봉건 사회가 성립하였다.

자료 3 비잔티움 제국

비잔티움 제국의 수도 콘스탄티노폴리스는 동서 교역의 중심지로 번영하였다.

자료 4 성 소피아 대성당

교과서마다 달라요 **성 소피아 대성당** 동아, 미래엔, 금성은 성 소피아 성당

유스티니아누스 황제 때 만들어졌으며, 웅장한 돔과 화려한 모자이크가 특징이다.

용어 쏙쏙

❶ 훈족: 중앙아시아의 유목 민족으로 흉노족의 한 일파로 보기도 함
❷ 기틀: 어떤 일이나 사물의 가장 중요한 조건, 바탕
❸ 농노(農-농사, 농부, 奴-노비, 노예): 중세 시대 영주에게 예속된 농민, 농민과 노예의 중간적 성격을 가짐
❹ 영주: 중세 시대 토지를 소유하고, 거기에 사는 사람을 다스리던 사람
❺ 유스티니아누스 법전: 통치 체제를 확립하려 편찬한 법전으로 『로마법 대전』이라고도 함, 오늘날 유럽 법 체계의 기틀이 됨
❻ 성상 파괴령: 예수와 성모, 성인 등을 묘사한 성상을 파괴하도록 한 명령

3 동유럽 문화의 형성

(1) **동유럽 문화권** 비잔티움 문화가 러시아 등 슬라브족에 전파되며 형성

(2) **키예프 공국** 9세기경 러시아에서 성립, 비잔티움 제국 멸망 후 계승자 자처

시험에 꼭 나오는 개념 체크

1. 비잔티움 제국에서는 로마 가톨릭을 믿었다. (○, ×)
2. 비잔티움 제국은 6세기 _ _ _ _ _ _ _ 황제 때 전성기를 맞았다.

답 1. × 2. 유스티니아누스

3 서유럽 문화와 중세 서유럽 사회의 변화

1 로마 가톨릭의 성장과 교회 개혁 운동

(1) **성장** 서유럽 세계의 정신적 지배자, 프랑크 왕국 등과 연합해 세력 확장

(2) **교회 개혁 운동** [1]성직자 임명권을 국왕, 제후 등이 행사하면서 부패와 타락 나타남 (성직을 매매하는 등의 부패가 나타났다.)

① 10세기 초 클뤼니 수도원 중심으로 개혁 운동 전개

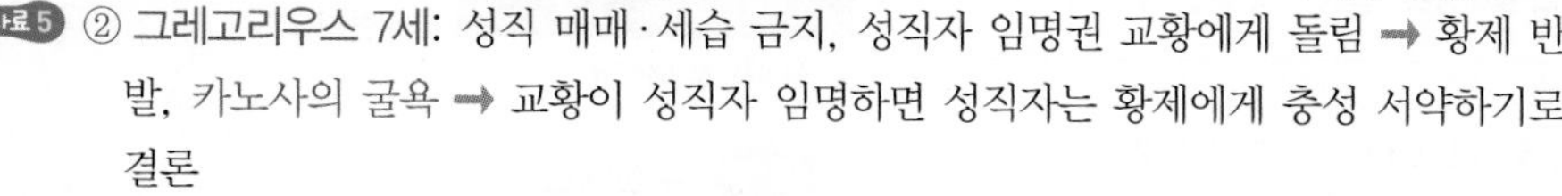

자료 5 ② 그레고리우스 7세: 성직 매매·세습 금지, 성직자 임명권 교황에게 돌림 → 황제 반발, 카노사의 굴욕 → 교황이 성직자 임명하면 성직자는 황제에게 충성 서약하기로 결론

③ 교황권의 강화: 13세기에 들어 절정, '교황은 해, 황제는 달'

2 크리스트교 중심의 중세 서유럽 문화 – 크리스트교는 서유럽의 정신적 지주로 일상생활까지 지배하였다.

철학	스콜라 철학(신앙과 이성의 조화 강조), 토마스 아퀴나스 『신학대전』
교육	수도원 중심 → 12세기 이후 유럽 곳곳에 대학 설립
문학	기사도 문학 발달: 『니벨룽겐의 반지』, 『아서왕 이야기』
건축	• 11세기: 로마네스크 양식(돔과 아치, 피사 성당) • 12세기: 고딕 양식(뾰족한 탑과 스테인드글라스, 샤르트르 대성당, 노트르담 성당)

자료 6

자료 7 ### 3 십자군 전쟁

교과서마다 달라요 **로마네스크 양식** 미래엔, 금성은 다루지 않음

배경	11세기 말 셀주크 튀르크가 예루살렘 점령, 비잔티움 제국 위협 → 비잔티움 제국 황제의 지원 요청 → 교황 우르바누스 2세가 클레르몽 [2]공의회를 소집해 십자군 결성
전개	제1차 십자군이 일시적으로 예루살렘 탈환 → 상업적 이익 중시 → 결국 실패
결과	교황 권위 추락, 전쟁에 참여한 제후와 기사 몰락, 왕권 강화, 상공업 발달, 도시 성장

4 도시의 성장과 장원의 붕괴

(1) **도시의 성장** 11세기부터 농업 생산력 성장, [3]원거리 무역 발전 → 교통 요충지의 도시 발달 (주로 이탈리아의 도시 국가들이 발달하였다.) → 영주에게 자치권 획득, 상인·수공업자는 [4]길드 결성해 도시 운영에 참여

교과서마다 달라요 **길드** 미래엔, 금성은 다루지 않음

(2) **장원의 붕괴**

① 상업 발달로 화폐 수요 증가 → 영주가 화폐 [5]지대 요구, 돈을 받고 농노 해방

② 14세기 [6]흑사병으로 인구 감소하면서 노동력 부족 → 농노 지위 향상

(일부 영주는 농노 속박을 강화해 와트 타일러의 난(영국), 자크리의 난(프랑스) 등이 일어났다.)

5 중앙 집권 국가의 출현

(장원 해체와 화약 무기 사용으로 영주와 기사가 약화되었다. 교황의 권위도 약화되어 프랑스 왕이 교황청을 아비뇽으로 옮기기도 하였다(아비뇽 유수).)

(1) **배경** 십자군 전쟁 이후 왕권이 상대적으로 강화 → 관료·군대 기반 세력 강화

(2) **영국·프랑스** 백년 전쟁(영국과 프랑스의 전쟁, 잔 다르크 활약)과 [7]장미 전쟁(영국 내전)으로 중앙 집권 국가로 발전

(3) **에스파냐·포르투갈** 이슬람 세력을 몰아내는 과정에서 15세기경 중앙 집권화

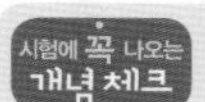

시험에 꼭 나오는 개념 체크

1. _ _ _ _ _ _ _은 교황과 신성 로마 제국 황제가 성직자 임명권을 둘러싸고 대립한 사건이다.
2. 교황 그레고리우스 7세가 클레르몽 공의회에서 십자군 결성을 주장하였다. (○, ×)

답 1. 카노사의 굴욕 2. ×

자료 5 카노사의 굴욕

하인리히 4세

교황인 그레고리우스 7세가 성직자 임명권을 교황이 갖도록 하자 신성 로마 제국 황제 하인리히 4세가 반발하여 일어난 사건이다.

자료 6 고딕 양식

▲ 샤르트르 대성당

▲ 스테인드글라스

12세기 무렵부터 유행한 고딕 양식은 뾰족한 탑과 스테인드글라스를 특징으로 한다.

자료 7 십자군 전쟁 – 제4차 십자군은 목적에서 벗어나 콘스탄티노폴리스를 점령하기도 하였다.

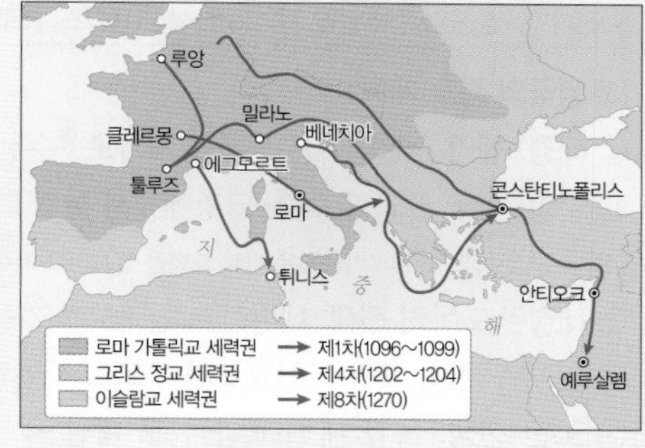

교황 우르바누스 2세는 1095년 클레르몽 공의회를 열어 성지 예루살렘을 탈환할 것을 호소하였다. 이를 계기로 제1차 십자군이 결성되었고 이후 약 200년간 전쟁이 이어졌다.

용어 쏙쏙

[1] 성직자(聖 – 성스럽다, 職 – 맡은 일, 者 – 사람): 종교적 역할을 맡은 사람
[2] 공의회: 교황이 교회의 중요한 인물들을 소집하여 진행하는 공식적인 종교 회의
[3] 원거리(遠 – 멀다, 距 – 이르다, 離 – 떨어지다): 먼 거리
[4] 길드: 같은 일을 하는 상공업자들이 모여 만든 조합
[5] 지대(地 – 땅, 代 – 대가): 땅을 경작하는 대신 내는 물품이나 화폐
[6] 흑사병: 페스트균이 일으키는 전염병으로 중세 유럽 인구의 1/3이 사망함
[7] 장미 전쟁: 영국의 왕위 계승권을 놓고 벌인 전쟁으로 전쟁을 벌인 두 가문의 문장이 장미라 이런 이름이 붙음

4 르네상스와 종교 개혁

1 ❶르네상스

(1) **의미** 인간 중심의 고대 그리스·로마 문화를 부활하려고 한 문예 부흥 운동

자료 8 (2) **이탈리아의 르네상스** 유럽에서 가장 처음 시작

① **배경:** 지중해 무역을 통한 상공업 발달, 고대 그리스·로마 문화유산 보존(옛 로마의 중심지로 많은 문화유산이 보존되어 있었다.), 비잔티움 제국 학자의 이주, 십자군 전쟁 과정에서 이슬람 문화와 접촉

② **특징:** 신 중심의 문화에서 벗어나 인간을 중시하는 인문주의 발달

문학	페트라르카의 서정시, 보카치오의 『데카메론』
미술	• 인체의 아름다움 사실적으로 표현, 인간의 감정을 표현한 작품 제작 • 레오나르도 다빈치(「모나리자」), 라파엘로(「아테네 학당」), 미켈란젤로(「천지 창조」) 등
건축	르네상스 양식(늘어선 기둥), 성 베드로 대성당

(3) **알프스 이북의 르네상스** 교과서마다 달라요 **알프스 이북의 르네상스** 금성은 북유럽 르네상스

특징	현실 사회와 교회의 부패 비판
내용	• 에라스뮈스의 『우신예찬』(교회와 성직자 위선 비판), 토머스 모어의 『유토피아』(영국의 현실 비판), 세르반테스의 『돈키호테』(기사 풍자, 모국어 사용한 국민 문학) • 브뤼헐의 「농민의 춤」(농민의 소박한 삶 표현) └ 이전까지는 라틴어를 사용한 문학이 발달하였다.

자료 9

(4) **과학 기술의 발달**

① ❷지동설: 코페르니쿠스, 갈릴레이 등이 주장 → 새로운 우주관 제시

② 활판 인쇄술: 구텐베르크가 발명 → 학문 발달, 지식 보급에 이바지

2 종교 개혁

(1) **루터의 종교 개혁**

배경	교황 레오 10세가 성 베드로 대성당 증축을 위해 ❸면벌부 판매
전개	루터의 「95개조 반박문」 발표 → 독일 제후들의 지지 → 장기간 투쟁 → 제후와 도시를 중심으로 루터파 확산
결과	아우크스부르크 화의에서 루터파 ❹공인

자료 10

(2) **칼뱅의 종교 개혁** 스위스에서 시작

특징	• 예정설: 인간의 구원은 태어날 때부터 예정됨 • 직업에 충실, 근면하고 검소한 생활 강조 → 상공업자 환영
전파	상공업이 발달한 지역으로 확산(프랑스, 스코틀랜드, 영국, 네덜란드 등)

(3) **영국의 종교 개혁**

① **배경:** 헨리 8세의 이혼 문제를 계기로 ❺수장법 발표 교과서마다 달라요 **수장법** 지학만 다룸

② **결과:** 영국 국교회 수립, 교황에게서 독립

자료 11 (4) **종교 전쟁** – 로마 가톨릭은 자체 개혁을 실시하고 예수회를 조직하는 등 종교 개혁에 대응하였다.

① **네덜란드 독립 전쟁:** 네덜란드 신교도가 가톨릭 국가인 에스파냐로부터 독립

② **위그노 전쟁:** 프랑스 신교도와 구교도 사이의 전쟁 → 낭트 칙령으로 신교도 인정

③ **30년 전쟁:** 독일 내 구교와 신교 대립 → 국제 전쟁으로 확대 → 베스트팔렌 조약(1648)으로 제후가 종교 선택하도록 허용(가톨릭, 루터파, 칼뱅파 중 선택할 수 있었다.), 칼뱅파 승인

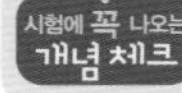

1. 르네상스는 북유럽 지역에서 가장 먼저 시작되었다. (○, ×)
2. 30년 전쟁은 ＿＿＿＿＿ ＿＿으로 칼뱅파를 인정하면서 종결되었다.

답 1. × 2. 베스트팔렌 조약

자료 8 이탈리아 르네상스

▲ 모나리자

▲ 천지 창조

▲ 성 베드로 대성당

이탈리아 르네상스에서는 인간 신체의 아름다움을 묘사하거나 인간의 미묘한 감정을 표현하는 작품들이 그려졌다.

자료 9 우신예찬

> 교황은 가장 어려운 일들은 베드로와 바울에게 맡기고 호화로운 의식과 즐거움만 찾는다. 교황은 바로 나, 어리석음의 신(우신) 덕분에 우아한 생활을 하고 있다. 연극이나 다름없는 화려한 교회 의식에서 축복이나 저주의 말을 하고 감시만 하면, 충분히 그리스도에게 충실하였다고 생각한다.

알프스 이북의 르네상스는 교회와 사회를 비판하는 개혁 성향이 강하였다.

자료 10 95개조 반박문

> 제6조 교황은 신의 용서를 선언, 증명하는 것 외에는 어떤 죄도 용서할 권한이 없다.
> 제36조 진실로 회개한 크리스트교도는 면벌부가 없어도 벌이나 죄에서 완전히 해방된다.

루터의 「95개조 반박문」은 인쇄술 발달에 힘입어 독일 전역으로 확산되었다.

자료 11 종교 개혁의 확산

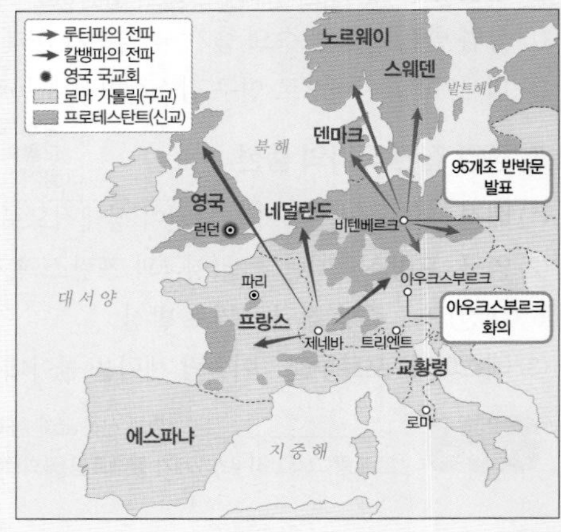

❶ 르네상스: 프랑스어로 '부활', '재생' 등을 뜻함. 이탈리아를 시작으로 나타난 고대 그리스·로마 고전 연구 및 인문주의의 부활을 부르는 용어
❷ 지동설: 태양이 우주 혹은 태양계의 중심에 있고 나머지 행성들이 그 주위를 공전한다는 우주관
❸ 면벌부: 고해성사 이후에도 남아 있는 신자의 벌의 일부 혹은 전체를 가톨릭교회가 사면해 주었음을 증명하는 문서
❹ 공인(公 - 공식, 認 - 인정받다): 공식적으로 인정받음
❺ 수장법: 영국 국왕이 영국 교회의 수장이라고 선포한 법

STEP 1 개념 확인

01 서로 관련 있는 것끼리 연결하시오.

(1) 카롤루스 대제 • • ㉠ 카노사의 굴욕
(2) 유스티니아누스 황제 • • ㉡ 서로마 황제 대관
(3) 그레고리우스 7세 • • ㉢ 로마법 집대성

02 다음 빈칸에 알맞은 말을 쓰시오.

(1) 프랑크 왕국의 분열과 이민족 침입으로 기사 계급이 영지를 분봉받아 다스리는 (   )이(가) 성립되었다.
(2) (   )은(는) 장원에서 생활하는 농민으로 영주에게 부역과 공물을 바쳐야 하고 거주 이전의 자유가 없었다.

03 다음 중 알맞은 말에 ○표를 하시오.

(1) 서로마는 게르만의 이동으로 멸망하였지만 동로마는 (비잔티움 제국, 프랑크 왕국)이라 불리며 이후 1,000년간 더 존속하였다.
(2) (셀주크 튀르크, 오스만 제국)이(가) 비잔티움 제국을 위협하여 십자군 전쟁이 시작되었다.

04 다음 설명이 맞으면 ○표, 틀리면 ×표 하시오.

(1) 십자군 전쟁으로 교황과 기사 계급의 세력이 강화되었다. (   )
(2) 흑사병으로 농민의 수가 급감하면서 농민의 지위가 하락하였다. (   )
(3) 상공업이 발달하면서 영주가 농민에게 화폐 지대 대신 부역을 강요하였다. (   )

05 다음 ㉠, ㉡에 들어갈 알맞은 말을 쓰시오.

구분	이탈리아 르네상스	(㉠) 이북 르네상스
특징	인문주의 발달	교회·사회 비판적
문학	페트라르카의 서정시	에라스뮈스의 『우신예찬』
미술	(㉡)의 『모나리자』	브뤼헐의 『농민의 춤』

㉠ ________ ㉡ ________

06 다음 설명에 해당하는 인물을 보기에서 골라 기호를 쓰시오.

보기
ㄱ. 루터 ㄴ. 칼뱅 ㄷ. 헨리 8세

(1) 교황의 면벌부 판매를 「95개조 반박문」으로 비판 (   )
(2) 이혼 문제를 계기로 국왕이 교회의 수장임을 주장 (   )
(3) 인간의 구원은 태어날 때부터 예정되었다고 주장 (   )

STEP 2 대표 문제

정답 12쪽

01 다음 ㉠에 들어갈 내용으로 가장 적절한 것은?

난이도 하

> 발트해 유역에서 거주하던 게르만족은 로마 제국 시기에 라인강과 다뉴브강 유역으로 이동하였다. 4세기 말 훈족의 압박으로 게르만족은 로마 제국의 국경을 넘어 이동하였고 그 결과 5세기 후반 ____㉠____

① 장원제가 해체되었다.
② 노르만족이 침입하였다.
③ 동서 교회가 분열되었다.
④ 서로마 제국이 멸망하였다.
⑤ 카롤루스 대제가 즉위하였다.

02 (중요) 다음 밑줄 친 '그대'에 대한 설명으로 옳은 것은?

난이도 중

① 로마법을 집대성하여 법전을 편찬하였다.
② 클레르몽 공의회에서 십자군 원정을 촉구하였다.
③ 비잔티움 제국 황제로 성상 파괴령을 발표하였다.
④ 하인리히 4세와 성직 임명권을 둘러싸고 대립하였다.
⑤ 게르만 문화, 로마 문화, 크리스트교가 융합된 서유럽 문화의 기틀을 마련하였다.

03 다음 국가에 대한 설명으로 옳은 것은?

난이도 상

> 게르만족이 세운 여러 나라 가운데 이동 거리가 가장 짧았으며, 이른 시기 크리스트교를 받아들여 로마 교회의 지지를 받았다.

① 대표적인 문화유산으로 성 소피아 대성당을 남겼다.
② 비잔티움 제국을 계승하였다고 자처하면서 세력을 키웠다.
③ 훈족의 압박으로 이동한 게르만족의 공격으로 멸망하였다.
④ 수도인 콘스탄티노폴리스는 동서 무역의 중심지로 번영하였다.
⑤ 8세기에 이슬람 세력의 침략을 막아 크리스트교 세계의 수호자로 떠올랐다.

04 다음 ㉠에 들어갈 용어로 가장 적절한 것은?

하 난이도

> 이민족의 침입으로 혼란을 겪은 서유럽에서는 각지에서 유력자들이 스스로 성을 쌓고 무장하였다. 그리고 이들이 주군과 봉신의 주종 관계를 맺으면서 지방 분권적 (㉠)가 형성되었다.

① 길드 ② 신분제 ③ 군관구
④ 봉건제 ⑤ 둔전병제

중요 **05** 다음 (가), (나)에 대한 설명으로 옳은 것을 보기에서 모두 고르면?

중 난이도

> 〈중세 서유럽 주종 관계의 두 주체〉
> • (가): (나)에게 봉토를 수여함
> • (나): (가)에게 충성을 서약함

보기
ㄱ. (가)는 기사, (나)는 농노에 해당한다.
ㄴ. (가)는 (나)로부터 부역과 공납을 받았다.
ㄷ. 한쪽이 의무를 지키지 않으면 계약이 깨질 수 있었다.
ㄹ. 수여받은 봉토는 일반적으로 장원의 형태로 운영되었다.

① ㄱ, ㄴ ② ㄱ, ㄷ ③ ㄴ, ㄷ
④ ㄴ, ㄹ ⑤ ㄷ, ㄹ

06 다음과 관련된 설명으로 옳은 것을 보기에서 모두 고르면?

중 난이도

보기
ㄱ. 운영은 주군의 간섭을 받았다.
ㄴ. 토지의 경작은 농노가 담당하였다.
ㄷ. 영주는 거주 이전의 자유가 없었다.
ㄹ. 농노는 재산을 소유하고 결혼할 수 있었다.

① ㄱ, ㄴ ② ㄱ, ㄷ ③ ㄴ, ㄷ
④ ㄴ, ㄹ ⑤ ㄷ, ㄹ

중요 **07** 밑줄 친 '나'에 대한 설명으로 옳은 것은?

중 난이도

> 나는 비잔티움 제국의 황제로 정치와 종교 모두를 관장하였고 성 소피아 대성당 건축을 주도하였다.

① 오스만 제국의 공격을 받았다.
② 로마법을 집대성한 법전을 편찬하였다.
③ 모스크바를 수도로 키예프 공국을 세웠다.
④ 교황과 대립하여 카노사의 굴욕을 겪었다.
⑤ 성상 파괴령을 내려 교회가 동서로 분열되었다.

08 다음 제국에 대한 설명으로 옳은 것을 보기에서 모두 고르면?

중 난이도

> 〈탐구 보고서〉
> • 수도: 콘스탄티노폴리스
> • 정치: 서유럽 사회와 달리 황제권이 강하였고 중앙 집권 체제가 유지됨
> • 쇠퇴와 멸망: 셀주크 튀르크의 공격으로 소아시아 지역을 빼앗기고 이후 오스만 제국에 의해 멸망

보기
ㄱ. 성 소피아 대성당이 지어졌다.
ㄴ. 그리스어를 공용어로 사용하였다.
ㄷ. 교부 철학과 스콜라 철학이 발달하였다.
ㄹ. 『아서왕 이야기』 등 기사도 문학이 발달하였다.

① ㄱ, ㄴ ② ㄱ, ㄷ ③ ㄴ, ㄷ
④ ㄴ, ㄹ ⑤ ㄷ, ㄹ

09 다음 ㉠ 문화에 대한 설명으로 옳은 것은?

중 난이도

> (㉠) 문화의 영향
> 이 문화는 슬라브족에게 전파되어 오늘날 동유럽과 러시아 문화권의 토대가 되었다. 이들 지역에서는 대부분 같은 종교를 받아들여 같은 문화권을 이루었다.

① 라틴어를 사용하였다.
② 그리스 정교를 숭배하였다.
③ 고딕 양식 성당이 건축되었다.
④ 르네상스가 처음으로 시작되었다.
⑤ 대학을 중심으로 학문이 발달하였다.

10 다음 ㉠에 들어갈 내용으로 가장 적절한 것은?

하 난이도

모둠 탐구 주제: ㉠
- **세례성사:** 물로 씻는 세례 의식을 통해 교회 공동체의 일원이 되는 일
- **고해성사:** 신자가 죄를 뉘우치고 신의 대리자인 신부를 통해 신에게 죄를 용서받는 일
- **병자성사:** 병을 앓고 있는 신자의 고통을 덜고 구원해 주도록 비는 일

① 종교 개혁의 전개와 결과
② 크리스트교의 타락과 세속화
③ 크리스트교의 일상생활 지배
④ 수도원 중심의 교회 개혁 운동
⑤ 동서 교회 분열의 원인과 결과

11 중요 다음 그림과 관련된 사건이 일어나게 된 배경으로 가장 알맞은 것은?

중 난이도

① 성상 파괴령이 내려졌다.
② 동서 교회가 분열되었다.
③ 십자군 원정의 목적이 변질되었다.
④ 교황이 프랑크 왕국과 손을 잡았다.
⑤ 교황과 황제가 성직자 임명권을 두고 대립하였다.

같은 주제 다른 문제

- 위 상황의 결과로 가장 적절한 것은? 답 ④

① 동서 교회가 분열되었다.
② 아비뇽 유수가 발생하였다.
③ 루터가 95개조 반박문을 작성하였다.
④ 교황이 성직자 임명권을 가지게 되었다.
⑤ 클뤼니 수도원에서 개혁 운동이 일어났다.

12 다음과 같은 건축 양식에 대한 설명으로 옳은 것을 보기에서 모두 고르면?

중 난이도

보기
ㄱ. 높고 뾰족한 첨탑이 특징이다.
ㄴ. 비잔티움 제국에서 유행하였다.
ㄷ. 내부를 스테인드글라스로 장식하였다.
ㄹ. 그리스·로마 건축의 영향을 받아 르네상스 시기에 지어졌다.

① ㄱ, ㄴ ② ㄱ, ㄷ ③ ㄴ, ㄷ
④ ㄴ, ㄹ ⑤ ㄷ, ㄹ

13 중요 다음 지도에 나타난 전쟁에 대한 설명으로 옳지 않은 것은?

상 난이도

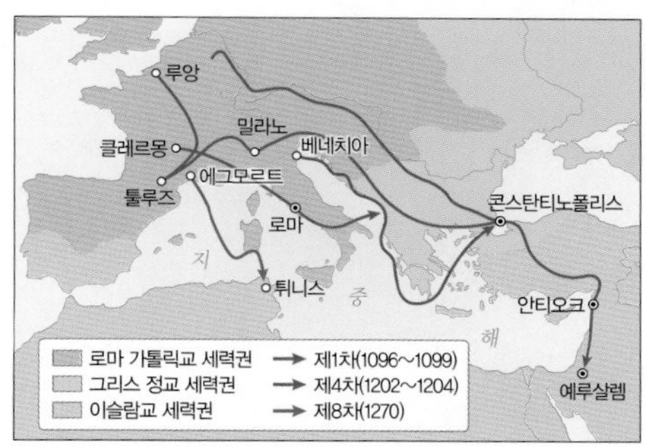

① 전쟁 후 상공업이 발달하고 도시가 성장하였다.
② 전쟁 결과 교황과 기사 계급의 세력이 약해졌다.
③ 1차 원정 때 일시적으로 예루살렘을 탈환하였다.
④ 페르시아 제국과 예루살렘을 둘러싸고 대립하였다.
⑤ 로마 교황이 성지 탈환을 내세우면서 파병을 호소하였다.

14 장원의 붕괴 과정에 대한 설명으로 옳지 않은 것은?

하 난이도

① 흑사병으로 농노의 지위가 올라갔다.
② 노르만족의 침입으로 혼란이 가중되었다.
③ 영주가 부역 대신 화폐 지대를 요구하였다.
④ 와트 타일러의 난 등 농민 반란이 일어났다.
⑤ 원거리 무역이 활발해져 도시가 발달하였다.

15 중요 다음 (가), (나) 지역 르네상스에 대한 설명으로 옳지 않은 것은?
상 난이도

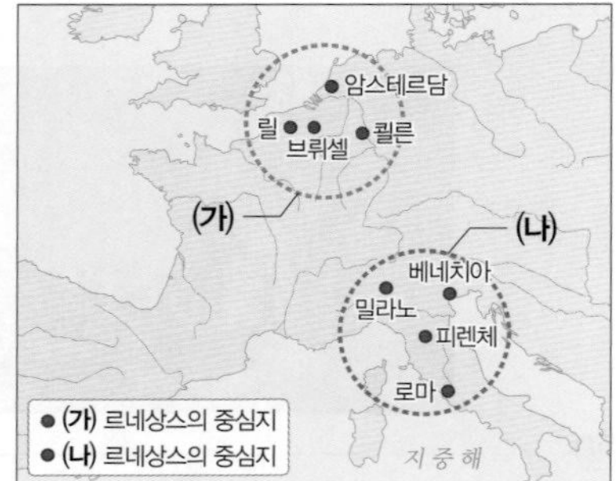

① (가)에서 브뤼헐이 농민의 일상을 회화로 표현하였다.
② (가)에서 에라스뮈스가 『우신예찬』으로 교회를 비판하였다.
③ (나)에서 보카치오가 『데카메론』을 썼다.
④ (나)에서 교회와 사회를 비판하는 르네상스가 발전하였다.
⑤ (나) ➡ (가) 순으로 르네상스가 나타났다.

16 다음 (가)에 들어갈 내용으로 옳은 것을 보기에서 모두 고르면?
중 난이도

> 오늘 수업 주제: ○○ ○○
> • 의미: 16세기경 가톨릭에 반대해 교회 내 새로운 교파가 등장 ➡ 이후 교회는 구교와 신교로 나뉘게 됨
> • 사례: (가)

보기
ㄱ. 루터의 개혁　　ㄴ. 칼뱅의 개혁
ㄷ. 아비뇽 유수　　ㄹ. 카노사의 굴욕

① ㄱ, ㄴ　② ㄱ, ㄷ　③ ㄴ, ㄷ　④ ㄴ, ㄹ　⑤ ㄷ, ㄹ

같은 주제 다른 문제

• 위 수업 주제에 들어갈 말로 가장 알맞은 것은? 답 ①
① 종교 개혁　② 30년 전쟁　③ 르네상스
④ 성상 파괴령　⑤ 클레르몽 공의회

17 르네상스 시기에 그려진 다음 작품과 관련된 설명으로 가장 알맞은 것은?
중 난이도

① 연금술 등 과학 기술 발달을 보여 준다.
② 스콜라 철학에 대한 비판을 담고 있다.
③ 인간의 신체를 사실적으로 표현하였다.
④ 종교 개혁에서 새롭게 등장한 교리를 담고 있다.
⑤ 수도원 중심 교회 개혁 운동의 정신을 담고 있다.

18 다음 ㉠에 들어갈 내용으로 가장 적절한 것은?
중 난이도

> 〈역사 학습 노트〉
> 주제: ○○의 종교 개혁
> • 주장: 직업 소명설, 예정설
> • 전파: 프랑스의 위그노, 스코틀랜드의 장로파, 영국 청교도, 네덜란드의 고이센 등
> • 주장과 전파 지역을 통해 알 수 있는 점: ㉠

① 상공업자들에게 환영받았다.
② 이탈리아 르네상스를 자극하였다.
③ 면벌부 판매에 반대하여 일어났다.
④ 보카치오가 『데카메론』을 저술하였다.
⑤ 아우크스부르크 화의를 통해 인정받았다.

19 중요 다음 사건의 결과로 옳은 것은?
상 난이도

> 1618년 구교 세력과 신교 세력의 갈등으로 전쟁이 시작되었다. 이후 유럽 각국이 전쟁에 참여하면서 국제전으로 확대되었다.

① 낭트 칙령 발표　② 보름스 협약 체결
③ 영국 국교회 성립　④ 십자군 전쟁 종결
⑤ 베스트팔렌 조약 체결

정답 13쪽

01 다음 자료를 보고 물음에 답하시오.

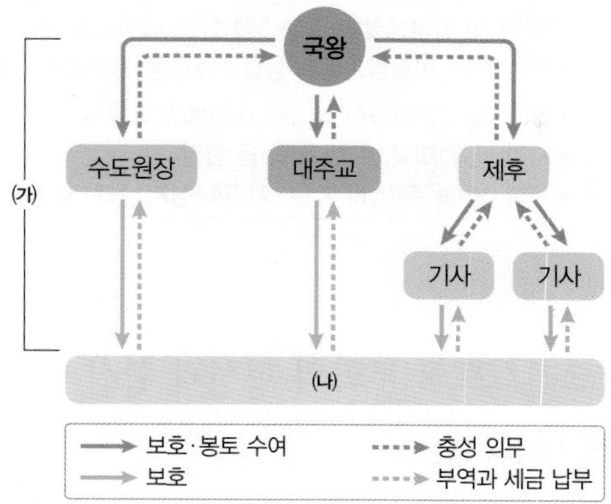

(1) 위 (가), (나) 계층의 명칭을 쓰시오.

(가) ____________ (나) ____________

(2) (나) 계층이 노예와 다른 점을 두 가지 서술하시오.

02 다음 자료를 보고 물음에 답하시오.

(1) 위 건축의 명칭과 건설된 도시를 쓰시오.

(2) 위와 같은 건축 양식의 명칭을 쓰고 그 특징을 외부와 내부로 나누어 서술하시오.

03 다음 글을 읽고 물음에 답하시오.

> 14세기 중엽 전 유럽을 휩쓴 이 병으로 당시 유럽 인구의 약 1/3이 줄었다. 이 병은 쥐벼룩이나 병에 걸린 사람의 기침과 배설물 등을 통해 전염되었다. 하지만 당시 사람들은 이 병을 신이 내린 형벌이라고 믿었다.

(1) 윗글의 설명하는 전염병을 쓰시오.

(2) 위의 병이 장원의 붕괴에 끼친 영향을 서술하시오.

04 다음 글을 읽고 물음에 답하시오.

> 교황은 가장 어려운 일들은 베드로와 바울에게 맡기고 호화로운 의식과 즐거움만 찾는다. 교황은 바로 나, 어리석음의 신(우신) 덕분에 우아한 생활을 하고 있다. 연극이나 다름없는 화려한 교회 의식에서 축복이나 저주의 말을 하고 감시만 하면, 충분히 그리스도에게 충실하였다고 생각한다.

(1) 윗글의 저자를 쓰시오.

(2) 윗글을 통해 알 수 있는 알프스 이북 르네상스의 특징을 쓰고 이를 보여 주는 다른 사례를 서술하시오.

01 불교 및 힌두교 문화의 형성과 확산

1 불교문화의 형성

창시	석가모니가 평등과 자비를 내세워 창시
마우리아 왕조	아소카왕: 전성기, 인도 대부분 통일, 불경 정리, 산치 대탑 건립, 상좌부 불교 전파(동남아시아)
쿠샨 왕조	• 카니슈카왕: 전성기, 대승 불교가 비단길을 따라 동북아시아로 전파 • 간다라 양식: 헬레니즘 문화 + 불교문화, 불상 제작

2 굽타 왕조의 발전과 인도 고전 문화의 형성

굽타 왕조		• 인도 북부 재통일 • 찬드라굽타 2세 때 전성기
힌두교	성립	브라만교 + 민간 신앙 + 불교 등 ➡ 창시자, 특별한 교리 없음 ➡ 굽타 왕조에서 후원하며 확산
	특징	카스트제 정착, 『마누 법전』
인도 고전 문화		• 굽타 양식: 인도 고유의 색채 강화, 아잔타 석굴 • 산스크리트 문학 발달: 『라마야나』, 『마하바라타』 • 자연 과학 발달: '0' 개념, 10진법

02 동아시아 문화의 형성과 확산

1 중국

위진 남북조	• 화북: 북위 통일, 한화 정책(효문제), 석굴 사원 • 강남: 한족 왕조, 강남 개발, 귀족 문화, 청담 사상
수	• 수 문제: 통치 제도 정비(과거제 시행 등) • 수 양제: 고구려 원정, 대운하 건설
당	• 율령 체제 확립: 3성 6부, 균전제, 조·용·조, 부병제, 과거제 • 안사의 난 이후 제도 변화: 양세법, 모병제, 장원제 • 국제적(장안성, 당삼채)·귀족적 문화 발달

2 한반도와 일본

한반도	삼국의 경쟁 ➡ 신라의 삼국 통일, 발해 건국
일본	• 야마토 정권: 아스카 문화, 다이카 개신 • 나라 시대: 견당사, 견신라사, 불교문화(도다이사 건설) • 헤이안 시대: 국풍 문화 발전

3 동아시아 문화권의 형성 한자, 율령, 유교, 불교

03 이슬람 문화의 형성과 확산

1 이슬람교의 성립과 이슬람 제국

창시	• 무함마드, 메카에서 유일신 알라 앞에 평등 강조 • 박해 ➡ 헤지라 ➡ 교세 확대 ➡ 메카 정복
정통 칼리프 시대	• 칼리프 선출: 무함마드 후계자, 종교·정치 지도자 • 사산 왕조 페르시아, 시리아, 이집트 정복 • 관용 정책: 인두세만 내면 종교 인정
우마이야 왕조	• 우마이야 가문에서 칼리프 세습 ➡ 수니파와 시아파로 분화 • 중앙아시아~이베리아반도 차지 • 비아랍인에 대한 차별로 불만 확대
아바스 왕조	• 비아랍인에 대한 차별 철폐 • 바그다드 중심의 동서 교류로 번영

2 이슬람 세계의 문화

생활	• 『쿠란』이 일상생활의 규범, 5행 실천, 아랍어 공용어 • 상업 발달: 이슬람교에서 상업 긍정, 동서 교역로에 위치
문화	• 건축: 모스크(뾰족한 탑, 돔), 아라베스크 무늬 • 자연 과학: 화학, 수학, 의학 등 발달 • 신학·법학(『쿠란』과 연관), 지리학(성지 순례) 발달

04 크리스트교 문화의 형성과 확산

1 유럽 사회의 형성

서유럽	• 프랑크 왕국 발전; 카롤루스 대제 때 서로마 황제 대관 • 봉건 사회 형성: 주종 관계, 장원제(농노는 거주지 이전 불가, 재산 소유·결혼 가능) • 교황권의 성장: 카노사의 굴욕, '교황은 해, 황제는 달' • 크리스트교 중심의 문화: 스콜라 철학, 성당 건축 양식(로마네스크 양식 ➡ 고딕 양식), 수도원 학교 등
비잔티움 제국	• 유스티니아누스 황제: 『유스티니아누스 법전』, 성 소피아 대성당 • 레오 3세의 성상 파괴령 ➡ 이후 동서 교회 분열(로마 가톨릭, 그리스 정교) • 문화: 그리스 정교, 비잔티움 양식(돔, 모자이크) ➡ 슬라브 문화권에 영향

2 유럽 사회의 변화

십자군 전쟁	• 셀주크 튀르크의 비잔티움 제국 위협으로 촉발 • 제1차: 예루살렘 점령, 제4차: 변질(비잔티움 제국 공격) • 결과: 교황권 쇠퇴, 기사 계급 몰락, 상업 발달, 이슬람 문화 유입, 동방과의 교역 활성화
도시 성장	• 상공업 발달, 길드 조직, 원거리 무역 • 자치권 획득 ➡ 영주의 속박에서 탈피
장원 해체	• 14세기 흑사병 ➡ 농노의 수 감소 ➡ 농노 처우 개선 • 상공업 발달 ➡ 부역, 공납을 화폐 지대로 납부
중앙 집권 국가	• 왕권 강화, 관료제·상비군 정비 • 영국·프랑스: 백년 전쟁, 장미 전쟁 • 이베리아반도 국가: 이슬람 세력 몰아내는 과정에 중앙 집권화

3 유럽 사회의 발전

르네상스		• 이탈리아 르네상스: 인문주의 발달(라파엘로, 보티첼리, 레오나르도 다빈치, 미켈란젤로) • 알프스 이북 르네상스: 사회·교회 비판적(『유토피아』, 『우신 예찬』)
종교 개혁	루터	• 「95개조 반박문」 발표 • 아우크스부르크 화의로 인정
	칼뱅	• 예정설, 직업에 충실할 것 강조 • 상공업자 환영 ➡ 영국, 프랑스, 스코틀랜드, 네덜란드 등으로 전파
	영국	헨리 8세의 이혼 문제 계기 ➡ 국왕이 교회의 수장임을 선언
	종교 전쟁	네덜란드 독립 전쟁, 위그노 전쟁, 30년 전쟁 ➡ 베스트팔렌 조약으로 칼뱅파 인정

지도로 정리하기

01 불교 및 힌두교 문화의 형성과 확산

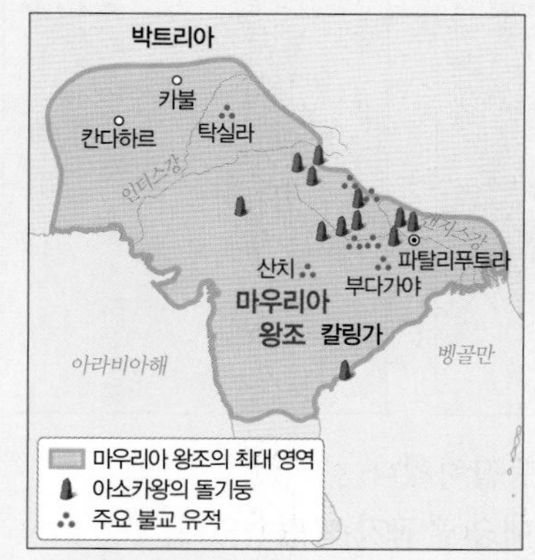

▲ 마우리아 왕조

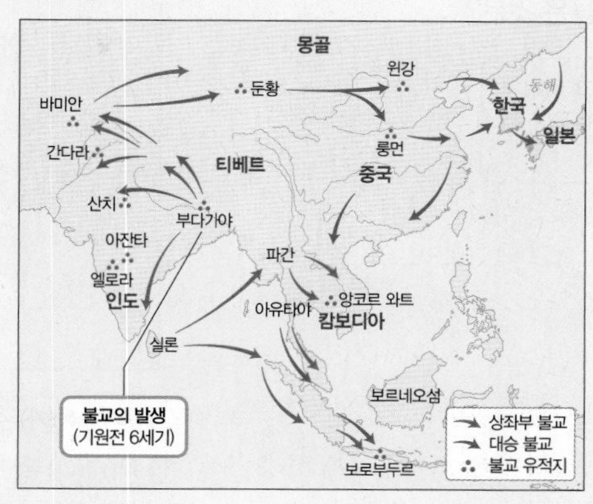

▲ 불교의 전파

▲ 굽타 왕조

02 동아시아 문화의 형성과 확산

▲ 남북조 시대

▲ 수의 대운하

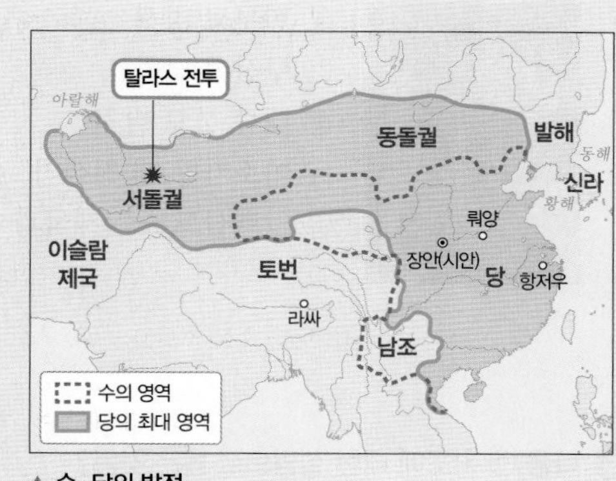

▲ 수·당의 발전

03 이슬람 문화의 형성과 확산

▲ 이슬람 제국의 확대

04 크리스트교 문화의 형성과 확산

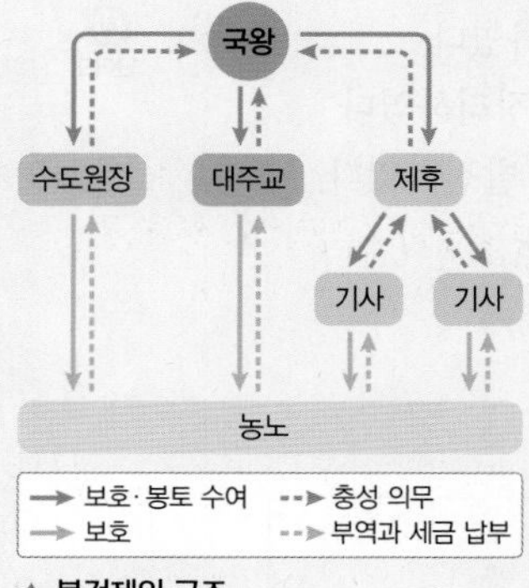

▲ 봉건제의 구조

▲ 비잔티움 제국의 영역

대단원 마무리 문제

01 불교 및 힌두교 문화의 형성과 확산

01 다음 인물이 창시한 종교에 대한 설명으로 옳은 것은?

하 난이도

욕심을 버리고 바르게 수행한다면 누구나 해탈할 수 있다.

① 유일신 알라를 섬긴다.
② 5행의 실천을 강조하였다.
③ 자비와 평등을 강조하였다.
④ 밀라노 칙령으로 공인되었다.
⑤ 브라만 계급의 특권을 강조하였다.

중요 **02** 다음 문화유산을 남긴 국가와 관련된 것으로 옳은 것은?

중 난이도

① 힌두교 창시
② 쿠샨족 남하
③ 대승 불교 발전
④ 아소카왕 때 전성기
⑤ 알렉산드로스 제국과 대립

03 다음 ㉠ 왕조에 대한 설명으로 옳은 것은?

상 난이도

① 파탈리푸트라를 수도로 발전하였다.
② 산치 대탑을 건립하였고, 불교를 전파하였다.
③ 『샤쿤탈라』 등 산스크리트 문학이 발달하였다.
④ 『마누 법전』으로 카스트에 따른 의무를 정리하였다.
⑤ 동서 무역로를 차지하여 중계 무역으로 발전하였다.

주관식
04 다음에서 설명하는 왕을 쓰시오.

하 난이도

• 불교를 통치 이념으로 받아들임
• 산치 대탑, 돌기둥 등 건설

05 다음 (가), (나) 왕조에 대한 설명으로 옳은 것은?

상 난이도

(가)

(나)

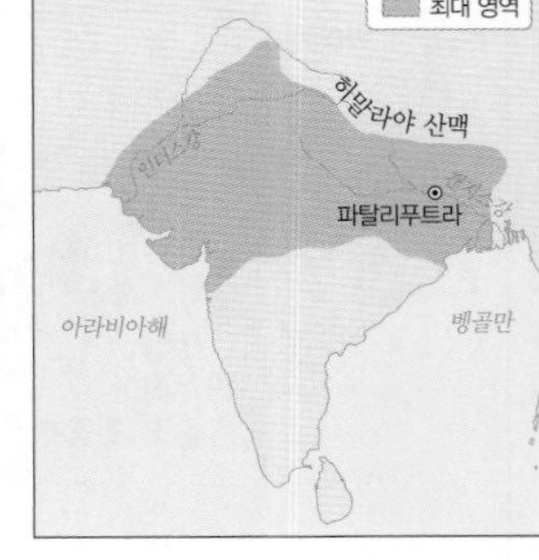

① (나) → (가) 순으로 등장하였다.
② (가), (나) 왕조에서 대승 불교가 발전하였다.
③ (가)는 찬드라굽타 2세 때 전성기를 누렸다.
④ (나) 시기에 산스크리트 문학이 발전하였다.
⑤ (나)는 상좌부 불교를 동남아시아에 전파하였다.

02 동아시아 문화의 형성과 확산

06 다음 (가) 국가와 관련된 것으로 옳은 것은?

중 난이도

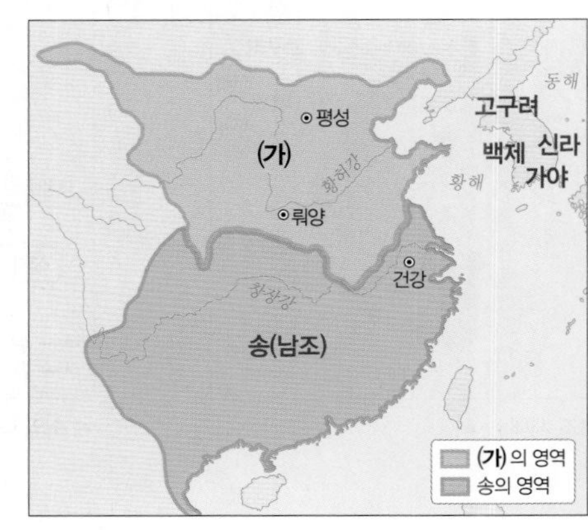

① 안사의 난　② 대운하 건설　③ 탈라스 전투
④ 한화 정책　⑤ 과거제 시행

07 다음 문학 작품이 저술된 시대에 대한 설명으로 옳은 것은?

상 난이도

도연명의 「귀거래사」
돌아가련다.
세상과 어울리는 것을 이제 끊자.
세상과 나는 본래 인연이 없었으니
다시 벼슬길에 나서도 거기에 무슨 구할 것이 있겠는가.

① 대운하가 건설되었다.
② 귀족 문화가 발달하였다.
③ 장안이 수도로 번성하였다.
④ 이백, 두보가 시를 저술하였다.
⑤ 현장이 인도에서 불경을 가져왔다.

08 다음 불상이 제작된 시대에 대한 설명으로 옳은 것을 보기에서 모두 고르면?
중 난이도

보기
ㄱ. 호족이 문벌 귀족으로 성장하였다.
ㄴ. 유목 민족이 화북 지방에 나라를 세웠다.
ㄷ. 중앙 행정 조직은 3성 6부제로 운영되었다.
ㄹ. 고구려 원정에 실패하여 국력이 쇠퇴하였다.

① ㄱ, ㄴ ② ㄱ, ㄷ ③ ㄴ, ㄷ
④ ㄴ, ㄹ ⑤ ㄷ, ㄹ

중요 **09** 다음 제도를 처음 시행한 왕조에 대한 설명으로 옳은 것은?
하 난이도

중국에서 시작된 관리 선발 제도로 시험을 통해 합격자를 가린다. 처음 등장한 이후 1400여 년 동안 중국의 대표적인 관리 선발 제도가 되었다.

① 대운하를 건설하였다.
② 황소의 난이 발생하였다.
③ 인도에서 불교가 전래되었다.
④ 둔황 등 대규모 석굴이 조성되었다.
⑤ 고구려를 공격하여 지배하에 두었다.

10 다음 ㉠에 들어갈 내용을 두 가지 고르면?
중 난이도

왕조의 성쇠
1. 건국: 문제, 위진 남북조 시대 재통일
2. 제도: 과거제, 3성 6부제, 균전제, 부병제 정비
3. 쇠퇴: ㉠

① 안사의 난 ② 황소의 난
③ 5호의 침입 ④ 대규모 토목 사업
⑤ 고구려 원정

중요 **11** 다음과 관련된 문화유산으로 가장 알맞은 것은?
중 난이도

국제적 성격을 지닌 ○의 문화
이 시기에는 동서 교류가 활발하였다. 그 결과 수도인 장안에는 여러 나라 사신, 유학생, 외국인이 모여들었고 외래 종교가 유행하여 여러 종류의 사원이 들어섰다.

①  ②  ③ 
④  ⑤ 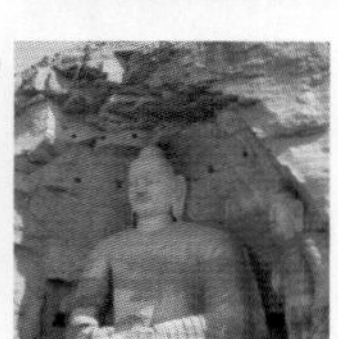

12 다음 ㉠에 들어갈 용어로 옳은 것은?
하 난이도

중국의 제도 – 토지제
(㉠)
• 북위에서 처음 도입됨
• 농민에게 일정한 토지를 나누어 주고 사망 시 환수함
• 수·당대로 이어져 율령 체제를 이루는 근간이 됨

① 부병제 ② 장원제 ③ 양세법
④ 균전제 ⑤ 조·용·조

주관식
13 다음 밑줄 친 '동아시아 문화권'을 형성하는 요소를 쓰시오.
중 난이도

당대에는 활발한 교류로 많은 외국인이 당을 찾았다. 이 과정에서 당의 문화가 한국과 일본 등 주변국에 전파되었다. 그 결과 당대 동아시아인들이 비슷한 종교와 제도, 가치관 등을 공유하는 동아시아 문화권이 형성되었다.

03 이슬람 문화의 형성과 확산

14 이슬람교에 대한 설명으로 옳은 것을 보기에서 모두 고르면? (하 난이도, 중요)

보기
ㄱ. 알라를 유일신으로 숭배한다.
ㄴ. 창시자와 체계적 교리가 존재하지 않는다.
ㄷ. 신 앞에 모든 사람은 평등하다고 강조한다.
ㄹ. 윤회를 벗어나 해탈에 이르는 과정을 중시한다.

① ㄱ, ㄴ ② ㄱ, ㄷ ③ ㄴ, ㄷ
④ ㄴ, ㄹ ⑤ ㄷ, ㄹ

15 다음과 같이 교역로가 변화된 상황에서 나타난 일로 가장 적절한 것은? (중 난이도)

① 브라만교가 강화되었다.
② 시아파와 수니파로 분열되었다.
③ 무함마드가 이슬람교를 창시하였다.
④ 기사 계급 사이의 봉건제가 확산되었다.
⑤ 사산 왕조 페르시아와 아바스 왕조가 대립하였다.

16 다음 시대에 대한 설명으로 옳은 것은? (중 난이도)

무함마드가 죽은 후 이슬람교의 정치적·종교적 지배자인 칼리프가 이슬람 사회를 이끌었다. 칼리프는 1대에서 4대까지 선출되었다.

① 헤지라가 단행되었다.
② 탈라스 전투가 일어났다.
③ 아바스 왕조에 멸망하였다.
④ 바그다드가 수도로 발전하였다.
⑤ 사산 왕조 페르시아가 멸망하였다.

17 다음 (가) 국가에 대한 설명으로 옳은 것은? (상 난이도)

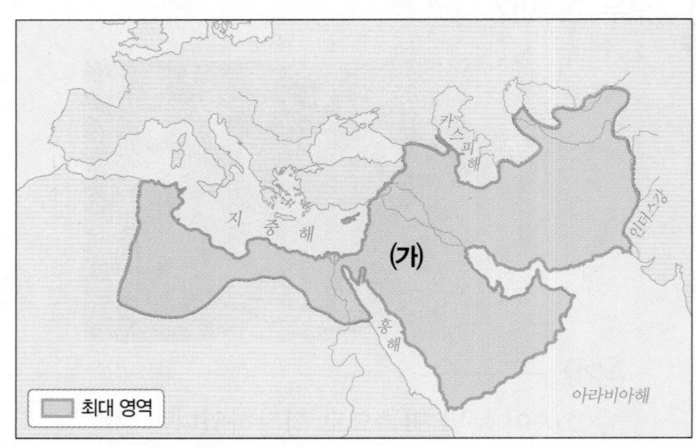

① 이슬람교가 창시되었다.
② 술탄이 왕조를 이끌었다.
③ 탈라스 전투에서 승리하였다.
④ 다마스쿠스를 수도로 발전하였다.
⑤ 비잔티움 제국과 십자군 전쟁을 치렀다.

서술형
18 우마이야 왕조와 아바스 왕조의 통치 방식을 다음 조건에 맞춰 서술하시오. (상 난이도)

조건
아랍인과 비아랍인에 대한 통치 방식을 서술할 것

04 크리스트교 문화의 형성과 확산

19 다음 자료를 활용한 탐구 주제로 가장 적절한 것은? (중 난이도)

• 클로비스의 크리스트교 개종
• 카롤루스 마르텔의 이슬람 세력 격퇴
• 카롤루스 대제의 서로마 황제 대관식

① 봉건제의 운영 방식
② 아비뇽 유수와 국왕권 강화
③ 노르만의 침입이 끼친 영향
④ 프랑크 왕국과 크리스트교의 제휴
⑤ 서임권을 둘러싼 교황과 황제의 갈등

정답 13쪽

20 다음 제도의 명칭으로 옳은 것은?

중요 / 하 난이도

- 9세기를 전후하여 이민족의 침입을 받아 혼란한 서유럽에 등장한 지방 분권적 제도
- 지방의 유력자들이 기사 계급으로 성장하여 다른 기사들과 주종 관계를 맺어 형성한 제도

① 봉건제 ② 균전제 ③ 군현제
④ 관료제 ⑤ 상비군제

21 다음 건축물이 만들어진 국가에 대한 설명으로 옳지 않은 것은?

중요 / 중 난이도

① 오스만 제국에 의해 멸망하였다.
② 레오 3세 때 성상 파괴령을 내렸다.
③『유스티니아누스 법전』이 편찬되었다.
④ 기사 계급 중심의 봉건제가 시행되었다.
⑤ 콘스탄티노폴리스를 수도로 발전하였다.

서술형

22 다음 자료를 보고 물음에 답하시오.

하 난이도

(1) 자료와 관련된 사건을 쓰시오.

(2) 위 사건이 일어나게 된 계기를 서술하시오.

23 다음 ㉠에 들어갈 내용으로 가장 적절한 것은?

중 난이도

〈수집할 자료〉

탐구 주제: ㉠

1. 토마스 아퀴나스의『신학대전』의 내용
2. 샤르트르 대성당, 노트르담 성당의 건축 양식
3. 수도원 중심의 학문 연구 경향

① 비잔티움 제국의 전성기
② 종교 개혁과 교회의 분열
③ 크리스트교 중심의 서유럽 문화
④ 십자군 전쟁의 전개 과정과 결과
⑤ 성직자 과세를 둘러싼 교황과 세속 군주의 갈등

24 다음 내용과 관련된 전쟁으로 옳은 것은?

하 난이도

이교도로부터 예루살렘을 탈환하는 전쟁에 참여합시다!

① 백년 전쟁 ② 장미 전쟁
③ 30년 전쟁 ④ 탈라스 전투
⑤ 십자군 전쟁

25 다음 ㉠에 들어갈 내용으로 옳은 것을 보기에서 모두 고르면?

중 난이도

〈서양 중세 중앙 집권 국가의 등장〉

① 아비뇽 유수와 교황권의 약화
② 관료제와 상비군 정비
③ ㉠

보기

ㄱ. 노르만의 침입
ㄴ. 프랑크 왕국의 분열
ㄷ. 백년 전쟁과 장미 전쟁
ㄹ. 에스파냐의 이슬람 세력 격퇴

① ㄱ, ㄴ ② ㄱ, ㄷ ③ ㄴ, ㄷ
④ ㄴ, ㄹ ⑤ ㄷ, ㄹ

01 몽골 제국과 문화 교류

1 송의 발전과 북방 민족의 성장

교과서마다 달라요 **왕안석의 개혁** 미래엔, 천재, 비상, 금성만 다룸

1 송의 중국 통일

건국	조광윤(태조)이 ❶5대 10국의 혼란을 수습하고 송 건국(960)
황제권 강화	• 과거제 정비, ❷전시 도입해 황제가 합격자 순위 결정 • 군대를 황제 직속으로 두어 황제가 군사권 장악
❸문치주의	• 문관을 우대하여 유교 지식을 갖춘 사대부 성장 • 군사력 약화 → 거란, 탕구트, 여진 등 북방 민족의 침입 → 재정 악화 → 왕안석의 개혁(민생 안정, 부국강병) → 보수파 반발로 실패

- 전시: 과거의 최종 시험으로 황제가 시험을 주관하고 시험 성적을 정하였다. 이를 통해 황제에게 관료가 충성하도록 유도하였다.
- 문치주의: 당 멸망의 원인이 되었던 절도사 세력을 견제하기 위해 과거 출신의 문관을 우대하였다.

2 북방 민족의 성장과 남송 (자료 1)

– 북방 민족은 한족을 효율적으로 다스리려 이중적인 통치 방식을 사용하였고, 한족 문화에 동화되는 것을 막기 위해 고유 문자를 만들었다.

거란	거란의 야율아보기가 요 건국, 송과 대립하고 고려 침략
탕구트	서하를 건국하여 송 압박 → 송으로부터 비단과 은을 받아 냄
여진	• 12세기 초 아구다가 만주 지역에 금 건국 • 요를 멸망시킨 후 송을 공격해 화북 지방 차지 → 송은 임안(항저우)으로 수도 옮김(남송)

3 경제와 해상 교역의 발달

(자료 2) (1) **송대의 경제**

① 강남 지방을 중심으로 경제 발전, 다양한 농사 기술 도입(모내기법 보편화) → 농업 생산량 증가, 상품 작물 재배

② 상공업 발달 → ❹교자·회자 등의 지폐 사용, 동전 대량 유통, 상공업자 동업 조합

(2) **해상 교역** 조선술, 항해술, 지도 제작 기술 발전으로 국제 무역 성장, ❺시박사 설치

4 문화의 발달

교과서마다 달라요 **성리학과 서민 문화** 미래엔, 천재, 비상, 금성만 다룸

학문	인간과 우주의 본질을 탐구하는 성리학(주자학) 발달
서민 문화	경제 발전으로 서민 문화 발달 → 대도시에 공연장 건립, 각종 공연 성행
과학 기술	• ❻활판 인쇄술: 지식 보급과 문화 발전에 기여 • 화약: 화약과 화약 무기를 생산하여 ❼실전에 사용 • 나침반: 해상 교역 발달 → 신항로 개척에 영향 (이들 과학 기술은 이슬람 세계를 통해 유럽으로 전파되었다.)

시험에 꼭 나오는 개념 체크

1. 송대에는 문치주의를 실시하면서 군사력이 약화되었다. (○, ×)
2. 송대에는 ＿＿＿을 이용한 항해 기술이 발달하였다.

답 1. ○ 2. 나침반

2 몽골 제국의 건설

교과서마다 달라요 **한국과 울루스**

천재, 미래엔	한국
동아, 비상	울루스＋한국
지학, 금성	울루스

1 몽골의 세계 제국 건설 (자료 3)

(1) **성립** 13세기 초 테무친이 몽골 부족을 통일하고 칭기즈 칸으로 추대됨

(2) **몽골 제국** 칭기즈 칸이 주변 지역을 정복하여 몽골 제국 수립 → 동아시아에서 유럽에 이르는 대제국으로 발전

(3) **몽골 제국의 분열** 칭기즈 칸이 죽은 후 여러 ❽울루스(한국)로 나뉨 → 원을 중심으로 여러 울루스가 느슨한 정치적 결합

└ 왕위 계승을 둘러싼 분쟁과 점령 지역을 자손들에게 나누어 주던 관습의 영향으로 여러 한국으로 나뉘었다.

자료 1 북방 민족의 성장

금은 요를 멸망시킨 다음 송을 공격하여 화북 지방을 차지하였다. 송은 강남으로 쫓겨 가 임안(항저우)으로 수도를 옮겼다(남송).

자료 2 청명상하도

▲ 이야기꾼

▲ 음식점

북송 때의 그림으로 송의 발달된 상업과 서민 문화를 보여 준다.

자료 3 몽골 제국의 성립

칭기즈 칸은 천호제를 기반으로 한 기마병과 이슬람 상인 등의 지원을 바탕으로 몽골 제국을 수립하였다.

└ 천호제: 1,000호 단위로 유목민을 조직한 제도이다.

용어 쏙쏙

❶ 5대 10국: 당이 멸망한 후 등장한 5개의 왕조와 10개의 나라
❷ 전시(殿-섬돌, 試-시험): 임금 앞에서 보는 최종 시험
❸ 문치(文-글월, 治-다스리다): 문관이 다스리는 정치
❹ 교자·회자: 북송 때는 교자, 남송 때는 회자를 주로 사용
❺ 시박사: 해상 무역을 담당하는 관청
❻ 활판 인쇄술: 글자를 하나하나 판에 배열하여 인쇄하는 기술
❼ 실전(實-실제, 戰-전투): 실제 전투
❽ 울루스: 몽골어로 '많은 사람'이라는 뜻으로 국가를 가리키는 말로 사용

2 원의 중국 지배

(1) 원의 건국

더 알기 ① 쿠빌라이 칸이 수도를 대도(베이징)로 옮기고 원 건국(1271)

② 남송을 멸망시키고 중국 전역 지배

(2) 원의 중국 지배

① 각지에 행성 설치, 다루가치 파견(행정 · 군사 관할)

② 몽골 제일주의: 넓은 영토와 다양한 민족 통치 목적

몽골인	최고 신분 ➡ 국가 고위직 독점
❶색목인	주로 서역인 ➡ 조세 징수, 재정 관리 등
한인	여진, 거란, 금 지배하의 한족 ➡ 하급 관리
남인	남송 지배하 한족 ➡ 차별 대우 – 몽골 침입 때 저항이 컸던 남인은 가장 큰 차별을 받았다.

(3) **원의 쇠퇴** 쿠빌라이 칸이 죽은 후 왕위 분쟁, 지폐(교초)의 남발로 인한 경제 혼란 ➡ ❷홍건적의 난으로 쇠퇴하여 북쪽으로 밀려남

└ 한족이 중심이 되어 일으킨 봉기로 붉은 두건을 머리에 둘러 홍건적이라 하였다.

3 경제와 서민 문화의 발달

경제	• 목화 재배가 전국으로 확산 • 상공업의 발달로 지폐(교초)가 널리 사용, 동서 무역 발달, 해상 무역 번영
서민 문화	• 서민들의 생활 수준이 높아져 서민 문화 발달 • 구어체 소설, 노래와 연극이 어우러진 잡극(원곡) 인기 — 원대의 잡극 대본을 '원곡'이라 하는데, 서민들의 애환을 다룬 내용이 많아 큰 인기를 끌었다.

시험에 꼭 나오는 개념 체크

1. 칭기즈 칸은 수도를 대도로 옮기고 국호를 원으로 정하였다. (○, ×)
2. 원대에는 상공업이 발달하면서 지폐인 ___가 널리 사용되었다.

답 1. × 2. 교초

3 교역권의 통합과 교류의 확대

1 유라시아 교역망의 형성

육로 교통	• 전국을 연결하는 도로망을 마련하고 곳곳에 ❸역참 설치 • 교역로가 정비되면서 초원길과 비단길 번성
해상 교역	• 대운하 정비와 선박 제조 기술 발달 • 상인들이 바닷길을 통해 인도양까지 왕래

2 몽골 제국 시기 문화 교류

(1) 개방적 문화

① 광대한 영역과 다양한 민족을 통치하면서 다른 종교와 문화에 관용적

② ❹라마교, 이슬람교, 크리스트교 등 다양한 종교가 공존

(2) 인적 교류

① 마르코 폴로(『동방견문록』), 이븐 바투타(『여행기』), 카르피니 등 중국 방문 — 교황의 명령을 받고 몽골을 방문한 서유럽의 수도사이다.

② 몽골의 랍반 사우마가 유럽 각지 순방

교과서마다 달라요 **랍반 사우마** 동아만 다룸

(3) 동서 문화의 교류

① 이슬람의 영향: 천문학(천문대 건설), ❺역법(❻수시력 제작), 자연 과학 발달, ❼청화 자기 제작

② 중국의 영향: 화약, 나침반, 활판 인쇄술 등이 유럽에 전파 — 송대에 발명된 화약, 나침반, 활판 인쇄술 등은 원대에 이슬람 세계를 거쳐 유럽에 전해졌다.

시험에 꼭 나오는 개념 체크

1. 원대에는 다른 종교와 문화에 배타적인 태도를 보였다. (○, ×)
2. 모로코의 여행가 __ ___는 원을 방문하여 『여행기』를 남겼다.

답 1. × 2. 이븐 바투타

더 알기 쿠빌라이 칸

쿠빌라이 칸의 매 사냥 모습이다. 쿠빌라이 칸은 중국식 붉은 황제복 위에 몽골식 모피를 걸치고 있다.

자료 4 몽골 제일주의

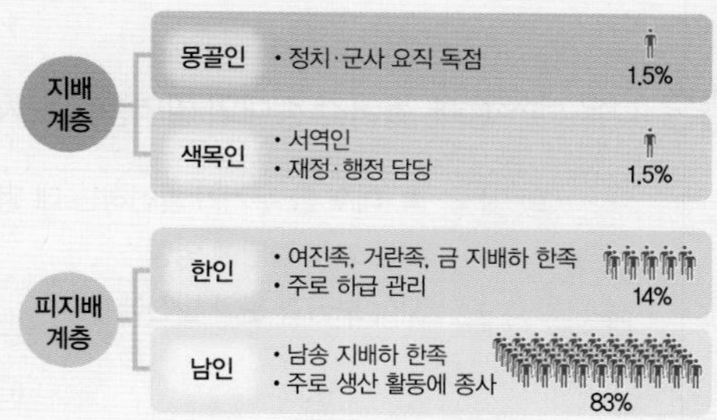

원은 넓은 영토와 다양한 민족을 다스리기 위해 몽골인, 색목인, 한인, 남인으로 나누어 민족 차별 정책을 실시하였다.

자료 5 몽골 제국의 주요 교통로

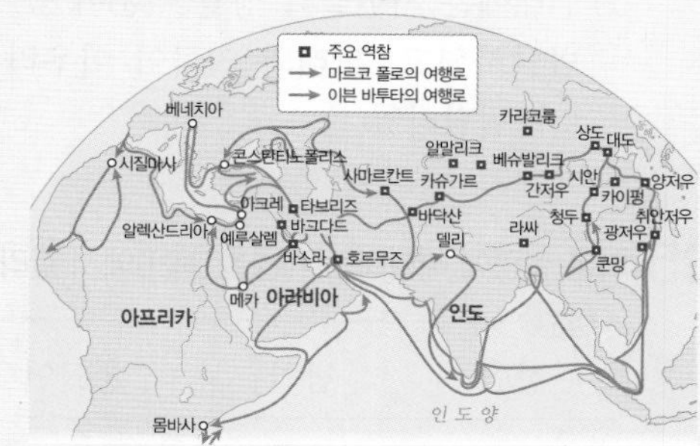

몽골 제국 시기에는 육상과 해상 교통로가 정비되어 동서 문화 교류가 활발히 이루어졌다.

자료 6 역참

원은 전국을 효율적으로 다스리고 물자 운송을 원활하게 하기 위해 역참을 설치하였다.

◀ 역참의 통행증인 패자

용어 쏙쏙

❶ 색목인(色-색깔, 目-눈, 종류, 人-사람): 주로 중국 서쪽의 서아시아, 중앙아시아 등에서 온 외국인
❷ 홍건적의 난: 원을 타도하고 한족 왕조를 세우고자 한 농민 봉기
❸ 역참: 관리나 사신에게 숙식과 말을 제공하는 시설
❹ 라마교: 티베트에 전해진 인도 불교가 티베트 고유 신앙과 결합하여 발달한 종교
❺ 역법: 천체의 주기적 운행을 시간 단위로 구분하는 계산법
❻ 수시력: 이슬람 역법의 영향으로 만들어진 원의 달력으로 곽수경이 제작
❼ 청화 자기: 푸른색 유약으로 그림을 그린 자기

STEP 1 개념 확인

01 서로 관련 있는 것끼리 연결하시오.

(1) 칭기즈 칸 • • ㉠ 송 건국
(2) 쿠빌라이 칸 • • ㉡ 원 건국
(3) 조광윤(태조) • • ㉢ 몽골 제국 수립

02 다음 중 알맞은 말에 ○표를 하시오.

(1) 송에서는 문관을 우대하는 문치주의를 실시하여 유교 지식을 갖춘 (절도사, 사대부) 세력이 성장하였다.
(2) 송은 금에게 쫓겨 수도를 (항저우, 베이징)(으)로 옮겼는데 이를 남송이라 한다.

03 다음 ㉠~㉢에 들어갈 송대의 발명품을 쓰시오.

(㉠)	총, 대포 등 무기가 발전하는 데 영향
(㉡)	해상 교역 발달에 영향
(㉢)	지식 보급과 문화 발전에 기여

㉠ ________ ㉡ ________ ㉢ ________

04 다음 빈칸에 알맞은 말을 쓰시오.

(1) 원은 ( )을(를) 내세워 몽골인을 최고 신분으로 우대하고, 한인과 남인을 차별하였다.
(2) 원대에는 서민들의 생활 수준이 높아져 서민 문화가 발달하였고, 노래와 연극이 어우러진 ( )이(가) 발달하였다.

05 다음 설명에 해당하는 계층을 보기에서 골라 기호를 쓰시오.

보기
ㄱ. 한인 ㄴ. 남인 ㄷ. 몽골인 ㄹ. 색목인

(1) 여진, 거란, 금 지배하 한족 ( )
(2) 남송 지배하 한족 ( )
(3) 국가 고위직을 독점한 최고 신분 ( )
(4) 조세 징수, 재정 관리 등의 업무 담당 ( )

06 다음 설명이 맞으면 ○표, 틀리면 ×표 하시오.

(1) 송은 지폐의 남발로 인한 경제 혼란을 겪다가 홍건적의 난으로 쇠퇴하였다. ( )
(2) 원은 광대한 영역과 다양한 민족을 통치하기 위해 다른 종교와 문화에 포용적이었다. ( )
(3) 원은 이슬람 역법의 영향으로 수시력을 제작하였다. ( )

STEP 2 대표 문제

01 중요 다음을 통해 알 수 있는 송대의 특징으로 옳은 것은?

난이도 중

> 송대에는 과거에서 황제가 주관하는 전시를 치렀다. 황제가 합격자의 순위를 정하였고, 이는 이후 승진에도 영향을 주었다. 이를 바탕으로 황제는 관리들의 충성을 유도하였다.

① 개방적 문화 ② 국방력 약화
③ 황제권 강화 ④ 해상 교역 발달
⑤ 과학 기술 발전

같은 주제 다른 문제

● 송대의 정치적 특징으로 옳지 않은 것은? 답 ②

① 사대부 세력이 성장하였다.
② 문관보다 무관을 더 우대하였다.
③ 군대를 황제 직속으로 바꾸었다.
④ 북방 민족의 침입에 자주 시달렸다.
⑤ 황제가 과거 합격자 순위를 결정하였다.

02 다음 사건을 일어난 순서대로 바르게 나열한 것은?

난이도 상

> ㄱ. 여진이 만주 지역에 금을 세웠다.
> ㄴ. 거란이 요를 세우고 송과 대립하였다.
> ㄷ. 송이 남쪽으로 쫓겨 가 항저우로 수도를 옮겼다.
> ㄹ. 중국 서북 지역에서 탕구트가 서하를 건국하였다.

① ㄱ－ㄴ－ㄷ－ㄹ ② ㄱ－ㄷ－ㄴ－ㄹ
③ ㄴ－ㄷ－ㄱ－ㄹ ④ ㄴ－ㄹ－ㄱ－ㄷ
⑤ ㄷ－ㄹ－ㄴ－ㄱ

03 다음 ㉠에 들어갈 국가로 옳은 것은?

난이도 하

> 요의 지배를 받던 여진은 여러 부족을 통합하여 만주 지역에 (㉠)을(를) 세웠다. (㉠)은(는) 송과 연합하여 요를 멸망시킨 다음, 송을 공격하여 화북 지방을 차지하였다.

① 금 ② 거란 ③ 서하
④ 남송 ⑤ 탕구트

04 중요 다음 (가) 국가의 경제 발달에 대한 설명으로 옳지 않은 것은?

(중) 난이도

① 교자라는 지폐가 사용되었다.
② 다양한 상품 작물이 재배되었다.
③ 다양한 농사 기술이 도입되었다.
④ 해상 교역이 활발히 이루어졌다.
⑤ 동전의 유통이 크게 줄어들었다.

05 다음 ㉠에 들어갈 관청으로 옳은 것은?

(하) 난이도

> 송대에는 조선술과 항해술 등이 발달하면서 광저우, 취안저우 등이 국제 무역항으로 번성하였다. 이곳에는 해상 무역을 담당하는 관청인 (㉠)이(가) 설치되었다.

① 역참 ② 교자 ③ 교초
④ 울루스 ⑤ 시박사

06 다음 송대의 발명품에 대한 설명으로 옳은 것을 보기에서 모두 고르면?

(중) 난이도

보기
ㄱ. 해상 무역 발달에 영향을 주었다.
ㄴ. 총·대포 등이 전쟁에 사용되었다.
ㄷ. 지식 보급과 문화 발달에 기여하였다.
ㄹ. 과거 준비에 필요한 책이 많이 편찬되었다.

① ㄱ, ㄴ ② ㄱ, ㄹ ③ ㄴ, ㄷ
④ ㄴ, ㄹ ⑤ ㄷ, ㄹ

07 다음 국가의 발전 과정을 순서대로 바르게 나열한 것은?

(상) 난이도

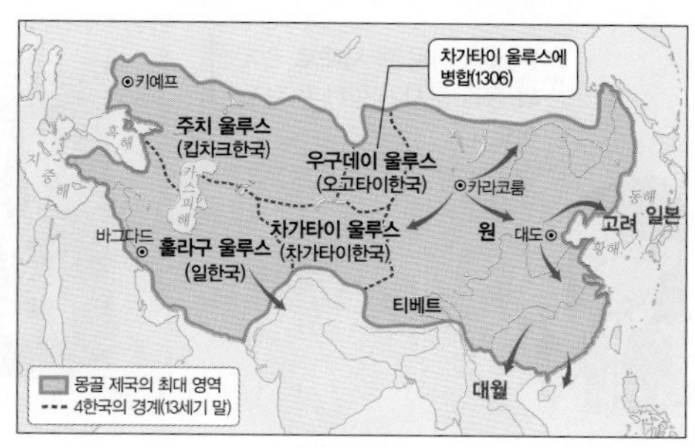

ㄱ. 테무친이 칭기즈 칸으로 추대되었다.
ㄴ. 쿠빌라이 칸이 국호를 원으로 정하였다.
ㄷ. 원이 남송을 정복하여 중국을 지배하였다.
ㄹ. 왕위 분쟁과 경제 혼란 등으로 홍건적의 난이 일어났다.

① ㄱ－ㄴ－ㄷ－ㄹ ② ㄱ－ㄴ－ㄹ－ㄷ
③ ㄱ－ㄷ－ㄴ－ㄹ ④ ㄴ－ㄷ－ㄱ－ㄹ
⑤ ㄴ－ㄹ－ㄱ－ㄷ

같은 주제 다른 문제

● 다음 질문에 대한 학생의 답으로 옳은 것을 〈보기〉에서 모두 고르면? 답 ②

> 위 지도에서 보듯이 칭기즈 칸이 죽은 뒤 몽골 제국이 여러 한국으로 나뉜 이유는 무엇일까요?

〈보기〉
ㄱ. 왕위 계승을 둘러싼 분쟁이 발생했어요.
ㄴ. 서양 세력의 침입으로 영토가 나뉘었어요.
ㄷ. 영주와 기사가 쌍무적 계약 관계를 맺었어요.
ㄹ. 영토를 자손들에게 나누어 주던 관습이 있었어요.

① ㄱ, ㄴ ② ㄱ, ㄹ ③ ㄴ, ㄷ
④ ㄴ, ㄹ ⑤ ㄷ, ㄹ

08 중요 다음 (가)~(라)에 대한 설명으로 옳지 않은 것은?

(상) 난이도

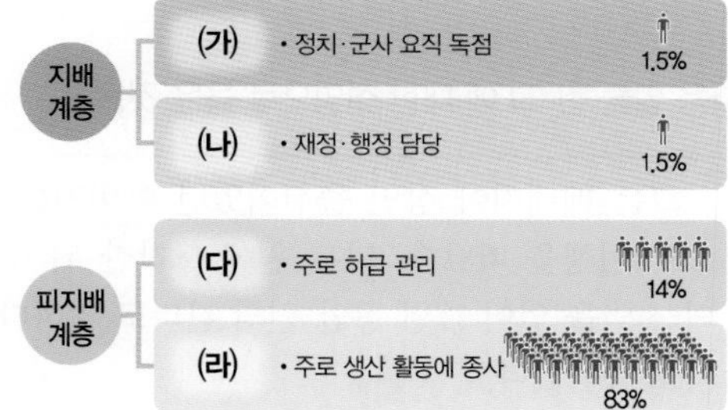

① (가): 몽골인이 차지하였다.
② (나): 주로 서아시아와 중앙아시아 출신이다.
③ (다): 원의 지배에 끝까지 저항하였다.
④ (라): 남송 지배하 한족을 말한다.
⑤ (라): 관직 진출에 차별을 받았다.

09 다음에서 설명하는 화폐로 옳은 것은?

(하) 난이도

① 교자　② 회자　③ 교초
④ 오수전　⑤ 반량전

10 다음 밑줄 친 '이 시기'의 사회 모습으로 옳은 것을 **보기**에서 모두 고르면?

(중) 난이도

> <u>이 시기</u>에는 노래와 연극이 어우러진 형태의 잡극이 큰 인기를 끌었다. 이를 '원곡'이라고도 한다. 원곡은 음악과 춤, 연기, 대사가 한데 어우러져 발전된 극의 형태를 갖추었다.

보기
ㄱ. 북방 민족의 침입에 자주 시달렸다.
ㄴ. 목화 재배가 전국적으로 확산되었다.
ㄷ. 육로와 해상 교역로를 통한 교류가 활발하였다.
ㄹ. 유교 지식을 갖춘 사대부가 정치의 중심 세력으로 떠올랐다.

① ㄱ, ㄴ　② ㄱ, ㄷ　③ ㄴ, ㄷ
④ ㄴ, ㄹ　⑤ ㄷ, ㄹ

중요
11 다음 밑줄 친 '그'에 대한 설명으로 옳은 것은?

(중) 난이도

> <u>그</u>는 베네치아 상인 출신이었던 아버지를 따라 동쪽으로 여행을 떠났다. <u>그</u>는 원에 도착한 뒤 쿠빌라이 칸의 신임을 얻어 17년 동안 원의 관리로 일하다가 베네치아로 돌아갔다.

① 최초로 세계 일주에 성공하였다.
② 『동방견문록』이라는 여행기를 남겼다.
③ 대서양을 건너 서인도 제도에 도착하였다.
④ 모로코에서 출발하여 아시아를 여행하였다.
⑤ 에스파냐의 후원으로 신항로 개척에 나섰다.

중요
12 다음 시기의 문화 교류에 대한 설명으로 옳지 <u>않은</u> 것은?

(상) 난이도

① 원에서는 다양한 종교가 공존하였다.
② 송의 화약, 나침반 등이 유럽에 전해졌다.
③ 원에서는 수시력이라는 달력이 만들어졌다.
④ 「곤여만국전도」라는 세계 지도가 제작되었다.
⑤ 이슬람의 천문학, 역법 등 과학 기술이 원에 전해졌다.

같은 주제 다른 문제

● 마르코 폴로가 원을 여행하고 남긴 책은? 답 ⑤
① 집사　② 잡극　③ 수시력
④ 여행기　⑤ 동방견문록

13 다음 자료를 활용한 학습 주제로 가장 적절한 것은?

(상) 난이도

▲ 천문대

▲ 청화 자기

① 몽골 제일주의 정책
② 송대 과학 기술의 발전
③ 원에 전해진 다양한 문화
④ 북방 민족의 성장과 남송
⑤ 유럽에 전해진 중국의 발명품

> 정답 16쪽

01 다음 지도를 보고 물음에 답하시오.

(가)

(나)

(1) 지도에서 (가), (나) 시기 송의 수도를 각각 찾아 쓰시오.

(가) ______ (나) ______

(2) 송의 영토가 (가)에서 (나)로 바뀌게 된 배경을 서술하시오.

______

02 다음 자료를 보고 물음에 답하시오.

(1) 제시된 발명품의 이름을 쓰시오.

______

(2) 위 발명품이 중국과 유럽에 미친 영향을 서술하시오.

______

03 다음 자료를 보고 물음에 답하시오.

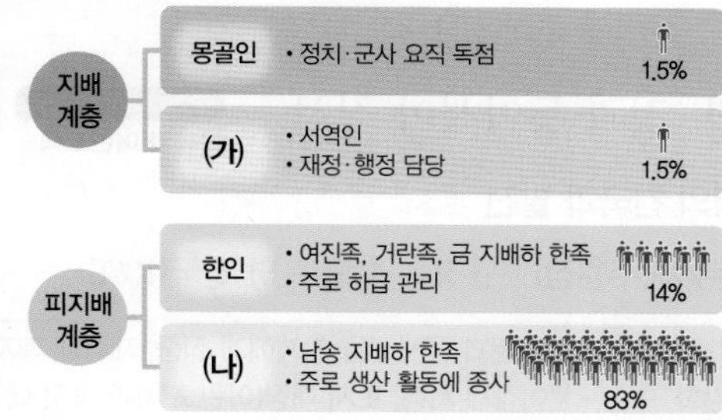

(1) 위 자료에서 (가), (나)에 들어갈 계층을 쓰시오.

(가) ______ (나) ______

(2) 위 자료를 통해 알 수 있는 원의 통치 방식을 서술하시오.

______

04 다음 글을 읽고 물음에 답하시오.

> • 세상에서 가장 귀하고 진기한 물건은 모두 이곳 대도에서 볼 수 있다. 인도의 상품도 있으며, 매일 1천 수레의 비단도 들어온다.
> • 많은 도로가 수도에서 각 지방으로 나 있다. 칸은 사신들이 이 도로들을 통행할 때 필요한 물자는 무엇이든 구할 수 있도록 준비하고 있다. -「동방견문록」-

(1) 위 여행기를 남긴 인물을 쓰시오.

______

(2) 위 인물이 장거리 여행을 할 수 있었던 배경을 서술하시오.

______

02 동아시아 지역 질서의 변화

1 명·청과 동아시아 질서

교과서마다 달라요 육유와 어린도책

동아, 지학, 미래엔, 금성	육유 다룸
비상	어린도책 다룸

1 명의 건국과 발전

(1) 홍무제(주원장) 난징을 수도로 명 건국(1368)

황제권 강화	• 행정권과 군사권을 황제에게 집중, 재상제 폐지 • ❶이갑제 시행, 토지 대장(어린도책)과 호적 대장 마련 ➡ 농촌에 대한 지배력 강화
자료 1 유교 질서 회복	• 몽골 풍습 금지, 과거제와 학교 교육 강화 • 유교 가르침 전파: 육유 반포

(2) 명의 발전과 변화

명대에 건설하여 청대까지 황제가 거주하는 황궁으로 사용하였다. 유네스코 세계 문화유산으로 선정되었으며, 지금은 고궁박물원으로 사용되고 있다.

자료 2 영락제	• 자금성을 건설하고 수도를 베이징으로 옮김 • 대외 팽창 정책: 몽골 원정, 베트남 정복 • 정화의 항해: 명의 국력 과시, ❷조공·책봉 관계 확대
명의 쇠퇴	• ❸환관의 횡포와 권력 다툼으로 내부 분열, 북로남왜의 공격 (북쪽의 유목 민족, 남쪽의 왜구를 말한다.) • 임진왜란, 여진족과의 전쟁 등으로 재정난 ➡ 가혹한 세금 징수 ➡ 각지에서 농민 봉기 ➡ 이자성의 난으로 멸망

이 틈을 타 만주에서는 여진이 급격히 성장하여 후금을 세웠다.

2 명·청 교체와 동아시아 지역 질서

자료 3 (1) 명·청 교체

누르하치가 조직한 군사·행정 조직으로 청 군사력과 통치의 핵심이었다.

누르하치	여진(만주족)을 통합하여 후금 건국(1616), 팔기군 조직
홍타이지	나라 이름을 청으로 바꾸고 조선 침략(병자호란)
전성기	• 홍타이지 이후 명 멸망, 청은 베이징을 수도로 중국 전역 지배 • 강희제: 삼번의 난 진압, 타이완의 반청 세력 제압, 네르친스크 조약 체결 (러시아와 국경을 확정한 조약이다.) • 옹정제: 군기처 설치해 강력한 황제 독재 체제 확립 • 건륭제: 티베트, 신장, 몽골 정복 ➡ 오늘날 중국 영토 대부분 확보

(2) 동아시아 각국의 세계관 변화 명·청 교체로 중국 중심의 화이사상에 변화 (중국을 문명(화), 주변국을 오랑캐(이)라 여기는 세계관이다.)

① 청: 명을 이어받은 새로운 ❹중화라 주장

② 조선, 일본: 자국을 동아시아 문화의 중심이라 여김

청을 오랑캐라 여기던 조선은 명이 멸망했으니 현실적으로 중화는 조선밖에 없다고 주장하며 소중화(小中華) 의식을 강화하였다.

3 청의 중국 통치

특징	한족에게 회유책과 강압책 실시, 몽골 등 주변부는 간접 통치
회유책	• ❺만한 병용제: 중요 관직에 만주족과 한족을 함께 등용 • 유학 교육 장려, 과거제 시행, 『사고전서』 등 대규모 서적 편찬 사업
강압책	• 만주족의 풍습인 변발과 호복을 한족에게 강요 • 한족의 중화사상 탄압, 청 왕조를 비판하는 서적 금지

소수의 만주족이 다수의 한족을 다스리기 위한 목적이다.

4 명·청대 문화와 서양 문물의 전래

교과서마다 달라요 **신사** 미래엔, 비상, 천재, 지학만 다룸

교과서마다 달라요 **명·청대의 경제** 동아는 다루지 않음

(1) 명·청대의 경제와 사회

고구마, 감자 등 작물이 도입되었다.

경제	• 명: 이모작 확대, 새로운 작물 도입, 상공업 발달, 대상인 집단 성장 • 청: 농업 생산력 향상, 강남에 상업 도시 발달
사회	신사: 유교 소양을 갖춘 계층으로 사회 주도, 향촌 안정과 질서 유지

청은 신사층을 인정하여 중국을 안정적으로 지배하였다.

자료 1 육유

• 부모에게 효도하라.
• 웃어른을 공경하라.
• 이웃과 화목하라.
• 자손을 잘 교육하라.
• 각자 생업에 충실하라.
• 옳지 못한 일을 하지 마라.

홍무제는 한족의 유교적 전통을 회복하기 위해 육유를 반포하여 유교의 가르침을 전파하였다.

자료 2 정화의 항해 – 이때 정화가 데려온 기린의 그림이 남아 있다.

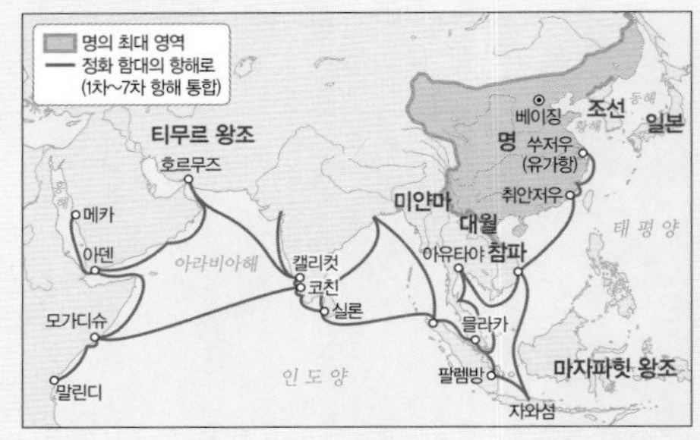

정화는 1405년부터 1433년까지 총 7차의 항해에 나서 동아프리카 해안까지 진출하였다. 이를 통해 명은 조공·책봉 관계를 확대하고, 명의 국력을 과시하였다.

자료 3 청의 영역

청은 몽골, 신장, 티베트 등을 포함한 넓은 영토를 차지하여 오늘날 중국 영토 대부분을 확보하였다.

용어 쏙쏙

❶ 이갑제: 전국을 리(里)와 갑(甲)으로 나누고 책임자에게 세금 징수와 치안 유지를 맡기던 명의 향촌 제도
❷ 조공·책봉 관계: 중국 주변 국가들이 정기적으로 예물을 바치고, 중국 황제는 이들의 왕위를 인정해 주는 외교 관계
❸ 환관: 궁궐 안에서 임금의 시중을 들던 관리
❹ 중화: 자신들의 문화를 세계의 중심이라고 생각하는 한족의 사상
❺ 만한 병용제(滿 – 만주족, 漢 – 한족, 倂 – 아우르다, 用 – 쓰다): 만주족과 한족을 함께 관리로 등용함

(2) 명·청대의 문화

학문	• 명: 지식과 실천의 일치를 강조하는 양명학 발달 (이론과 형식에 치우친 성리학을 비판하였다.) • 청: 문헌에 근거하여 실증적으로 학문을 연구하는 고증학 발달
서민 문화	• 배경: 경제 성장, 도시 발달로 서민 문화 발달 • 명: 『수호전』, 『서유기』, 『삼국지연의』 등 소설 유행 • 청: 소설 『홍루몽』, 춤·노래·연극이 혼합된 ❶경극 유행

(3) 대외 교류

교과서마다 달라요 **일조편법, 지정은제** 비상만 다룸

대외 교역	• 명: 해금 정책(사적 해상 무역 제한) → 16세기 후반 해금 정책 완화 • 청: 해금 정책 → 일부 항구 개항 → 공행(허가받은 상인) 통해 해외 교역 • 비단·도자기·차 수출로 대량의 은 유입 → 은 사용 확대, 세금으로 은 징수 (일조편법(명), 지정은제(청) 등이 시행되었다.)
자료 4 문화 교류	• 천문학, 역법 등 서양 학문 소개(마테오 리치의 「곤여만국전도」, 아담 샬 등) • 중국 문화가 서양 상류 사회에 영향(도자리, 유교, 과거제 등)

시험에 꼭 나오는 개념 체크

1. 청은 소수의 만주족이 다수의 한족을 다스리기 위해 회유책과 강압책을 함께 썼다. (○, ×)
2. 명대에는 지식과 실천의 일치를 강조한 ___이 나타났다.

답 1. ○ 2. 양명학

2 무사가 지배한 일본

1 무사 정권의 변천

자료 5 자료 6

헤이안 시대 후반 귀족과 지방 세력은 자신의 토지와 재산을 지키기 위해 무사(사무라이)를 고용했다. 이 과정에서 무사가 점차 세력을 키워 나갔다.

가마쿠라 ❷막부	• 12세기 말 미나모토노 요리토모가 세운 최초의 무사 정권 • 쇼군(장군)이 실질적 지배권을 행사하는 일본 특유의 봉건제 성립 (천황은 상징적 존재로 의례를 담당하였다.) • 몽골의 침입을 막아 내는 과정에서 쇠퇴
무로마치 막부	• 14세기에 아시카가 다카우지가 교토에 수립 • 명과 조공·책봉 관계, 조선과 활발히 교류 • 쇼군의 후계자를 둘러싼 분쟁으로 쇠퇴
전국 시대	• 다이묘들의 대립으로 혼란, 크리스트교 등 서양 문물 전래 • 도요토미 히데요시가 통일 후 조선을 침략했으나 실패(임진왜란)

2 임진왜란과 동아시아의 변화

일본의 침략에 명이 조선을 지원하면서 동아시아 전쟁이 되었다.

조선	인구 감소, 재정 궁핍	일본	도쿠가와 이에야스가 에도 막부 수립
명	재정 악화, 농민 봉기, 여진족 성장(후금 건국)		

3 에도 막부의 성립과 발전

(1) 에도 막부 17세기 초 도쿠가와 이에야스가 에도(도쿄)에 수립

(2) ❸막번 체제

① 다이묘(영주)들의 영지(번)에 대한 지배권 인정

② 산킨코타이 제도: 다이묘들을 일정 기간 에도에 와서 머무르게 함 → 중앙의 막부가 각 번을 강력히 통제하는 중앙 집권적 봉건 체제 확립

(다이묘가 에도에 머무르는 기간은 6개월에서 6년까지 다양했으며, 수행원은 최대 4천 명에 이르는 경우도 있었다.)

4 에도 막부의 문화와 대외 교류

자료 7 문화	• 농업 생산력 향상, 수공업·상업 발달 → 대도시 중심 상공업자(조닌 계층) 성장 • 조닌 문화: 조닌의 후원, ❹가부키(가무극)와 ❺우키요에(채색 판화) 유행
대외 교류	• 크리스트교 탄압, 서양 선교사의 포교 활동 금지, 해외 무역 통제 • 조선과는 통신사를 통해 교류, 나가사키(데지마)를 개방해 네덜란드와 교역(❻난학 발달) (네덜란드는 다른 서양 국가와 달리 선교보다는 무역에 따른 실리만 추구했기 때문에 무역을 허용하였다.)

시험에 꼭 나오는 개념 체크

1. 에도 막부는 도쿠가와 이에야스가 세운 일본 최초의 무사 정권이다. (○, ×)
2. 에도 막부는 다이묘들을 일정 기간 에도에 머무르도록 하는 _____ 제도를 실시하였다.

답 1. × 2. 산킨코타이

자료 4 곤여만국전도

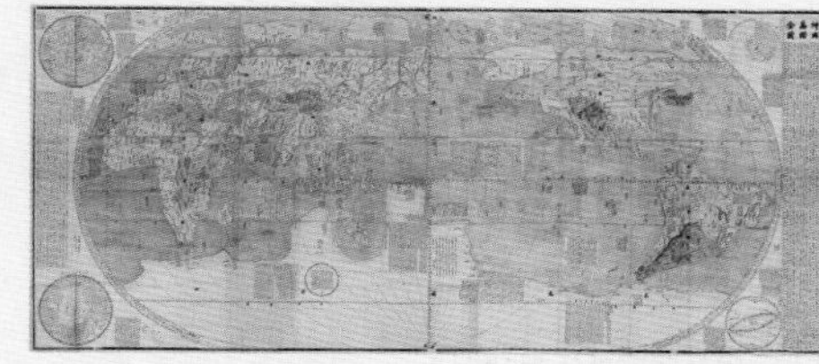

마테오 리치가 제작한 세계 지도로 자신들이 세계의 중심이라고 믿었던 중국인들의 세계관을 넓혀 주었다.

자료 5 일본의 봉건제

쇼군은 다이묘들에게 토지를 주고 다이묘는 그 일부를 하층 무사들에게 분배하였다. 토지를 매개로 주종 관계를 맺은 무사는 충성을 맹세하고 군사적 의무를 졌다.

자료 6 무사 정권의 변천

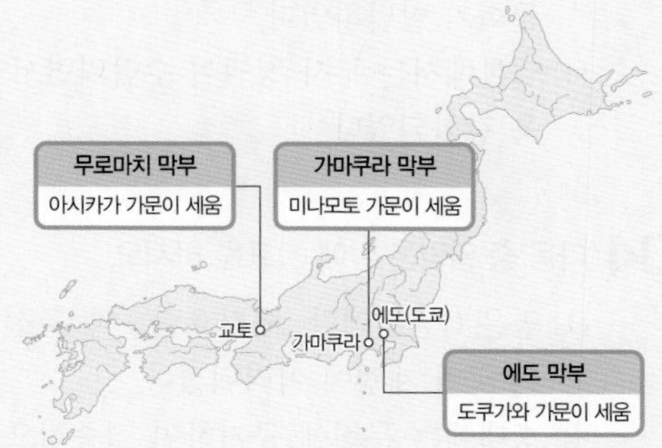

자료 7 조닌 문화 우키요에는 고흐 등 서양 화가에게 영향을 주기도 하였다.

▲ 가부키

▲ 우키요에

가부키는 사회 현실과 서민들의 애환을 사실적으로 보여 주어 서민들의 사랑을 받았고, 우키요에는 판화로 대량 생산이 가능하여 급속히 보급되었다.

용어 쏙쏙

❶ 경극: 베이징(북경)에서 발전하여 경극(京劇)이라 함
❷ 막부: 군대의 지휘관이 장막을 치고 머무는 공간을 말하였으나, 점차 쇼군을 중심으로 한 일본 무사 정권을 이르는 말이 됨
❸ 막번 체제: 쇼군의 막부와 다이묘들의 번으로 이루어진 체제
❹ 가부키: 음악과 무용, 기예가 어우러진 일본의 전통 연극
❺ 우키요에: 서민들의 일상생활을 목판으로 찍어 낸 그림
❻ 난학: 에도 막부 시기에 네덜란드를 중심으로 일본에 들어온 서양 학문. 네덜란드를 화란(和蘭)이라 불렀기 때문에 난학(蘭學)이라 함

STEP 1 개념 확인

01 서로 관련 있는 것끼리 연결하시오.

(1) 홍무제 •　　　　• ㉠ 명 건국
(2) 영락제 •　　　　• ㉡ 후금 건국
(3) 누르하치 •　　　　• ㉢ 병자호란
(4) 홍타이지 •　　　　• ㉣ 정화의 항해

02 다음 빈칸에 알맞은 말을 쓰시오.

(1) 홍무제는 (　　　　)을(를) 실시하여 향촌 사회에 대한 지배력을 강화하였다.
(2) 마테오 리치는 (　　　　)을(를) 만들어 중국인의 세계관에 큰 영향을 끼쳤다.
(3) 전국 시대를 통일한 (　　　　)은(는) 명을 정벌하러 간다는 명분으로 조선을 침략하였다.

03 다음 설명이 맞으면 ○표, 틀리면 ×표 하시오.

(1) 정화의 항해로 명은 아프리카 동부 해안을 거쳐 유럽까지 진출하였다. (　　)
(2) 명 · 청 교체 이후 조선과 일본에서는 자국을 동아시아 문화의 중심으로 여기는 경향이 나타났다. (　　)
(3) 명 · 청대에는 경제 성장과 도시 발달을 바탕으로 서민 문화가 발달하였다. (　　)
(4) 일본에서는 무사 정권이 수립되면서 천황의 권위가 더욱 강화되었다. (　　)

04 다음 중 알맞은 말에 ○표를 하시오.

(1) 명은 (임진왜란, 병자호란) 때 조선에 군대를 파견하여 국가 재정이 어려워졌다.
(2) 청대에는 문헌에 근거하여 실증적으로 학문을 연구하는 (양명학, 고증학)이 발달하였다.
(3) 미나모토노 요리토모는 12세기에 일본 최초의 무사 정권인 (가마쿠라, 무로마치) 막부를 세웠다.

05 다음 설명에 해당하는 용어를 보기에서 골라 기호를 쓰시오.

보기
ㄱ. 난학　　ㄴ. 우키요에
ㄷ. 조닌 문화　　ㄹ. 산킨코타이 제도

(1) 에도 시대 도시 상공업자들의 서민 문화 (　　)
(2) 일본이 네덜란드를 통해 받아들인 서양 학문 (　　)
(3) 다이묘가 일정 기간 에도에 거주하도록 한 제도 (　　)
(4) 에도 시대에 유행한 채색 판화 (　　)

STEP 2 대표 문제

01 다음 ㉠에 들어갈 인물이 실시한 정책으로 옳지 않은 것은?
중 난이도

> 14세기 중엽 원이 쇠퇴하자 (　㉠　)은(는) 농민군을 이끌고 난징을 중심으로 명을 세웠다. 명이 원을 만리장성 북쪽으로 몰아내면서 한족 왕조가 다시 중국을 차지하였다.

① 이갑제 시행　② 베이징 천도
③ 과거제 강화　④ 몽골 풍습 금지
⑤ 토지 대장 마련

02 다음과 관련 있는 인물로 옳은 것은?
하 난이도

> • 부모에게 효도하라.
> • 웃어른을 공경하라.
> • 이웃과 화목하라.
> • 자손을 잘 교육하라.
> • 각자 생업에 충실하라.
> • 옳지 못한 일을 하지 마라.

① 홍무제　② 영락제　③ 건륭제
④ 옹정제　⑤ 누르하치

03 다음 문화유산에 대한 설명으로 옳지 않은 것은?
중 난이도

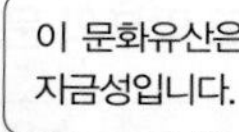

① 중국 베이징에 있어요.
② 명의 홍무제가 건설했어요.
③ 청대까지 황제가 거주했어요.
④ 지금은 고궁박물원으로 사용되고 있어요.
⑤ 유네스코 세계 문화유산으로 지정되었어요.

중요
04 다음 항해에 대한 설명으로 옳은 것을 보기에서 모두 고르면?

중 난이도

보기

ㄱ. 최초로 세계 일주에 성공하였다.
ㄴ. 에스파냐의 지원으로 이루어졌다.
ㄷ. 명의 조공·책봉 관계를 확대하였다.
ㄹ. 아프리카 동부 해안까지 진출하였다.

① ㄱ, ㄴ ② ㄱ, ㄷ ③ ㄴ, ㄷ
④ ㄴ, ㄹ ⑤ ㄷ, ㄹ

같은 주제 다른 문제

● 위 항해와 관련 있는 인물을 〈보기〉에서 모두 고르면? 답 ②

〈보기〉
ㄱ. 정화 ㄴ. 홍무제 ㄷ. 영락제 ㄹ. 마젤란

① ㄱ, ㄴ ② ㄱ, ㄷ ③ ㄴ, ㄷ
④ ㄴ, ㄹ ⑤ ㄷ, ㄹ

05 다음에서 설명하는 전쟁의 영향으로 옳지 않은 것은?

중 난이도

16세기 말 일본을 통일한 도요토미 히데요시는 명을 정복한다는 명분으로 조선을 침략하였다. 이 전쟁은 명이 조선에 원군을 파견하면서 동아시아 전쟁으로 확대되었다.

① 명의 국가 재정이 어려워졌다.
② 조선의 인구가 크게 줄어들었다.
③ 여진족이 성장하여 후금을 세웠다.
④ 일본에서는 전국 시대가 시작되었다.
⑤ 조선에서 일본에 대한 적개심이 높아졌다.

06 다음 국가의 발전 과정을 순서대로 바르게 나열한 것은?

상 난이도

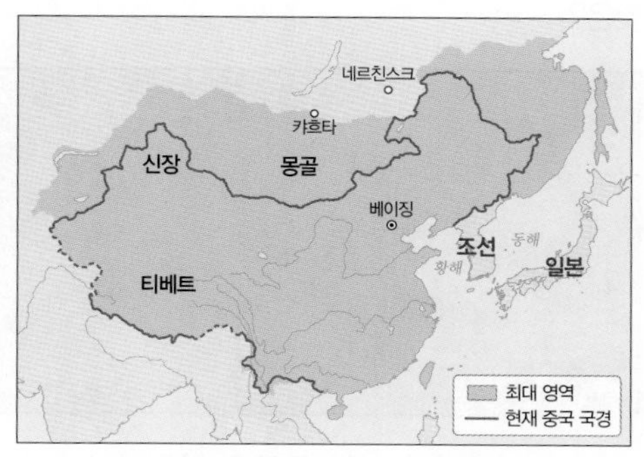

ㄱ. 누르하치가 만주에서 후금을 세웠다.
ㄴ. 명이 멸망하자 중국 전역을 지배하였다.
ㄷ. 홍타이지가 나라 이름을 청으로 바꾸었다.
ㄹ. 청이 군신 관계를 요구하며 조선을 침략하였다.

① ㄱ－ㄴ－ㄷ－ㄹ ② ㄱ－ㄴ－ㄹ－ㄷ
③ ㄱ－ㄷ－ㄹ－ㄴ ④ ㄴ－ㄱ－ㄷ－ㄹ
⑤ ㄴ－ㄷ－ㄱ－ㄹ

중요
07 다음 ㉠, ㉡에 해당하는 사례로 옳지 않은 것은?

중 난이도

청은 소수의 만주족이 다수의 한족을 지배하기 위해 ㉠회유책과 ㉡강압책을 함께 썼다.

① ㉠: 과거제 등 명의 정책을 이어받았다.
② ㉠: 대규모 서적 편찬 사업을 추진하였다.
③ ㉡: 청 왕조를 비판하는 글을 통제하였다.
④ ㉡: 한족에게 변발과 호복을 강요하였다.
⑤ ㉡: 중요한 관직에는 만주족만 임명하였다.

08 다음 ㉠, ㉡에 들어갈 학문이 바르게 연결된 것은?

하 난이도

명 중기에는 이론과 형식에 치우친 성리학을 비판하고 지식과 실천의 일치를 강조한 (㉠)이 나타났다. 청에서는 다양한 편찬 사업의 영향으로 문헌에 근거하여 실증적으로 학문을 연구하는 (㉡)이 발달하였다.

	㉠	㉡		㉠	㉡
①	성리학	양명학	②	성리학	고증학
③	양명학	성리학	④	양명학	고증학
⑤	고증학	양명학			

09 중요 다음 지도가 만들어진 시기의 문화에 대한 설명으로 옳지 않은 것은?

상 난이도

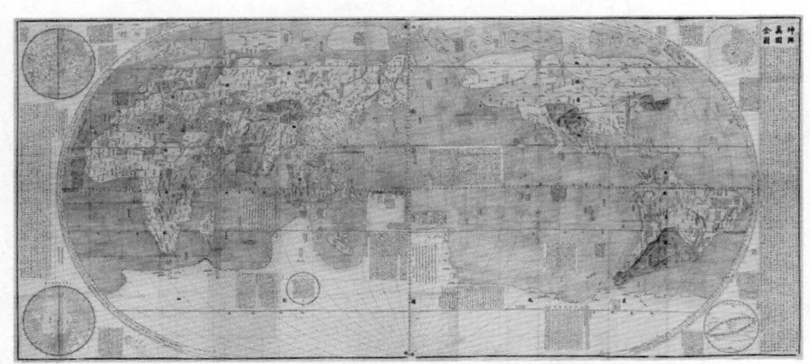

① 서양 선교사가 서양 문물을 전하였다.
② 경제 성장을 바탕으로 서민 문화가 발달하였다.
③ 『수호전』, 『삼국지연의』 등의 소설이 널리 읽혔다.
④ 화약, 나침반, 활판 인쇄술 등이 유럽에 전해졌다.
⑤ 지식과 실천의 일치를 강조한 양명학이 나타났다.

10 다음 일본 무사 정권의 구조에 대한 설명으로 옳지 않은 것은?

하 난이도

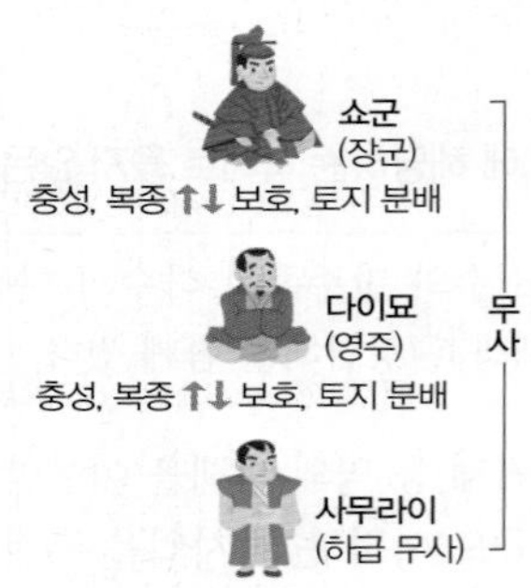

① 천황 중심의 중앙 집권 체제이다.
② 무사들이 사회 지배층을 이루었다.
③ 쇼군은 최고 지배자로 군림하였다.
④ 쇼군은 다이묘에게 토지를 주었다.
⑤ 다이묘는 쇼군에게 충성을 맹세하였다.

11 다음 일본의 무사 정권의 변천 과정을 순서대로 바르게 나열한 것은?

중 난이도

ㄱ. 전국 시대	ㄴ. 에도 막부
ㄷ. 가마쿠라 막부	ㄹ. 무로마치 막부

① ㄱ－ㄴ－ㄷ－ㄹ ② ㄱ－ㄷ－ㄴ－ㄹ
③ ㄴ－ㄱ－ㄹ－ㄷ ④ ㄴ－ㄹ－ㄷ－ㄱ
⑤ ㄷ－ㄹ－ㄱ－ㄴ

12 다음 (가)~(다) 막부에 대한 설명으로 옳은 것을 **보기**에서 모두 고르면?

중 난이도

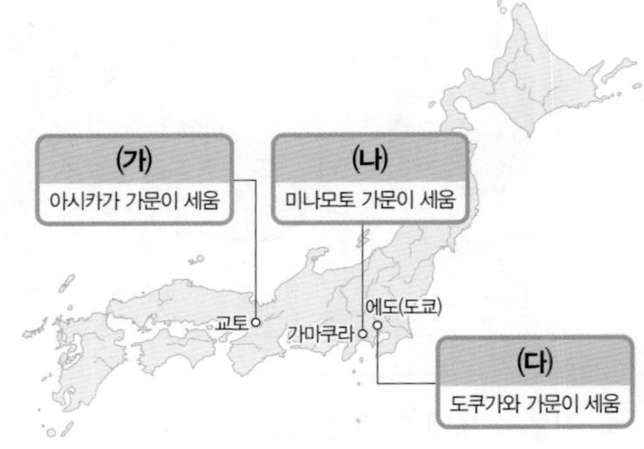

보기
ㄱ. (가): 일본 최초의 무사 정권이다.
ㄴ. (가): 명과 조공·책봉 관계를 맺었다.
ㄷ. (나): 몽골의 침입 과정에서 쇠퇴하였다.
ㄹ. (다): 임진왜란을 일으켜 조선을 침략하였다.

① ㄱ, ㄴ ② ㄱ, ㄷ ③ ㄴ, ㄷ
④ ㄴ, ㄹ ⑤ ㄷ, ㄹ

같은 주제 다른 문제

● 위 지도의 (다) 막부와 관련 있는 것을 〈보기〉에서 모두 고르면? 답 ②

〈보기〉
ㄱ. 난학 ㄴ. 전국 시대
ㄷ. 산킨코타이 제도 ㄹ. 도요토미 히데요시

① ㄱ, ㄴ ② ㄱ, ㄷ ③ ㄴ, ㄷ
④ ㄴ, ㄹ ⑤ ㄷ, ㄹ

13 중요 다음 문화가 발달한 시기에 대한 설명으로 옳지 않은 것은?

중 난이도

▲ 가부키

▲ 우키요에

① 해외 무역을 엄격히 통제하였다.
② 조선과는 통신사를 통해 교류하였다.
③ 서양 선교사의 포교 활동을 금지하였다.
④ 나가사키를 개방하여 에스파냐와 교류하였다.
⑤ 조닌 문화라고 불리는 서민 문화가 발달하였다.

STEP 3 주관식·서술형

정답 17쪽

01 다음 지도를 보고 물음에 답하시오.

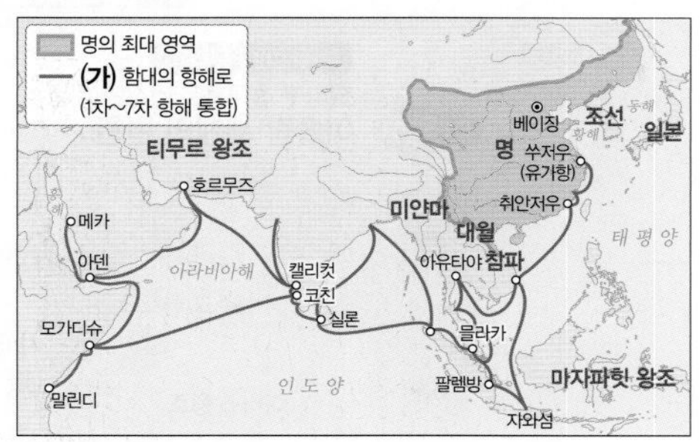

(1) 지도의 (가)에 들어갈 인물을 쓰시오.

(2) 위 인물의 항해가 미친 영향을 서술하시오.

02 다음 자료를 보고 물음에 답하시오.

회유책	강압책

중요한 관직에는 만주족과 한족을 함께 등용하는 (㉠)을(를) 시행하였다.	만주족의 풍습인 (㉡), 호복을 한족에게 강요하였다.

(1) 자료의 ㉠, ㉡에 들어갈 말을 쓰시오.

㉠ ________ ㉡ ________

(2) 청이 시행한 회유책과 강압책의 사례를 각각 한 가지씩 더 서술하시오.

03 다음 자료를 보고 물음에 답하시오.

(1) 자료의 ㉠, ㉡에 들어갈 계층을 쓰시오.

㉠ ________ ㉡ ________

(2) 자료를 통해 알 수 있는 일본 무사 정권의 구조를 서술하시오.

04 다음 자료를 보고 물음에 답하시오.

(1) 자료와 관련된 에도 시대의 문화를 쓰시오.

(2) 위 문화가 발달하게 된 배경을 서술하시오.

03 서아시아·북아프리카 지역 질서의 변화

더 알기 1 세 대륙을 아우른 오스만 제국

자료 1 1 셀주크 [1]튀르크의 성장

교과서마다 달라요 **셀주크 튀르크** 미래엔은 Ⅱ-3에서 다룸

성립과 발전	• 11세기경 중앙아시아에서 성장하여 바그다드 점령 • 아바스 왕조의 [2]칼리프로부터 '[3]술탄'의 칭호를 받음 • 서아시아와 중앙아시아 일대까지 영토 확장 • 예루살렘을 장악하고 비잔티움 제국과 대립하면서 십자군 전쟁 발생
쇠퇴	십자군 전쟁과 내분으로 쇠퇴 ➡ 몽골의 침입으로 멸망

자료 2 2 오스만 제국의 성립과 발전

(1) **성립** 13세기 말 셀주크 튀르크의 세력이 약화되자 오스만 세력이 건국(1299)

(2) **발전** 아시아, 유럽, 아프리카에 걸친 대제국 건설

① 유럽 진출, 발칸반도 남부 차지 ➡ 술탄 칭호 사용

② 메흐메트 2세: 비잔티움 제국을 멸망, 콘스탄티노폴리스(이스탄불)를 수도로 삼음

③ 16세기 초: 이집트, 시리아, 메카, 메디나 차지 ➡ 이슬람 세계의 중심

④ 지배자는 '술탄 칼리프'라 불리며 정치와 종교를 아우르는 권력 행사 (칼리프 – 이집트의 아바스 왕조의 후계자에게 호칭을 수여받았다.)

⑤ 술레이만 1세: 빈 공격, 유럽 연합 함대 격파해 지중해 해상권 장악, 북아프리카 진출 (빈 – 오스트리아의 수도이다.) (헝가리를 공격해 발칸반도로 진출하였다.)

교과서마다 달라요 **오스만 제국의 통치 정책**

동아	티마르 제도, 데브시르메 제도, 밀레트 제도
비상, 천재, 지학, 금성	밀레트 제도

3 오스만 제국의 통치 정책 넓은 영토를 효율적으로 다스리기 위해 포용 정책 시행

공식 문서에는 튀르크어를 사용하였지만, 일상생활에서는 다양한 언어가 자유롭게 사용되었다.

티마르 제도	술탄이 직접 다스리는 곳을 제외한 영토(티마르)를 관료나 군인에게 나누어 주고 세금을 거둘 수 있도록 한 제도
데브시르메 제도	정복지의 크리스트교도 중 우수한 인재를 뽑아 이슬람교로 개종시키고 [4]예니체리에 편성
밀레트 제도	이슬람교도가 아니어도 정해진 세금(지즈야)만 내면 종교를 인정하고 자치적인 공동체(밀레트)를 허용 – 종교뿐만 아니라 관습, 재판, 교육 등 폭넓은 자율권을 인정하였다.

4 다양한 문화의 발달 튀르크 문화 + 페르시아·이슬람·비잔티움 문화

(1) **미술** [5]아라베스크 무늬, 페르시아의 영향을 받은 세밀화 유행

(2) [6]**모스크 건립** 초기(하나의 돔과 홀) ➡ 후기(중첩된 돔, 술탄 아흐메트 사원) (중첩된 돔 – 비잔티움 양식의 영향을 받았다.) (술탄 아흐메트 사원 – 내부가 2만여 개의 푸른색 타일로 장식되어 있어 '블루 모스크'라고도 불린다.)

(3) **실용적인 학문 발달** 천문학, 지리학, 수학 등

▲ 이스탄불

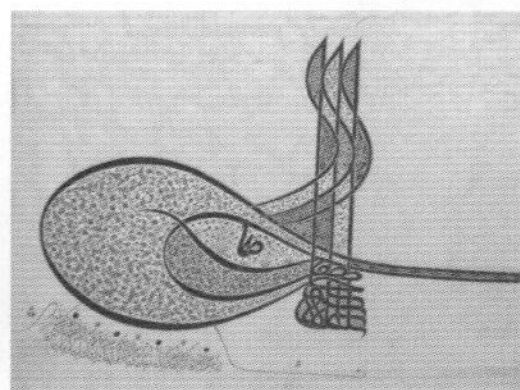
▲ 술탄 아흐메트 사원

▲ 술레이만 1세의 서명 – 글자를 그림처럼 도안한 장식적인 서체가 발달하였다.

시험에 꼭 나오는 개념 체크

1. 셀주크 튀르크가 비잔티움 제국과 대립하면서 ＿＿＿ 전쟁이 발생하였다.
2. 오스만 제국은 동서 문화가 어우러진 문화를 발전시켰다. (○, ×)

답 1. 십자군 2. ○

교과서마다 달라요 **훌라구 울루스** 비상만 다룸

더 알기 이슬람 세계의 변천

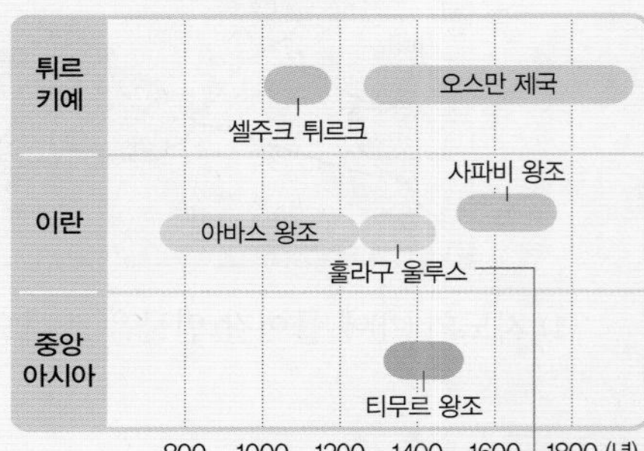

훌라구 울루스 – 칭기즈 칸의 손자 훌라구가 아바스 왕조를 무너뜨린 후 세웠다. 이후 이슬람교를 국교로 정하여 이슬람 문화를 발전시켰으나 내부 분열로 쇠퇴하였다.

자료 1 셀주크 튀르크의 영역

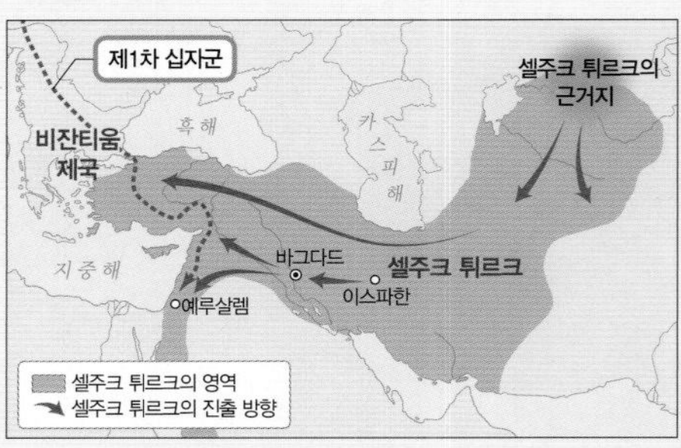

중앙아시아에서 성장한 셀주크 튀르크가 예루살렘을 장악하고 비잔티움 제국과 대립하면서 십자군 전쟁이 일어났다.

자료 2 오스만 제국의 영역

이스탄불은 아시아와 유럽을 잇는 동서 교역의 중심지로 발전하였다.

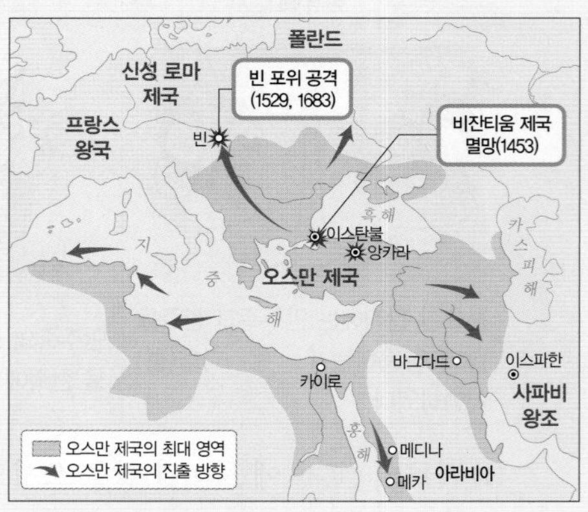

오스만 제국은 아시아, 유럽, 아프리카의 세 대륙을 지배하는 대제국을 건설하여 육상과 해상을 통한 동서 무역을 독점하였다.

용어 쏙쏙

[1] 튀르크: 중국 북쪽에 살던 유목 민족인 돌궐
[2] 칼리프: '계승자'라는 뜻으로 아바스 왕조 쇠퇴 과정에서 정치적 실권을 잃고 이슬람 세계의 종교적 지배자를 이르는 호칭이 됨
[3] 술탄: '권력자'라는 뜻으로 이슬람 세계의 정치적 지배자를 이르는 말
[4] 예니체리: '새로운 군대'라는 뜻을 가진 오스만 제국 술탄의 친위 부대
[5] 아라베스크: '아라비아풍(風)'이라는 뜻으로 문자, 식물, 기하학적인 형상이 어우러진 무늬
[6] 모스크: 둥근 돔과 뾰족한 탑을 특징으로 하는 이슬람교의 예배당

2 이슬람 세계의 확산과 무굴 제국

자료 3 **1 티무르 왕조의 발전**

(1) **성립과 발전**

① 성립: 14세기 후반 티무르가 몽골 제국의 부활을 내세우며 건국 (스스로를 칭기즈 칸의 후손이라고 주장하였다.)

② 발전: 중앙아시아에서 서아시아에 이르는 넓은 영토 차지, 페르시아·튀르크·이슬람 문화를 융합한 학문과 문예 발달

더 알기 ③ 사마르칸트: 티무르 왕조의 수도, 동서 교역로에 위치하여 ❶중계 무역으로 번성

(2) **쇠퇴** 티무르가 죽은 뒤 세력이 약화되어 우즈베크인에게 멸망

2 사파비 왕조의 발전

(1) **성립과 발전**

① 성립: 16세기 초 이스마일 1세가 ❷페르시아 제국의 부활을 내세우며 건국

② 종교: 시아파 이슬람교를 국교로 삼음

③ 페르시아 문화 부흥: 페르시아의 전통적 군주 칭호인 '샤' 사용

④ 아바스 1세: 전성기, 수도를 이스파한으로 옮김, 바그다드 점령

(2) **쇠퇴** 왕실 내부의 갈등과 아프간족의 침입으로 쇠퇴

자료 4 **3 무굴 제국의 성립과 발전** 교과서마다 달라요 **무굴 제국** 지학은 다루지 않음

(1) **성립** 16세기 초 티무르의 후손 바부르가 북인도에 진출하여 건국(1526)

(2) **발전** (아크바르 황제는 힌두교의 중심 세력이었던 라지푸트족의 족장들에게 관직과 군대를 개방하였고, 자신도 라지푸트족 공주들과 결혼하였다.)

아크바르 황제	• 북인도 전체와 아프가니스탄 정복, 아그라를 수도로 삼음, 행정 제도와 도로 정비 • 관용 정책: 이슬람교뿐만 아니라 다른 종교도 존중, 힌두교도에게 거두던 ❸지즈야(인두세) 폐지
아우랑제브 황제	• 남인도를 정복하여 무굴 제국 최대의 영토 확보 • 이슬람 제일주의: 비(非)이슬람교도에게 지즈야 부활, 힌두교와 ❹시크교를 탄압하여 각지에서 반란 일어남

(3) **쇠퇴** 17세기 이후 서양 세력이 진출하면서 쇠퇴

교과서마다 달라요 **인도·이슬람 문화** 금성, 천재는 힌두·이슬람 문화

4 무굴 제국의 문화 인도 고유문화와 이슬람 문화가 융합된 인도·이슬람 문화

종교	힌두교와 이슬람교가 융합된 시크교
언어	힌디어와 페르시아어가 혼합된 ❺우르두어
미술	페르시아의 세밀화와 인도 양식이 결합된 무굴 회화
건축	힌두 양식과 이슬람 양식이 결합된 ❻타지마할

교과서마다 달라요 **우르두어** 비상, 미래엔, 천재, 금성만 다룸

이슬람 양식

인도 양식

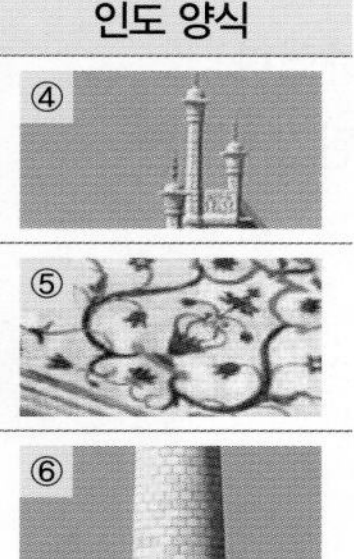

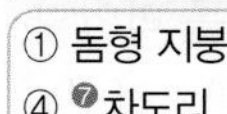

① 돔형 지붕 ② 뾰족한 아치 ③『쿠란』구절
④ ❼차도리 ⑤ 연꽃 문양 ⑥ 벽돌 장식

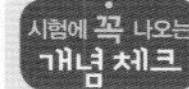
시험에 꼭 나오는 개념 체크

1. 티무르 왕조는 페르시아 제국의 부활을 내세웠다. (○, ×)
2. 무굴 제국에서 발달한 ___는 힌두교와 이슬람교가 융합된 종교이다.

답 1. × 2. 시크교

자료 3 티무르 왕조와 사파비 왕조

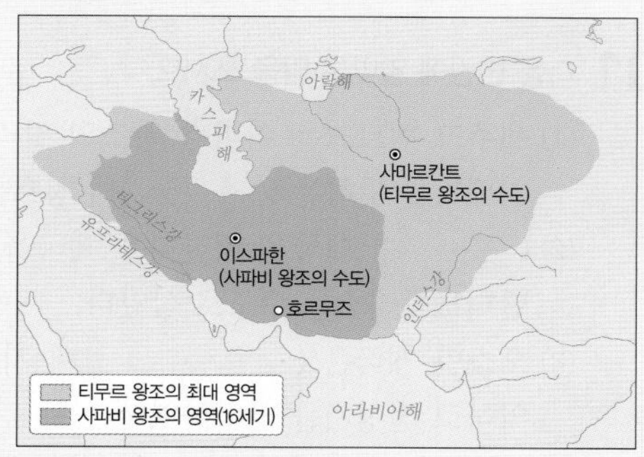

티무르 왕조는 몽골 제국의 부활을 내세우며 중앙아시아에서 성장하였고, 사파비 왕조는 페르시아 제국의 부활을 내세우며 이란 지역에서 성장하였다.

더 알기 사마르칸트

사마르칸트는 동양과 서양을 연결하는 비단길에 위치한 교역의 중심지였다. 티무르는 칭기즈 칸의 침략으로 파괴된 사마르칸트를 다시 건설하여 제국의 수도로 삼았다.

자료 4 무굴 제국의 영역

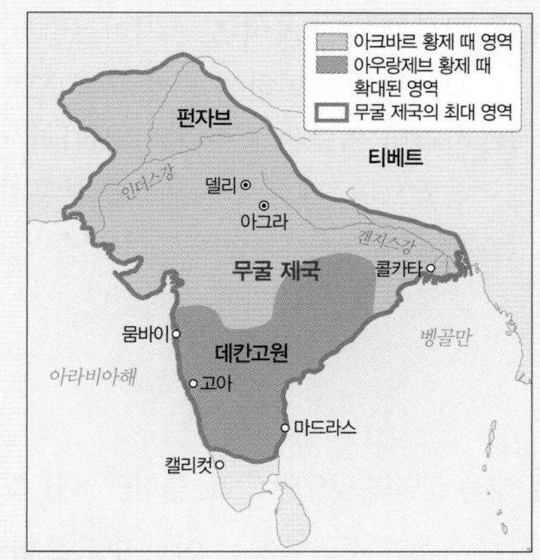

아크바르 황제는 북인도 전체와 아프가니스탄을 정복하였고, 아우랑제브 황제는 남인도를 정복하여 무굴 제국 최대의 영토를 차지하였다.

용어 쏙쏙

❶ 중계 무역: 수입한 물자를 그대로 다른 나라에 수출하는 무역 형태
❷ 페르시아 제국: 이란을 중심으로 서아시아 및 중앙아시아를 지배하던 나라
❸ 지즈야: 이슬람 세력이 정복 지역 주민들의 신앙을 허용하는 대신 거두던 세금
❹ 시크교: 우상 숭배와 카스트제를 부정하며 유일신을 섬김, 나나크가 창시
❺ 우르두어: 힌디어가 페르시아어의 영향을 받아 발달한 언어로 오늘날 파키스탄에서 쓰임
❻ 타지마할: 무굴 제국 황제 샤자한이 황후를 추모하며 만든 묘당
❼ 차도리: 덮개 또는 우산이라는 뜻으로 지붕 주변의 장식 구조물

STEP 1 개념 확인

01 다음 빈칸에 알맞은 말을 쓰시오.

(1) 셀주크 튀르크는 아바스 왕조의 칼리프로부터 정치적 지배자를 뜻하는 (　　　　)의 칭호를 얻었다.

(2) (　　　　) 제국은 비잔티움 제국을 멸망시키고 콘스탄티노폴리스를 수도로 삼았다.

(3) 오스만 제국은 (　　　　　　) 때 지중해 해상권을 장악하고 전성기를 맞이하였다.

02 다음 ㉠~㉢에 들어갈 오스만 제국의 통치 정책을 쓰시오.

(㉠) 제도	관료나 군인에게 영토를 나누어 주고 세금을 거둘 수 있도록 한 제도
데브시르메 제도	정복지의 크리스트교도 중 우수한 인재를 뽑아 이슬람교로 개종하고 (㉡)에 편성
(㉢) 제도	자치적인 공동체의 폭넓은 자율권 인정

㉠ ________ ㉡ ________ ㉢ ________

03 서로 관련 있는 것끼리 연결하시오.

(1) 무굴 제국 • 　　　　• ㉠ 인도·이슬람 문화

(2) 사파비 왕조 • 　　　　• ㉡ 몽골 제국 부활

(3) 티무르 왕조 • 　　　　• ㉢ 페르시아 제국 부활

04 다음 중 알맞은 말에 ○표를 하시오.

(1) 티무르 왕조의 수도 (사마르칸트, 바그다드)는 동서 교역로에 위치하여 중계 무역으로 번성하였다.

(2) 사파비 왕조는 (수니파, 시아파) 이슬람교를 국교로 삼았으며, 페르시아 문화를 부흥시키고자 하였다.

(3) 무굴 제국에서는 힌두교와 이슬람교가 결합된 (시크교, 조로아스터교)가 등장하였다.

05 다음 설명이 맞으면 ○표, 틀리면 ×표 하시오.

(1) 오스만 제국에서는 인도 고유문화와 이슬람 문화가 융합된 인도·이슬람 문화가 발달하였다. (　　)

(2) '블루 모스크'라고도 불리는 술탄 아흐메트 사원은 무굴 제국의 대표적인 모스크이다. (　　)

(3) 아크바르 황제는 이슬람교뿐만 아니라 다른 종교도 존중하는 관용 정책을 폈다. (　　)

STEP 2 대표 문제

01 다음 ㉠에 들어갈 국가로 옳은 것은?

중 난이도

> 11세기 무렵 중앙아시아에서 (㉠)이(가) 성장하였다. (㉠)은(는) 아바스 왕조의 칼리프로부터 이슬람 세계의 정치적 지배자를 뜻하는 술탄의 칭호를 얻어 이슬람 세계를 이끌었다.

① 무굴 제국 ② 오스만 제국 ③ 티무르 왕조
④ 사파비 왕조 ⑤ 셀주크 튀르크

02 (중요) 다음 (가) 국가에 대한 설명으로 옳지 않은 것은?

중 난이도

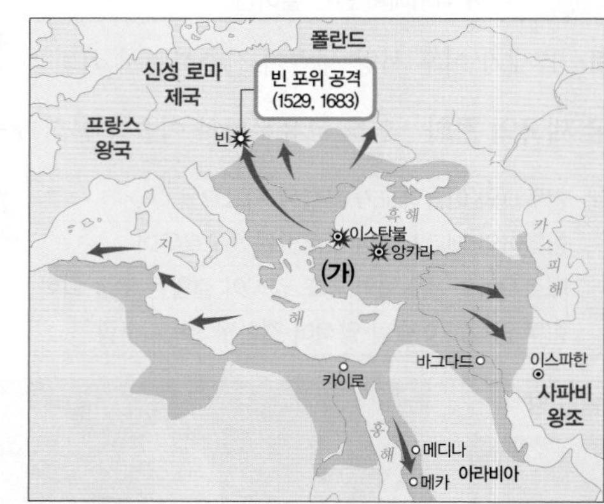

① 십자군 전쟁으로 쇠퇴하였다.
② 비잔티움 제국을 멸망시켰다.
③ 지배자는 술탄 칼리프라 불렸다.
④ 술레이만 1세 때 전성기를 맞았다.
⑤ 동서양이 만나는 곳에 위치하였다.

같은 주제 다른 문제

● 밑줄 친 '콘스탄티노폴리스'에 해당하는 도시를 고르면? 답 ②

> 콘스탄티노폴리스는 비잔티움 제국의 수도로 견고한 성벽으로 둘러싸인 도시였다. 하지만 오스만 제국은 헝가리 기술자가 만든 대형 대포를 이용하여 50여 일 만에 성을 함락시켰다.

① 델리 ② 이스탄불 ③ 바그다드
④ 이스파한 ⑤ 사마르칸트

03 다음 ㉠에 들어갈 내용으로 옳은 것을 보기에서 모두 고르면?

상 난이도

> 오스만 제국의 지배자는 정치와 종교를 아우르는 지배권을 갖고 이슬람 세계에서 절대적인 권력을 행사하였다. 오스만 제국의 전성기를 이끌었던 술레이만 1세는 ㉠

보기

ㄱ. 비잔티움 제국을 멸망시켰다.
ㄴ. 인도 남부 지역을 정복하였다.
ㄷ. 유럽의 연합 함대를 격파하였다.
ㄹ. 오스트리아의 수도 빈을 공격하였다.

① ㄱ, ㄴ ② ㄱ, ㄷ ③ ㄴ, ㄷ
④ ㄴ, ㄹ ⑤ ㄷ, ㄹ

중요

04 다음 제도를 실시한 나라의 통치 정책으로 가장 옳지 않은 것은?

중 난이도

> 술탄이 직접 다스리는 곳을 제외한 영토를 정부 관료나 군인에게 나누어 주고, 봉급으로 그 토지에 대한 세금을 거둘 수 있는 권리를 주었다.

① 각 민족의 언어나 전통을 인정하였다.
② 밀레트에 폭넓은 자율권을 부여하였다.
③ 일상생활에서는 각 민족의 언어를 사용하였다.
④ 이슬람교도는 세금을 내고 종교를 인정받았다.
⑤ 크리스트교도를 개종시켜 예니체리로 편성하였다.

05 다음에서 설명하는 오스만 제국의 군대로 옳은 것은?

하 난이도

> '새로운 군대'라는 뜻으로 술탄의 직속 친위 부대이자 정예 부대이다. 오스만 제국의 번영에 크게 기여하면서 점차 강력한 집단으로 성장하였다.

① 밀레트 ② 티마르 ③ 예니체리
④ 데브시르메 ⑤ 술탄 칼리프

06 다음 도시로 여행을 가서 볼 수 있는 건축물이 아닌 것은?

상 난이도

① 세계에서 가장 오래된 실내 시장
② 비잔티움 제국 시기에 건설된 성당
③ 오스만 제국의 술탄이 거주했던 궁전
④ 내부가 푸른색 타일로 장식된 모스크
⑤ 샤자한이 왕비를 위해 만든 무덤 궁궐

같은 주제 다른 문제

다음 질문에 대한 학생의 답으로 가장 적절한 것은? 답 ④

> 위 도시는 고대부터 상업과 무역이 발달했는데, 특히 오스만 제국 시기에는 유라시아 교역권의 중심지로 발달했어요. 그 이유는 무엇일까요?

① 신항로 개척의 거점 도시였어요.
② 일찍부터 민주 정치가 발달했어요.
③ 절대 왕정의 군주가 적극 후원했어요.
④ 동서양이 교차하는 지점에 위치했어요.
⑤ 르네상스라는 문예 부흥 운동이 일어났어요.

중요

07 다음 건축물을 만든 국가의 문화에 대한 설명으로 옳지 않은 것은?

중 난이도

① 우르두어가 널리 사용되었다.
② 아라베스크 무늬가 발달하였다.
③ 웅장한 규모의 모스크가 만들어졌다.
④ 페르시아의 영향으로 세밀화가 유행하였다.
⑤ 천문학, 수학 등 실용적인 학문이 발달하였다.

08 다음 (가), (나) 국가에 대한 설명으로 옳은 것을 보기에서 모두 고르면?

상 난이도

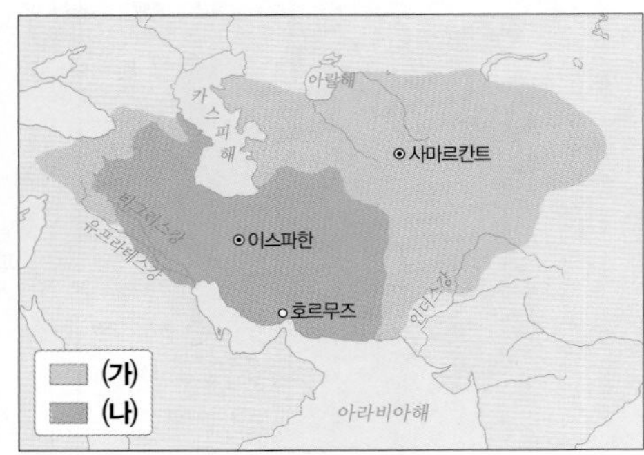

보기
ㄱ. (가): 몽골 제국의 부활을 내세웠다.
ㄴ. (가): 인도·이슬람 문화가 발달하였다.
ㄷ. (나): 시아파 이슬람교를 국교로 삼았다.
ㄹ. (나): '술탄 칼리프'라는 칭호를 사용하였다.

① ㄱ, ㄴ ② ㄱ, ㄷ ③ ㄴ, ㄷ
④ ㄴ, ㄹ ⑤ ㄷ, ㄹ

09 다음 ㉠에 들어갈 도시로 옳은 것은?

하 난이도

중앙아시아의 오아시스 도시인 (㉠)은(는) 동양과 서양을 연결하는 비단길에 위치한 동서 교역의 중심지였다. 티무르는 칭기즈 칸의 침략으로 파괴된 이곳을 다시 건설하여 제국의 수도로 삼았다. 이곳은 청색 모스크와 화려한 궁전, 왕의 무덤 등이 남아 있어 '푸른 돔의 도시'로도 불린다.

① 아그라 ② 바그다드 ③ 이스탄불
④ 이스파한 ⑤ 사마르칸트

10 다음에서 설명하는 인물로 옳은 것은?

중 난이도

- 북인도 전체와 아프가니스탄 정복
- 관용 정책
  - 이슬람교 이외 종교에 대해서도 종교의 자유 허용
  - 비이슬람교도에 대한 지즈야(인두세) 폐지

① 바부르 ② 샤자한
③ 술레이만 1세 ④ 아크바르 황제
⑤ 아우랑제브 황제

11 중요 다음 국가의 발전 과정을 순서대로 바르게 나열한 것은?

중 난이도

ㄱ. 바부르가 북인도 지역에 진출하였다.
ㄴ. 아크바르 황제가 관용 정책을 펼쳤다.
ㄷ. 아우랑제브 황제가 남인도를 정복하였다.
ㄹ. 서양 세력이 진출하면서 제국이 쇠퇴하였다.

① ㄱ－ㄴ－ㄷ－ㄹ ② ㄱ－ㄷ－ㄴ－ㄹ
③ ㄴ－ㄱ－ㄷ－ㄹ ④ ㄴ－ㄷ－ㄱ－ㄹ
⑤ ㄷ－ㄹ－ㄴ－ㄱ

12 다음 건축물에서 찾아볼 수 있는 이슬람 문화의 영향을 보기에서 모두 고르면?

상 난이도

보기
ㄱ. 돔형 지붕 ㄴ. 연꽃 문양
ㄷ. 벽돌 장식 ㄹ. 『쿠란』 구절

① ㄱ, ㄴ ② ㄱ, ㄹ ③ ㄴ, ㄷ
④ ㄴ, ㄹ ⑤ ㄷ, ㄹ

같은 주제 다른 문제

● 밑줄 친 '인도·이슬람 문화'에 해당하지 않는 것은? 답 ⑤

무굴 제국에서는 인도 고유문화와 이슬람 문화가 융합된 인도·이슬람 문화가 발달하였다.

① 시크교 ② 우르두어 ③ 타지마할
④ 무굴 회화 ⑤ 블루 모스크

STEP 3 주관식·서술형

▶ 정답 18쪽

01 다음 지도를 보고 물음에 답하시오.

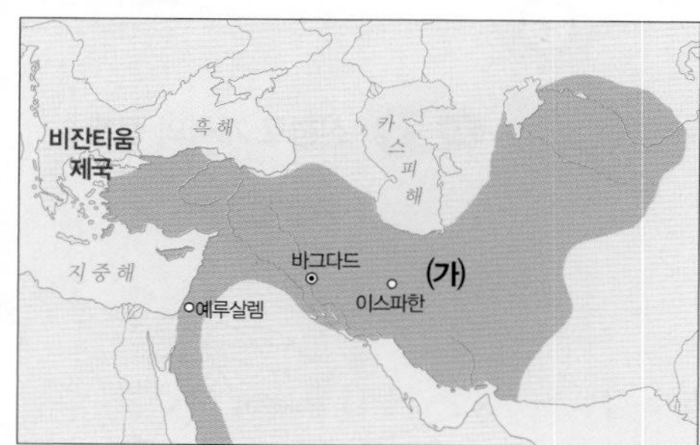

(1) 지도의 (가) 국가를 쓰시오.

(2) 위 국가의 성장이 십자군 전쟁의 발발에 끼친 영향을 서술하시오.

02 다음 글을 읽고 물음에 답하시오.

> (㉠)은(는) 같은 종교를 바탕으로 한 자치 공동체를 말한다. 오스만 제국은 각 (㉠)에 종교, 관습, 재판, 교육 등을 자율적으로 결정할 수 있는 권한을 부여하였다. 이를 통해 오스만 제국의 각 민족은 고유의 정체성을 유지할 수 있었다.

(1) 윗글의 ㉠에 들어갈 말을 쓰시오.

(2) ㉠ 제도를 통해 알 수 있는 오스만 제국의 통치 정책과 그 배경을 서술하시오.

03 다음 지도를 보고 물음에 답하시오.

(1) 지도에 표시된 도시를 쓰시오.

(2) 위 도시의 지리적 위치가 미친 영향을 서술하시오.

04 다음 지도를 보고 물음에 답하시오.

(1) 지도의 (가)에 들어갈 황제를 쓰시오.

(2) 위 황제 시기의 종교 정책을 서술하시오.

04 신항로 개척과 유럽 지역 질서의 변화

1 신항로 개척

1 신항로 개척의 배경과 전개

(1) 배경

① 마르코 폴로의 ❶『동방견문록』 등을 통해 동방에 대한 호기심이 높아짐

② 십자군 전쟁으로 지중해 무역 활기 → 이탈리아와 이슬람 상인이 지중해 무역 독점 → 새로운 교역로 탐색

③ 지리학, 천문학, ❷조선술, 항해술 등이 발달 ─ 중국에서 발명된 나침반이 이슬람 세계를 거쳐 유럽에 전해져 항해에 사용되면서 신항로 개척은 더욱 활기를 띠었다.

자료 1 **(2) 전개** 대서양 연안의 포르투갈과 에스파냐가 주도

바스쿠 다 가마	❸희망봉을 거쳐 인도로 가는 항로 개척 (바르톨로메우 디아스가 발견하였다.)
콜럼버스	대서양 서쪽으로 항해하여 서인도 제도 도착
마젤란	마젤란 일행이 세계 일주에 성공하여 지구가 둥글다는 것을 증명

└ 콜럼버스가 인도의 서쪽이라 오해하여 서인도 제도가 되었다. 이곳 원주민들도 인도인이라 생각하여 인디언(Indian)이라 하였다.

2 아메리카 토착 문명의 파괴

(1) 아메리카 문명

아스테카 문명	• 피라미드형 신전을 지어 태양신 숭배 • 고유한 문자와 달력 사용 • 에스파냐의 코르테스에게 정복
잉카 문명	• 계단식 밭, ❹관개 수로, 마추픽추 • 에스파냐의 피사로에게 정복

▲ 아메리카 문명

(2) 신항로 개척 이후 아메리카의 변화

① 유럽인이 원주민을 동원하여 막대한 양의 금과 은 수탈

② 사탕수수, 커피 등 ❺플랜테이션 농장 경영

자료 2 ③ 고된 노동, 천연두, 홍역 등의 질병으로 인구 감소 → 아프리카인을 노예로 동원

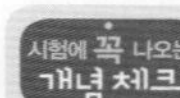

1. 콜럼버스는 세계 일주에 성공하여 지구가 둥글다는 것을 증명하였다. (○, ×)
2. 안데스고원의 ＿＿ 문명은 에스파냐의 피사로에 의해 파괴되었다.

답 1. × 2. 잉카

2 신항로 개척의 영향

1 무역의 확대 유럽, 아메리카, 아프리카, 아시아를 잇는 세계적인 교역망 형성

(1) 삼각 무역

① 유럽의 무역 중심지가 지중해에서 대서양으로 이동

자료 3 ② 유럽, 아메리카, 아프리카를 잇는 삼각 무역 발달

③ 대서양 연안 국가 번영 → 아시아, 아프리카, 아메리카에 식민지 건설

└ 포르투갈은 바스쿠 다 가마가 인도 항로를 개척한 이후 향신료 무역에 주력하였고, 에스파냐는 콜럼버스와 마젤란의 항해 이후 아메리카에 식민지를 건설하였다.

└ 신항로 개척을 주도했던 포르투갈과 에스파냐가 먼저 번영을 누렸고, 이후 네덜란드, 영국, 프랑스 등도 적극적으로 신항로 개척에 나섰다.

(2) 인도양 무역

① 유럽인들이 ❻동인도 회사를 세워 아시아 진출, 향신료, 중국의 차, 비단, 도자기 등 구입 → 아메리카의 은이 유럽을 거쳐 중국으로 유입 → 은을 매개로 세계적 교역망 형성

② 포르투갈: 믈라카, 마카오 등을 거점으로 활동

자료 1 신항로 개척의 전개

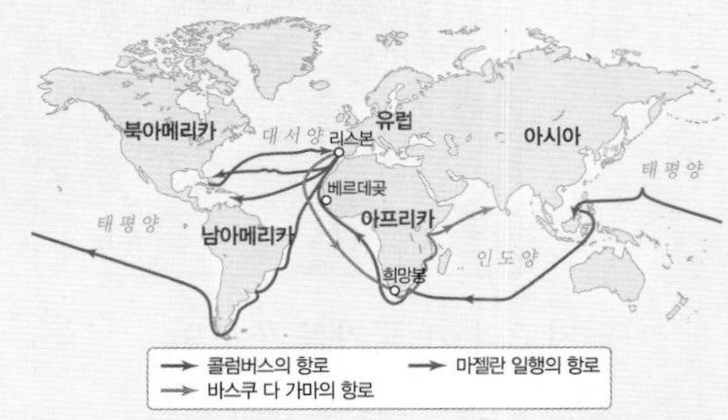

지중해 무역에서 소외되어 있었던 포르투갈과 에스파냐는 신항로 개척에 적극적으로 나섰다.

자료 2 아메리카 원주민의 인구 변화

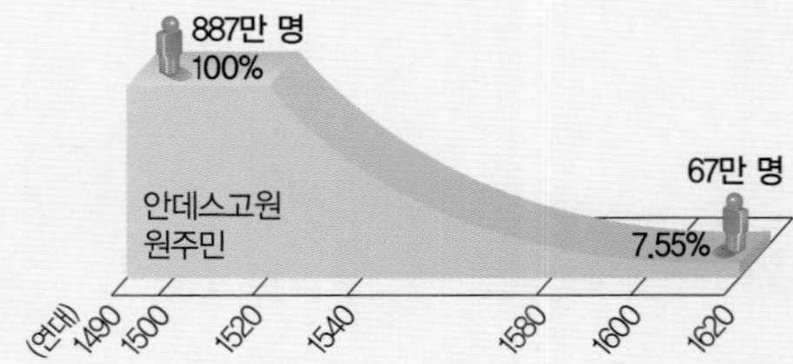

신항로 개척 이후 유럽인이 아메리카에 진출하면서 원주민은 광산과 대농장에서 혹사당하였고, 천연두, 홍역과 같은 전염병이 돌아 인구가 크게 감소하였다.

└ 아메리카 대륙에 없던 질병이 유행하며 면역력이 없었던 원주민들은 큰 피해를 입었다.

자료 3 삼각 무역

유럽인은 총과 무기 등을 주고 아프리카 노예를 사서 아메리카로 보냈다. 그 뒤 흑인 노예가 생산한 은, 담배, 설탕 등을 유럽에 가져와 막대한 이익을 남겼다.

❶ 동방견문록: 이탈리아의 상인 마르코 폴로가 동방을 여행하고 남긴 여행기
❷ 조선술(造 - 만들다, 船 - 배, 術 - 기술): 배를 만드는 기술
❸ 희망봉: 아프리카 최남단 지역으로 원래 '폭풍의 곶'이라 부르던 곳. 바스쿠 다 가마가 인도 항로를 개척하면서 '희망의 곶'이라 불림
❹ 관개 수로: 논이나 밭에 물을 공급하기 위한 수로
❺ 플랜테이션: 유럽인의 자본·기술과 원주민의 값싼 노동력이 결합하여 단일 작물을 재배하는 대규모 농업 형태
❻ 동인도 회사: 영국, 프랑스, 네덜란드 등이 동방 무역을 하기 위해 설립한 회사

2 유럽의 변화

(1) 새로운 작물 전래 ─ 후추, 계피, 정향, 육두구 등의 향신료는 적은 양으로도 고기 맛을 좋게 하고 부패를 막아 주어 유럽인에게 인기가 많았다.

① 아시아의 향신료, 면직물, 차 등이 싼값에 유입

② 아메리카의 감자, 옥수수, 담배 등이 전래 ─ 옥수수, 감자, 고구마, 담배, 고추 등의 작물이 아메리카에서 들어왔고, 소, 말, 돼지, 양, 밀 등이 아메리카로 전해졌다.

(2) 가격 혁명

① 아메리카의 금과 은이 대량으로 들어오면서 유럽의 물가 상승

② 상공업에 종사하던 시민 계층은 이익, 고정된 ❶지대를 받던 봉건 영주는 타격

(3) 상업 혁명 유럽 상공업·제조업·금융업 발전 ➡ 상공업자들이 자본 축적하며 근대 자본주의 발달에 영향 ─ 주식회사 등 근대적 기업이 등장하였다.

3 아프리카의 변화 아메리카 원주민 감소 ➡ 아프리카인을 노예로 삼아 아메리카 농장에 동원(노예 무역) ➡ 아프리카 인구 감소, 성비 불균형, 부족 간 갈등 심화

1. 아메리카의 금과 은이 들어와 유럽의 물가가 크게 올랐다. (○, ×)
2. 신항로 개척 이후 유럽, 아메리카, 아프리카를 잇는 __ __ __ __이 발달하였다.

답 1. ○ 2. 삼각 무역

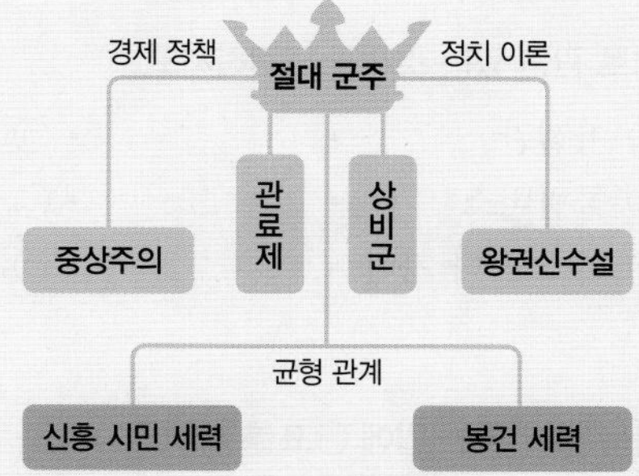

절대 왕정의 군주는 왕권신수설을 이용하여 왕권을 정당화하고, 관료제와 상비군을 기반으로 왕권을 강화하였다. 그리고 이를 유지하는 데 드는 비용을 마련하기 위해 상공 시민 계층을 지원하고 중상주의 정책을 실시하였다.

3 절대 왕정

1 절대 왕정의 성립

(1) 절대 왕정 16~18세기 유럽에 나타난 중앙 집권적인 정치 체제

자료 4 **(2) 절대 왕정의 특징**

① ❷**왕권신수설**: 왕권을 신에게서 받았다는 주장으로 절대 권력을 정당화

② ❸**관료제**와 ❹**상비군**: 왕의 명령을 효율적으로 시행하기 위해 운영

자료 5 ③ **중상주의 정책**: 수출을 장려하고 수입을 억제하는 국가 주도의 경제 정책

2 절대 왕정의 전개

(1) 서유럽

펠리페 2세 때 에스파냐는 아메리카에서 들여온 금과 은으로 함대를 강화해 제해권을 장악하였다. 당시 에스파냐의 함대는 무적함대라고 불리었다.

에스파냐 (펠리페 2세)	• 유럽에서 가장 먼저 절대 왕정 확립 • ❺레판토 해전에서 오스만 제국을 물리치고 해상 무역 장악
영국 (엘리자베스 1세)	• 에스파냐의 무적함대를 물리치고 해상권 장악 • 상공업 육성, 동인도 회사를 설립하여 인도 진출 • 영국 국교회 확립
프랑스 (루이 14세)	• 콜베르를 등용하여 중상주의 정책 추진, 관료제·상비군 정비 • '태양왕' 자처, 베르사유 궁전 건설 ─ 이를 통해 절대적인 권력을 과시하였다.

(2) 동유럽 서유럽에 비해 늦게 성립 ─ 서유럽과 달리 동유럽은 도시, 상공업, 시민층의 성장이 늦었고, 귀족 세력이 강하였다. 이에 계몽 군주를 중심으로 절대 왕정이 시작되었다.

프로이센 (프리드리히 2세)	• 오스트리아와의 전쟁으로 슐레지엔 지방 차지 ➡ 유럽의 신흥 강국이 됨 • 베르사유 궁전을 모방하여 상수시 궁전 건설 • '국가 제일의 심부름꾼'이라 하며 ❻계몽 군주 자처
오스트리아 (마리아 테레지아)	중앙 집권화를 추진하고 근대 산업을 육성하기 위해 노력
러시아 (표트르 대제)	• 서유럽의 문화와 제도를 적극적으로 수용 • 스웨덴과의 북방 전쟁에서 승리하여 발트해 진출 • 상트페테르부르크를 건설하여 수도로 삼음

교과서마다 달라요 **오스트리아** 동아만 다룸

표트르 대제는 신분을 감춘 채 서유럽의 조선소에서 일하기도 하였고, 서구화 정책의 일환으로 귀족의 상징인 수염을 자르게 하기도 하였다.

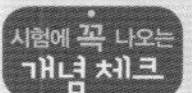

1. 절대 왕정의 군주는 중상주의 정책을 실시하여 국가의 부를 증대하고자 하였다. (○, ×)
2. 러시아의 __ __ __ __는 상트페테르부르크를 건설하여 수도로 삼았다.

답 1. ○ 2. 표트르 대제

자료 5 중상주의 정책

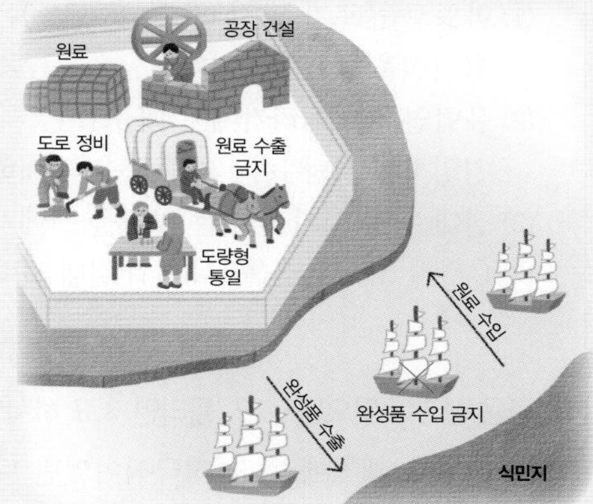

절대 왕정은 국내 산업을 보호하여 수출을 늘리고, 관세를 높여 완성품의 수입을 억제하였다. 또한 더 넓은 시장과 원료를 확보하기 위해 식민지 획득에 적극적으로 나섰다.

교과서마다 달라요
17~18세기 유럽 문화

비상, 미래엔	과학, 철학 다룸
금성	과학, 철학, 예술 다룸

더 알기 17~18세기 유럽 문화

과학	과학 혁명: 뉴턴의 만유인력의 법칙 발견 등 과학 발전
철학	• 데카르트가 근대 철학의 기초 마련, 로크의 사회 계약설 • 이들 철학을 바탕으로 계몽사상 등장(볼테르, 몽테스키외, 루소 등)
예술	• 바로크 양식: 화려, 웅장, 베르사유 궁전 • 로코코 양식: 경쾌, 사치, 상수시 궁전

❶ 지대(地-땅, 代-대신할): 땅 주인이 땅을 빌린 사람에게 거두는 대가
❷ 왕권신수설(王-임금, 權-권력, 神-신, 授-주다, 說-말씀): 왕의 권력은 신이 내려 준 것이라는 주장
❸ 관료제: 일을 효율적으로 수행하기 위한 전문 행정 조직
❹ 상비군(常-항상, 備-갖추다, 軍-군대): 전쟁에 대비하여 평상시에 유지하고 있는 군대
❺ 레판토 해전: 베네치아, 에스파냐 중심의 유럽 함대와 오스만 제국의 함대가 벌인 전투
❻ 계몽 군주: 계몽사상의 영향을 받아 합리적이고 개혁적인 정치를 추구한 군주

STEP 1 개념 확인

01 서로 관련 있는 것끼리 연결하시오.

(1) 마젤란 • • ㉠ 최초의 세계 일주
(2) 콜럼버스 • • ㉡ 인도 항로 개척
(3) 바스쿠 다 가마 • • ㉢ 서인도 제도 도착

02 다음 중 알맞은 말에 ○표를 하시오.

(1) 신항로 개척 이후 유럽, 아메리카, 아프리카를 잇는 (지중해, 삼각) 무역이 발달하였다.
(2) 절대 왕정의 군주는 (상공 시민, 봉건 영주) 세력을 후원하고 그들의 지원을 받았다.
(3) 러시아의 (표트르 대제, 프리드리히 2세)는 서유럽의 문화와 제도를 적극적으로 받아들이고자 하였다.

03 다음 빈칸에 알맞은 말을 쓰시오.

(1) 마르코 폴로가 남긴 (   )은(는) 동방에 대한 호기심을 불러일으켰다.
(2) 유럽인은 아메리카에서 대규모 (   ) 농장을 경영하여 사탕수수, 커피 등을 재배하였다.
(3) 절대 왕정 시기 군주는 왕권을 신에게서 부여받았다는 (   )을(를) 내세워 절대 권력을 정당화하였다.

04 다음 설명이 맞으면 ○표, 틀리면 ×표 하시오.

(1) 신항로 개척에 가장 적극적이었던 나라는 포르투갈과 에스파냐였다. (   )
(2) 아메리카에서 새로운 작물이 들어오면서 유럽의 은이 아메리카로 많이 유출되었다. (   )
(3) 서유럽은 동유럽보다 절대 왕정이 늦게 성립되었다. (   )

05 다음 ㉠~㉤에 들어갈 알맞은 말을 쓰시오.

(㉠) (펠리페 2세)	• 유럽에서 가장 먼저 절대 왕정 확립 • 레판토 해전에서 오스만 제국을 물리치고 해상 무역 장악
영국 (㉡)	• 에스파냐의 무적함대를 물리치고 해상권 장악 • (㉢)을(를) 설립하여 인도 진출 • 영국 국교회 확립
프랑스 (㉣)	• 콜베르를 등용하여 중상주의 정책 추진 • (㉤) 궁전 건설, '태양왕' 자처

㉠ ________ ㉡ ________ ㉢ ________
㉣ ________ ㉤ ________

STEP 2 대표 문제

01 다음 신항로 개척을 나타낸 지도에서 (가), (나)에 해당하는 인물을 바르게 연결한 것은?
중 난이도

	(가)	(나)
①	마젤란	콜럼버스
②	마젤란	바스쿠 다 가마
③	콜럼버스	마젤란
④	콜럼버스	바스쿠 다 가마
⑤	바스쿠 다 가마	콜럼버스

같은 주제 다른 문제

● 위와 같이 신항로 개척이 이루어진 배경으로 옳지 않은 것은? 답 ④

① 항해에 나침반을 사용하였다.
② 지리학과 천문학이 발달하였다.
③ 동방에 대한 호기심이 높아졌다.
④ 대서양 중심의 무역이 발달하였다.
⑤ 이탈리아와 이슬람 상인이 지중해 무역을 독점하였다.

02 다음에서 설명하는 인물로 옳은 것은?
하 난이도

• 1519년 에스파냐 세비야 출발
• 1520년 태평양 도착
• 1521년 필리핀에서 사망
• 1522년 남은 일행이 에스파냐 도착

① 마젤란 ② 콜럼버스
③ 마르코 폴로 ④ 이븐 바투타
⑤ 바스쿠 다 가마

정답 19쪽

03 다음 (가), (나) 문명에 대한 설명으로 옳은 것을 **보기**에서 모두 고르면?

상 난이도

보기

ㄱ. (가): 안데스고원에 형성되었다.
ㄴ. (가): 고유한 문자를 사용하였다.
ㄷ. (나): 마추픽추 유적이 남아 있다.
ㄹ. (나): 영국인들의 침입으로 파괴되었다.

① ㄱ, ㄴ ② ㄱ, ㄷ ③ ㄴ, ㄷ
④ ㄴ, ㄹ ⑤ ㄷ, ㄹ

같은 주제 다른 문제

위 지역에 유럽인들이 진출하여 나타난 변화로 옳지 않은 것은? 답 ②

① 사탕수수, 커피 등이 재배되었다.
② 독자적인 마야 문명이 발달하였다.
③ 막대한 양의 금과 은이 유출되었다.
④ 대규모 플랜테이션 농장이 생겨났다.
⑤ 원주민들의 수가 급격히 줄어들었다.

04 다음 도표에 대한 탐구 활동 주제로 적절하지 않은 것은?

중 난이도

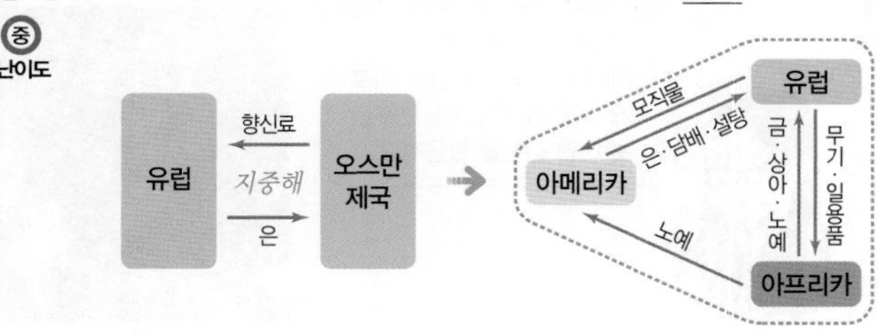

① 삼각 무역은 어떻게 이루어졌을까?
② 아메리카의 은은 어디로 이동했을까?
③ 노예 무역이 시작된 배경은 무엇일까?
④ 신항로 개척 이후 나타난 변화는 무엇일까?
⑤ 지중해는 어떻게 무역의 중심지가 되었을까?

05 다음 ㉠에 들어갈 나라로 옳은 것은?

하 난이도

일찍부터 신항로 개척에 나섰던 (㉠)은(는) 인도 항로를 개척한 후 인도의 고아, 말레이시아의 믈라카, 중국의 마카오 등 아시아의 주요 항구를 장악하여 향신료 무역을 독점하였다.

① 영국 ② 프랑스 ③ 네덜란드
④ 에스파냐 ⑤ 포르투갈

06 신항로 개척 이후 (가)와 같이 전해진 것을 **보기**에서 모두 고르면?

상 난이도

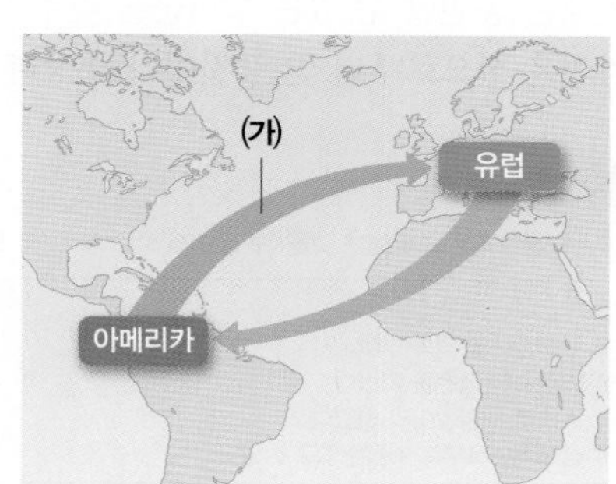

보기

ㄱ. 밀 ㄴ. 감자 ㄷ. 홍역
ㄹ. 담배 ㅁ. 옥수수 ㅂ. 천연두

① ㄱ, ㄴ, ㄹ ② ㄱ, ㄷ, ㅁ
③ ㄴ, ㄷ, ㅂ ④ ㄴ, ㄹ, ㅁ
⑤ ㄷ, ㄹ, ㅂ

중요 **07** 다음 ㉠에 들어갈 내용으로 가장 적절하지 않은 것은?

중 난이도

신항로 개척 이후 유럽에는 아시아의 향신료, 면직물, 차 등이 이전보다 싼값에 들어왔고, 아메리카에서 새로운 작물이 전해졌다. 또한 아메리카의 금과 은이 대량으로 들어와 유통되면서 ㉠

① 물가가 크게 하락하였다.
② 근대적 기업이 등장하였다.
③ 상공업자는 이익을 얻었다.
④ 봉건 영주는 타격을 받았다.
⑤ 상공업과 금융업이 발달하였다.

중요 **08** 다음 (가), (나) 인물과 관련 있는 정치 체제에 대한 설명으로 옳지 않은 것은?

중 난이도

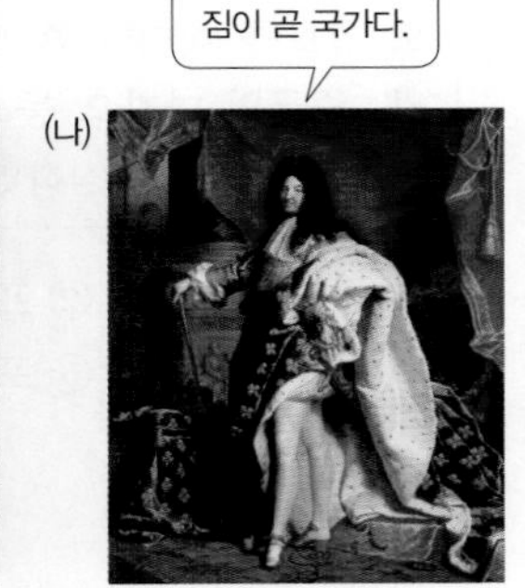

① 봉건 영주 세력을 적극 지원하였다.
② 수출을 장려하고 수입을 억제하였다.
③ 왕의 명령을 실행하는 관료제를 두었다.
④ 언제든 동원할 수 있는 상비군을 갖추었다.
⑤ 왕권은 신으로부터 받은 것이라 주장하였다.

같은 주제 다른 문제

● (가), (나) 인물의 활동으로 옳은 것을 〈보기〉에서 모두 고르면? 답 ②

〈보기〉
ㄱ. (가): 무적함대를 격파하였다.
ㄴ. (가): 베르사유 궁전을 지었다.
ㄷ. (나): 스스로 태양왕이라 하였다.
ㄹ. (나): 상트페테르부르크를 수도로 삼았다.

① ㄱ, ㄴ ② ㄱ, ㄷ ③ ㄴ, ㄷ ④ ㄴ, ㄹ ⑤ ㄷ, ㄹ

09 다음을 통해 알 수 있는 중상주의 정책의 특징으로 옳지 않은 것은?

중 난이도

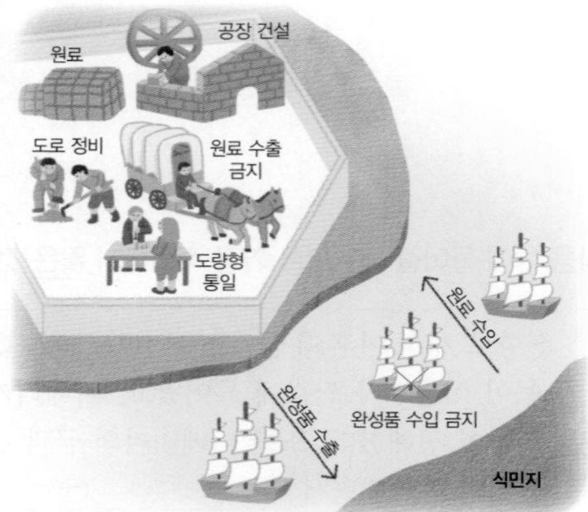

① 농업 육성이 목적이었다.
② 국내 산업을 보호하였다.
③ 관세 장벽을 크게 높였다.
④ 완성품 수출을 장려하였다.
⑤ 해외 식민지를 개척하였다.

10 다음 밑줄 친 부분의 이유로 옳은 것을 보기에서 모두 고르면?

중 난이도

서유럽에서는 에스파냐가 가장 먼저 절대 왕정을 확립하였고, 영국, 프랑스 등이 그 뒤를 이었다. 반면 동유럽에서는 서유럽에 비해 절대 왕정 수립이 늦었다.

보기
ㄱ. 도시와 상공업의 발달이 늦었다.
ㄴ. 상공 시민 세력이 너무 강하였다.
ㄷ. 시민 혁명으로 왕권이 불안정하였다.
ㄹ. 농노를 이용한 농업 경제가 중심이었다.

① ㄱ, ㄴ ② ㄱ, ㄹ ③ ㄴ, ㄷ
④ ㄴ, ㄹ ⑤ ㄷ, ㄹ

11 다음에서 설명하는 인물로 옳은 것은?

하 난이도

오스트리아와의 전쟁으로 슐레지엔 지방을 차지하였다. 중상주의 정책으로 산업을 육성하였으며, 프랑스의 베르사유 궁전을 모방하여 상수시 궁전을 지었다. 또한 스스로를 '국가 제일의 심부름꾼'이라 하면서 계몽 군주임을 내세웠다.

① 루이 14세 ② 펠리페 2세
③ 표트르 대제 ④ 엘리자베스 1세
⑤ 프리드리히 2세

12 다음 선생님의 질문에 대한 학생의 답으로 가장 적절한 것은?

중 난이도

① 상트페테르부르크를 수도로 삼았어요.
② 레판토 해전에서 오스만 제국을 물리쳤어요.
③ 유럽에서 가장 먼저 절대 왕정을 수립했어요.
④ 종교 개혁을 통해 영국 국교회를 확립했어요.
⑤ 베르사유 궁전을 따라 상수시 궁전을 지었어요.

STEP 3 주관식·서술형

정답 20쪽

01 다음 지도를 보고 물음에 답하시오.

(1) 위 지도의 (가), (나)에 들어갈 인물을 쓰시오.

(가) ________ (나) ________

(2) 위와 같이 신항로 개척이 이루어진 배경을 서술하시오.

____

02 다음 지도를 보고 물음에 답하시오.

(1) 지도의 (가), (나)에서 발달한 문명을 쓰시오.

(가) ________ (나) ________

(2) 신항로 개척이 위 지역에 미친 영향을 서술하시오.

____

03 다음 지도를 보고 물음에 답하시오.

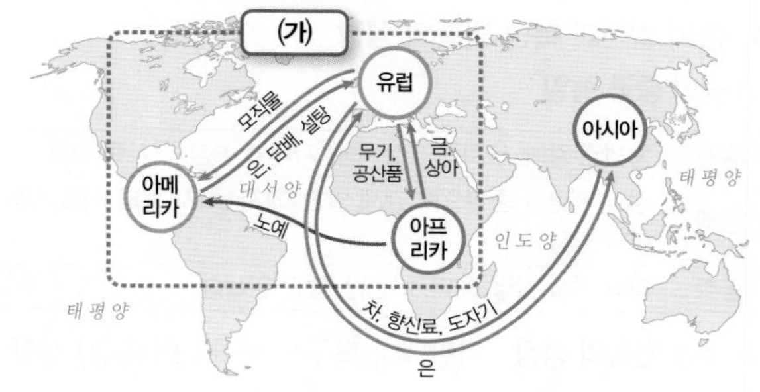

(1) 지도의 (가)에 들어갈 무역 형태를 쓰시오.

____

(2) (가)의 결과 유럽에 나타난 변화를 서술하시오.

____

04 다음 자료를 보고 물음에 답하시오.

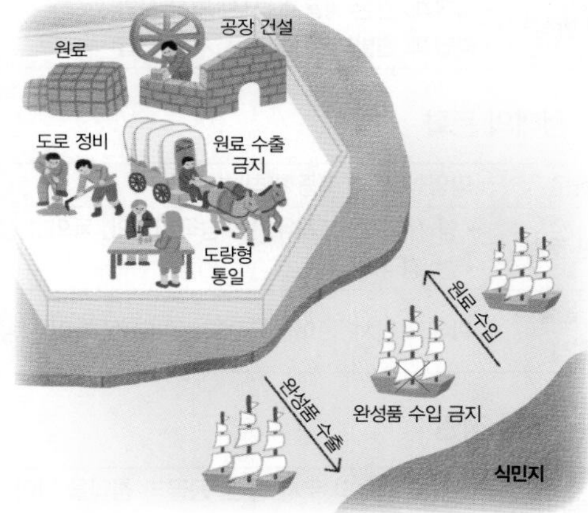

(1) 자료에 나타난 절대 왕정의 경제 정책을 쓰시오.

____

(2) 위 경제 정책의 내용과 시행한 이유를 서술하시오.

____

대단원 한눈에 정리하기

01 몽골 제국과 문화 교류

1 송의 발전과 북방 민족의 성장

(1) **송의 중국 통일**

정치	황제권 강화, 문치주의 실시 ➡ 사대부 성장, 군사력 약화
경제	강남 지방을 중심으로 경제 발전, 교자·회자 등의 지폐 사용, 해상 교역 발달
문화	과학 기술 발달: 화약, 나침반, 활판 인쇄술

(2) **북방 민족의 성장** 거란(요), 탕구트(서하), 여진(금) 성장

2 대제국을 건설한 몽골

성립	칭기즈 칸이 몽골 제국 수립 ➡ 쿠빌라이 칸이 원 건국
통치 방식	몽골 제일주의: 몽골인, 색목인, 한인, 남인으로 나누어 지배
경제	목화 재배 확산, 교초 사용
문화	서민 문화 발달: 구어체 소설 유행, 잡극(원곡) 인기
교류의 확대	역참 설치, 개방적 문화, 마르코 폴로의 원 방문(『동방견문록』)

02 동아시아 지역 질서의 변화

1 명의 건국과 발전

홍무제	황제권 강화(재상제 폐지), 유교 질서 강화, 이갑제
영락제	자금성을 건설하고 수도를 베이징으로 옮김, 정화의 항해

2 청의 건국과 발전

건국	• 누르하치: 여진(만주족)을 통합하여 후금 건국 • 홍타이지: 국호를 청으로 바꿈
통치 방식	• 회유책: 만한 병용제, 서적 편찬 사업 • 강압책: 변발과 호복 강요, 사상 탄압

3 명·청대의 문화

학문	양명학(명)과 고증학(청) 발달
서민 문화	• 명: 『수호전』, 『서유기』, 『삼국지연의』 등의 소설 유행 • 청: 경극 발달
서양 문물의 전래	마테오 리치(『곤여만국전도』), 아담 샬 등이 서양 문물 소개

4 일본 무사 정권

가마쿠라 막부	일본 최초의 무사 정권, 몽골의 침입을 막아 내는 과정에서 쇠퇴
무로마치 막부	명과 외교 관계, 조선과 교류
전국 시대	다이묘들의 군사 대결로 혼란 지속, 크리스트교 등 서양 문물 전래, 도요토미 히데요시가 통일
에도 막부	• 도쿠가와 이에야스가 에도(도쿄)에 수립 • 산킨코타이 제도 ➡ 중앙 집권적 봉건 체제(막번 체제) • 조닌 문화 발달: 가부키, 우키요에 • 해외 무역 통제, 네덜란드와 교역 ➡ 난학 발달

03 서아시아·북아프리카 지역 질서의 변화

1 셀주크 튀르크

발전	• 아바스 왕조의 칼리프로부터 '술탄'의 칭호 받음 • 예루살렘 정복, 비잔티움 제국과 대립 ➡ 십자군 전쟁 발생

2 오스만 제국

발전	• 비잔티움 제국을 멸망시키고 콘스탄티노폴리스를 수도로 삼음 • 지배자는 '술탄 칼리프'라 불림, 술레이만 1세 때 전성기
통치 방식	다양한 민족의 문화와 종교 포용, 밀레트 제도, 예니체리
문화	아라베스크 무늬, 세밀화 유행, 모스크 건립

3 이슬람 세계의 확산

티무르 왕조	티무르가 몽골 제국의 부활을 내세우며 건국
사파비 왕조	• 시아파 이슬람교를 국교로 삼음 • 페르시아의 전통적 군주 칭호인 '샤' 사용

4 무굴 제국

발전	• 아크바르 황제: 북인도 전체와 아프가니스탄 정복, 관용 정책(지즈야 폐지) • 아우랑제브 황제: 남인도를 정복하여 무굴 제국 최대 영토 확보, 이슬람 제일주의(지즈야 부활, 힌두교·시크교 탄압)
문화	인도·이슬람 문화: 시크교, 우르두어, 무굴 회화, 타지마할

04 신항로 개척과 유럽 지역 질서의 변화

1 신항로 개척

(1) **배경과 전개**

배경	동방에 대한 호기심 고조, 이탈리아와 이슬람 상인들이 지중해 무역 독점, 지리학·천문학·항해술 등의 발달
전개	바스쿠 다 가마(인도 항로 개척), 콜럼버스(서인도 제도 도착), 마젤란 일행(세계 일주 성공)

(2) **영향**

아메리카	아스테카 문명·잉카 문명 파괴, 금과 은 수탈, 플랜테이션 농장 경영, 인구 감소 ➡ 아프리카 노예 유입
유럽	감자·옥수수 등의 새로운 작물 전래, 금과 은의 유입으로 물가 상승(가격 혁명), 상업 혁명(근대 자본주의 발달에 영향)
아프리카	노예 무역으로 인구 감소, 성비 불균형

2 절대 왕정

에스파냐	펠리페 2세: 가장 먼저 절대 왕정 확립, 무적함대
영국	엘리자베스 1세: 에스파냐의 무적함대 격파, 동인도 회사 설립, 영국 국교회 확립
프랑스	루이 14세: 콜베르 등용, 베르사유 궁전 건설, '태양왕'
프로이센	프리드리히 2세: 슐레지엔 지방 차지, 상수시 궁전 건설, 계몽 군주 자처
러시아	표트르 대제: 서유럽의 문화와 제도 수용, 발트해 진출, 상트페테르부르크 건설

지도로 정리하기

01 몽골 제국과 문화 교류

▲ 요와 북송

▲ 금과 남송

거란족의 요와 한족의 송이 대립하였다. 이어 여진족의 금이 요를 멸망시키고 송을 남쪽으로 쫓아냈다(남송).

▲ 몽골 제국의 성립

02 동아시아 지역 질서의 변화

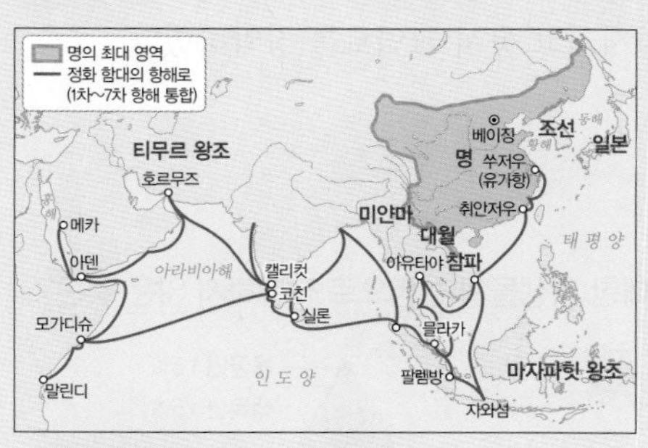

▲ 명과 정화의 항해

▲ 청의 발전

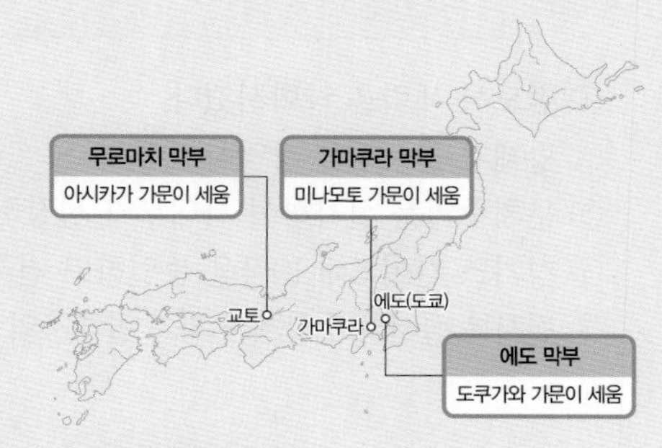

▲ 일본의 무사 정권

03 서아시아·북아프리카 지역 질서의 변화

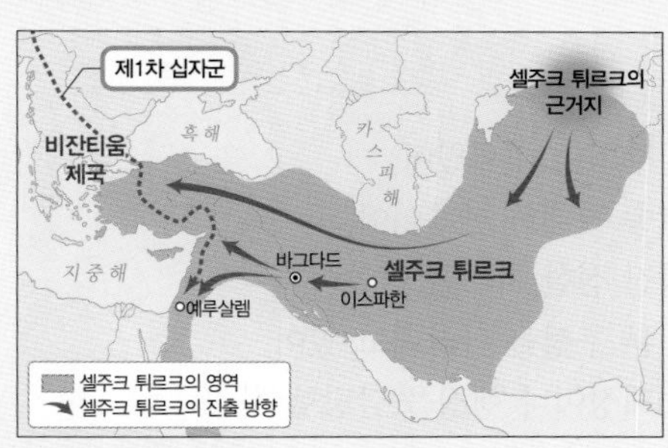

▲ 셀주크 튀르크

무굴 제국의 아크바르 황제는 비이슬람교도에 대한 관용 정책을, 아우랑제브 황제는 이슬람 제일주의 정책을 펼쳤다.

▲ 오스만 제국

▲ 무굴 제국

04 신항로 개척과 유럽 지역 질서의 변화

▲ 신항로 개척

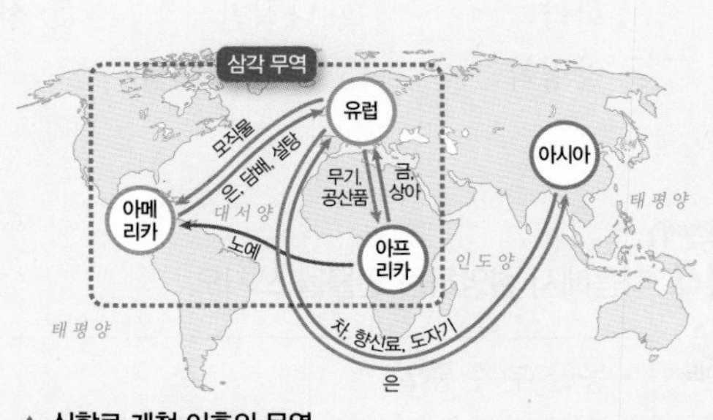

▲ 신항로 개척 이후의 무역

01 몽골 제국과 문화 교류

중요 **01** 다음 (가) 국가에 대한 설명으로 옳지 않은 것은?
중 난이도

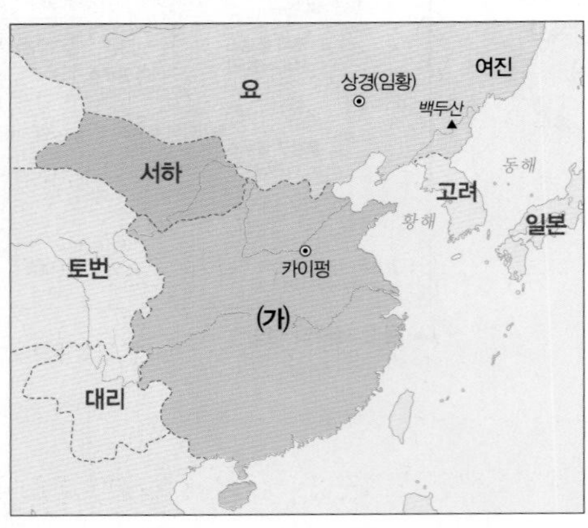

① 절도사 세력을 약화시켰다.
② 황제가 군사권을 장악하였다.
③ 문치주의를 실시하여 사대부가 성장하였다.
④ 칭기즈 칸이 5대 10국을 통일하고 건국하였다.
⑤ 전시를 실시하여 황제가 과거 합격자의 성적을 정하였다.

02 송대의 경제에 대한 설명으로 옳지 않은 것은?
중 난이도
① 모내기법이 발달하였다.
② 강남 지역이 발달하였다.
③ 교초라는 지폐가 만들어졌다.
④ 여러 상품 작물이 재배되었다.
⑤ 해상 무역의 발달로 시박사가 설치되었다.

03 다음을 뒷받침하는 사례로 적절하지 않은 것은?
하 난이도

> 송대에는 사대부를 중심으로 학문과 사상이 발달하였고, 과학 기술도 발달하여 여러 발명품이 만들어졌다.

① 화약　② 나침반　③ 성리학
④ 양명학　⑤ 활판 인쇄술

주관식
04 다음에서 설명하는 인물을 쓰시오.
하 난이도

> • 몽골 부족 통일
> • 주변 지역을 정복해 몽골 제국 수립

05 다음 국가에 대한 설명으로 옳지 않은 것은?
중 난이도

① 여러 개의 울루스로 나누어졌다.
② 테무친이 몽골 부족을 통일하였다.
③ 쿠빌라이 칸이 수도를 대도로 옮겼다.
④ 남송을 멸망시키고 중국을 지배하였다.
⑤ 요를 멸망시키고 동서 교역로를 장악하였다.

중요 **06** 다음 자료에 대한 학생들의 설명으로 적절하지 않은 것은?
중 난이도

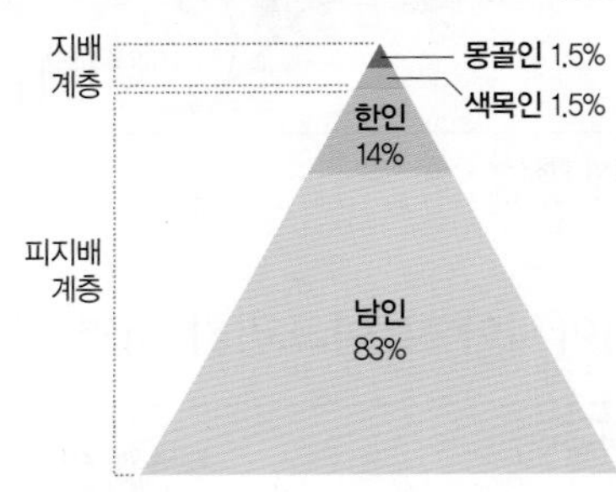

① 몽골 제일주의를 내세웠어.
② 남인은 남송 지배하 한족이야.
③ 한인은 가장 심한 차별을 받았어.
④ 원대의 신분 구성을 나타내고 있어.
⑤ 색목인은 재정이나 행정을 담당했어.

07 다음을 통해 알 수 있는 원대 문화의 특징으로 옳은 것은?
하 난이도

① 과학 기술의 발달　② 귀족 문화의 발달
③ 서민 문화의 발달　④ 동서 문화의 교류
⑤ 동아시아 문화권의 형성

02 동아시아 지역 질서의 변화

08 명의 발전 과정을 순서대로 바르게 나열한 것은?
(하) 난이도

ㄱ. 주원장이 명을 건국하였다.
ㄴ. 환관들이 권력을 장악하였다.
ㄷ. 홍무제가 이갑제를 실시하였다.
ㄹ. 영락제가 수도를 베이징으로 옮겼다.

① ㄱ－ㄴ－ㄷ－ㄹ ② ㄱ－ㄴ－ㄹ－ㄷ
③ ㄱ－ㄷ－ㄹ－ㄴ ④ ㄴ－ㄱ－ㄷ－ㄹ
⑤ ㄴ－ㄷ－ㄱ－ㄹ

중요 **09** 다음 (가) 항해와 관련된 설명으로 가장 적절한 것은?
(중) 난이도

① 강희제 때 이루어진 항해이다.
② 이 항해의 결과 바닷길이 개척되었다.
③ 항해를 통해 아메리카 대륙까지 진출하였다.
④ 몽골 제국에 대항할 동맹국을 찾기 위해 실시되었다.
⑤ 국력을 과시하고 조공·책봉 관계를 확대할 수 있었다.

10 다음 국가에 대한 설명으로 옳지 않은 것은?
(상) 난이도

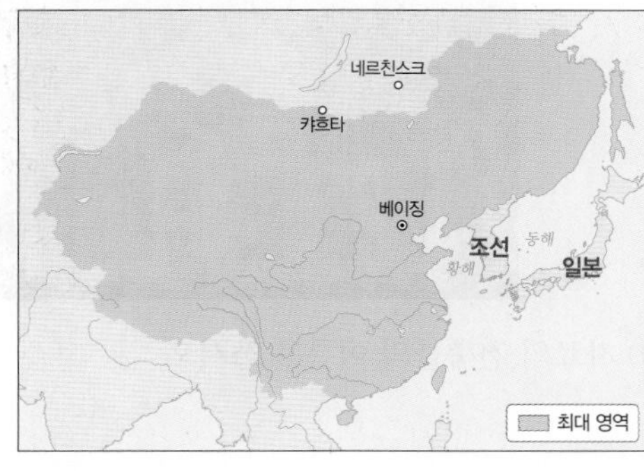

① 임진왜란 때 조선에 군대를 파견하였다.
② 명이 멸망하자 베이징을 수도로 삼았다.
③ 홍타이지가 나라 이름을 청으로 바꾸었다.
④ 오늘날 중국 영토의 대부분을 차지하였다.
⑤ 소수의 만주족이 다수의 한족을 지배하였다.

중요 **11** 청의 한족 지배 방식에서 강압책에 해당하는 것을 보기에서 모두 고르면?
(중) 난이도

보기
ㄱ. 청을 비판하는 서적을 금지하였다.
ㄴ. 한족에게 변발과 호복을 강요하였다.
ㄷ. 대규모 서적 편찬 작업을 추진하였다.
ㄹ. 중요 관직에 만주족과 한족을 함께 등용하였다.

① ㄱ, ㄴ ② ㄱ, ㄷ ③ ㄴ, ㄷ
④ ㄴ, ㄹ ⑤ ㄷ, ㄹ

서술형
12 명·청대의 학문 발달에 대해 서술하시오.
(상) 난이도

13 다음 ㉠ 시기에 대한 설명으로 옳은 것은?
(상) 난이도

가마쿠라 막부 → 무로마치 막부 → ㉠ → 에도 막부

① 일본 최초의 무사 정권이다.
② 도쿠가와 이에야스가 세웠다.
③ 산킨코타이 제도를 실시하였다.
④ 몽골의 침입을 받아 쇠퇴하였다.
⑤ 도요토미 히데요시가 통일하였다.

14 다음과 관련된 시기에 대한 설명으로 옳지 않은 것은?
(중) 난이도

① 상공업자인 조닌의 지원을 바탕으로 조닌 문화가 발달하였다.
② 일본의 전통과 질서를 해친다는 이유로 크리스트교를 금지하였다.
③ 몽골의 침입을 막아 냈으나 이에 따른 재정 부담으로 쇠퇴하였다.
④ 다이묘가 일정 기간 에도에서 거주하게 하는 산킨코타이 제도를 시행하였다.
⑤ 네덜란드 상인을 통해 들어온 서양의 학문과 기술을 토대로 난학이 발달하였다.

03 서아시아 · 북아프리카 지역 질서의 변화

15 다음 (가) 국가에 대한 설명으로 옳은 것을 보기에서 모두 고르면?
상 난이도

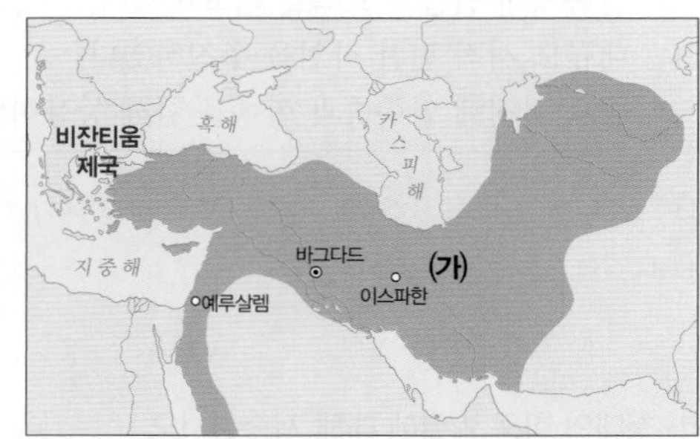

보기
ㄱ. 콘스탄티노폴리스를 새로운 수도로 삼았다.
ㄴ. 아시아, 유럽, 아프리카의 세 대륙에 걸쳐 있었다.
ㄷ. 아바스 왕조의 칼리프로부터 술탄의 칭호를 얻었다.
ㄹ. 비잔티움 제국과 대립하여 십자군 전쟁이 일어났다.

① ㄱ, ㄴ ② ㄱ, ㄷ ③ ㄴ, ㄷ
④ ㄴ, ㄹ ⑤ ㄷ, ㄹ

16 다음 (가), (나)에서 설명하는 제도를 바르게 연결한 것은?

상 난이도

(가) 술탄의 직할지를 제외한 영토를 정부 관료나 군인에게 나누어 주고, 그 토지에 대한 세금을 거둘 수 있는 권리를 주었다.
(나) 같은 종교를 바탕으로 한 자치 공동체에 종교뿐만 아니라 재판, 교육 등 폭넓은 자율권을 부여하였다.

	(가)	(나)
①	밀레트	티마르
②	밀레트	예니체리
③	티마르	밀레트
④	티마르	예니체리
⑤	예니체리	밀레트

17 다음에서 설명하는 국가로 옳은 것은?
하 난이도

• 16세기 초 이란 지역에서 이스마일 1세가 페르시아 제국의 부활을 내세우며 세웠다.
• 시아파 이슬람교를 국교로 삼고, 페르시아의 전통적 군주 칭호인 '샤'를 사용하였다.

① 무굴 제국 ② 티무르 왕조 ③ 사파비 왕조
④ 오스만 제국 ⑤ 셀주크 튀르크

18 중요 다음 국가에 대한 설명으로 옳지 않은 것은?
중 난이도

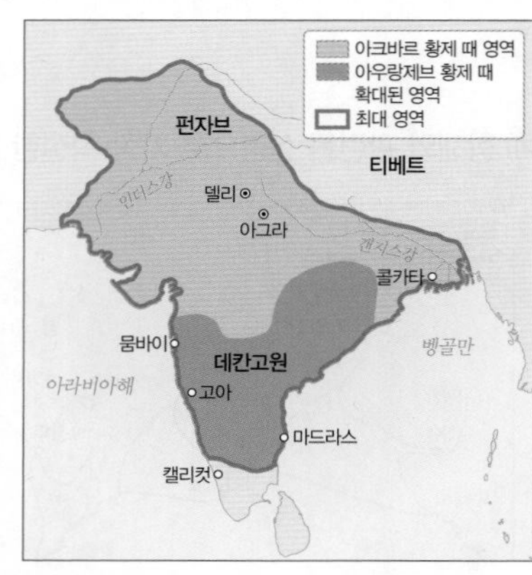

① 티무르의 후손 바부르가 세웠다.
② 인도·이슬람 문화가 발달하였다.
③ 서양 세력이 진출하면서 쇠퇴하였다.
④ 아크바르 황제는 북인도를 정복하였다.
⑤ 아우랑제브 황제는 관용 정책을 펼쳤다.

서술형
19 다음 자료를 보고 물음에 답하시오.
상 난이도

(1) 자료의 건축물의 이름을 쓰시오.

(2) 위와 같은 인도·이슬람 문화의 사례를 세 가지 서술하시오.

정답 20쪽

04 신항로 개척과 유럽 지역 질서의 변화

20 신항로 개척에 대한 설명으로 옳지 않은 것은?
하 난이도

① 대서양의 영국과 프랑스가 주도하였다.
② 콜럼버스는 서인도 제도에 도착하였다.
③ 마젤란 일행은 세계 일주에 성공하였다.
④ 나침반의 사용으로 더욱 활기를 띠었다.
⑤ 바스쿠 다 가마는 인도 항로를 개척하였다.

21 신항로 개척 이후 다음 지역에서 나타난 변화를 보기에서 모두 고르면?
상 난이도

보기
ㄱ. 아스테카 문명과 잉카 문명이 번성하였다.
ㄴ. 천연두와 홍역 등으로 인구가 급격히 줄어들었다.
ㄷ. 단일 작물을 대규모로 재배하는 농장이 생겨났다.
ㄹ. 많은 양의 금과 은이 유입되어 물가가 크게 올랐다.

① ㄱ, ㄴ ② ㄱ, ㄷ ③ ㄴ, ㄷ
④ ㄴ, ㄹ ⑤ ㄷ, ㄹ

22 (중요) 다음 시기의 무역에 대한 설명으로 옳지 않은 것은?
중 난이도

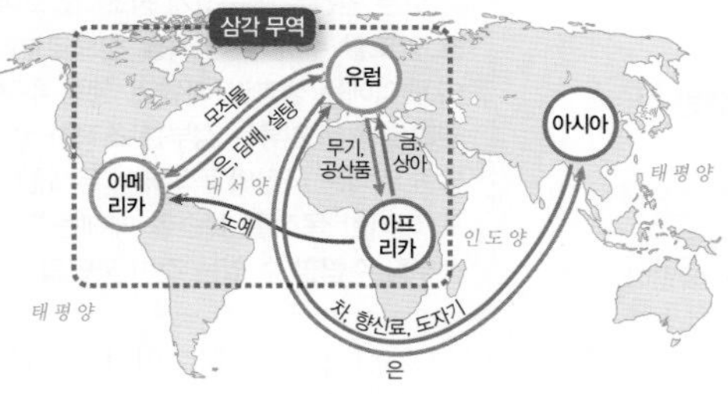

① 아프리카 노예 무역이 이루어졌다.
② 아메리카의 은이 아프리카로 이동하였다.
③ 감자와 옥수수 등의 작물이 유럽에 전해졌다.
④ 무역의 중심지가 지중해에서 대서양으로 바뀌었다.
⑤ 유럽, 아메리카, 아프리카를 잇는 무역이 발달하였다.

23 (서술형) 신항로 개척 이후 가격 혁명으로 이익을 본 계층과 타격을 입은 계층을 각각 서술하시오.
중 난이도

24 (중요) 다음과 관련 있는 인물에 대한 설명으로 옳은 것은?
하 난이도

▲ 베르사유 궁전

① 상수시 궁전을 지었다.
② 영국 국교회를 확립하였다.
③ 스스로 '태양왕'이라 칭하였다.
④ 상트페테르부르크를 건설하였다.
⑤ 에스파냐의 무적함대를 물리쳤다.

25 다음에서 설명하는 인물로 옳은 것은?
하 난이도

> 서유럽의 문화와 제도를 적극 받아들이기 위해 신분을 감추고 서유럽의 조선소에서 일하기도 하였다. 스웨덴과의 북방 전쟁에서 승리하여 발트해로 진출하였고, 상트페테르부르크를 건설하여 수도로 삼았다.

① 루이 14세 ② 펠리페 2세
③ 표트르 대제 ④ 프리드리히 2세
⑤ 엘리자베스 1세

01 유럽과 아메리카의 국민 국가 체제

1 영국 혁명

교과서마다 달라요 **영국 혁명** 동아, 지학은 다루지 않음

1 청교도 혁명

배경	상공업·도시 발달로 시민 계급 성장, 농촌에서 ❶젠트리 세력 확대
전개	찰스 1세의 ❷전제 정치(청교도 탄압, 의회 무시 등) → 의회의 권리 청원 제출 → 찰스 1세의 승인 → 의회 해산 → 찰스 1세의 의회 소집(전쟁 비용 마련) → 의회파와 ❸왕당파 사이의 내전(청교도 혁명, 1642) → 크롬웰이 이끄는 의회파 승리
결과	• 찰스 1세 처형, ❹공화정 수립(1649) • 크롬웰의 정책: 항해법 제정으로 대외 무역 확대, 의회 해산, 청교도 윤리를 앞세운 독재 정치 시행 → 국민 반발 → 크롬웰 사후 왕정 부활, 찰스 2세 즉위

- 권리 청원: 불법적인 체포 및 구금, 의회의 동의 없는 과세 등을 금지하였다.
- 항해법: 영국과 그 식민지로 수입되는 상품은 영국과 상품 생산지의 배로만 운반하도록 하였다.

2 명예혁명

배경	찰스 2세, 제임스 2세의 전제 정치 강화
전개 (자료 1)	의회가 제임스 2세 폐위 → 제임스 2세의 딸 메리와 남편 윌리엄을 공동 왕으로 추대 → 의회가 권리 장전 제출 → 왕이 권리 장전 승인
결과	의회를 중심으로 한 ❺입헌 군주제의 토대 마련 → 18세기 내각 책임제 실시

- 내각 책임제: '왕은 군림하나 통치하지 않는다.'

시험에 꼭 나오는 개념 체크

1. 크롬웰은 청교도 혁명을 승리로 이끌고 공화정을 수립하였다. (○, ×)
2. 명예혁명으로 왕위에 오른 메리와 윌리엄은 의회가 제출한 __ __ __ __을 승인하였다.

답 1. ○ 2. 권리 장전

2 미국 혁명 (자료 2)

1 혁명의 배경

(1) **영국의 식민지 건설** 17세기경 많은 영국인이 북아메리카로 이주하여 13개의 식민지 건설 → 식민지 주민은 의회를 구성하여 자치를 누림
- 영국의 청교도 탄압을 피해 이주하였다.

(2) **식민지 정책** 7년 전쟁 이후 영국의 재정 악화 → 식민지에 세금 부과 강화(차·설탕에 세금 부과, ❻인지세법 제정) → 식민지 주민 반발
- 7년 전쟁: 오스트리아의 왕위 계승 문제로 영국·프로이센, 프랑스·오스트리아가 전쟁을 벌였다.
- 식민지 주민 반발: "대표 없는 곳에 과세할 수 없다."라고 주장하였다.

(3) **보스턴 차 사건(1773)** 식민지 주민들이 영국 동인도 회사의 배에 실린 차를 바다에 던짐 → 영국 정부의 탄압

2 독립 전쟁의 발발

독립 전쟁 전개 (자료 3)	대륙 회의 개최, 조지 워싱턴을 총사령관으로 임명, 독립 선언서 발표(1776) → 조지 워싱턴의 활약, 프랑스·에스파냐 등의 도움으로 전세 역전 → 요크타운 전투에서 대승(1781) → 영국과 파리 조약을 체결하여 독립 승인(1783)
아메리카 합중국의 탄생	• 연방 헌법 제정(1787): ❼삼권 분립 원칙, 각 주의 독립성을 보장하면서 연방 정부의 권한 강화(연방주의) → 조지 워싱턴을 초대 대통령으로 선출 • 미국 혁명의 의의: 삼권 분립에 바탕을 둔 세계 최초의 민주 공화국 수립, 영국으로부터의 독립 혁명이자 시민 혁명, 프랑스 혁명과 라틴 아메리카의 독립 운동에 영향

- 민주 공화국: 주권을 가진 국민이 직접 국가의 최고 통치자를 선출한다.

시험에 꼭 나오는 개념 체크

1. 미국 혁명은 프랑스 혁명의 영향을 받아 일어났다. (○, ×)
2. 미국은 삼권 분립에 바탕을 둔 최초의 __ __ __ __ __이다.

답 1. × 2. 민주 공화국

자료 1 권리 장전

> 제1조 국왕이 의회의 동의 없이 법의 효력을 정지하거나 법의 집행을 정지하는 것은 위법이다.
> 제4조 국왕이 의회의 승인 없이 세금을 거두어들이는 것은 위법이다.
> 제6조 의회의 동의 없이 평상시에 군대를 징집하고 유지하는 것은 위법이다.

의회가 왕의 권력을 제한하는 내용을 담고 있는 권리 장전이 승인되면서 영국은 의회 중심의 입헌 군주제의 토대가 마련되었다.

자료 2 미국 혁명의 전개

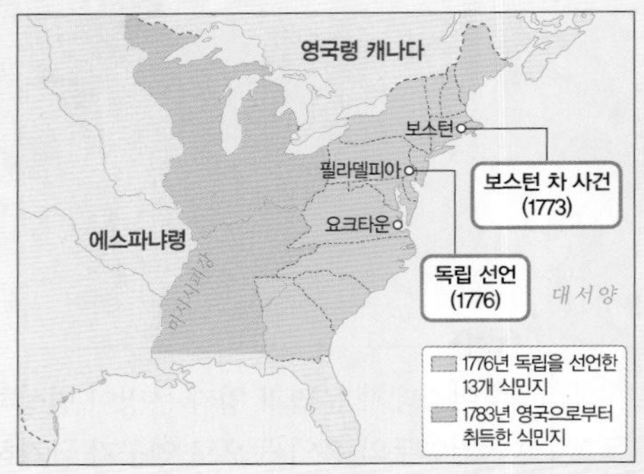

식민지 군대는 처음에 열세에 몰렸으나 조지 워싱턴의 활약과 프랑스, 에스파냐 등의 지원으로 전세를 역전시켰고, 요크타운 전투에서 승리하여 파리 조약을 맺고 독립을 인정받았다.

자료 3 미국 독립 선언

- 이성의 계몽을 통한 인간 생활의 진보와 개선을 꾀한 계몽사상의 영향을 받아 작성되었다.

> 모든 인간은 평등하게 창조되었으며, 그 누구에게도 양도할 수 없는 권리를 신으로부터 부여받았다. 이 권리에는 생명권, 자유권, 행복 추구권이 있다. 이 권리를 위해 인류는 정부를 조직하였으며, 정부의 정당한 권력은 국민의 동의에서 유래한다. 어떤 정부라도 이러한 목적을 훼손할 때에는 언제든지 새로운 정부를 수립할 수 있는 것이 국민의 권리이다.

미국 독립 선언서에는 인간의 기본권과 국민 주권, 혁명권 등 근대 민주주의의 기본 원리가 담겨 있다.

용어 쏙쏙

❶ 젠트리: 귀족과 자영농 사이의 중소 지주층으로 대부분 청교도였으며 모직물 산업을 배경으로 경제력을 확대하였음
❷ 전제 정치: 지배자가 모든 권력을 마음대로 행사하는 정치 체제
❸ 왕당파: 왕권을 옹호·유지·확장하려는 무리로 이루어진 당
❹ 공화정: 세습 군주가 아닌 대표자나 집단이 통치하는 정치 체제
❺ 입헌 군주제: 군주가 헌법에서 정한 제한된 권력을 가지고 다스리는 정치 체제
❻ 인지세: 식민지에서 발행하는 각종 문서에 인지를 붙여 거둔 세금
❼ 삼권 분립: 국가 권력을 입법부, 행정부, 사법부로 나누어 균형을 이루도록 한 제도

3 프랑스 혁명

1 혁명의 배경

자료 4 구제도의 모순	• 소수의 성직자·귀족: 높은 관직, 많은 토지 소유, 세금 면제 특권 누림 • 다수의 평민: 무거운 세금 부담, 정치 참여 제한
시민 계급의 성장	상공업의 발달로 성장, ❶계몽사상과 미국 혁명의 영향 → 구제도의 모순 비판

2 혁명의 전개

발단	루이 16세의 ❷삼부회 소집 → 표결 방식을 둘러싸고 대립(제1, 2 신분은 신분별 투표, 제3 신분은 머릿수에 따른 투표를 주장하였다.) → 테니스코트의 서약, 국민 의회 결성 → 국왕의 국민 의회 탄압 → 파리 시민이 바스티유 감옥 습격(구제도의 상징으로 여겨졌다.)
자료 5 국민 의회	•「인간과 시민의 권리 선언(인권 선언)」 발표 • 헌법 제정: 입헌 군주제 규정, 재산에 따른 선거권 부여
입법 의회	오스트리아, 프로이센 등이 혁명에 간섭 → 혁명 전쟁 돌입
국민 공회	• 공화정 선포, 루이 16세 처형 • 로베스피에르의 공포 정치: 혁명 재판소·공안 위원회 설치, 혁명 반대 세력 처형 → 불만 확대 → 로베스피에르 처형 → 총재 정부 수립
총재 정부	국내외의 혼란 지속 → 나폴레옹의 쿠데타 → 통령 정부 수립

3 나폴레옹 전쟁

나폴레옹의 집권	• 통령 정부: ❸대프랑스 동맹 격파, 개혁 실시(중앙 집권적 행정 제도 마련, 국민 교육 도입, 국립 은행 설립 등을 시행하였다.), 『나폴레옹 법전』 편찬 → 국민 지지 상승 → 국민 투표로 나폴레옹이 황제 즉위 • 나폴레옹의 몰락: ❹대륙 봉쇄령 선포 → 대륙 봉쇄령을 위반한 러시아 원정 → 러시아 원정 실패 → 유럽 연합군에 패배
영향	나폴레옹 전쟁 과정에서 ❺자유주의와 민족주의 이념 유럽 확산

시험에 꼭 나오는 개념 체크

1. 프랑스 혁명은 성직자와 귀족 사이의 권력 다툼 때문에 일어났다. (○, ×)
2. 쿠데타로 권력을 잡은 _____은 통령 정부를 수립하였다.

답 1. × 2. 나폴레옹

4 자유주의의 확산

1 빈 체제의 성립

오스트리아의 메테르니히가 주도한 빈(오스트리아의 수도이다.) 회의에서 유럽 각국의 영토와 정치 체제를 프랑스 혁명 이전으로 되돌리는 데 합의 → 자유주의와 민족주의 운동 탄압

2 프랑스의 자유주의 운동

자료 6 7월 혁명 (1830)	• 배경: 샤를 10세의 전제 정치(빈 체제에 따르며 의회 해산, 언론 탄압 등의 전제 정치를 폈다.), 자유주의 운동 탄압 • 결과: 샤를 10세 축출 → 입헌 군주제 수립, 루이 필리프를 왕으로 추대(왕족이지만 프랑스 혁명에 뜻을 같이 하였다.)
2월 혁명 (1848)	• 배경: 중소 시민층, 노동자의 선거권 확대 요구 • 결과: 왕정 폐지, 공화정 수립 • 영향: 유럽 각국에 자유주의와 민족주의 운동 확산 → 빈 체제 붕괴

3 영국의 자유주의 개혁

교과서마다 달라요 **곡물법, 항해법, 인민헌장** 지학은 다루지 않음

(1) **점진적 개혁 추진** 의회의 주도로 법률 개정 → 가톨릭교도 차별 폐지, 공장법(아동과 여성의 노동 시간을 제한하였다.) 제정, 제1차 선거법 개정(1832)으로 도시 상공업 계층에게 선거권 부여, ❻곡물법·항해법 폐지

자료 7 (2) **차티스트 운동** 노동자들(제1차 선거법 개정 때 선거권을 얻지 못하였다.)이 선거권을 요구하며 인민헌장 발표

시험에 꼭 나오는 개념 체크

1. 프랑스의 7월 혁명으로 공화정이 수립되었다. (○, ×)
2. 영국의 노동자들은 _____을 발표하고 차티스트 운동을 벌였다.

답 1. × 2. 인민헌장

자료 4 구제도의 모순

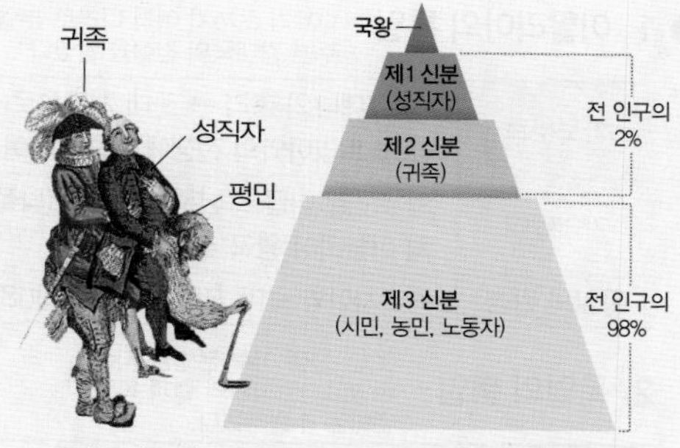

▲ 구제도의 모순 풍자화 ▲ 프랑스 혁명 전의 신분 구성

소수의 제1 신분(성직자)과 제2 신분(귀족)은 여러 특권을 누린 반면, 국민의 대부분을 차지하는 제3 신분(평민)은 많은 세금을 내면서도 정치에 참여할 수 없었다.

자료 5 인간과 시민의 권리 선언(인권 선언)

제1조 인간은 자유롭게, 그리고 평등한 권리를 가지고 태어났다.
제2조 모든 정치적 결사의 목적은 그 무엇도 침해할 수 없는 인간의 권리를 보전함에 있다. 이 권리란 자유, 재산, 안전, 압제에 대한 저항이다.
제3조 모든 주권의 원천은 국민에게 있다. 어떤 단체와 개인도 국민으로부터 나오지 않은 권리를 행사할 수 없다.

국민 주권, 자유와 평등, 재산권 보호 등 혁명의 기본 이념과 근대 민주주의의 원리가 담겨 있다.

자료 6 7월 혁명

참여한 사람의 다양한 복장을 통해 혁명에 여러 계층이 참여하였음을 알 수 있다.

◀ 들라크루아, 「민중을 이끄는 자유의 여신」

7월 혁명을 기념하여 그린 것으로 자유의 여신이 오른손에는 프랑스 혁명 정신을 상징하는 삼색기를, 왼손에는 총을 들고 민중을 이끌고 있다.

자료 7 인민헌장

1. 21세 이상 모든 남자의 선거권 인정
2. 유권자 보호를 위해 비밀 투표 실시
3. 하원 의원의 자격 중 재산 조항 폐지
4. 하원 의원에게 보수 지급
5. 인구 비례에 따른 평등한 선거구 결정
6. 의원의 임기를 1년으로 하여 매년 선거 실시

여러 차례 선거법이 개정되면서 19세기 말에는 노동자와 농민도 선거권을 갖게 되었다.

용어 쏙쏙

❶ 계몽사상: 인간의 이성과 진보를 믿으며 사회를 개혁하고자 하는 사상
❷ 삼부회: 성직자, 귀족, 평민 세 신분의 대표가 모여 중대한 문제를 논의하던 회의
❸ 대프랑스 동맹: 나폴레옹의 대륙 지배에 대항하기 위해 영국을 중심으로 한 유럽 국가들이 체결한 군사 동맹
❹ 대륙 봉쇄령: 영국의 경제 고립을 목적으로 영국과 유럽 대륙의 무역을 금지한 정책
❺ 자유주의: 19세기의 자유주의는 주로 압제로부터의 자유였으며, 이 사상은 시민 혁명을 통해 강화되어 의회 정치 실현을 추구하고 선거권을 확대하는 방향으로 나아갔음
❻ 곡물법: 지주의 이익을 보호하기 위해 곡물 수입을 제한한 법

5 [1]민족주의의 확산과 국민 국가

자료 8 1 이탈리아의 통일
– 19세기 초까지 여러 나라로 분열되어 주변 강대국의 간섭을 받았다.

카보우르	• 사르데냐의 총리 → 군대 개편으로 국력 강화, 실리 외교 전개 • 오스트리아와의 전쟁에서 승리하여 북부와 중부 이탈리아 통합
가리발디	의용군을 이끌고 남부 이탈리아(나폴리, 시칠리아) 점령 → 사르데냐 국왕에게 바쳐 이탈리아 왕국 수립(1861)
통일의 완성	베네치아와 로마 교황령까지 통합(1870)

2 독일의 통일
– 30년 전쟁 이후 분열을 지속하였고, 빈 회의의 결과 독일 연방을 수립하였다.

교과서마다 달라요 **프랑크푸르트 국민 의회** 동아, 비상만 다룸

[2]관세 동맹	프로이센 주도로 독일 연방 내 여러 나라가 거래되는 상품에 관세를 부과하지 않는 관세 동맹 체결(1834) → 경제적 통일 기반 마련
프랑크푸르트 국민 의회	• 배경: 프랑스 2월 혁명의 영향으로 의회를 열어 통일 방안 논의 • 전개: 프로이센 중심의 통일 방안과 오스트리아 중심의 통일 방안 대립
독일 제국 수립	• [3]철혈 정책: 프로이센의 재상 비스마르크 주도 → 군비 확장 통한 강력한 군대 육성 • 통일 과정: 오스트리아와의 전쟁에서 승리 → 북독일 연방 결성 → 프랑스와의 전쟁에서 승리 → 남독일 통합 → 독일 제국 수립(1871)

3 러시아의 국민 국가 수립 노력

교과서마다 달라요 **러시아 국민 국가 수립 노력** 미래엔, 비상, 지학만 다룸

(1) **알렉산드르 2세의 개혁** 러시아의 후진성 극복을 위한 근대화 추진 → 농노 해방령

(2) **브나로드 운동** 지식인들에 의한 농민 계몽 운동

4 라틴 아메리카의 독립

(1) **배경** 미국 독립 혁명·프랑스 혁명의 영향, [4]크리오요의 본국에 대한 불만
– 라틴 아메리카의 독립 운동을 주도하였다.

자료 9 (2) **전개**

아이티	• 프랑스 지배에 저항하여 흑인 노예들이 봉기 → 투생 루베르튀르의 활약 • 라틴 아메리카에서 최초로 독립(1804)
북부 지역	볼리바르의 활약 → 베네수엘라, 콜롬비아, 에콰도르, 볼리비아 등의 독립에 기여
남부 지역	산마르틴의 주도 → 아르헨티나, 칠레, 페루 등이 독립
멕시코	[5]이달고 신부의 활약 → 에스파냐로부터 독립, 공화국 수립(1821)

교과서마다 달라요 **먼로 선언(먼로주의)** 금성, 지학은 다루지 않음

(3) **확산** 영국의 라틴 아메리카 독립 지지, 미국의 먼로 선언
– 1823년 미국의 먼로 대통령이 아메리카 대륙에 대한 유럽의 간섭을 허용하지 않겠다고 한 선언이다.

(4) **독립 후 라틴 아메리카** 영국·미국 등 열강의 간섭, 다양한 인종, 정치 혼란, 해외 의존적인 경제 구조 → 국민 국가 형성이 늦음

자료 10 5 미국의 발전
서부 개척으로 영토 확장, 산업 발전

(1) **남북 전쟁 배경**

교과서마다 달라요 **남북 전쟁** 비상은 '미국 혁명'에서 다룸

구분	경제	노예 제도	무역 정책	정치 형태
남부	대농장 발달	확대 찬성	자유 무역 지지	지방 분권 주장
북부	공업 발달	확대 반대	[6]보호 무역 지지	연방 정부 강화 주장

(2) **남북 전쟁 전개** 노예제 확대에 반대한 링컨이 대통령 당선 → 남부 11개 주가 연방 탈퇴 → 남북 전쟁 발발(1861) → 링컨의 노예 해방 선언 → 북부의 승리

(3) **남북 전쟁 이후** 국가 결속력 강화, 국내 시장 확대, 대륙 횡단 철도 개통, 노동력 증가 → 19세기 말 세계 최대 공업국으로 성장

시험에 꼭 나오는 개념 체크

1. 가리발디는 나폴리와 시칠리아를 점령하고 이 지역을 국왕에게 바쳤다. (○, ×)
2. 미국은 아메리카에 대한 유럽의 간섭을 거부한다는 ＿＿ ＿＿을 발표하였다.

답 1. ○ 2. 먼로 선언

자료 8 이탈리아의 통일

이탈리아의 통일은 19세기 후반 사르데냐 왕국을 중심으로 이루어졌다.

자료 9 라틴 아메리카의 독립

볼리바르, 산마르틴 등이 활약하였다.

자료 10 미국의 영토 확장과 주요 철도

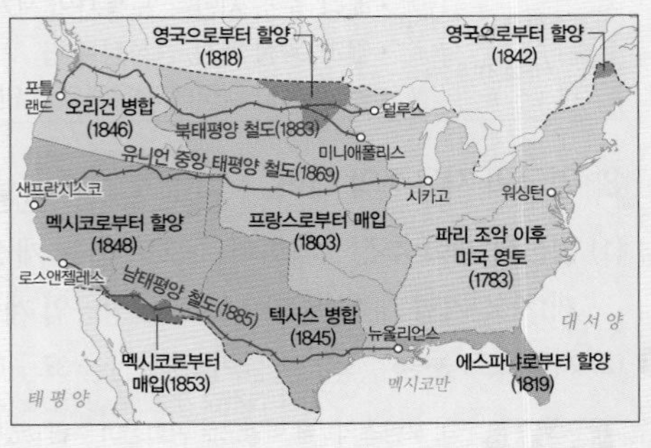

영토를 매입·할양·병합하고, 서부 개척을 통해 대서양에서 태평양 연안까지 영토를 확장하였다.

용어 쏙쏙

1. 민족주의: 다른 민족의 지배와 간섭에서 벗어나 민족을 중심으로 통일 국가를 이루어야 한다는 사상
2. 관세 동맹: 독일 연방 내 거래 상품에 대해 관세를 부과하지 않기로 한 협정
3. 철혈 정책: 철(군대)과 피(전쟁)를 통해 통일을 이룰 수 있다는 비스마르크의 정책
4. 크리오요: 라틴 아메리카에서 태어난 에스파냐인의 후손으로 본국의 차별을 받음
5. 이달고 신부: 멕시코 독립 운동을 주도하며 원주민의 생활 개선에 힘씀
6. 보호 무역: 국가가 무역에 개입하지 않는 자유 무역과 달리 국가가 국내 산업 보호를 위해 무역에 개입하는 정책

STEP 1 개념 확인

01 서로 관련 있는 것끼리 연결하시오.

(1) 명예혁명 • • ㉠ 권리 청원
(2) 미국 혁명 • • ㉡ 권리 장전
(3) 청교도 혁명 • • ㉢ 독립 선언서
(4) 프랑스 혁명 • • ㉣ 인간과 시민의 권리 선언

02 다음 중 알맞은 말에 ○표를 하시오.

(1) 삼부회에서 제3 신분은 (신분별, 머릿수) 표결을 주장하였다.
(2) 사르데냐의 총리 (카보우르, 가리발디)는 이탈리아의 통일 운동을 주도하였다.
(3) (아이티, 멕시코)는 프랑스의 지배에서 벗어나 라틴 아메리카에서 최초로 독립하였다.

03 다음 프랑스 혁명의 전개 과정에서 ㉠~㉢에 들어갈 알맞은 말을 쓰시오.

(㉠)	• '인간과 시민의 권리 선언(인권 선언)' 발표 • 헌법 제정
입법 의회	• 혁명 전쟁 돌입 • 민중의 왕궁 습격 → 왕권 정지
(㉡)	• 공화정 선포, 루이 16세 처형 • 로베스피에르의 공포 정치
총재 정부	• 국내외의 혼란 지속 • (㉢)의 쿠데타 → 통령 정부 수립

㉠ ________ ㉡ ________ ㉢ ________

04 다음 빈칸에 알맞은 말을 쓰시오.

(1) 청교도 혁명 과정에서 (   )이(가) 이끄는 의회파가 승리하였다.
(2) 나폴레옹은 영국을 경제적으로 고립시키기 위하여 (   )을(를) 내렸다.
(3) 프로이센의 재상 (   )은(는) 철혈 정책을 내세워 군비를 확장하였다.

05 다음 설명이 맞으면 ○표, 틀리면 ×표 하시오.

(1) 명예혁명으로 영국은 민주 공화국을 수립하였다. (   )
(2) 프랑스 혁명은 계몽사상과 미국 혁명의 영향을 받아 일어났다. (   )
(3) 미국 남북 전쟁 과정에서 북부는 자유 무역을 주장하였다. (   )

STEP 2 대표 문제

정답 21쪽

01 다음 상황을 배경으로 일어난 시민 혁명으로 옳은 것은?

중 난이도

> 찰스 1세가 청교도를 탄압하고 의회를 무시하자 의회는 권리 청원을 제출하여 왕의 승인을 받았다. 이후에도 왕이 의회를 탄압하고 전제 정치를 계속 이어 나가자 의회파와 왕당파 사이에 내전이 일어났다.

① 7월 혁명 ② 명예혁명
③ 미국 혁명 ④ 프랑스 혁명
⑤ 청교도 혁명

02 다음에서 설명하는 인물로 옳은 것은?

하 난이도

> • 찰스 1세를 처형하고 공화정 수립
> • 항해법을 제정하여 대외 무역 확대
> • 청교도 윤리를 앞세운 독재 정치 실시

① 링컨 ② 크롬웰
③ 카보우르 ④ 나폴레옹
⑤ 로베스피에르

중요 **03** 다음 문서에 대한 설명으로 옳은 것은?

중 난이도

> 제1조 국왕이 의회의 동의 없이 법의 효력을 정지하거나 법의 집행을 정지하는 것은 위법이다.
> 제4조 국왕이 의회의 승인 없이 세금을 거두어들이는 것은 위법이다.
> 제6조 의회의 동의 없이 평상시에 군대를 징집하고 유지하는 것은 위법이다.

① 국민 주권과 저항권이 나타나 있다.
② 절대 왕정을 이념적으로 뒷받침하였다.
③ 의회가 왕권을 제한하는 내용을 담고 있다.
④ 노동자들의 선거권 확대 요구가 담겨 있다.
⑤ 왕권은 신으로부터 받은 것이라는 주장이다.

같은 주제 다른 문제

• 위 문서와 관련 있는 혁명의 의의로 옳은 것은? 답 ②

① 독립 혁명이자 시민 혁명이었다.
② 입헌 군주제의 토대가 마련되었다.
③ 최초의 민주 공화국이 수립되었다.
④ 노동자들에게 선거권이 확대되었다.
⑤ 유럽에 민족주의 이념을 전파하였다.

04 다음 지도에 나타난 혁명이 일어난 배경으로 옳은 것은?

중 난이도

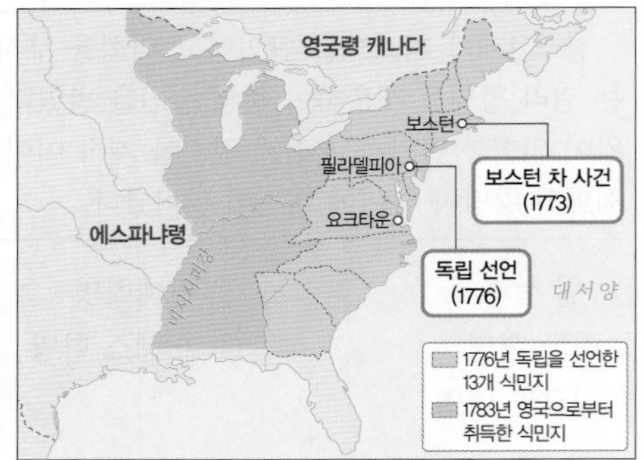

① 영국이 식민지에 각종 세금을 부과하였다.
② 신분에 따른 구제도의 모순이 심화되었다.
③ 계몽사상과 프랑스 혁명의 영향을 받았다.
④ 왕이 청교도를 탄압하고 의회를 무시하였다.
⑤ 노예제 확대에 반대하는 링컨이 대통령이 되었다.

05 미국 혁명의 전개 과정을 순서대로 바르게 나열한 것은?

중 난이도

ㄱ. 독립 선언서를 발표하였다.
ㄴ. 보스턴 차 사건이 발생하였다.
ㄷ. 요크타운 전투에서 승리하였다.
ㄹ. 파리 조약으로 독립을 승인받았다.

① ㄱ－ㄴ－ㄷ－ㄹ ② ㄱ－ㄴ－ㄹ－ㄷ
③ ㄱ－ㄷ－ㄴ－ㄹ ④ ㄴ－ㄱ－ㄷ－ㄹ
⑤ ㄴ－ㄷ－ㄱ－ㄹ

중요 **06** 다음 문서에 나타나 있는 사상을 보기에서 모두 고르면?

상 난이도

모든 인간은 평등하게 창조되었으며, 그 누구에게도 양도할 수 없는 권리를 신으로부터 부여받았다. 이 권리에는 생명권, 자유권, 행복 추구권이 있다. 이 권리를 위해 인류는 정부를 조직하였으며, 정부의 정당한 권력은 국민의 동의에서 유래한다. 어떤 정부라도 이러한 목적을 훼손할 때에는 언제든지 새로운 정부를 수립할 수 있는 것이 국민의 권리이다.

보기
ㄱ. 혁명권 ㄴ. 삼권 분립
ㄷ. 국민 주권 ㄹ. 왕권신수설

① ㄱ, ㄴ ② ㄱ, ㄷ ③ ㄴ, ㄷ
④ ㄴ, ㄹ ⑤ ㄷ, ㄹ

중요 **07** 다음 자료에 대한 설명으로 옳지 않은 것은?

중 난이도

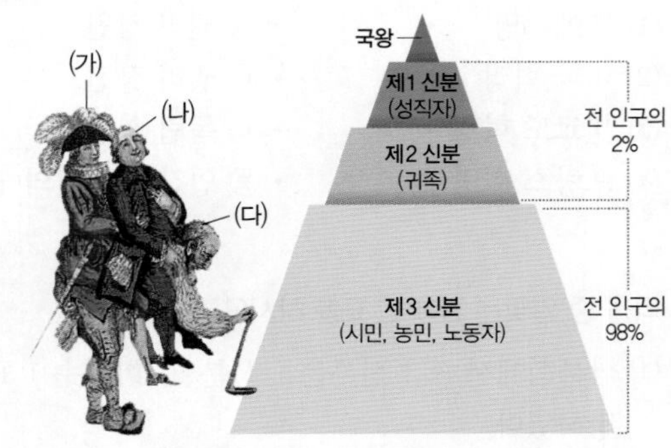

▲ 구제도의 모순 풍자화 ▲ 프랑스 혁명 전의 신분 구성

① (다)는 과도한 세금에 시달렸다.
② (가)와 (나)는 세금을 면제받았다.
③ (다)는 정치적 권리가 거의 없었다.
④ (가)와 (나)는 고위 관직을 독점하였다.
⑤ (가)와 (나)는 인구의 다수를 차지하였다.

같은 주제 다른 문제

● 위 자료에 나타난 프랑스 혁명의 배경으로 옳은 것은? 답 ①

① 구제도의 모순 ② 빈 체제의 성립
③ 나폴레옹의 쿠데타 ④ 찰스 1세의 전제 정치
⑤ 중상주의 경제 정책 강화

[08~09] 다음 연표를 보고 물음에 답하시오.

(가)	1789. 5. 삼부회 소집	(나)	1789. 6. 테니스코트의 서약	(다)	1793. 1. 루이 16세 처형	(라)	1799. 11. 나폴레옹 쿠데타	(마)

08 연표에서 다음 사건이 일어난 시기를 고르면?

중 난이도

▲ 바스티유 감옥 습격

① (가) ② (나) ③ (다) ④ (라) ⑤ (마)

09 연표의 (다) 시기에 일어난 일로 옳은 것은?

중 난이도

① 인권 선언을 발표하였다.
② 총재 정부가 수립되었다.
③ 통령 정부가 수립되었다.
④ 구제도의 모순이 심화되었다.
⑤ 로베스피에르가 공포 정치를 시행하였다.

10 프랑스 혁명 과정에서 다음 문서가 발표된 시기로 옳은 것은?

하 난이도

> 제1조 인간은 자유롭게, 그리고 평등한 권리를 가지고 태어났다.
> 제2조 모든 정치적 결사의 목적은 그 무엇도 침해할 수 없는 인간의 권리를 보전함에 있다. 이 권리란 자유, 재산, 안전, 압제에 대한 저항이다.
> 제3조 모든 주권의 원천은 국민에게 있다. 어떤 단체와 개인도 국민으로부터 나오지 않은 권리를 행사할 수 없다.

① 국민 의회 ② 입법 의회 ③ 국민 공회
④ 총재 정부 ⑤ 통령 정부

11 다음 ㉠에 들어갈 인물에 대한 설명으로 옳지 않은 것은?

상 난이도

> 로베스피에르가 처형되고 5명의 총재가 행정과 외교를 담당하는 총재 정부가 들어섰으나 혼란은 계속되었다. 이 무렵 오스트리아와의 전쟁에서 공을 세워 대중적 지지를 얻은 (㉠)이(가) 총재 정부를 무너뜨리고 통령 정부를 수립하였다.

① 대륙 봉쇄령을 내렸다.
② 루이 16세를 처형하였다.
③ 유럽 대부분을 점령하였다.
④ 국민 투표로 황제에 즉위하였다.
⑤ 러시아 원정에 나섰으나 실패하였다.

12 다음 ㉠에 들어갈 주제로 가장 적절한 것은?

하 난이도

> (㉠)
>
> 나폴레옹 몰락 후 유럽 각국의 대표는 오스트리아에서 회의를 열어 프랑스 혁명과 나폴레옹 전쟁의 수습을 논의하였다. 이 회의에서 유럽 각국은 영토와 정치 체제를 프랑스 혁명 이전 상태로 되돌린다는 원칙에 합의하였다.

① 빈 체제의 성립
② 민족주의의 확산
③ 영국의 선거법 개정
④ 라틴 아메리카의 독립
⑤ 프랑스의 자유주의 운동

13 다음에서 설명하는 사건으로 옳은 것은?

중 난이도

> 새로 들어선 정부가 재산에 따라 선거권을 제한하자 파리 시민과 노동자들은 선거권을 요구하며 혁명을 일으켰다. 그 결과 루이 필리프가 물러나고 공화정이 수립되었다.

① 7월 혁명 ② 2월 혁명
③ 청교도 혁명 ④ 프랑스 혁명
⑤ 차티스트 운동

같은 주제 다른 문제

● 위 사건의 영향으로 옳은 것을 〈보기〉에서 모두 고르면? 답 ②

> 〈보기〉
> ㄱ. 자유주의와 민족주의 운동이 확산되었다.
> ㄴ. 로베스피에르가 공포 정치를 실시하였다.
> ㄷ. 메테르니히가 쫓겨나고 빈 체제가 무너졌다.
> ㄹ. 나폴레옹이 쿠데타를 통해 권력을 장악하였다.

① ㄱ, ㄴ ② ㄱ, ㄷ ③ ㄴ, ㄷ ④ ㄴ, ㄹ ⑤ ㄷ, ㄹ

14 중요 다음 시기 프랑스의 공통된 정치 체제로 옳은 것은?

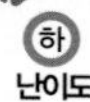
하 난이도

> • 국민 공회 • 2월 혁명

① 공화정 ② 귀족정
③ 절대 왕정 ④ 전제 군주정
⑤ 입헌 군주정

15 다음 영국의 선거법 개정과 관련 있는 것을 보기에서 모두 고르면?

중 난이도

개정	선거권 획득 계층	개정	선거권 획득 계층
개정 전	귀족, 젠트리	제4차	만 21세 이상 남성, 만 30세 이상 여성
제1차	도시의 신흥 상공업자		
제2차	도시의 소시민과 노동자	제5차	21세 이상의 남녀

> 보기
> ㄱ. 명예혁명 ㄴ. 인민헌장
> ㄷ. 권리 청원 ㄹ. 차티스트 운동

① ㄱ, ㄴ ② ㄱ, ㄷ ③ ㄴ, ㄷ
④ ㄴ, ㄹ ⑤ ㄷ, ㄹ

중요 **16** 다음 (가), (나)에 해당하는 인물을 바르게 연결한 것은?

중 난이도

> (가) 나는 부국강병을 위한 근대화 정책을 펴고, 국제 정세를 이용해 외세를 물리칠 것이다. 모두 이탈리아의 통일을 위한 일이다.
> (나) 나는 공화주의자이지만 이탈리아의 통일을 이루기 위해 모든 점령지를 사르데냐 왕인 비토리오 에마누엘레 2세에게 바치겠노라!

	(가)	(나)
①	가리발디	카보우르
②	가리발디	비스마르크
③	카보우르	가리발디
④	카보우르	비스마르크
⑤	비스마르크	가리발디

17 이탈리아의 통일 과정을 순서대로 바르게 나열한 것은?

상 난이도

> ㄱ. 베네치아와 교황령 병합
> ㄴ. 시칠리아와 나폴리 병합
> ㄷ. 오스트리아와의 전쟁에서 승리하여 북부와 중부 이탈리아 통합

① ㄱ－ㄴ－ㄷ ② ㄱ－ㄷ－ㄴ ③ ㄴ－ㄱ－ㄷ
④ ㄴ－ㄷ－ㄱ ⑤ ㄷ－ㄴ－ㄱ

18 다음 인물에 대한 설명으로 옳은 것은?

중 난이도

> 우리는 힘을 모아 국가를 튼튼하게 하고 때를 기다려야 한다. 연설이나 투표에 의해서는 문제를 해결할 수 없으며, 오직 철과 피에 의해서만 통일이 가능하다.
>
> 

① 나폴리와 시칠리아를 점령하였다.
② 남북 전쟁 중에 노예 해방을 선언하였다.
③ 라틴 아메리카의 독립 운동을 주도하였다.
④ 철혈 정책을 내세우며 군비를 확장하였다.
⑤ 유럽의 간섭을 거부하는 먼로 선언을 하였다.

같은 주제 다른 문제

● 위 인물과 관련된 국가의 통일 과정을 순서대로 바르게 나열한 것은? 답 ②

> ㄱ. 프로이센의 주도로 관세 동맹이 체결되었다.
> ㄴ. 프랑크푸르트 국민 의회가 성과 없이 끝났다.
> ㄷ. 프랑스와의 전쟁에서 이겨 남독일을 통합하였다.
> ㄹ. 오스트리아를 이기고 북독일 연방을 결성하였다.

① ㄱ－ㄴ－ㄷ－ㄹ ② ㄱ－ㄴ－ㄹ－ㄷ ③ ㄱ－ㄷ－ㄴ－ㄹ
④ ㄴ－ㄱ－ㄷ－ㄹ ⑤ ㄴ－ㄷ－ㄱ－ㄹ

[19~20] 다음 지도를 보고 물음에 답하시오.

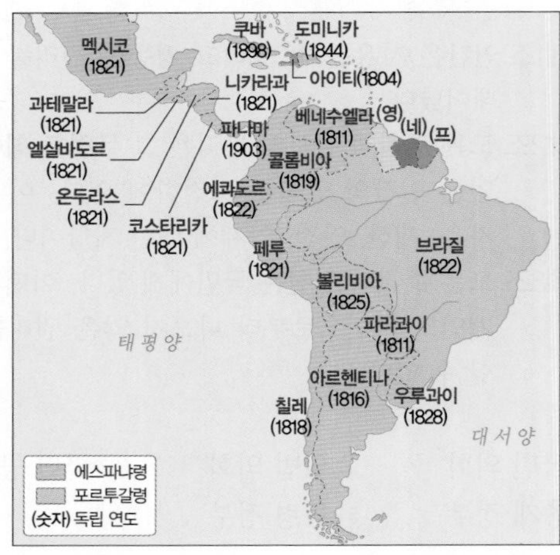

19 위 지역의 독립 운동에 대한 질문으로 적절하지 않은 것은?

중 난이도

① 크리오요는 어떤 역할을 했을까?
② 가장 먼저 독립한 나라는 어디일까?
③ 먼로 선언은 어떤 영향을 주었을까?
④ 볼리바르는 왜 '해방자'라고 불릴까?
⑤ 영국이 이 지역의 독립을 반대한 이유는 무엇일까?

20 다음 (가), (나)에 해당하는 국가를 지도에서 찾아 바르게 연결한 것은?

상 난이도

> (가) 흑인 노예들이 봉기하여 프랑스의 지배에서 벗어났다.
> (나) 이달고 신부의 활약으로 에스파냐로부터 독립하여 공화국을 세웠다.

	(가)	(나)
①	멕시코	아이티
②	멕시코	브라질
③	아이티	멕시코
④	아이티	브라질
⑤	브라질	멕시코

중요 **21** 미국 남북 전쟁 과정에서 남부와 북부에 대한 설명으로 옳은 것을 보기에서 모두 고르면?

중 난이도

> **보기**
> ㄱ. 남부: 상공업이 발달하였다.
> ㄴ. 남부: 노예 제도 확대에 찬성하였다.
> ㄷ. 북부: 보호 무역을 지지하였다.
> ㄹ. 북부: 11개 주가 연방을 탈퇴하였다.

① ㄱ, ㄴ ② ㄱ, ㄷ ③ ㄴ, ㄷ
④ ㄴ, ㄹ ⑤ ㄷ, ㄹ

정답 22쪽

01 다음 글을 읽고 물음에 답하시오.

> 제1조 인간은 자유롭게, 그리고 평등한 권리를 가지고 태어났다.
> 제2조 모든 정치적 결사의 목적은 그 무엇도 침해할 수 없는 인간의 권리를 보전함에 있다. 이 권리란 자유, 재산, 안전, 압제에 대한 저항이다.
> 제3조 모든 주권의 원천은 국민에게 있다. 어떤 단체와 개인도 국민으로부터 나오지 않은 권리를 행사할 수 없다.

(1) 프랑스 혁명 과정에서 위 선언문이 발표된 시기의 정부를 쓰시오.

(2) 선언문에 나타난 프랑스 혁명의 이념을 서술하시오.

02 다음 글을 읽고 물음에 답하시오.

> 1. 21세 이상 모든 남자의 선거권 인정
> 2. 유권자 보호를 위해 비밀 투표 실시
> 3. 하원 의원의 자격 중 재산 조항 폐지
> 4. 하원 의원에게 보수 지급
> 5. 인구 비례에 따른 평등한 선거구 결정
> 6. 의원의 임기를 1년으로 하여 매년 선거 실시

(1) 위 문서의 이름을 쓰시오.

(2) 위 문서와 관련 있는 운동이 전개된 배경을 서술하시오.

03 다음 지도를 보고 물음에 답하시오.

(『더 타임즈 세계사』, 2016)

(1) 위 지역의 통일 운동을 주도한 국가를 쓰시오.

(2) 위 지역의 통일 과정을 서술하시오.

04 다음 지도를 보고 물음에 답하시오.

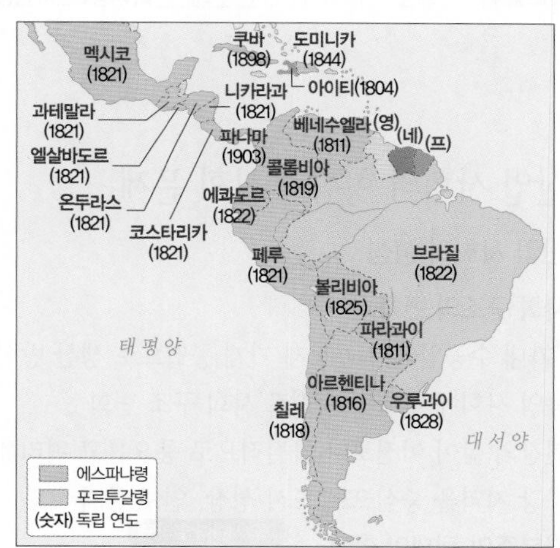

(1) 위 지역에서 가장 먼저 독립한 국가를 찾아 쓰시오.

(2) 위 지역의 독립 운동에 대한 영국과 미국의 반응을 서술하시오.

02 유럽의 산업화와 제국주의

1 산업 혁명

1 산업 혁명의 배경

(공장제 기계 공업 발달로 대량 생산이 가능하게 되었다.)

산업 혁명	기계의 발명과 기술 혁신으로 생산력이 급증하면서 나타난 사회·경제적 큰 변화
영국에서 시작된 배경 └ 18세기 후반	• 정치 안정: 명예혁명 이후 정치가 안정되면서 경제 발달에 집중 가능 • 풍부한 노동력: ❶인클로저 운동으로 농촌을 떠난 농민들이 도시의 공장에서 값싼 노동력 제공 • 풍부한 지하자원: 공업 생산의 원료가 되는 석탄, 철 등의 지하자원 풍부 • 축적된 자본: ❷모직물 공업 및 해외 시장 발달로 산업 자본 축적 • 확보된 시장: 넓은 해외 식민지를 차지하여 원료 공급지와 상품 시장 확보

2 산업 혁명의 전개

(면직물이 모직물에 비해 가볍고 세탁이 쉬워 인기가 많았다.)

자료 1	기계의 발명	• 면직물 수요 급증 → 실로 옷감을 짜는 방직기, 실을 뽑는 방적기 발명 • 제임스 와트가 개량한 ❸증기 기관이 동력으로 사용 → ❹공장제 기계 공업 발달
자료 2	교통과 통신의 발달	• 교통: 증기 기관차(스티븐슨), 증기선(풀턴) 개발, 철도 보급 → 원료와 상품의 대량 수송 가능 • 통신: ❺전신(모스)과 전화(벨) 발명

자료 3 3 산업 혁명의 확산

— 이 시기 영국은 '세계의 공장'으로 불리며 세계 무역을 주도하였고, 제1회 만국 박람회를 개최하였다(1851).

(1) **19세기 전반** 벨기에, 프랑스, 미국 등에서 산업화 전개

(2) **19세기 후반** 독일, 러시아, 일본 등에서 산업화 전개 → 정부가 적극 개입

(3) **제2차 산업 혁명** 철강·기계·석유 화학 등 새로운 분야 발달 → 독일·미국 등이 영국을 앞서는 최대 공업국으로 발전

교과서마다 달라요 **제2차 산업 혁명** 미래엔만 다룸

시험에 꼭 나오는 개념 체크

1. 산업 혁명은 18세기 후반 미국에서 가장 먼저 시작되었다. (○, ×)
2. 제임스 와트가 개량한 __ __ __ __이 사용되면서 공장제 기계 공업이 발달하였다.

답 1. × 2. 증기 기관

2 산업 사회의 형성과 사회 문제

1 산업 사회의 형성

(1) 사회 구조의 변화

① ❻가내 수공업에서 공장제 기계 공업으로 생산 방식 변화 → 대량 생산 가능

② 농업 사회에서 산업 사회로 사회 구조 변화

③ 인간의 삶이 이전보다 물질적으로 풍요롭고 편리해짐

④ 공장 지역을 중심으로 도시 성장, 인구 증가

(2) 자본주의 체제의 확립

교과서마다 달라요 **자본주의 체제의 확립** 지학은 다루지 않음

① 새로운 계급 등장: 자본가와 노동자 등장

② 자본주의 체제: 자본가가 노동자를 고용하여 이윤 확대, 생산과 소비가 시장에 의해 결정

(자본가는 자본을 소유한 계층이고, 노동자는 임금으로 생활하는 계층을 말한다.)

③ 애덤 스미스의 ❼자유방임주의: 자본주의 경제 사상의 기초 마련

자료 1 제임스 와트의 증기 기관

기존의 증기 기관보다 싼 비용으로 더 강한 동력을 공급할 수 있도록 개량되었다. 이후 기계와 증기 기관이 여러 분야에 활용되면서 산업 혁명은 더욱 빠르게 진행되었다.

자료 2 유럽의 철도망 확산

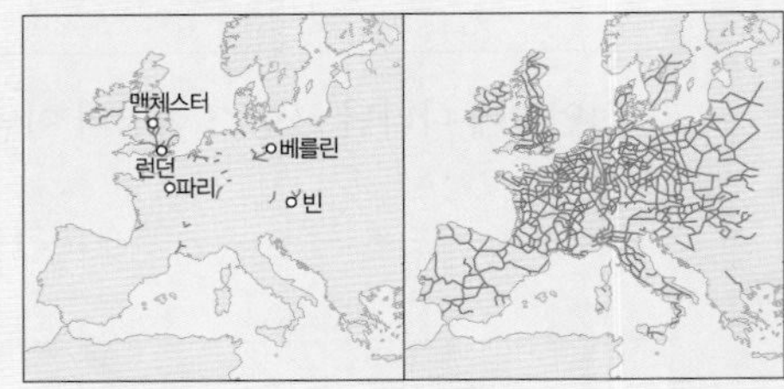

▲ 1840년 철도망 ▲ 1880년 철도망

1825년 영국에서 세계 최초의 철도가 개통된 것을 시작으로 유럽의 철도 건설이 확대되었다.

자료 3 각국의 산업 혁명

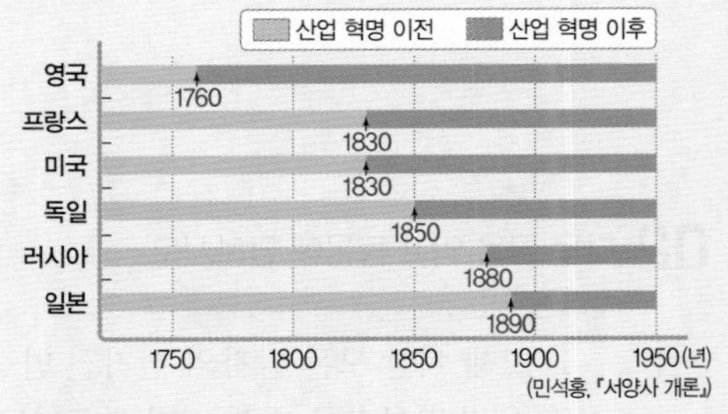

(민석홍, 『서양사 개론』)

프랑스	석탄이 생산되는 북동부 지역부터 산업화, 섬유 산업 발달
미국	남북 전쟁 이후 급속한 산업화, 19세기 말 세계적 공업국으로 성장
독일	통일 이후 정부 주도로 중화학 공업 중심 산업화 추진
러시아	시베리아 철도 완공 후 광업, 석유 산업 중심으로 발달
일본	메이지 유신 이후 정부 주도로 산업화 전개, 아시아 최초의 산업화 성공

용어 쏙쏙

❶ 인클로저 운동: 지주들이 공유지와 황무지에 울타리를 쳐서 사유지로 만든 운동
❷ 모직물: 양털을 이용해서 만든 직물
❸ 증기 기관: 열을 가해 발생시킨 증기의 압력으로 동력을 얻는 기계 장치
❹ 공장제 기계 공업: 공장에서 기계를 이용하여 제품을 생산하는 공업
❺ 전신: 전류나 전파를 이용하여 약속된 부호로 정보를 주고받는 통신 장치
❻ 가내 수공업: 가정에서 제품을 생산하는 공업
❼ 자유방임주의: 정부의 간섭 없이 생산자와 소비자의 자유로운 경제 활동을 보장해야 한다는 주장

2 사회 문제의 발생

	도시 문제	도시 인구 급증 → 주택·상하수도 시설 부족, 전염병 유행, 환경 오염
자료 4	노동 문제	열악한 근무 환경, 낮은 임금, 장시간 노동, 여성 및 아동 노동 문제, 실업 문제

3 사회 문제 해결 노력

더 알기	러다이트 운동	영국에서 일부 노동자들이 전개한 기계 파괴 운동
	노동조합 결성	임금 인상과 노동 조건 개선 요구
	❶사회주의의 등장	• 배경: 산업 혁명 이후 여러 사회 문제의 발생 → 자본주의 체제 비판 • 초기 사회주의: 자본가와 노동자의 협동으로 이상적인 사회 건설 추구 – 오언이 대표적이다. • 마르크스: 노동자들의 혁명을 통한 평등 사회 건설 주장

시험에 꼭 나오는 개념 체크

1. 산업 혁명으로 산업 사회가 형성되면서 자본가와 노동자 계급이 등장하였다. (○, ×)
2. 산업 혁명 이후 자본주의 체제를 비판하며 _ _ _ _ 사상이 등장하였다.

답 1. ○ 2. 사회주의

3 제국주의 열강의 침략

1 제국주의의 등장

자료 5 (1) **제국주의** 19세기 후반 선진 자본주의 국가들이 원료 공급지와 상품 판매 시장 확보, 잉여 자본의 투자를 위해 약소국을 침략하여 식민지화하려는 대외 팽창 정책

(2) **제국주의의 지배 논리** ❷사회 진화론, ❸인종주의

자료 6 2 제국주의 열강의 침탈

영국	• 종단 정책 추진: 이집트 카이로와 남아프리카의 케이프타운 연결 • ❹동인도 회사를 통한 인도 진출, 3C 정책 추진 • 태평양 지역의 오스트레일리아, 뉴질랜드 차지	파쇼다 사건: 영국과 프랑스가 아프리카 수단의 파쇼다에서 충돌(1898)
프랑스	• 횡단 정책 추진: 알제리에서 마다가스카르섬 연결 • 인도차이나반도로 진출하여 베트남, 캄보디아 차지	
독일	• 3B 정책 추진: 발칸반도, 서아시아, 아프리카 지역으로 세력 확장 • 태평양의 마셜 제도, 캐롤라인 제도 등을 차지	
미국	에스파냐와의 전쟁에서 승리하여 필리핀 차지, 괌과 하와이 차지	

▲ **제국주의 열강의 아시아·아프리카 분할** 아프리카에서는 라이베리아와 에티오피아를 제외한 대부분이 제국주의 열강의 식민지가 되었다. 20세기 초에는 아시아·태평양 지역도 대부분 제국주의 열강에 의해 분할되었다.

시험에 꼭 나오는 개념 체크

1. 제국주의 열강의 침략으로 아프리카의 모든 나라가 식민지가 되었다. (○, ×)
2. 제국주의자들은 제국주의를 뒷받침하는 근거로 _ _ _ _ _과 인종주의를 내세웠다.

답 1. × 2. 사회 진화론

자료 4 아동 노동 문제

의원: 몇 살 때부터 공장에서 일했나요?
노동자: 6살 때부터입니다.
의원: 하루에 몇 시간씩 일합니까?
노동자: 아침 5시부터 저녁 7시인데, 바쁘면 9시까지 일합니다.
의원: 일을 게을리하면 어떻게 됩니까?
노동자: 채찍질을 당합니다.
의원: 다리의 장애는 어쩌다 생겼습니까?
노동자: 방적기의 방추 멈추는 일을 하면서 13살 때부터 무릎이 휘고 발목이 약해졌습니다. 지금도 너무 아픕니다.

산업 혁명 과정에서 생계를 이어가기 위해 여성은 물론 아동까지 공장에서 일하였다.

더 알기 러다이트 운동

19세기 초 영국의 직물 공업 지대에서 기계 보급으로 수공업에 종사하던 노동자들이 일자리를 잃게 되었다고 생각하여 그 원인을 제공한 기계를 파괴한 운동이다. 가상의 지도자 '러드'의 이름을 따서 러다이트 운동이라고 부른다.

자료 5 제국주의 풍자화

① 자본가
② 군인
③ 선교사
④ 아프리카 원주민

▲ 아프리카 침략 풍자화

제국주의 국가가 식민지 원주민의 노동력을 착취하여 상품을 생산하는 모습을 표현하였다.

자료 6 3C 정책과 3B 정책

교과서마다 달라요 3C·3B 정책 미래엔, 비상만 다룸

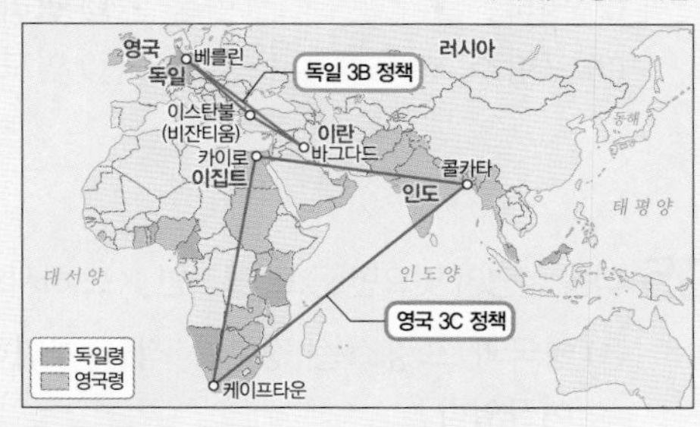

3C 정책	카이로, 케이프타운, 콜카타 연결
3B 정책	베를린, 비잔티움, 바그다드 연결

용어 쏙쏙

❶ 사회주의: 사유 재산 제도를 폐지하고 생산 수단을 사회화하여 자본주의 제도의 사회적·경제적 모순을 극복한 사회 제도를 실현하려는 사상

❷ 사회 진화론: 다윈의 진화론을 사회에 적용하여 힘이 센 국가나 민족이 다른 국가나 민족을 지배하는 것을 합리화한 이론

❸ 인종주의: 인종 간에 우열이 존재한다고 믿는 사고방식으로 인종 차별과 탄압을 합리화하는 사상

❹ 동인도 회사: 영국, 네덜란드, 프랑스 등 제국주의 열강이 아시아 진출을 목적으로 세운 독점적 무역 회사

STEP 1 개념 확인

STEP 2 대표 문제

01 다음 빈칸에 알맞은 말을 쓰시오.

(1) 영국은 (　　　　) 운동으로 토지를 잃은 농민이 도시로 몰려들어 노동력이 풍부하였다.

(2) 영국의 일부 노동자들은 기계가 자신들의 일자리를 빼앗는다고 생각하여 기계를 파괴하는 (　　　　) 운동을 벌였다.

(3) 영국은 (　　　　) 회사를 앞세워 인도에 진출하였다.

02 다음 중 알맞은 말에 ○표를 하시오.

(1) 산업 혁명은 18세기 후반 (영국, 프랑스)에서 가장 먼저 시작되었다.

(2) (오언, 마르크스)은(는) 혁명을 통해 노동 문제를 해결할 수 있다고 주장하였다.

(3) 군사력을 앞세워 약소국을 침략하여 식민지로 삼는 정책을 (제국주의, 사회주의)라고 한다.

03 다음 ㉠~㉢에 들어갈 알맞은 말을 쓰시오.

영국	프랑스
이집트 카이로와 남아프리카의 케이프타운을 연결하는 (㉠) 정책 추진	알제리, 모로코에서 마다가스카르섬을 연결하는 (㉡) 정책 추진
수단의 (㉢)에서 충돌 → 프랑스의 양보로 마무리	

㉠ ________ ㉡ ________ ㉢ ________

04 서로 관련 있는 것끼리 연결하시오.

(1) 미국 • 　　• ㉠ 인도 진출

(2) 영국 • 　　• ㉡ 필리핀 진출

(3) 프랑스 • 　　• ㉢ 인도차이나반도 진출

05 다음 설명이 맞으면 ○표, 틀리면 ×표 하시오.

(1) 영국과 프랑스는 정부가 적극 개입하여 산업 혁명을 이끌었다. (　　)

(2) 애덤 스미스는 개인의 자유로운 경제 활동을 보장할 것을 주장하였다. (　　)

(3) 20세기 초 아프리카는 라이베리아와 에티오피아를 제외한 대부분의 국가가 식민지가 되었다. (　　)

[01~02] 다음 글을 읽고 물음에 답하시오.

> 18세기 후반 기계의 발명과 기술 혁신으로 공업 생산력이 늘어나고 경제와 사회 구조에 큰 변화가 나타났는데, 이를 (㉠)(이)라고 한다.

01 ㉠에 대한 설명으로 옳지 않은 것은?

중 난이도

① 면직물 공업에서 시작되었다.
② 가내 수공업이 더욱 발달하였다.
③ 자본주의 경제 체제가 확립되었다.
④ 농업 사회에서 산업 사회로 바뀌었다.
⑤ 자본가가 사회 주도 세력으로 떠올랐다.

02 (중요) ㉠이 영국에서 가장 먼저 시작된 이유로 옳지 않은 것은?

중 난이도

① 값싼 노동력이 풍부하였다.
② 정부가 적극적으로 주도하였다.
③ 넓은 식민지를 보유하고 있었다.
④ 명예혁명 이후 정치가 안정되었다.
⑤ 석탄과 철 등의 자원이 풍부하였다.

03 다음 ㉠에 들어갈 검색어로 옳은 것은?

하 난이도

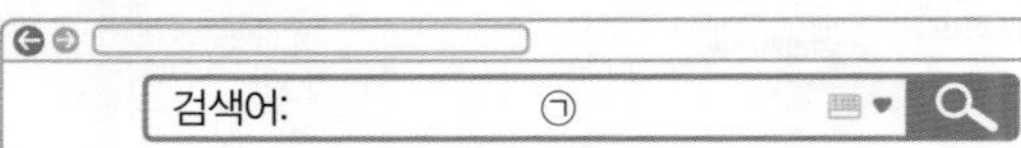

영국의 지주들이 공유지와 황무지에 울타리를 쳐서 자신의 사유지로 만들었던 운동이다. 1차는 양 사육지를 확대하기 위해 이루어졌고, 2차는 대농장 경영을 위해 이루어졌다.

① 수도원 운동　② 차티스트 운동
③ 러다이트 운동　④ 인클로저 운동
⑤ 르네상스 운동

정답 23쪽

04 중요 다음 ㉠에 들어갈 내용으로 적절하지 않은 것은?

난이도 중

> 제임스 와트가 개량한 증기 기관입니다. 기존의 증기 기관보다 싼 비용으로 더 강한 동력을 공급할 수 있었어요. 이 영향으로 ㉠

① 아동 노동이 사라졌어요.
② 대량 생산이 가능해졌어요.
③ 상품 시장이 확대되었어요.
④ 증기 기관차가 개발되었어요.
⑤ 공장제 기계 공업이 발달하였어요.

[05~06] 다음 자료를 보고 물음에 답하시오.

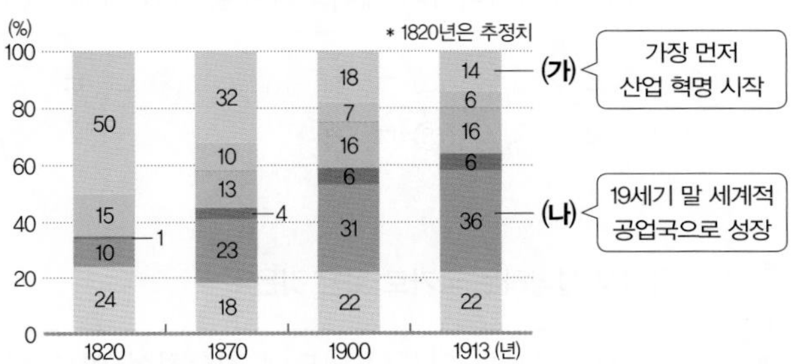

▲ 주요 국가의 공업 생산 점유율

05 (가), (나)에 해당하는 국가를 바르게 연결한 것은?

난이도 중

	(가)	(나)
①	미국	영국
②	미국	독일
③	영국	미국
④	영국	프랑스
⑤	독일	프랑스

06 (가), (나) 국가의 산업 혁명에 대한 설명으로 옳은 것을 보기에서 모두 고르면?

난이도 중

보기
ㄱ. (가): 국가 주도로 이루어졌다.
ㄴ. (가): '세계의 공장'이라 불렸다.
ㄷ. (나): 남북 전쟁 이후 본격화되었다.
ㄹ. (나): 시베리아 횡단 철도를 건설하였다.

① ㄱ, ㄴ ② ㄱ, ㄷ ③ ㄴ, ㄷ
④ ㄴ, ㄹ ⑤ ㄷ, ㄹ

07 중요 다음 밑줄 친 '문제점'으로 옳지 않은 것은?

난이도 하

> 산업 혁명으로 사람들의 생활은 이전보다 훨씬 풍요롭고 편리해졌다. 그러나 많은 인구가 도시로 몰리면서 여러 가지 <u>문제점</u>도 나타났다.

① 주택과 화장실이 부족하였다.
② 도시에 전염병이 유행하였다.
③ 노동자에게만 선거권이 주어졌다.
④ 어린아이들도 노동에 동원되었다.
⑤ 노동자들이 장시간 노동에 시달렸다.

같은 주제 다른 문제

위 밑줄 친 '문제점'을 해결하기 위한 노력으로 적절하지 않은 것은? 답 ④

① 노동자들이 노동조합을 결성하였다.
② 임금 인상과 노동 조건 개선을 요구하였다.
③ 일부 노동자들은 기계 파괴 운동을 벌였다.
④ 애덤 스미스가 자유방임주의를 주장하였다.
⑤ 자본주의를 비판하는 사회주의가 등장하였다.

08 다음 (가), (나) 주장에 대한 설명으로 옳은 것을 보기에서 모두 고르면?

난이도 상

(가) 저는 공장주와 노동자 모두에게 이익이 되는 노동 환경을 만들기 위해 '뉴 라나크'라는 작업 공동체를 만들었습니다. 아동 노동 금지, 교육과 주택 보급 등을 내세우고 있지요. 이렇게 자본가와 노동자가 서로 협동하여 평등한 사회를 만들 수 있을 것입니다.

(나) 대다수의 노동자들은 자본가의 욕심 때문에 경제적 어려움에 빠지고 있습니다. 그러므로 우리는 노동자 계급의 투쟁과 혁명을 통해 평등한 사회를 건설해야 합니다. 혁명으로 자본주의 사회가 무너지면 노동자들이 주인공인 사회주의 사회가 건설될 것입니다.

보기
ㄱ. (가): 초기 사회주의자들의 주장이다.
ㄴ. (가): 노동자들의 투쟁을 강조하였다.
ㄷ. (나): 자본주의 체제의 모순을 비판하였다.
ㄹ. (나): 자본가와 노동자의 협동을 중시하였다.

① ㄱ, ㄴ ② ㄱ, ㄷ ③ ㄴ, ㄷ
④ ㄴ, ㄹ ⑤ ㄷ, ㄹ

09 주요 다음 ㉠에 들어갈 주제로 가장 적절한 것은?

중 난이도

조사 보고서

• 주제: ㉠

• 조사 자료

최초의 산업 박람회	프랑스의 휴양지 광고
도시의 환경 오염	아동 노동

① 교통과 통신의 발달
② 제국주의 열강의 침략
③ 기계 발명과 공업 발달
④ 산업 혁명의 빛과 그림자
⑤ 산업 혁명 시기의 도시 문제

10 다음 ㉠에 들어갈 용어로 옳은 것은?

하 난이도

19세기 후반 자본주의가 발달하면서 서양 열강은 값싼 원료와 노동력을 공급받고 상품을 수출할 수 있는 시장이 필요하였다. 이에 군사력을 앞세워 약소국을 식민지로 삼고 지배하였는데, 이러한 서양 열강의 대외 팽창 정책을 (㉠)라고 한다.

① 자본주의 ② 사회주의
③ 자유주의 ④ 민족주의
⑤ 제국주의

같은 주제 다른 문제

● 위 ㉠을 사상적으로 뒷받침한 주장을 〈보기〉에서 모두 고르면? 답 ②

〈보기〉
ㄱ. 백인종은 유색 인종보다 우월하다.
ㄴ. 모든 인간은 자유롭고 평등하게 태어났다.
ㄷ. 강한 나라가 약한 나라를 지배하는 것은 당연하다.
ㄹ. 공장과 같은 생산 수단은 공동으로 소유해야 한다.

① ㄱ, ㄴ ② ㄱ, ㄷ ③ ㄴ, ㄷ ④ ㄴ, ㄹ ⑤ ㄷ, ㄹ

11 주요 다음 지도의 (가), (나) 국가에 대한 설명으로 옳은 것을 보기에서 모두 고르면?

중 난이도

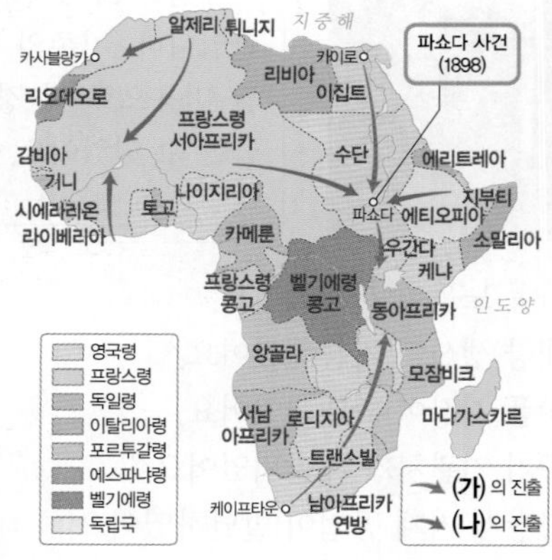

보기
ㄱ. (가): 아프리카 종단 정책을 실시하였다.
ㄴ. (가): 아프리카를 동서로 연결하려 하였다.
ㄷ. (나): 알제리에서 마다가스카르섬을 연결하였다.
ㄹ. (나): 라이베리아와 에티오피아를 식민 지배하였다.

① ㄱ, ㄴ ② ㄱ, ㄷ ③ ㄴ, ㄷ
④ ㄴ, ㄹ ⑤ ㄷ, ㄹ

12 다음에서 설명하는 국가로 옳은 것은?

하 난이도

• 동인도 회사를 앞세워 인도에 진출하여 인도 대부분 지역을 지배하였다.
• 말레이반도와 미얀마 등지로 세력을 확대하였다.

① 영국 ② 미국 ③ 독일
④ 프랑스 ⑤ 네덜란드

13 다음 지도의 (가) 지역을 지배한 제국주의 국가에 대한 설명으로 옳은 것은?

중 난이도

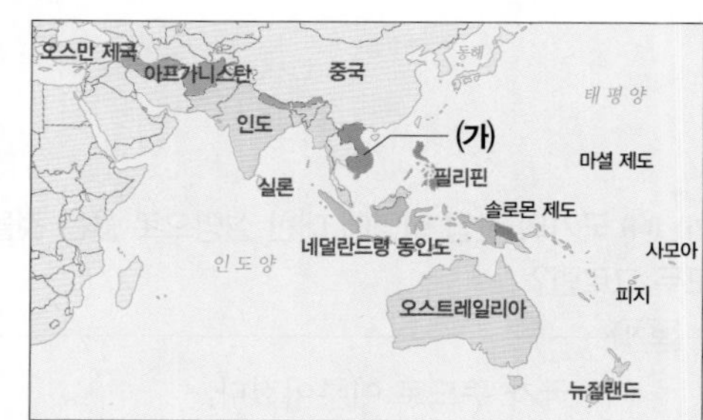

① 괌과 하와이를 차지하였다.
② 베트남과 캄보디아를 차지하였다.
③ 인도네시아 지역을 식민지로 삼았다.
④ 오스트레일리아를 자치령으로 삼았다.
⑤ 에스파냐로부터 필리핀을 차지하였다.

STEP 3 주관식·서술형

정답 23쪽

01 다음 지도를 보고 물음에 답하시오.

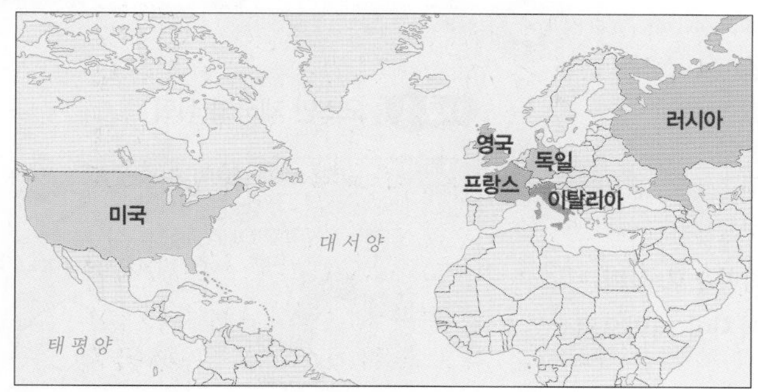

(1) 지도에서 가장 먼저 산업 혁명이 시작된 국가를 찾아 쓰시오.

(2) 위 국가에서 가장 먼저 산업 혁명이 시작된 배경을 세 가지 이상 서술하시오.

02 다음 자료를 보고 물음에 답하시오.

대다수의 노동자들은 자본가의 욕심 때문에 경제적 어려움에 빠지고 있습니다. 그러므로 우리는 노동자 계급의 투쟁과 혁명을 통해 평등한 사회를 건설해야 합니다. 혁명으로 자본주의 사회가 무너지면 노동자들이 주인공인 사회주의 사회가 건설될 것입니다.

(1) 자료와 같이 자본주의 체제를 비판하며 등장한 사상을 쓰시오.

(2) 자료의 주장이 초기 사상가들과 다른 점을 서술하시오.

03 다음 자료를 보고 물음에 답하시오.

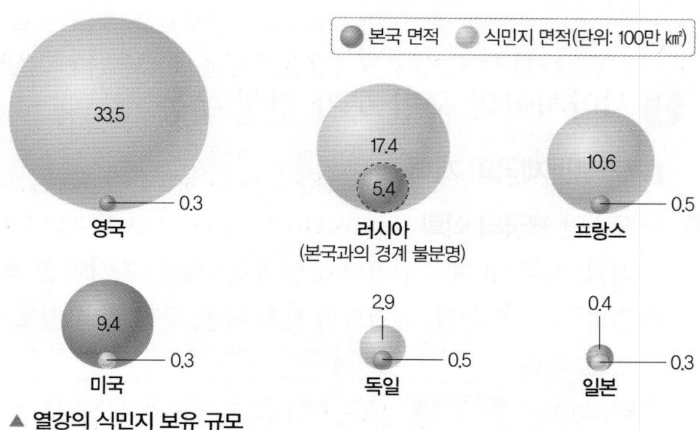

▲ 열강의 식민지 보유 규모

(1) 자료에 나타난 열강의 대외 팽창 정책을 뜻하는 용어를 쓰시오.

(2) 위와 같은 정책이 등장한 배경을 서술하시오.

04 다음 지도를 보고 물음에 답하시오.

(1) (가), (나)에 들어갈 국가를 각각 쓰시오.

(가)

(나)

(2) (가), (나)의 아프리카 침탈 내용을 각각 서술하시오.

03 서아시아와 인도의 국민 국가 건설 운동

1 서아시아의 국민 국가 건설 운동

1 오스만 제국의 개혁

자료 1 (1) 오스만 제국의 쇠퇴

① 배경: 제국 내 여러 민족의 독립 운동, 영국·러시아 등 서양 열강의 침략으로 쇠퇴

② 결과: 그리스 독립, 이집트의 자치 허용, 유럽 지역 영토 상실 → [1]소아시아 지역으로 영토 축소

(2) 탄지마트 ─ 튀르키예어로 '개혁'이라는 뜻으로 위로부터의 개혁이었기 때문에 '은혜 개혁'이라고도 불린다.

내용	• 유럽 제도 도입 → 행정과 조세 제도 개편, 서양식 군대 양성 • 민족과 종교에 따른 차별 폐지
결과	• 국내 보수 세력의 반발 → 큰 성과를 거두지 못함 • 개혁 비용, 외국 자본 간섭 심화 → 재정 악화

(3) 입헌 정치 추진

교과서마다 달라요 **미드하트 파샤** 비상, 천재, 지학만 다룸

자료 2 내용	미드하트 [2]파샤를 중심으로 서양식 의회 개설, 근대적 헌법 제정을 통한 입헌 정치 추진
결과	러시아와의 전쟁([3]러시아·튀르크 전쟁)에서 패한 이후 [4]술탄이 헌법 폐지, 의회 해산

└ 오스만 제국의 재상으로 개혁과 의회 설립을 주도하였다.

(4) 청년 튀르크당의 혁명 ─ 헌법을 정지하고 전제 왕권을 강화하였다.

전개	술탄의 전제 정치에 반발한 청년 장교·지식인 등이 청년 튀르크당 결성 → 입헌 정치 부활을 요구하며 무장 봉기 → 정권 장악(1908)
결과	헌법 부활, 정치 체제 개편, 튀르크 민족주의 정책 추진 → 다른 민족의 반발, 서양 열강의 간섭 등으로 실패

└ 아랍어 사용 금지 등 극단적 형태로 전개되었다.

청년 튀르크당의 시가행진

2 아랍의 민족 운동

더 알기 자료 3 와하브 운동	• 내용: 이븐 압둘 와하브 주도, [5]『쿠란』의 가르침 대로 생활하고 이슬람교 본래의 순수성을 되찾자는 운동 (└ 이 사람의 이름을 따 와하브 운동으로 부른다.) • 영향: [6]아랍 민족주의와 결합하여 오스만 제국의 지배에 저항하는 운동으로 발전, 사우디아라비아(와하브) 왕국 건설의 계기
아랍 문화 부흥 운동	• 내용: 해외 문학 작품을 아랍어로 번역, 아랍 고전 연구 • 영향: 아랍 민족의 단결과 독립 운동 자극, 아랍 민족주의의 기반

3 이란의 입헌 혁명

담배 불매 운동	• 전개: 19세기 말 [7]카자르 왕조가 근대화 자금을 마련하기 위해 영국 상인에게 담배 독점 판매권 넘김 → 아프가니 등 반영 운동 세력, 종교 지도자를 중심으로 담배 불매 운동 전개 → 정부와 영국에 반대하는 저항 운동으로 발전 (└ 이슬람교 국가들이 단결하여 서양 크리스트교 국가의 침략에 대항하자는 범이슬람주의를 주장하였다.) • 결과: 카자르 왕조의 담배 독점권 회수, 종교 지도자의 영향력 확대, 입헌 혁명에 영향 (└ 위약금 지불 등으로 영국에 대한 이란의 경제적 종속은 심화되었다.)
자료 3 입헌 혁명	• 전개: 카자르 왕조의 전제 정치에 반대하며 개혁 세력과 이슬람 종교 지도자들이 혁명을 일으킴 → 헌법 제정, 의회 설립 • 결과: 보수 세력의 반발과 영국 및 러시아의 간섭으로 좌절 → 영국과 러시아가 분할 통치 → 제1차 세계 대전 이후 독립

용어 쏙쏙

[1] 소아시아: 흑해, 에게해, 지중해로 둘러싸인 반도
[2] 파샤: 오스만 제국에서 신분이 높은 사람에게 주던 칭호
[3] 러시아·튀르크 전쟁: 오스만 제국이 발칸반도로 진출하려던 러시아와 벌인 전쟁
[4] 술탄: 이슬람 세계의 정치적 지배자의 칭호
[5] 쿠란: 이슬람교의 경전으로 알라의 계시 내용과 계율 등을 기록하였고 이슬람교도의 신앙뿐만 아니라 일상생활의 규범까지 서술하고 있음
[6] 아랍 민족주의: 아랍 민족은 하나라고 여기며 아랍 지역의 단결과 통일을 꾀한 운동
[7] 카자르 왕조: 1779년부터 1925년까지 이란을 지배하던 왕조

자료 1 오스만 제국의 쇠퇴

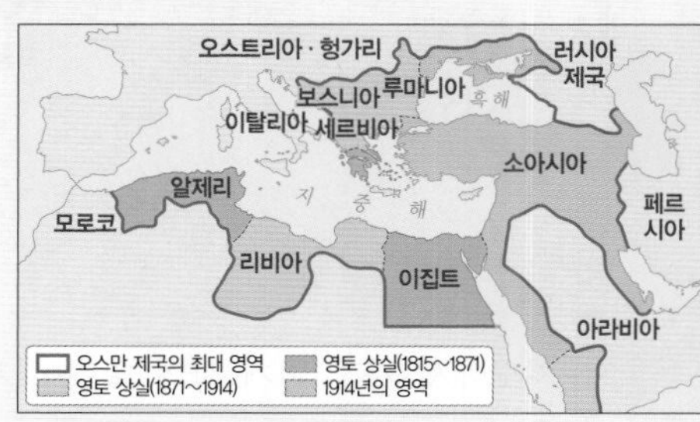

19세기 들어 오스만 제국은 대내외적으로 어려움을 겪으며 쇠퇴하기 시작하였다.

자료 2 탄지마트 이후 발표된 헌법(1876)

- 모든 오스만인은 개인의 자유를 누린다.
- 출판은 법률이 허용하는 범위 내에서 자유이다.
- 적법하게 취득한 재산은 보장을 받는다.
- 제국 의회는 원로원과 대의원의 양원제로 구성한다.

개인의 자유, 출판의 자유, 재산권 보장, 의회 설치 등 서양의 헌법과 유사한 내용을 담았다.

더 알기 사우디아라비아의 국기

사우디아라비아의 국기는 와하브 운동 당시에 쓰였던 깃발에서 비롯되었다.

자료 3 아라비아반도와 이란의 민족 운동

아라비아반도에서는 와하브 운동이 일어났으며 영국과 러시아의 간섭 아래 있던 이란에서는 입헌 혁명이 일어났다.

4 이집트의 근대화 운동

교과서마다 달라요 **이집트의 근대화 운동** 동아는 아프리카로 다룸

(1) 무함마드 알리의 개혁

① 내용: 근대적 군대 창설, 서양식 행정 기구와 교육 제도 도입 등 근대화 추진

② 결과: 오스만 제국으로부터 자치권을 인정받음

(2) 아라비 파샤의 혁명 ─ 이집트 최초의 민족 운동인 아라비 혁명을 이끌었으며 '이집트인을 위한 이집트'라는 구호를 내걸었다.

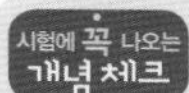 ① 배경: 19세기 중엽 수에즈 운하 건설 과정에서 부채 증가 ➡ 영국과 프랑스의 내정 간섭 심화 (부채 증가: 영국과 프랑스의 자금으로 근대화를 추진하였다.)

② 전개: 아라비 파샤를 중심으로 한 군부 세력의 혁명 ➡ 영국군에 진압 ➡ 20세기 초 영국의 ❶보호국으로 전락

시험에 꼭 나오는 개념 체크

1. 오스만 제국에서는 '탄지마트'라는 근대적 개혁이 추진되었다. (○, ×)
2. 아라비아반도에서는 이슬람교 초기의 순수성을 되찾자는 _ _ _ _ _이 일어났다.

답 1. ○ 2. 와하브 운동

2 인도의 국민 국가 건설 운동

1 영국의 인도 지배

(1) 플라시 전투 ─ 무굴 제국 쇠퇴: 아우랑제브 황제 사후 지방 세력의 등장, 재정 파탄 등으로 급격히 쇠퇴하였다.

배경	무굴 제국 쇠퇴 ➡ 영국, 프랑스가 무역 주도권을 두고 경쟁
전개	영국과 프랑스가 벵골 지방의 지배권을 두고 충돌(1757) ➡ 영국 승리
결과	영국의 인도 지배권 강화 ➡ 인도 대부분 지역 식민지로 전락

자료 5 **(2) 영국의 경제 정책** 대량 생산된 값싼 영국산 면직물을 인도에 수출, 인도에서 면화·차·아편 등의 상품 작물 재배 강요 ➡ 인도의 면직물 산업 몰락, 식량 부족

2 ❷세포이의 항쟁

배경	영국의 강압적 지배 정책과 수탈, 세포이가 새로 도입된 총 사용을 거부하며 저항 ➡ 세포이의 항쟁으로 발전 (새로 도입된 총 사용을 거부: 종교적 이유였다. / 강압적 지배 정책과 수탈: 인도의 면직물을 헐값에 사들이고, 높은 토지세를 부과하였다.)
전개	다양한 계층의 인도인이 참여하는 인도 최초의 반영 민족 운동으로 확대 ➡ 내부 분열과 영국군의 반격으로 실패
결과	무굴 제국 황제 폐위, 동인도 회사 해체 ➡ 영국이 ❸영국령 인도 제국을 수립(1877)하여 인도 직접 통치

3 인도 국민 회의

자료 6 **(1) 성립** 영국에 협조적인 관리와 지식인들을 중심으로 결성 ➡ 초기에 영국의 인도 지배 인정, 자치 주장 ─ 우상 숭배와 카스트제를 물리치자고 주장하며 계몽 활동을 전개하였다.

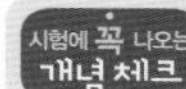 **(2) 반영 운동** ─ 영국은 행정 편의를 위해 벵골 지역을 분할한다고 밝혔지만 종교 갈등을 이용하여 민족 운동을 분산시키려는 속셈이었다.

발단		전개		결과
영국의 벵골 분할령 발표(1905)		인도 국민 회의의 4대 강령 채택 ➡ 영국 상품 불매, 국산품 애용(❹스와데시), 자치 획득(❺스와라지), 민족 교육		영국의 벵골 분할령 철회, 형식적으로 인도의 자치 인정(1911)

(4대 강령: 콜카타 대회에서 4대 강령을 채택하였다.)

시험에 꼭 나오는 개념 체크

1. 프랑스는 플라시 전투에서 영국을 물리치고 벵골 지역을 지배하였다. (○, ×)
2. 동인도 회사의 용병인 _ _ _는 영국의 식민 지배에 반발하여 봉기하였다.

답 1. × 2. 세포이

자료 4 수에즈 운하

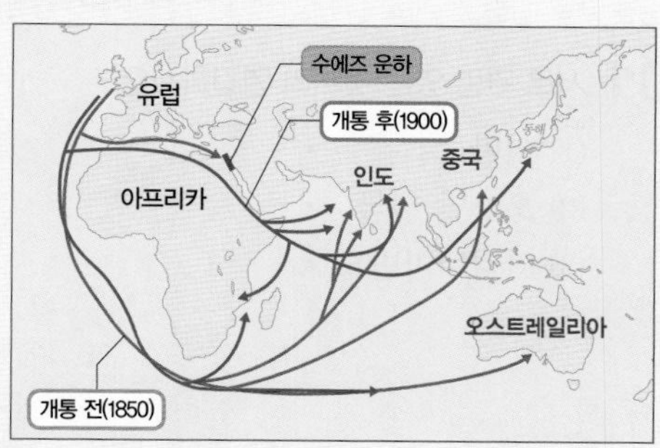

수에즈 운하의 개통으로 유럽과 인도 사이의 항해 거리가 약 1만 km 단축되었다.

자료 5 인도와 영국의 면직물 무역

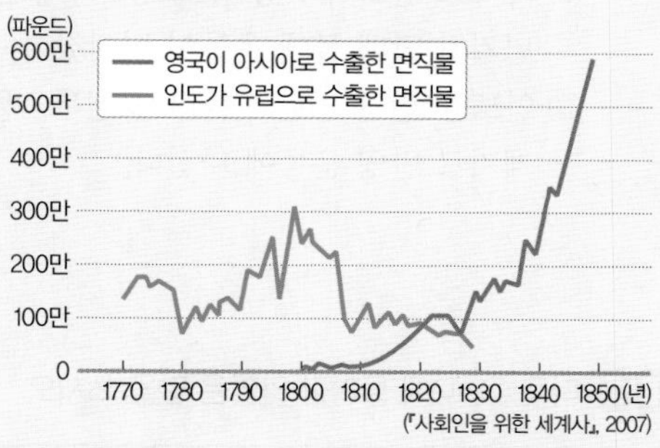

19세기 이후 대량 생산된 영국산 면직물이 판매되면서 인도의 면직물 산업은 몰락하였다.

자료 6 인도 국민 회의

▲ 인도 국민 회의 창립 대회

창립 초기에는 영국의 통치에 협조적이었으나, 점차 인도인의 이익을 대변하는 단체로 변모하였다.

자료 7 벵골 분할령

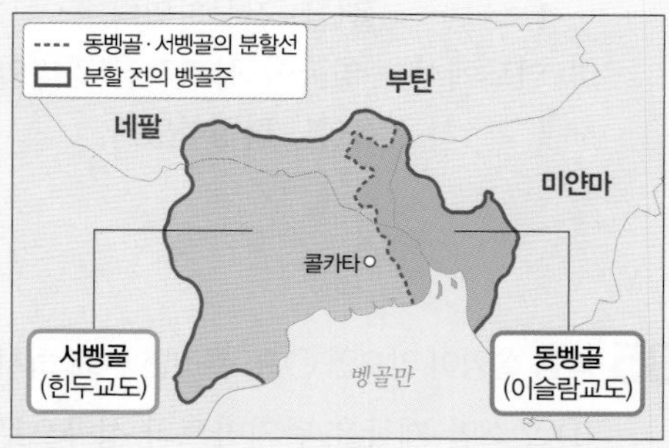

영국은 반영 운동이 활발한 벵골 지역을 힌두교도가 많은 서벵골과 이슬람교도가 많은 동벵골로 나누어 통치하려고 하였다.

용어 쏙쏙

❶ 보호국: 완전한 주권을 갖지 못하고 통치권의 일부가 타국에 의해 행사되는 국가
❷ 세포이: 동인도 회사에 고용된 인도인 용병
❸ 영국령 인도 제국: 세포이의 항쟁을 진압한 후 영국이 무굴 제국을 무너뜨리고 세운 나라로 영국 왕이 인도의 황제를 겸함
❹ 스와데시: 힌디어로 '모국(母國)'을 뜻하는 말로 국산품을 애용하여 인도의 독립을 이루려는 운동
❺ 스와라지: 힌디어로 '자치(自治)'를 뜻하는 말로 영국의 지배에서 벗어나 인도의 독립을 이루려는 운동

STEP 1 개념 확인

01 서로 관련 있는 것끼리 연결하시오.

(1) 이란 • 　　　　• ㉠ 탄지마트
(2) 오스만 제국 • 　　　　• ㉡ 입헌 혁명
(3) 아라비아반도 • 　　　　• ㉢ 와하브 운동

02 다음 중 알맞은 말에 ○표를 하시오.

(1) 오스만 제국에서는 (청년 튀르크당, 세포이)이(가) 술탄의 전제 정치에 반발하여 무장 봉기를 일으켰다.
(2) 카자르 왕조가 (영국, 프랑스)에 담배 독점 판매권을 넘기자 담배 불매 운동이 벌어졌다.
(3) 인도 국민 회의는 (플라시 전투, 벵골 분할령)을(를) 계기로 반영 운동에 나섰다.

03 다음 ㉠, ㉡에 들어갈 알맞은 말을 쓰시오.

(㉠) 운동
• 『쿠란』으로 돌아가 이슬람교 본래의 순수성을 되찾자는 운동 • 아랍 민족주의와 결합 → (㉡) 왕국이 건설되는 계기

㉠ ________ ㉡ ________

04 다음 빈칸에 알맞은 말을 쓰시오.

(1) 이란의 입헌 혁명은 영국 및 ( )의 간섭과 보수 세력의 반발로 실패하였다.
(2) 19세기 중엽 이집트는 영국과 프랑스의 자금을 빌려 ( )을(를) 건설하였다.
(3) 인도에서는 영국이 협조적인 관리와 지식인들을 모아 ( )을(를) 결성하였다.

05 다음 설명이 맞으면 ○표, 틀리면 ×표 하시오.

(1) 오스만 제국은 탄지마트의 성공으로 러시아와의 전쟁에서 승리하였다. ( )
(2) 이집트의 총독으로 부임한 아프가니는 적극적으로 이집트의 근대화를 추진하였다. ( )
(3) 세포이의 항쟁을 진압한 영국은 무굴 제국 황제를 폐위시키고 동인도 회사를 해체하였다. ( )

STEP 2 대표 문제

[01~03] 다음 지도를 보고 물음에 답하시오.

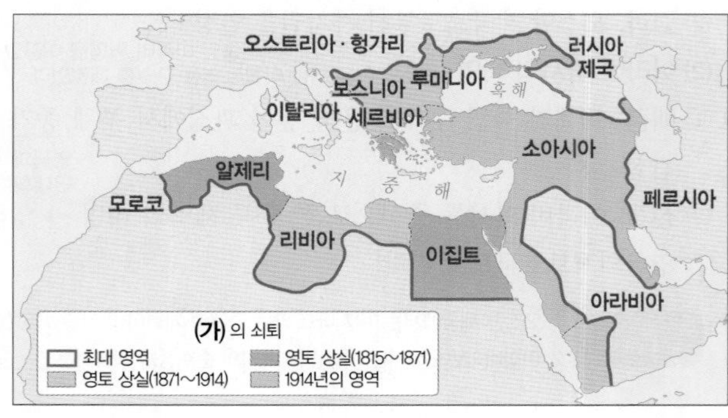

01 (가) 국가의 쇠퇴 원인으로 옳은 것을 보기에서 모두 고르면?
중 난이도

보기
ㄱ. 서양 열강의 압력을 받았다.
ㄴ. 제국 내 여러 민족이 독립하였다.
ㄷ. 플라시 전투에서 영국에 패배하였다.
ㄹ. 수에즈 운하 건설에 막대한 비용이 들었다.

① ㄱ, ㄴ　② ㄱ, ㄷ　③ ㄴ, ㄷ　④ ㄴ, ㄹ　⑤ ㄷ, ㄹ

중요 **02** (가) 국가에서 추진한 개혁으로 옳은 것은?
하 난이도

① 탄지마트　② 입헌 혁명　③ 와하브 운동　④ 세포이의 항쟁　⑤ 담배 불매 운동

03 (가) 국가에서 있었던 일을 순서대로 바르게 나열한 것은?
중 난이도

ㄱ. 탄지마트 추진
ㄴ. 입헌 정치 실시
ㄷ. 전제 정치 부활
ㄹ. 청년 튀르크당의 혁명

① ㄱ－ㄴ－ㄷ－ㄹ　② ㄱ－ㄷ－ㄴ－ㄹ　③ ㄴ－ㄷ－ㄱ－ㄹ　④ ㄴ－ㄹ－ㄱ－ㄷ　⑤ ㄷ－ㄹ－ㄴ－ㄱ

정답 24쪽

04 중요 (상 난이도) 다음은 어떤 학생이 작성한 수행 평가 답안지이다. 이 학생이 받게 될 점수로 옳은 것은?

역사 수행 평가

※ 오스만 제국의 탄지마트에 대한 내용이 맞으면 ○표, 틀리면 ×표 하시오.

문항	내용	답
1	위로부터의 개혁이었다.	○
2	서양식 군대를 양성하였다.	○
3	'은혜 개혁'이라고도 불린다.	○
4	청년 튀르크당이 주도하였다.	×
5	유럽의 제도를 적극 도입하였다.	○
합계		

(답이 맞으면 1점, 틀리면 0점을 부여한다.)

① 1 ② 2 ③ 3 ④ 4 ⑤ 5

05 (중 난이도) 다음에서 설명하는 사건이 일어난 배경으로 옳은 것은?

오스만 제국의 청년 장교와 지식인 등은 청년 튀르크당을 만들어 무력 혁명으로 권력을 잡은 뒤 헌법과 의회를 부활시켰다.

① 세포이의 항쟁이 실패하였다.
② 술탄이 전제 정치를 강화하였다.
③ 영국이 벵골 분할령을 발표하였다.
④ 왕실이 영국에 담배 독점 판매권을 주었다.
⑤ 오스만 제국이 제1차 세계 대전에서 패하였다.

06 (상 난이도) 다음 국기와 관련 있는 민족 운동에 대한 설명으로 옳은 것을 보기에서 모두 고르면?

보기
ㄱ. 이슬람교 초기의 순수성을 되찾고자 하였다.
ㄴ. 영국의 식민 지배에 대한 불만이 폭발하였다.
ㄷ. 『쿠란』의 가르침대로 생활하자고 주장하였다.
ㄹ. 아프가니와 종교 지도자들을 중심으로 일어났다.

① ㄱ, ㄴ ② ㄱ, ㄷ ③ ㄴ, ㄷ
④ ㄴ, ㄹ ⑤ ㄷ, ㄹ

[07~08] 다음 지도를 보고 물음에 답하시오.

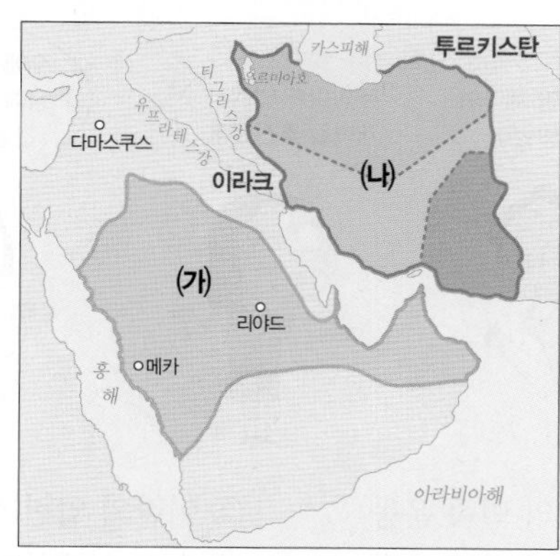

07 (중 난이도) (가) 지역에 대한 설명으로 옳은 것을 보기에서 모두 고르면?

보기
ㄱ. 카자르 왕조가 지배하였다.
ㄴ. 와하브 운동이 전개되었다.
ㄷ. 사우디아라비아 왕국이 세워졌다.
ㄹ. 영국과 러시아가 분할 점령하였다.

① ㄱ, ㄴ ② ㄱ, ㄷ ③ ㄴ, ㄷ
④ ㄴ, ㄹ ⑤ ㄷ, ㄹ

같은 주제 다른 문제

(가) 지역에서 전개된 민족 운동을 이끈 인물로 옳은 것은? 답 ⑤
① 아프가니 ② 아라비 파샤 ③ 무함마드 알리
④ 미드하트 파샤 ⑤ 이븐 압둘 와하브

08 중요 (중 난이도) (나) 지역에서 전개된 민족 운동으로 옳은 것은?

① 탄지마트라는 개혁이 추진되었다.
② 무함마드 알리의 주도로 이루어졌다.
③ 인도 국민 회의가 반영 운동에 나섰다.
④ 입헌 혁명이 일어나 의회가 구성되었다.
⑤ 이집트인을 위한 이집트 건설을 내세웠다.

09 (하 난이도) 다음 ㉠에 들어갈 국가로 옳은 것은?

1890년 (㉠)의 국왕이 영국 상인에게 담배 독점 판매권을 주자 아프가니와 종교 지도자를 중심으로 담배 불매 운동이 전국적으로 일어났다.

① 이란 ② 인도
③ 이집트 ④ 오스만 제국
⑤ 사우디아라비아

10 다음 대화의 주제로 가장 적절한 것은?

하 난이도

① 아랍의 민족 운동 ② 이란의 입헌 혁명
③ 인도의 반영 운동 ④ 오스만 제국의 개혁
⑤ 이집트의 근대화 운동

11 다음 지도의 (가)에 대한 설명으로 옳은 것을 보기에서 모두 고르면?

중 난이도

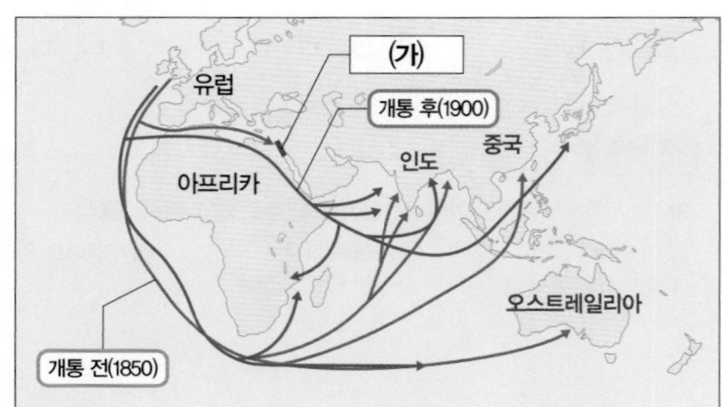

보기
ㄱ. 세계 최대의 인공 수로이다.
ㄴ. 지중해와 홍해를 연결하였다.
ㄷ. 사우디아라비아가 국유화하였다.
ㄹ. 이집트가 독자적으로 건설하였다.

① ㄱ, ㄴ ② ㄱ, ㄷ ③ ㄴ, ㄷ
④ ㄴ, ㄹ ⑤ ㄷ, ㄹ

12 다음에서 설명하는 사건으로 옳은 것은?

중 난이도

무굴 제국이 쇠퇴하자 영국과 프랑스는 동인도 회사를 앞세워 인도 무역의 주도권을 잡기 위해 경쟁하였다. 결국 두 나라는 1757년 벵골 지방의 지배권을 두고 충돌하였다.

① 탄지마트 ② 플라시 전투
③ 벵골 분할령 ④ 세포이의 항쟁
⑤ 담배 불매 운동

13 다음 그래프와 관련된 인도의 상황으로 옳은 것은?

중 난이도

① 경제 성장 ② 수공업 발전
③ 식량 상황 개선 ④ 민족 갈등 완화
⑤ 면직물 산업 몰락

14 중요 다음 ㉠에 들어갈 주제로 가장 적절한 것은?

하 난이도

① 플라시 전투 ② 벵골 분할령
③ 세포이의 항쟁 ④ 무굴 제국 멸망
⑤ 인도 국민 회의

15 중요 다음 내용의 운동이 전개된 시기를 연표에서 고르면?

중 난이도

• 민족 교육 • 영국 상품 불매
• 국산품 애용(스와데시) • 인도인의 자치(스와라지)

	1757		1877		1885		1905	
(가)		(나)		(다)		(라)		(마)
	플라시 전투		영국령 인도 제국 수립		인도 국민 회의 결성		벵골 분할령 발표	

① (가) ② (나) ③ (다) ④ (라) ⑤ (마)

같은 주제 다른 문제

● 위 운동의 결과로 옳은 것은? 답 ⑤
① 동인도 회사를 해체하였다. ② 인도 국민 회의를 결성하였다.
③ 무굴 제국의 황제를 폐위시켰다. ④ 영국 국왕이 인도 황제를 겸하였다.
⑤ 명목상 인도인의 자치를 인정하였다.

정답 24쪽

01 다음 지도를 보고 물음에 답하시오.

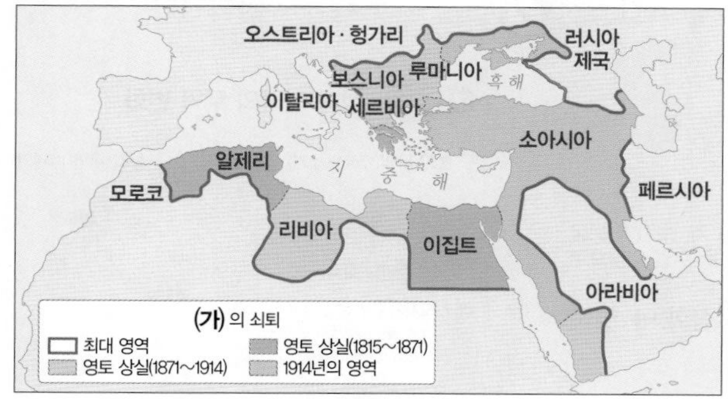

(1) (가) 국가에서 추진한 근대적 개혁의 명칭을 쓰시오.

(2) 위 개혁의 내용을 세 가지 서술하시오.

02 다음 지도를 보고 물음에 답하시오.

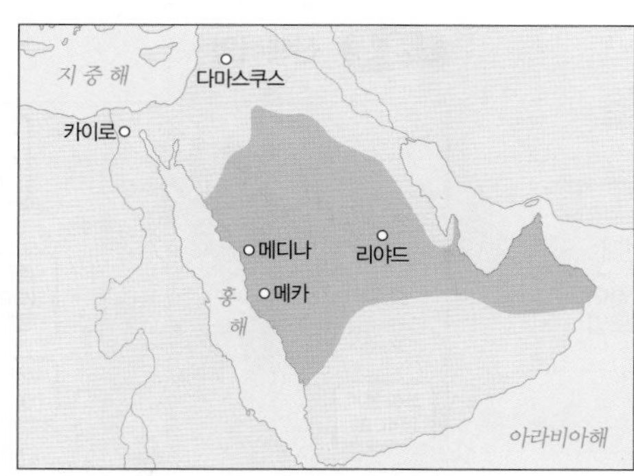

(1) 지도에 표시된 지역에서 전개된 민족 운동을 쓰시오.

(2) 위 운동의 주장을 서술하시오.

03 다음 자료를 보고 물음에 답하시오.

검색어: (㉠)의 항쟁

영국의 침략과 수탈에 시달리던 인도인의 분노는 결국 1857년 (㉠)의 항쟁으로 표출되었다. 각계각층의 사람들이 참여한 (㉠)의 항쟁은 대규모 민족 운동으로 발전하였으나 영국군에 진압되었다. 이후 ___㉡___

(1) ㉠에 들어갈 알맞은 말을 쓰시오.

(2) ㉡에 들어갈 이 사건의 결과를 세 가지 서술하시오.

04 다음 지도를 보고 물음에 답하시오.

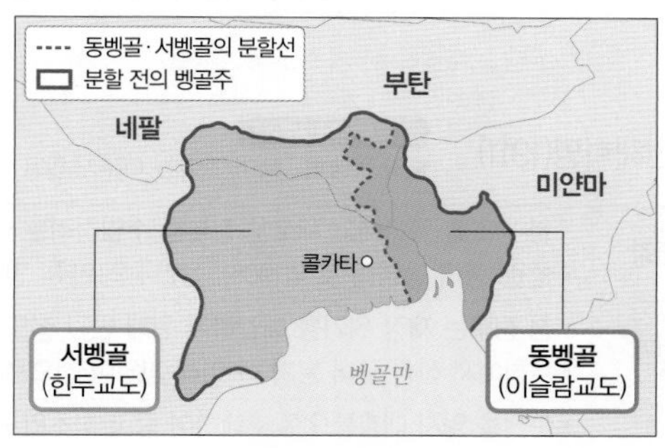

(1) 지도에 나타난 영국의 정책을 쓰시오.

(2) 위 정책 이후 인도에서 전개된 반영 운동의 내용을 서술하시오.

04 동아시아의 국민 국가 건설 운동

1 중국의 국민 국가 건설

1 아편 전쟁

(1) **배경**

① 청의 쇠퇴: 인구 급증, 토지 부족, 농민 생활 악화 등

자료 1 ② 청과 영국의 무역 구조 변화: 초기 청의 ❶공행 무역, 영국의 무역 적자 심화 → 영국은 인도에서 재배한 아편을 청에 밀수출하는 삼각 무역 시행

└ 동인도 회사를 통해 차, 도자기 등을 청에서 수입하고 은을 수입 대금으로 지급하였다.

└ 아편 중독자 급증으로 국민 건강 악화, 은의 해외 유출로 국가 재정 악화 등의 문제가 발생하였다.

(2) **전개**

제1차 아편 전쟁 (1840~1842)	• 발단: 영국은 아편 단속을 구실로 전쟁을 일으킴 → 영국 승리 • 결과: 난징 조약 체결 → 5개 항구 개항, 홍콩 ❷할양, 배상금 지불, 공행 폐지
제2차 아편 전쟁 (1856~1860)	• 발단: 영국 – ❸애로호 사건, 프랑스 – 선교사 피살 구실 • 결과: 톈진 조약·베이징 조약 체결 → 항구 추가 개항, 외국 공사의 베이징 주재 허용, 크리스트교 포교 허용, 러시아는 연해주를 넘겨받음

자료 2 (제1차 아편 전쟁)

└ 조약을 중재한 대가였다.

2 중국의 근대화 운동

교과서마다 달라요 **태평천국 운동** 지학은 다루지 않음

태평천국 운동 (1851~1864)	• 중심 인물: 홍수전이 '멸만흥한'을 내세우며 봉기 • 내용: 토지 균등 분배, 남녀평등, 악습 폐지 주장 → 농민의 지지, 난징 점령 • 결과: 내부 분열, ❹향용·외국 군대에 진압
양무운동 (1861~1895)	• 중심 인물: 이홍장, 증국번 등 한인 관료들이 '❺중체서용'을 토대로 추진 • 내용: 군수 공장 설립, 근대적 육군과 해군 양성, 신식 학교 설립 • 결과: 청일 전쟁의 패배로 한계 드러냄
변법자강 운동 (1898)	• 중심 인물: 캉유웨이, 량치차오 등이 일본 메이지 유신 모델로 제도 개혁 주장 • 내용: 의회 설립, 입헌 군주제 확립, 근대 교육 실시, 신식 군대 양성 • 결과: 서태후를 비롯한 보수파의 반발로 실패
의화단 운동 (1899~1901)	• 전개: 산둥성을 중심으로 비밀 결사인 의화단 조직 → '❻부청멸양'의 구호를 내걸고 반외세 운동 전개 → 철도와 전신 파괴, 교회 공격, 외국 공관 습격 → 영국, 일본, 러시아를 비롯한 8개국 연합군에게 진압 • 결과: 신축 조약 체결 → 배상금 지불, 베이징에 외국 군대 주둔 허용

└ 만주족(청)을 몰아내고 한족의 국가를 세우자고 주장하였다. (멸만흥한)

└ 서양의 기술만 수용하였고 지방 관료가 주도하여 정책 일관성이 부족하였다. (한계 드러냄)

3 신해혁명(1911)

교과서마다 달라요 **중국 동맹회** 동아, 천재는 다루지 않음

배경 (자료 3)	• 청 왕조를 몰아내고 새로운 정부를 수립하려는 혁명 운동 확산 • 쑨원: 중국 동맹회 조직(1905), 삼민주의(민족, 민권, 민생)를 내세우며 혁명 운동 전개
전개	• 청 정부는 재정 위기를 해결하기 위해 민간 철도 국유화 추진 • 우창에서 신식 군대 봉기 → 여러 지역이 청으로부터 독립 선언
결과 (자료 4)	• 쑨원을 임시 대총통으로 추대하여 중국 최초의 공화국인 중화민국 수립(1912) • 위안스카이가 혁명파와 손잡고 황제 퇴위시킴 → 청 멸망 • 대총통으로 선출된 위안스카이가 혁명파 탄압 → ❼군벌 세력 등장

└ 민간 철도를 국유화하여 이를 담보로 차관 도입을 시도하였다.

└ 청 정부가 혁명 진압을 위해 등용하였다.

시험에 꼭 나오는 **개념 체크**

1. 제1차 아편 전쟁의 결과 중국은 영국과 신축 조약을 체결하였다. (○, ×)
2. 한인 관리들은 중체서용을 내세우며 ＿ ＿ ＿ ＿을 추진하였다.

답 1. × 2. 양무운동

자료 1 청과 영국의 무역 변화

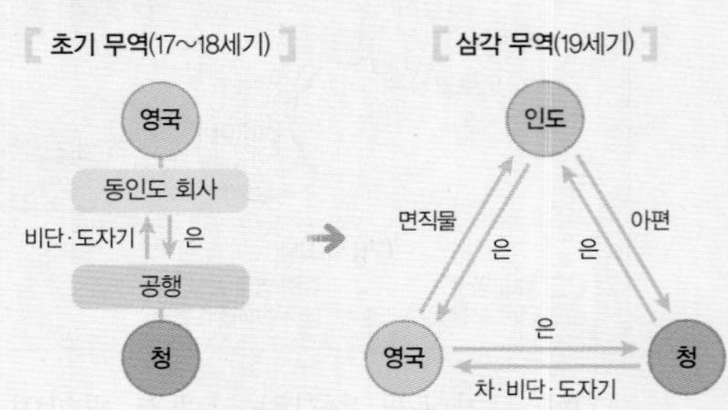

영국은 인도에서 재배한 아편을 청에 밀수출하는 삼각 무역으로 무역 적자에 대응하였다.

자료 2 난징 조약(1842)

• 영국 국민은 광저우, 상하이 등 5개 항구에 거주할 수 있고, 박해나 구속을 받지 않고 상업을 할 수 있다.
• 청은 영국에게 홍콩을 넘기고, 영국의 법률로써 통치할 수 있다.
• 앞으로 공행하고만 거래하는 것을 폐지한다.

청이 외국과 처음으로 맺은 근대적 조약이자 불평등 조약으로, 이후 미국·프랑스 등과도 비슷한 내용의 조약을 체결하였다.

자료 3 쑨원의 삼민주의

민족	만주족의 청을 타도하고 한족의 주권을 회복함
민권	모든 국민이 정치적으로 평등한 권리를 가짐
민생	소수의 이익 독점을 막고 국민의 생활을 안정시킴

쑨원은 삼민주의를 내세워 혁명 운동을 펼쳤다.

자료 4 신해혁명

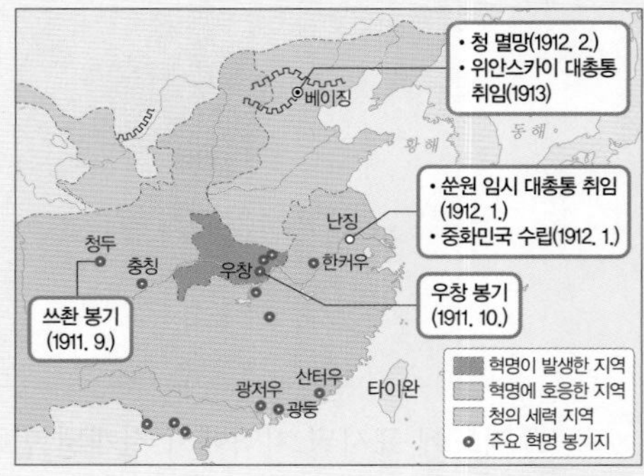

우창 봉기에서 시작된 신해혁명의 결과 중국 최초의 공화국인 중화민국이 세워졌다.

용어 쏙쏙

❶ 공행: 청 정부로부터 서양인과의 무역을 허가받은 상인 조합
❷ 할양(割 – 베다, 讓 – 양보하다): 영토의 일부를 다른 나라에 넘겨주는 것
❸ 애로호 사건: 청 관리가 광저우에 정박해 있던 애로호에 올라 밀수 혐의로 선원을 체포하던 중 영국 국기를 강제로 내린 사건
❹ 향용: 한인 신사층으로 구성된 임시 군대 조직
❺ 중체서용: 중국의 전통적인 체제는 유지하면서 서양의 기술만 받아들이자는 주장
❻ 부청멸양: 청을 도와 서양 세력을 몰아내자는 주장
❼ 군벌: 군대를 거느리며 특정 지역을 지배하던 세력가

2 일본의 국민 국가 건설과 제국주의화

1 일본의 개항

(1) **미일 화친 조약(1854)** 미국의 페리 함대가 개항과 통상을 요구하며 무력 시위 → 개항

자료 5 (2) **미일 수호 통상 조약(1858)** 미국의 ❶최혜국 대우와 ❷영사 재판권 등을 인정한 불평등 조약

2 메이지 유신(1868)

배경	• 개항 이후 ❸에도 막부의 굴욕적인 외교 정책에 대한 불만 증가 • 외국 상품 유입과 물가 상승으로 농민의 불만이 높아짐
전개	• 존왕양이 운동: 막부를 타도하고 천황 중심으로 외세를 몰아내자는 주장 → 막부 타도 운동으로 발전 • 일부 다이묘와 하급 무사들이 막부를 무너뜨리고 천황 중심의 메이지 정부 수립 → ❹부국강병 목표로 근대적 개혁 추구
내용	• 정치: 번을 폐지하고 현을 설치 → 중앙 집권 체제 확립 • 경제: 토지·조세 제도 개혁, 근대적 산업 육성, 철도 부설 • 군사: 근대적 군대 육성, 징병제 실시 • 사회: 신분제 폐지, 서양식 교육 제도 도입, 유학생 및 사절단 파견(이와쿠라 사절단) (불평등 조약 개정 논의, 서양 문물 견학 등을 목표로 파견되었다.)
자료 6 결과	• 자유 민권 운동: 헌법 제정, 의회 개설, 언론 자유 등 요구 → 메이지 정부의 탄압 (메이지 유신으로 몰락한 무사와 입헌 정치파를 중심으로 전개되었다.) • 메이지 정부가 헌법 제정, 의회 설립 → 입헌 군주제 국가 수립 → 실질적으로는 천황에게 절대적 권한 부여

3 일본의 제국주의화

대외 팽창 정책	❺운요호 사건, 류큐 병합 등 (조선의 동학 농민 운동을 계기로 청과 일본이 군대를 파병하면서 시작되었다.)
자료 3 청일 전쟁 (1894~1895)	• 조선에 대한 지배권을 둘러싸고 청과 전쟁 → 일본 승리 • 시모노세키 조약: 막대한 배상금, 랴오둥반도·타이완을 식민지로 차지 • 삼국 간섭: 러시아·프랑스·독일의 압력으로 일본이 랴오둥반도 반환
러일 전쟁 (1904)	• 러시아가 삼국 간섭 이후 만주와 한반도에서 세력을 확대하자 전쟁 → 일본 승리 • 포츠머스 조약: 만주와 한반도에서 우월한 지위를 인정받음 → 대륙 침략, 대한 제국 강제 병합(1910)

교과서마다 달라요 **삼국 간섭** 동아, 천재는 다루지 않음

시험에 꼭 나오는 개념 체크

1. 메이지 유신의 결과 천황 중심의 공화정이 수립되었다. (○, ×)
2. 청일 전쟁에서 승리한 일본은 청과 _ _ _ _ _ 조약을 체결하였다.

답 1. × 2. 시모노세키

3 조선의 국민 국가 건설 운동

자료 8 개항	• 운요호 사건을 계기로 일본과 강화도 조약을 체결하여 개항 • 미국을 비롯한 서양 열강과 잇따라 조약 체결
개화 정책	• 일본에 수신사·조사시찰단 파견, 청에 영선사 파견, 별기군 설치 • ❻위정척사 운동: 보수적인 유생들이 개항과 개화 정책에 반대 • 임오군란: 별기군과의 차별 대우에 불만을 가진 구식 군인들이 봉기
근대화 노력	• 갑신정변: 급진 개화파가 메이지 유신을 모델로 근대화 추진 • 동학 농민 운동: 농민들이 외세 배격과 잘못된 정치 개혁 요구 • 갑오개혁: 과거제와 신분제 폐지
국민 국가 건설 운동	• 독립 협회: 자주 국권 운동과 자강 개혁 운동 전개 • 대한 제국: 광무개혁 추진

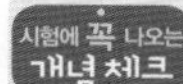
시험에 꼭 나오는 개념 체크

1. 조선은 일본과 강화도 조약을 맺으면서 문호를 개방하였다. (○, ×)
2. 급진 개화파는 일본의 메이지 유신을 모델로 삼아 _ _ _ _을 일으켰다.

답 1. ○ 2. 갑신정변

자료 5 미일 수호 통상 조약(1858)

• 기존의 시모다, 하코다테 외 4개 항구를 추가로 개항한다.
• 일본에 수출입하는 상품은 별도로 정한 바에 따라 관세를 낸다.
• 일본인에게 죄를 지은 미국인은 미국 영사 재판소에서 조사하여 미국의 법률에 따라 처벌을 받는다.

일본은 미일 화친 조약을 맺어 개항한 이후 영사 재판권, 최혜국 대우 등을 인정한 불평등 조약인 미일 수호 통상 조약을 체결하였다.

자료 6 일본 제국 헌법(1889)

• 일본 제국은 대대로 이어온 천황이 통치한다.
• 천황은 국가의 원수로서 통치권을 총괄하며, 이 헌법 조항에 따라 통치권을 행사한다.
• 천황은 제국 의회의 동의를 얻어 입법권을 행사한다.

일본은 제국 헌법을 제정하고 의회를 개설하여 입헌 군주국의 모습을 갖추었으나 실제로는 정치, 외교, 군사 등 모든 방면에서 천황에게 절대적 권한을 부여하였다.

자료 7 청일 전쟁 배상금 사용처

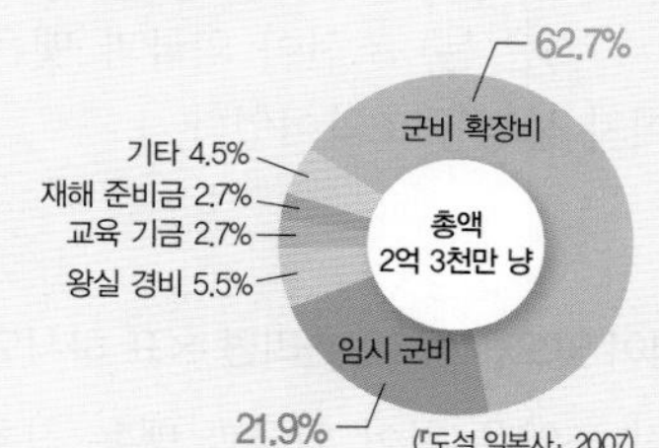

(『도설 일본사』, 2007)

일본은 청으로부터 받은 막대한 배상금의 대부분을 군사력을 강화하는 데 사용하였다.

자료 8 강화도 조약(1876)

• 조선 정부는 부산 외 두 개 항구를 개방하고 일본인의 통상을 허가한다.
• 조선의 해안을 일본의 항해자가 자유롭게 측량하도록 허가한다.
• 일본인이 조선의 항구에서 조선인과 관계된 죄를 범하면 일본 관원이 심판한다.

강화도 조약은 조선이 외국과 맺은 최초의 근대적 조약이자 불평등 조약이었다.

용어 쏙쏙

❶ 최혜국 대우: 한 나라가 어떤 외국에 부여하고 있는 가장 유리한 대우를 조약 상대국에도 부여하는 것
❷ 영사 재판권: 다른 나라에 머무르는 자기 나라 국민에 대하여 자기 나라 법률을 적용하여 영사나 기타 관리가 재판하는 제도
❸ 에도 막부: 도쿠가와 이에야스가 1603년에 에도에 수립한 무사 정권
❹ 부국강병: 국가를 부유하게 만들고 군대를 강하게 함
❺ 운요호 사건: 일본이 조선에 운요호를 보내 무력시위를 벌인 사건
❻ 위정척사: 정의를 지키고 사악함을 물리친다는 뜻으로 서양 문물에 반대함

STEP 1 개념 확인

01 서로 관련 있는 것끼리 연결하시오.

(1) 난징 조약 • · ㉠ 청일 전쟁
(2) 강화도 조약 • · ㉡ 러일 전쟁
(3) 베이징 조약 • · ㉢ 운요호 사건
(4) 포츠머스 조약 • · ㉣ 제1차 아편 전쟁
(5) 시모노세키 조약 • · ㉤ 제2차 아편 전쟁

02 다음 중 알맞은 말에 ○표를 하시오.

(1) 한인 관리들은 (중체서용, 부청멸양)을 내세우며 양무운동을 추진하였다.
(2) (변법자강, 의화단) 운동은 일본의 메이지 유신을 모델로 하였다.
(3) 일본은 (청일 전쟁, 러일 전쟁)에서 승리하여 타이완을 식민지로 차지하였다.

03 다음 빈칸에 알맞은 말을 쓰시오.

(1) 홍수전은 청을 몰아내고 한족의 국가를 세우자고 주장하며 (   ) 운동을 일으켰다.
(2) 신해혁명 이후 중국 최초의 공화국인 (   )이(가) 세워졌다.
(3) (   )은(는) 조선이 외국과 맺은 최초의 근대적 조약이자 불평등 조약이었다.

04 다음 설명이 맞으면 ○표, 틀리면 ×표 하시오.

(1) 베이징 조약은 청이 외국과 맺은 최초의 근대적 조약이다. (   )
(2) 캉유웨이와 량치차오는 삼민주의를 내세우며 혁명 운동을 전개하였다. (   )
(3) 메이지 정부는 다이묘가 지배하던 번을 없애고 중앙 집권 체제를 마련하였다. (   )

05 다음 ㉠~㉢에 들어갈 조선의 근대화 운동을 쓰시오.

(㉠) (1884)	급진 개화파가 메이지 유신을 모델로 근대화 추진
(㉡) (1894)	농민들이 외세 배격과 잘못된 정치 개혁 요구
(㉢) (1894)	과거제와 신분제 폐지

㉠ ________ ㉡ ________ ㉢ ________

STEP 2 대표 문제

01 다음 무역 구조에 대한 설명으로 옳지 않은 것은?

난이도 중

① 청은 재정이 크게 어려워졌다.
② 영국은 청에 아편을 밀수출하였다.
③ 영국은 아편 밀무역으로 적자가 늘었다.
④ 청은 아편 중독자가 늘어 사회 문제가 되었다.
⑤ 영국은 청으로부터 차와 도자기를 수입하였다.

같은 주제 다른 문제

• 위 상황을 배경으로 일어난 전쟁으로 옳은 것은? 답 ④

① 청일 전쟁 ② 러일 전쟁
③ 청프 전쟁 ④ 제1차 아편 전쟁
⑤ 제2차 아편 전쟁

02 (중요) 다음 조약에 대한 설명으로 옳은 것을 보기에서 모두 고르면?

난이도 중

> • 영국 국민은 광저우, 상하이 등 5개 항구에 거주할 수 있고, 박해나 구속을 받지 않고 상업을 할 수 있다.
> • 청은 영국에게 홍콩을 넘기고, 영국의 법률로써 통치할 수 있다.
> • 앞으로 공행하고만 거래하는 것을 폐지한다.

보기
ㄱ. 크리스트교 포교의 자유를 허용하였다.
ㄴ. 영·프 연합군과 청 사이에 체결되었다.
ㄷ. 청이 외국과 맺은 최초의 근대적 조약이다.
ㄹ. 제1차 아편 전쟁의 결과 체결된 난징 조약이다.

① ㄱ, ㄴ ② ㄱ, ㄷ ③ ㄴ, ㄷ
④ ㄴ, ㄹ ⑤ ㄷ, ㄹ

03 다음 지도에 나타난 중국의 근대화 운동에 대한 설명으로 옳지 않은 것은?

난이도 상

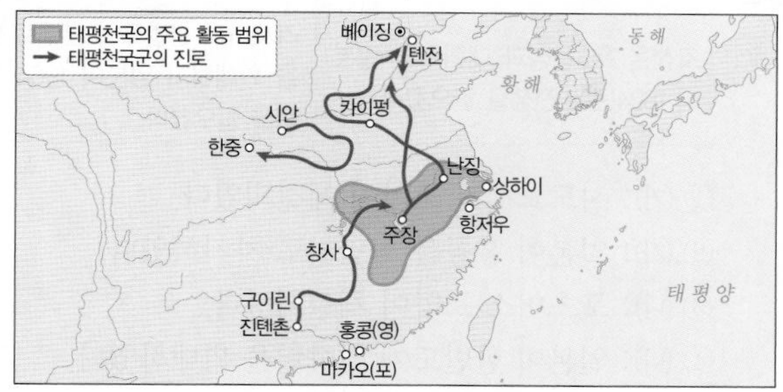

① 세력을 확대하여 난징을 점령하였다.
② 신사층이 조직한 의용군에 진압되었다.
③ 토지 균등 분배와 남녀평등을 주장하였다.
④ 청을 도와 서양 세력을 몰아내자고 주장하였다.
⑤ 크리스트교의 영향을 받은 홍수전이 주도하였다.

[04~05] 다음 자료를 보고 물음에 답하시오.

(㉠)의 주장

중국의 전통과 제도는 서양보다 우세하니 서양 기술만 배워도 중국을 부강하게 만들 수 있다고 하였다.

04 ㉠에 들어갈 중국의 근대화 운동으로 옳은 것은?

난이도 하

① 신해혁명 ② 양무운동
③ 의화단 운동 ④ 태평천국 운동
⑤ 변법자강 운동

05 중요 ㉠에 대한 설명으로 옳은 것을 보기에서 모두 고르면?

난이도 중

보기
ㄱ. '중체서용'을 내세웠다.
ㄴ. 증국번, 이홍장 등이 주도하였다.
ㄷ. 입헌 군주제를 도입하고자 하였다.
ㄹ. 보수파의 반발로 100여 일 만에 실패로 끝났다.

① ㄱ, ㄴ ② ㄱ, ㄷ ③ ㄴ, ㄷ
④ ㄴ, ㄹ ⑤ ㄷ, ㄹ

06 다음 ㉠에 들어갈 내용으로 옳은 것은?

난이도 하

청일 전쟁 이후 일본과 서양 열강이 중국의 영토와 이권을 빼앗자, 중국인들의 위기감은 갈수록 높아졌다. 이에 보다 근본적인 개혁이 필요하다고 느낀 캉유웨이와 량치차오 등은 ______㉠______

① 삼민주의를 내세웠다.
② 양무운동을 추진하였다.
③ 변법자강 운동을 전개하였다.
④ 청으로부터 독립을 선언하였다.
⑤ 철도를 파괴하고 교회를 공격하였다.

07 의화단 운동에 대한 설명으로 옳은 것을 보기에서 모두 고르면?

난이도 중

보기
ㄱ. 청일 전쟁의 패배로 한계가 드러났다.
ㄴ. 베이징에 외국 군대의 주둔을 허용하였다.
ㄷ. 영국, 일본 등 8개국 연합군에게 진압되었다.
ㄹ. 청을 몰아내고 한족의 국가를 세우자고 주장하였다.

① ㄱ, ㄴ ② ㄱ, ㄷ ③ ㄴ, ㄷ
④ ㄴ, ㄹ ⑤ ㄷ, ㄹ

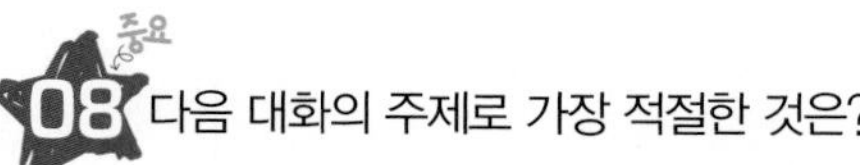

08 중요 다음 대화의 주제로 가장 적절한 것은?

난이도 하

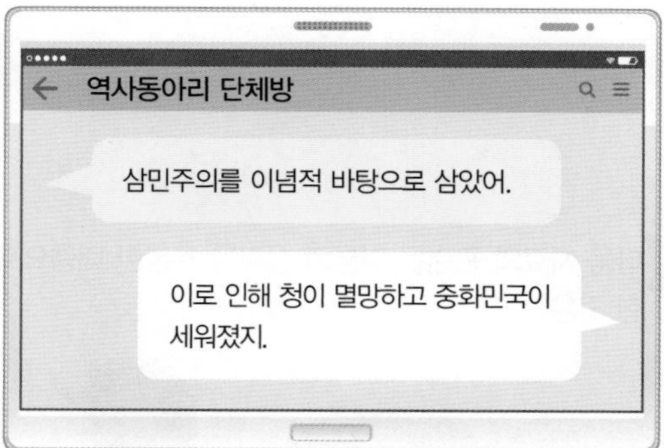

① 신해혁명 ② 양무운동 ③ 의화단 운동
④ 태평천국 운동 ⑤ 변법자강 운동

같은 주제 다른 문제

● 위 운동의 전개 과정을 순서대로 바르게 나열한 것은? 답 ⑤

ㄱ. 쑨원이 임시 대총통으로 추대되었다.
ㄴ. 위안스카이가 청 황제를 퇴위시켰다.
ㄷ. 우창의 신식 군대가 봉기를 일으켰다.
ㄹ. 여러 성이 청으로부터 독립을 선언하였다.

① ㄱ－ㄴ－ㄷ－ㄹ ② ㄴ－ㄷ－ㄱ－ㄹ ③ ㄴ－ㄹ－ㄱ－ㄷ
④ ㄷ－ㄱ－ㄹ－ㄴ ⑤ ㄷ－ㄹ－ㄱ－ㄴ

09 중국의 근대화 운동을 순서대로 바르게 나열한 것은?

중 난이도

ㄱ. 양무운동 ㄴ. 신해혁명
ㄷ. 태평천국 운동 ㄹ. 변법자강 운동

① ㄱ-ㄷ-ㄴ-ㄹ ② ㄴ-ㄷ-ㄱ-ㄹ
③ ㄴ-ㄹ-ㄱ-ㄷ ④ ㄷ-ㄱ-ㄹ-ㄴ
⑤ ㄷ-ㄹ-ㄱ-ㄴ

10 중요 다음 밑줄 친 '개혁'의 내용으로 옳지 않은 것은?

하 난이도

개항 이후 일본에서는 일부 다이묘와 하급 무사들이 막부를 무너뜨리고 천황 중심의 새로운 정부를 세웠다. 새로 들어선 정부는 이후 여러 가지 근대적 개혁을 추진하였다.

① 신분 제도를 폐지하였다.
② 미일 화친 조약을 체결하였다.
③ 중앙 집권 체제를 수립하였다.
④ 서양식 교육 제도를 도입하였다.
⑤ 토지와 조세 제도를 개혁하였다.

11 중요 다음 자료와 관련된 일본의 상황을 추론한 내용으로 가장 적절한 것은?

중 난이도

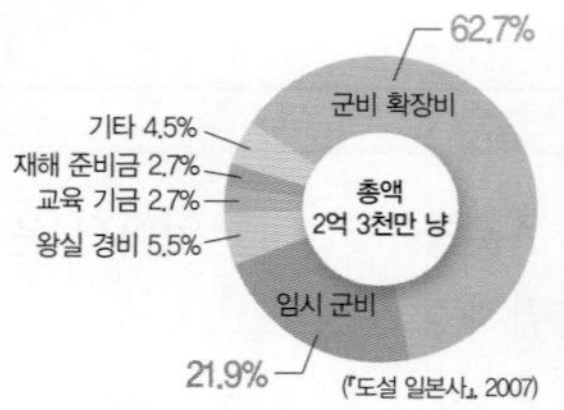

▲ 일본의 청일 전쟁 배상금 사용처

▲ 야하타 제철소

① 미국과 불평등 조약을 체결하였다.
② 헌법을 제정하고 의회를 설립하였다.
③ 미국에 이와쿠라 사절단을 파견하였다.
④ 메이지 정부가 중앙 집권 체제를 확립하였다.
⑤ 근대 공업을 발전시키고 군사력을 강화하였다.

12 다음 (가), (나) 전쟁에 대한 설명으로 옳지 않은 것은?

중 난이도

(가)	(나)
조선을 두고 청과 대립하던 일본이 1894년에 전쟁을 일으켰다.	러시아가 한반도와 만주로 영향력을 확대하자 일본이 1904년에 전쟁을 일으켰다.

① (가): 시모노세키 조약이 체결되었다.
② (가): 일본이 홍콩을 식민지로 차지하였다.
③ (나): 포츠머스 조약이 체결되었다.
④ (나): 일본이 한반도에 영향력을 확대하였다.
⑤ (가), (나): 모두 일본이 승리하였다.

13 다음 선생님의 질문에 대한 학생의 답으로 옳은 것을 보기에서 모두 고르면?

중 난이도

보기

ㄱ. 강화도 조약 체결을 반대했어요.
ㄴ. 전라도 일대에서 개혁을 추진했어요.
ㄷ. 개항 이후 실시한 개화 정책에 해당해요.
ㄹ. 구식 군인들은 별기군과의 차별에 불만이 컸어요.

① ㄱ, ㄴ ② ㄱ, ㄷ ③ ㄴ, ㄷ
④ ㄴ, ㄹ ⑤ ㄷ, ㄹ

같은 주제 다른 문제

● 별기군이 설치된 시기로 옳은 것은? 답 ②

1876		1882		1894		1897	
(가)	(나)		(다)		(라)		(마)
강화도 조약		임오군란		갑오개혁		대한 제국 수립	

① (가) ② (나) ③ (다) ④ (라) ⑤ (마)

14 다음에서 설명하는 근대화 운동으로 옳은 것은?

하 난이도

1884년에 김옥균, 홍영식 등 급진 개화파가 일본의 메이지 유신을 본보기로 삼아 정권을 장악하였으나 청의 군사 개입으로 실패하였다.

① 갑신정변 ② 갑오개혁
③ 임오군란 ④ 위정척사 운동
⑤ 동학 농민 운동

STEP 3 주관식·서술형

▶ 정답 25쪽

01 다음 자료를 보고 물음에 답하시오.

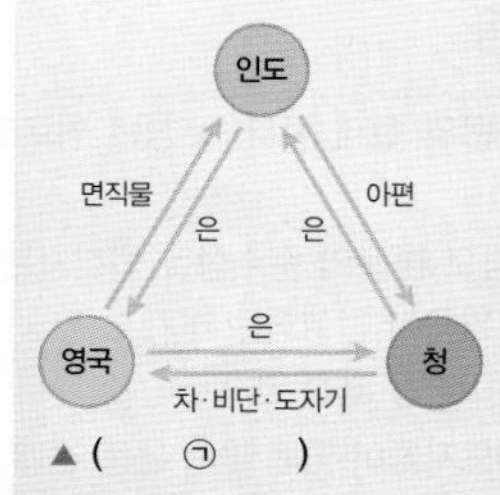

▲ (㉠)

영국은 청과의 무역 적자를 메우고자 (㉠)을(를) 시행하였다. 청은 이로 인한 사회 문제가 발생하고 재정이 어려워지자 임칙서를 광저우에 파견하여 아편 밀무역을 단속하였다. 그러자 영국은 아편 소각을 구실로 ㉡ 제1차 아편 전쟁을 일으켰다.

(1) ㉠에 들어갈 알맞은 말을 쓰시오.

(2) 밑줄 친 ㉡ 이후 체결된 조약의 내용을 세 가지 이상 서술하시오.

02 다음 자료를 보고 물음에 답하시오.

(가)

(나)

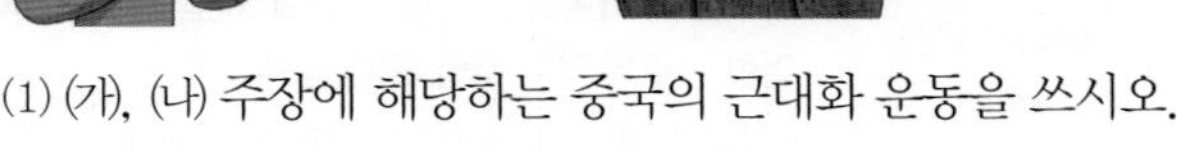

(1) (가), (나) 주장에 해당하는 중국의 근대화 운동을 쓰시오.

(가) ____________ (나) ____________

(2) (가)와 (나)의 주장을 비교하여 서술하시오.

03 다음 자료를 보고 물음에 답하시오.

민족	만주족의 청을 타도하고 한족의 주권을 회복함
민권	모든 국민이 정치적으로 평등한 권리를 가짐
민생	소수의 이익 독점을 막고 국민의 생활을 안정시킴

▲ 쑨원

(1) 자료의 인물이 주도한 중국의 근대화 운동을 쓰시오.

(2) 위 운동의 결과를 서술하시오.

04 다음 글을 읽고 물음에 답하시오.

- 청은 조선국이 자주독립국임을 인정한다.
- 청은 랴오둥반도, 타이완 및 그 부속 도서를 일본에 넘겨준다.
- 청은 일본에 은 2억 냥을 배상금으로 지불한다.

(1) 청일 전쟁 이후 맺은 위 조약의 명칭을 쓰시오.

(2) 위 조약이 일본에 미친 영향을 서술하시오.

01 유럽과 아메리카의 국민 국가 체제

1 영국 혁명

청교도 혁명	의회의 권리 청원 제출 → 크롬웰이 이끄는 의회파가 내전 승리 → 왕을 처형하고 공화정 수립
명예혁명	권리 장전 승인 → 의회 중심의 입헌 군주제 토대 마련

2 미국 혁명

전개	보스턴 차 사건 → 대륙 회의 → 독립 선언서 발표 → 요크타운 전투에서 대승 → 파리 조약으로 독립 승인
결과	연방 헌법 제정 → 삼권 분립에 바탕을 둔 민주 공화국 수립

3 프랑스 혁명

전개	구제도의 모순 → 삼부회 소집 → 국민 의회(테니스코트의 서약, 바스티유 감옥 습격, 인권 선언 발표) → 입법 의회(혁명 전쟁 시작) → 국민 공회(공화정 선포, 루이 16세 처형, 로베스피에르의 공포 정치) → 총재 정부 수립
나폴레옹 전쟁	나폴레옹의 쿠데타 → 통령 정부 수립 → 황제 즉위 → 러시아 원정 실패

4 자유주의의 확산

프랑스	7월 혁명(입헌 군주제 수립), 2월 혁명(공화정 수립)
영국	노동자들이 선거권을 요구하며 차티스트 운동 전개

5 민족주의의 확산과 국민 국가

통일 운동	이탈리아(카보우르, 가리발디), 독일(비스마르크)
라틴 아메리카	볼리바르·산마르틴의 활약, 먼로 선언
미국	남북 전쟁 이후 세계 최대 공업국으로 성장

02 유럽의 산업화와 제국주의

1 산업 혁명

의미	18세기 후반 기계의 발명과 기술 혁신으로 경제와 사회 구조에 나타난 큰 변화
전개	• 영국에서 시작, 기계의 발명, 교통과 통신의 발달 • 벨기에, 프랑스, 미국 → 독일, 러시아, 일본

2 산업 사회의 형성과 사회 문제

산업 사회	• 공장제 기계 공업 발달, 자본가와 노동자 계급 등장 • 자유방임주의(애덤 스미스)
사회 문제	도시 문제, 노동 문제 발생 → 러다이트 운동, 노동조합 결성, 사회주의 등장(마르크스)

3 제국주의 열강의 침략

아프리카	영국(종단 정책) vs 프랑스(횡단 정책) → 파쇼다 사건
아시아·태평양	영국(인도, 말레이반도, 미얀마 진출), 프랑스(인도차이나반도 진출, 베트남과 캄보디아 차지), 네덜란드(인도네시아 지배), 미국(필리핀, 괌과 하와이 지배)

03 서아시아와 인도의 국민 국가 건설 운동

1 서아시아의 국민 국가 건설 운동

오스만 제국	탄지마트 추진 → 술탄의 전제 정치 → 청년 튀르크당의 혁명
아라비아반도	• 와하브 운동: 이슬람교 본래의 순수성을 되찾자는 운동 → 사우디아라비아 왕국이 건설되는 계기 • 아랍 문화 부흥 운동: 아랍 고전 연구
이란	• 아프가니와 종교 지도자들이 담배 불매 운동 전개 • 입헌 혁명: 헌법 제정, 의회 설립 → 실패 후 영국과 러시아가 분할 점령
이집트	무함마드 알리의 개혁 → 수에즈 운하 건설 과정에서 영국·프랑스의 내정 간섭 심화 → 아라비 파샤의 혁명 → 영국군에 진압 → 영국의 보호국이 됨

2 인도의 국민 국가 건설 운동

플라시 전투	영국이 프랑스를 물리치고 벵골 지역의 통치권 차지
세포이의 항쟁	영국이 무굴 제국 황제를 폐위시키고 동인도 회사 해체 → 영국령 인도 제국을 세워 직접 통치
인도 국민 회의	영국에 협조적인 관리와 지식인들을 모아 결성 → 벵골 분할령을 계기로 반영 운동 전개

04 동아시아의 국민 국가 건설 운동

1 중국의 국민 국가 건설

아편 전쟁	• 제1차 아편 전쟁: 난징 조약 체결 • 제2차 아편 전쟁: 톈진 조약·베이징 조약 체결
태평천국 운동	홍수전이 청을 몰아내고 한족의 국가를 세우자(멸만흥한)고 주장하며 봉기
양무운동	한인 관리들이 중국의 전통은 유지하며 서양의 기술만 받아들이자(중체서용)고 주장하며 추진
변법자강 운동	캉유웨이 등이 일본의 메이지 유신을 모델로 제도 개혁 주장
의화단 운동	청을 도와 서양 세력을 몰아내자(부청멸양)고 주장하며 반외세 운동 전개
신해혁명	쑨원을 임시 대총통으로 추대하여 중화민국 수립 → 위안스카이가 황제를 퇴위시키고 청 멸망

2 일본의 국민 국가 건설과 제국주의화

개항	미일 화친 조약, 미일 수호 통상 조약 체결
메이지 유신	막부를 무너뜨리고 천황 중심의 새로운 정부 수립 → 입헌 군주제 국가 수립, 근대적 개혁 추진
제국주의화	• 청일 전쟁 승리 → 시모노세키 조약 체결 • 러일 전쟁 승리 → 포츠머스 조약 체결

3 조선의 국민 국가 건설 운동

개항	운요호 사건을 계기로 일본과 강화도 조약 체결
근대화 노력	갑신정변, 동학 농민 운동, 갑오개혁, 독립 협회, 광무개혁

지도로 정리하기

01 유럽과 아메리카의 국민 국가 체제

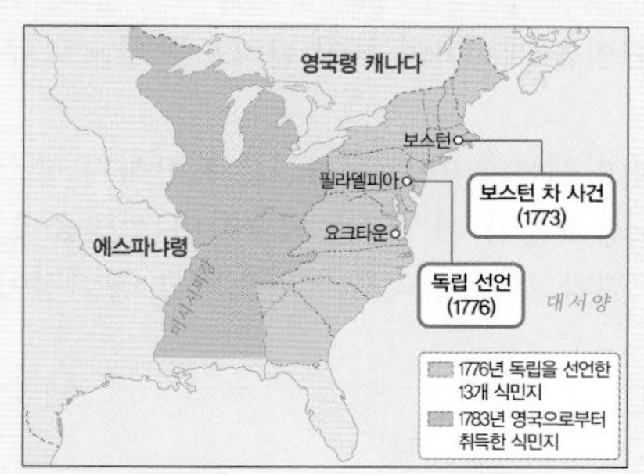

▲ 미국 혁명의 전개

▲ 이탈리아의 통일

▲ 라틴 아메리카의 독립

02 유럽의 산업화와 제국주의

제국주의 열강 중 아프리카 진출에 가장 적극적이었던 영국과 프랑스는 수단의 파쇼다에서 충돌하였다.

영국, 프랑스, 미국, 네덜란드, 독일 등 제국주의 열강은 아시아·태평양 지역에서도 식민지 확보 경쟁을 벌였다.

▲ 제국주의 열강의 침탈

03 서아시아와 인도의 국민 국가 건설 운동

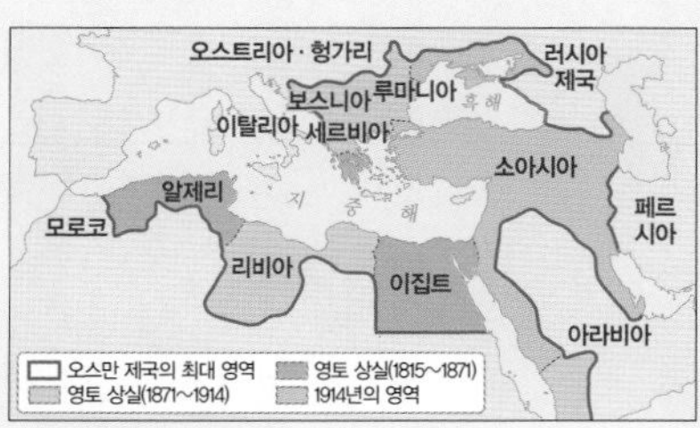

▲ 오스만 제국의 쇠퇴

▲ 19세기 아라비아반도와 이란

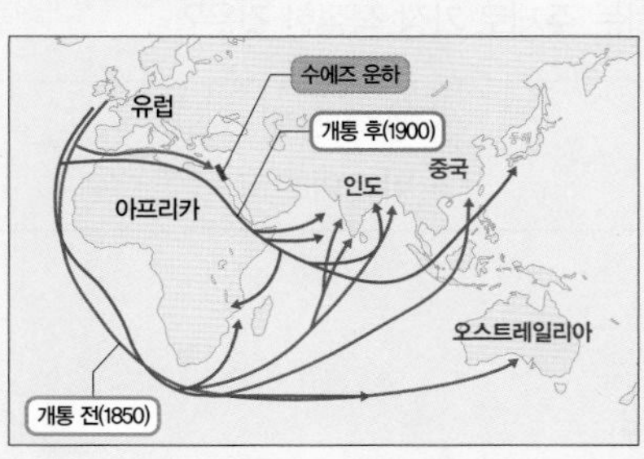

▲ 수에즈 운하

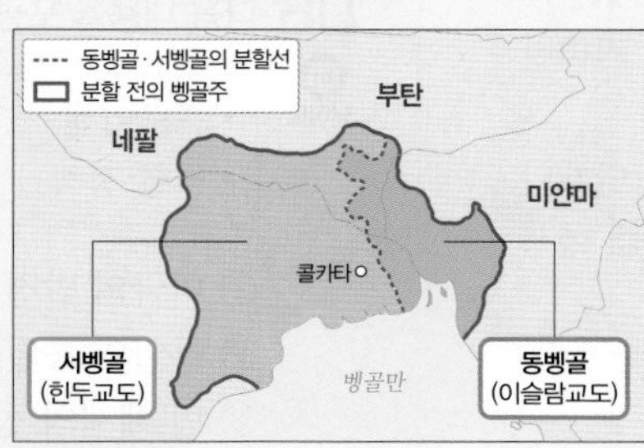

▲ 벵골 분할령

영국은 인도의 민족 운동을 분열시키기 위해 반영 운동이 활발했던 벵골 지방을 서벵골과 동벵골로 나누는 벵골 분할령을 발표하였다.

04 동아시아의 국민 국가 건설 운동

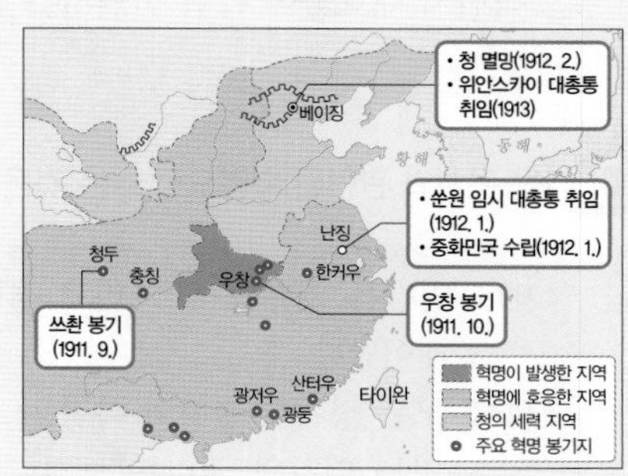

▲ 신해혁명

대단원 마무리 문제

01 유럽과 아메리카의 국민 국가 체제

01 다음 상황에서 일어난 혁명의 전개 과정을 순서대로 바르게 나열한 것은?

상 난이도

16세기 이후 영국에서는 젠트리와 시민 계급이 성장하여 의회에 다수 진출하였다. 이러한 상황에서 제임스 1세와 그의 아들 찰스 1세가 청교도를 탄압하고 의회를 무시하였다.

ㄱ. 의회가 권리 청원을 제출하였다.
ㄴ. 크롬웰이 독재 정치를 실시하였다.
ㄷ. 의회파와 왕당파 사이에 내전이 일어났다.
ㄹ. 찰스 1세를 처형하고 공화정을 수립하였다.

① ㄱ－ㄴ－ㄷ－ㄹ ② ㄱ－ㄷ－ㄴ－ㄹ
③ ㄱ－ㄷ－ㄹ－ㄴ ④ ㄴ－ㄱ－ㄷ－ㄹ
⑤ ㄴ－ㄷ－ㄱ－ㄹ

02 다음에서 설명하는 사건이 일어난 배경으로 옳은 것은?

중 난이도

원주민 복장을 한 식민지인들이 보스턴항에 정박 중이던 영국 동인도 회사의 배를 습격한 뒤 차 상자를 바다에 던져 버렸다.

① 식민지 대표들이 대륙 회의를 열었다.
② 파리 조약을 통해 식민지가 독립하였다.
③ 영국 군대와 식민지 민병대가 충돌하였다.
④ 영국이 식민지에 각종 세금을 부과하였다.
⑤ 식민지 대표들이 독립 선언서를 발표하였다.

중요

03 다음 문서와 관련된 혁명으로 옳은 것은?

중 난이도

제1조 인간은 자유롭게, 그리고 평등한 권리를 가지고 태어났다.
제2조 모든 정치적 결사의 목적은 그 무엇도 침해할 수 없는 인간의 권리를 보전함에 있다. 이 권리란 자유, 재산, 안전, 압제에 대한 저항이다.
제3조 모든 주권의 원천은 국민에게 있다. 어떤 단체와 개인도 국민으로부터 나오지 않은 권리를 행사할 수 없다.

① 7월 혁명 ② 명예혁명
③ 미국 혁명 ④ 청교도 혁명
⑤ 프랑스 혁명

04 다음 (가), (나)에서 설명하는 혁명을 바르게 연결한 것은?

중 난이도

(가) 빈 체제의 성립으로 즉위한 샤를 10세가 의회를 해산하고 언론을 탄압하는 등 전제 정치를 폈다. 이에 파리 시민이 혁명을 일으켜 샤를 10세를 쫓아내고, 입헌 군주제 헌법을 제정하여 루이 필리프를 왕으로 추대하였다.
(나) 프랑스 왕정이 재산에 따라 선거권을 제한하자 중소 시민층과 노동자들이 선거권을 요구하며 혁명을 일으켰다. 그 결과 루이 필리프가 물러나고 공화정이 세워졌다.

	(가)	(나)
①	2월 혁명	7월 혁명
②	2월 혁명	프랑스 혁명
③	7월 혁명	2월 혁명
④	7월 혁명	프랑스 혁명
⑤	프랑스 혁명	7월 혁명

주관식

05 다음 문서와 관계 깊은 영국의 자유주의 운동을 쓰시오.

하 난이도

1. 21세 이상 모든 남자의 선거권 인정
2. 유권자 보호를 위해 비밀 투표 실시
3. 하원 의원의 자격 중 재산 조항 폐지
4. 하원 의원에게 보수 지급
5. 인구 비례에 따른 평등한 선거구 결정
6. 의원의 임기를 1년으로 하여 매년 선거 실시

06 다음 내용을 포괄하는 주제로 가장 적절한 것은?

하 난이도

• 프로이센 • 관세 동맹
• 철혈 정책 • 비스마르크

① 미국의 발전
② 독일의 통일
③ 빈 체제의 성립
④ 이탈리아의 통일
⑤ 라틴 아메리카의 독립

정답 26쪽

02 유럽의 산업화와 제국주의

07 (가)에서 (나)로 바뀌면서 나타난 변화로 옳지 않은 것은?

중 난이도

(가) 가내 수공업	(나) 공장제 기계 공업

① 자본가가 등장하였다.
② 공업 도시가 성장하였다.
③ 산업 사회가 형성되었다.
④ 소량 생산이 이루어졌다.
⑤ 자본주의 체제가 확립되었다.

08 다음에 나타난 산업 사회의 문제점으로 가장 적절한 것은?

하 난이도

> **의원:** 몇 살 때부터 공장에서 일했나요?
> **노동자:** 6살 때부터입니다.
> **의원:** 하루에 몇 시간씩 일합니까?
> **노동자:** 아침 5시부터 저녁 7시인데, 바쁘면 9시까지 일합니다.
> **의원:** 일을 게을리하면 어떻게 됩니까?
> **노동자:** 채찍질을 당합니다.
> **의원:** 다리의 장애는 어쩌다 생겼습니까?
> **노동자:** 방적기의 방추 멈추는 일을 하면서 13살 때부터 무릎이 휘고 발목이 약해졌습니다. 지금도 너무 아픕니다.

① 아동 노동 문제 ② 환경 오염 문제
③ 도시의 인구 증가 ④ 전염병과 범죄 증가
⑤ 상하수도 시설 부족

주관식

09 다음에서 설명하는 운동을 쓰시오.

중 난이도

> 19세기 초 영국의 직물 공업 지역의 일부 노동자들은 기계가 자신들의 일자리를 빼앗는다고 생각하여 기계를 파괴하였다.

10 다음 풍자화에 대한 해석으로 옳지 않은 것은?

중 난이도

① 자본가와 군인이 수탈에 나서고 있어.
② 열강의 아프리카 침략을 풍자하고 있어.
③ 성직자와 귀족의 특권을 나타내고 있어.
④ 제국주의 국가의 침략을 나타내고 있어.
⑤ 식민지 원주민을 착취하고 있는 모습이야.

11 다음 (가), (나) 국가에 대한 설명으로 옳지 않은 것은?

상 난이도

> (가) 이집트의 카이로와 남아프리카의 케이프타운을 연결하려 하였다.
> (나) 알제리, 모로코에서 동쪽의 마다가스카르섬을 연결하려 하였다.

① (가): 에티오피아를 식민지로 삼았다.
② (가): 아프리카 종단 정책을 추진하였다.
③ (나): 아프리카 횡단 정책을 추진하였다.
④ (나): 아프리카를 동서로 연결하려 하였다.
⑤ (가), (나): 파쇼다에서 충돌하였다.

주관식

12 다음 지도에서 (가) 지역을 식민지로 삼은 제국주의 국가를 쓰시오.

중 난이도

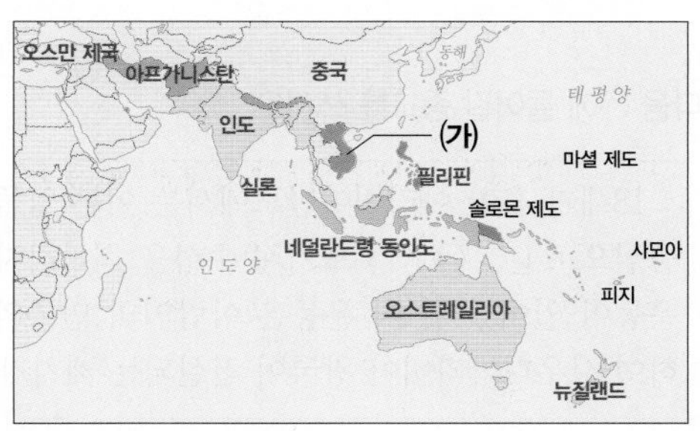

03 서아시아와 인도의 국민 국가 건설 운동

중요
13 다음 지도의 (가) 국가가 추진한 개혁으로 옳은 것을 보기에서 모두 고르면?

중 난이도

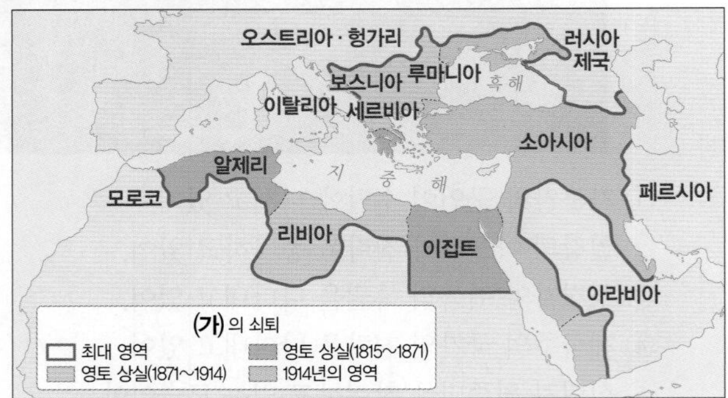

보기
ㄱ. 담배 불매 운동을 벌였다.
ㄴ. 유럽식 교육을 도입하였다.
ㄷ. 행정과 조세 제도를 개편하였다.
ㄹ. 『쿠란』의 가르침 대로 생활하자고 주장하였다.

① ㄱ, ㄴ ② ㄱ, ㄷ ③ ㄴ, ㄷ
④ ㄴ, ㄹ ⑤ ㄷ, ㄹ

14 다음 ㉠에 들어갈 내용으로 가장 적절한 것은?

난이도

오스만 제국이 러시아와의 전쟁에서 패하자 술탄은 헌법을 정지시키고 의회를 해산하였다. 술탄의 조치에 반발한 청년 장교와 지식인 등은 ㉠

① 입헌 혁명을 일으켰다.
② 탄지마트를 실시하였다.
③ 와하브 운동을 추진하였다.
④ 청년 튀르크당을 조직하였다.
⑤ 인도 국민 회의를 결성하였다.

주관식
15 다음 ㉠에 들어갈 종교를 쓰시오.

난이도

18세기 후반 아라비아반도에서는 이븐 압둘 와하브를 중심으로 (㉠) 초기 순수성을 회복하자는 와하브 운동이 일어났다. 이 운동은 아랍인의 민족의식을 자극하여 사우디아라비아 왕국이 건설되는 계기가 되었다.

16 다음과 같은 근대화 정책을 추진한 국가로 옳은 것은?

난이도

나폴레옹의 침략을 겪으면서 프랑스 무기의 우수성을 깨닫고 근대화의 필요성을 느꼈다. 이후 무함마드 알리가 총독으로 부임하여 근대식 군대를 창설하고 유럽식 행정 기구와 교육 제도를 도입하는 등 적극적인 근대화 정책을 추진하였다.

① 인도 ② 이란
③ 베트남 ④ 이집트
⑤ 오스만 제국

중요
17 다음 사건을 일어난 순서대로 바르게 나열한 것은?

중 난이도

ㄱ. 세포이의 항쟁
ㄴ. 벵골 분할령 발표
ㄷ. 인도 국민 회의 결성
ㄹ. 영국령 인도 제국 수립

① ㄱ－ㄴ－ㄷ－ㄹ ② ㄱ－ㄴ－ㄹ－ㄷ
③ ㄱ－ㄹ－ㄷ－ㄴ ④ ㄴ－ㄱ－ㄷ－ㄹ
⑤ ㄴ－ㄷ－ㄱ－ㄹ

서술형
18 다음 글을 읽고 물음에 답하시오.

난이도

17세기 말 지방 세력의 반란으로 무굴 제국이 쇠퇴하자 영국과 프랑스는 벵골 지방의 지배권을 두고 충돌하였다. 이 전투에서 승리한 영국은 벵골 지방을 거점으로 인도에서 지배 지역을 넓혀 나갔다.

(1) 밑줄 친 '전투'의 명칭을 쓰시오.

(2) 위 전투 이후 인도에서 영국이 시행한 경제 정책을 서술하시오.

정답 26쪽

04 동아시아의 국민 국가 건설 운동

19 중요 다음 조약의 명칭으로 옳은 것은?

난이도 중

- 영국 국민은 광저우, 상하이 등 5개 항구에 거주할 수 있고, 박해나 구속을 받지 않고 상업을 할 수 있다.
- 청은 영국에게 홍콩을 넘기고, 영국의 법률로써 통치할 수 있다.
- 앞으로 공행하고만 거래하는 것을 폐지한다.

① 난징 조약 ② 톈진 조약
③ 신축 조약 ④ 베이징 조약
⑤ 시모노세키 조약

20 중요 다음 중국의 국민 국가 건설 과정을 순서대로 바르게 나열한 것은?

난이도 상

ㄱ. 캉유웨이가 입헌 군주제와 의회 제도 도입을 추진하였다.
ㄴ. 한인 관리들이 군수 공장을 세우고 서양 무기를 도입하였다.
ㄷ. 홍수전이 청을 몰아내고 평등한 세상을 만들자고 주장하였다.
ㄹ. 민간 철도 국유화 조치를 계기로 우창의 신식 군대가 봉기하였다.

① ㄱ－ㄴ－ㄷ－ㄹ ② ㄴ－ㄱ－ㄷ－ㄹ
③ ㄴ－ㄷ－ㄱ－ㄹ ④ ㄷ－ㄱ－ㄴ－ㄹ
⑤ ㄷ－ㄴ－ㄱ－ㄹ

주관식
21 다음에서 설명하는 중국의 근대화 운동을 쓰시오.

난이도 하

"청을 도와 서양 세력을 몰아내자."라는 구호를 내걸고 반외세 운동을 전개하며, 철도와 전신을 파괴하고 교회 등을 공격하였다.

서술형
22 다음 글을 읽고 물음에 답하시오.

난이도 중

개항 이후 일본에서는 일부 다이묘와 하급 무사들이 막부를 무너뜨리고 천황 중심의 새로운 정부를 세웠다. 새로 들어선 정부는 이후 여러 가지 근대적 개혁을 추진하였다.

(1) 윗글에서 설명하는 사건을 쓰시오.

(2) 밑줄 친 '개혁'의 내용을 세 가지 이상 서술하시오.

23 다음 자료로 조사 보고서를 쓸 때 주제로 가장 적절한 것은?

난이도 하

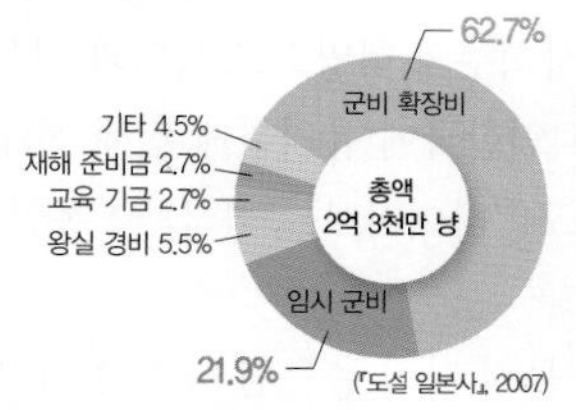

▲ 일본의 청일 전쟁 배상금 사용처

▲ 야하타 제철소

① 일본의 개항 ② 메이지 유신
③ 산킨코타이 제도 ④ 에도 막부의 문화
⑤ 일본의 제국주의화

주관식
24 다음에서 설명하는 조약을 쓰시오.

난이도 하

운요호 사건의 결과 체결된 조약으로 조선이 외국과 맺은 최초의 근대적 조약이지만, 일본의 해안 측량권과 영사 재판권 등을 인정한 불평등 조약이었다.

01 제1차 세계 대전과 국제 질서의 변화

1 제1차 세계 대전

1 제1차 세계 대전의 발발

(1) **제국주의 국가 간의 대립** 19세기 후반부터 제국주의 국가들 사이의 이해관계에 따라 대립 또는 동맹 관계 형성

자료 1 (2) **3국 동맹과 3국 협상의 대립**

3국 동맹	뒤늦게 제국주의 국가로 변모한 독일, 오스트리아·헝가리 제국, 이탈리아
3국 협상	3국 동맹에 맞서 영국, 프랑스, 러시아 등이 참여

자료 2 (3) ❶**발칸반도의 상황** ❷범게르만주의(독일, 오스트리아·헝가리 제국)와 ❸범슬라브주의(러시아, 세르비아 등)의 대립 – '유럽의 화약고'라고 불렸다.

2 제1차 세계 대전의 전개

(1) **전쟁의 시작** 사라예보 사건(1914)(오스트리아·헝가리 제국의 황태자 부부가 보스니아의 사라예보에서 세르비아계 청년에게 암살되었다.) → 오스트리아·헝가리 제국, 세르비아에 ❹선전 포고 → 러시아의 세르비아 지지(러시아와 세르비아는 범슬라브주의로 연결되었다.) → 독일, 러시아에 선전 포고 → 영국, 프랑스 참전

(2) **전쟁의 확산**

① 세계 대전으로 확대: 동맹국, 연합국, 각국의 식민지까지 가담

동맹국	독일, 오스트리아·헝가리 제국, 불가리아, 오스만 제국
연합국	영국, 프랑스, 러시아, 이탈리아(동맹국 탈퇴), 일본 등

② 경과: 독일 우세 → 영국, 독일 해상 봉쇄 → 독일의 무제한 잠수함 작전 → 미국 참전

③ 러시아의 이탈: 러시아 내 사회주의 혁명으로 독일과 단독 ❺강화 조약 체결

(3) **전쟁의 종결** 미국 참전 후 연합국에 유리하게 전세 전개 → 동맹국 항복, 독일 혁명으로 황제 퇴위, 공화국 선포(❻바이마르 공화국) → 독일 항복, 전쟁 종결(1918)

(4) **전쟁의 특징**

① 총력전: 국가의 모든 인적·물적 자원 총동원 → 여성의 역할 확대·지위 향상(남성들이 대부분 전쟁터에 나가 후방의 군수 공장 등에서 여성들이 활약하였다.)

자료 3 ② 신무기 등장: 탱크, 잠수함, 기관총, 독가스 등

③ 장기화: 참호를 파고 장기간 대치하는 참호전 형태로 진행되어 피해 확대

시험에 꼭 나오는 개념 체크

1. 3국 동맹 및 범게르만주의와 관련이 있는 국가는 독일이다. (○, ×)
2. 제1차 세계 대전은 국가의 모든 자원을 총동원하는 ＿＿＿의 양상으로 전개되었다.

답 1. ○ 2. 총력전

2 러시아 혁명

1 러시아 혁명의 배경

(1) **혁명 전 러시아**(차르의 전제 정치가 지속되고 19세기까지 농노가 존재하는 등 후진성을 보였다.) 19세기 말부터 산업화와 더불어 노동자 계층 증가, 자유주의 사상과 사회주의 사상의 확산 → 러일 전쟁에서 전세가 불리해지며 민중의 불만 고조

(2) **피의 일요일 사건(1905)** 러일 전쟁으로 생활이 어려워진 노동자, 농민이 상트페테르부르크에서 개혁을 요구하며 평화 시위 전개 → 정부군의 무력 진압으로 대규모 사상자 발생 – 정부는 의회(두마) 설치, 언론과 집회 자유 허용 등의 개혁을 시도하였지만 효과를 거두지 못하였다.

자료 1 3국 동맹과 3국 협상

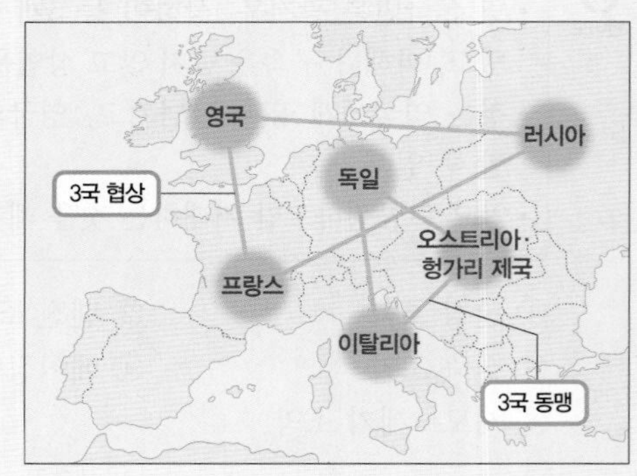

독일이 프랑스를 견제하기 위해 오스트리아·헝가리 제국, 이탈리아와 3국 동맹을 맺자, 영국, 프랑스가 러시아를 끌어들여 3국 협상을 체결하면서 갈등은 심화되었다.

자료 2 발칸반도의 상황

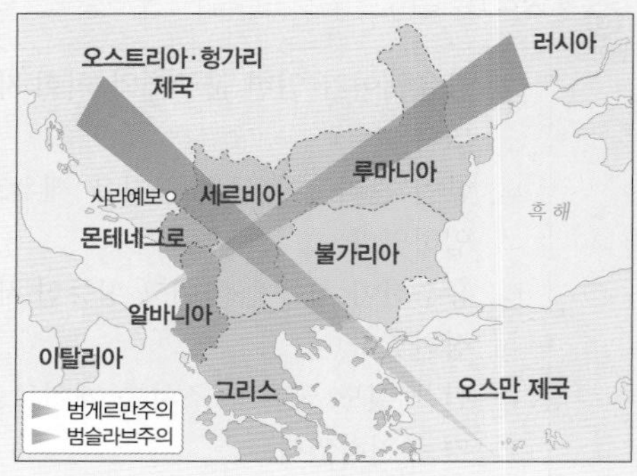

범게르만주의를 내세우던 오스트리아·헝가리 제국이 보스니아 헤르체고비나를 합병하자 범슬라브주의를 내세우던 세르비아와 대립하게 되었다.

자료 3 신무기의 등장

▲ 탱크

▲ 전투기

제1차 세계 대전 당시 참호전이 계속되었다. 이에 전투기, 탱크, 잠수함 등 다양한 신무기들이 등장하여 대량 살상이 이루어졌다.

용어 쏙쏙

❶ 발칸반도: 왼쪽으로는 이탈리아반도, 오른쪽으로는 흑해부터 에게해에 접한 반도
❷ 범게르만주의: 작은 나라로 나뉘어 있던 독일과 오스트리아·헝가리 제국의 통일을 넘어 모든 게르만 민족의 통일과 번영을 주장하는 이념
❸ 범슬라브주의: 19세기 중반 러시아와 발칸반도의 슬라브족의 단합을 주장한 이념
❹ 선전 포고: 한 나라가 다른 나라에게 전쟁을 공식적으로 선언하는 것
❺ 강화 조약: 싸우던 나라끼리 합의하여 전쟁을 끝내기 위하여 체결하는 조약
❻ 바이마르 공화국: 1918년 일어난 독일 혁명으로 1919년에 성립하여 1933년 히틀러의 나치당 정권 수립으로 소멸된 독일 공화국의 통칭

2 2월 혁명과 10월 혁명

러시아력에 따른 표기로, 오늘날 달력 기준으로는 각각 3월 혁명, 11월 혁명이다.

구분	2월 혁명	10월 혁명
원인	제1차 세계 대전에서 거듭된 패배로 국민 불만 상승	2월 혁명으로 수립된 임시 정부의 개혁 부진, 전쟁 지속
주체	노동자, 군인이 결성한 ❶소비에트 중심	레닌이 이끄는 ❷볼셰비키 중심
결과	로마노프 왕조 붕괴 ➡ 임시 정부 수립	임시 정부 타도 ➡ 소비에트 정부 수립

3 소련의 수립과 사회주의의 확산

자료 4

레닌의 정책	• 독일과 단독 강화 조약 체결 • 사회주의 개혁 추진: 토지와 산업의 국유화 • 코민테른 조직: 각국의 공산당 조직·사회주의 운동 지원, 약소민족의 독립 운동과 혁명 지원 (서양 열강이 식민지 국가들을 경제적으로 예속시켜 힘을 얻는다고 생각하고 반제국주의 운동을 지원하였다.) • 신경제 정책(NEP): 경제난 심화 ➡ 자본주의적 요소 일부 인정한 정책 시행 • 소비에트 사회주의 공화국 연방(소련) 수립(1922)
스탈린의 정책	• 공산당 독재 체제 강화: 정권 비판 금지, 반대파 탄압·숙청 • 경제 개발 5개년 계획 추진: 농업의 집단화, 중공업 중심 경제 개발

시험에 꼭 나오는 개념 체크

1. 러시아에서는 2월 혁명으로 소비에트 정부가 수립되었다. (○, ×)
2. 레닌은 경제난이 심해지자 자본주의적 요소를 일부 허용하는 _ _ _ 정책(NEP)을 실시하였다.

답 1. × 2. 신경제

3 제1차 세계 대전 이후의 세계

1 베르사유 체제의 성립

교과서마다 달라요 14개조 평화 원칙

동아, 천재, 비상, 지학	14개조 평화 원칙
미래엔, 금성	14개조 원칙

(1) 파리 강화 회의

① 목적: 프랑스 파리에서 승전국 정상들이 전후 처리 문제 논의

② 14개조 평화 원칙: 미국 윌슨 대통령 제안 ➡ ❸민족 자결주의, 비밀 외교 ❹종식, ❺군비 축소를 포함하여 파리 강화 회의의 기초 역할 (민족 자결주의: 한국과 인도 등 승전국의 식민지에는 적용되지 않았다.)

자료 5 (2) 베르사유 조약

자료 6 ① 내용: 승전국과 독일 사이의 조약 ➡ 독일의 영토 축소, 식민지 상실, 군대 보유 제한, 막대한 배상금 강요

② 결과: 베르사유 체제 형성, 영국·프랑스의 전력 약화 ➡ 미국이 세계 질서 주도

2 국제 연맹 창설과 군비 축소

(1) 국제 연맹의 창설(1920)

성립 목적	국제 분쟁의 평화적 해결, 군비 축소 등
의의	최초의 국제 평화 기구
한계	• 국제기구 창설을 제안한 미국의 불참 (먼로 선언을 지키려는 의회의 반대로 불참하였다.) • 독일, 소련 제외 • 침략국을 제재할 군사적 수단 동원 불가능

(2) 평화를 위한 노력

교과서마다 달라요 평화를 위한 노력 비상만 V-3에서 다룸

워싱턴 회의	군비 축소 논의 진행 ➡ 군사력·무기 축소 일부 진전
부전 조약	분쟁 해결을 위한 전쟁을 불법으로 규정, 분쟁의 평화적 해결 합의

└ 부전 조약: 켈로그·브리앙 조약이라고도 한다.

시험에 꼭 나오는 개념 체크

1. 제1차 세계 대전의 승전국과 전체 패전국은 베르사유 조약을 맺었다. (○, ×)
2. _ _ _ _은 국제 분쟁의 평화적 해결을 위해 성립된 최초의 국제 평화 기구이다.

답 1. × 2. 국제 연맹

더 알기 러시아 혁명을 이끈 레닌

레닌은 러시아의 혁명가이자 정치가로, 노동자와 농민이 억압받는 러시아에서 사회주의 혁명이 성공한다고 보았다. 그는 1917년 10월 혁명을 이끌어 사회주의 국가를 건설하였다.

자료 4 러시아 혁명의 확산

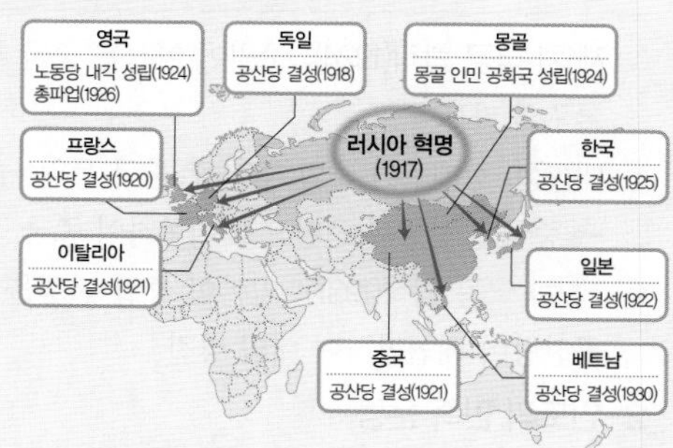

코민테른의 지원으로 프랑스와 이탈리아에서 공산당이 결성되었고, 영국에서는 노동당 내각이 성립되었다.

자료 5 베르사유 조약(1919)

- 독일은 해외 식민지에 관한 모든 권한을 연합국의 주요 국가에 넘긴다.
- 독일은 알자스·로렌 지방을 프랑스에 반환한다.
- 독일은 중국에 관한 모든 특권을 일본에 넘긴다.
- 독일은 200억 마르크 금화에 해당하는 배상금을 우선 지불한다.

베르사유 조약은 제1차 세계 대전의 승전국 전체와 독일 사이에 맺어진 조약으로, 독일에 대한 보복적 성격이 강하였다.

자료 6 베르사유 조약 풍자화

◀ 베르사유 조약에 대한 각국의 반응을 담은 풍자화

베르사유 조약 이후 승전국과 독일을 풍자한 그림으로 막대한 배상금을 강요받은 독일의 처지를 잘 보여 준다.

용어 쏙쏙

❶ 소비에트: 러시아어로 '대표자 회의'라는 뜻으로, 노동자, 병사 대표로 구성되었으며 러시아 혁명 때부터 의회를 대신하는 권력 기구가 되었음
❷ 볼셰비키: 러시아 사회 민주 노동당의 다수파를 지칭하는 용어로 혁명에 성공한 후 러시아 공산당으로 이름을 변경하였음
❸ 민족 자결주의: 각 민족은 자신의 정치적 운명을 스스로 결정할 수 있으며, 다른 민족의 지배를 받지 않는다는 주장으로, 패전국의 식민지에만 적용되었음
❹ 종식(終-마치다, 熄-꺼지다): 한때 매우 성하던 현상이나 일이 끝나거나 없어짐
❺ 군비(軍-군사, 備-갖추다): 전쟁을 수행하기 위하여 갖춘 군사 시설이나 장비

4 아시아 지역의 민족 운동

교과서마다 달라요 **아시아 지역의 민족 운동** 지학만 Ⅳ-4에서 다룸

1 동아시아의 민족 운동

(1) **한국의 3·1 운동(1919)** 민족 자결주의의 영향, 1910년대 일제 식민 지배에 맞선 국내외 민족 운동 → 대한민국 임시 정부 수립

교과서마다 달라요 **한국의 민족 운동** 동아, 비상만 다룸

(2) **중국의 민족 운동**

① 5·4 운동(1919)

더 알기	배경	❶신문화 운동, 일본의 21개조 요구 강요, 군벌의 난립
자료 7	전개	베이징의 학생들을 중심으로 일본의 21개조 요구 철회, 산둥반도 이권 반환, ❷군벌 타도 등을 요구하며 대대적인 민족 운동 전개
	성격	반제국주의·반봉건 운동

산둥반도: 제1차 세계 대전 이전에 독일의 조차지로 독일 패전 후 일본이 차지하였다.

② 제1차 국공 합작(1924): 쑨원이 이끄는 중국 국민당과 중국 공산당의 연합 → 군벌·제국주의 타도 목표

③ 대장정: 장제스가 군벌 제압 후 중국 통일 → 중국 공산당 공격, 제1차 국공 합작 결렬 → 중국 공산당이 옌안으로 이동하여 중국 국민당 정부에 대항 – 마오쩌둥이 이끌었다.

④ 제2차 국공 합작(1937): 일본이 중일 전쟁을 일으키며 대륙 침략 본격화 → 국민당과 공산당이 재연합하여 대일 항전

2 인도의 민족 운동

	배경	영국이 인도의 자치권 보장 약속 → 제1차 세계 대전에서 영국에 협력 → 영국의 전후 약속 불이행, 식민 통치 강화
자료 8	전개	• 간디: 인도 국민 회의를 이끌며 비폭력·불복종 운동 전개 (영국 상품 불매, 평화 시위, 납세 거부, 소금 행진 등을 전개하였다.) • 네루: 인도 독립 동맹 결성, 인도의 완전한 독립 주장, 무력 저항
	결과	영국이 인도인의 자치권 일부 보장(1935)

3 동남아시아의 민족 운동

교과서마다 달라요

태국	
미래엔, 비상, 금성, 지학	타이
동아, 천재	태국

베트남	• 배경: 프랑스가 제1차 세계 대전에 협력하는 조건으로 독립 약속 → 전후 약속 불이행 • 베트남 국민당: 민족주의자들이 조직, 프랑스에 저항 • 베트남 공산당: 호찌민이 조직, 독립 전쟁 준비 등 민족 운동 주도
인도네시아	• 배경: 네덜란드의 지배 • 인도네시아 국민당: 수카르노가 결성, 독립 운동 전개
필리핀	• 배경: 미국의 지배에 저항하는 독립 운동 전개 • 결과: 미국, 필리핀의 자치 인정
태국	• 독립국, 제1차 세계 대전에 ❸연합국으로 참전 • 청년 장교들의 쿠데타 → 입헌 군주제 실시

4 서아시아와 아프리카의 민족 운동

교과서마다 달라요 **아프리카의 민족 운동** 동아, 지학은 다루지 않음

자료 9	오스만 제국	• 배경: 제1차 세계 대전 패배 → 영토 상실, 연합국의 내정 간섭 • 튀르키예 공화국 수립(1923): 무스타파 케말이 초대 대통령으로 선출 → 정치와 종교 분리, 헌법 제정, 여성 참정권 인정, 문자 개혁 등 근대화 노력
	아랍	• 배경: 오스만 제국의 지배, 독립 보장 조건으로 제1차 세계 대전에서 연합국 지원 → 전후 영국과 프랑스의 위임 통치 → 서아시아 각국에서 독립 운동 전개 • 결과: 이라크 독립, 사우디아라비아 통일 왕국 수립
	이집트	영국의 지배, 적극적 반영 운동으로 독립 달성(1922) → ❹수에즈 운하 관리권 영국에 귀속, 영국군 주둔 – 수에즈 운하의 국유화는 나세르의 주도로 1956년에 이루어졌다.

시험에 꼭 나오는 개념 체크

1. 일본이 중일 전쟁을 일으키며 침략을 본격화하자 중국에서는 5·4 운동이 일어났다. (○, ×)
2. ＿＿는 인도 국민 회의를 이끌며 비폭력·불복종 운동을 전개하였다.

답 1. × 2. 간디

더 알기 신문화 운동

신해혁명 이후 중국에서는 지식인들을 중심으로 유교 사상을 비판하고 민주주의와 과학을 강조하는 신문화 운동이 전개되었다.

◀ 신문화 운동 시기 간행된 잡지 「신청년」

자료 7 5·4 운동의 주장

> 베르사유 평화 회담이 열렸을 때 우리가 희망하고 경축한 것은 세계에 정의가 있고 공리가 있다고 한 것이 아니었겠습니까? 칭다오를 돌려주고 …… 산둥이 망하면 중국도 망합니다. …… 국민 대회를 열고 뜻을 굽히지 않겠다고 전국에 전보로 알리는 것이 오늘의 급무입니다.
>
> – 톈안먼에서 베이징 학생 선언(1919) –

제1차 세계 대전 때 독일에 선전 포고를 한 일본은 산둥성을 점령하고, 독일이 가지고 있던 산둥성에서의 이권을 요구하였다. 이러한 요구가 파리 강화 회의에서 받아들여졌고, 5·4 운동의 배경이 되었다.

자료 8 간디의 비폭력·불복종 운동

▲ 비폭력·불복종 운동을 이끈 간디

간디는 어떠한 위협에도 폭력을 쓰지 않는 대신에 영국의 법률이나 명령을 따르지 않는 비폭력·불복종 운동을 이끌었다.

자료 9 무스타파 케말

교과서마다 달라요 **튀르키예 공화국** 비상, 지학만 Ⅴ-2에서 다룸

▲ 제정한 문자를 설명하는 무스타파 케말

튀르키예 공화국을 수립한 무스타파 케말은 '튀르크인의 아버지'라는 의미를 가진 '아타튀르크'라고 불릴 정도로 많은 업적을 세웠다. 독립 전쟁을 일으켜 연합국으로부터 주권과 영토를 보장받았으며, 대통령에 선출된 이후 튀르키예의 근대화를 위해 다양한 개혁 정책을 시행하였다.

용어 쏙쏙

❶ 신문화 운동: 중화민국 초기 유교적이고 봉건적인 제도와 전통을 타파하고자 일어난 문화 운동으로 천두슈, 량치차오 등이 주도하였음

❷ 군벌: 강력한 군사력을 배경으로 정치적 특권을 장악한 군인 집단으로 신해혁명으로 청이 무너진 뒤 중국 곳곳에서 군벌이 일어났음

❸ 연합국: 제1차 세계 대전에서 3국 협상 쪽에 참전한 나라를 통틀어 이르는 말

❹ 수에즈 운하: 1869년 이집트에서 개통된 운하로 지중해와 홍해를 이어 주며 유럽–아시아 간 항로를 단축하는 효과를 가져옴, 이집트에 건설되었으나 약 80년 이상 영국이 관할하였다가 1956년 이집트에 반환하여 오늘에 이르고 있음

STEP 1 개념 확인

01 다음 설명에 해당하는 사건을 보기에서 골라 기호를 쓰시오.

보기
ㄱ. 5·4 운동 ㄴ. 10월 혁명
ㄷ. 사라예보 사건 ㄹ. 피의 일요일 사건

(1) 제1차 세계 대전의 발단이 되었다. ( )
(2) 상트페테르부르크에서 일어난 평화 시위를 군대가 무력으로 진압하였다. ( )
(3) 레닌이 볼셰비키를 이끌고 임시 정부를 무너뜨렸다. ( )
(4) 일본의 21개조 요구 철회를 주장하며 1919년 중국에서 일어났다. ( )

02 서로 관련 있는 것끼리 연결하시오.

(1) 레닌 • • ㉠ 코민테른 조직
• ㉡ 공산당 독재 체제 강화
(2) 스탈린 • • ㉢ 신경제 정책(NEP) 실시
• ㉣ 경제 개발 5개년 계획 추진

03 다음 중 알맞은 말에 ○표를 하시오.

(1) 제1차 세계 대전 당시 독일은 무제한 잠수함 작전을 펼쳤고, 이 때문에 (미국, 영국)이 참전하게 되었다.
(2) (국제 연맹, 국제 연합)은 제1차 세계 대전 이후 창설된 최초의 국제 평화 기구이다.
(3) (간디, 네루)는 인도 독립 동맹을 결성하고 인도의 완전한 독립을 주장하며 무장 투쟁을 전개하였다.

04 다음 설명이 맞으면 ○표, 틀리면 ×표 하시오.

(1) 제1차 세계 대전에서 오스만 제국은 연합국에 속하여 승전국이 되었다. ( )
(2) 베르사유 조약은 승전국과 독일 사이에 맺어진 조약으로 독일에 막대한 배상금을 강요하였다. ( )
(3) 20세기 초 영국은 이집트에서 반영 운동이 일어나자 모든 권리를 이집트에 반환하고 물러갔다. ( )

05 다음 빈칸에 알맞은 말을 쓰시오.

(1) 제1차 세계 대전의 전후 처리 문제를 논의하기 위해 1919년 프랑스에서 ( )이(가) 열렸다.
(2) 일본이 중일 전쟁을 일으키자 중국의 국민당과 공산당은 제2차 ( )을(를) 맺어 일본에 맞서 싸웠다.

STEP 2 대표 문제

정답 27쪽

01 다음 지도의 (가)에 대한 설명으로 옳은 것은?
중 난이도

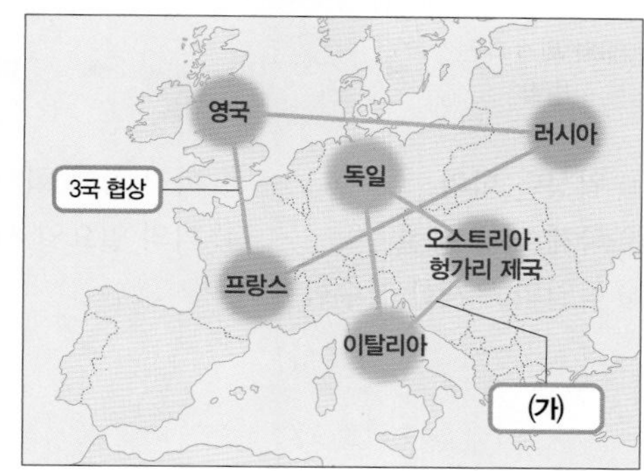

① 범슬라브주의를 내세웠다.
② 프랑스를 견제하기 위해 (가)를 맺었다.
③ 제국주의 열강의 식민 지배에 시달렸다.
④ 주로 아메리카의 식민지를 놓고 대립하였다.
⑤ 아프리카에서 종단 정책과 횡단 정책을 추진하였다.

02 다음 지역과 관련된 대립으로 가장 적절한 것은?
하 난이도

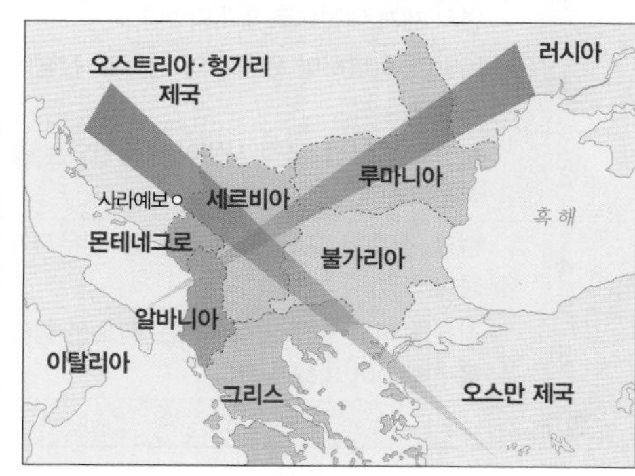

① 불교와 이슬람교의 대립
② 3C 정책과 3B 정책의 대립
③ 자유주의와 사회주의의 대립
④ 종단 정책과 횡단 정책의 대립
⑤ 범게르만주의와 범슬라브주의의 대립

03 중요 제1차 세계 대전의 배경에 해당하는 것을 보기에서 모두 고르면?
중 난이도

보기
ㄱ. 자본가와 노동자의 대립
ㄴ. 3국 동맹과 3국 협상의 대립
ㄷ. 자유주의와 민족주의의 대립
ㄹ. 범슬라브주의와 범게르만주의의 대립

① ㄱ, ㄴ ② ㄱ, ㄷ ③ ㄴ, ㄷ
④ ㄴ, ㄹ ⑤ ㄷ, ㄹ

04 다음 (가)에 들어갈 사건으로 옳은 것은?

중 난이도

제1차 세계 대전 발발 → (가) → 미국의 참전

① 워싱턴 회의 ② 파리 강화 회의
③ 국제 연맹 창설 ④ 피의 일요일 사건
⑤ 독일의 무제한 잠수함 작전

05 다음은 어떤 학생이 작성한 수행 평가 답안지이다. 이 학생이 받게 될 점수로 옳은 것은?

상 난이도

역사 수행 평가

※ 제1차 세계 대전에 대한 내용이 맞으면 ○표, 틀리면 ×표 하시오.

문항	내용	답
1	동맹국, 연합국, 각국의 식민지까지 가담하면서 세계 대전으로 확대되었다.	○
2	독일이 항복하며 연합국의 승리로 전쟁이 끝났다.	○
3	참전국의 인적·물적 자원이 총동원되는 총력전이었다.	×
4	탱크, 잠수함, 기관총, 독가스 등 신무기가 등장하였다.	×
5	참호를 파고 장기간 대치하는 참호전 형태로 진행되어 피해가 컸다.	○
합계		

(답이 맞으면 1점, 틀리면 0점을 부여한다.)

① 1 ② 2 ③ 3 ④ 4 ⑤ 5

06 러시아 혁명의 배경에 관한 설명으로 옳지 않은 것은?

중 난이도

① 자유주의 사상과 사회주의 사상이 확산되었다.
② 산업화가 진행되면서 노동자 계층이 증가하였다.
③ 러일 전쟁에서 전세가 불리해지며 민중의 불만이 점차 커졌다.
④ 피의 일요일 사건 이후 차르가 개혁을 시도하였으나 성과가 없었다.
⑤ 오스트리아·헝가리 제국의 황태자 부부가 세르비아계 청년에게 사라예보에서 암살되었다.

07 다음 (가) 시기에 러시아에서 있었던 사실로 옳은 것은?

상 난이도

(가): 피의 일요일 사건 — 10월 혁명

① 러일 전쟁이 시작되었다.
② 로마노프 왕조가 무너졌다.
③ 제1차 세계 대전이 종료되었다.
④ 독일과 강화 조약을 맺어 전쟁을 중단하였다.
⑤ 소비에트 사회주의 공화국 연방(소련)이 결성되었다.

08 다음 밑줄 친 '나'에 해당하는 인물로 옳은 것은?

하 난이도

러시아의 혁명가였던 '나'는 노동자와 농민이 중심이 되는 사회주의 혁명을 꿈꾸었다. 1917년 러시아에서 2월 혁명이 일어나자 귀국하였고, 소비에트가 권력의 중심이 되는 혁명을 주장하였다. 결국 '나'는 10월 혁명을 성공시켜 최초의 사회주의 국가를 건설하였다.

① 레닌 ② 윌슨 ③ 쑨원
④ 스탈린 ⑤ 무스타파 케말

같은 주제 다른 문제

● 10월 혁명을 주도한 인물의 정책으로 옳은 것은? 답 ①

① 소련 결성 ② 3국 협상 결성
③ 2월 혁명 주도 ④ 의회(두마) 설치
⑤ 경제 개발 5개년 계획 추진

09 다음 조사 보고서의 ㉠에 들어갈 제목으로 가장 적절한 것은?

중 난이도

(㉠)

• 의미: 러시아에서 조직된 국제 공산당 연합 조직
• 활동: 각국의 공산당 조직과 사회주의 운동 지원
 – 프랑스와 이탈리아에서 공산당 결성
 – 영국의 노동당 내각 성립
 – 식민지 해방 운동 지원

① 3국 협상 ② 코민테른 ③ 소비에트
④ 볼셰비키 ⑤ 국제 연맹

10 다음 조약에 대한 설명으로 옳은 것을 보기에서 모두 고르면?

중 난이도

> 베르사유 조약
>
> • 독일은 해외 식민지에 관한 모든 권한을 연합국의 주요 국가에 넘긴다.
> • 독일은 알자스·로렌 지방을 프랑스에 반환한다.
> • 독일은 200억 마르크 금화에 해당하는 배상금을 우선 지불한다.

보기
ㄱ. 연합국과 독일이 맺은 조약이다.
ㄴ. 모든 식민지를 독립시키려고 하였다.
ㄷ. 패전국 독일을 철저하게 응징하려고 하였다.
ㄹ. 유럽 전체의 경제적 번영을 위한 조약이었다.

① ㄱ, ㄴ ② ㄱ, ㄷ ③ ㄴ, ㄷ
④ ㄴ, ㄹ ⑤ ㄷ, ㄹ

11 다음 인물의 주장과 관련된 옳은 분석을 한 사람을 보기에서 모두 고르면?

중 난이도

◀ 미국의 윌슨 대통령

보기
• 유진: 미국 윌슨 대통령이 제안한 14개조 평화 원칙을 기초로 파리 강화 회의가 진행되었어.
• 교현: 14개조 평화 원칙에는 민족 자결주의와 국제기구 창설 등의 내용이 포함되었어.
• 민채: 이 원칙을 근거로 1920년에 창설된 국제기구가 국제 연합이야.
• 봉근: 민족 자결주의의 원칙은 패전국의 식민지뿐만 아니라 승전국의 식민지에도 적용되었어.

① 유진, 교현 ② 유진, 민채
③ 교현, 민채 ④ 교현, 봉근
⑤ 민채, 봉근

12 국제 연맹에 대한 설명으로 옳지 않은 것은?

하 난이도

① 독일과 소련이 제외되었다.
② 최초의 국제 평화 기구이다.
③ 제1차 세계 대전 이후 성립되었다.
④ 창설을 제안한 미국이 불참하였다.
⑤ 국제 분쟁을 막기 위한 군사적 제재 수단을 갖추었다.

13 다음 설명에 해당하는 회의로 옳은 것은?

중 난이도

> 본 회의에 참석한 우리는 다음 내용에 대해 합의하였다.
> • 해군 함선의 수량 제한 및 폐기
> • 해군 함선의 무기 제한
> • 독가스 사용 금지

① 빈 회의 ② 베를린 회의
③ 워싱턴 회의 ④ 파리 강화 회의
⑤ 포츠머스 강화 회의

14 다음 밑줄 친 ㉠에 대한 설명으로 옳은 것은?

중 난이도

> 제1차 세계 대전의 승전국은 독일 이외에도 다른 패전국과도 개별적으로 강화 조약을 맺어 영토와 배상금을 강요하였다. 그 결과 제1차 세계 대전의 승전국을 중심으로 ㉠ 새로운 국제 질서가 마련되었다.

① 독일 제국이 성립되었다.
② 이 체제의 이름을 얄타 체제라고 부른다.
③ 소비에트 사회주의 공화국 연방이 수립되었다.
④ 승전국 중 미국이 세계 질서를 주도하게 되었다.
⑤ 오스트리아 빈에서 개최된 회의가 중심이 되었다.

같은 주제 다른 문제

• 밑줄 친 ㉠에 해당하는 국제 질서로 옳은 것은? 답 ⑤

① 빈 체제 ② 얄타 체제 ③ 냉전 체제
④ 국제 연합 ⑤ 베르사유 체제

[15~17] 다음 지도를 보고 물음에 답하시오.

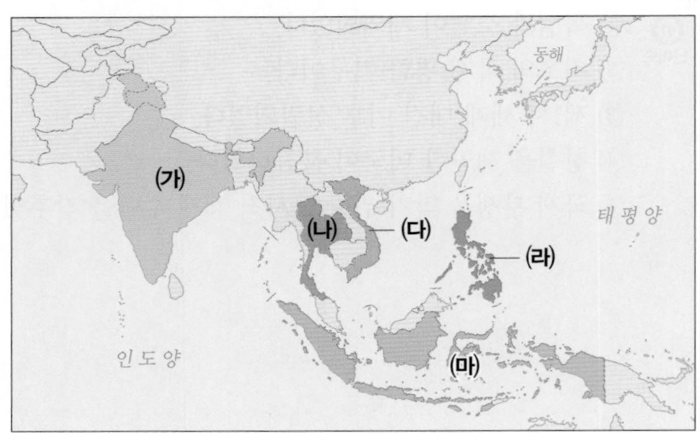

15 (가) 지역의 민족 운동에 대한 설명으로 옳은 것은?

중 난이도

① 프랑스로부터 독립하기 위해 투쟁하였다.
② 수에즈 운하 관리권을 되찾으려고 하였다.
③ 간디가 비폭력·불복종 운동을 전개하였다.
④ 공산당이 중심이 되어 민족 운동을 주도하였다.
⑤ 술탄제를 폐지하고 남녀평등권을 도입하고자 하였다.

16 (다) 지역의 민족 운동을 주도한 인물로 옳은 것은?

하 난이도

① 네루　② 쑨원
③ 장제스　④ 호찌민
⑤ 무스타파 케말

17 다음에서 설명하는 인물과 관련 깊은 지역으로 옳은 것은?

중 난이도

> 젊은 시절 수카르노는 독립 운동에 몸을 던졌고, 네덜란드군에 잡혀 고초를 겪기도 하였다. 1949년 독립에 성공한 조국에서 수카르노는 첫 번째 대통령이 되었다.
>
> 
>
> ▲ 수카르노가 들어간 지폐

① (가)　② (나)　③ (다)　④ (라)　⑤ (마)

중요 **18** 다음 대화 내용과 관계 깊은 중국의 민족 운동으로 옳은 것은?

하 난이도

① 3·1 운동　② 5·4 운동
③ 10월 혁명　④ 제2차 국공 합작
⑤ 비폭력·불복종 운동

같은 주제 다른 문제

● 일본의 21개조 요구에 반대하며 중국에서 일어난 운동은? 답 ②

① 3·1 운동　② 5·4 운동
③ 10월 혁명　④ 국산품 애용 운동
⑤ 비폭력·불복종 운동

19 다음 사건을 일어난 순서대로 바르게 나열한 것은?

중 난이도

> ㄱ. 제2차 국공 합작
> ㄴ. 일본의 21개조 요구
> ㄷ. 장제스의 국민당 정부 수립

① ㄱ－ㄴ－ㄷ　② ㄱ－ㄷ－ㄴ
③ ㄴ－ㄱ－ㄷ　④ ㄴ－ㄷ－ㄱ
⑤ ㄷ－ㄴ－ㄱ

중요 **20** 다음에서 설명하는 국가로 옳은 것은?

중 난이도

> • 제1차 세계 대전 이후 무스타파 케말이 제정을 폐지하고 수립하였다.
> • 무스타파 케말에 의해 정치와 종교의 분리, 문자 통일, 남녀평등권 도입 등이 이루어졌다.

① 이집트　② 모로코　③ 이스라엘
④ 팔레스타인　⑤ 튀르키예 공화국

STEP 3 주관식·서술형

정답 28쪽

01 다음 지도를 보고 물음에 답하시오.

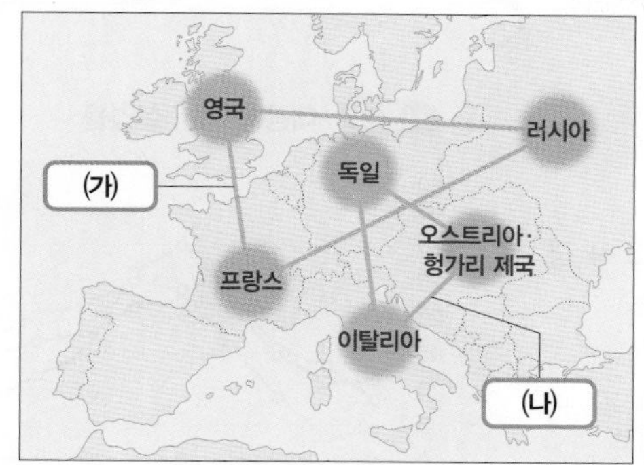

(1) (가), (나)에 들어갈 세력을 쓰시오.

(가) ______ (나) ______

(2) (가)와 (나)의 대립으로 일어난 제1차 세계 대전의 특징을 세 가지 이상 서술하시오.

02 다음 자료를 보고 물음에 답하시오.

러시아 혁명

구분	(㉠)	10월 혁명
계기	전쟁 중 경제 위기, 차르의 전제 정치	임시 정부의 전쟁 지속
주도	소비에트	볼셰비키
결과	임시 정부를 수립하였다.	(㉡)

(1) ㉠에 들어갈 사건을 쓰시오.

(2) ㉡에 들어갈 10월 혁명의 결과를 서술하시오.

03 다음 글을 읽고 물음에 답하시오.

> 제1차 세계 대전이 끝나고 전후 처리 문제를 논의하기 위하여 회의가 열렸다. 이 회의에 앞서 미국 대통령 윌슨은 14개조 평화 원칙을 제안하였다. 이 원칙에는 민족 자결주의와 ㉠ 국제기구 창설 등이 포함되었다.

(1) 밑줄 친 ㉠에 해당하는 국제기구를 쓰시오.

(2) 위 국제기구의 한계점을 두 가지 이상 서술하시오.

04 다음 글을 읽고 물음에 답하시오.

> 제1차 세계 대전 당시 인도는 자치권을 주겠다는 약속을 믿고 영국에 협력하였다. 그러나 영국이 자치권을 주겠다는 약속을 지키지 않고 식민 통치를 강화하자 인도 국민 회의를 이끌던 (㉠)은(는) ㉡ 비폭력·불복종 운동을 전개하였다.

(1) ㉠에 들어갈 인물을 쓰시오.

(2) 밑줄 친 ㉡의 사례를 두 가지 이상 서술하시오.

02 대공황과 제2차 세계 대전
03 민주주의와 평화 확산을 위한 노력

1 대공황의 발생과 전체주의의 등장

교과서마다 달라요 **V-2 주제** 미래엔, 비상, 금성만 V-1에서 다룸

1 ❶대공황의 발생

자료 1 (1) **배경** 제1차 세계 대전 이후 미국이 세계 경제 주도 ➡ 과잉 생산, 구매력 감소 ➡ 생산과 소비의 불균형으로 재고 누적 ➡ 기업 이윤 감소, 실업자 증가, 소비 위축

(2) **전개**

미국 주가 대폭락 (1929. 10. 24.) ➡ 기업·은행 대규모 도산, 실업자 급증 ➡ 유럽에 빌려준 미국 자금 회수 ➡ 전 세계로 대공황 확산

2 대공황의 극복 노력

교과서마다 달라요 **블록 경제** 지학은 '경제 블록'으로 표기

국가	정책	내용
미국	뉴딜 정책	• 국가가 기업의 생산 활동에 적극 개입 – 자유방임주의 경제 원칙을 포기하였다. • 대규모 공공사업 실시로 실업자 구제 • 사회 보장 제도 실시로 구매력 향상 노력
영국·프랑스 (자료 2)	블록 경제	• 본국과 식민지를 묶어 하나의 경제권(블록) 형성 • 외국 상품에 높은 관세를 부과하여 수입 억제

– 국가가 국민을 보호하기 위해 적극 나서는 계기가 되었고, 이후 서양 국가의 복지 정책에도 영향을 주었다.

3 ❷전체주의 국가의 출현

(1) **배경** 경제 기반이 약하고 식민지가 없거나 적은 이탈리아, 독일, 일본, 에스파냐 등에서 강력한 국가 통제와 무력 침략 등을 통해 대공황에 대처

자료 3 (2) **전체주의 국가의 특징**

교과서마다 달라요 **에스파냐** 미래엔, 천재만 다룸

교과서마다 달라요 **나치당** 비상은 '나치스'로 표기

이탈리아	무솔리니가 이끄는 파시스트당이 정권 장악(1922) ➡ 대공황 극복 과정에서 파시즘 강화 ➡ 에티오피아 합병
독일	히틀러가 이끄는 나치당 일당 독재 수립 ➡ 나치즘, 게르만 우월주의, 국민 통제, 인종 차별 정책 시행 ➡ 오스트리아, 체코슬로바키아 합병
일본	군부의 정권 장악 ➡ ❸군국주의 강화, 대륙 침략 본격화 ➡ 만주 사변, 중일 전쟁
에스파냐	파시즘의 지원을 받은 프랑코 세력이 독재 정권 수립

– 비밀경찰(게슈타포)과 친위대를 동원하여 국민을 감시하고 언론을 통제하였다.

(3) ❹**추축국의 형성** 독일·일본이 맺은 ❺방공 협정에 이탈리아까지 가입하며 추축국 형성

시험에 꼭 나오는 개념 체크

1. 대공황은 1929년 영국에서 처음 시작되었다. (○, ×)
2. _____에서는 무솔리니의 파시스트당이 정권을 장악하며 파시즘이 등장하였다.

답 1. × 2. 이탈리아

2 제2차 세계 대전

1 제2차 세계 대전의 발발

유럽의 상황	아시아 및 태평양 일대의 상황
• 영국: 독일의 침략 견제 위해 폴란드와 상호 원조 조약 체결 • 독일: 소련과 비밀리에 불가침 조약 체결(1939) ➡ 폴란드 침공 ➡ 영국과 프랑스가 독일에 선전 포고 ➡ 제2차 세계 대전 시작	일본의 동남아시아 침략 ➡ 미국의 ❻경제 봉쇄 ➡ 일본의 하와이 진주만 기습 ➡ 태평양 전쟁 발발 ➡ 미국의 참전으로 전 세계로 전선 확대

자료 1 대공황 시기 실업률

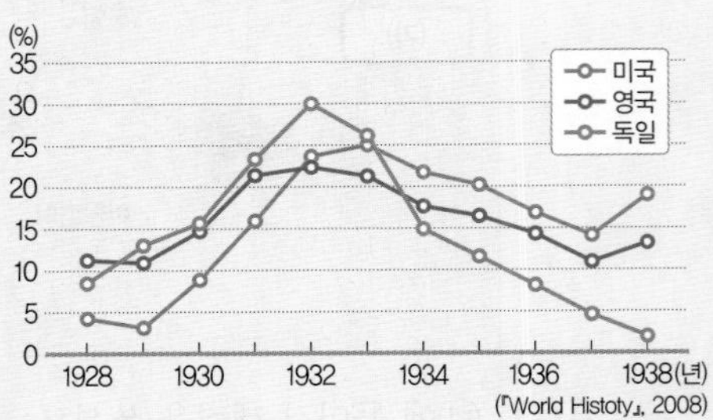

▲ 실업률 변화(1928~1938)

대공황 이후 실업자가 크게 늘어났다. 이 시기 일자리와 가난 해소를 요구하는 시위가 연일 벌어지며 사회가 불안하였다.

자료 2 블록 경제의 형성

미국발 경제 위기(대공황)를 극복하기 위해 각국은 파운드 블록(영국), 프랑 블록(프랑스), 달러 블록(미국)을 만들어 본국과 식민지 사이의 보호 무역 체제를 강화하였다.

자료 3 파시즘과 나치즘

국가를 떠나서는 인간과 영혼의 가치도 존재하지 않는다. 어떤 단체도 국가를 떠나서는 존재하지 않으며 국민이 국가를 발생시키는 것이 아니라, 국가가 국민을 창조한다. …… 오직 전쟁만이 인간의 힘을 최고조에 이르게 하고 이에 직면할 용기를 가진 국민에게 고귀함을 부여한다. – 무솔리니, 『파시즘 독트린』 –

민족주의 국가는 인종을 모든 생활의 중심에 두어야 한다. 국가는 인종의 순수한 유지를 추구해야 한다. 자기가 병약하고 결함이 있는데도 아이를 낳는 것은 치욕일 뿐이며, 오히려 아이를 낳는 일을 단념하는 것이 최고의 영예이다. – 히틀러, 『나의 투쟁』 –

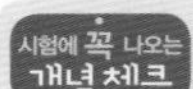

용어 쏙쏙

❶ 대공황: 큰 규모의 세계적인 경제 공황으로 보통 1929년에 발생한 불황 상태를 뜻함. 불황기에는 경제 활동이 침체되어 생산이 위축되고 실업은 늘어남
❷ 전체주의: 개인의 모든 활동은 민족이나 국가와 같은 전체의 발전을 위해서만 존재한다는 사상을 바탕으로 국가 권력이 국민 생활을 통제하는 독재 체제
❸ 군국주의: 군사력 증강 및 전쟁 준비를 위한 정책을 최고로 삼는 정치 체제
❹ 추축(樞-돌쩌귀, 軸-굴대): 정치나 권력의 중심을 가리키는 말
❺ 방공 협정: 공산주의를 막기 위해(방공) 1936년 독일과 일본이 맺은 협정
❻ 경제 봉쇄: 특정 국가와의 거래를 끊거나 제한하여 경제적으로 고립시키는 일

2 제2차 세계 대전의 전개

1939. 9.	독일의 폴란드 침공
1940. 6.	독일, 파리 점령 – 프랑스의 드골은 영국에 임시 정부를 수립하였고, 국내에서는 레지스탕스가 저항하였다.
1941. 6.	독일, ❶독·소 불가침 조약 파기, 소련 침공 – 석유와 식량을 확보할 목적이었다.
1941. 12.	일본, 미국 하와이 진주만 기습, 태평양 전쟁 시작 ➡ 미국 참전
1942. 6.	미드웨이 해전에서 미국이 일본에 승리
1942~1943	스탈린그라드 전투에서 소련이 독일에 승리
1943. 9.	이탈리아 항복
1944. 6.	❷연합국, 노르망디 상륙 작전 ➡ 프랑스 해방
1945. 5.	독일 항복
1945. 8.	미국, 일본에 두 차례 원자 폭탄 투하 ➡ 일본 항복 ➡ 연합국 승리로 전쟁 종결

더 알기 (1944. 6.)

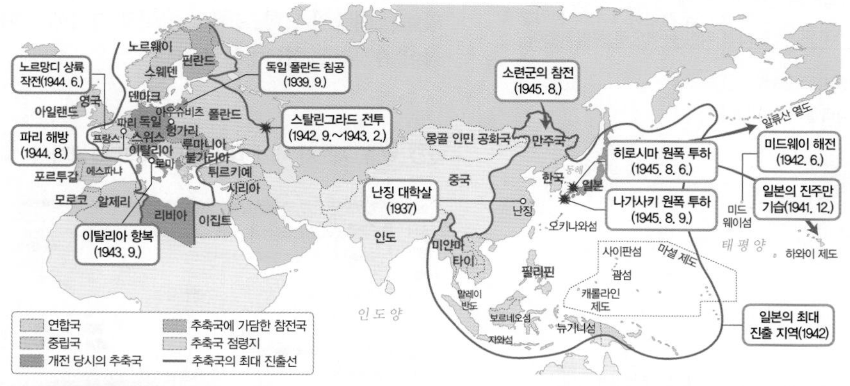

▲ 독일의 폴란드 침공

▲ 일본의 진주만 기습

▲ 스탈린그라드 전투

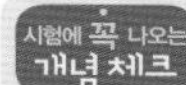
시험에 꼭 나오는 개념 체크

1. 독일은 1939년 소련과 불가침 조약을 체결하였다. (○, ×)
2. 일본이 하와이 진주만을 기습함으로써 ＿＿이 참전하여 태평양 전쟁이 일어났다.

답 1. ○ 2. 미국

더 알기 노르망디 상륙 작전

연합군의 노르망디 상륙 작전은 1,200척이 넘는 함선과 15만 명에 이르는 병력을 동원한 '지상 최대의 작전'이었다. 이 작전의 성공으로 프랑스가 해방되어 연합국이 승리하는 발판이 되었다.

3 민주주의의 확산

1 정치·경제 체제의 변화

교과서마다 달라요 **자본주의의 발전** 비상만 다룸
교과서마다 달라요 **전체주의 극복 노력** 미래엔만 다룸

공화정 수립 (자료 4, 자료 5)	• 제1차 세계 대전 이후 유럽 대부분 국가에서 헌법과 의회를 갖춘 공화정 수립, 패전국 식민지에서 신생 독립국 탄생 • 독일: 바이마르 헌법 제정, 바이마르 공화국 수립 • 오스트리아·헝가리 제국: 베르사유 조약으로 해체 ➡ 많은 민주 공화국 탄생 • 오스만 제국: 시리아, 이라크, ❸팔레스타인 등으로 분리, 튀르키예 공화국 수립
❹보통 선거 채택	전쟁 중 큰 역할을 한 시민의 지위 상승 ➡ 재산에 따른 선거권 제한 폐지, 보통 선거 실시
자본주의의 발전	• 미국이 제1차 세계 대전 이후 세계 경제 질서를 주도하며 자본주의 본격 발전 • 대공황 이후 경제 운영에 정부의 역할 확대 ➡ 제2차 세계 대전 이후 자본주의 고도성장
전체주의 극복 노력	• 배경: 전체주의 정권의 일당 독재 강화 ➡ 민주주의를 지키기 위한 저항 운동 전개 • 전개: 프랑스에서 인민 전선 수립 – 파시즘에 저항하는 여러 정치 집단들의 연합이었다.

자료 4 제1차 세계 대전 이후 유럽

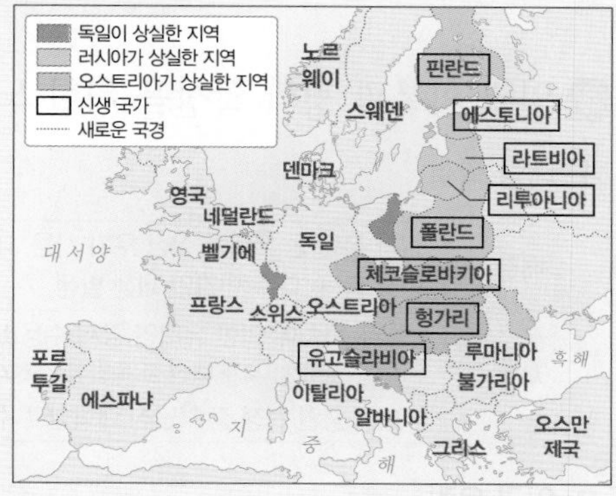

제1차 세계 대전이 연합국의 승리로 끝난 후 유럽에서는 패전국의 영토 상실, 신생 독립국 탄생 등의 변화가 있었다.

자료 5 바이마르 공화국 헌법

제1조 독일은 공화국이다. 국가 권력은 국민으로부터 나온다.
제22조 국회의원은 비례 대표제의 원칙에 따라 20세 이상의 남녀 보통·평등·직접·비밀 선거로 선출된다.
제159조 노동 조건 및 경제 조건을 보호하고 개선하기 위하여 결사의 자유는 누구에게나 보장된다.

제1차 세계 대전에서 패배한 독일에서는 왕정이 붕괴하고 바이마르 공화국이 수립되었다. 당시 만들어진 헌법은 여성 참정권과 노동자의 권리를 보장한 민주적인 헌법이었다.

용어 쏙쏙

❶ 독·소 불가침 조약: 독일과 소련이 상대국을 침략하지 않는다고 약속한 조약. 1939년 체결하여 1942년 독일에 의해 파기되었음
❷ 연합국: 제2차 세계 대전에서 독일, 이탈리아, 일본의 추축국에 대항한 나라들로, 미국, 영국, 소련 등이 속하였음
❸ 팔레스타인: 지중해 동남쪽에 위치한 지방. 이스라엘의 국경 확정 이후 남은 지역이 요르단과 이집트로 갈라졌으며 영토 귀속 문제를 둘러싸고 분쟁이 계속되고 있음
❹ 보통 선거: 성별, 재산 정도에 관계없이 일정 연령 이상의 국민 모두에게 선거권을 주는 제도

2 여성 ❶참정권의 획득

교과서마다 달라요 **여성 참정권 운동 사례**

미래엔, 비상, 금성, 지학	에멀린 팽크허스트
천재, 금성, 지학	에밀리 데이비슨

(1) **배경** 19세기 전반부터 참정권 획득 노력 전개, 제1차 세계 대전부터 여성의 사회·경제적 참여 확대 ➡ 여성의 참정권 요구 확산

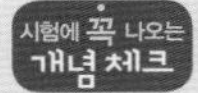
(2) **전개** 제1차 세계 대전 전후 독일, 영국 등의 유럽 국가와 미국에서 여성 참정권 인정 ➡ 제2차 세계 대전 이후 아시아·아프리카 지역에서도 여성 참정권 인정

3 노동자의 권리 보호

교과서마다 달라요 **와그너법** 동아만 다룸

배경	• 제1차 세계 대전 전후 자본주의 발달로 노동자의 경제적 역할 확대 • 전쟁 중 각국 노동자들의 협조 ➡ 노동자의 사회적 지위 상승
전개	• 유럽 각국에서 노동조합 결성·파업에 대한 권리 보장, 노동자 이익 대변 정당 등장 ➡ 사회 보장 정책 시행, '복지 국가' 등장 • 미국: 뉴딜 정책으로 노동자 권리 보장, 와그너법으로 단결권·단체 교섭권 인정 • 국제 연맹 하위 기구인 국제 노동 기구(ILO) 설립(1919) ─ 노동 조건을 개선하여 사회 정의를 확립하기 위한 목적으로 설립하였다.

시험에 꼭 나오는 개념 체크
1. 제1차 세계 대전 이후 유럽 대부분의 지역에서는 왕정이 수립되었다. (○, ×)
2. 제1차 세계 대전 이후 __ 선거를 확대해 나가는 나라들이 늘어났다.

답 1. × 2. 보통

자료 6 여성 참정권 획득 시기

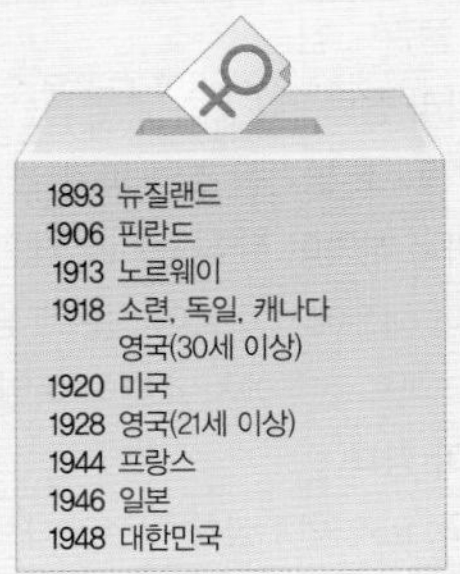

19세기 후반부터 20세기 초반까지 활발하게 진행된 여성 참정권 운동과 제1차 세계 대전 이후 확대된 여성의 사회·경제적 참여로 각국에서 여성이 참정권을 획득하였다.

4 인권 회복과 평화 확산을 위한 노력

1 대량 학살

배경 (자료 7)	원자 폭탄 등 ❷대량 살상 무기 사용, 대도시 공습, 집단 학살, 전쟁 중 전염병·기아 발생 등 ➡ 다수 민간인 희생 발생
사례	• 독일: 나치에 의한 유대인 강제 수용소 감금 및 학살 ➡ 아우슈비츠 수용소, 홀로코스트 ─ 제2차 세계 대전 중 독일이 약 600만 명의 유대인을 학살한 사건을 의미한다. • 일본: 중일 전쟁 중 ❸난징 대학살로 수십만 명의 중국 민간인 학살

2 인권 유린

(1) **독일** 사회적 약자와 소수 인종을 사회에서 제거, 수용소에서 ❹생체 실험

(2) **일본** 731 부대에서 한국인·중국인 등을 대상으로 생체 실험, 주둔 지역에 군대 위안소를 설치하고 수만 명의 여성을 일본군 '위안부'로 강제 동원

3 평화를 위한 노력

─ 제1차 세계 대전 이후 로카르노 조약(국경선 합의), 켈로그·브리앙 조약(전쟁 포기) 등을 체결하였다.

교과서마다 달라요 **제1차 세계 대전 이후 평화를 위한 노력** 비상만 다룸

(1) **인권 회복을 위한 노력** 뉘른베르크 재판에서 독일 나치 주요 범죄자 재판, 극동 국제 군사 재판에서 일본 전범 재판, 국제 연합 총회에서 「세계 인권 선언」 채택

(2) **평화 유지를 위한 노력**

전후 처리 회담	• 카이로 회담(1943): 일본 패전 이후 영토 처리 문제 논의 • 얄타 회담(1945): 전후 독일 영토 분할 점령, 국제 연합 창설 합의, 소련의 대일전 참전 등 논의 • 포츠담 회담(1945): 독일 패전 이후 일본의 무조건 항복 권유
국제 연합(UN) 창설 (자료 8)	• 과정: 제2차 세계 대전 중 미국 루스벨트 대통령과 영국 처칠 총리가 ❺대서양 헌장 발표(1941) ➡ 얄타 회담에서 창설 합의 ➡ 샌프란시스코 회의에서 국제 연합 헌장 제정 ─ 대서양 회담에서 발표하였으며 국제 연합 헌장의 기초가 되었다. • 특징: 미국·소련 등 강대국 모두 참여, 평화 유지군 파견 등 군사적 수단 동원 가능

시험에 꼭 나오는 개념 체크
1. 제2차 세계 대전에서 대량 학살 등으로 수많은 민간인이 희생되었다. (○, ×)
2. 대서양 헌장을 바탕으로 얄타 회담에서 ____ 창설에 합의하였다.

답 1. ○ 2. 국제 연합

자료 7 제2차 세계 대전 참전국의 희생자 수

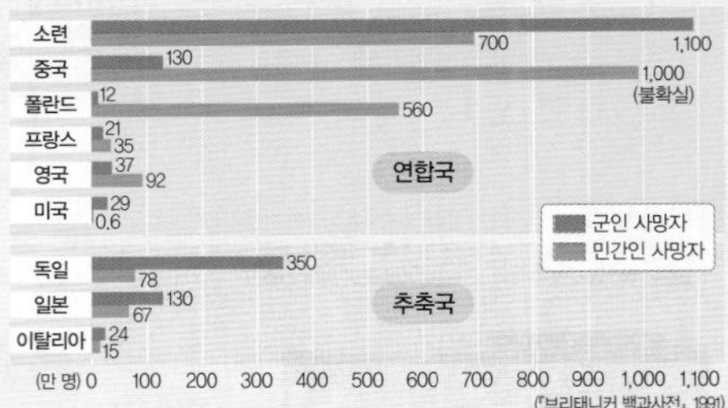

(『브리태니커 백과사전』, 1991)

제2차 세계 대전은 전체 사망자가 5,000만 명에 달할 정도로 인류 역사상 가장 피해가 큰 전쟁이었다. 소련의 사망자가 가장 많았고, 일본군에 의한 민간인 사망이 많았던 중국이 그 뒤를 이었다. 유대인이 많이 살았던 폴란드에서도 민간인 사망자가 많았다.

자료 8 국제 연합의 조직

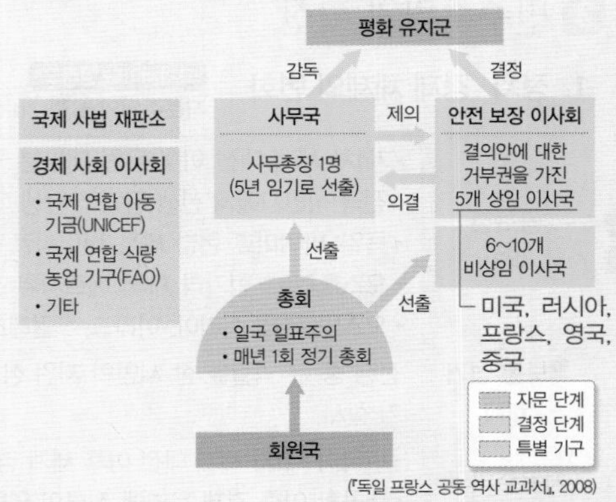

(『독일 프랑스 공동 역사 교과서』, 2008)

국제 연합은 국제 평화와 안전 보장, 국제 우호 증진을 목표로 설립되었으며 평화 유지군을 두어 국제 분쟁을 억제할 군사적 능력을 갖추었다.

용어 쏙쏙

❶ 참정권: 선거권, 피선거권 등 국민이 국정에 직접 또는 간접으로 참여하는 권리
❷ 대량 살상 무기: 많은 사람을 희생시킬 수 있는 무기
❸ 난징 대학살: 1937년 12월부터 1938년 1월까지 약 6주간 난징을 점령한 일본군이 벌인 중국인 대학살
❹ 생체 실험: 살아 있는 몸을 직접 이용한 실험으로 제2차 세계 대전 당시 페스트, 콜레라 등의 생물학 무기를 실험함
❺ 대서양 헌장: 미국과 영국 두 나라가 영토를 확대하지 않고 타국의 영토를 변경하지 않으며 타국민의 권리를 존중한다는 내용 등이 담겨 있음

STEP 1 개념 확인

01 서로 관련 있는 것끼리 연결하시오.

(1) 미국 • 　　　　• ㉠ 프랑 블록
(2) 영국 • 　　　　• ㉡ 파운드 블록
(3) 프랑스 • 　　　• ㉢ 뉴딜 정책, 달러 블록

02 다음 설명에 해당하는 용어를 보기에서 골라 기호를 쓰시오.

보기
ㄱ. 추축국　　ㄴ. 대공황
ㄷ. 전체주의　　ㄹ. 홀로코스트

(1) 1929년 미국 주가 대폭락으로 시작하여 전 세계로 확산된 경제 위기 (　　)
(2) 제2차 세계 대전에서 독일, 이탈리아, 일본을 가리키는 말 (　　)
(3) 민족이나 전체의 이익을 강조하고 개인의 희생을 강요하는 사상 (　　)
(4) 독일 나치가 주도한 유대인 대학살 (　　)

03 다음 중 알맞은 말에 ○표를 하시오.

(1) 독일이 (프랑스, 폴란드)를 침공하며 제2차 세계 대전이 시작되었다.
(2) 미국은 (미드웨이 해전, 진주만 기습)에서 일본에 승리를 거두었다.
(3) 연합군은 (노르망디 상륙 작전, 무제한 잠수함 작전)에 성공하여 프랑스를 해방하였다.

04 다음 설명이 맞으면 ○표, 틀리면 ×표 하시오.

(1) 제2차 세계 대전부터 여성의 사회·경제적 참여가 확대되며 여성 참정권 요구가 확산되었다. (　　)
(2) 제2차 세계 대전에서는 집단 학살, 대량 살상 무기의 사용 등으로 수많은 민간인이 희생되었다. (　　)
(3) 일본은 제2차 세계 대전에서 일본군 '위안부'를 조직적으로 강제 동원하며 여성 인권을 유린하였다. (　　)

05 다음 빈칸에 알맞은 말을 쓰시오.

(1) 제1차 세계 대전에서 패한 독일에서는 (　　　　) 공화국이 수립되었다.
(2) 일본은 미국 하와이 (　　　　)을(를) 기습 공격하며 태평양 전쟁을 일으켰다.
(3) 제2차 세계 대전 이후 국제 평화와 안전 보장, 국제 우호 증진을 목표로 (　　　　)이(가) 창설되었다.

STEP 2 대표 문제

정답 28쪽

[01~02] 다음 자료를 보고 물음에 답하시오.

탐구 주제: 　　㉠
(1) 배경: 제1차 세계 대전 이후 미국이 세계 경제 주도 → 과잉 생산, 구매력 감소 → 기업 이윤 감소, 실업자 증가, 소비 위축
(2) 전개: 1929년 미국 주가 대폭락을 시작으로 전 세계로 확산
(3) 미국의 대응: ㉡ 뉴딜 정책 추진

01 ㉠에 들어갈 주제로 옳은 것은?
하 난이도

① 대공황　② 자본주의
③ 전체주의　④ 산업 혁명
⑤ 제2차 세계 대전

02 중요 밑줄 친 ㉡의 내용으로 옳은 것을 보기에서 모두 고르면?
중 난이도

보기
ㄱ. 군비 증강　　ㄴ. 대외 침략 정책
ㄷ. 대규모 공공사업　　ㄹ. 사회 보장 제도 실시

① ㄱ, ㄴ　② ㄱ, ㄷ　③ ㄴ, ㄷ
④ ㄴ, ㄹ　⑤ ㄷ, ㄹ

03 중요 다음 지도에 나타난 정책의 내용으로 옳은 것은?
중 난이도

태평양
대서양
인도양
파운드 블록(영국)
프랑 블록(프랑스)
달러 블록(미국)

① 민족과 국가를 위해 개인의 희생을 강요하였다.
② 대외 침략을 통해 경제 위기를 극복하고자 하였다.
③ 베르사유 조약에 따른 배상금을 갚기 위한 노력이었다.
④ 본국과 식민지의 경제를 묶어 하나의 경제권을 형성하였다.
⑤ 모든 국민이 생산 수단을 소유하는 경제 체제를 구축하였다.

04 다음 ㉠에 들어갈 국가로 옳은 것을 보기에서 모두 고르면?

상 난이도

> 경제 기반이 약하고 식민지가 없거나 적은 (㉠)에서는 강력한 국가 통제와 무력 침략 등을 통해 대공황에 대처하였다.

보기

ㄱ. 미국 ㄴ. 독일 ㄷ. 영국
ㄹ. 일본 ㅁ. 프랑스 ㅂ. 이탈리아

① ㄱ, ㄴ, ㄷ ② ㄱ, ㄷ, ㄹ ③ ㄴ, ㄷ, ㅁ
④ ㄴ, ㄹ, ㅂ ⑤ ㄷ, ㅁ, ㅂ

05 중요 다음에서 설명하는 개념으로 옳은 것은?

하 난이도

> 개인의 모든 활동은 민족이나 국가와 같은 전체의 발전을 위해서만 존재한다는 이념을 바탕으로 국가 권력이 국민 생활을 통제하는 독재 체제이다.

① 민족주의 ② 사회주의 ③ 자본주의
④ 전체주의 ⑤ 제국주의

06 다음 (가) 시기 일본의 상황으로 옳은 것은?

중 난이도

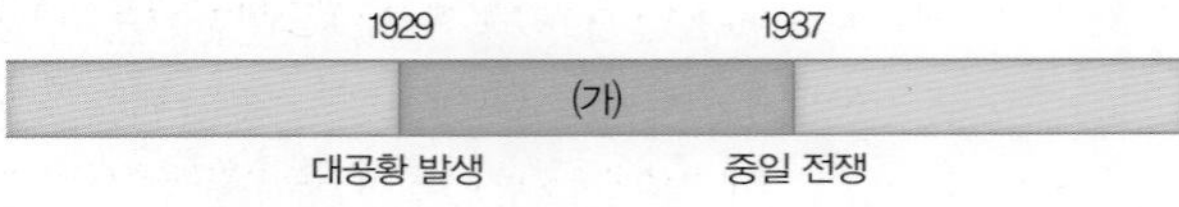

① 파시스트당이 정권을 장악하였다.
② 만주 사변을 일으키고 만주국을 세웠다.
③ 진주만을 기습하며 태평양 전쟁을 일으켰다.
④ 유대인을 박해하는 등 인종 차별 정책을 펼쳤다.
⑤ 러일 전쟁에서 승리하고 대한 제국을 강제 병합하였다.

07 제2차 세계 대전의 추축국에 해당하는 국가로만 짝지어진 것은?

하 난이도

① 영국, 미국, 일본
② 영국, 미국, 프랑스
③ 독일, 일본, 이탈리아
④ 프랑스, 독일, 오스트리아
⑤ 독일, 이탈리아, 오스트리아

[08~10] 다음 연표를 보고 물음에 답하시오.

제2차 세계 대전의 전개		
(가)	1939. 9.	독일의 폴란드 침공
(나)	1941. 12.	일본의 하와이 진주만 기습
(다)	1942. 6.	미드웨이 해전
(라)	1944. 6.	노르망디 상륙 작전
(마)	1945. 8.	미국, 일본에 두 차례 원자 폭탄 투하

08 (가) 사건 이전에 일어난 일로 옳은 것을 보기에서 모두 고르면?

중 난이도

보기

ㄱ. 독일과 일본이 방공 협정을 체결하였다.
ㄴ. 독일이 소련과 불가침 조약을 체결하였다.
ㄷ. 프랑스의 드골이 영국에 망명 정부를 세웠다.
ㄹ. 소련이 스탈린그라드 전투에서 독일에 승리하였다.

① ㄱ, ㄴ ② ㄱ, ㄷ ③ ㄴ, ㄷ
④ ㄴ, ㄹ ⑤ ㄷ, ㄹ

09 중요 미국이 제2차 세계 대전에 참전하는 계기가 된 사건을 고르면?

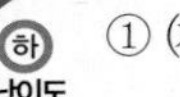
하 난이도

① (가) ② (나) ③ (다) ④ (라) ⑤ (마)

같은 주제 다른 문제

● 태평양 전쟁이 시작된 계기로 옳은 것은? 답 ⑤

① 미드웨이 해전 ② 노르망디 상륙 작전
③ 독일의 폴란드 침공 ④ 미국의 원자 폭탄 투하
⑤ 일본의 하와이 진주만 기습

10 (라) 사건의 결과로 가장 적절한 것은?

중 난이도

① 독일이 파리를 점령하였다.
② 연합군이 프랑스를 해방하였다.
③ 대공황이 전 세계로 확산되었다.
④ 파시스트당이 정권을 장악하였다.
⑤ 영국과 프랑스가 독일에 선전 포고를 하였다.

11 다음에서 설명하는 사건의 결과로 옳은 것은?

중 난이도

• 시기: 1945년 8월
• 사건: 미국이 히로시마와 나가사키에 원자 폭탄을 떨어뜨렸다.

① 독일이 항복하였다.
② 무솔리니 정권이 무너졌다.
③ 소련군이 독일 베를린을 포위하였다.
④ 독일이 불가침 조약을 파기하고 소련을 침략하였다.
⑤ 일본의 무조건 항복으로 연합국이 승리하며 제2차 세계 대전이 종결되었다.

12 다음 대화에서 옳게 말한 사람으로만 짝지어진 것은?

상 난이도

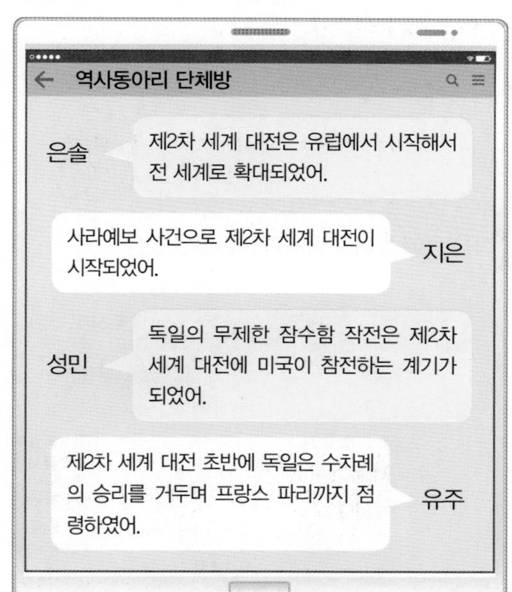

① 은솔, 지은 ② 은솔, 유주 ③ 지은, 성민
④ 지은, 유주 ⑤ 성민, 유주

13 제2차 세계 대전을 주제로 역사 신문을 만들 때 기사 제목으로 적절하지 않은 것은?

하 난이도

① 탱크, 독가스 등 신무기 최초 등장
② 독일의 폴란드 침공, 제2차 세계 대전 발발
③ 일본의 하와이 진주만 기습, 미국 참전 여부 주목
④ 미국의 미드웨이 해전 승리, 연합군 승리 기대 확산
⑤ 독일의 파리 점령, 프랑스 드골 정부 영국에 망명 정부 수립

14 다음 ㉠에 들어갈 말로 옳은 것은?

하 난이도

제1차 세계 대전에서 연합국이 승리한 후 (㉠)는 더욱 발전하였다. 전쟁이 끝난 후 유럽 대부분 국가들은 헌법과 의회를 갖춘 공화정을 채택하였다. 신생 독립 국가에서도 대부분 공화정에 입각한 (㉠)를 채택하였다.

① 군국주의 ② 전체주의 ③ 제국주의
④ 사회주의 ⑤ 민주주의

중요 **15** 제1차 세계 대전 이후 나타난 정치 변화로 옳은 것을 보기에서 모두 고르면?

중 난이도

보기
ㄱ. 독일에서 바이마르 공화국이 수립되었다.
ㄴ. 오스만 제국에서 튀르키예 공화국이 수립되었다.
ㄷ. 프랑스에서 2월 혁명으로 공화정이 수립되었다.
ㄹ. 영국에서 노동자를 중심으로 차티스트 운동이 전개되었다.

① ㄱ, ㄴ ② ㄱ, ㄷ ③ ㄴ, ㄷ
④ ㄴ, ㄹ ⑤ ㄷ, ㄹ

16 다음 ㉠, ㉡에 들어갈 말을 바르게 연결한 것은?

중 난이도

제1차 세계 대전 이후의 변화

제1차 세계 대전에서 큰 역할을 한 시민의 지위가 상승하면서 여러 국가에서 (㉠)에 따른 선거권 제한이 폐지되고 일정 연령 이상의 국민 모두에게 선거권을 주는 (㉡) 선거가 도입되기 시작하였다.

	㉠	㉡
①	재산	보통
②	성별	평등
③	계급	직접
④	재산	비밀
⑤	지역	보통

같은 주제 다른 문제

• 제1차 세계 대전 이후 민주주의의 확산 내용으로 옳지 않은 것은? 답 ③
① 보통 선거가 도입되었다.
② 여성의 참정권이 확대되었다.
③ 재산에 따라 선거권을 제한하였다.
④ 민주적인 바이마르 헌법이 제정되었다.
⑤ 유럽 대부분의 국가에서 공화정을 채택하였다.

17 중요 다음과 같은 여성 참정권 확대 배경으로 가장 적절한 것은?

중 난이도

여성 참정권 획득 시기
1918 소련, 독일, 캐나다, 영국(30세 이상)
1920 미국
1928 영국(21세 이상)

① 전체주의가 등장하였다.
② 민족 자결주의가 발표되었다.
③ 미국에서 와그너법이 제정되었다.
④ 전 세계적으로 대공황이 발생하였다.
⑤ 제1차 세계 대전에서 총력전이 펼쳐졌다.

18 다음 ㉠에 들어갈 내용으로 옳지 않은 것은?

상 난이도

① 최저 임금제를 도입하였어.
② 노동조합을 결성할 수 있어.
③ 노동조합을 통해 임금을 협의할 수 있어.
④ 국민 모두 생산 수단을 소유하게 되었어.
⑤ 노동자의 이익을 대변하는 정당이 생겼어.

19 다음 ㉠에 들어갈 말로 옳은 것은?

하 난이도

독일에서는 히틀러가 이끈 나치당이 약 1,100만 명의 민간인과 포로를 학살하였다. 특히 약 600만 명의 유대인이 희생되었다. 이를 (㉠)(이)라고 한다.

① 대공황 ② 홀로코스트
③ 난징 대학살 ④ 사라예보 사건
⑤ 피의 일요일 사건

20 다음 그래프에 대한 해석으로 옳은 것을 보기에서 모두 고르면?

상 난이도

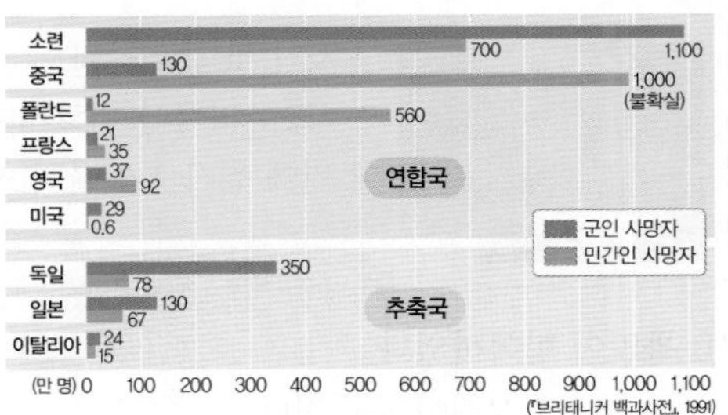

보기
ㄱ. 제1차 세계 대전의 사망자를 나타낸 것이다.
ㄴ. 군인 사망자의 수가 민간인 사망자보다 많았다.
ㄷ. 일본이 저지른 난징 대학살로 중국인의 피해가 컸다.
ㄹ. 대량 살상 무기의 사용, 대량 학살 등으로 이전 전쟁보다 희생이 컸다.

① ㄱ, ㄴ ② ㄱ, ㄷ ③ ㄴ, ㄷ
④ ㄴ, ㄹ ⑤ ㄷ, ㄹ

21 중요 다음 ㉠에 들어갈 국제기구로 옳은 것은?

중 난이도

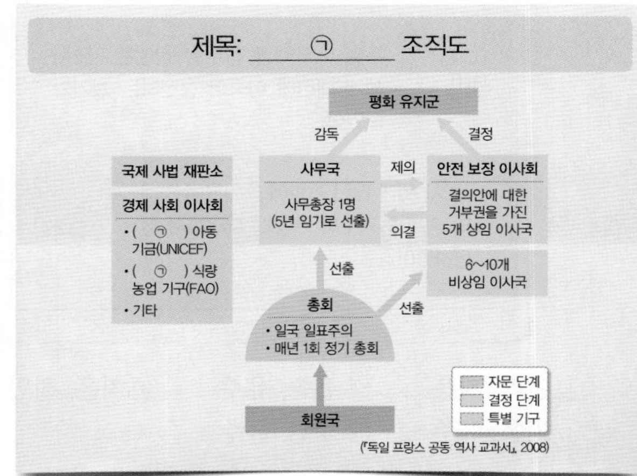

① 코민테른 ② 유럽 연합
③ 국제 연맹 ④ 국제 연합
⑤ 이슬람 동맹

같은 주제 다른 문제

● 다음에서 설명하는 국제기구로 옳은 것은? 답 ④

• 제2차 세계 대전 이후 설립되었다.
• 국제 평화와 안전 보장 등을 목표로 한다.
• 평화 유지군, 안전 보장 이사회, 국제 사법 재판소 등의 하부 조직으로 운영된다.

① 코민테른 ② 소비에트 ③ 국제 연맹
④ 국제 연합 ⑤ 유럽 연합

STEP 3 주관식·서술형

▶ 정답 29쪽

01 다음 그래프를 보고 물음에 답하시오.

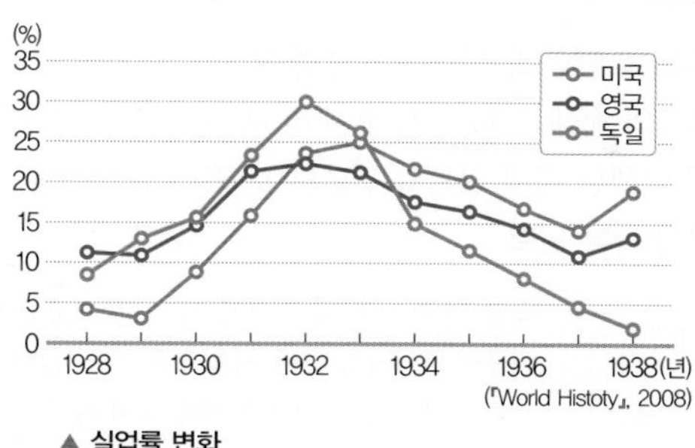

▲ 실업률 변화

(1) 실업률이 급격히 높아진 시기의 세계적 경제 위기를 무엇이라고 하는지 쓰시오.

(2) 위 경제 위기를 극복하기 위한 미국, 영국, 독일의 정책을 각각 서술하시오.

02 다음 글을 읽고 물음에 답하시오.

> 국가를 떠나서는 인간과 영혼의 가치도 존재하지 않는다. 어떤 단체도 국가를 떠나서는 존재하지 않으며 국민이 국가를 발생시키는 것이 아니라, 국가가 국민을 창조한다. …… 오직 전쟁만이 인간의 힘을 최고조에 이르게 하고 이에 직면할 용기를 가진 국민에게 고귀함을 부여한다.
>
> –(㉠), 『파시즘 독트린』–

(1) 이탈리아에서 파시스트당을 이끌고 정권을 장악한 ㉠ 인물을 쓰시오.

(2) 자료와 같은 체제를 채택한 이탈리아, 독일, 일본의 정책을 각각 서술하시오.

03 다음 글을 읽고 물음에 답하시오.

> **바이마르 공화국 헌법**
>
> 제1조 독일은 공화국이다. 국가 권력은 (㉠)으로부터 나온다.
>
> 제22조 국회의원은 비례 대표제의 원칙에 따라 20세 이상의 남녀 보통·평등·직접·비밀 선거로 선출된다.
>
> 제159조 노동 조건 및 경제 조건을 보호하고 개선하기 위하여 결사의 자유는 누구에게나 보장된다.

(1) ㉠에 들어갈 알맞은 말을 쓰시오.

(2) 바이마르 공화국 헌법을 민주적이라고 평가하는 이유를 서술하시오.

04 다음 자료를 보고 물음에 답하시오.

百人斬り'超記錄'
向井106-105野田
両少尉さらに延長戦

두 군인이 서로 백 명 이상을 베었다는 것을 자랑하고 있다는 내용의 기사이다. 일본군은 난징에서 약 30만 명에 달하는 중국 민간인을 학살하였다.

(1) 자료에서 설명하는 사건을 쓰시오.

(2) 제2차 세계 대전을 전후하여 일본이 저지른 대량 학살과 인권 유린 사례를 서술하시오.

01 제1차 세계 대전과 국제 질서의 변화

1 제1차 세계 대전

(1) **제국주의 국가 간의 대립**

민족	범게르만주의 VS 범슬라브주의
진영	3국 동맹 VS 3국 협상

(2) **제1차 세계 대전의 전개**

발단	사라예보 사건(발칸반도)
전개	오스트리아·헝가리 제국, 세르비아에 선전 포고 → 러시아 참전(범슬라브주의), 독일 참전(범게르만주의) → 영국, 독일에 선전 포고(3국 협상) → 불가리아, 오스만 제국 동맹국 합류 → 이탈리아 동맹국 탈퇴 → 독일의 무제한 잠수함 작전, 미국의 참전 → 러시아, 10월 혁명으로 전쟁 이탈 → 독일, 바이마르 공화국 수립, 정전 조약 체결

(3) **제1차 세계 대전의 특징** 총력전, 신무기 등장, 장기전

2 러시아 혁명

(1) **배경** 피의 일요일 사건, 제1차 세계 대전 참전으로 인명 피해와 경제난 심화

(2) **10월 혁명과 소련의 수립**

2월 혁명	임시 정부 수립 → 전쟁 지속
10월 혁명	무장 봉기를 통해 소비에트 정부 수립
레닌	• 토지와 산업의 국유화(사회주의 개혁), 신경제 정책 • 소비에트 사회주의 공화국 연방(소련) 결성(1922) • 코민테른: 국제 공산당 연합 조직 → 유럽의 혁명 지원, 식민지 해방 운동 지원
스탈린	독재 체제 강화, 경제 개발 5개년 계획

3 제1차 세계 대전 이후의 세계

(1) **베르사유 체제의 성립** 미국 중심의 세계 질서 시작

파리 강화 회의	• 제1차 세계 대전 전후 처리 문제 논의 • 윌슨의 14개조 평화 원칙 → 민족 자결주의, 국제기구 창설
베르사유 조약	승전국과 독일 사이에 체결 → 독일 영토 축소, 식민지 상실, 군대 보유 제한, 막대한 배상금

(2) **국제 연맹 창설과 군비 축소**

국제 연맹	• 국제 평화를 위해 창설, 군비 축소 등 합의 • 한계: 독일·소련·미국 미가입, 군사적 제재 수단 없음
군비 축소	워싱턴 회의, 부전 조약 등

4 아시아와 아프리카 지역의 민족 운동

한국	3·1 운동 → 대한민국 임시 정부 수립
중국	5·4 운동, 제1·2차 국공 합작
인도	간디(비폭력·불복종 운동), 네루(인도 독립 동맹 결성)
베트남	호찌민이 베트남 공산당 결성
인도네시아	수카르노가 인도네시아 국민당 결성
오스만 제국	무스타파 케말이 튀르키예 공화국 수립 후 개혁 추진
이집트	영국으로부터 독립(수에즈 운하는 영국 소유)

02 대공황과 제2차 세계 대전

1 대공황의 발생과 전체주의의 등장

(1) **대공황의 발생** 제1차 세계 대전 이후 세계 경제를 주도한 미국에서 발생한 경제 위기가 전 세계로 확대

(2) **대공황 극복 노력**

미국	뉴딜 정책 시행 → 국가가 기업 생산 활동에 적극 개입, 대규모 공공사업 실시, 사회 보장 제도 실시
영국·프랑스	블록 경제 → 본국과 식민지를 묶어 하나의 경제권 형성

(3) **전체주의 국가의 출현**

이탈리아	무솔리니가 이끄는 파시스트당의 정권 장악 → 파시즘 강화, 에티오피아 침공	추축국 형성
독일	히틀러가 이끄는 나치당 일당 독재 수립 → 국민 통제, 인종 차별, 오스트리아·체코슬로바키아 합병	
일본	군부가 정권 장악 → 군국주의 강화, 만주 사변, 중일 전쟁	

2 제2차 세계 대전

발단	독·소 불가침 조약 체결 후 독일의 폴란드 침공
전개	독일 서유럽 장악 → 일본, 진주만 기습(태평양 전쟁) → 스탈린그라드 전투, 미드웨이 해전 → 이탈리아 항복 → 노르망디 상륙 작전, 파리 해방 → 독일 항복 → 일본에 원자 폭탄 투하 → 일본 항복

03 민주주의와 평화 확산을 위한 노력

1 민주주의의 확산

정치·경제 체제의 변화	제1차 세계 대전 이후 유럽 대부분 국가에서 공화정 수립, 보통 선거 채택, 자본주의 발전
여성 참정권 운동	제1차 세계 대전부터 여성의 사회·경제적 참여 확대 → 유럽, 미국 등에서 여성 참정권 인정
노동자의 권리 보호	자본주의 발달로 노동자의 경제적 역할 확대, 제1차 세계 대전에서 노동자의 역할 확대로 사회적 지위 상승 → 노동조합 결성, 와그너법으로 단결권·단체 교섭권 인정, 국제 노동 기구 설립

2 인권 회복과 평화 확산을 위한 노력

(1) **대량 학살과 인권 유린** 제2차 세계 대전에서 대량 살상 무기 사용, 집단 학살, 대도시 공습 등으로 다수의 민간인 희생 발생 → 홀로코스트, 난징 대학살, 731 부대, 일본군 '위안부' 등

(2) **평화를 위한 노력**

전후 처리 회담	카이로 회담, 얄타 회담, 포츠담 회담 등을 거치며 전후 처리 논의
전범 재판	• 뉘른베르크 군사 재판: 나치 주요 범죄자 처벌 • 극동 국제 군사 재판: 태평양 전쟁 전범 처벌
국제 연합(UN) 창설	• 국제 평화와 안전 보장, 국제 우호 증진을 목표로 설립 • 미국·소련 등 강대국 참여, 평화 유지군 파견 등 군사적 제재 수단 동원 가능

지도로 정리하기

01 제1차 세계 대전과 국제 질서의 변화

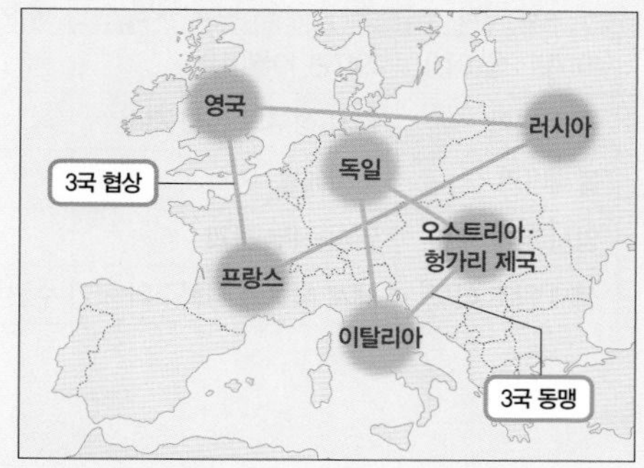

▲ 3국 동맹과 3국 협상

▲ 제1차 세계 대전의 전개

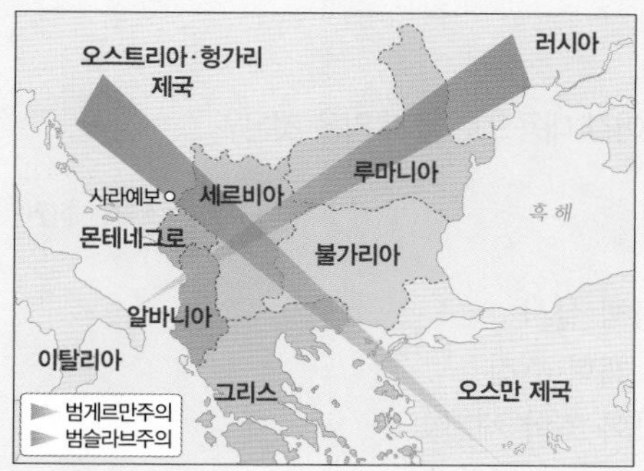

▲ 발칸반도의 상황

제1차 세계 대전은 3국 동맹과 3국 협상의 대립, 3C 정책과 3B 정책, 범슬라브주의와 범게르만주의의 대립 등 제국주의 국가들의 대립을 배경으로 일어났다.

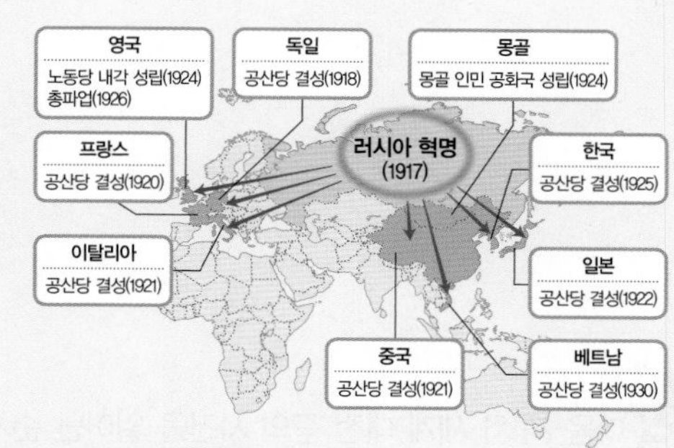

▲ 러시아 혁명의 확산

02 대공황과 제2차 세계 대전

▲ 블록 경제의 형성

미국에서 시작된 대공황을 극복하기 위해 본국과 식민지 경제를 묶는 블록 경제가 실시되었다. 영국은 파운드 블록, 프랑스는 프랑 블록, 미국은 달러 블록을 형성하였다.

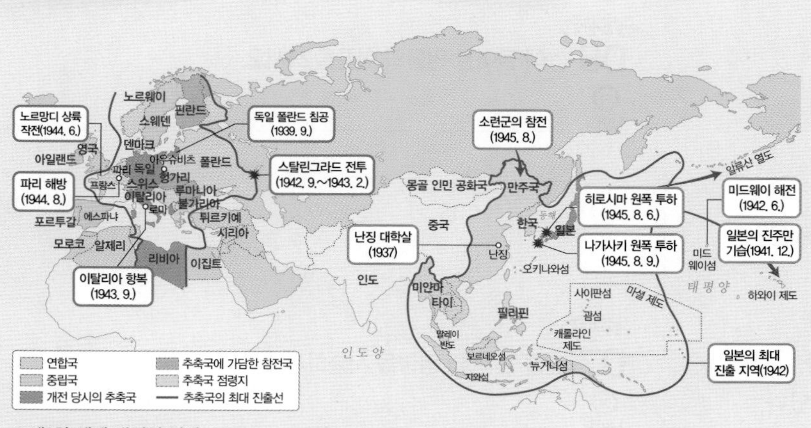

▲ 제2차 세계 대전의 전개

03 민주주의와 평화 확산을 위한 노력

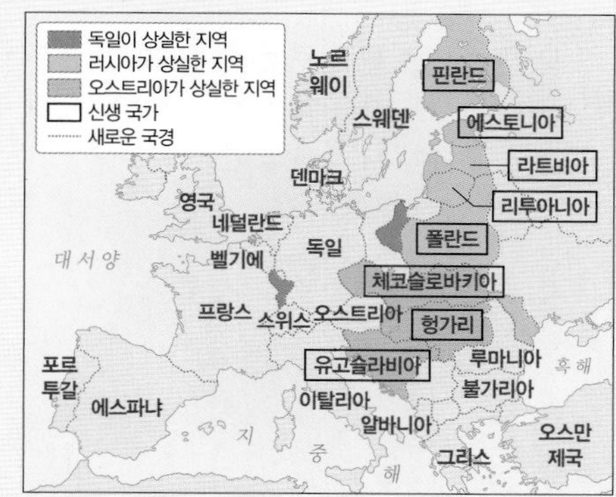

▲ 제1차 세계 대전 이후 유럽

제1차 세계 대전 이후 유럽 대부분의 국가에서는 공화정이 수립되었다. 특히 독일 바이마르 공화국에서는 노동자의 권리와 여성 참정권을 보장한 민주적인 헌법을 채택하였다.

01 제1차 세계 대전과 국제 질서의 변화

01 제1차 세계 대전 이전의 상황으로 옳은 것을 보기에서 모두 고르면?
하 난이도

보기
ㄱ. 국제 연맹의 창설
ㄴ. 베르사유 조약 체결
ㄷ. 3국 동맹과 3국 협상의 대립
ㄹ. 범게르만주의와 범슬라브주의의 대립

① ㄱ, ㄴ ② ㄱ, ㄷ ③ ㄴ, ㄷ
④ ㄴ, ㄹ ⑤ ㄷ, ㄹ

중요 **02** 다음 제1차 세계 대전 중의 사건을 일어난 순서대로 바르게 나열한 것은?
중 난이도

ㄱ. 독일의 항복
ㄴ. 사라예보 사건
ㄷ. 미국의 연합국 참전
ㄹ. 독일의 무제한 잠수함 작전 실시
ㅁ. 오스트리아·헝가리 제국의 선전 포고

① ㄱ－ㄴ－ㄷ－ㄹ－ㅁ ② ㄱ－ㄷ－ㄴ－ㄹ－ㅁ
③ ㄴ－ㄱ－ㄹ－ㅁ－ㄷ ④ ㄴ－ㅁ－ㄹ－ㄷ－ㄱ
⑤ ㄷ－ㅁ－ㄱ－ㄹ－ㄴ

03 제1차 세계 대전의 특징에 대한 설명으로 옳지 않은 것은?
중 난이도
① 총력전으로 전개되었다.
② 참호전이 전개되어 전쟁이 장기화되었다.
③ 아시아·태평양 지역을 중심으로 전개되었다.
④ 탱크, 잠수함, 독가스 등의 신무기가 등장하였다.
⑤ 여성들도 군수 공장에서 일하는 등 후방에서 지원하며 전쟁에 참여하였다.

중요 **04** 러시아의 2월 혁명과 10월 혁명을 비교한 내용으로 옳지 않은 것은?
중 난이도

	구분	2월 혁명	10월 혁명
①	시기	1917년 2월(3월)	1917년 10월(11월)
②	원인	경제 위기	임시 정부의 전쟁 지속
③	주도	볼셰비키	소비에트
④	결과	임시 정부 수립	임시 정부 붕괴
⑤	의의	전제 왕조 타도	세계 최초의 사회주의 국가 수립

05 다음 (가)에 들어갈 내용으로 옳지 않은 것은?
중 난이도

10월 혁명 → (가) → 스탈린 집권

① 신경제 정책 실시
② 사회주의 개혁 추진
③ 독일과 강화 조약 체결
④ 경제 개발 5개년 계획 추진
⑤ 소비에트 사회주의 공화국 연방(소련) 수립

[06~07] 다음 글을 읽고 물음에 답하시오.

- 러시아 혁명 이후 (㉠)은(는) 코민테른을 조직하여 유럽의 혁명 운동을 지원하였다.
- ㉡ 코민테른은 식민지 해방 운동도 지원하였다.

주관식
06 ㉠에 들어갈 인물의 이름을 쓰시오.
하 난이도

서술형
07 밑줄 친 ㉡의 영향을 서술하시오.
상 난이도

정답 30쪽

08 다음에서 설명하는 원칙의 내용으로 옳은 것을 보기에서 모두 고르면?
중 난이도

- 미국 대통령 윌슨이 주장하였다.
- 파리 강화 회의의 원칙으로 작용하였다.

보기
ㄱ. 민족 자결주의
ㄴ. 국제기구 창설
ㄷ. 대규모 공공사업 실시
ㄹ. 자유주의와 민족주의 탄압

① ㄱ, ㄴ ② ㄱ, ㄷ ③ ㄴ, ㄷ
④ ㄴ, ㄹ ⑤ ㄷ, ㄹ

중요
09 베르사유 조약에 대한 설명으로 옳지 않은 것은?
중 난이도

① 이후 국제 평화를 위한 국제 연맹이 창설되었다.
② 독일은 영토가 축소되고 대부분의 식민지를 잃었다.
③ 제1차 세계 대전의 승전국과 패전한 독일이 체결하였다.
④ 민족 자결주의의 원칙이 승전국의 식민지에도 적용되었다.
⑤ 제1차 세계 대전의 승전국을 중심으로 새로운 국제 질서가 마련되었다.

10 다음 밑줄 친 ㉠과 관계 깊은 중국의 민족 운동으로 옳은 것은?
상 난이도

베르사유 조약
- 독일은 알자스·로렌 지방을 프랑스에 반환한다.
- ㉠ 독일은 중국에 관한 모든 특권을 일본에 넘긴다.
- 독일 육군은 지원병 제도로만 유지한다.
- 독일은 200억 마르크 금화에 해당하는 배상금을 우선 지불한다.

① 5·4 운동 ② 신해혁명
③ 신문화 운동 ④ 제1차 국공 합작
⑤ 제2차 국공 합작

11 다음 밑줄 친 '민족 운동' 대한 설명으로 옳지 않은 것은?

상 난이도

제1차 세계 대전 이후 발표된 민족 자결주의는 식민지 상태였던 많은 아시아 국가들에 영향을 주었다. 이에 아시아 지역 곳곳에서 민족 운동이 활발하게 전개되었다.

① 한국: 3·1 운동이 전개되었다.
② 인도: 간디의 비폭력·불복종 운동이 전개되었다.
③ 베트남: 호찌민이 베트남 공산당을 결성하고 민족 운동을 전개하였다.
④ 중국: 쑨원이 삼민주의를 바탕으로 혁명을 일으켜 중화민국을 수립하였다.
⑤ 인도네시아: 수카르노가 인도네시아 국민당을 결성하고 민족 운동을 전개하였다.

02 대공황과 제2차 세계 대전

[12~13] 다음 글을 읽고 물음에 답하시오.

1929년 미국에서 주가가 대폭락하고 경제가 급격하게 나빠지며 ㉠ 대공황이 발생하였다. 미국의 경제 위기는 전 세계로 퍼져 나갔고, 사회 혼란과 불안도 커졌다. 이에 ㉡ 각국은 다양한 방법으로 대공황을 극복하기 위해 노력하였다.

12 밑줄 친 ㉠의 원인으로 가장 적절한 것은?

중 난이도

① 냉전 체제의 전개
② 러시아 혁명의 확산
③ 베르사유 체제의 확립
④ 과잉 생산과 구매력 감소
⑤ 제국주의 국가 간 경쟁 심화

13 밑줄 친 ㉡의 사례로 옳지 않은 것은?

중 난이도

① 미국: 달러 블록을 형성하였다.
② 영국: 파운드 블록을 형성하였다.
③ 프랑스: 프랑 블록을 형성하였다.
④ 미국: 대규모 공공사업을 실시하였다.
⑤ 독일: 식민지에 과잉 생산된 상품을 팔았다.

14 중요 다음에서 설명하는 사상과 관련된 내용으로 옳은 것을 보기에서 모두 고르면?

난이도 중

- 대공황 시기에 확산되었다.
- 민족이나 국가 전체의 이익을 강조하며 개인의 희생을 강요하였다.

보기

ㄱ. 이탈리아: 공산당 결성
ㄴ. 독일: 바이마르 공화국 수립
ㄷ. 독일: 비밀경찰을 이용한 국민 탄압
ㄹ. 일본: 군부 세력이 국민의 사상과 생활 통제

① ㄱ, ㄴ ② ㄱ, ㄷ ③ ㄴ, ㄷ
④ ㄴ, ㄹ ⑤ ㄷ, ㄹ

15 전체주의를 주제로 역사 신문을 만들 때 기사 제목으로 적절하지 않은 것은?

난이도 중

① 독일, 유대인 탄압
② 이탈리아, 에티오피아 침략
③ 일본, 중국에 '21개조 요구' 강요
④ 독일, 히틀러의 나치당이 독재 체제 수립
⑤ 독일, 오스트리아와 체코슬로바키아 병합

16 다음 제2차 세계 대전과 관련된 사건을 일어난 순서대로 바르게 나열한 것은?

난이도 상

ㄱ. 일본의 진주만 기습
ㄴ. 노르망디 상륙 작전
ㄷ. 독일의 폴란드 침공
ㄹ. 독·소 불가침 조약 체결
ㅁ. 독일, 일본 방공 협정 체결

① ㄱ – ㄴ – ㄷ – ㄹ – ㅁ
② ㄴ – ㄱ – ㅁ – ㄷ – ㄹ
③ ㄷ – ㄹ – ㅁ – ㄱ – ㄴ
④ ㄹ – ㄴ – ㄷ – ㄱ – ㅁ
⑤ ㅁ – ㄹ – ㄷ – ㄱ – ㄴ

17 중요 다음 사건의 결과로 가장 적절한 것은?

난이도 중

미국이 일본에 석유 수출을 금지하는 경제 제재 정책을 펴자 일본은 1941년에 미국 하와이의 진주만을 기습하였다.

① 추축국이 형성되었다.
② 제2차 세계 대전이 발발하였다.
③ 전 세계로 대공황이 확산되었다.
④ 미국이 제2차 세계 대전에 참전하였다.
⑤ 제2차 세계 대전이 연합국의 승리로 종결되었다.

18 다음 ㉠에 들어갈 내용으로 옳지 않은 것은?

난이도 중

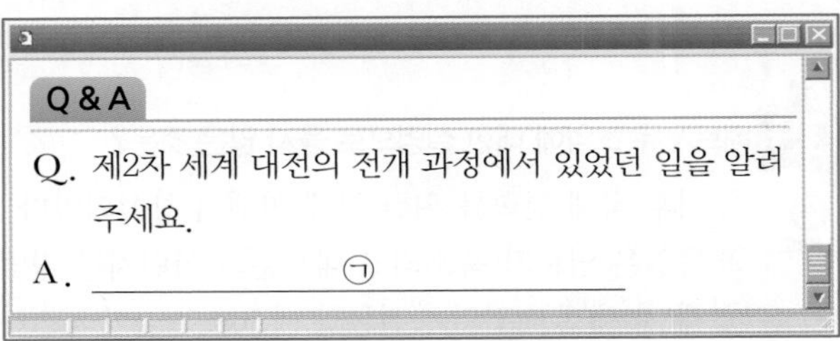

Q & A

Q. 제2차 세계 대전의 전개 과정에서 있었던 일을 알려 주세요.

A. ㉠

① 미국은 미드웨이 해전에서 일본에 승리하였어.
② 미국은 일본에 두 차례 원자 폭탄을 투하하였어.
③ 영국은 독일의 무차별 공습에도 항복하지 않았어.
④ 프랑스는 영국에 망명 정부를 수립하고 독일에 저항하였어.
⑤ 소련은 독일과 불가침 조약을 맺고 전쟁에 참가하지 않았어.

19 두 차례의 세계 대전에 대해 정리한 내용으로 옳지 않은 것은?

난이도 중

	구분	제1차 세계 대전	제2차 세계 대전
①	배경	제국주의 국가 간의 경쟁 심화	대공황의 발생과 전체주의의 등장
②	발단	사라예보 사건	독일의 폴란드 침공
③	미국 참전의 계기	독일의 무제한 잠수함 작전	일본의 하와이 진주만 기습
④	결과	연합국 승리	연합국 승리
⑤	패전국	독일, 이탈리아, 일본	독일, 이탈리아, 일본

정답 30쪽

03 민주주의와 평화 확산을 위한 노력

20 다음 지도의 '신생 국가'에 대한 설명으로 옳은 것은?
상 난이도

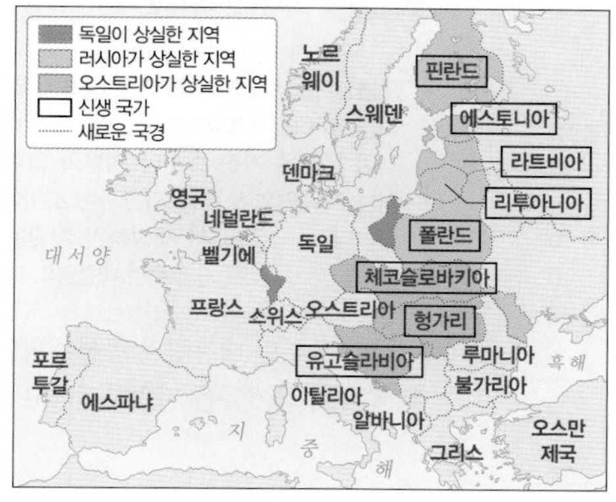

① 대부분 공화정을 채택하였다.
② 제2차 세계 대전 이후 독립하였다.
③ 독일에 협력한 대가로 독립을 쟁취하였다.
④ 러시아 혁명의 영향으로 사회주의를 채택하였다.
⑤ 제1차 세계 대전 승전국의 식민지에서 독립하였다.

21 제1차 세계 대전 이후 민주주의의 확산과 관련된 설명으로 옳은 것을 에서 모두 고르면?
중 난이도

보기
ㄱ. 보통 선거를 채택한 국가가 늘어났다.
ㄴ. 대부분의 유럽 국가에서 전제 군주정이 수립되었다.
ㄷ. 독일 바이마르 공화국의 헌법은 노동자의 권리를 보장하였다.
ㄹ. 영국과 프랑스는 보호 무역 체제를 강화하여 자국의 산업을 보호하였다.

① ㄱ, ㄴ ② ㄱ, ㄷ ③ ㄴ, ㄷ
④ ㄴ, ㄹ ⑤ ㄷ, ㄹ

22 다음 ㉠에 들어갈 말로 가장 적절한 것은?
하 난이도

- 여성 참정권 운동은 여성의 정치적 권리를 남성과 평등하게 만들려는 노력이다.
- 총력전의 양상으로 전개된 (㉠)에서 여성의 역할이 커졌고, 기여도가 인정되면서 여성 참정권이 확대되었다.

① 대공황 ② 러시아 혁명
③ 제1차 세계 대전 ④ 제2차 세계 대전
⑤ 아시아의 민족 운동

서술형
23 다음에서 설명하는 국가가 제2차 세계 대전에서 저지른 대량 학살과 인권 유린의 사례를 서술하시오.
중 난이도

대공황을 계기로 히틀러가 이끄는 나치당이 정권을 차지하였다. 나치당은 국가와 민족을 최우선으로 하는 전체주의를 내세웠으며 군비를 늘리고 대외 팽창에 나섰다.

24 제2차 세계 대전 이후 전개된 평화를 위한 노력으로 옳지 않은 것은?
중 난이도

① 대서양 헌장으로 전쟁 이후의 평화 원칙을 발표하였다.
② 카이로·얄타·포츠담 회담에서 전후 처리 문제를 논의하였다.
③ 일본 도쿄에서 태평양 전쟁 전범을 처벌하는 군사 재판이 열렸다.
④ 독일 뉘른베르크에서 나치당의 전범을 처벌하는 군사 재판이 열렸다.
⑤ 미국은 일본에 원자 폭탄을 투하하여 제2차 세계 대전을 끝내는 데 기여하였다.

서술형
25 다음 글을 읽고 물음에 답하시오.
중 난이도

제2차 세계 대전 이후 대서양 헌장에 따라 국제 평화와 안전 보장, 국제 우호 증진 등을 목표로 하는 ㉠ <u>국제 기구</u>가 조직되었다. 이 기구는 ㉡ <u>국제 연맹의 한계점을 극복하였다.</u>

(1) 밑줄 친 ㉠의 명칭을 쓰시오.

(2) 밑줄 친 ㉡의 구체적인 내용을 서술하시오.

01 ● 냉전 체제와 제3 세계의 형성
02 ● 세계화와 경제 통합

1 냉전 체제의 전개

1 ❶냉전 체제의 성립

자본주의 진영	공산주의 진영
(자료 1) • 트루먼 ❷독트린: 미국이 공산주의의 팽창을 막겠다고 선언 (자료 2) • 마셜 계획: 미국이 서유럽의 경제 지원 • 북대서양 조약 기구(NATO): 미국과 서유럽 국가의 상호 군사 원조 및 집단 방어를 위한 기구	• ❸코민포름: 소련의 공산당 정보국 • ❹코메콘: 소련과 동유럽 국가의 경제 상호 원조 회의 • 바르샤바 조약 기구(WTO): 소련과 동유럽 국가의 상호 군사 원조를 위한 기구

(자료 3) 2 냉전의 확산

└ 소련이 독일의 서방 지역 점령지와 베를린의 교통로를 봉쇄하였다.

독일	베를린 봉쇄 → 서독과 동독으로 분단 → 베를린 장벽 설치(1961)
쿠바 미사일 위기	소련이 쿠바에 핵미사일 기지 건설 시도 → 미국이 쿠바 해상 봉쇄(1962)
아시아 지역의 냉전	• 중국: 공산당과 국민당의 내전 → 공산당 승리 → 중화 인민 공화국 수립(1949), 공산당에게 밀린 국민당 정부는 타이완 이동 • 한국: 6·25 전쟁 → 국제전 양상 • 베트남: 베트남 전쟁 → 공산 정권 수립

1. 미국은 마셜 계획을 추진하여 서유럽 경제 재건 자금을 지원하였다. (○, ×)
2. 베를린 봉쇄 이후 서독과 동독 사이에 ＿＿＿ 장벽이 설치되었다.

답 1. ○ 2. 베를린

2 아시아·아프리카의 새로운 국가 건설

1 아시아 여러 국가의 독립

교과서마다 달라요 **서아시아 독립** 금성, 지학은 다루지 않음

인도	• 영국의 식민 지배에서 독립한 직후 인도(힌두교), 파키스탄(이슬람교)으로 분리 • 동파키스탄은 방글라데시로 독립, 스리랑카(불교)도 독립
동남아시아	인도네시아, 말레이시아, 필리핀 등이 독립
서아시아	• 시리아, 요르단, 레바논 등이 위임 통치에서 벗어나 독립 • 팔레스타인(아랍인)에서 이스라엘(유대인) 건국 → ❺중동 전쟁 발발

└ 영국은 아랍인에게는 맥마흔 서한으로 독립을, 유대인에게는 밸푸어 서한으로 국가 건설을 약속하였다.

2 아프리카의 새로운 국가 건설

└ 1960년에 17개 국가가 독립하여 '아프리카의 해'로 부른다.

이집트	❻나세르가 왕정 폐지 후 공화정 수립, 수에즈 운하의 국유화 선포
알제리	8년간의 전쟁 후 프랑스로부터 독립

3 제3 세계의 등장

└ 자본주의 진영(제1 세계), 공산주의 진영(제2 세계)에 속하지 않는 세력이란 뜻으로 제3 세계라고 불렀다.

교과서마다 달라요 **평화 5원칙** 지학은 다루지 않음

제3 세계	자본주의 진영이나 공산주의 진영 어느 쪽에도 속하지 않는 독자적 세력
(자료 4) 성립 과정	• 평화 5원칙(1954): 인도의 네루와 중국의 저우언라이가 발표 • 반둥 회의(1955): 인도네시아 반둥에 29개국 대표가 모여 평화 10원칙 제시 • 제1차 비동맹 회의(1961): 비동맹 중립주의, 평화 공존 추구

1. 인도는 독립 직후 종교적 대립으로 인도와 파키스탄으로 분리되었다. (○, ×)
2. 아시아·아프리카의 국가들은 인도네시아 ＿＿에서 회의를 열어 평화 10원칙을 발표하였다.

답 1. ○ 2. 반둥

자료 1 트루먼 독트린

> 오늘날 전 세계의 거의 모든 나라는 두 가지 생활 방식 중 하나를 선택해야 합니다. …… 나는 미국의 정책이 무력을 가진 소수나 외부의 압력에 맞서 싸우려는 자유민의 노력을 지원하는 것이어야 한다고 믿습니다. …… 그래서 재정적인 지원을 하려고 합니다.
>
> – 트루먼 대통령의 의회 연설(1947) –

미국의 트루먼 대통령은 공산주의의 확산을 막기 위해 유럽 국가들을 지원하겠다고 선언하였다.

자료 2 철의 장막과 마셜 계획

'철의 장막'은 제2차 세계 대전 이후 냉전을 대표하는 말이 되었다.

자료 3 냉전의 확산

교과서마다 달라요 **쿠바 미사일 위기** 천재는 '쿠바 위기'로 표기

베를린 봉쇄(1948~1949) / 소련 / 대한민국 / 중국 / 6·25 전쟁(1950~1953) / 미국 / 쿠바 미사일 위기(1962) / 오스트레일리아 / 베트남 전쟁(1964~1975) / 1958년 미국과 그 동맹국 / 1958년 소련과 그 동맹국

자료 4 반둥 회의의 평화 10원칙

└ 아시아·아프리카 회의라고도 한다.

> 1. 기본적 인권과 국제 연합 헌장 존중
> 3. 인류와 국가 간의 평등
> 5. 단독·집단의 자위권 존중
> 6. 강대국에 유리한 집단 방위 배제

❶ 냉전: 미국 중심의 자본주의 진영과 소련 중심의 공산주의 진영이 직접적인 무력 사용을 피하고 경제, 외교, 정보 등의 분야에서 대립하였던 경쟁 체제
❷ 독트린: 국제 사회에서 한 나라가 공식적으로 내세우는 정책상의 원칙
❸ 코민포름: 소련 공산당 주도의 공산주의 국가 정보국으로 1956년까지 존재함
❹ 코메콘: 공산주의 진영의 상호 원조를 위해 설립한 경제 상호 원조 회의
❺ 중동 전쟁: 이스라엘 건국에 반발한 팔레스타인과 주변 아랍 국가가 이스라엘과 벌인 네 차례의 전쟁(1948~1979)
❻ 나세르: 1954년 총리로 취임하면서 이집트를 지도한 군인이자 정치가

3 냉전 체제의 해체

1 냉전 체제의 완화 – 냉전의 긴장 완화와 화해 분위기를 데탕트라고 부른다.

교과서마다 달라요 **냉전 체제의 완화** 동아, 금성만 Ⅵ-2에서 다룸

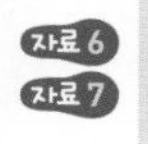

자본주의 진영 (자료 5)	• 미국: 닉슨 독트린으로 긴장 완화 분위기 조성, 베트남 전쟁에서 군대 철수, 중국과 국교 수립, 소련과 군비 축소 협정 체결 • 프랑스: 북대서양 조약 기구 탈퇴 → 독자 노선 채택 • 서독: [1]동방 정책 실시 → 동독 및 동유럽과의 관계 개선
공산주의 진영	• 소련의 흐루쇼프가 미국 방문 • 소련과 중국이 이념·국경 문제로 대립

2 소련의 해체

배경 (자료 6, 자료 7)	• 고르바초프의 정책: 개혁(페레스트로이카)·개방(글라스노스트) 정책, 자본주의 경제 체제 일부 도입 • 동유럽 국가들에 대한 간섭 완화, 미국과 몰타 회담에서 냉전 종식 선언(1989)
전개	소련 내 국가들의 독립 운동 확산 → 소련 해체(1991) → 독립 국가 연합(CIS) 결성

3 동유럽과 중국의 변화

동유럽	• 폴란드·체코슬로바키아: 공산 정권 붕괴, 민주 정부 수립 → 시장 경제 원리 도입 • 독일: 베를린 장벽 붕괴(1989), 동독과 서독의 통일
중국	• 마오쩌둥: 대약진 운동 실패 → 문화 대혁명으로 정치적 위기 극복 시도 (전통문화가 파괴되고 예술인과 지식인이 억압받았다.) • 덩샤오핑: 개혁·개방 정책 추진 → 급속한 경제 성장 (경제 성장을 위해 어떠한 체제라도 도입할 수 있다는 '흑묘백묘론'을 바탕으로 하였다.) • 민주화 요구 시위를 무력 진압한 톈안먼 사건으로 민주주의 후퇴 • 1990년대 말 영국으로부터 홍콩 반환, 포르투갈로부터 마카오 반환

시험에 꼭 나오는 개념 체크

1. 미국 닉슨 대통령이 발표한 닉슨 독트린의 영향으로 냉전이 강화되었다. (○, ×)
2. 소련의 _ _ _ _ _는 개혁·개방 정책을 추진하여 경제를 활성화하려고 하였다.

답 1. × 2. 고르바초프

4 세계화가 가져온 변화

1 [2]세계화의 전개

(1) **자유 무역의 확대** – 제2차 세계 대전 중 연합국 대표들이 브레턴우즈 회의에서 달러를 주거래 화폐로 정하고 국제 통화 기금, 세계은행 설립에 합의하였다.

자유 무역 체제의 확산	• [3]관세 및 무역에 관한 일반 협정(GATT) 체결 → 무역 장벽 낮아짐 • 세계 무역 기구(WTO) 설립, 자유 무역 협정(FTA) 체결 확대 → 상품과 자본의 이동이 활발해짐
신자유주의 경제 정책의 실시	• 1970년대 석유 파동 등 경제 불황 극복 과정에서 등장 • 정부의 규제 완화와 자유로운 시장 활동 강조 → 세계가 하나의 시장 형성 • 공공 지출과 복지비 삭감, 국영 기업의 민영화, 기업에 대한 규제 완화 등

└ 영국의 대처, 미국의 레이건 등이 대표적이다.

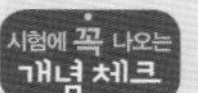

(2) [4]**지역화** 상호 국제 협력 강화, 공동의 이익 추구를 위해 지역별 경제 협력체 구성 (자료 8)
└ 유럽 연합(EU)이 대표적이다.

2 세계화로 나타난 변화

교과서마다 달라요 **다국적 기업** 천재, 지학은 다루지 않음

긍정적 변화	부정적 변화
• 노동과 자본의 자유로운 이동 → 이주민 급증 • [5]다국적 기업의 성장 • 지역 간 교류를 통한 문화 발전	• 선진국과 개발 도상국의 경제 격차 심화 • 상호 경제 의존도 심화 • 문화 획일화 현상

시험에 꼭 나오는 개념 체크

1. 1970년대 경제 불황 극복 과정에서 신자유주의가 등장하였다. (○, ×)
2. 세계화로 국경을 넘나들며 생산·판매 활동을 하는 _ _ _ 기업이 성장하였다.

답 1. ○ 2. 다국적

자료 5 닉슨 독트린

• 미국은 '태평양 국가'로서 그 지역에서 중요한 역할을 계속하지만 직접적·군사적·정치적 과잉 개입은 하지 않는다.
• 미국은 앞으로 베트남 전쟁과 같은 아시아 지역의 군사적 개입을 반복하지 않을 것이다.
• 강대국의 핵무기와 관련된 위협을 제외한 내란이나 침략인 경우 아시아 각국이 스스로 자국의 안보를 책임져야 한다. – 닉슨의 의회 연설(1969) –

미국의 닉슨 대통령은 베트남 전쟁과 같은 미국의 군사 개입을 자제하겠다는 내용의 닉슨 독트린을 발표하고 베트남에서 미군을 철수하였다.

자료 6 고르바초프와 페레스트로이카

페레스트로이카 정책은 소련과 같은 사회주의 국가가 새로운 질적 상태로의 전환, 즉 권위주의적이고 관료주의적인 체제에서 벗어나 인간적이고 민주적인 사회로 평화롭게 이행하는 유일한 길이라고 생각합니다. – 고르바초프의 대통령 취임 연설(1990) –

소련의 고르바초프는 계획 경제와 공산당의 일당 지배 체제가 경기 침체의 원인이라고 보고 개혁·개방 정책을 추진하였다.

자료 7 냉전의 종식

▲ 몰타 회담

소련의 고르바초프와 미국의 부시가 만나 동유럽 국가에 대한 불간섭과 냉전의 종식을 선언하였다.

자료 8 지역별 경제 협력체

교과서마다 달라요 **유럽 연합** 천재만 별도 소단원으로 다룸

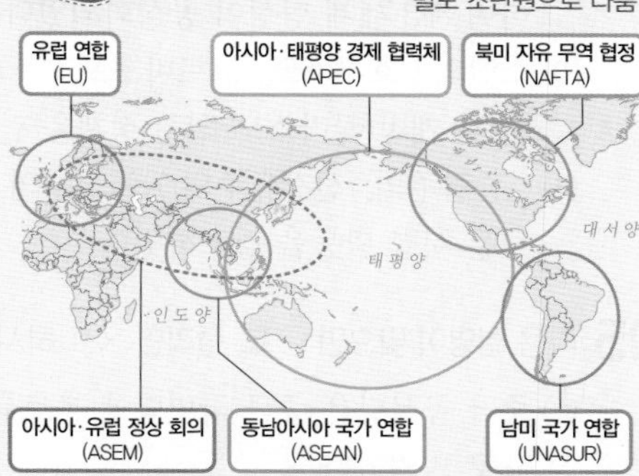

각국은 상호 협력을 강화하고 공동의 이익을 추구하기 위해 지역별 경제 협력체를 구성하였다.

용어 쏙쏙

1. 동방 정책: 1969년에 서독 총리 브란트가 동유럽 공산 정권과의 관계 정상화를 위해 시행한 외교 정책
2. 세계화: 교통과 통신의 발달로 전 세계가 연결되면서 재화와 서비스, 자본, 노동 등의 이동이 자유로워지는 현상
3. 관세 및 무역에 관한 일반 협정: 세계 자유 무역 체제의 수립을 목표로 미국을 비롯한 23개국이 맺은 협정으로 세계 무역 기구로 이어짐
4. 지역화: 특정 국가들이 군사적 또는 경제적으로 지역 통합을 추구하는 현상
5. 다국적 기업: 세계 여러 나라에서 상품을 생산·판매하는 기업

STEP 1 개념 확인

01 다음 설명에 해당하는 인물을 보기에서 골라 기호를 쓰시오.

보기
ㄱ. 닉슨　ㄴ. 트루먼
ㄷ. 마오쩌둥　ㄹ. 고르바초프

(1) 공산주의의 확산을 막겠다는 내용의 선언을 하였다. (　　)
(2) 대장정 끝에 국민당과의 전쟁을 승리로 이끌고 중화 인민 공화국을 세웠다. (　　)
(3) 베트남 전쟁에서 미군을 철수시키고 중국과 국교를 수립하였다. (　　)
(4) 미국과 몰타 회담에서 냉전 종식을 선언하였다. (　　)

02 다음 ㉠, ㉡에 들어갈 알맞은 말을 쓰시오.

(　㉠　) 진영	(　㉡　) 진영
• 미국 중심으로 형성 • 트루먼 독트린 • 마셜 계획 • 북대서양 조약 기구	• 소련 중심으로 형성 • 코민포름 • 코메콘 • 바르샤바 조약 기구

㉠ ______　㉡ ______

03 서로 관련 있는 것끼리 연결하시오.

(1) 미국 •　• ㉠ 동방 정책
(2) 서독 •　• ㉡ 닉슨 독트린
(3) 프랑스 •　• ㉢ 북대서양 조약 기구 탈퇴

04 다음 중 알맞은 말에 ○표를 하시오.

(1) 인도는 독립 직후 힌두교 국가인 인도와 (이슬람교, 불교) 국가인 파키스탄으로 분리되었다.
(2) (반둥 회의, 파리 강화 회의)에서 평화 10원칙을 제시하며 제3 세계 형성이 공식화되었다.
(3) 소련의 (흐루쇼프, 고르바초프)는 개혁(페레스트로이카)과 개방(글라스노스트) 정책을 펼쳤다.
(4) (중립주의, 신자유주의)는 정부의 규제 완화와 자유로운 시장 활동을 강조하였다.

05 다음 설명이 맞으면 ○표, 틀리면 ×표 하시오.

(1) 중국 공산당은 중국 국민당에 본토를 빼앗기고 타이완으로 밀려났다. (　　)
(2) 1960년은 아프리카의 17개 국가가 독립을 달성하여 '아프리카의 해'로 불린다. (　　)
(3) 세계화로 국경을 넘나들며 생산·판매 활동을 하는 다국적 기업이 성장하였다. (　　)

STEP 2 대표 문제

01 중요 다음 ㉠에 들어갈 내용으로 옳은 것은?
난이도 하

> 제2차 세계 대전 이후 자본주의 진영과 공산주의 진영이 직접적인 무력 사용을 피하고 정치, 외교, 경제 분야에서 대립하는 ______㉠______

① 빈 체제가 형성되었다.
② 냉전 체제가 형성되었다.
③ 베르사유 체제가 형성되었다.
④ 브레턴우즈 체제가 형성되었다.
⑤ 신자유주의 경제 체제가 형성되었다.

같은 주제 다른 문제

● ㉠과 관련된 사실로 옳지 않은 것은? 답 ③
① 코메콘　② 마셜 계획　③ 닉슨 독트린
④ 트루먼 독트린　⑤ 바르샤바 조약 기구

02 다음 ㉠에 들어갈 주제로 가장 적절한 것은?
난이도 중

① 냉전의 확산　② 소련의 해체
③ 제3 세계의 등장　④ 제2차 세계 대전
⑤ 자유 무역의 확대

정답 31쪽

03 중요 다음 지도의 (가)에 들어갈 정책의 내용으로 옳은 것은?

중 난이도

① 유럽의 사회주의 운동을 지원하였다.
② 패전국에 대한 철저한 보복을 시행하였다.
③ 미국이 서유럽에 경제 원조를 제공하였다.
④ 비폭력·불복종으로 제국주의에 대항하였다.
⑤ 국가와 민족의 이익을 최고의 가치로 여겼다.

04 다음 ㉠에 들어갈 인물로 옳은 것은?

하 난이도

중국의 정치가였던 (㉠)은(는) 일제에 맞서 싸웠고, 공산당의 대장정을 이끌며 중국을 통일하였다. 1949년에 중화 인민 공화국 수립을 선포하였다.

① 쑨원 ② 이홍장
③ 장제스 ④ 덩샤오핑
⑤ 마오쩌둥

05 다음 지도의 국가가 제2차 세계 대전 이후 (가), (나)로 분리된 이유로 가장 적절한 것은?

중 난이도

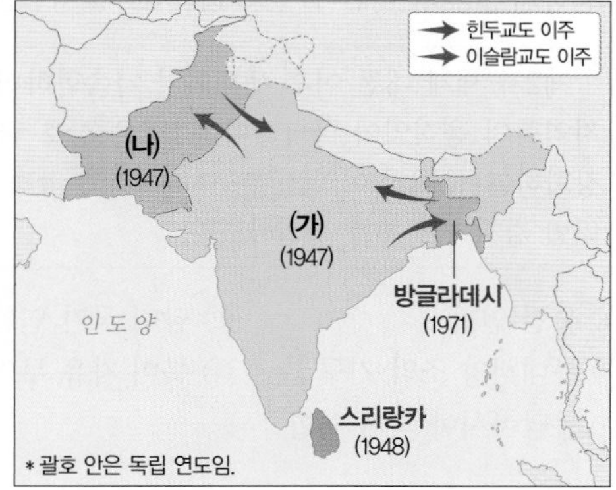

① 민족 구성 ② 종교적 대립
③ 지형적 요인 ④ 경제적 차이
⑤ 사용 언어의 차이

06 다음에서 설명하는 국가로 옳은 것은?

하 난이도

- 나세르가 왕정 폐지 후 공화정을 수립하였다.
- 수에즈 운하의 국유화를 선포하였다.

① 알제리 ② 이집트
③ 앙골라 ④ 나이지리아
⑤ 남아프리카 공화국

[07~08] 다음 자료를 보고 물음에 답하시오.

평화 10원칙

1. 기본적 인권과 국제 연합 헌장 존중
3. 인류와 국가 간의 평등
5. 단독·집단의 자위권 존중
6. 강대국에 유리한 집단 방위 배제

07 자료와 같은 원칙이 제시된 회의로 옳은 것은?

하 난이도

① 빈 회의 ② 반둥 회의
③ 워싱턴 회의 ④ 인도 국민 회의
⑤ 파리 강화 회의

08 중요 자료와 관련된 세력에 대한 설명으로 옳은 것은?

중 난이도

① 제2차 세계 대전을 일으켰다.
② 미국을 중심으로 형성되었다.
③ 소련을 중심으로 형성되었다.
④ 비동맹 중립주의를 내세웠다.
⑤ 신자유주의 경제 체제를 주도하였다.

같은 주제 다른 문제

- 자료와 관련된 세력으로 옳은 것은? 답 ①

① 제3 세계 ② 제국주의 국가
③ 전체주의 세력 ④ 자본주의 진영
⑤ 공산주의 진영

09 중요 냉전 체제의 완화와 관계된 것을 보기에서 모두 고르면?

중 난이도

보기
ㄱ. 닉슨 독트린　　ㄴ. 베를린 봉쇄
ㄷ. 대공황의 발생　　ㄹ. 이스라엘 건국
ㅁ. 중·소 국경 분쟁　　ㅂ. 서독의 동방 정책

① ㄱ, ㄴ, ㄷ　　② ㄱ, ㅁ, ㅂ
③ ㄴ, ㄷ, ㄹ　　④ ㄴ, ㄹ, ㅂ
⑤ ㄷ, ㅁ, ㅂ

10 다음에서 설명하는 인물로 옳은 것은?

하 난이도

- 소련이 경기 침체에 빠져 있던 때 공산당 서기장에 당선되었다.
- 개혁(페레스트로이카)과 개방(글라스노스트) 정책을 추진하여 시장 경제 제도를 도입하고 민주화를 추진하였다.

① 레닌　　② 옐친
③ 스탈린　　④ 흐루쇼프
⑤ 고르바초프

11 다음 지도를 해석한 내용으로 옳지 않은 것은?

중 난이도

① 소련이 해체되었다.
② 냉전 체제가 해체되었다.
③ 문화 대혁명이 일어났다.
④ 동유럽 공산 정권이 붕괴되었다.
⑤ 독립 국가 연합(CIS)이 결성되었다.

12 1990년대 이후 현대 사회의 변화 모습으로 옳지 않은 것은?

중 난이도

① 냉전 체제가 해체되었다.
② 자유 무역이 확대되었다.
③ 세계화가 빠르게 진전되었다.
④ 지역별 경제 협력체가 강화되었다.
⑤ 자본주의 진영과 공산주의 진영으로 나뉘어 대립하였다.

13 다음은 어떤 학생이 작성한 수행 평가 답안지이다. 이 학생이 받게 될 점수로 옳은 것은?

상 난이도

역사 수행 평가

※ 신자유주의 경제 정책에 대한 내용이 맞으면 ○표, 틀리면 ×표 하시오.

문항	내용	답
1	미국의 유럽에 대한 경제 원조 정책이다.	×
2	정부의 규제 완화와 자유로운 시장 활동을 강조하였다.	○
3	어느 진영에도 가담하지 않고 비동맹 중립주의를 내세웠다.	×
4	1970년대 석유 파동 등 경제 불황 극복 과정에서 등장하였다.	○
5	공공 지출과 복지비 삭감, 국영 기업의 민영화, 기업에 대한 규제 완화 등을 시행하였다.	○
합계		

(답이 맞으면 1점, 틀리면 0점을 부여한다.)

① 1　② 2　③ 3　④ 4　⑤ 5

14 중요 다음에서 설명하는 지역별 경제 협력체로 옳지 않은 것은?

하 난이도

제2차 세계 대전 이후 세계화가 가속화하면서 새로운 지역화의 움직임이 나타났다. 각국은 상호 국제 협력을 강화하고 공동의 이익을 추구하기 위해 국경을 넘어 지역별 경제 협력체를 구성하였다.

① 유럽 연합　　② 남미 국가 연합
③ 북대서양 조약 기구　　④ 북미 자유 무역 협정
⑤ 동남아시아 국가 연합

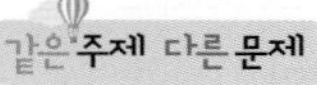

같은 주제 다른 문제

유로화를 공동 화폐로 사용하는 지역별 경제 협력체는? 답 ①

① 유럽 연합　② 남미 국가 연합　③ 북미 자유 무역 협정
④ 동남아시아 국가 연합　⑤ 아시아·유럽 정상 회의

정답 31쪽

01 다음 자료를 보고 물음에 답하시오.

(㉠) 체제의 형성

자본주의 진영	공산주의 진영
• 미국 중심으로 형성 • 트루먼 독트린 • 마셜 계획 • 북대서양 조약 기구	• 소련 중심으로 형성 • 코민포름 • 코메콘 • 바르샤바 조약 기구

(1) ㉠에 들어갈 알맞은 말을 쓰시오.

(2) ㉠ 체제에서 일어난 사건을 세 가지 이상 서술하시오.

02 다음 자료를 보고 물음에 답하시오.

반둥 회의의 평화 10원칙

1. 기본적 인권과 국제 연합 헌장 존중
2. 주권과 영토 보전 존중
3. 인류와 국가 간의 평등
4. 내정 불간섭
5. 단독·집단의 자위권 존중
6. 강대국에 유리한 집단 방위 배제
7. 무력 침공 부정
8. 국제 분쟁의 평화적 해결
9. 상호 이익·협력 촉진
10. 정의와 국제 의무 존중

(1) 자료와 관련된 세력을 가리키는 용어를 쓰시오.

(2) 위 세력이 국제 정세에 미친 영향을 서술하시오.

03 다음 글을 읽고 물음에 답하시오.

• (㉠)은(는) '태평양 국가'로서 그 지역에서 중요한 역할을 계속하지만 직접적·군사적·정치적 과잉 개입은 하지 않는다.
• (㉠)은(는) 앞으로 베트남 전쟁과 같은 아시아 지역의 군사적 개입을 반복하지 않을 것이다.
• 강대국의 핵무기와 관련된 위협을 제외한 내란이나 침략인 경우 아시아 각국이 스스로 자국의 안보를 책임져야 한다.

– 닉슨의 의회 연설(1969) –

(1) 위 선언의 ㉠에 들어갈 국가를 쓰시오.

(2) 위 선언 이후 변화된 ㉠의 정책을 세 가지 이상 서술하시오.

04 다음 지도를 보고 물음에 답하시오.

(1) (가)에 들어갈 지역별 경제 협력체의 이름을 쓰시오.

(2) 지도에 나타난 지역별 경제 협력체의 공통적인 목적을 서술하시오.

03 ● 탈권위주의 운동과 대중문화의 발달
04 ● 현대 세계의 문제 해결을 위한 노력

1 탈권위주의 운동의 확산

1 탈권위주의 운동 기존 체제에서 벗어나 자유를 추구하는 다양한 사회 운동 → [1]고등 교육 확산, 시민 의식 성장, 자본주의 체제에 대한 반감 배경 → 인종, 계층, 성별 등에 따른 모든 차별 거부
(└ 20세기 후반부터 활발하게 전개되었다.)

2 탈권위주의 운동의 전개 교과서마다 달라요 **넬슨 만델라** 동아, 지학은 다루지 않음

자료 1 [2]민권 운동	• 남아프리카 공화국: 넬슨 만델라가 [3]아파르트헤이트 정책에 맞서 흑인 인권 운동 주도 → 인종 차별 금지법 제정 • 미국: 몽고메리 버스 보이콧 운동, 마틴 루서 킹이 흑인 차별에 맞서 흑인 민권 운동 전개 → 1964년 민권법 통과로 흑인과 백인의 법적 차별 폐지 (로자 파크스가 시내버스에서의 흑백 분리 규정 위반으로 체포되면서 시작되었다.)
더 알기 학생 운동	• 배경: 제2차 세계 대전 이후 경제적 풍요를 바탕으로 고등 교육 확산, 기성세대의 가치관 강요에 불만과 비판 증폭 • 68 운동: 프랑스에서 학생의 자유를 제한하는 대학의 조치에 저항하던 학생들의 시위 전개 → 표현의 자유, 반전, 평화, 인종과 여성 차별 폐지 등 주장 → 세계 각지로 영향력 확산
여성 운동	• 의미: 남성 중심 사회 체제에 대한 인식 전환과 현실적 변화를 추구하는 운동 • 전개: 20세기 중반 이후 남성 중심 사회 질서와 성차별에 반대하는 운동 전개 → 출산·육아를 위한 휴직 보장, 교육·취업의 기회 균등, 직장 내 급여 및 승진 등에서의 성차별에 저항 • 성과: 차별 금지법 통과(영국), 여성 평등권 명시한 헌법 개정(미국) 등

시험에 꼭 나오는 개념 체크
1. 20세기 들어 기존 체제에서 벗어나 자유를 추구하는 탈권위주의 운동이 전개되었다. (○, ×)
2. 남아프리카 공화국의 넬슨 만델라, 미국의 마틴 루서 킹 등은 흑인 __ __을 벌였다.

답 1. ○ 2. 민권 운동

2 대중 사회와 대중문화

1 대중 사회의 발전

자료 2 배경	제2차 세계 대전 이후 산업화와 도시화 가속화, 대중 매체 발달, 의무 교육과 보통 선거 확대
전개	정치·경제·사회·문화 등 모든 면에서 대중의 영향력 증대 → 대중이 사회의 주체가 되어 영향력을 행사하는 대중 사회 형성

2 대중문화의 확산

의미	신문, 라디오, 텔레비전 등 대중 매체 보급 → 다수의 사람에게 대량의 정보 동시 전달 가능 → 대중의 취향과 정서를 반영하는 방식으로 문화 발달
전개	• 1960년대 이후 탈권위적 청년 문화 등장 → 록 음악·장발·청바지 유행, [4]우드스탁 페스티벌, [5]히피 문화 등장 • 20세기 후반부터 휴대 전화와 인터넷의 보급으로 실시간 쌍방향 소통 가능
영향	• 대중의 능동적 사회 참여 가능, 다른 나라의 문화를 실시간으로 경험 가능 • 문화 획일화 현상, 정보 조작, 지나친 상업성 등의 문제점 발생 (└ 전자 투표, 재스민 혁명 등이 대표적이다.)

시험에 꼭 나오는 개념 체크
1. 산업화, 의무 교육, 대중 매체 발달 등으로 대중 사회가 발전하였다. (○, ×)
2. 신문, 라디오, 텔레비전 등 __ __가 발달하면서 대중의 영향력이 커졌다.

답 1. ○ 2. 대중 매체

자료 1 마틴 루서 킹

마틴 루서 킹은 미국의 흑인 민권 운동을 이끈 인물로 1963년 워싱턴에서 한 연설이 유명하다.

더 알기 68 운동

1968년 프랑스에서는 정부의 실정과 사회 모순에 저항하는 체제 저항 운동인 68 운동이 일어났다. '금지하는 것을 금지한다.'라는 슬로건에서 이 운동의 성격을 알 수 있다. 68 운동은 이후 세계 여러 나라에 영향을 주었다.

자료 2 대중 매체의 발달

1920년대	• 최초의 라디오 방송 • 텔레비전 등장
1940년대	컴퓨터 등장
1950년대	컬러텔레비전 등장
1970년대	개인용 컴퓨터(PC) 등장
1990년대	• 인터넷 등장 • 휴대 전화 등장
2000년대	동영상 공유 서비스 시작

대중 사회가 성장하는 데는 대중 매체의 역할이 컸다. 대중은 라디오, 텔레비전, 인터넷과 같은 대중 매체를 통해 정보를 얻고 여론을 형성하는 데 참여하였다.

용어 쏙쏙

1. 고등 교육: 고도의 전문적 지식 또는 기술을 터득할 수 있는 전문 대학 이상의 교육
2. 민권: 시민이 가져야 할 마땅한 권리로 특히 평등권을 지칭함
3. 아파르트헤이트: 남아프리카 공화국의 백인 정권이 펼친 인종 분리주의 정책으로 이 정책에 따라 흑인은 거주 지역 분리 등의 차별을 받음
4. 우드스탁 페스티벌: 1969년 미국 북부에서 '3일간의 평화와 음악'이라는 주제로 음악뿐만 아니라 다양한 대중문화 행사가 열려 반전과 평화 메시지 전달
5. 히피 문화: 1960년대 미국 청년층에서 시작된 문화로 기존의 사회 제도, 통념, 가치관을 부정하고 인간성 회복, 자연으로의 회귀 등을 주장함

3 반전 평화 운동

1 반전 평화 운동의 배경

반전 평화 운동	전쟁을 반대하고 평화를 정착시키려는 움직임 ➡ 두 차례의 세계 대전을 겪으면서 문제의식 심화
대량 살상 무기의 폐해	두 차례의 세계 대전, 냉전 등으로 대량 살상 무기 개발 본격화 ➡ 민간인 학살, 핵무기 등에 의한 대규모 피해, 인류에게 지속적 피해

2 반전 평화 운동의 전개

교과서마다 달라요 **협약 체결** 미래엔은 다루지 않음

협약 체결	[1]핵 확산 금지 조약(NPT), 생물 무기 금지 협약(BWC), 화학 무기 금지 협약(CWC), 대량 살상 무기 확산 방지 구상(PSI) 등
전쟁 반대 시위	1960년대 후반 베트남 전쟁 반대 시위, 2000년대 이라크 전쟁 반대 시위 등

시험에 꼭 나오는 개념 체크
1. 두 차례의 세계 대전을 겪으며 반전 평화 운동이 확산되었다. (○, ×)
2. 핵무기와 같은 _ _ _ _ _ _는 대규모 피해를 입혔다.

답 1. ○ 2. 대량 살상 무기

4 현대 사회의 문제와 해결 노력

자료3 1 [2]난민 문제

배경	종교·인종·지역·계급 갈등과 정치적 개입으로 난민 발생
전개	• 동유럽의 옛 유고슬라비아 지역에서 종족·종교 갈등으로 인한 내전으로 난민 발생 • 아프리카의 [3]르완다 내전으로 많은 난민 발생 • 인도와 파키스탄의 [4]카슈미르 분쟁으로 난민 발생

2 빈곤 문제

교과서마다 달라요 **남북문제** 동아, 비상, 금성만 다룸

배경	신자유주의 및 세계화 확산 ➡ 국가 간 빈부 격차 심화
자료4 전개	• 선진국은 자원과 기술력을 바탕으로 부유한 반면 개발 도상국은 가난, 기아, 질병 등에 시달림 ➡ [5]남북문제 • 선진국 내에서 계층 간의 빈부 격차 심화

3 질병 문제
환경 파괴, 무분별한 개발 등으로 새로운 질병 발생 ➡ 중증 급성 호흡기 증후군(SARS), 조류 인플루엔자 등

4 환경 문제

배경	산업화와 인구 증가로 전 세계 자원 소비량 및 폐기물 급증 ➡ 생태계 균형 파괴, 지구 자정 능력 약화 등으로 환경 문제 발생
자료5 전개	지구 온난화 현상, 사막화, 열대림 파괴, 생물종 감소, 오존층 파괴, 기상 이변, 공기 오염 ➡ 인류 생존 위협

5 국제 사회의 노력

교과서마다 달라요 **기후 협약** 비상, 금성은 다루지 않음

분쟁, 빈곤, 질병, 환경, 인권 등과 관련된 국제 사회의 문제 해결을 위해 노력하고 있다.

국제 연합(UN)의 활동	전문 기구 및 산하 단체들을 통해 현대 사회의 문제 해결 노력
자료6 국제 협력 강화	난민촌 마련, 공정 무역 방법 논의, 기후 협약 체결 등
비정부 기구(NGO)의 활동	민간 단체의 다양한 활동 전개

└국경 없는 의사회, 국제 사면 위원회, 그린피스 등이 대표적이다.

시험에 꼭 나오는 개념 체크
1. 오늘날 난민은 종교 갈등으로만 발생하고 있다. (○, ×)
2. _ _ _ _는 북반구의 선진국과 남반구의 개발 도상국 사이의 경제적 격차를 말한다.

답 1. × 2. 남북문제

자료 3 지역 분쟁과 국제 갈등

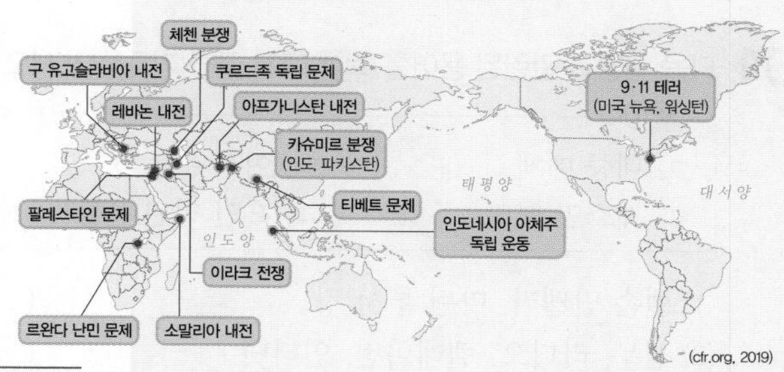

오늘날 세계 곳곳에서 민족, 종교, 인종, 영토 등의 이유로 분쟁이 일어나고 있다.

자료 4 남북문제

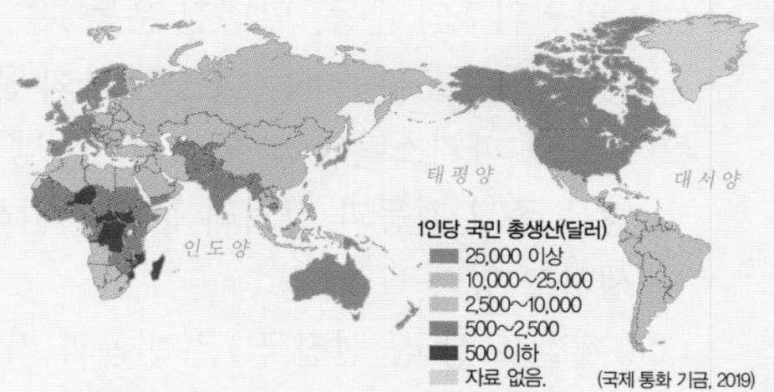

선진국이 몰려 있는 북반구와 개발 도상국이 몰려 있는 남반구의 경제적 격차가 심화되고 있다.

자료 5 사막화

▲ 1989년의 아랄해

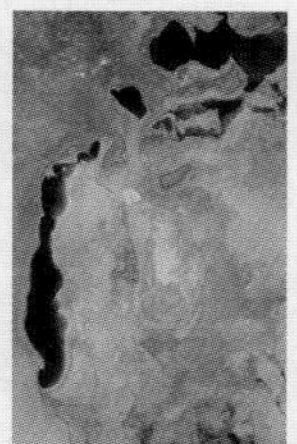
▲ 2008년의 아랄해

연중 강수량은 적고 증발량은 많아 초목이 자랄 수 없어 불모의 토지가 되는 현상을 말한다.

자료 6 기후 협약 체결

리우 선언 (1992)	• 사전 예방, 공동의 차별화된 책임 원칙 • 192개국 가입
교토 의정서 (1997)	• 2020년까지 온실가스 감축 협의 • 38개 선진국 의무 감축 대상
파리 기후 협약 (2015)	• 교토 의정서를 대체 • 의무 감축 대상 195개국으로 확대

환경 문제는 한 국가의 노력만으로 해결하기 어려워 국제 사회는 공동의 노력을 기울이고 있다.

용어 쏙쏙

[1] 핵 확산 금지 조약(NPT): 기존에 핵무기를 가진 국가는 핵무기 관련 기술을 전파하지 않고 관련 산업 축소, 핵무기 없는 국가는 핵무기를 개발하지 않는다는 내용
[2] 난민: 전쟁이나 정치·종교·사상적 박해를 피해 다른 지역으로 이주하는 사람들
[3] 르완다 내전: 1994년에 아프리카 르완다에서 일어난 후투족과 투치족의 전쟁
[4] 카슈미르 분쟁: 인도가 분리 독립할 당시 이슬람교도가 대부분이었던 카슈미르 지방이 인도에 강제 편입되면서 인도와 파키스탄 사이에 전쟁 발발
[5] 남북문제: 북반구에 몰려 있는 선진국과 개발 도상국이 몰려 있는 남반구 사이의 경제적 차이로 발생하는 문제

STEP 1 개념 확인

01 다음 설명과 관련된 용어를 보기에서 골라 기호를 쓰시오.

보기
ㄱ. 대중 매체　　ㄴ. 여성 운동
ㄷ. 재스민 혁명　　ㄹ. 흑인 민권 운동

(1) 넬슨 만델라, 마틴 루서 킹 (　　)
(2) 신문, 라디오, 텔레비전, 인터넷 (　　)
(3) SNS를 통한 대중의 능동적 사회 참여 사례 (　　)
(4) 남성 중심 사회 체제에 대한 인식 전환 추구 (　　)

02 다음 중 알맞은 말에 ○표를 하시오.

(1) (탈권위주의 운동, 탈냉전 운동)은 기존 체제에서 벗어나 자유를 추구하는 다양한 사회 운동이다.
(2) 인도와 파키스탄의 접경 지역인 (벵골, 카슈미르) 지방은 종교 갈등과 정치적 문제가 얽혀 많은 난민이 발생하고 있다.
(3) (개발 도상국, 선진국)은 빈곤과 기아로 고통을 겪으며 내전과 장기 독재로 사회가 혼란하다.

03 다음 빈칸에 알맞은 말을 쓰시오.

(1) 남아프리카 공화국의 (　　　　　)은(는) 아파르트헤이트 정책에 맞서 싸웠다.
(2) 1968년에 프랑스에서는 학생들을 중심으로 표현의 자유, 반전, 평화 등을 주장하며 (　　　　　)이(가) 일어났다.
(3) 국제 사회는 핵 확산 금지 조약, 생물 무기 금지 협약 등 여러 협약을 체결하여 (　　　　　)의 사용과 개발을 금지하였다.

04 다음 설명이 맞으면 ○표, 틀리면 ×표 하시오.

(1) 기존의 가치관을 부정하고 인간성 회복, 자연으로의 회귀를 주장한 사람을 난민이라고 한다. (　　)
(2) 남북문제는 북반구와 남반구 사이의 경제적 격차를 말한다. (　　)

05 다음 ㉠~㉢에 들어갈 알맞은 말을 쓰시오.

연도	협약	주요 내용
1992	(㉠) 선언	환경과 개발에 관한 공동 선언
1997	교토 의정서	• 최초로 (㉡) 감축 비율 제시 • 선진국만 의무가 있음
2015	(㉢) 기후 협약	• (㉡) 감축 수치 제시 • 선진국이 개발 도상국의 기후 변화 대처 사업 지원

㉠ ________ ㉡ ________ ㉢ ________

STEP 2 대표 문제

01 (중요) 다음 ㉠에 들어갈 주제로 옳은 것은? (난이도 하)

주제: ㉠
• 지역: 미국
• 주요 인물: 마틴 루서 킹
• 내용: 백인과 동등한 시민권을 얻기 위한 운동

① 68 운동　② 여성 운동
③ 흑인 민권 운동　④ 반전 평화 운동
⑤ 세계화 반대 운동

02 68 운동에 대한 설명으로 옳은 것을 보기에서 모두 고르면? (난이도 상)

보기
ㄱ. 프랑스에서 학생을 중심으로 일어났다.
ㄴ. 문화 획일화 현상에 반발하여 일어났다.
ㄷ. 표현의 자유, 반전과 평화 등을 주장하였다.
ㄹ. 인터넷의 보급으로 전 세계에 급속히 퍼져 나갔다.

① ㄱ, ㄴ　② ㄱ, ㄷ　③ ㄴ, ㄷ
④ ㄴ, ㄹ　⑤ ㄷ, ㄹ

03 다음 사례에 대한 설명으로 가장 적절한 것은? (난이도 중)

1967년, 보스턴 마라톤 대회에 최초의 여성 주자가 참가하였다. 당시에는 남성들만 참가하는 것이 당연하게 여겨졌기 때문에 마라톤 참가자 신청서에는 성별이 표시되어 있지 않았다. 이 여성 주자는 감독관의 저지에도 마라톤 코스를 완주하였고, 1972년 대회부터는 보스턴 마라톤 대회에서 여성 선수 참여가 공식적으로 허용되었다.

① 참정권 확보 운동이다.
② 전쟁에 반대하는 운동이다.
③ 인종 차별에 반대하는 운동이다.
④ 성차별 폐지와 여성 권리 확보를 위한 운동이다.
⑤ 정부의 실정과 부패에 저항하는 불복종 운동이다.

정답 32쪽

04 중요 다음 ㉠에 들어갈 말로 옳은 것은?

하 난이도

(㉠) 매체
- 신문, 라디오, 텔레비전, 인터넷 등
- 많은 사람들에게 대량의 정보를 전달하는 수단

① 민중 ② 대중 ③ 시민
④ 국민 ⑤ 인민

05 다음 ㉠, ㉡에 들어갈 말을 바르게 연결한 것은?

중 난이도

2010년 12월 (㉠)에서는 젊은이들을 중심으로 소셜 네트워크 서비스(SNS)를 통해 (㉡)을 일으켰다. (㉠)의 국화에서 이름을 따온 이 혁명은 아랍과 아프리카 지역에서 일어난 첫 평화 혁명이었다. 혁명의 결과 독재 정권이 무너졌고, 주변 국가에 민주화 운동이 확산되었다.

	㉠	㉡
①	프랑스	68 운동
②	이집트	재스민 혁명
③	튀니지	재스민 혁명
④	미국	흑인 민권 운동
⑤	미국	베트남 전쟁 반대 운동

06 중요 다음 ㉠에 들어갈 내용으로 가장 적절한 것은?

하 난이도

주제: 일상생활 속에서 (㉠) 사례 찾기

인터넷과 무선 통신의 발달은 한 국가에서 유행한 대중문화를 전 세계로 퍼뜨리는 데 큰 역할을 하고 있다. 대중은 소셜 네트워크 서비스(SNS)를 통해 신속하게 정보를 공유하고 전파하며 의사 소통이 더욱 원활해졌으며 손쉽게 자신의 의사를 표현할 수 있게 되었다.

① 이주민의 증가 ② 세계화의 확대
③ 대중문화의 발전 ④ 탈권위주의 운동
⑤ 신자유주의의 등장

07 다음 ㉠에 들어갈 주제로 가장 적절한 것은?

중 난이도

주제: ㉠

- 1960년대 후반 베트남 전쟁에 반대하면서 전개
- 미군이 베트남에서 철수하는 데 큰 영향을 줌
- 연대 활동을 통해 평화를 이루려고 노력함

① 흑인 민권 운동 ② 반전 평화 운동
③ 기후 변화 협약 ④ 버스 보이콧 운동
⑤ 여성 참정권 운동

08 다음 주제어를 포괄하는 주제로 가장 적절한 것은?

중 난이도

- 핵 확산 금지 조약
- 생물 무기 금지 협약
- 화학 무기 금지 협약

① 여성 운동
② 흑인 민권 운동
③ 기후 협약 체결
④ 베트남 전쟁 반대 운동
⑤ 대량 살상 무기 문제 해결 노력

같은 주제 다른 문제

다음 내용을 포괄하는 주제로 옳은 것은? 답 ②

- 두 차례의 세계 대전에서 사용하기 시작함
- 생화학 무기인 독가스, 원자 폭탄 등이 속함
- 군인은 물론 많은 민간인이 피해를 입음

① 탈권위주의 ② 대량 살상 무기 ③ 흑인 민권 운동
④ 과학 기술의 발전 ⑤ 대중 사회의 발전

09 다음 밑줄 친 ㉠에 해당하는 사례로 옳은 것을 보기에서 모두 고르면?

상 난이도

다양한 이유로 일어나는 박해를 피해 다른 나라로 이동하는 난민이 발생하였다. 특히 ㉠ 종교 갈등은 내전과 난민 문제로 이어지는 경우가 많다.

보기
ㄱ. 르완다에서 수백만 명에 이르는 난민 발생
ㄴ. 유고슬라비아에서 연방 해체 후 난민 발생
ㄷ. 인도에 편입된 카슈미르 지방에서 난민 발생
ㄹ. 북한에서 국경을 넘어 탈출하는 탈북민 발생

① ㄱ, ㄴ ② ㄱ, ㄷ ③ ㄴ, ㄷ
④ ㄴ, ㄹ ⑤ ㄷ, ㄹ

10 중요 다음 대화의 주제로 옳은 것은?

하 난이도

① 남북문제 ② 환경 문제
③ 질병 문제 ④ 난민 문제
⑤ 성차별 문제

11 다음 대화의 ㉠에 들어갈 말로 가장 적절한 것은?

중 난이도

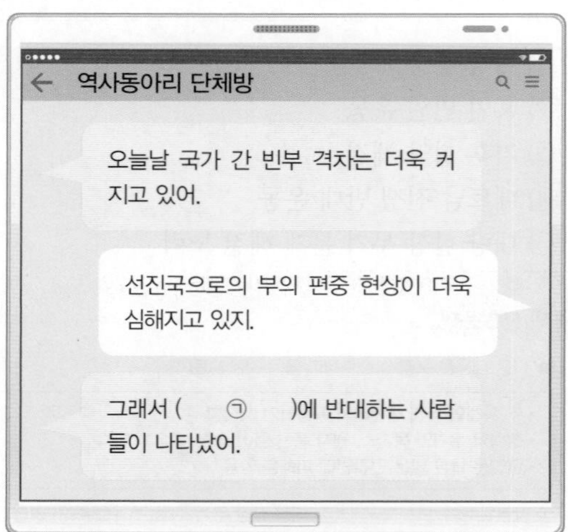

① 전쟁 ② 세계화
③ 대중문화 ④ 환경 파괴
⑤ 대량 살상 무기

12 중요 다음에서 설명하는 현대 사회의 문제로 옳은 것은?

하 난이도

> 산업화와 인구 증가로 전 세계의 자원 소비량과 폐기물의 양이 급증하였다. 그 결과 생태계의 균형이 깨지고 지구의 자정 능력이 약해지면서 인류의 생존을 위협하고 있다. 이는 지구 온난화, 사막화, 열대림 파괴와 생물종 감소, 오존층 파괴 등 다양한 형태로 나타나고 있다.

① 경제 문제 ② 난민 문제
③ 이념 문제 ④ 질병 문제
⑤ 환경 문제

13 다음 자료에 나타난 환경 문제로 옳은 것은?

중 난이도

▲ 1989년의 아랄해

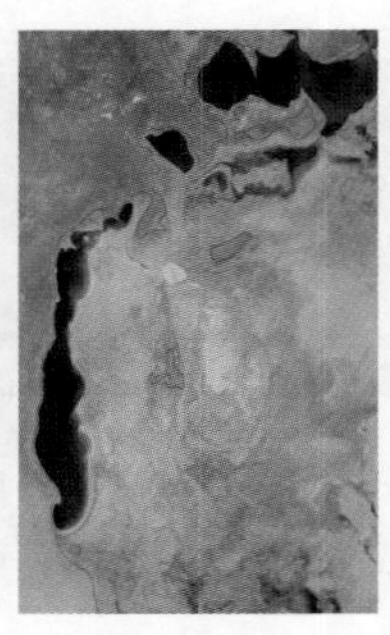
▲ 2008년의 아랄해

① 사막화 ② 오존층 파괴
③ 생물종 감소 ④ 지구 온난화
⑤ 열대림 파괴

14 다음에서 설명하는 국제 환경 협약으로 옳은 것은?

중 난이도

> • 2015년 교토 의정서를 대신하여 체결
> • 선진국과 개발 도상국 모두 온실가스 감축 의무를 정해 이행하기로 합의
> • 2023년 이후 5년마다 감축 목표를 높여 제출 및 검증

① 리우 선언 ② 파리 기후 협약
③ 몬트리올 의정서 ④ 생물 다양성 협약
⑤ 사막화 방지 협약

같은 주제 다른 문제

• 최초로 온실가스의 감축 비율을 제시하였던 국제 환경 협약은? 답 ②

① 리우 선언 ② 교토 의정서
③ 몬트리올 의정서 ④ 생물 다양성 협약
⑤ 사막화 방지 협약

15 현대 사회의 문제를 해결하기 위한 국제 사회의 노력과 거리가 먼 것은?

하 난이도

① 난민촌 마련
② 국제 협약 체결
③ 국제 연합의 활동
④ 다국적 기업의 활동
⑤ 비정부 기구의 활동

STEP 3 주관식·서술형

정답 32쪽

01 다음 자료를 보고 물음에 답하시오.

(1) 자료에 나타난 인물의 이름을 쓰시오.

(2) 위 인물이 전개한 민권 운동의 내용을 서술하시오.

02 다음 자료를 보고 물음에 답하시오.

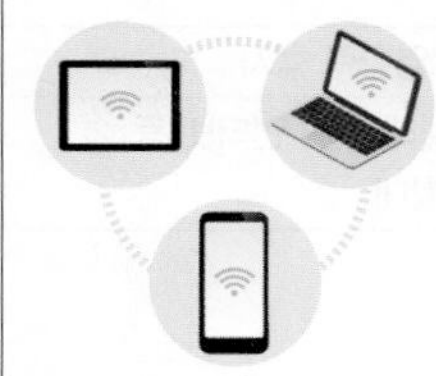

현대 사회는 신문, 라디오, 텔레비전 등 각종 (㉠)이(가) 확산되면서 대중은 지식과 정보에 쉽게 접근할 수 있게 되었고 ㉡대중문화가 발달하였다.

(1) ㉠에 들어갈 알맞은 말을 쓰시오.

(2) 밑줄 친 ㉡의 발달에 따른 영향을 긍정적 측면과 부정적 측면으로 나누어 서술하시오.

03 다음 지도를 보고 물음에 답하시오.

(1) 지도에서 후투족과 투치족의 전쟁으로 발생한 문제를 찾아 쓰시오.

(2) 지도에 나타난 분쟁을 해결하기 위한 국제 사회의 노력을 서술하시오.

04 다음 지도를 보고 물음에 답하시오.

(1) 지도에 나타난 현상과 관련된 문제를 가리키는 용어를 쓰시오.

(2) 위 문제가 일어난 이유를 서술하시오.

01 냉전 체제와 제3 세계의 형성

1 냉전 체제의 전개

(1) **냉전 체제의 성립** 미국 중심 자본주의 진영 vs 소련 중심 공산주의 진영

자본주의 진영	• 미국이 공산주의의 팽창을 막겠다고 선언 → 트루먼 독트린 • 경제-마셜 계획, 군사-북대서양 조약 기구(NATO)
공산주의 진영	공산당 정보국-코민포름, 경제-경제 상호 원조 회의(코메콘), 군사-바르샤바 조약 기구(WTO)

(2) **냉전의 확산**

독일	베를린 봉쇄 → 동서 분단 → 베를린 장벽 설치
쿠바 미사일 위기	소련이 쿠바에 핵미사일 기지 건설 시도 → 미국이 쿠바 해상 봉쇄
아시아 지역의 냉전	• 중국: 공산당-중화 인민 공화국 수립, 국민당-타이완으로 이동 • 한국: 6·25 전쟁 → 국제전 양상 • 베트남: 베트남 전쟁 → 공산 정권 수립

2 아시아·아프리카의 새로운 국가 건설

(1) **아시아와 아프리카 여러 국가의 독립**

아시아	• 인도: 영국의 식민 지배에서 독립 직후 인도(힌두교), 파키스탄(이슬람교)으로 분리 • 동남아시아: 인도네시아, 말레이시아, 필리핀 등이 독립 • 서아시아: 시리아·요르단·레바논 등이 독립, 팔레스타인(아랍인)에서 이스라엘(유대인) 건국 → 중동 전쟁
아프리카	• 이집트: 나세르가 공화정 수립, 수에즈 운하 국유화 • 아프리카의 해(1960): 17개 독립국 탄생

(2) **제3 세계의 등장**

제3 세계	어느 진영에도 속하지 않는 독자 세력 → 비동맹 중립주의
성립 과정	• 평화 5원칙: 인도의 네루, 중국의 저우언라이가 합의 • 평화 10원칙: 반둥 회의 → 제3 세계 형성 공식화

02 세계화와 경제 통합

1 냉전 체제의 해체

(1) **냉전 체제의 완화**

자본주의 진영	• 미국의 군사 개입 자제 선언 → 닉슨 독트린 • 베트남에서 군대 철수, 중국과 수교, 소련과 군비 축소 협정 • 프랑스-북대서양 조약 기구 탈퇴, 서독-동방 정책
공산주의 진영	• 소련의 흐루쇼프가 미국 방문 • 소련과 중국이 이념·국경 문제로 대립

(2) **소련의 해체**

배경	• 고르바초프: 개혁(페레스트로이카)·개방(글라스노스트) 정책 • 소련의 동유럽 국가에 대한 간섭 완화 • 몰타 회담: 냉전 종식 선언
전개	소련 내 국가들의 독립 운동 확산 → 소련 해체 → 독립 국가 연합 결성(CIS)

(3) **동유럽과 중국의 변화**

동유럽	• 폴란드·체코슬로바키아: 공산 정권 붕괴, 시장 경제 도입 • 독일: 베를린 장벽 붕괴, 통일
중국	• 마오쩌둥: 대약진 운동 실패, 문화 대혁명 추진 • 덩샤오핑: 개혁·개방 정책 추진 → 급속한 경제 성장

2 세계화가 가져온 변화

(1) **세계화의 전개**

자유 무역의 확대	자유 무역 체제 확산	• 관세 및 무역에 관한 일반 협정(GATT) • 세계 무역 기구(WTO) 출범, 자유 무역 협정(FTA) 체결 확대
	신자유주의 경제 정책 실시	• 1970년대 경제 불황 극복 과정에서 등장 • 정부 규제 완화, 자유로운 시장 활동 강조 • 복지비 삭감, 국영 기업 민영화, 규제 완화
지역화 움직임		• 세계화 가속화 → 상호 국제 협력 강화와 공동의 이익 추구 → 지역별 경제 협력체 구성 • 유럽 연합(EU)이 대표적 → 유로화 사용

(2) **세계화로 나타난 변화**

긍정적 변화	부정적 변화
• 노동·자본 이동 → 이주민 급증 • 다국적 기업 성장 • 지역간 교류 통한 문화 발전	• 선진국·개발 도상국 경제 격차 • 상호 경제 의존도 심화 • 문화 획일화 현상

03 탈권위주의 운동과 대중문화의 발달

1 탈권위주의 운동의 전개

민권 운동	• 남아프리카 공화국: 넬슨 만델라 → 아파르트헤이트 정책에 맞서 흑인 민권 운동 전개 • 미국: 마틴 루서 킹 → 백인과의 차별 폐지 추진
학생 운동	프랑스 68 운동 → 표현의 자유, 반전과 평화, 차별 폐지 주장 → 세계 각지로 확산
여성 운동	남성 중심 사회 질서와 성차별에 반대

2 대중 사회와 대중문화

대중 사회	대중이 사회의 주체가 되어 영향력 행사
대중문화	• 대중 매체: 신문, 라디오, 텔레비전, 인터넷 등 • 대중의 능동적 사회 참여 확대

04 현대 세계의 문제 해결을 위한 노력

난민 문제	• 배경: 종교·인종·지역·계급 갈등 등 • 옛 유고슬라비아, 르완다, 카슈미르 등	국제 사회의 노력 → 국제 연합의 활동, 국제 협력 강화, 비정부 기구의 활동 등
빈곤 문제	• 배경: 신자유주의 및 세계화 • 남북문제, 선진국 내 빈부 격차	
질병 문제	환경 파괴, 무분별한 개발 등으로 발생	
환경 문제	지구 온난화, 사막화, 열대림 파괴, 생물종 감소, 오존층 파괴, 기상 이변 등	

지도로 정리하기

01 냉전 체제와 제3 세계의 형성

▲ 철의 장막과 마셜 계획

힌두교도 이주
이슬람교도 이주
파키스탄 (1947)
인도 (1947)
방글라데시 (1971)
인도양
스리랑카 (1948)
*괄호 안은 독립 연도임.

▲ 인도의 독립과 분열

제2차 세계 대전 이후 인도는 영국으로부터 독립하였으나 종교적 차이로 힌두교도가 많은 인도와 이슬람교도가 많은 파키스탄으로 분리되었다.

▲ 4개국의 독일 분할 점령과 베를린 장벽 설치

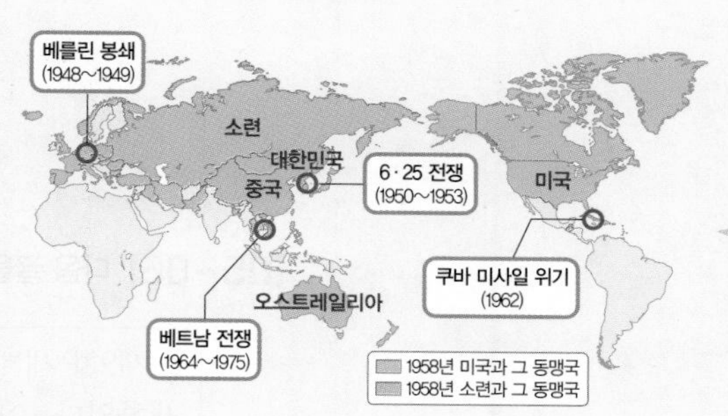

▲ 냉전의 전개 양상

냉전 체제가 확산되면서 한국의 6·25 전쟁, 베트남 전쟁 등과 같은 열전의 형태도 나타났다.

02 세계화와 경제 통합

▲ 소련의 해체 및 동유럽 사회주의 정권의 붕괴

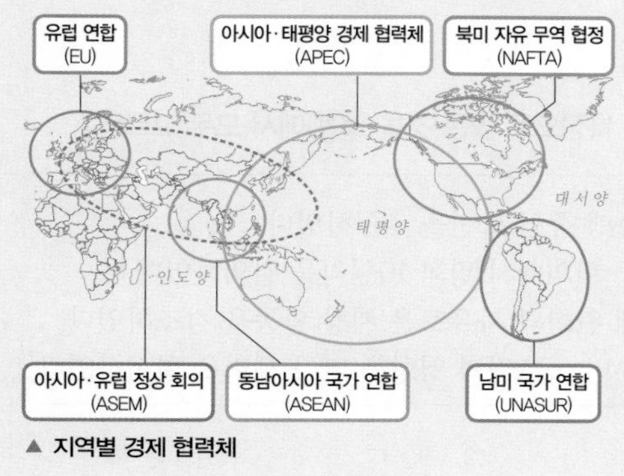

▲ 지역별 경제 협력체

04 현대 세계의 문제 해결을 위한 노력

▲ 지역 분쟁과 국제 갈등

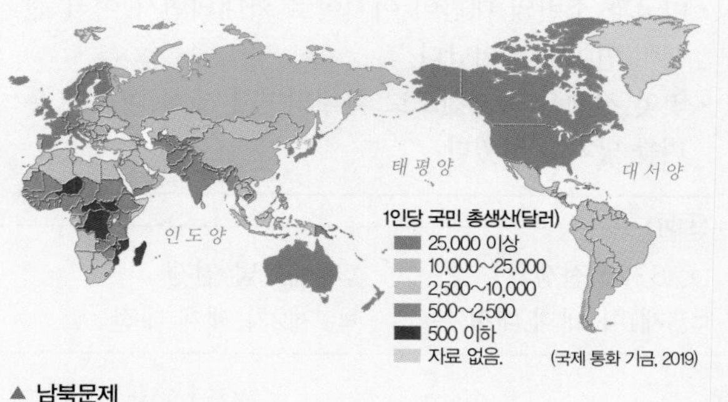

▲ 남북문제

대단원 마무리 문제

01 냉전 체제와 제3 세계의 형성

01 중요 다음 밑줄 친 ㉠, ㉡에 해당하는 이념을 바르게 연결한 것은?

중 난이도

> ㉠ 첫 번째 생활 방식은 다수의 의지에 기초하여 자유로운 제도와 종교의 자유, 정치적 억압으로부터의 자유를 보장하고 있습니다. ㉡ 다른 생활 방식은 소수의 의지로 다수를 강제하는 방식입니다. 이 방식은 테러와 억압, 언론과 방송 통제, 선거 조작, 그리고 개인에 대한 억압으로 가득 차 있습니다.
>
> – 트루먼 대통령의 의회 연설(1947) –

	㉠	㉡
①	자본주의	공산주의
②	공산주의	민주주의
③	전체주의	자본주의
④	민족주의	공산주의
⑤	민주주의	민족주의

02 주관식 다음에서 설명하는 미국의 정책을 쓰시오.

하 난이도

> 미국은 유럽의 공산화를 막기 위해 제2차 세계 대전 이후 폐허가 된 서유럽에 경제 원조를 제공하였다.

03 다음 밑줄 친 '냉전'에 해당하는 사건으로 옳은 것을 보기에서 모두 고르면?

중 난이도

> 아시아로 확산된 냉전
> - 미국과 소련의 대립이 아시아로 확대되면서 여러 전쟁이 연이어 일어났다.
> - 몇몇 전쟁은 국제전으로 확대되면서 세계 대전의 우려를 낳기도 하였다.

보기

ㄱ. 6·25 전쟁　　ㄴ. 베트남 전쟁
ㄷ. 제1차 세계 대전　　ㄹ. 제2차 세계 대전

① ㄱ, ㄴ　② ㄱ, ㄷ　③ ㄴ, ㄷ
④ ㄴ, ㄹ　⑤ ㄷ, ㄹ

04 냉전 체제의 확산 과정에서 일어난 일로 옳지 않은 것은?

중 난이도

① 독일의 베를린 장벽이 붕괴되었다.
② 중국 공산당이 중화 인민 공화국을 수립하였다.
③ 한국의 6·25 전쟁이 국제전의 양상으로 전개되었다.
④ 쿠바 미사일 기지 설치 문제로 미국과 소련이 대립하였다.
⑤ 베트남에서 미국의 지원을 받은 남쪽 정권과 소련의 지원을 받은 북쪽 정권 사이에 전쟁이 일어났다.

[05~06] 다음 글을 읽고 물음에 답하시오.

> 제2차 세계 대전 이후 많은 독립 국가들이 새롭게 탄생하였다. 이들 중 미국 중심의 자본주의 진영과 소련 중심의 공산주의 진영 중 어느 편에도 가담하지 않은 국가들은 (㉠)을(를) 형성하였다.

05 ㉠에 들어갈 세력으로 옳은 것은?

하 난이도

① 추축국　② 제3 세계
③ 3국 동맹　④ 3국 협상
⑤ 동남아시아 국가 연합

06 중요 ㉠ 세력의 특징으로 옳은 것을 보기에서 모두 고르면?

중 난이도

보기

ㄱ. 비동맹 중립 노선을 추구하였다.
ㄴ. 반둥 회의에서 평화 10원칙을 결의하였다.
ㄷ. 규제 완화와 자유로운 시장 활동을 강조하였다.
ㄹ. 트루먼 독트린의 영향을 받아 세력을 형성하였다.

① ㄱ, ㄴ　② ㄱ, ㄷ　③ ㄴ, ㄷ
④ ㄴ, ㄹ　⑤ ㄷ, ㄹ

02 세계화와 경제 통합

07 1980년대 후반 이후 소련과 동유럽의 변화에 대한 설명으로 옳은 것을 보기에서 모두 고르면? (중요 / 난이도 중)

보기
ㄱ. 소련이 베를린을 봉쇄하였다.
ㄴ. 동유럽 공산 정권이 붕괴되었다.
ㄷ. 바르샤바 조약 기구가 조직되었다.
ㄹ. 고르바초프가 개혁·개방 정책을 추진하였다.

① ㄱ, ㄴ ② ㄱ, ㄷ ③ ㄴ, ㄷ
④ ㄴ, ㄹ ⑤ ㄷ, ㄹ

08 다음 ㉠에 들어갈 말로 옳은 것은? (난이도 중)

㉠

- 미국은 '태평양 국가'로서 그 지역에서 중요한 역할을 계속하지만 직접적·군사적·정치적 과잉 개입은 하지 않는다.
- 미국은 앞으로 베트남 전쟁과 같은 아시아 지역의 군사적 개입을 반복하지 않을 것이다.
- 강대국의 핵무기와 관련된 위협을 제외한 내란이나 침략인 경우 아시아 각국이 스스로 자국의 안보를 책임져야 한다.

① 평화 5원칙 ② 닉슨 독트린
③ 평화 10원칙 ④ 대서양 헌장
⑤ 트루먼 독트린

09 다음과 같은 주장을 한 인물로 옳은 것은? (난이도 하)

페레스트로이카 정책은 소련과 같은 사회주의 국가가 새로운 질적 상태로의 전환, 즉 권위주의적이고 관료주의적인 체제에서 벗어나 인간적이고 민주적인 사회로 평화롭게 이행하는 유일한 길이라고 생각합니다.

① 닉슨 ② 장제스
③ 마오쩌둥 ④ 고르바초프
⑤ 저우언라이

10 다음 ㉠에 들어갈 검색어로 옳은 것은?

(난이도 중)

검색어: ㉠

- 1991년 소련의 해체 이후 결성
- CIS라는 약자를 사용
- 우크라이나, 아르메니아, 우즈베키스탄, 카자흐스탄 등 11개 국가 참여

① 제3 세계 ② 국제 연합
③ 유럽 연합 ④ 독립 국가 연합
⑤ 남미 국가 연합

주관식
11 다음 ㉠에 들어갈 알맞은 인물을 쓰시오.

(난이도 중)

중국은 1970년대 후반 실권을 잡은 (㉠)이(가) 개혁·개방 정책을 내걸고 자본주의 시장 경제 원리를 도입하면서 빠른 경제 성장을 이루었다.

12 다음에서 설명하는 용어로 옳은 것은? (중요)

(난이도 하)

- 교통과 통신의 발달로 전 세계는 지구촌이 되며 재화와 서비스, 자본, 노동 등의 이동이 자유로워짐
- 자유 무역 체제의 확산을 바탕으로 이루어짐
- 세계 무역 기구, 자유 무역 협정 등을 통해 무역의 장벽을 낮추고 각 나라의 시장을 폭넓게 개방함

① 공산화 ② 산업화 ③ 세계화
④ 민주화 ⑤ 서구화

13 다음 ㉠, ㉡에 해당하는 지역별 경제 협력체를 바르게 연결한 것은? (난이도 중)

(㉠)	• 정식 출범 시기: 1967년 • 회원국: 필리핀, 말레이시아, 싱가포르 등 10개국
(㉡)	• 정식 출범 시기: 1989년 • 회원국: 한국, 미국, 캐나다, 일본 등 21개국

	㉠	㉡
①	유럽 연합	남미 국가 연합
②	유럽 연합	동남아시아 국가 연합
③	남미 국가 연합	북미 자유 무역 협정
④	동남아시아 국가 연합	유럽 연합
⑤	동남아시아 국가 연합	아시아·태평양 경제 협력체

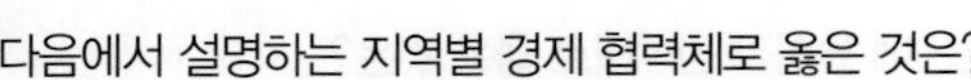

14 중요 다음에서 설명하는 지역별 경제 협력체로 옳은 것은?

중 난이도

- 지역화의 움직임 속에서 1993년 출범
- 독일, 프랑스, 이탈리아, 에스파냐 등 28개국이 참여
- 2020년 영국이 탈퇴함

① 유럽 연합
② 남미 국가 연합
③ 북미 자유 무역 협정
④ 동남아시아 국가 연합
⑤ 아시아·태평양 경제 협력체

서술형

15 다음 자료와 관계 깊은 세계화로 나타난 변화를 서술하시오.

상 난이도

03 탈권위주의 운동과 대중문화의 발달

16 다음 밑줄 친 '나'가 주도한 탈권위주의 운동으로 가장 적절한 것은?

중 난이도

> '나'에게는 꿈이 있습니다. 언젠가 이 나라가 모든 인간은 평등하게 태어났다는 것을 자명한 진실로 받아들이고, 그 진정한 의미를 신조로 살아가게 되는 날이 오리라는 꿈입니다.
>
> – 워싱턴에서의 연설(1963) –

① 반전 평화 운동　② 흑인 민권 운동
③ 식민지 독립 운동　④ 여성 참정권 운동
⑤ 노동자 권리 향상 운동

17 다음에서 설명하는 탈권위주의 운동으로 옳은 것은?

중 난이도

- 시기: 1960년대
- 지역: 프랑스에서 독일, 미국 등으로 퍼져 나감
- 내용: 정부의 실정과 사회 모순에 저항하는 체제 저항 운동으로 젊은이들의 탈권위주의 운동에 영향을 줌

① 68 운동　② 러시아 혁명
③ 반전 평화 운동　④ 흑인 민권 운동
⑤ 세계화 반대 운동

18 다음 사례와 관련된 설명으로 가장 적절한 것은?

중 난이도

> 사우디아라비아에서는 여성 운전이 금지되어 있었다. 운전 금지는 여성 인권을 억압하는 상징이자 논란의 대상이었다. 1990년대에 사우디아라비아의 여성들은 기습적으로 운전을 하면서 이 상황에 항의했으며, 지속적으로 여성 운전 허용을 요구해 왔다. 이러한 노력이 더해져 2018년 6월 24일부터 여성 운전이 허용되었다.

① 재산에 따른 참정권 차별에 저항하였다.
② 성차별이나 성 역할의 분리에 저항하였다.
③ 흑인이 백인의 차별에 맞서 싸운 운동이었다.
④ 개인의 재산과 안전을 지키기 위한 운동이었다.
⑤ 국가 권력의 간섭과 통제를 거부하는 운동이었다.

19 중요 다음 밑줄 친 ㉠, ㉡에 대한 설명으로 옳지 않은 것은?

하 난이도

> 현대 사회는 대중에 의해 운영되는 ㉠ 대중 사회가 형성되었으며 이에 따라 ㉡ 대중문화가 발달하였다.

① ㉠: 대중이 소비의 주체로 경제적 영향력이 높다.
② ㉠: 의무 교육, 대중 매체 발달 등을 통해 대중의 교양 수준이 높아졌다.
③ ㉡: 다수의 개인이 소비하는 형태의 문화이다.
④ ㉡: 신문, 라디오, 텔레비전 등 대중 매체의 발달을 배경으로 한다.
⑤ ㉡: 한 국가 내에서 유행한 대중문화는 다른 국가로 전파되지 않는다.

정답 33쪽

04 현대 세계의 문제 해결을 위한 노력

20 다음 국제 협약과 관련된 내용으로 가장 적절한 것은?

중 난이도

- 핵 확산 금지 조약(NPT)
- 생물 무기 금지 협약(BWC)
- 화학 무기 금지 협약(CWC)

① 종교의 자유를 위한 노력
② 세계화의 폐해를 알리기 위한 노력
③ 인종에 따른 차별을 없애기 위한 노력
④ 대량 살상 무기 문제 해결을 위한 노력
⑤ 선진국과 개발 도상국의 격차를 없애기 위한 노력

21 다음 ㉠에 들어갈 지명과 ㉡의 내용을 바르게 연결한 것은?

중 난이도

인도와 파키스탄 접경 지역의 (㉠) 지방이 인도에 편입되면서 ㉡ 종교 갈등과 정치적 문제가 얽힌 분쟁이 일어났다.

	㉠	㉡
①	코소보	불교, 힌두교 갈등
②	티베트	불교, 이슬람교 갈등
③	티베트	힌두교, 이슬람교 갈등
④	카슈미르	힌두교, 이슬람교 갈등
⑤	카슈미르	이슬람교, 크리스트교 갈등

주관식

22 다음 ㉠에 들어갈 알맞은 용어를 쓰시오.

중 난이도

21세기에 신자유주의와 세계화가 확산되면서 국가 간 빈부 격차가 심화되었다. 선진국이 몰려 있는 북반구와 개발 도상국이 몰려 있는 남반구 간의 경제적 격차는 (㉠)(이)라고 불리며 국제적 문제로 떠올랐다.

서술형

23 다음 밑줄 친 '환경 문제'를 세 가지 이상 서술하시오.

상 난이도

산업화와 인구 증가로 전 세계의 자원 소비량과 폐기물의 양이 급증하였다. 그 결과 생태계의 균형이 깨지고 지구의 자정 능력이 약해지면서 인류의 생존을 위협하는 환경 문제가 발생하고 있다.

24 현대 세계에 대한 설명으로 옳지 않은 것은?

중 난이도

① 세계 각 지역에서 난민이 발생하고 있다.
② 냉전이 종결되어 갈등과 분쟁이 사라졌다.
③ 환경 문제 해결에 국제적인 협력이 강조되고 있다.
④ 신자유주의와 세계화의 확산으로 국가 간 빈부 격차가 심화되었다.
⑤ 다양한 비정부 기구가 등장하여 국제 사회의 문제를 해결하기 위해 노력하고 있다.

중요

25 다음과 같은 현대 세계의 문제를 해결하기 위한 노력으로 옳지 않은 것은?

하 난이도

- 빈곤 문제
- 난민 문제
- 질병 문제
- 환경 문제

① 개방적 태도를 기른다.
② 공동체 의식을 확립한다.
③ 세계 시민 의식을 지닌다.
④ 국가 간 긴밀한 협조 체제를 갖춘다.
⑤ 이념에 따라 진영을 나누는 국제 질서를 확립한다.

MEMO

올쏘

All about Society

중학 역사 ❶

All about Society

올바른 역사 개념은 옳소
핵심 문제서 올쏘

중학 역사 ①

실력 확인 문제책

문제로 복습하는 실력 확인
고난도 문제로 실력 올리기

동아출판

All about Society

실력 확인

문제책

중학 역사 ①

차례

Ⅰ. 문명의 발생과 고대 세계의 형성 02

Ⅱ. 세계 종교의 확산과 지역 문화의 형성 14

Ⅲ. 지역 세계의 교류와 변화 30

Ⅳ. 제국주의 침략과 국민 국가 건설 운동 46

Ⅴ. 세계 대전과 사회 변동 62

Ⅵ. 현대 세계의 전개와 과제 70

01 역사의 의미와 역사 학습의 목적 ~ 02 세계의 선사 문화

1 역사의 의미와 역사 학습의 목적

1 역사의 의미

❶☐☐로서의 역사	• 객관적 역사, 과거의 사실 그 자체를 의미 • 대표적 학자: 19세기 독일의 ❷☐☐
❸☐☐으로서의 역사	• 역사가가 연구하여 남긴 과거 사실에 대한 기록 • 역사가의 주관적 관점에 따라 달라질 수 있음 • 대표적 학자: 영국의 카

2 역사 연구의 방법

❹☐☐	• 역사 연구에 필요한 자료, 과거의 흔적 • 종류: 유물, 유적, 기록물, 구전 설화 등
사료 ❺☐☐	• 사료의 사실 여부, 신빙성을 판단하는 작업 • 필요 이유: 사료가 과거의 사실을 완벽하게 보여 주지 않기 때문에

3 역사 학습의 목적

목적	• 현재 상황의 이해 • 정체성의 확인 • 과거로부터 교훈을 얻고 미래 전망 • 역사적 사고력의 향상
한국사와 세계사	• 한국사는 세계사와 긴밀한 관계 속에서 발전 • 서로 다름을 이해하고 존중하는 태도 함양

2 세계의 선사 문화

1 인류의 출현과 진화

오스트랄로피테쿠스	최초의 인류, 직립 보행, 간단한 도구 사용
호모 에렉투스	불과 언어 사용, 허리를 완전히 펴고 보행
호모 네안데르탈렌시스	죽은 사람 매장, 사후 세계관
❻☐☐ ☐☐☐☐	현생 인류, 오늘날 인류의 직계 조상

2 구석기 시대와 신석기 시대

❼☐☐☐ 시대	• 도구: ❽☐☐☐ 사용 • 식량: 사냥과 채집 • 거주: 이동 생활, 바위 그늘, 동굴이나 막집 • 장례 문화, 동굴 벽화나 조각상 제작
❾☐☐☐ 시대	• 도구: 간석기 사용, 토기 제작 • 식량: ❿☐☐과 목축의 시작(신석기 혁명) • 거주: 정착 생활 시작, 움집 제작 • 기타: 원시 신앙 발생(애니미즘, 토테미즘)

정답 ❶ 사실 ❷ 랑케 ❸ 기록 ❹ 사료 ❺ 비판 ❻ 호모 사피엔스 ❼ 구석기 ❽ 뗀석기 ❾ 신석기 ❿ 농경

실력 확인 문제

01 '사실로서의 역사'에 대한 설명으로 가장 알맞은 것은?

하 난이도

① E. H. 카가 역사의 의미로 강조하였다.
② 역사가의 역사 서술 과정을 중요하게 본다.
③ 과거에 있었던 사실 그 자체를 역사로 본다.
④ 역사란 역사가에 의해 선택된 과거의 사건이라고 본다.
⑤ 과거에 대한 해석과 평가를 역사의 중요한 부분으로 본다.

02 역사를 바라보는 입장 중 밑줄 친 부분과 같은 것은?

상 난이도

> '역사'라는 표현은 한자로 '歷史'라고 표기한다. 여기서 '歷'은 '지날 력'으로 <u>지나간 과거, 과거에 있었던 사실을 뜻한다.</u> '史'는 과거를 서술하는 역사가를 의미하는 한자이다.

① 역사는 '기록으로서의 역사'를 말한다.
② 과거에 있었던 사실 자체가 역사이다.
③ 역사는 과거와 현재 사이의 대화이다.
④ 역사는 역사가의 입장에 따라 다르게 서술될 수 있다.
⑤ 역사가의 해석이 역사 서술에 개입되는 것은 불가피하다.

중요

03 '기록으로서의 역사'에 대한 설명으로 옳은 것을 보기에서 모두 고르면?

중 난이도

보기

ㄱ. 역사란 객관적 사실이라고 본다.
ㄴ. 과거에 대한 해석과 평가를 역사의 중요한 부분으로 본다.
ㄷ. 과거에 대한 해석에는 역사가의 사관이 반영된다고 본다.
ㄹ. 과거에 발생한 모든 일들이 역사로 서술되어 있다고 본다.

① ㄱ, ㄴ ② ㄱ, ㄷ ③ ㄴ, ㄷ
④ ㄴ, ㄹ ⑤ ㄷ, ㄹ

정답 34쪽

04 중요 다음 자료를 활용한 탐구 주제로 가장 적절한 것은?

상 난이도

> • 두 나라를 평정하여 영구히 전쟁을 없애고 여러 해 동안 깊이 맺혔던 원수를 갚고, 백성의 남은 목숨을 온전히 하고자 한 것이다. -『삼국사기』-
> • 다른 종족을 끌어들여 같은 종족을 멸망시키는 것은 도적을 끌어들여 형제를 죽이는 것과 다를 바 없다. - 신채호 -

① 사료 수집 방법
② 역사의 연구 과정
③ 역사 학습의 목적
④ '사실로서의 역사'의 사례
⑤ 관점에 따른 역사 서술의 변화

05 다음 역사 연구 과정 중 ㉠에 들어갈 용어로 옳은 것은?

하 난이도

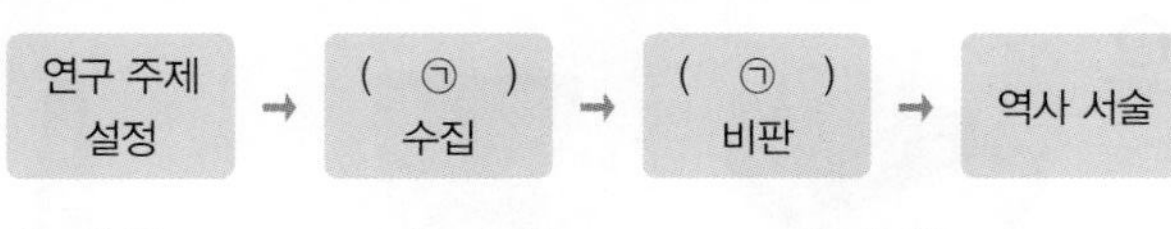

① 사료 ② 소설 ③ 논문
④ 설문 ⑤ 다큐멘터리

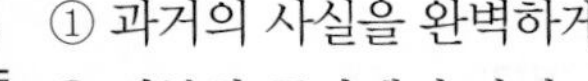

06 중요 다음 중 사료에 대한 설명으로 옳지 않은 것은?

중 난이도

① 과거의 사실을 완벽하게 보여 주지는 않는다.
② 정부와 국가에서 남긴 기록물들만 사료에 해당한다.
③ 역사가는 사료를 연구하여 과거의 사실을 밝혀낸다.
④ 과거에 일어난 일을 간접적으로 이해할 수 있도록 해준다.
⑤ 역사가는 사료 비판을 통해 당시 상황을 분석하고 해석한다.

07 역사 연구 방법에 대한 설명으로 가장 거리가 먼 것은?

중 난이도

① 사료 비판을 통해 당시의 상황을 해석한다.
② 사료에 나온 내용에 근거해 역사를 서술한다.
③ 사료를 통해 알 수 없는 부분은 역사적 상상력을 동원한다.
④ 사료는 당시 사람이 남긴 것으로 모두 진실로 받아들인다.
⑤ 과거에 남겨진 문서뿐만 아니라 관련 유물, 유적 등도 알아본다.

08 다음 자료를 통해 추론할 수 있는 역사 학습의 목적으로 가장 적절한 것은?

중 난이도

> 동아시아 역사서 중에는 '통감'으로 끝나는 서적이 많다. 예를 들어 송대에 사마광이 쓴 『자치통감』, 조선 시대에 서거정 등이 쓴 『동국통감』 등이 있다. 여기서 '통감(通鑑)'은 역사를 본보기(거울)로 삼는다는 뜻이다.

① 역사 지식을 축적한다.
② 역사적 상상력을 키운다.
③ 역사를 통해 교훈을 얻는다.
④ 다양성에 대한 이해와 관용을 배운다.
⑤ 한국과 세계에 대해 균형 있게 이해할 수 있다.

09 역사를 학습하는 목적으로 옳지 않은 것은?

하 난이도

① 한국사의 우월성에 대하여 확인한다.
② 역사적 사고력과 역사의식을 확립한다.
③ 과거의 경험으로부터 지혜와 교훈을 얻는다.
④ 과거와 현재가 긴밀하게 엮여 있음을 이해한다.
⑤ 타인의 다른 점을 이해하고 존중하는 태도를 기른다.

10 다음 (가)에 대한 설명으로 옳은 것은?
중 난이도

(가)	호모 에렉투스	호모 네안데르탈렌시스	호모 사피엔스
약 390만 년 전	약 180만 년 전	약 40만 년 전	약 20만 년 전

① 토기 제작 시작
② 직립 보행 시작
③ 불의 사용 시작
④ 시체 매장 시작
⑤ 오늘날 인류의 직접 조상

11 다음 조각상이 제작된 시대에 대한 설명으로 옳은 것을 보기에서 모두 고르면?
상 난이도

11cm 정도 크기의 오스트리아에서 출토된 여인상이다. 가슴과 배를 풍만하게 표현하여 당시 사람들이 다산과 풍요를 기원하면서 이 조각상을 만들었다고 추측할 수 있다.

보기
ㄱ. 도시 문명을 건설하였다.
ㄴ. 토기를 제작하기 시작하였다.
ㄷ. 동굴이나 막집에서 거주하였다.
ㄹ. 사냥과 채집으로 식량을 마련하였다.

① ㄱ, ㄴ ② ㄱ, ㄷ ③ ㄴ, ㄷ
④ ㄴ, ㄹ ⑤ ㄷ, ㄹ

12 중요 신석기 시대에 나타난 특징으로 옳은 것을 보기에서 모두 고르면?
중 난이도

보기
ㄱ. 불과 언어 사용
ㄴ. 직립 보행 시작
ㄷ. 간석기와 토기 사용
ㄹ. 농경과 목축의 시작

① ㄱ, ㄴ ② ㄱ, ㄷ ③ ㄴ, ㄷ
④ ㄴ, ㄹ ⑤ ㄷ, ㄹ

13 중요 다음 (가), (나) 시대에 대한 설명으로 옳은 것을 보기에서 모두 고르면?
상 난이도

(가) 시대의 벽화

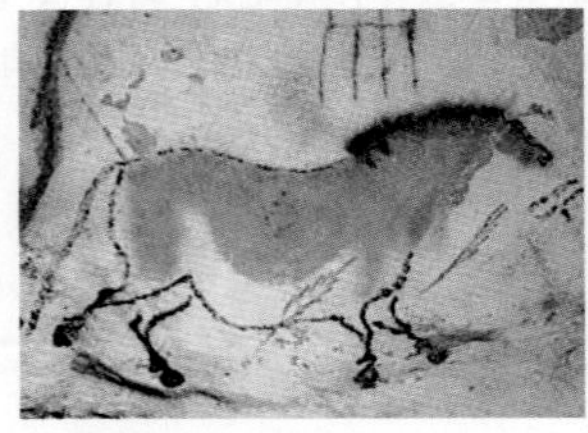

(나) 시대의 벽화

보기
ㄱ. (가) → (나) 순으로 나타났다.
ㄴ. (가) 시대에 토기를 제작하였다.
ㄷ. (나) 시대에 농경이 시작되었다.
ㄹ. (나) 시대에 뗀석기를 주로 사용하였다.

① ㄱ, ㄴ ② ㄱ, ㄷ ③ ㄴ, ㄷ
④ ㄴ, ㄹ ⑤ ㄷ, ㄹ

14 다음 유물들이 만들어진 시대에 대한 설명으로 옳지 않은 것은?
중 난이도

① 원시 신앙이 등장하였다.
② 농경과 목축이 시작되었다.
③ 뗀석기가 제작되기 시작하였다.
④ 토기를 제작해 식량을 저장하였다.
⑤ 움집을 만들고 정착 생활을 하였다.

15 '신석기 혁명'의 의미로 옳은 것은?
중 난이도

① 계급과 문명의 탄생과 그 의의
② 직립 보행을 통한 인류의 진화
③ 뗀석기 등 도구의 사용으로 인한 변화
④ 불과 언어의 사용으로 인한 다양한 변화
⑤ 농경과 목축이 가져온 인류 생활의 변화

정답 34쪽

16 다음 ㉠에 들어갈 내용과 관련된 것으로 가장 적절한 것은?

중 난이도

> 기원전 8000년경 (㉠)이(가) 시작되었다. 이 시기 주거지가 건설되기 시작해 움집들이 조성되고 촌락도 생겨났다. 또 남는 생산물을 저장하기 위해 토기를 만들기도 하였다.

① 최초의 인류가 직립 보행을 시작하였다.
② 신석기 시대에 농경과 목축이 시작되었다.
③ 불과 언어를 사용하면서 인류는 빠르게 진화하였다.
④ 현생 인류의 직접 조상인 호모 사피엔스가 나타났다.
⑤ 구석기 시대가 시작되면서 인류가 도구를 사용하기 시작하였다.

17 다음 ㉠~㉤ 중 옳지 않은 것은?

중 난이도

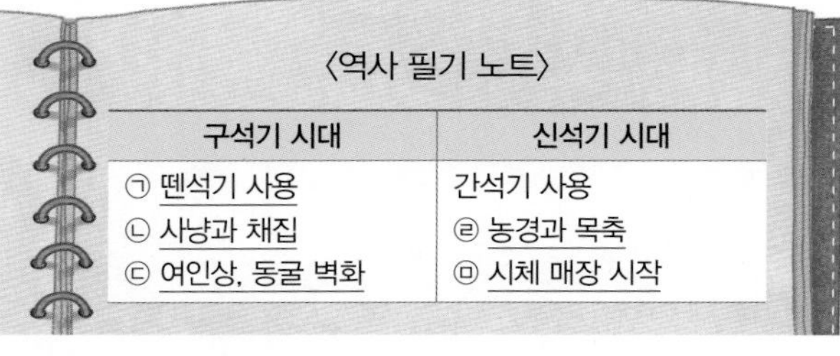

〈역사 필기 노트〉

구석기 시대	신석기 시대
㉠ 뗀석기 사용	간석기 사용
㉡ 사냥과 채집	㉣ 농경과 목축
㉢ 여인상, 동굴 벽화	㉤ 시체 매장 시작

① ㉠ ② ㉡ ③ ㉢ ④ ㉣ ⑤ ㉤

18 다음 ㉠에 들어갈 내용으로 가장 적절한 것은?

중 난이도

① 세계 각국의 토기
② 신석기 시대 원시 신앙
③ 문명의 등장과 도시의 발달
④ 계급 발생과 지배층의 형성
⑤ 시체 매장과 내세관의 탄생

주관식·서술형

19 다음 ㉠에 들어갈 말을 쓰시오.

> 역사 연구의 토대가 되는 유물, 유적, 기록 등 과거 사람이 남긴 자료를 (㉠)(이)라고 부른다.

20 다음 ㉠에 들어갈 말을 쓰시오.

> 역사를 연구할 때는 사료를 토대로 당시 모습을 탐구한다. 이 과정에서 사료의 내용이 사실인지를 비판적으로 평가하는 능력이 필요하다. 이러한 능력을 (㉠)(이)라고 한다.

21 다음 (가)~(라) 인류의 특징을 한 가지씩 서술하시오.

(가)	(나)	(다)	(라)
약 390만 년 전	약 180만 년 전	약 40만 년 전	약 20만 년 전

22 다음 자료를 보고 물음에 답하시오.

> 약 1만 년 전 빙하기가 끝나고 지구가 따뜻해졌다. 기후의 변화로 몸집이 큰 동물들이 사라지고 몸집이 작고 빠른 동물들이 많아졌다. 인류는 이러한 변화에 적응해 좀 더 정교하고 날카로운 도구를 만들었다.

(1) 밑줄 친 '도구'를 구체적으로 쓰시오.

(2) 윗글의 변화에 따라 나타난 시대의 명칭을 쓰고, 식량 생산 방식의 변화를 서술하시오.

03 세계의 고대 문명

1 ❶☐☐의 발생

지리 조건	큰 ❷☐ 유역
특징	• 계급 발생: 농업 생산력 발달로 잉여 생산물 발생 ➡ 빈부 격차 심화, 노동력 동원 과정에서 발생 • 청동기 사용: 지배층이 사용, 정복 전쟁이 활발해지는 데 영향 • 도시 등장: 부족 통합으로 등장 • 문자 사용: 통치와 교역 활동 기록 위해 사용
대표 문명	메소포타미아 문명, 이집트 문명, 인도 문명, 중국 문명

2 고대 문명의 발전

(1) ❸☐☐☐☐☐☐ 문명

시기	기원전 3500년경
위치	티그리스강, 유프라테스강 사이에서 발전
특징	• 개방적 지형 ➡ 이민족 침입 ➡ 잦은 왕조 교체 • ❹☐☐☐☐☐(신전), ❺☐☐☐☐☐ 법전 • 『길가메시 서사시』: 현세를 중시하는 문화 • 쐐기 문자, 60진법, 태음력

(2) ❻☐☐☐ 문명

시기	기원전 3000년경
위치	나일강 유역에서 발전
특징	• 폐쇄적 지형 ➡ 오랫동안 통일 왕조 유지 • 왕이 파라오(태양신의 아들)로 절대 권력 가짐(신권 정치) • 내세적 문화: 『사자의 서』, 미라, 피라미드 • 상형 문자, 10진법, 태양력, 천문학, 측량술 발달

(3) 인도 문명

시기	기원전 2500년경
위치	인더스강 유역
인더스 문명	• 드라비다인: 하라파, ❼☐☐☐☐☐☐☐에 계획도시 건설 • 공중목욕탕, 상하수도, 우물, 도로 시설 발견 • 그림 문자, 동물 모양 인장
아리아인의 이동	• 이동 과정에서 인더스 문명 파괴 • 엄격한 신분제인 ❽☐☐☐제 성립, 『베다』 제작, 브라만교 등장

(4) 중국 문명

시기	기원전 2000년경
위치	황허강 유역
하	기록상 최초의 왕조
❾☐	• 신권 정치: 점친 내용을 기록 ➡ 갑골문(한자의 기원) • 청동기 사용, 은허
주	• 혈연관계를 바탕으로 한 ❿☐☐☐ 시행 • 창장강 유역까지 영역 확대

정답 ❶ 문명 ❷ 강 ❸ 메소포타미아 ❹ 지구라트 ❺ 함무라비 ❻ 이집트 ❼ 모헨조다로 ❽ 카스트 ❾ 상 ❿ 봉건제

실력 확인 문제

01 중요 (난이도 중) 다음 ㉠에 들어갈 내용으로 가장 적절한 것을 보기에서 모두 고르면?

> 농업 생산력이 높아지고 인구가 증가하면서 촌락이 도시로 발전하였고 문명이 발생하였다. 문명의 등장 과정에서 인류의 생활에도 많은 변화들이 일어났다.
> 예를 들어 ______㉠______

보기
ㄱ. 계급이 발생하였다.
ㄴ. 농경이 시작되었다.
ㄷ. 정복 활동이 활발히 일어났다.
ㄹ. 간석기를 사용하기 시작하였다.

① ㄱ, ㄴ ② ㄱ, ㄷ ③ ㄴ, ㄷ
④ ㄴ, ㄹ ⑤ ㄷ, ㄹ

02 (난이도 하) 문명의 등장 과정에서 나타난 변화로 옳지 않은 것은?

① 문자 사용 ② 도시 국가 건설
③ 원시 신앙의 발생 ④ 활발한 정복 전쟁
⑤ 대규모 관개 공사

03 (난이도 하) 다음 ㉠에 들어갈 용어로 옳은 것은?

> (㉠) 시대에 접어들면서 세계 각지에 문명이 등장하였다. 이 시기에는 더욱 발달한 무기가 등장하여 정복 전쟁이 활발해졌다. 또한 지배층은 각종 의례를 통해 자신의 권력을 강화하였다.

① 선사 ② 구석기 ③ 신석기
④ 청동기 ⑤ 철기

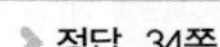

정답 34쪽

04 다음 설명에 해당하는 문명으로 옳은 것은?

중 난이도

- 기원전 3500년경에 등장
- 티그리스강, 유프라테스강 주변에서 발생
- 지구라트, 쐐기 문자, 60진법, 태음력

① 에게 문명 ② 인도 문명
③ 중국 문명 ④ 이집트 문명
⑤ 메소포타미아 문명

[05~06] 다음 지도를 보고 물음에 답하시오.

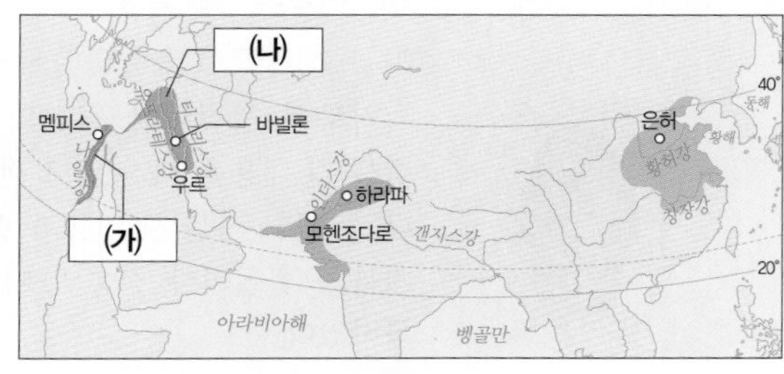

05 위 지도의 (가), (나) 문명의 명칭으로 옳은 것은?

하 난이도

	(가)	(나)
①	중국 문명	메소포타미아 문명
②	인도 문명	중국 문명
③	이집트 문명	중국 문명
④	이집트 문명	메소포타미아 문명
⑤	메소포타미아 문명	인도 문명

중요 06 위 지도를 통해 알 수 있는 문명 발생 지역의 지리적 공통점으로 옳은 것은?

중 난이도

① 해안가에서 등장하였다.
② 큰 강 유역에 위치하였다.
③ 큰 산맥 주변에서 발생하였다.
④ 빙하가 형성된 지역에서 발생하였다.
⑤ 작은 구릉지가 밀집된 곳에서 시작되었다.

중요 07 다음과 관련된 문명에 대한 설명으로 옳은 것을 보기에서 모두 고르면?

중 난이도

- 티그리스·유프라테스강 유역
- 개방적인 지형으로 잦은 왕조 교체

보기
ㄱ. 태음력과 60진법을 사용하였다.
ㄴ. '파라오'라고 불리는 왕이 지배하였다.
ㄷ. 수메르인이 청동기 문화를 바탕으로 일으켰다.
ㄹ. 죽은 뒤의 세계를 믿어 죽은 사람을 미라로 만들었다.

① ㄱ, ㄴ ② ㄱ, ㄷ ③ ㄴ, ㄷ
④ ㄴ, ㄹ ⑤ ㄷ, ㄹ

08 다음과 관련된 문명으로 옳은 것은?

중 난이도

- 만약 귀족이 귀족의 눈을 다치게 하면, 그의 눈을 다치게 한다.
- 만약 귀족이 평민의 눈을 다치게 하였거나 뼈를 부러뜨리면, 그는 은화 1미나를 지불해야 한다.
- 만약 귀족이 다른 사람의 노예의 눈을 다치게 하였거나 뼈를 부러뜨렸다면, 그는 노예 값의 반을 지불해야 한다.

① 중국 문명 ② 인도 문명
③ 그리스 문명 ④ 이집트 문명
⑤ 메소포타미아 문명

09 이집트 문명과 관련된 것을 보기에서 모두 고르면?

하 난이도

보기
ㄱ. 지구라트 ㄴ. 피라미드
ㄷ. 쐐기 문자 ㄹ. 스핑크스

① ㄱ, ㄴ ② ㄱ, ㄷ ③ ㄴ, ㄷ
④ ㄴ, ㄹ ⑤ ㄷ, ㄹ

10 밑줄 친 '이 문명'에 대한 설명으로 옳지 않은 것은?

중 난이도

이 문명의 사람들은 죽은 사람의 영혼이 불멸한다고 믿었다. 이에 죽은 사람을 미라로 만들고, 영혼이 육체를 쉽게 찾을 수 있도록 생전의 얼굴을 본떠 가면을 만들었다.

① 쐐기 문자를 사용하였다.
② 파피루스에 글을 기록하였다.
③ 나일강을 중심으로 발전하였다.
④ 피라미드와 스핑크스를 제작하였다.
⑤ 파라오라고 불리는 왕이 지배하였다.

11 다음 (가), (나)와 관련된 문명에 대한 설명으로 옳은 것을 보기에서 모두 고르면?

상 난이도

(가)

(나)

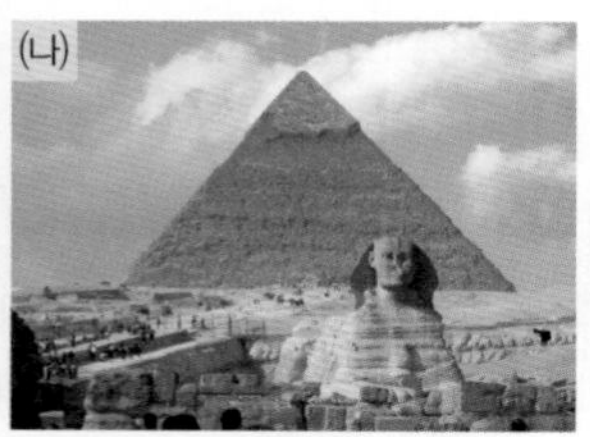

보기

ㄱ. (가) 문명은 수메르인이 세웠다.
ㄴ. (가) 문명은 이민족의 침입을 자주 받았다.
ㄷ. (나) 문명에서는 현세 중심적 문화가 발달하였다.
ㄹ. (가), (나) 문명은 나일강 유역을 중심으로 형성되었다.

① ㄱ, ㄴ ② ㄱ, ㄷ ③ ㄴ, ㄷ
④ ㄴ, ㄹ ⑤ ㄷ, ㄹ

12 다음 유물과 관련된 문명에 대한 설명으로 옳은 것은?

중 난이도

모헨조다로에서 발굴된 인장이다. 동물 모양 위에는 글자가 새겨져 있으나 아직 해독되지 않았다.

① 봉건제를 시행하였다.
② 수메르인이 형성하였다.
③ 10진법과 태양력을 사용하였다.
④ 인더스강을 중심으로 형성되었다.
⑤ 알파벳의 기원이 되는 문자를 사용하였다.

13 다음과 관련된 문명에 대한 설명으로 옳은 것은?

중 난이도

기원전 17세기경 황허강 중류 지역에서 시작된 국가로 청동으로 무기와 제사용 도구를 만들고 태음력을 사용하였다.

① 「사자의 서」를 제작하였다.
② 아리아인의 이동으로 멸망하였다.
③ 한자의 기원이 된 갑골문을 제작하였다.
④ 카스트제가 발달하고 브라만교를 숭배하였다.
⑤ 하라파와 모헨조다로에 계획도시가 건설되었다.

14 다음 유물을 통해 알 수 있는 사실로 가장 알맞은 것은?

중 난이도

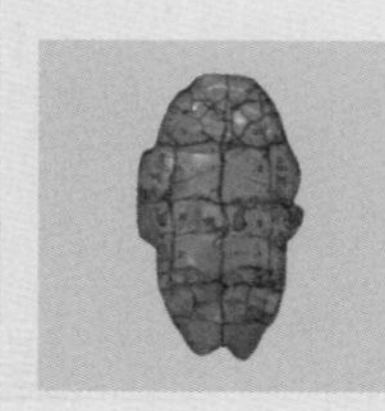

거북의 껍질이나 짐승의 뼈에 점을 칠 내용을 새겨 넣고 점을 쳤다. 그리고 점을 친 내용과 결과를 거북의 껍질이나 짐승의 뼈에 기록하였다.

① 인류 역사상 최초의 문명이 시작되었다.
② 파피루스로 종이를 만들어 기록을 남겼다.
③ 큰 강 유역을 중심으로 문명이 탄생하였다.
④ 원주민을 지배하기 위해 카스트제가 운영되었다.
⑤ 점으로 중대사를 결정하는 신권 정치가 행해졌다.

15 다음과 관련된 문명에 대한 설명으로 옳은 것은?

상 난이도

갑골문	(갑골문 자형)	(갑골문 자형)	(갑골문 자형)	(갑골문 자형)	(갑골문 자형)	(갑골문 자형)
오늘날의 한자	(日) (날 일)	(月) (달 월)	(草) (풀 초)	(木) (나무 목)	(水) (물 수)	(門) (문 문)

① 도시에 지구라트를 건설하였다.
② 하라파와 모헨조다로에 도시가 건설되었다.
③ 나일강의 범람을 막는 과정에서 발달하였다.
④ 「길가메시 서사시」와 같은 문학 작품을 남겼다.
⑤ 지배자의 권위를 나타내는 청동 솥이 만들어졌다.

정답 34쪽

16 주 왕조에 대한 설명으로 옳은 것을 보기에서 모두 고르면?

상 난이도

보기
ㄱ. 봉건제가 시행되었다.
ㄴ. 호경을 수도로 삼았다.
ㄷ. 갑골문을 처음 제작하였다.
ㄹ. 기록상 중국 최초의 왕조이다.

① ㄱ, ㄴ ② ㄱ, ㄷ ③ ㄴ, ㄷ
④ ㄴ, ㄹ ⑤ ㄷ, ㄹ

17 다음 문화유산을 통해 추론할 수 있는 두 문명의 정치적 공통점으로 가장 적절한 것은?

중 난이도

중국 문명	메소포타미아 문명

① 문자가 사용되었다.
② 봉건제가 시행되었다.
③ 카스트제가 시행되었다.
④ 신권 정치가 발달하였다.
⑤ 사후 세계를 중시하였다.

18 다음 (가), (나) 문명에 대한 설명으로 옳지 않은 것은?

상 난이도

(가)

(나)

① (가): 신권 정치를 시행하였다.
② (가): 중국 황허강을 중심으로 발전하였다.
③ (나): 인더스강 주변에서 발전하였다.
④ (나): 지구라트라는 신전을 건설하였다.
⑤ (가), (나): 청동기 문화를 기반으로 등장하였다.

주관식·서술형

19 다음 글을 읽고 물음에 답하시오.

나일강을 중심으로 발전한 (㉠) 문명은 폐쇄적 지역에서 발전하여 왕조의 변화가 많지 않았다. 그 결과 사후 세계관이 발달하였다. 그에 비해 티그리스·유프라테스강 유역에서 발전한 (㉡) 문명은 개방적 지역에 위치해 이민족의 침입을 자주 받았다. 그 결과 현세 중심적 문화가 발달하였다.

(1) 윗글의 ㉠, ㉡ 문명을 쓰시오.

㉠ ______ ㉡ ______

(2) 위 내용을 뒷받침할 수 있는 문화유산을 한 가지씩 서술하시오.

20 다음 ㉠에 들어갈 말을 쓰시오.

기원전 1500년경 중앙아시아에서 유목 생활을 하던 아리아인이 이동하였고, 이후 갠지스강 유역까지 진출하였다. 이들이 원주민을 지배하는 과정에서 신분 제도인 (㉠)이(가) 나타났다.

21 다음 글을 읽고 물음에 답하시오.

(㉠) 왕조의 왕은 정복한 지역을 돌아본 후 제후에게 다스리도록 명령하였다. 그러면서 "상에서 전해지는 청동 술통, 그릇, 활, 화살을 주노라. 또한 여러 개의 시내와 마을이 있는 토지를 주노라. 그곳에 살고 있는 왕족과 서민들을 주노라."라고 하였다.

(1) 위 ㉠ 왕조의 명칭을 쓰시오.

(2) 자료에 나타난 지방 통치 제도의 명칭을 쓰고, 그 시행 방식을 구체적으로 서술하시오.

04 고대 제국의 특성과 주변 세계의 성장

1 페르시아 제국

아시리아	• 서아시아 세계 최초 통일(철제 무기, 기마 전술, 전차) • 정복지에 총독 파견, 도로와 교역로 정비 • 피정복민의 반발로 멸망
❶ ☐☐☐☐☐ 왕조 페르시아	• 이민족에 대한 포용 정책 • ❷ ☐☐☐☐ 1세: 중앙 집권 체제 정비('왕의 눈', '왕의 귀' 등 감찰관 파견, '왕의 길' 건설)
사산 왕조 페르시아	• 동서양을 잇는 중계 무역, 유리 공예 발달 • ❸ ☐☐☐☐☐☐ 를 국교로 삼음

2 중국

춘추 전국	• 유목 민족 침입으로 주 왕조 수도 이전 → 주 왕실 약화 → 제후 사이 경쟁 심화 • 경제: 철기 사용, 상공업 발달, 화폐 사용 • 사상: ❹ ☐☐☐☐ 등장(유가, 법가, 묵가, 도가 등)
진	• 진 시황제의 전국 시대 통일(❺ ☐☐ 를 통치 이념으로 수용) • 화폐·도량형·문자 통일, 분서갱유(사상 통제) • ❻ ☐☐☐☐ 축조: 흉노 견제
한	• 한 고조: 재통일, 군국제 • 한 ❼ ☐☐: 군현제 실시, 장건 서역 파견, 흉노 공격, 고조선 공격, 북베트남 진출 → 경제 통제 정책(전매 제도) • 유학: 훈고학 발달, 유학의 통치 이념화(한 무제) • 중국 고전 문화의 완성 • 제지법 개량(채륜), 『사기』 저술(사마천)

3 그리스·로마

(1) 그리스

아테네 민주정 발달	• 솔론: 재산에 따른 참정권 부여 • 클레이스테네스: 도편 추방제 실시 • ❽ ☐☐☐☐☐: 민회 강화, 수당제, 추첨제 • 특징: 직접 민주 정치, 성인 시민 남성만 참여
전쟁	• 그리스·페르시아 전쟁: 승리 후 아테네 번성 • 펠로폰네소스 전쟁: 스파르타 승리 → 아테네 쇠퇴
문화	파르테논 신전, 『역사』(헤로도토스), 소피스트, 소크라테스

(2) **알렉산드로스 제국** 동서 융합 정책, 헬레니즘 문화(세계 시민주의, 개인주의)

(3) 로마

공화정 시기	• 이탈리아반도 통일 → 포에니 전쟁으로 지중해로 세력 확대 • 라티푼디움 확산 → 그라쿠스 형제 개혁 시도 실패
제정 시기	• 옥타비아누스 때 '❾ ☐☐☐☐☐☐'라 불리며 제정 시작 • 로마의 평화 → 군인 정치가 등장, 속주 반란 등 혼란 • 제국의 중흥: 디오클레티아누스, 콘스탄티누스 대제 • 멸망: 게르만족의 침입 → 서로마 제국 멸망
문화	• 종교: ❿ ☐☐☐☐☐ 공인(밀라노 칙령) → 국교화 • 실용적 문화 발달: 법률(만민법), 건축

정답 ❶ 아케메네스 ❷ 다리우스 ❸ 조로아스터교 ❹ 제자백가 ❺ 법가 ❻ 만리장성 ❼ 무제 ❽ 페리클레스 ❾ 아우구스투스 ❿ 크리스트교

실력 확인 문제

01 아시리아에 대한 설명으로 옳은 것을 보기에서 모두 고르면?

난이도 중

보기
ㄱ. 철기, 기마 전술 등이 발달하였다.
ㄴ. 다리우스 1세 때 전성기를 맞았다.
ㄷ. 서아시아 세계를 최초로 통일하였다.
ㄹ. 한과 로마 사이에서 중계 무역을 하였다.

① ㄱ, ㄴ ② ㄱ, ㄷ ③ ㄴ, ㄷ
④ ㄴ, ㄹ ⑤ ㄷ, ㄹ

02 중요 다음과 관련된 국가에 대한 설명으로 옳은 것은?

난이도 중

① 민주정이 발달하였다.
② 파르테논 신전이 세워졌다.
③ 조로아스터교를 국교로 삼았다.
④ 서아시아 지역을 최초로 통일하였다.
⑤ '왕의 눈'이라 불리는 감찰관을 파견하였다.

03 중요 다음 밑줄 친 '이 나라'에 대한 설명으로 옳은 것은?

난이도 상

이 나라는 비단길과 바닷길 등 교역로를 장악하고, 동서양을 잇는 중계 무역으로 번영하였다. 이 나라의 문화는 동서 교역로를 따라 동아시아까지 전해지기도 하였다.

① 조로아스터교를 국교로 삼았다.
② 서아시아 지역을 최초로 통일하였다.
③ 그리스·페르시아 전쟁에서 패배하였다.
④ '왕의 길'을 만들어 중앙 집권을 강화하였다.
⑤ 법률과 건축 등 실용적인 문화가 발달하였다.

▸ 정답 35쪽

04 다음을 통해 알 수 있는 페르시아 문화의 특징으로 가장 알맞은 것은?
상 난이도

페르세폴리스는 아케메네스 왕조 페르시아의 수도이다. 이곳에는 당시 왕궁의 흔적이 남아 있는데, 사람의 얼굴을 한 짐승 모양의 조각은 아시리아 문화의 영향을, 돌기둥은 그리스 문화의 영향을 받은 것이다.

① 동서 교류를 통해 서민 문화가 발전하였다.
② 활발한 대외 교류로 다양한 문화를 수용하였다.
③ 세계 시민주의에 바탕을 둔 문화가 발전하였다.
④ 엄격한 법과 규칙을 중시하는 문화가 발전하였다.
⑤ 조로아스터교를 중심으로 하는 문화가 발전하였다.

05 다음 종교에 대한 설명으로 옳은 것을 보기에서 모두 고르면?

중 난이도

- 기원전 6세기경 창시
- 세상은 아후라 마즈다라는 빛의 신과 어둠의 신 아리만의 대결 장소라고 봄

보기
ㄱ. 알라를 유일신으로 섬겼다.
ㄴ. 사산 왕조 페르시아의 국교가 되었다.
ㄷ. 크리스트교, 이슬람교 등에 영향을 주었다.
ㄹ. 오늘날 서유럽 지역에서 주로 믿는 종교이다.

① ㄱ, ㄴ ② ㄱ, ㄷ ③ ㄴ, ㄷ
④ ㄴ, ㄹ ⑤ ㄷ, ㄹ

06 다음 지도와 관련된 시기에 대한 설명으로 옳은 것은?
중 난이도

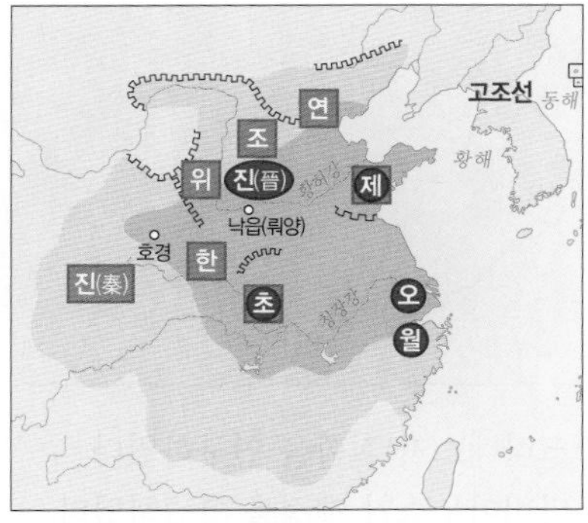

① 제자백가가 출현 ② 만리장성 축조
③ 법가로 사상 통일 ④ 장건을 대월지에 파견
⑤ 왕의 명칭을 '황제'로 교체

07 중요 다음 정책이 추진된 왕조에서 볼 수 있었던 모습으로 적절한 것은?
중 난이도

① 유가를 창시하는 공자
② 만리장성 축조에 동원된 농민
③ 황건적의 난에 가담하는 농민
④ 청동 솥을 제후에게 하사하는 왕
⑤ 갑골문에 점복의 내용을 쓰는 제사장

08 다음 사건이 발생한 왕조에 대한 설명으로 옳은 것을 보기에서 모두 고르면?
상 난이도

진승과 오광은 나라의 명령에 따라 사람들을 데리고 길을 떠났다. 그러나 도중에 큰비가 내려 정해진 날까지 목적지에 도착하기 어렵게 되었다. 이에 진승이 사람들을 불러 말하였다. "우리는 정해진 날짜에 목적지에 도착할 수 없다. 정해진 날짜를 어기면 엄격한 형벌에 따라 사형을 당할 것이다. …… 죽음을 무릅쓴다면 천하에 이름을 떨칠 수 있을 것이다." 이에 사람들이 진승의 말을 따랐다.

보기
ㄱ. 제자백가가 등장하였다.
ㄴ. 농민 봉기의 영향으로 멸망하였다.
ㄷ. 법가를 통치 이념으로 수용하였다.
ㄹ. 철제 농기구가 도입되어 생산력이 향상되었다.

① ㄱ, ㄴ ② ㄱ, ㄷ ③ ㄴ, ㄷ
④ ㄴ, ㄹ ⑤ ㄷ, ㄹ

[09~10] 다음 글을 읽고 물음에 답하시오.

> 장건이 북쪽의 (㉠)을(를) 견제하기 위한 동맹 세력을 찾아 서역에 파견되었다. 장건이 돌아온 후 전쟁은 본격화되었다. 한 무제는 수많은 군사를 보내 (㉠)을(를) 공격하였다. 하지만 전쟁에는 엄청난 비용이 들었고, 한 무제는 재정의 고갈로 어려움을 맞았다.

09 윗글의 ㉠ 민족에 대한 설명으로 옳지 않은 것은?
중 난이도

① 제시된 ㉠ 민족은 흉노이다.
② 기원전 3세기경에는 유목 제국을 수립하였다.
③ 중국 북방 초원 지대에서 유목 생활을 하였다.
④ 진의 시황제는 이 민족을 막기 위해 만리장성을 쌓았다.
⑤ 묵특 선우는 한 무제의 공격을 막아 내고 한을 침공하였다.

중요 **10** 밑줄 친 '재정의 고갈'을 해결하기 위한 정책으로 옳은 것은?
상 난이도

① 군국제를 실시하였다.
② 화폐와 도량형을 통일하였다.
③ 강남 지역까지 영역을 넓혔다.
④ 농업에 철제 농기구가 도입되었다.
⑤ 소금과 철에 대한 전매 제도를 실시하였다.

11 폴리스에 대한 설명으로 옳은 것을 보기에서 모두 고르면?
하 난이도

> 보기
> ㄱ. 올림피아 제전을 개최하였다.
> ㄴ. 아테네와 스파르타가 대표적이다.
> ㄷ. 아고라라는 신전을 중심으로 하였다.
> ㄹ. 황제라 불리는 최고 통치자가 있었다.

① ㄱ, ㄴ ② ㄱ, ㄷ ③ ㄴ, ㄷ
④ ㄴ, ㄹ ⑤ ㄷ, ㄹ

12 밑줄 친 '전쟁'에 대한 설명으로 옳은 것은?
중 난이도

> 소아시아 지역에 있던 페르시아 제국의 식민 도시들이 반란을 일으키자 아테네가 이를 지원하였다. 이에 페르시아가 그리스를 공격하면서 전쟁이 시작되었다. 그리스 세계는 여러 전투에서 극적으로 승리하여 페르시아를 물리칠 수 있었다.

① 아테네와 스파르타가 대립하였다.
② 아테네 민주정의 쇠퇴를 불러왔다.
③ 클레이스테네스가 도편 추방제를 도입하였다.
④ 알렉산드로스 대왕이 페르시아를 멸망시켰다.
⑤ 전쟁의 승리로 아테네 민주 정치가 전성기를 맞았다.

중요 **13** 다음과 관련된 시대의 문화에 대한 설명으로 옳은 것은?
중 난이도

① 콜로세움이 만들어졌다.
② 크리스트교가 등장하였다.
③ 스토아학파가 활동하였다.
④ 만민법에 기초한 법전이 제작되었다.
⑤ 소피스트·소크라테스 등이 철학을 연구하였다.

14 다음 (가) 도시가 만들어진 시대에 대한 설명으로 옳은 것은?
상 난이도

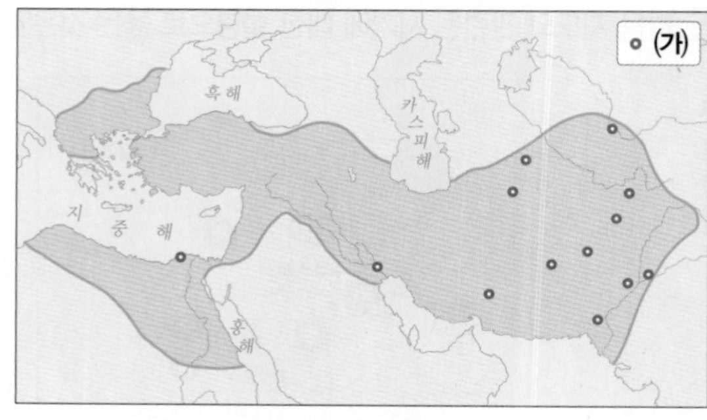

① 소크라테스가 철학을 연구하였다.
② 옥타비아누스가 제정을 확립하였다.
③ 아테네와 스파르타가 패권을 다투었다.
④ 포에니 전쟁으로 라티푼디움이 확산되었다.
⑤ 알렉산드로스가 동방 원정으로 제국을 성립시켰다.

정답 35쪽

15 알렉산드로스 제국의 문화에 대한 설명으로 옳은 것을 보기에서 모두 고르면?
상 난이도

보기
ㄱ. 크리스트교가 국교화되었다.
ㄴ. 라틴어를 공용어로 사용하였다.
ㄷ. 라오콘 군상 등의 조각이 제작되었다.
ㄹ. 아르키메데스가 자연 과학을 연구하였다.

① ㄱ, ㄴ ② ㄱ, ㄷ ③ ㄴ, ㄷ
④ ㄴ, ㄹ ⑤ ㄷ, ㄹ

중요 **16** 다음 (가), (나) 건축을 남긴 국가에 대한 설명으로 옳은 것을 보기에서 모두 고르면?
중 난이도

(가)

(나)

보기
ㄱ. (가): 헤로도토스가 『역사』를 저술하였다.
ㄴ. (가): 시민법·만민법 등 법률이 발달하였다.
ㄷ. (나): 도로와 수도 시설 등 건축이 발달하였다.
ㄹ. (가), (나): 크리스트교를 국교로 믿었다.

① ㄱ, ㄴ ② ㄱ, ㄷ ③ ㄴ, ㄷ
④ ㄴ, ㄹ ⑤ ㄷ, ㄹ

17 다음 주장이 나온 배경에 대한 설명으로 가장 적절한 것은?

상 난이도

> 평민의 편입을 자처하면서 농지법을 통과시켜 지주를 내쫓으려는 자들이 공화정의 기반을 흔들고 있다. 귀족은 기사 계급과 함께 공화정을 지켜야 한다.
>
> – 키케로 –

① 카이사르가 제1차 삼두 정치를 열었다.
② 평민들이 중장 보병으로 전쟁에 참여하였다.
③ 게르만족의 침입으로 서로마 제국이 멸망하였다.
④ 영토가 크게 확장되고 '로마의 평화' 시대가 왔다.
⑤ 그라쿠스 형제가 농민에게 토지를 분배하려 하였다.

주관식·서술형

18 다음 (가), (나)에 해당하는 제자백가 학파의 명칭을 쓰시오.

> (가) 덕으로 백성을 다스리고 예로써 따르게 한다면 나라가 잘 다스려질 것이다.
> (나) 엄격한 법과 처벌로 사회 질서를 바로잡아야 나라가 잘 다스려질 수 있다.

(가) ______________ (나) ______________

19 다음 ㉠에 들어갈 말을 쓰시오.

> 알렉산드로스의 동방 원정 과정에서 그리스 문화와 페르시아 등 동방 문화가 융합되어 (㉠) 문화가 발전하였다.

____

20 다음 지도를 보고 물음에 답하시오.

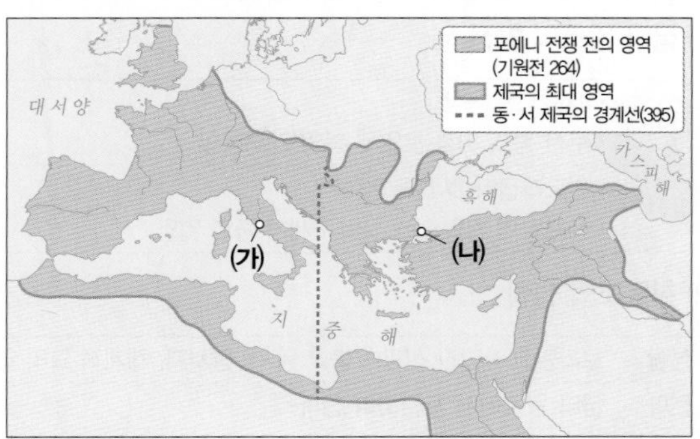

(1) 지도의 (가)에서 (나)로 수도를 옮긴 황제의 이름을 쓰시오.

____

(2) 위 황제의 종교 정책을 쓰고, 그의 정책이 이후 역사에 끼친 영향을 서술하시오.

____

____

Ⅱ 세계 종교의 확산과 지역 문화의 형성

01 불교 및 힌두교 문화의 형성과 확산

1 불교의 등장

배경	• 상공업 발달: 바이샤 계급 성장 • 인도 북부 국가 사이에 전쟁 증가 → 크샤트리아 계급 성장 • 브라만 계급 중심의 ❶ □□□□와 카스트제에 대한 반발 고조
창시와 교리	• 고타마 싯다르타(❷ □□□□)가 창시 • 윤회에서 벗어나 해탈에 이르는 과정 중시 • 만인 평등과 자비 강조 • 확산: 크샤트리아와 바이샤 중심으로 빠르게 확산

2 마우리아 왕조와 쿠샨 왕조의 성장

(1) ❸ □□□□ 왕조

건국	찬드라굽타 마우리아가 북인도 통일
❹ □□□왕	• 인도 대부분 통일, 불경 정리, ❺ □□ 대탑 건설 • 불교 가르침, 통치 방침 새긴 돌기둥 설치 • ❻ □□□ 불교 전파: 동남아시아, 스리랑카

(2) ❼ □□ 왕조

건국	쿠샨족이 인도 북부 대부분 차지
❽ □□□□왕	• 간다라 지역 중심 동서 교역로 장악 • 불교 장려: 사원과 탑 건설, 불교 경전 연구 • ❾ □□ 불교 발달: 비단길을 따라 동북아시아에 전파
❿ □□□ 양식	• 헬레니즘 문화 + 인도 불교문화 • 불상 제작 시작

3 굽타 왕조의 발전과 힌두교의 성장

(1) 굽타 왕조의 발전

건국	• 4세기 초 등장 • 쿠샨 왕조 이후 분열된 북인도 재통일
발전	• 찬드라굽타 2세 때 전성기 • 에프탈의 침입으로 쇠퇴, 6세기 중엽 멸망

(2) 힌두교의 성립

성립	브라만교 + 민간 신앙 + 불교 등 → 창시자, 체계적 교리 없음
전파	굽타 왕조에서 후원하며 전파
특징	• 카스트에 따른 의무 강조 • 『⓫ □□ 법전』: 카스트에 따른 의무 정리

(3) 인도 고전 문화의 발달

특징	• 굽타 양식: 간다라 양식 + 인도 고유 양식 → 인도 고유의 색채 강화, 아잔타 석굴 벽화 등 • ⓬ □□□□□ 문학 발달: 『라마야나』, 『마하바라타』 등 • 자연 과학 발달: '0' 개념, 10진법 사용

정답 ❶ 브라만교 ❷ 석가모니 ❸ 마우리아 ❹ 아소카 ❺ 산치 ❻ 상좌부 ❼ 쿠샨 ❽ 카니슈카 ❾ 대승 ❿ 간다라 ⓫ 마누 ⓬ 산스크리트

실력 확인 문제

01 불교에 대한 설명으로 옳지 않은 것은?

하 난이도

① 석가모니가 창시하였다.
② 모든 인간의 평등을 강조하였다.
③ 마우리아 왕조의 통치 이념이 되었다.
④ 『마누 법전』으로 의무와 규범을 규정하였다.
⑤ 윤회를 벗어나 해탈에 이르는 것을 강조하였다.

중요 **02** 다음 문화유산을 남긴 왕조에 대한 설명으로 옳은 것은?

중 난이도

인도에 위치한 불탑으로 기원전 3세기 무렵 아소카 왕이 세웠다. 이 탑은 현존하는 불탑 중 가장 오래된 것이다.

① 카니슈카왕 때 전성기를 맞았다.
② 이란에서 온 쿠샨족이 세운 나라이다.
③ 시바신을 숭배하는 종교가 창시되었다.
④ 상좌부 불교를 동남아시아에 전파하였다.
⑤ 브라만교와 불교를 바탕으로 힌두교가 성립하였다.

03 다음과 관련된 인물로 옳은 것은?

하 난이도

• 인도 남부를 제외한 대부분 지역 통일
• 전국에 관리 파견
• 도로와 관개 시설 정비
• 전국에 불교의 가르침을 담은 돌기둥 건립

① 아소카왕 ② 카니슈카왕
③ 다리우스 1세 ④ 알렉산드로스
⑤ 찬드라굽타 2세

정답 36쪽

중요
04 밑줄 친 '나'와 관련된 문화유산으로 옳은 것은?

상 난이도

> 칼링가 전투가 끝난 후 나의 마음속에는 많은 갈등이 생겨났고, 불법을 향한 갈망이 싹텄다. 그동안 정복 활동에 대한 후회도 생겼다. 자유민을 정복한다는 것은 사람들을 학살하고 노예로 만드는 것이다.

①

②

③

④

⑤

05 다음과 같은 예술 양식이 등장한 왕조에 대한 설명으로 옳은 것은?

중 난이도

> 헬레니즘 문화의 영향을 받아 불상이 제작되기 시작하였다. 불상의 모습은 헬레니즘의 영향으로 그리스식의 곱슬머리와 얼굴 생김새, 자연스럽고 섬세한 옷의 주름 표현을 특징으로 한다.

① 최초로 인도를 통일하였다.
② 카니슈카왕 때 전성기를 맞았다.
③ 아리아인의 이동으로 성립하였다.
④ 브라만교와 카스트제가 성립되었다.
⑤ 정복 전쟁으로 인도 대부분 지역을 통일하였다.

06 쿠샨 왕조에 대한 설명으로 옳은 것을 보기에서 모두 고르면?

중 난이도

> 보기
> ㄱ. 대승 불교가 발달하였다.
> ㄴ. 불상이 제작되기 시작하였다.
> ㄷ. 시바신을 섬기는 종교가 발달하였다.
> ㄹ. 『마누 법전』이 일상생활에 영향을 끼쳤다.

① ㄱ, ㄴ ② ㄱ, ㄷ ③ ㄴ, ㄷ
④ ㄴ, ㄹ ⑤ ㄷ, ㄹ

07 밑줄 친 '왕'에 대한 설명으로 옳은 것은?

상 난이도

> 쿠샨 왕조 시기 최대 영토를 확보한 이 왕이 새겨진 금화이다. 금화에는 한 면에는 왕이, 한 면에는 부처의 모습이 새겨져 있어 이 왕조 시기 불교가 발달하였음을 알 수 있다.

① 파탈리푸트라를 수도로 영토를 넓혔다.
② 스리랑카에 상좌부 불교 사절단을 보냈다.
③ 아잔타와 엘로라에 석굴 사원을 조성하였다.
④ 불교를 장려해 불경을 정리하고 사원을 세웠다.
⑤ 카스트제를 규정한 법전을 만들어 왕권을 강화하였다.

08 다음 (가) 불교 종파와 가장 관련이 깊은 왕조는?

중 난이도

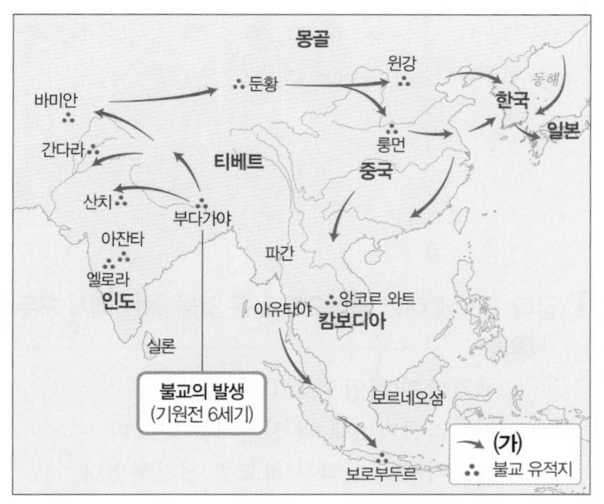

① 아시리아 ② 쿠샨 왕조
③ 굽타 왕조 ④ 마우리아 왕조
⑤ 알렉산드로스 제국

09 다음 (가), (나) 왕조에 대한 설명으로 옳은 것은?

상 난이도

(가) 왕조

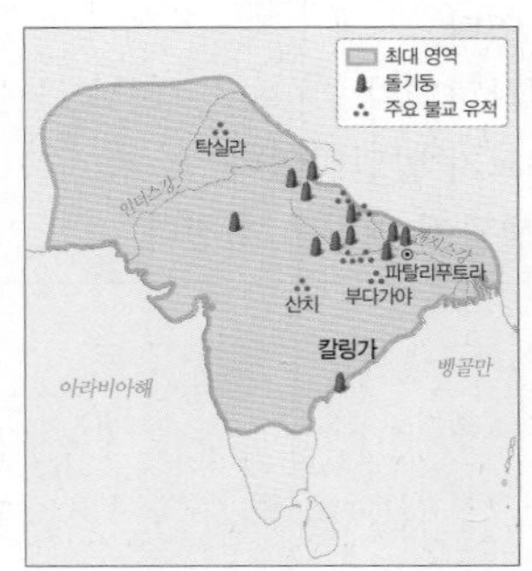

(나) 왕조

① (가) 때 힌두교가 발달하였다.
② (가)는 아소카왕 때 전성기를 맞았다.
③ (나) 때 상좌부 불교가 등장하였다.
④ (나)는 찬드라굽타 2세 때 전성기를 맞았다.
⑤ (나) → (가) 순으로 등장하였다.

10 중요 다음 (가), (나) 왕조에 대한 설명으로 옳은 것을 **보기**에서 모두 고르면?

중 난이도

불교의 갈래	상좌부 불교	대승 불교
관련 왕조	(가)	(나)
주요 전파 지역	동남아시아	동북아시아

보기

ㄱ. (가): 아소카왕 시기에 불교 경전을 정리하였다.
ㄴ. (가): 부처의 사리를 모신 산치 대탑이 건립되었다.
ㄷ. (나): 굽타 양식의 불상이 만들어졌다.
ㄹ. (가), (나): 인도 고전 문화가 발달하였다.

① ㄱ, ㄴ ② ㄱ, ㄷ ③ ㄴ, ㄷ
④ ㄴ, ㄹ ⑤ ㄷ, ㄹ

11 굽타 왕조에 대한 설명으로 옳은 것을 **보기**에서 모두 고르면?

상 난이도

보기

ㄱ. 에프탈의 침입으로 쇠퇴하였다.
ㄴ. 찬드라굽타 2세 때 전성기를 맞았다.
ㄷ. 아소카왕이 상좌부 불교를 전파하였다.
ㄹ. 불상 제작을 금지해 왕실의 권위를 높였다.

① ㄱ, ㄴ ② ㄱ, ㄷ ③ ㄴ, ㄷ
④ ㄴ, ㄹ ⑤ ㄷ, ㄹ

12 다음 (가) 왕조에 대한 설명으로 옳은 것은?

중 난이도

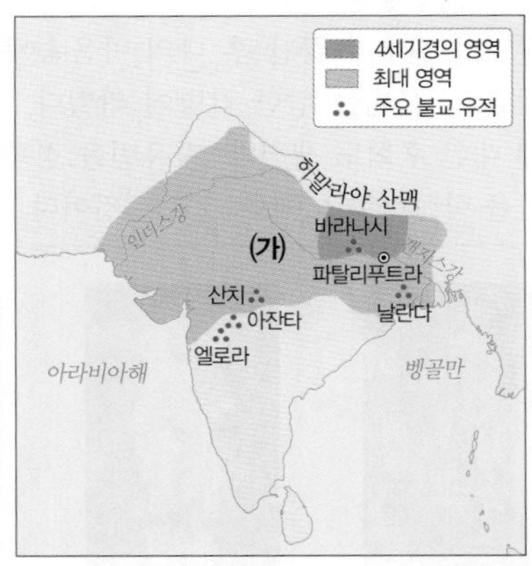

① 인도를 최초로 통일하였다.
② 조로아스터교가 창시되었다.
③ 알렉산드로스의 공격을 받았다.
④ 산스크리트 문학이 발전하였다.
⑤ 비단길을 따라 불교가 중국에 전파되기 시작하였다.

13 다음에서 설명하는 왕조에 대한 설명으로 옳은 것은?

중 난이도

쿠샨 왕조 멸망 이후 인도는 다시 혼란해졌다. 이후 4세기경 새로운 왕조가 북인도 대부분을 통일하였다. 이 왕조는 주변의 사산 왕조 페르시아, 로마 제국, 중국 등과 교역하며 경제적 번영을 이루었다. 이후 에프탈의 침략으로 쇠퇴하다가 6세기경 멸망하였다.

① 카스트제가 성립하였다.
② 대승 불교가 등장하였다.
③ 인도 고전 문화가 발달하였다.
④ 석가모니가 불교를 창시하였다.
⑤ 『베다』를 바탕으로 하는 브라만교가 성립하였다.

14 다음 종교의 명칭으로 옳은 것은?

하 난이도

굽타 왕조 시기 성립된 이 종교의 이름은 인더스강을 뜻하는 페르시아어에서 왔으며 '인도'와 같은 뜻이기도 하다. 결국 이 종교의 이름 자체가 '인도의 종교'라는 의미를 갖는다.

① 불교 ② 마니교 ③ 힌두교
④ 크리스트교 ⑤ 조로아스터교

정답 36쪽

15 힌두교에 대한 설명으로 옳은 것을 보기에서 모두 고르면?

중 난이도

보기
ㄱ. 부처가 되는 것을 목표로 한다.
ㄴ. 카스트의 신분 차별을 인정한다.
ㄷ. 『마누 법전』에 지켜야 할 규범을 규정하였다.
ㄹ. 간다라 양식의 영향으로 불상을 제작하기 시작하였다.

① ㄱ, ㄴ ② ㄱ, ㄷ ③ ㄴ, ㄷ
④ ㄴ, ㄹ ⑤ ㄷ, ㄹ

16 중요 다음의 사례로 옳은 것을 보기에서 모두 고르면?

중 난이도

굽타 왕조 시기에 힌두교가 확산되면서 인도 문화에서도 변화가 일어나 인도 고유의 색채가 강해졌다.

보기
ㄱ. 석가모니가 불교를 창시하였다.
ㄴ. 굽타 양식의 불상이 제작되었다.
ㄷ. 산스크리트 문학이 발전하였다.
ㄹ. 브라만교와 카스트제가 등장하였다.

① ㄱ, ㄴ ② ㄱ, ㄷ ③ ㄴ, ㄷ
④ ㄴ, ㄹ ⑤ ㄷ, ㄹ

17 다음 문화유산이 제작된 왕조에 대한 설명으로 옳은 것은?

중 난이도

아잔타 제1 석굴 벽화 보살상은 인체의 윤곽을 그대로 드러내어 묘사하는 등 인도 고유의 미적 감각을 드러냈다.

① 산치 대탑이 건립되었다.
② 간다라 양식이 발달하였다.
③ 인도 고전 문화가 발달하였다.
④ 카니슈카왕 때 대승 불교가 발전하였다.
⑤ 상좌부 불교가 동남아시아로 전파되었다.

주관식·서술형

18 다음 ㉠, ㉡에 들어갈 말을 쓰시오.

기원전 6세기경 크샤트리아와 바이샤 세력을 중심으로 엄격한 신분제인 (㉠)에 대한 반발이 심화되었다. 이 과정에서 고타마 싯다르타가 누구나 수행을 통해 해탈에 이를 수 있다고 강조하며 (㉡)을(를) 창시하였다.

㉠ ____________ ㉡ ____________

19 다음 자료를 보고 물음에 답하시오.

마우리아 왕조 때 (㉠)이(가) 세운 산치 대탑이다. 석가모니의 사리를 보존하기 위해 세운 최초의 불탑으로 알려져 있다.

(1) ㉠에 들어갈 말을 쓰시오.

(2) 위 왕이 세계 불교 발전에 끼친 영향을 서술하시오.

20 다음 자료를 보고 물음에 답하시오.

(가) 양식

(나) 양식

(1) (가), (나) 양식이 성립한 왕조를 쓰시오.

(가) ____________ (나) ____________

(2) (가), (나) 양식을 쓰고 두 양식의 차이점을 서술하시오.

02 동아시아 문화의 형성과 확산

1 중국

(1) 위진 남북조 시대

삼국 시대	후한이 위·촉·오로 분열 → 위를 이은 진이 통일	
5호 16국	• 유목 민족이 화북 지방 차지 • 진은 강남으로 이동(동진)	
남북조 시대	정치	화북: • 유목 민족 왕조, ❶ ☐☐가 화북 통일 • 북위 ❷ ☐☐☐: 한화 정책, 균전제 등 실시
		강남: • 한족 왕조, 송–제–양–진으로 왕조 교체 • 경제: 강남 개발
	문화	• 불교문화 발달, 대규모 석굴 사원 조성(둔황, 윈강 석굴 등) • 9품중정제 영향으로 문벌 귀족 성장, 귀족 문화 발달 • ❸ ☐☐ 성립: 도가 철학에 신선 사상이 결합

(2) 수

수 문제	중국 통일, 과거제 시행 등 통치 제도 정비
수 양제	❹ ☐☐☐☐ 건설, 고구려 원정

(3) 당

건국	이연(고조)이 장안을 수도로 건국
통치 제도	• ❺ ☐☐에 기초한 통치 체제 마련(3성 6부, 균전제, 부병제, 조·용·조, 과거제) • 안사의 난 이후 제도 변화: 장원제, 모병제, 양세법 시행
문화	❻ ☐☐적·귀족적 문화 발달

2 동아시아 문화권

공통 요소	율령, ❼ ☐☐, 유교, 불교
영향	각국 체제 정비에 기여, 전통과 융합해 각국의 독자적 문화 발전

3 한반도와 일본

(1) 한반도

삼국 시대	고구려, 백제, 신라 경쟁 → 신라의 삼국 통일
남북국 시대	남쪽의 신라와 북쪽의 발해 성장

(2) 일본

❽ ☐☐☐ 정권	• 4세기 무렵 소국 통합해 성립 • 아스카 시대: 쇼토쿠 태자가 중국과 한반도 문물 수용해 중앙 집권 체제 강화 • 다이카 개신: 당 율령 수용해 국왕 중심 집권 체제 수립
❾ ☐☐ 시대	• 헤이조쿄 건설, 나라로 수도 옮김 • 견당사, 견신라사 파견, 불교문화 발전
헤이안 시대	• 헤이안쿄로 수도 옮김 • ❿ ☐☐ 문화 발달: 가나, 일본 고유 복식 등

정답 ❶ 북위 ❷ 효문제 ❸ 도교 ❹ 대운하 ❺ 율령 ❻ 국제 ❼ 한자 ❽ 야마토 ❾ 나라 ❿ 국풍

실력 확인 문제

01 (중요) 다음 정책을 시행한 왕조에 대한 설명으로 옳은 것은?
난이도 중

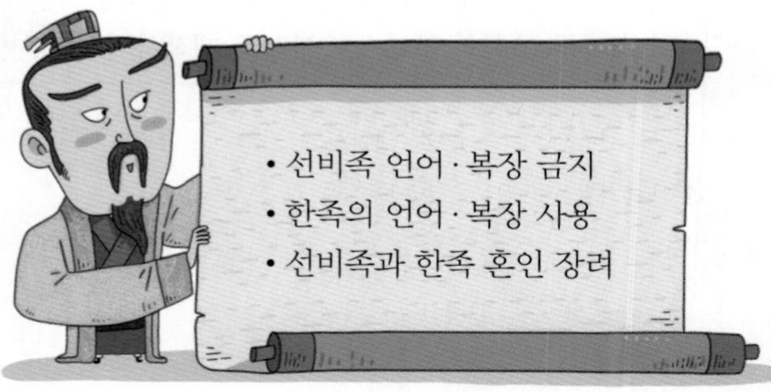

① 봉건제를 시행하였다.
② 균전제를 도입하였다.
③ 고구려 원정을 감행하였다.
④ 장안을 수도로 건국하였다.
⑤ 위진 남북조 시대를 통일하였다.

[02~03] 다음 글을 읽고 물음에 답하시오.

> 이 제도는 각 지방에 파견된 중정관이 지역의 여론을 바탕으로 인물을 평가하고, 지역의 인재를 중앙에 추천하는 관리 등용 제도이다. 그러나 각 지방의 유력자들이 여론을 장악하였기 때문에 원래 취지와 달리 유력자의 집안이 중앙의 높은 관직을 독점하게 되었다.

02 밑줄 친 '이 제도'의 명칭으로 옳은 것은?
난이도 하

① 과거제　② 균전제
③ 3성 6부제　④ 9품중정제
⑤ 향거리선제

03 밑줄 친 '이 제도'의 시행 결과 나타난 현상으로 옳은 것은?
난이도 중

① 호족의 대토지 소유가 감소하였다.
② 소금·철의 전매 제도가 시행되었다.
③ 비단길을 통한 동서 교류가 활발해졌다.
④ 흉노를 견제하기 위해 장건이 파견되었다.
⑤ 호족이 중앙으로 진출하면서 문벌 귀족이 형성되었다.

정답 36쪽

04 다음 문학 작품이 지어진 시대의 문화적 동향에 대한 설명으로 옳은 것은?

중 난이도

> 돌아가련다.
> 세상과 어울리는 것을 이제 끊자.
> 세상과 나는 본래 인연이 없었으니 다시 벼슬길에 나서도 거기에 무슨 구할 것이 있겠는가.
>
> – 도연명, 「귀거래사」 –

① 제자백가가 등장하였다.
② 청담 사상이 유행하였다.
③ 채륜이 제지법을 개량하였다.
④ 사마천이 『사기』를 완성하였다.
⑤ 현장이 서역에서 불교 경전을 들여왔다.

05 다음 문화유산과 관련된 시기에 대한 설명으로 옳은 것은?

중 난이도

① 훈고학을 집대성한 『오경정의』가 완성되었다.
② 전쟁이 계속되면서 서민 중심 문화가 발달하였다.
③ 화북과 강남 지역을 연결하는 대운하가 건설되었다.
④ 한화 정책의 영향으로 유목민과 한족 문화가 융합되었다.
⑤ 강남의 유목 민족 왕조와 화북의 한족 왕조가 대립하였다.

06 다음 (가) 왕조에 대한 설명으로 옳은 것을 **보기**에서 모두 고르면?

중 난이도

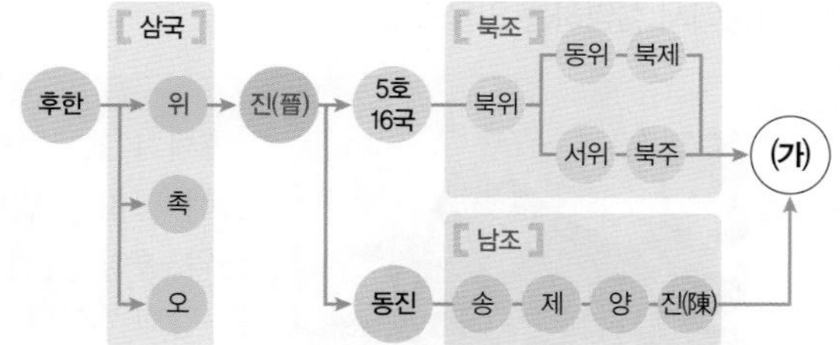

보기

ㄱ. 한화 정책을 추진하였다.
ㄴ. 고구려 원정에 실패하였다.
ㄷ. 동아시아 문화권을 형성하였다.
ㄹ. 강남과 화북 사이에 대운하를 건설하였다.

① ㄱ, ㄴ　② ㄱ, ㄷ　③ ㄴ, ㄷ
④ ㄴ, ㄹ　⑤ ㄷ, ㄹ

07 중요 다음 ㉠에 들어갈 내용으로 가장 적절한 것은?

중 난이도

- 연구 주제: (㉠)
- 수집한 자료
  - 당삼채에 등장한 서역인
  - 대진경교유행중국비와 비문의 내용
  - 황소의 난을 비판하는 글을 지은 신라인 최치원 이야기

① 안사의 난 이후 당의 쇠퇴
② 크리스트교의 성립과 전파
③ 당의 율령 체제 성립과 영향
④ 위진 남북조 시대 귀족 문화의 발달
⑤ 당 문화의 국제성과 그 역사적 의미

08 다음 ㉠, ㉡ 세금 제도에 대한 설명으로 옳은 것은?

상 난이도

㉠	㉡
토지세와 노동력, 특산물을 세금으로 징수	호구별로 자산을 조사하여 세금을 거둔 제도로 여름과 가을에 두 차례 징수

① ㉠은 황소의 난 이후 처음 등장하였다.
② ㉠은 모병제, 장원제와 함께 운영되었다.
③ ㉡ → ㉠ 순으로 시행되었다.
④ ㉡은 빈부의 격차를 반영하여 세금을 부과하였다.
⑤ ㉡은 수대에 처음 등장하여 다음 왕조에도 영향을 끼쳤다.

09 다음 ㉠에 들어갈 내용으로 적절하지 않은 것은?

상 난이도

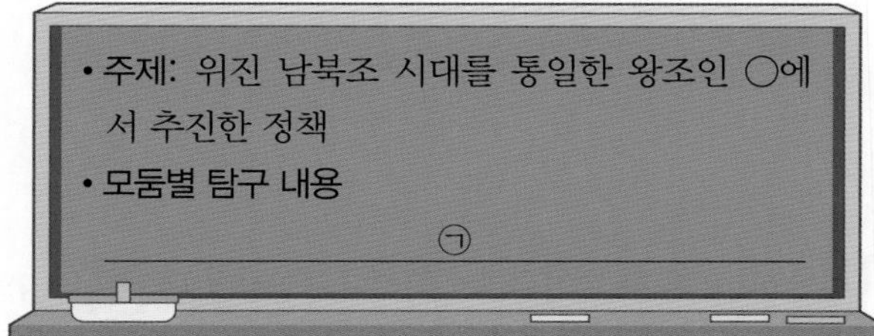

① 양세법 시행 배경을 알아본다.
② 과거제의 도입 과정을 조사한다.
③ 부병제의 운영 방법을 탐구한다.
④ 균전제의 시행 방식을 조사한다.
⑤ 3성 6부제의 운영 방식을 탐구한다.

10 다음 (가) 왕조에 대한 설명으로 옳은 것을 보기에서 모두 고르면?

중 난이도

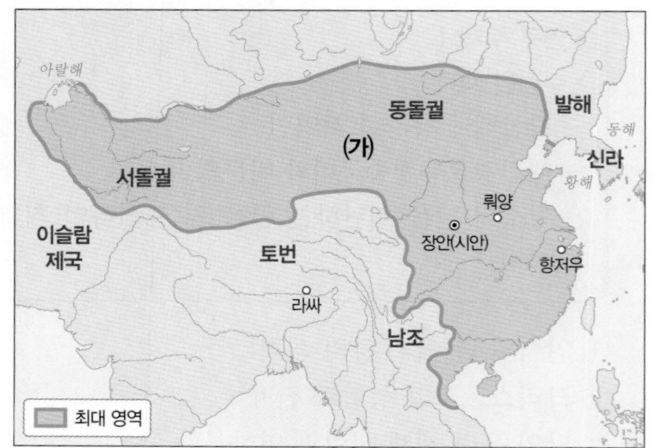

보기
ㄱ. 5호의 침입을 받았다.
ㄴ. 율령 체제를 정비하였다.
ㄷ. 안사의 난으로 쇠퇴하였다.
ㄹ. 과거제를 최초로 실시하였다.

① ㄱ, ㄴ ② ㄱ, ㄷ ③ ㄴ, ㄷ
④ ㄴ, ㄹ ⑤ ㄷ, ㄹ

11 다음 도자기가 만들어진 왕조의 문화에 대한 설명으로 옳은 것을 보기에서 모두 고르면?

중 난이도

보기
ㄱ. 비단길을 통해 불교가 전파되었다.
ㄴ. 현장이 인도에서 불경을 가져왔다.
ㄷ. 『오경정의』로 훈고학을 집대성하였다.
ㄹ. 윈강 등에 대규모 석굴 사원을 조성하였다.

① ㄱ, ㄴ ② ㄱ, ㄷ ③ ㄴ, ㄷ
④ ㄴ, ㄹ ⑤ ㄷ, ㄹ

12 다음 밑줄 친 '문화권'에 포함되는 요소가 아닌 것은?

하 난이도

당대에는 활발한 대외 교류를 바탕으로 국제적 문화가 발달하였다. 이 과정에서 중국 문화가 주변국에 전파되었고, 동아시아 지역에서 이 <u>문화권</u>을 형성하였다.

① 율령 ② 불교 ③ 한자
④ 유교 ⑤ 크리스트교

13 중요 다음 현상의 결과로 가장 적절한 것은?

상 난이도

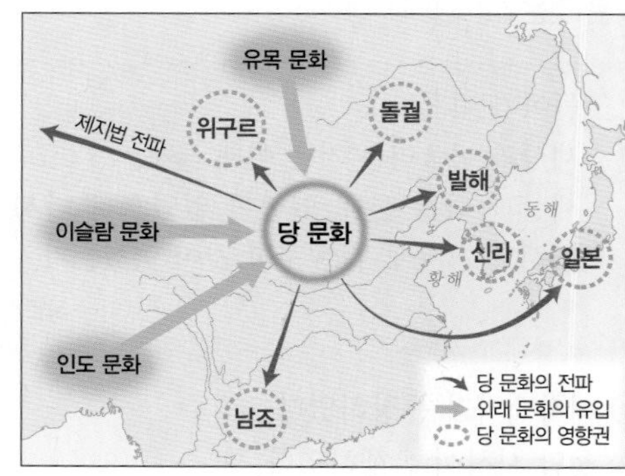

① 농경 문화가 발달하였다.
② 귀족 문화가 등장하였다.
③ 동아시아 문화권이 형성되었다.
④ 불교가 동아시아에 전파되었다.
⑤ 유목 문화와 농경 문화가 융합되었다.

14 다음 ㉠ 시기에 대한 설명으로 가장 알맞은 것은?

중 난이도

삼국 시대 → 삼국 통일 → 발해 건국 → ㉠

① 나당 동맹이 결성되었다.
② 중국에서 불교를 도입하였다.
③ 신라와 당이 전쟁을 벌였다.
④ ㉠ 시기를 남북국 시대라고 한다.
⑤ 한강 유역을 둘러싸고 각국이 경쟁하였다.

15 다음에서 설명하는 인물로 옳은 것은?

상 난이도

7세기 초 천황을 대신해 정치를 맡아 일본의 중앙 집권 체제를 강화하였다. 한반도와 중국에서 여러 문물을 적극적으로 수용하여 중앙 집권화에 힘썼다. 이 인물이 세웠다고 전해지는 호류사라는 사찰이 일본에 남아 있다.

① 히미코 여왕 ② 쇼토쿠 태자
③ 도요토미 히데요시 ④ 아시카가 요시미쓰
⑤ 도쿠가와 이에야스

정답 36쪽

16 중요 다음 역사서가 저술된 시대에 대한 설명으로 옳은 것을 보기에서 모두 고르면?

상 난이도

『일본서기』	『고사기』
일본에 고대로부터 전해지는 신화와 전설, 황실과 주요 가문에 관한 이야기를 기록한 역사서이다.	일본에서 가장 오래된 문헌 중 하나로 천황가의 계보를 기록한 「제기」와 신화 등을 담은 「구사」가 중심이다.

보기

ㄱ. 다이카 개신을 단행하였다.
ㄴ. 견당사와 견신라사를 파견하였다.
ㄷ. 고유 문자인 가나 문자를 사용하였다.
ㄹ. 도다이사 등 대규모 사찰을 건립하였다.

① ㄱ, ㄴ ② ㄱ, ㄷ ③ ㄴ, ㄷ
④ ㄴ, ㄹ ⑤ ㄷ, ㄹ

17 다이카 개신에 대한 설명으로 가장 알맞은 것은?

하 난이도

① 불교를 수용하였다.
② 견당사가 폐지되었다.
③ 헤이안쿄가 건설되었다.
④ 당의 율령 체제를 수용하였다.
⑤ 일본 독자적인 문화가 발달하였다.

18 밑줄 친 '이 시기'로 옳은 것은?

하 난이도

> 이 시기에는 당이 혼란해지면서 견당사의 파견이 중단되었다. 그 결과 주택과 의복 등에서 일본 고유의 양식이 발전하였으며, 일본 고유의 문자인 '가나'가 사용되었다.

① 야요이 시대 ② 야마토 정권 ③ 아스카 시대
④ 나라 시대 ⑤ 헤이안 시대

주관식·서술형

19 다음 자료를 보고 물음에 답하시오.

> 〈인물 탐구〉
> 뤄양으로 천도한 북위의 황제, (㉠)
> • 출생~사망: 467년~499년
> • 재위 기간: 471년~499년
> • 주요 정책: ㉡ 한화 정책, 균전제 시행

(1) ㉠에 들어갈 인물을 쓰시오.

(2) ㉡에 해당하는 정책 세 가지를 구체적으로 쓰고, 그 의의를 서술하시오.

20 다음 ㉠에 공통으로 들어갈 말을 쓰시오.

> • 형법과 행정법을 합쳐서 (㉠)(이)라 부름
> • (㉠)을(를) 바탕으로 한 당의 통치 체제가 동아시아 문화권의 한 요소가 됨

21 다음 글을 읽고 물음에 답하시오.

> 당은 외적의 침입을 막기 위해 여러 지역에 절도사를 설치하였다. 그러나 절도사 안녹산과 그 부하 사사명이 반란을 일으키면서 당은 위기를 맞았다.

(1) 윗글에서 설명하는 사건을 쓰시오.

(2) 위 사건 이후 중국에 도입된 조세 제도의 명칭을 쓰고 이 제도의 도입 배경과 시행 방법을 서술하시오.

03 이슬람 문화의 형성과 확산

1 이슬람교의 성립

배경	• 사산 왕조 페르시아와 비잔티움 제국 대립으로 대체 교역로 발달 → 메카와 메디나가 무역 중심지로 번영 • 아라비아반도의 빈부 격차, 부족 간 전쟁 심화
창시	• 창시자: ❶□□□□ • 교리: 유일신 ❷□□ 앞에 만인 평등 강조
성장	• 메카의 귀족들이 박해 → ❸□□□(메디나로 피난) → 교세 확대 → 메카 정복 • 아라비아반도 통일

2 이슬람 제국의 성장

정통 칼리프 시대	• ❹□□□ 선출: 무함마드 후계자, 이슬람 세계의 종교·정치 지도자 • 사산 왕조 페르시아 멸망, 시리아·이집트 정복
우마이야 왕조	• 4대 칼리프 알리 살해 이후 우마이야 가문에서 칼리프 세습 → 수니파와 ❺□□□로 분화 • 수도: 다마스쿠스 • 중앙아시아~이베리아반도 차지 • ❻□□□□에 대한 차별로 불만 확대
❼□□□ 왕조	• 비아랍인에 대한 차별 철폐 • 수도: ❽□□□□ • ❾□□□ 전투: 당에 승리해 비단길 차지 → 동서 교류 주도 • 9세기 이후 약화 → 셀주크 튀르크의 침입 → 13세기 몽골에 멸망

3 이슬람 문화

(1) 일상생활

① 이슬람 경전인 『❿□□』이 일상생활 규제

② 공용어로 아랍어 사용, 5행 실천

③ 알라 앞의 평등, 상업 활동 긍정, 돼지고기 금기(하람과 할랄)

(2) 문화

문학	『천일 야화』(아라비안나이트)
건축	⓫□□□(뾰족한 탑, 돔), 아라베스크 무늬로 장식
과학	• 수학: 아라비아 숫자 • 화학: 연금술 연구 과정에서 발달 • 제지법: 탈라스 전투 때 중국에서 전파

정답 ❶ 무함마드 ❷ 알라 ❸ 헤지라 ❹ 칼리프 ❺ 시아파 ❻ 비아랍인 ❼ 아바스 ❽ 바그다드 ❾ 탈라스 ❿ 쿠란 ⓫ 모스크

실력 확인 문제

01 다음 ㉠ 종교에 대한 설명으로 옳지 않은 것은?

하 난이도

> 6세기 후반부터 아라비아반도의 무역이 발달하면서 빈부의 격차도 커졌다. 사회적 갈등이 심해지는 가운데 무함마드가 (㉠)을(를) 창시하였다.

① 우상 숭배를 금지한다.
② 『쿠란』을 경전으로 삼는다.
③ 알라를 유일신으로 섬긴다.
④ 모든 인간은 신 앞에 평등하다고 본다.
⑤ 유대교와 크리스트교에 영향을 주었다.

02 다음 (가) 시기에 있었던 사실로 옳은 것을 보기에서 모두 고르면?

중 난이도

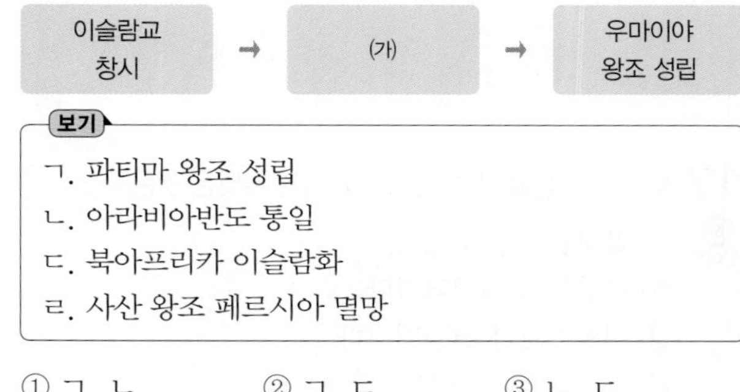

보기
ㄱ. 파티마 왕조 성립
ㄴ. 아라비아반도 통일
ㄷ. 북아프리카 이슬람화
ㄹ. 사산 왕조 페르시아 멸망

① ㄱ, ㄴ ② ㄱ, ㄷ ③ ㄴ, ㄷ
④ ㄴ, ㄹ ⑤ ㄷ, ㄹ

03 (중요) 다음 과정을 거쳐 성립된 왕조에 대한 설명으로 옳은 것은?

중 난이도

> 아랍 부족들의 반란과 칼리프 선출을 둘러싼 내분으로 혼란한 가운데 4대 칼리프인 알리가 살해되었다. 이 과정에서 우마이야 가문이 칼리프의 자리를 차지하였다.

① 바그다드를 수도로 삼았다.
② 아라비아반도를 점령하였다.
③ 후우마이야 왕조와 대립하였다.
④ 사산 왕조 페르시아를 멸망시켰다.
⑤ 비아랍인에 대한 차별 정책을 시행하였다.

정답 37쪽

04 중요 다음 (가) 왕조에 대한 설명으로 옳은 것을 보기에서 모두 고르면?

하 난이도

((가))의 발전
- 건국: 시리아 총독의 아들인 무아위야
- 수도: 다마스쿠스
- 멸망: 750년 아바스 왕조에 의해 멸망

보기
ㄱ. 탈라스 전투에서 승리하였다.
ㄴ. 아랍인 중심 정책을 시행하였다.
ㄷ. 북아프리카 지역을 이슬람화하였다.
ㄹ. 크리스트교 세계와 십자군 전쟁을 벌였다.

① ㄱ, ㄴ ② ㄱ, ㄷ ③ ㄴ, ㄷ
④ ㄴ, ㄹ ⑤ ㄷ, ㄹ

05 다음 상황의 결과로 가장 적절한 것은?

중 난이도

4대 칼리프였던 알리가 살해된 후 우마이야 가문이 칼리프 지위를 차지하였다. 그러자 알리를 따르는 세력은 무함마드의 후손만이 칼리프가 될 수 있다고 주장하면서 우마이야 가문에 반발하였다.

① 시아파가 등장하였다.
② 칼리프를 선출하게 되었다.
③ 아바스 왕조가 성립하였다.
④ 정통 칼리프 시대가 성립하였다.
⑤ 아라비아반도가 이슬람화되었다.

06 아바스 왕조에 대한 설명으로 옳은 것을 보기에서 모두 고르면?

중 난이도

보기
ㄱ. 이슬람교가 창시되었다.
ㄴ. 바그다드를 수도로 삼았다.
ㄷ. 탈라스 전투에서 승리하였다.
ㄹ. 사산 왕조 페르시아를 멸망시켰다.

① ㄱ, ㄴ ② ㄱ, ㄷ ③ ㄴ, ㄷ
④ ㄴ, ㄹ ⑤ ㄷ, ㄹ

[07~08] 다음 글을 읽고 물음에 답하시오.

고선지가 이끄는 당의 군대가 타슈켄트를 압박하자 타슈켄트는 이 나라에 도움을 요청하였다. 이 나라는 군대를 파견하여 오늘날 키르기스스탄에 있는 탈라스강 지역에서 고선지가 이끄는 당의 군대와 맞섰다. 이 전투에서 당의 군대는 크게 패하였다.

07 밑줄 친 '나라'에 대한 설명으로 옳은 것은?

중 난이도

① 다마스쿠스를 수도로 삼았다.
② 사산 왕조 페르시아를 멸망시켰다.
③ 투르·푸아티에 전투에서 승리하였다.
④ 정치·종교적 지도자를 술탄이라 불렀다.
⑤ 비아랍인에 대한 차별 정책을 폐지하였다.

08 위 전쟁의 영향으로 옳은 것은?

하 난이도

① 불교가 전파되었다.
② 칼리프가 선출되었다.
③ 제지법이 전파되었다.
④ 사산 왕조 페르시아가 멸망하였다.
⑤ 북아프리카 지역이 이슬람화되었다.

09 다음 (가) 국가에 대한 설명으로 옳지 않은 것은?

중 난이도

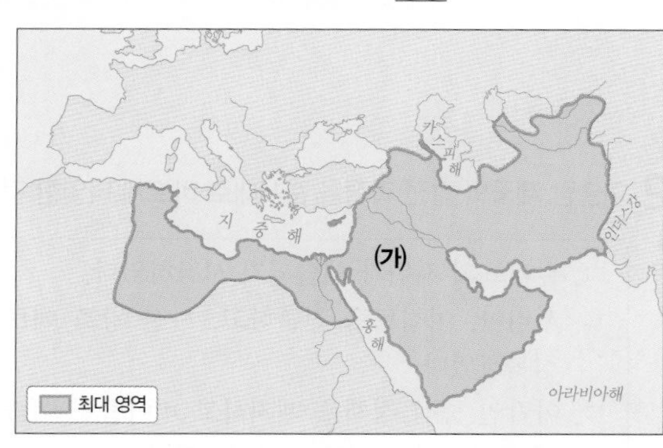

① 우마이야 왕조를 멸망시켰다.
② 바그다드를 수도로 발전하였다.
③ 비아랍인에 대한 차별을 철폐하였다.
④ 셀주크 튀르크의 공격으로 정치적 실권을 잃었다.
⑤ 중앙아시아에서 이베리아반도에 이르는 영토를 차지하였다.

10 다음 ㉠, ㉡ 도시의 위치를 지도에서 옳게 고른 것은?

상 난이도

- ㉠: 이베리아반도에 위치한 이슬람 문화의 거점으로 후우마이야 왕조의 수도
- ㉡: 우마이야 왕조의 수도, 오늘날 시리아의 수도

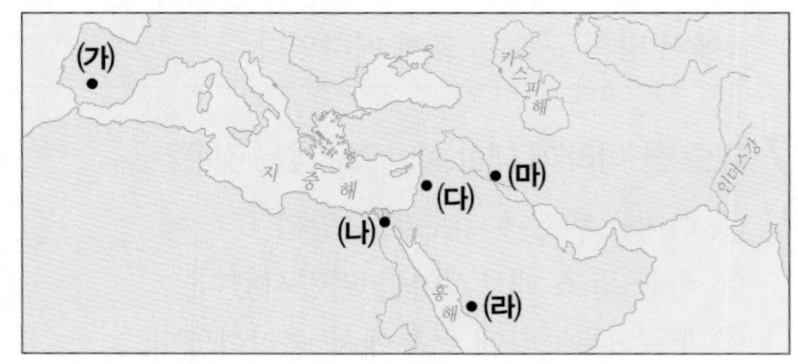

	㉠	㉡		㉠	㉡
①	(가)	(다)	②	(나)	(라)
③	(다)	(라)	④	(라)	(마)
⑤	(마)	(가)			

11 이슬람 제국의 발전 과정에 대한 설명으로 옳지 않은 것은?

난이도

① 무함마드 시기: 무함마드가 메카로 피신하는 헤지라가 일어났다.
② 정통 칼리프 시대: 이슬람의 지도자인 칼리프를 선출하였다.
③ 우마이야 왕조: 아랍인 중심 정책으로 비아랍인의 반발이 높았다.
④ 아바스 왕조: 수도인 바그다드를 중심으로 동서 교류가 활발하였다.
⑤ 후우마이야 왕조: 이베리아반도를 중심으로 발전하였다.

12 이슬람 제국의 발전 과정을 순서대로 바르게 나열한 것은?

중 난이도

ㄱ. 칼리프의 지위가 세습되기 시작하였다.
ㄴ. 시리아, 이집트로 진출하고, 사산 왕조 페르시아를 정복하였다.
ㄷ. 아랍인 중심 정책을 폐지하고 비아랍인 이슬람교도에게 부과하던 세금을 면제하였다.
ㄹ. 기존의 동서 교역로를 대신해 새로운 교역로가 발달하면서 메카, 메디나가 번성하였다.

① ㄱ－ㄴ－ㄷ－ㄹ ② ㄱ－ㄴ－ㄹ－ㄷ
③ ㄹ－ㄱ－ㄴ－ㄷ ④ ㄹ－ㄱ－ㄷ－ㄴ
⑤ ㄹ－ㄴ－ㄱ－ㄷ

13 (중요) 다음과 관련된 종교로 옳은 것은?

하 난이도

5행
- 유일신 알라만을 섬긴다는 신앙 고백을 한다.
- 하루 다섯 번 메카를 향해 기도한다.
- 이슬람력 9월(라마단)에는 해가 떠서 질 때까지 단식한다.
- 소득의 2.5%를 양심에 따라 기부한다.
- 일생에 한 번 이상 성지인 메카를 방문한다.

① 불교 ② 마니교 ③ 힌두교
④ 이슬람교 ⑤ 크리스트교

14 다음과 같은 사원에서 종교 활동을 하는 사람들의 생활에 대한 설명으로 옳은 것을 보기에서 모두 고르면?

중 난이도

외부의 둥근 지붕(돔)과 첨탑(미너렛)이 특징이다. 첨탑은 멀리 떨어져 있는 사람들에게 사원의 위치를 알린다. 내부는 아라베스크 무늬로 장식되었다.

보기
ㄱ. 『쿠란』의 가르침을 중요시한다.
ㄴ. 교황을 중심으로 한 성직자 조직이 운영된다.
ㄷ. 돼지고기를 금기시하는 식습관을 가지고 있다.
ㄹ. 오늘날 유럽과 동아시아 지역에서 주로 믿는다.

① ㄱ, ㄴ ② ㄱ, ㄷ ③ ㄴ, ㄷ
④ ㄴ, ㄹ ⑤ ㄷ, ㄹ

15 다음 자료와 관련된 이슬람교도의 생활로 가장 적절한 것은?

하 난이도

이 신전은 메카의 카바 신전이다. 해마다 전 세계의 수많은 이슬람교도가 이곳을 방문한다.

① 돼지고기를 금기시한다.
② 일생에 한 번 이상 메카를 방문한다.
③ 여성은 히잡 등의 의상을 착용한다.
④ 소득의 일부를 양심에 따라 기부한다.
⑤ 이슬람력 9월에는 해가 떠 있는 동안 단식을 한다.

16 다음 자료를 활용한 탐구 활동으로 가장 알맞은 것은?

난이도

• 탈라스 전투를 계기로 제지법이 전파되었다.
• 중국의 각종 발명품이 이슬람이 장악한 비단길을 통해 유럽으로 전해졌다.

① 이슬람의 발명품
② 무슬림의 일상생활
③ 이슬람 중심의 동서 교류
④ 모스크 건축 양식의 특징
⑤ 무슬림이 상업을 보는 관점

난이도

17 이슬람 문화에 대한 설명으로 옳지 않은 것은?

① 자연 과학이 발달하였다.
② 『베다』를 경전으로 삼았다.
③ 모스크 건축이 발달하였다.
④ 『천일 야화』가 저술되었다.
⑤ 아랍어를 공용어로 사용하였다.

18 다음 자료와 관련된 문화권의 학문과 기술에 대한 설명으로 옳지 않은 것은?

상 난이도

바그다드에 세워진 교육 기관으로 '지혜의 집'이라고 불렸다. 이처럼 이 문화권에서는 국가 차원에서 학자들의 연구를 지원하면서 학문이 크게 발전하였다.

① 아라비아 숫자를 사용하였다.
② 그리스의 철학을 적극 연구하였다.
③ 활판 인쇄술과 제지법을 최초로 발명하였다.
④ 연금술을 연구하는 과정에서 화학이 발전하였다.
⑤ 동서 교류가 활발해 지리학과 항해술이 발달하였다.

주관식·서술형

19 다음 지도에서 알 수 있는 교역로의 변화와 이 변화가 이슬람교 등장에 끼친 영향을 서술하시오.

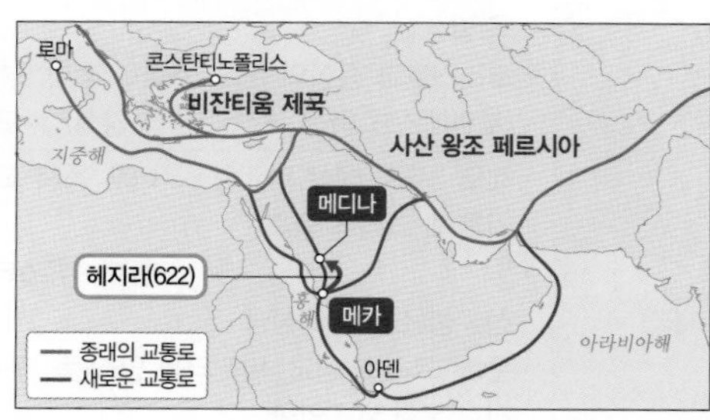

20 다음 ㉠에 들어갈 말을 쓰시오.

무함마드는 귀족들의 탄압을 받아 메카에서 메디나로 근거지를 옮겼다. 이 사건을 (㉠)(이)라고 한다. 이는 '성스러운 이주'라는 뜻으로 이 일이 일어난 622년은 이슬람력의 시작 연도가 되었다.

21 다음 ㉠에 들어갈 말을 쓰시오.

(㉠)은(는) 알리와 그 후손만이 정통이라고 주장하는 이슬람교 소수파이다. 오늘날 이란과 이라크 일부 지역을 중심으로 세력을 이루고 있다.

22 다음 내용을 뒷받침하는 근거를 두 가지 서술하시오.

이슬람 세계는 과학과 수학, 의학이 크게 발달하는 등 세계적인 학문의 중심지로 발전하였다.

04 크리스트교 문화의 형성과 확산

1 유럽 사회의 형성

서유럽	• 프랑크 왕국: ❶ 대제 때 교황에게 서로마 황제 대관 • ❷ 사회 발달: 주종 관계, 장원제 • 교황권의 성장: 성직자 임명권을 둘러싸고 카노사의 굴욕 발생 • 크리스트교 중심의 문화: 스콜라 철학, 성당 건축 양식(로마네스크 양식 → ❸ 양식), 수도원 학교 등
❹ 제국	• 레오 3세의 성상 파괴령 → 이후 동서 교회 분열(로마 가톨릭, 그리스 정교) • ❺ 황제: 『유스티니아누스 법전』, 성 소피아 대성당 • 문화: 그리스 정교, 비잔티움 양식(돔, 모자이크) → 슬라브 문화권에 영향

2 유럽 사회의 변화

❻ 전쟁	• 배경: 셀주크 튀르크의 예루살렘 점령, 비잔티움 제국 위협으로 촉발 • 1차: 예루살렘 점령, 4차: 변질(비잔티움 제국 공격) • 결과: 교황권 쇠퇴, 참여 영주·기사 계급 몰락, 상업 발달, 선진 문화 유입, 동방과의 교역 활성화
도시 성장	• 상공업 발달, 길드 조직, 원거리 무역 • ❼ 획득 → 영주의 속박에서 탈피
장원 해체	• 14세기 ❽ 유행 → 농노 감소 → 농노 처우 개선 • 부역, 공납 → 화폐 지대로 납부 • 농민 반란: 와트 타일러의 난, 자크리의 난
중앙 집권 국가	• 국왕권 강화(아비뇽 유수), 관료제·상비군 정비 • ❾ 전쟁, 장미 전쟁으로 프랑스와 영국 중앙 집권화 • 이베리아반도 국가: 이슬람 세력과의 투쟁 과정에서 중앙 집권화

3 르네상스와 종교 개혁

❿		• 이탈리아 르네상스: 인문주의(라파엘로, 보티첼리, 레오나르도 다빈치, 미켈란젤로) • 알프스 이북 르네상스: 사회·교회 비판적(『유토피아』, 『우신 예찬』)
종교 개혁	⓫	• 「95개조 반박문」 발표 • 아우크스부르크 화의로 공인
	⓬	• 예정설, 직업 소명설 주장 • 상공업자 환영 → 영국, 프랑스, 스코틀랜드, 네덜란드 등으로 전파
	영국	헨리 8세의 이혼 문제 계기 → 영국 국교회 성립
		• 가톨릭의 대응: 예수회 조직 • 종교 전쟁: 네덜란드 독립 전쟁, 위그노 전쟁, 30년 전쟁 → ⓭ 조약으로 칼뱅파 공인

정답 ❶ 카롤루스 ❷ 봉건 ❸ 고딕 ❹ 비잔티움 ❺ 유스티니아누스 ❻ 십자군 ❼ 자치권 ❽ 흑사병 ❾ 백년 ❿ 르네상스 ⓫ 루터 ⓬ 칼뱅 ⓭ 베스트팔렌

실력 확인 문제

01 다음 사건을 바탕으로 탐구할 수 있는 주제로 가장 적절한 것은?

난이도 중

> • 프랑크 왕국의 왕 클로비스가 신하 400여 명과 함께 집단 세례를 받고 크리스트교로 개종하였다.
> • 카롤루스 대제는 교황의 요청에 따라 이탈리아로 진격하여 서로마 황제의 관을 받았다.

① 봉건제의 의미와 특징
② 루터와 칼뱅의 종교 개혁
③ 성상 파괴령을 시행한 이유
④ 프랑크 왕국과 크리스트교
⑤ 노르만족의 침입과 지방 분권화

02 다음 사건의 영향으로 가장 알맞은 것은?

난이도 중

> 카롤루스 대제가 죽은 뒤 프랑크 왕국은 동·중·서프랑크로 분열되었다.

① 동서 교회가 분열되었다.
② 동방과의 교역이 활성화되었다.
③ 장원이 해체되고 봉건 사회가 붕괴되었다.
④ 오늘날 독일, 이탈리아, 프랑스의 기원이 되었다.
⑤ 황제권이 강화되어 카노사의 굴욕 사건이 일어났다.

03 (중요) 다음 (가)~(다) 세력에 대한 설명으로 옳은 것을 보기에서 모두 고르면?

난이도 중

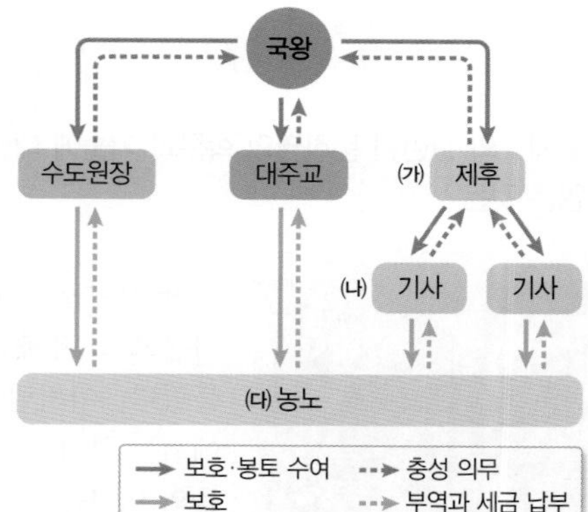

보기
ㄱ. (가): 장원 내에서는 '영주'라고 불렸다.
ㄴ. (나): (가)로부터 봉토를 받고 충성을 서약하였다.
ㄷ. (다): (나)와 쌍무적 계약 관계를 맺었다.
ㄹ. (가)~(다): 토지를 매개로 주종 관계를 맺었다.

① ㄱ, ㄴ ② ㄱ, ㄷ ③ ㄴ, ㄷ
④ ㄴ, ㄹ ⑤ ㄷ, ㄹ

정답 38쪽

04 다음과 같은 공간에서 볼 수 있는 장면으로 가장 적절하지 않은 것은?

상 난이도

① 결혼을 하는 농노
② 영주의 땅을 경작하는 농노
③ 어린아이에게 세례를 주는 성직자
④ 영주에게 키운 닭을 바치는 부녀자
⑤ 세금과 재판을 담당하기 위해 왕이 파견한 관료

05 다음에서 설명하는 중세 봉건 사회의 계층으로 옳은 것은?

하 난이도

> 이 계층은 대부분 장원에 소속된 농민이었다. 이들은 자기 재산을 가지고 결혼을 할 수 있었다. 하지만 거주·이전의 자유가 없었으며, 각종 세금을 바쳐야 했다.

① 영주 ② 기사 ③ 농노
④ 노예 ⑤ 수도사

06 다음 (가) 인물에 대한 설명으로 옳은 것은?

중 난이도

① 십자군 전쟁을 일으켰다.
② 카노사의 굴욕을 당하였다.
③ 콘스탄티노폴리스로 천도하였다.
④ 교회 과세 문제로 교황과 대립하였다.
⑤ 로마법을 집대성한 법전을 편찬하였다.

07 중요 다음과 관련된 문화유산의 사진으로 가장 적절한 것은?

중 난이도

> 선생님! 안녕하세요. 저는 지금 튀르키예를 여행 중입니다. 오늘 이스탄불에 남아 있는 대표적인 성당을 관람했어요. 6세기에 지어져 지금은 박물관으로 쓰이고 있는 이 성당은 아름다운 돔과 모자이크, 대리석 기둥을 자랑하고 있습니다. …….

①

②

③

④

⑤

08 다음 그림과 관련된 사건에 대한 설명으로 옳은 것은?

중 난이도

① 십자군 전쟁이 시작되었다.
② 교황이 프랑크 왕국과 제휴하였다.
③ 교회가 구교와 신교로 나뉘게 되었다.
④ 국왕이 성직자에게 세금을 물리려 하였다.
⑤ 성직자 임명권을 두고 교황과 황제가 대립하였다.

09 밑줄 친 '이 전쟁'에 대한 설명으로 옳은 것은?

중 난이도

이 전쟁은 약 200년 동안 간헐적으로 진행되었다. 한때 예루살렘을 차지하기도 하였지만, 결국 실패하였다.

① 페르시아의 침입을 물리쳤다.
② 교황권이 강화되는 결과를 낳았다.
③ 프랑스 왕위 계승 분쟁 때문에 시작되었다.
④ 알렉산드로스의 동방 원정으로 발생하였다.
⑤ 교황이 성지 탈환을 호소한 것을 계기로 군대가 소집되었다.

10 십자군 전쟁의 영향에 대한 설명으로 옳은 것을 보기에서 모두 고르면?

중 난이도

보기
ㄱ. 교황권의 강화
ㄴ. 이슬람 학문의 유입
ㄷ. 왕권 강화와 중앙 집권화
ㄹ. 기사와 영주의 세력 강화

① ㄱ, ㄴ ② ㄱ, ㄷ ③ ㄴ, ㄷ
④ ㄴ, ㄹ ⑤ ㄷ, ㄹ

11 다음 선생님의 질문에 대한 학생의 답변으로 옳지 않은 것은?

상 난이도

14세기에는 이처럼 영주로부터 특허장을 받아 자치권을 획득하는 도시가 늘었어요. 이 시기 상황에 대하여 이야기해 봅시다.

① 흑사병이 유행했어요.
② 영국과 프랑스가 백년 전쟁을 벌였어요.
③ 아비뇽 유수로 교황의 권위가 떨어졌어요.
④ 게르만족이 침입해 프랑크 왕국을 세웠어요.
⑤ 농노가 영주에게 부역 대신에 화폐를 납부했어요.

12 흑사병의 결과에 대한 설명으로 옳은 것을 보기에서 모두 고르면?

중 난이도

보기
ㄱ. 봉건제가 도입되었다.
ㄴ. 농노의 지위가 올라갔다.
ㄷ. 장원의 해체가 일어났다.
ㄹ. 서로마 제국이 멸망하였다.

① ㄱ, ㄴ ② ㄱ, ㄷ ③ ㄴ, ㄷ
④ ㄴ, ㄹ ⑤ ㄷ, ㄹ

13 다음 전쟁이 벌어지던 시기의 상황에 대한 설명으로 옳은 것을 보기에서 모두 고르면?

상 난이도

프랑스의 왕위 계승을 두고 영국과 프랑스 사이에 전쟁이 일어났다. 이 전쟁은 백 년을 이어갔지만, 잔 다르크의 활약으로 프랑스가 승리하였다.

보기
ㄱ. 프랑스에서 자크리의 난이 일어났다.
ㄴ. 제네바에서 루터가 종교 개혁을 일으켰다.
ㄷ. 흑사병이 유행하면서 인구가 크게 줄었다.
ㄹ. 카노사의 굴욕으로 교황의 권위가 올라갔다.

① ㄱ, ㄴ ② ㄱ, ㄷ ③ ㄴ, ㄷ
④ ㄴ, ㄹ ⑤ ㄷ, ㄹ

14 다음 ㉠에 들어갈 내용으로 옳은 것은?

중 난이도

르네상스
• 의미: 원래 '부활', '재생'을 뜻하는 말로 14~16세기경에 나타난 새로운 문화의 움직임이다.
• 중심지 변화: 이탈리아 → 알프스 이북
• 알프스 이북: 인문주의를 강조한 이탈리아와 다르게 사회 비판적인 작품들이 다수를 이뤘다. 그 대표적인 작품으로 (㉠)이(가) 있다.

① 마키아벨리의 『군주론』
② 토머스 모어의 『유토피아』
③ 마르코 폴로의 『동방견문록』
④ 토마스 아퀴나스의 『신학대전』
⑤ 레오나르도 다빈치의 「모나리자」

정답 38쪽

15 르네상스 시기 자연 과학 발달에 대한 설명으로 옳은 것은?

하 난이도

① 제지법의 등장
② 아라비아 숫자의 발명
③ 코페르니쿠스의 지동설 주장
④ 뉴턴의 만유인력의 법칙 발견
⑤ 아인슈타인의 상대성 이론 발견

16 다음에서 설명하는 인물로 가장 알맞은 것은?

중 난이도

'인간의 구원은 이미 정해져 있다.'는 예정설과 검소하게 생활하며 직업에 충실할 것을 주장하면서 스위스를 중심으로 종교 개혁을 일으켰다.

① 루터 ② 칼뱅 ③ 헨리 8세
④ 갈릴레이 ⑤ 구텐베르크

17 다음에서 설명하는 전쟁의 결과로 옳은 것은?

상 난이도

- 개요: 17세기 독일 지역을 중심으로 신교와 구교 국가 간에 벌어진 종교 전쟁
- 전개
  - 보헤미아 신교도 반란
  - 덴마크가 신교 세력으로 참전
  - 스웨덴이 신교 세력으로 참전
  - 프랑스가 신교 세력을 지지해 참전

① 동서 교회가 분열되었다.
② 낭트 칙령이 발표되었다.
③ 영국 국교회가 성립하였다.
④ 베스트팔렌 조약이 체결되었다.
⑤ 클뤼니 수도원에서 개혁을 시작하였다.

주관식·서술형

18 다음 ㉠에 들어갈 용어를 쓰시오.

성 소피아 대성당은 유스티니아누스 황제의 명을 받아 축조된 성당이다. 비잔티움 양식의 대표적 건축물로 돔과 내부의 (㉠) 벽화를 특징으로 한다.

19 다음 사건이 크리스트교에 어떤 영향을 끼쳤는지 서술하시오.

서유럽 교회에서는 게르만족에게 포교하기 위해 성상을 만들었다. 하지만 비잔티움 제국의 레오 3세는 성상 숭배를 금지하며 성상 파괴령을 내렸다.

20 다음 글을 읽고 물음에 답하시오.

(㉠)의 「95개조 반박문」

제20조 교황이 모든 벌을 면제한다고 선언한다면, 그것은 진정한 의미에서의 모든 벌이 아니라, 단지 교황 자신이 내린 벌을 면제한다는 것뿐이다.

제36조 진실로 회개한 크리스트교도는 면벌부가 없어도 징벌이나 죄에서 완전히 해방되는 것이다.

(1) 위 ㉠에 들어갈 인물을 쓰시오.

(2) 위의 종교 개혁이 일어난 배경과 인정받게 된 사건을 서술하시오.

01 몽골 제국과 문화 교류

1 송의 발전과 북방 민족의 성장

(1) 송의 중국 통일

황제권 강화	황제가 과거 시험 주관, 황제가 군사권 장악
❶□□□□	문관 우대 → 사대부 성장, 군사력 약화

(2) 북방 민족의 성장
거란(요), 탕구트(서하), ❷□□(금) 성장 → 송은 강남으로 밀려남(❸□□ 성립)

(3) 송의 경제와 문화

경제	• ❹□□ 지방을 중심으로 경제 발전 • 교자·회자 등의 지폐 사용, 해상 교역 발달, 시박사 설치
문화	• 성리학 발달 • 과학 기술 발달: 화약, ❺□□□, 활판 인쇄술 → 이슬람 세계를 통해 유럽에 전파

2 몽골 제국의 건설

(1) 몽골 제국

성립	• ❻□□□□□이 몽골 제국 수립 • 동아시아에서 유럽에 이르는 대제국으로 발전
분열	칭기즈 칸이 죽은 후 여러 한국(울루스)으로 나뉨

(2) 원의 중국 지배

성립	쿠빌라이 칸이 수도를 대도(베이징)로 옮기고 원 건국 → 남송 멸망
통치 방식	몽골 제일주의: 몽골인, 색목인, 한인, 남인으로 나누어 지배

(3) 원의 경제와 문화

경제	목화 재배 확산, ❼□□(지폐) 사용, 국제적인 무역항 번성
문화	❽□□ 문화 발달: 구어체 소설 유행, 잡극(원곡) 인기

3 교역권의 통합과 교류의 확대

(1) 교역권의 통합

육로 교통	• 전국을 연결하는 도로망을 건설하고 ❾□□ 설치 • 초원길과 비단길 번성
해상 교역	바닷길을 통해 인도양까지 왕래

(2) 교류의 확대

개방적 문화	• 다른 종교와 문화에 관용적 • 라마교·이슬람교·크리스트교 등 다양한 종교가 공존
서양인의 중국 방문	❿□□□ □□(이탈리아, 『동방견문록』), 이븐 바투타(모로코, 『여행기』), 카르피니 등이 원 방문
동서 문화 교류	• 이슬람 영향으로 천문학, 역법 등 발달, 청화 자기 제작 • 화약, 나침반, 활판 인쇄술 등이 이슬람 세계 통해 유럽에 전파

정답 ❶ 문치주의 ❷ 여진 ❸ 남송 ❹ 강남 ❺ 나침반 ❻ 칭기즈 칸 ❼ 교초 ❽ 서민 ❾ 역참 ❿ 마르코 폴로

실력 확인 문제

01 (중요, 난이도 중) 다음 (가) 국가에 대한 설명으로 옳지 않은 것은?

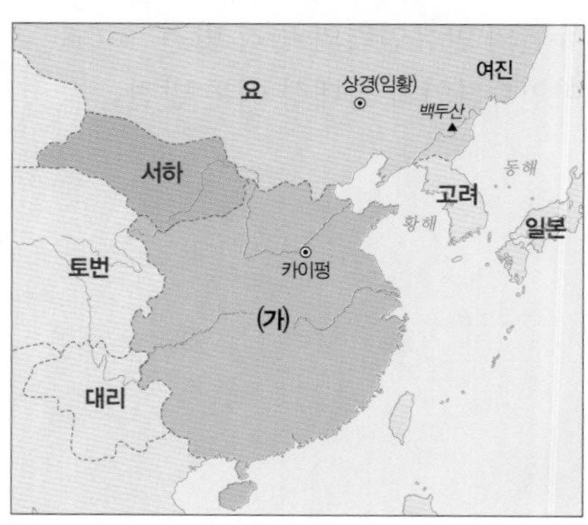

① 조광윤이 건국하였다.
② 문신 관료를 우대하였다.
③ 황제가 군사권을 장악하였다.
④ 북방 민족을 공격하여 조공을 받았다.
⑤ 전시를 실시하여 황제가 과거 시험을 주관하였다.

02 (난이도 하) 다음 ㉠에 들어갈 계층으로 옳은 것은?

> 송대에는 과거제가 정비되면서 유교적 소양을 갖춘 (㉠) 계층이 형성되었다. 이들은 과거를 통해 관직에 진출하여 새로운 지배층으로 떠올랐다.

① 호족 ② 신사 ③ 절도사
④ 사대부 ⑤ 문벌 귀족

03 (난이도 중) 다음 (가) 국가에 대한 설명으로 옳은 것을 보기에서 모두 고르면?

보기
ㄱ. 거란 문자를 사용하였다.
ㄴ. 여러 울루스의 정치적 결합이다.
ㄷ. 송과 연합하여 요를 멸망시켰다.
ㄹ. 송을 공격하여 화북 지방을 차지하였다.

① ㄱ, ㄴ ② ㄱ, ㄷ ③ ㄴ, ㄷ
④ ㄴ, ㄹ ⑤ ㄷ, ㄹ

04 다음 ㉠에 들어갈 내용으로 적절한 것을 보기에서 모두 고르면?

중 난이도

> 북방 민족이 세운 요와 금은 뛰어난 기병 전술을 바탕으로 송을 위협하였다. 이처럼 정복 왕조로 발전한 요와 금은 ______㉠______

보기
ㄱ. 유교 질서를 더욱 강화하였다.
ㄴ. 적극적인 한화 정책을 펼쳤다.
ㄷ. 고유 문자를 만들어 사용하였다.
ㄹ. 이중적인 통치 방식을 사용하였다.

① ㄱ, ㄴ ② ㄱ, ㄷ ③ ㄴ, ㄷ
④ ㄴ, ㄹ ⑤ ㄷ, ㄹ

05 다음 그림이 표현한 시기의 사회 모습으로 옳지 않은 것은?

상 난이도

북송 말 장택단이 수도인 카이펑의 번화한 모습을 그린 것이다. 당시 발달된 상업과 서민의 생활 모습이 생생하게 묘사되었다.

① 교초라는 지폐가 사용되었다.
② 여러 상품 작물이 재배되었다.
③ 강남 지방의 경제가 발달하였다.
④ 행, 작 등의 동업 조합이 생겨났다.
⑤ 모내기법 등 농업 기술이 발달하였다.

06 다음 ㉠에 들어갈 사상으로 옳은 것은?

중 난이도

> 송대에는 우주의 본질과 인간의 본성을 탐구하는 (㉠)이 발달하였다. 이 사상은 주희에 의해 완성되었으며 동아시아 여러 나라의 통치 이념이 되었다.

① 훈고학 ② 성리학 ③ 양명학
④ 고증학 ⑤ 공양학

07 송대의 발명품으로 옳은 것을 보기에서 모두 고르면?

중 난이도

보기
ㄱ. 종이 ㄴ. 화약
ㄷ. 나침반 ㄹ. 활판 인쇄술

① ㄱ, ㄷ ② ㄴ, ㄹ ③ ㄷ, ㄹ
④ ㄱ, ㄴ, ㄷ ⑤ ㄴ, ㄷ, ㄹ

08 다음 발명품에 대한 설명으로 옳은 것을 보기에서 모두 고르면?

중 난이도

실 끝에 바늘을 매달거나 얇은 자석 조각을 물에 띄워 방향을 표시하였다.

보기
ㄱ. 도서의 보급에 기여하였다.
ㄴ. 신항로 개척 때 활용되었다.
ㄷ. 해상 무역 확대에 기여하였다.
ㄹ. 무기 제조 기술을 향상시켰다.

① ㄱ, ㄴ ② ㄱ, ㄷ ③ ㄴ, ㄷ
④ ㄴ, ㄹ ⑤ ㄷ, ㄹ

09 다음을 통해 알 수 있는 송의 해상 교역에 대한 설명으로 옳지 않은 것은?

상 난이도

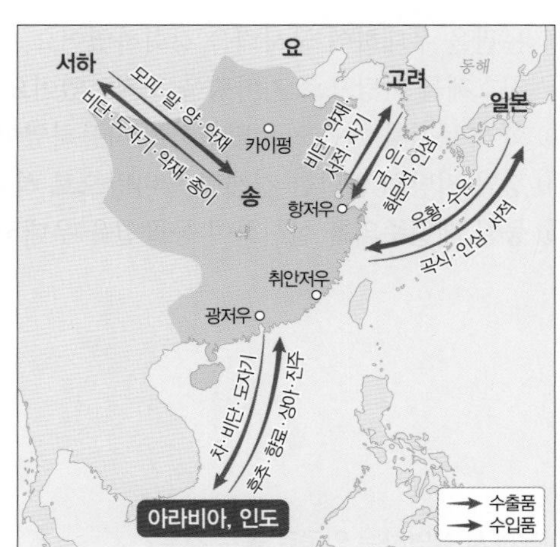

① 조선술과 항해술이 발달하였다.
② 바다를 통해 여러 나라와 교류하였다.
③ 시박사를 두어 대외 무역을 관리하였다.
④ 대운하를 건설하여 물자를 수송하였다.
⑤ 나침반의 발명으로 해상 교역이 발달하였다.

10 다음 국가에 대한 설명으로 옳은 것은?

중 난이도

① 5대 10국으로 분열된 중국을 통일하였다.
② 전시를 실시하여 문인 관료를 우대하였다.
③ 칭기즈 칸이 죽은 뒤 여러 한국으로 나뉘었다.
④ 송을 공격하여 남송이 성립하는 계기가 되었다.
⑤ 만주 지역에서 성장한 금의 침략으로 멸망하였다.

11 다음 질문에 대한 학생의 답변으로 가장 알맞은 것은?

중 난이도

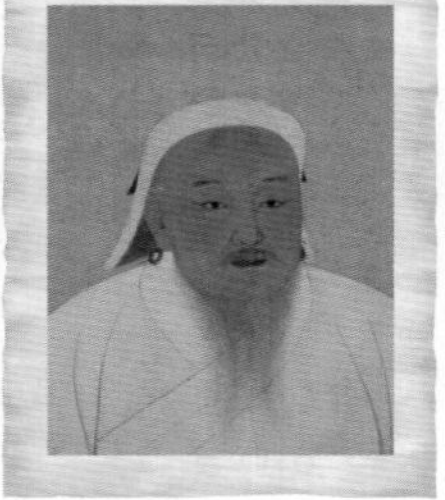

① 문관을 우대하여 군사력을 강화하였어요.
② 천호제를 바탕으로 기마병을 조직하였어요.
③ 화약 무기를 처음으로 발명하여 사용하였어요.
④ 강남 지방의 발달한 경제력을 바탕으로 하였어요.
⑤ 몽골 제일주의를 실시하여 몽골인을 우대하였어요.

12 다음에서 설명하는 인물로 옳은 것은?

중 난이도

- 수도를 대도로 옮기고 국호를 원으로 정하였다.
- 남송을 정복하여 중국 전역을 지배하였다.

① 영락제 ② 누르하치 ③ 홍타이지
④ 칭기즈 칸 ⑤ 쿠빌라이 칸

[13~14] 다음 자료를 보고 물음에 답하시오.

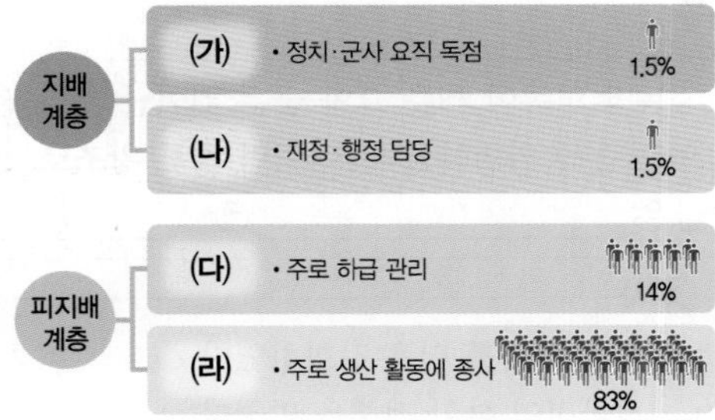

13 중요 위 자료를 통해 알 수 있는 원대의 모습이 아닌 것은?

중 난이도

① (가)는 몽골인으로 최고 신분이다.
② (나)는 색목인으로 주로 서역인이었다.
③ (다)는 한인으로 가장 심한 차별을 받았다.
④ (라)는 남인으로 남송 지배하 한족을 말한다.
⑤ 넓은 영토와 다양한 민족을 다스리려 실시하였다.

14 위 자료로 탐구 수업을 할 때 활동으로 가장 적절한 것은?

하 난이도

① 몽골 제일주의를 조사한다.
② 송의 중국 지배 방식을 살펴본다.
③ 문치주의 실시의 배경을 알아본다.
④ 문벌 귀족의 형성 과정을 조사한다.
⑤ 절도사 세력의 강화와 그 영향을 알아본다.

15 원의 쇠퇴 원인으로 옳은 것을 보기에서 모두 고르면?

중 난이도

보기
ㄱ. 지방에서 절도사 세력이 성장하였다.
ㄴ. 지폐의 남발로 경제가 혼란스러워졌다.
ㄷ. 왕위 계승을 둘러싼 분쟁이 계속되었다.
ㄹ. 여러 차례의 고구려 원정이 실패하였다.

① ㄱ, ㄴ ② ㄱ, ㄷ ③ ㄴ, ㄷ
④ ㄴ, ㄹ ⑤ ㄷ, ㄹ

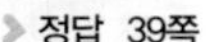

정답 39쪽

16 다음을 통해 알 수 있는 원대 문화의 특징으로 옳은 것은?

중 난이도

① 개방적 문화
② 국제적 문화
③ 귀족적 문화
④ 서민 문화의 발달
⑤ 활발한 동서 교류

17 다음 (가)와 같이 여행한 인물에 대한 설명으로 옳은 것은?

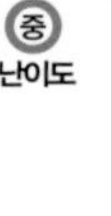

중 난이도

① 비단길을 개척하였다.
② 몽골 제국을 정복하였다.
③ 세계 일주에 성공하였다.
④ 서인도 제도에 도착하였다.
⑤ 『동방견문록』을 저술하였다.

18 밑줄 친 '나라'에 대한 설명으로 옳지 않은 것은?

상 난이도

이 <u>나라</u>는 동서 교역로를 장악하고, 주요 지역에는 역참을 설치하였다. 그리고 역참 이용을 위해 패자라는 증명패를 발급하였다.

① 송대의 발명품이 유럽에 전해졌다.
② 다른 종교와 문화에 대해 관용적이었다.
③ 동서 문화 교류가 활발하게 이루어졌다.
④ 비단길을 통해 인도의 불교가 전해졌다.
⑤ 이슬람의 영향으로 수시력이 제작되었다.

주관식·서술형

19 다음 밑줄 친 '정책'에 대해 서술하시오.

조광윤(태조)은 5대 10국의 혼란을 수습하고 송을 건국하였다. 그는 황제권을 강화하기 위해 여러 가지 <u>정책</u>을 추진하였다.

20 다음 ㉠에 들어갈 관청을 쓰시오.

송대에는 항저우, 취안저우 등이 국제 무역항으로 번성하였고, 해상 무역을 담당하는 관청인 (　㉠　)이(가) 설치되었다.

21 다음 ㉠에 들어갈 알맞은 말을 쓰시오.

몽골 제국은 중앙과 각 지방을 연결하는 교통로에 (　㉠　)을(를) 세우고, 숙식과 말을 제공하였다.

22 다음 자료를 보고 물음에 답하시오.

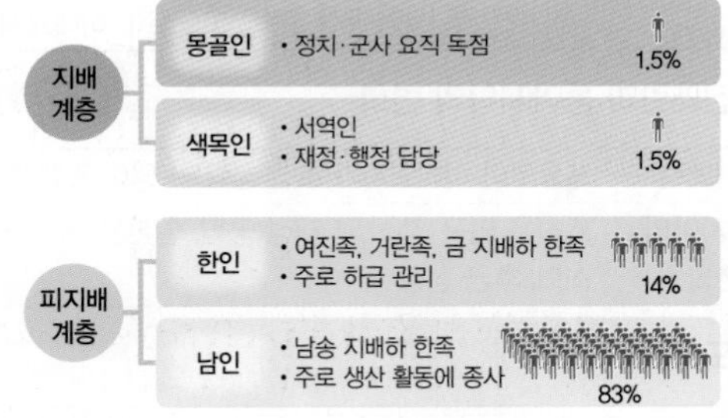

(1) 자료를 통해 알 수 있는 원의 통치 정책을 쓰시오.

(2) 위 정책의 내용을 서술하시오.

02 동아시아 지역 질서의 변화

1 명의 발전과 북방 민족의 성장

홍무제	• 황제권 강화: 재상제 폐지, ❶ [ ] 시행(향촌 통제), 토지 대장과 호적 대장 마련 • 유교 질서 회복: 과거제와 학교 교육 강화, 육유 반포
영락제	자금성을 건설하고 수도를 베이징으로 옮김, ❷ [ ]의 항해
쇠퇴	환관이 권력 장악, 북로남왜, 잦은 전쟁으로 재정난 → 각지에서 농민 봉기 일어나면서 멸망

2 청 중심의 동아시아 질서

(1) **청의 건국** 누르하치가 여진(만주족)을 통합하여 ❸ [ ] 건국 → 홍타이지가 국호를 청으로 바꿈 → 이후 중국 대륙 장악

(2) **청의 중국 지배**

전성기	강희제, 옹정제, 건륭제가 통치한 130여 년간 전성기 → 오늘날 중국 영토의 대부분 확보
통치 방식	• 목적: 소수의 만주족이 다수의 한족을 통치 • 강압책: 변발과 호복 강요, 중화사상과 반청 사상 탄압 등 • 회유책: 만한 병용제, 도서 편찬 사업 등

3 명·청대의 문화

사상	❹ [ ](명)과 고증학(청) 발달
문화	• 명: 『수호전』, 『서유기』, 『삼국지연의』 등의 소설 유행 • 청: 『홍루몽』, 경극 발달
서양 문물의 전래	❺ [ ](『곤여만국전도』), 아담 샬 등이 서양 문물 소개

4 무사가 지배한 일본

(1) **무사 정권의 변천**

❻ [ ] 막부	• 일본 최초의 무사 정권 • 몽골의 침입을 막아 내는 과정에서 쇠퇴
무로마치 막부	명과 조공·책봉 관계, 조선과 교류
전국 시대	다이묘들의 군사 대결로 혼란 지속, 크리스트교 등 서양 문물 전래, 도요토미 히데요시가 통일

(2) **임진왜란과 동아시아의 변화**

임진왜란	도요토미 히데요시가 조선 침략 → 명이 조선에 지원군 파견
동아시아의 변화	조선은 인구 감소 및 재정 궁핍, 일본은 에도 막부 수립, 명 쇠퇴, 후금 성장

(3) **에도 막부**

성립	❼ [ ]가 에도(도쿄)에 수립
막번 체제	다이묘들의 영지(번)에 대한 지배권 인정, ❽ [ ] 제도 → 중앙 집권적 봉건 체제 확립
문화	❾ [ ] 문화 발달: 가부키, 우키요에 등
대외 교류	해외 무역 통제, 네덜란드와 교역 → ❿ [ ] 발달

정답 ❶ 이갑제 ❷ 정화 ❸ 후금 ❹ 양명학 ❺ 마테오 리치 ❻ 가마쿠라 ❼ 도쿠가와 이에야스 ❽ 산킨코타이 ❾ 조닌 ❿ 난학

실력 확인 문제

01 다음을 발표한 인물에 대한 설명으로 옳지 않은 것은?

중 난이도

> • 부모에게 효도하라.
> • 웃어른을 공경하라.
> • 이웃과 화목하라.
> • 자손을 교육하라.
> • 각자 생업에 충실하라.
> • 옳지 못한 일을 하지 마라.

① 재상제를 폐지하였다.
② 수도를 베이징으로 옮겼다.
③ 몽골의 풍습을 금지하였다.
④ 유교적 전통을 회복하려 하였다.
⑤ 토지 대장과 호적을 새로 마련하였다.

02 다음에서 설명하는 제도로 옳은 것은?

중 난이도

> 110호를 1리로 하여 그중에서 부유한 10호를 이장호로 하고 나머지 100호를 갑수호로 하여 이장호가 갑수호를 관리하게 한 제도로 향촌 사회에 대한 지배력을 강화하기 위한 것이다.

① 육유 ② 이갑제 ③ 과거제
④ 어린도책 ⑤ 부역황책

03 다음을 건설한 인물에 대한 설명을 보기에서 모두 고르면?

중 난이도

보기

ㄱ. 육유를 반포하였다.
ㄴ. 베트남을 일시 정복하였다.
ㄷ. 여러 차례 몽골 원정에 나섰다.
ㄹ. 난징을 수도로 명을 건국하였다.

① ㄱ, ㄴ ② ㄱ, ㄷ ③ ㄴ, ㄷ
④ ㄴ, ㄹ ⑤ ㄷ, ㄹ

04 중요 다음 (가) 항해에 대한 설명으로 옳지 <u>않은</u> 것은?

중 난이도

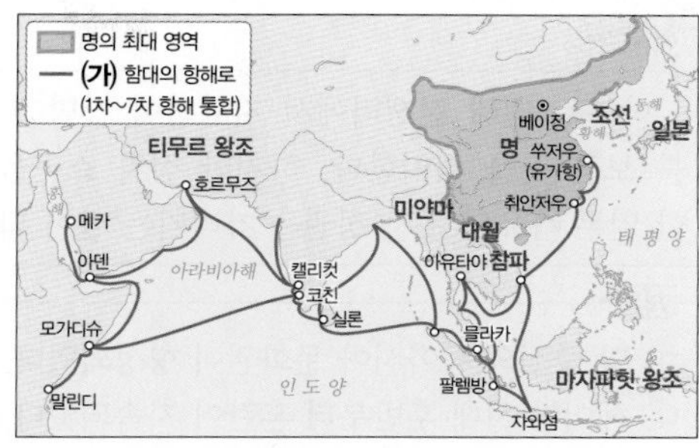

① 명의 국력을 과시하였다.
② 명의 영락제 때 시작되었다.
③ 아프리카 동해안까지 진출하였다.
④ 명의 조공·책봉 관계를 확대하였다.
⑤ 유럽의 신항로 개척 이후 이루어졌다.

05 다음에서 설명하는 인물로 옳은 것은?

하 난이도

> 오늘날 중국의 남부 지방인 윈난성에 정착한 이슬람교도의 후손이다. 영락제의 명으로 1405년부터 1433년까지 28년에 걸쳐 총 7차례의 항해에 나섰다.

① 장건 ② 정화
③ 카르피니 ④ 이븐 바투타
⑤ 마르코 폴로

06 다음 국가에 대한 설명으로 옳지 <u>않은</u> 것은?

중 난이도

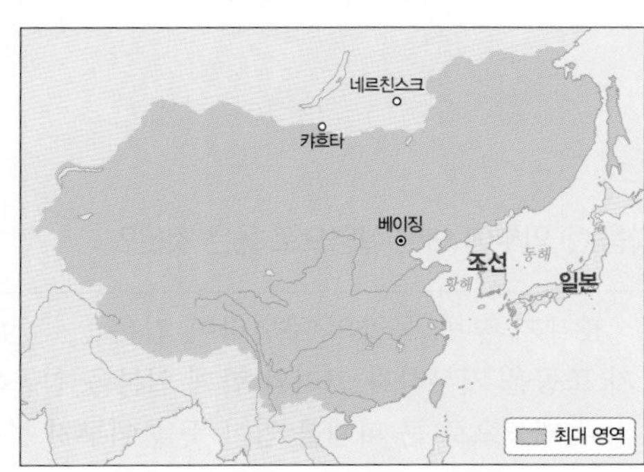

① 임진왜란 이후 국력이 쇠퇴하였다.
② 조선을 침략하여 병자호란을 일으켰다.
③ 명이 멸망하자 중국 전역을 지배하였다.
④ 홍타이지가 나라 이름을 청으로 바꾸었다.
⑤ 누르하치가 여진을 통합하여 후금을 세웠다.

07 청의 발전과 그에 따른 변화에 대한 설명으로 옳지 <u>않은</u> 것은?

상 난이도

① 누르하치가 여진을 통합하여 후금을 건국하였다.
② 홍타이지 때 베이징을 수도로 중국 전역을 지배하였다.
③ 누르하치가 조직한 팔기군이 청 군사력과 통치의 핵심이었다.
④ 청대에 영토가 확장되면서 오늘날 중국 영토 대부분을 확보하였다.
⑤ 명이 멸망한 이후 조선과 일본은 자국이 동아시아 문화의 중심이라 주장하였다.

08 중요 다음과 같은 방식의 청의 지배 정책을 보기에서 모두 고르면?

중 난이도

청은 중국을 차지하는 과정에서 한족에게 만주족과 같은 머리 모양(변발)을 하도록 하였으며, 만주족의 복식을 입도록 하였다.

보기
ㄱ. 만한 병용제를 실시하였다.
ㄴ. 한족의 중화사상을 탄압하였다.
ㄷ. 대규모 서적 편찬 사업을 벌였다.
ㄹ. 청을 비판하는 서적을 금지하였다.

① ㄱ, ㄴ ② ㄱ, ㄷ ③ ㄴ, ㄷ
④ ㄴ, ㄹ ⑤ ㄷ, ㄹ

09 명·청대의 문화에 대한 설명으로 옳지 <u>않은</u> 것은?

난이도

① 아담 샬이 서양 문물을 소개하였다.
②『홍루몽』과 같은 소설이 유행하였다.
③『사고전서』 등의 서적이 편찬되었다.
④ 춤과 노래가 혼합된 경극이 인기를 누렸다.
⑤ 인간의 본성을 탐구하는 성리학이 나타났다.

10 다음 ㉠에 들어갈 계층으로 옳은 것은?

하 난이도

> 명·청대에 사회를 주도한 (㉠)은(는) 학생, 과거 합격자, 관직 경험자 등 유교적 소양을 지닌 계층이었다. 이들은 지방관에게 협조하여 향촌의 질서를 유지하였다.

① 호족 ② 신사 ③ 절도사
④ 사대부 ⑤ 문벌 귀족

11 다음과 같이 은이 이동한 원인으로 알맞은 것을 보기에서 모두 고르면?

중 난이도

보기
ㄱ. 정화의 항해로 신항로 개척이 이루어졌다.
ㄴ. 명이 아메리카에 진출하여 은을 약탈하였다.
ㄷ. 중국의 차, 비단, 도자기 등이 인기가 높았다.
ㄹ. 중국 수출품의 결제 대금으로 은이 사용되었다.

① ㄱ, ㄴ ② ㄱ, ㄷ ③ ㄴ, ㄷ
④ ㄴ, ㄹ ⑤ ㄷ, ㄹ

12 다음 지도가 제작된 시기의 모습으로 옳지 않은 것은?

상 난이도

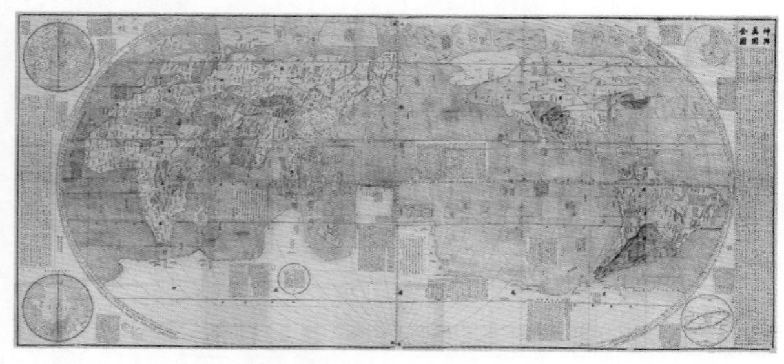

① 이모작이 확대되었다.
② 새로운 작물이 들어왔다.
③ 정화의 항해가 이루어졌다.
④ 중국에 은이 대량으로 유입되었다.
⑤ 사대부가 지배층으로 성장하였다.

13 밑줄 친 '막부'의 성립 배경으로 옳은 것을 보기에서 모두 고르면?

상 난이도

> 막부는 원래 전쟁터에서 지휘관이 장막을 치고 업무를 보는 곳을 의미한다. 하지만 점차 쇼군을 중심으로 한 일본 특유의 무사 정권을 가리키는 말이 되었다.

보기
ㄱ. 당 중심의 동아시아 문화권이 형성되었다.
ㄴ. 헤이안 시대 후반부터 혼란이 지속되었다.
ㄷ. 귀족과 지방 세력들이 무사를 고용하였다.
ㄹ. 국왕 중심의 중앙 집권 체제가 확립되었다.

① ㄱ, ㄴ ② ㄱ, ㄷ ③ ㄴ, ㄷ
④ ㄴ, ㄹ ⑤ ㄷ, ㄹ

14 다음 자료와 관련된 활동으로 적절하지 않은 것은?

중 난이도

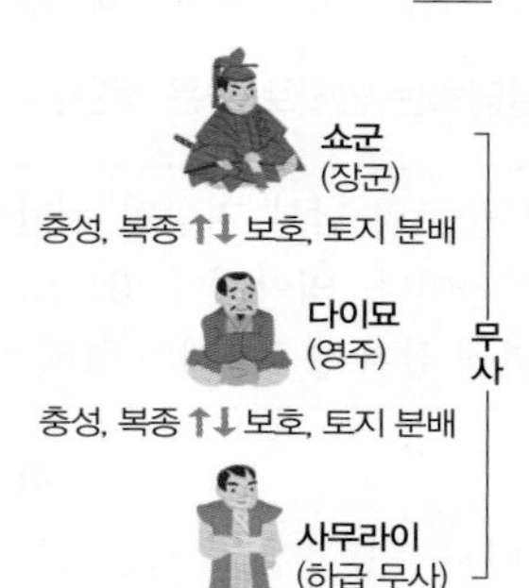

① 막부의 성립 과정을 조사해 본다.
② 사무라이의 의무에 대해 알아본다.
③ 쇼군과 다이묘의 관계를 알아본다.
④ 서양 봉건제와의 차이점을 살펴본다.
⑤ 천황의 권력이 강화된 배경을 찾아본다.

15 다음 ㉠ 막부에 대한 설명으로 옳은 것은?

중요

중 난이도

> 13세기 후반 몽골의 쿠빌라이 칸은 (㉠) 막부가 조공을 거부하자 고려와 함께 일본을 침공하였다. 그러나 태풍으로 큰 피해를 입어 뜻을 이루지 못하였다.

① 전국 시대가 전개되었다.
② 막번 체제를 확립하였다.
③ 도쿠가와 이에야스가 세웠다.
④ 일본 최초의 무사 정권이었다.
⑤ 조총과 크리스트교가 전래되었다.

정답 39쪽

16 중요 다음 (가) 지역에서 성립된 막부에 대한 설명으로 옳은 것을 보기 에서 모두 고르면?

중 난이도

보기

ㄱ. 해외 무역을 장려하였다.
ㄴ. 다이묘들이 '번'을 지배하였다.
ㄷ. 산킨코타이 제도를 실시하였다.
ㄹ. 포르투갈과의 교류로 난학이 발달하였다.

① ㄱ, ㄴ ② ㄱ, ㄷ ③ ㄴ, ㄷ
④ ㄴ, ㄹ ⑤ ㄷ, ㄹ

17 다음 내용을 뒷받침하는 사례를 보기 에서 모두 고르면?

중 난이도

에도 시대에는 농업 생산력이 향상되고 수공업과 상업이 발달하면서 각지에서 도시가 발전하였다. 이 과정에서 경제력을 갖춘 상공업자인 조닌이 성장하였다. 이들을 중심으로 조닌 문화라고 하는 서민 문화가 발달하였다.

보기

ㄱ. ▲ 자금성
ㄴ. ▲ 가부키
ㄷ. ▲ 우키요에
ㄹ. ▲ 곤여만국전도

① ㄱ, ㄴ ② ㄱ, ㄷ ③ ㄴ, ㄷ
④ ㄴ, ㄹ ⑤ ㄷ, ㄹ

주관식·서술형

18 다음 ㉠, ㉡에 들어갈 사상을 쓰시오.

명대에는 이론과 형식에 치우친 성리학을 비판하면서, 지식과 실천의 일치를 강조한 (㉠)이(가) 나타났다. 청대에는 다양한 편찬 사업이 추진되면서 문헌에 근거하여 실증적으로 학문을 연구하는 (㉡)이(가) 발달하였다.

㉠ ________ ㉡ ________

19 임진왜란이 동아시아 각국에 미친 영향을 서술하시오.

20 다음 ㉠, ㉡에 들어갈 나라를 쓰시오.

17세기 초 명이 약해지자 누르하치는 만주 지역의 여진을 통합하여 (㉠)을(를) 세웠다. 뒤를 이은 홍타이지는 나라 이름을 (㉡)(으)로 바꾸고 조선을 침략하였다.

㉠ ________ ㉡ ________

21 다음 글을 읽고 물음에 답하시오.

에도 막부가 지방의 다이묘에게 정기적으로 쇼군을 알현하고, 그 가족은 에도에 머물게 한 제도이다. 이 과정에서 다이묘는 상당한 비용을 소모하여 재정적인 어려움을 겪기도 하였다.

(1) 위 제도의 명칭을 쓰시오.

(2) 위 제도를 실시한 결과를 서술하시오.

03 서아시아·북아프리카 지역 질서의 변화

1 세 대륙을 아우른 오스만 제국

(1) 셀주크 튀르크

성립	중앙아시아에서 성장하여 바그다드 점령
발전	• 아바스 왕조의 칼리프로부터 '❶☐☐' 칭호 받음 • 예루살렘 장악, 비잔티움 제국과 대립 → ❷☐☐☐ 전쟁 발생
쇠퇴	몽골의 침입으로 멸망

(2) 오스만 제국

성립	셀주크 튀르크가 약화되자 오스만 세력이 건국
발전	• 비잔티움 제국을 멸망시키고 이스탄불(콘스탄티노폴리스)을 수도로 삼음 → 아시아, 유럽, 아프리카에 걸친 대제국 건설 • 지배자는 '술탄 칼리프'라 불림, 술레이만 1세 때 전성기
통치 정책	• 다양한 민족의 문화와 종교 포용 • 밀레트 제도: 이슬람교도가 아니어도 세금을 내면 자치 공동체(밀레트) 허용 • ❸☐☐☐☐: 정복지 크리스트교도를 개종시켜 군대로 편성

(3) 오스만 제국의 문화

동서 교류	수도인 이스탄불은 동서 교역의 중심지로 발전
문화	아라베스크 무늬, 세밀화 유행, ❹☐☐☐ 건립(술탄 아흐메트 사원), 실용적인 학문 발달

2 이슬람 세계의 확산과 무굴 제국

(1) 티무르 왕조

성립	티무르가 ❺☐☐ 제국의 부활을 내세우며 건국
❻☐☐☐☐☐	티무르 왕조의 수도, 중계 무역으로 번성

(2) 사파비 왕조

성립	페르시아 제국의 부활을 내세우며 건국
발전	• ❼☐☐☐ 이슬람교를 국교로 삼음 • 페르시아의 전통적 군주 칭호인 '샤' 사용 → 페르시아 문화 부흥

(3) 무굴 제국

성립	티무르의 후손 바부르가 북인도에 진출하여 건국
발전	• ❽☐☐☐☐ 황제: 북인도 전체와 아프가니스탄 정복, 관용 정책(지즈야 폐지) • ❾☐☐☐☐☐ 황제: 남인도를 정복하여 무굴 제국 최대 영토 확보, 이슬람 제일주의(지즈야 부활, 힌두교와 시크교 탄압)
문화	인도·이슬람 문화: 시크교, 우르두어, 무굴 회화, 타지마할

정답 ❶ 술탄 ❷ 십자군 ❸ 예니체리 ❹ 모스크 ❺ 몽골 ❻ 사마르칸트 ❼ 시아파 ❽ 아크바르 ❾ 아우랑제브

실력 확인 문제

01 다음 (가) 국가에 대한 설명으로 가장 알맞은 것은?
중 난이도

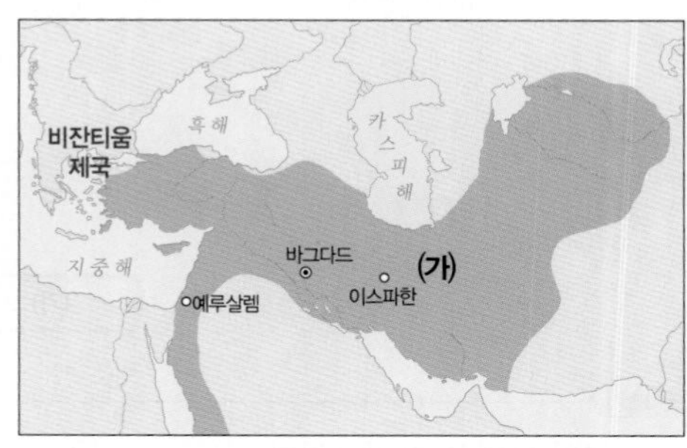

① 십자군 전쟁으로 멸망하였다.
② 술탄 칼리프 호칭을 사용하였다.
③ 인도·이슬람 문화를 크게 발전시켰다.
④ 중앙아시아에서 성장하여 서아시아까지 차지하였다.
⑤ 비잔티움 제국을 멸망시키고, 수도를 이스탄불로 하였다.

중요
02 다음 ㉠에 들어갈 내용으로 가장 적절한 것은?
중 난이도

> 셀주크 튀르크는 예루살렘을 장악하고 비잔티움 제국과 대립하였다. 이로 인해 ______㉠______

① 이슬람교가 창시되었다.
② 아바스 왕조가 세워졌다.
③ 십자군 전쟁이 일어났다.
④ 밀레트 제도를 시행하였다.
⑤ 예루살렘으로 수도를 옮겼다.

03 다음 ㉠에 들어갈 도시로 옳은 것은?
하 난이도

> (㉠)은(는) 비잔티움 제국의 수도로 여러 겹의 견고한 성벽으로 둘러싸인 도시였다. 하지만 오스만 제국의 공격으로 성은 함락되었고, 비잔티움 제국은 멸망하였다.

① 로마 ② 바그다드
③ 이스파한 ④ 사마르칸트
⑤ 콘스탄티노폴리스

[04~05] 다음 지도를 보고 물음에 답하시오.

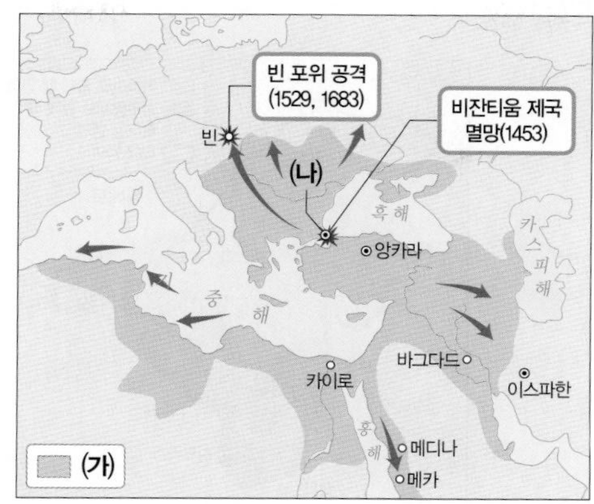

04 위 지도의 (가) 국가에 대한 설명으로 옳은 것을 보기에서 모두 고르면?

중 난이도

보기

ㄱ. 술레이만 1세 때 전성기를 맞았다.
ㄴ. 몽골 제국의 부활을 내세우며 건국하였다.
ㄷ. 다양한 민족의 언어와 종교를 인정하였다.
ㄹ. 예루살렘을 장악하여 십자군 전쟁의 원인이 되었다.

① ㄱ, ㄴ ② ㄱ, ㄷ ③ ㄴ, ㄷ
④ ㄴ, ㄹ ⑤ ㄷ, ㄹ

05 위 지도의 (나) 도시에 대한 설명으로 옳지 않은 것은?

중 난이도

① 비잔티움 제국의 수도였다.
② 셀주크 튀르크가 차지하였다.
③ 동서양의 교차점에 위치하였다.
④ 유라시아 교역권의 중심지였다.
⑤ 고대부터 상업과 무역이 발달하였다.

06 서아시아의 발전 과정을 순서대로 바르게 나열한 것은?

중 난이도

ㄱ. 셀주크 튀르크가 바그다드를 점령하였다.
ㄴ. 오스만 제국이 비잔티움 제국을 멸망시켰다.
ㄷ. 셀주크 튀르크가 예루살렘을 장악하고, 십자군 전쟁이 발생하였다.
ㄹ. 술레이만 1세가 유럽 연합 함대를 격파해 지중해 해상권을 장악하였다.

① ㄱ - ㄴ - ㄷ - ㄹ ② ㄱ - ㄷ - ㄴ - ㄹ
③ ㄱ - ㄷ - ㄹ - ㄴ ④ ㄴ - ㄷ - ㄱ - ㄹ
⑤ ㄷ - ㄱ - ㄴ - ㄹ

07 다음 ㉠에 들어갈 오스만 제국의 통치 제도로 옳은 것은?

중 난이도

(㉠)는 같은 종교를 바탕으로 한 자치 공동체로, 오스만 제국은 이들에게 종교뿐만 아니라 관습, 재판, 교육 등 폭넓은 자율권을 부여하였다. 이 제도를 통해 각 민족은 고유의 정체성을 유지할 수 있었다.

① 밀레트 ② 티마르 ③ 예니체리
④ 데브시르메 ⑤ 술탄 칼리프

08 오스만 제국의 통치 정책에 대한 설명으로 가장 알맞은 것은?

중 난이도

① 몽골인이 최고 신분으로 고위직을 독점하였다.
② 비이슬람교도가 군대에 복무하면 종교를 유지하도록 하였다.
③ 넓은 영토와 다양한 민족을 다스리기 위해 관용 정책을 펼쳤다.
④ 시아파 이슬람교를 국교로 아랍인의 민족의식을 부흥하려 하였다.
⑤ 공식 문서에서도 각 민족이 자신들의 언어를 자유롭게 사용하도록 하였다.

09 다음에서 설명하는 건축물로 옳은 것은?

상 난이도

이스탄불에 남아 있는 모스크 중 가장 크고 화려하다. 여섯 개의 첨탑은 지배자의 권력을 상징하며, 내부가 푸른색의 타일로 꾸며져 있어 '블루 모스크'라고도 불린다.

①

②

③

④

⑤

10 오스만 제국의 문화에 대한 설명으로 옳은 것을 **보기**에서 모두 고르면?

중 난이도

보기
ㄱ. 인도 문화와 이슬람 문화가 결합하였다.
ㄴ. 페르시아의 영향으로 세밀화가 그려졌다.
ㄷ. 미술에서는 아라베스크 무늬가 발달하였다.
ㄹ. 성 소피아 대성당을 이슬람 사원으로 사용하였다.

① ㄱ, ㄷ ② ㄴ, ㄹ ③ ㄷ, ㄹ
④ ㄱ, ㄴ, ㄷ ⑤ ㄴ, ㄷ, ㄹ

11 다음 ㉠에 들어갈 국가로 옳은 것은?

하 난이도

비단길의 중심 교역 도시였던 사마르칸트는 13세기 칭기즈 칸의 침입으로 철저히 파괴되었다. 이후 (㉠)이(가) 사마르칸트를 수도로 삼고 재건하면서 동서 무역의 중심지로 발전하였다.

① 무굴 제국 ② 티무르 왕조
③ 사파비 왕조 ④ 오스만 제국
⑤ 셀주크 튀르크

12 다음 (가) 왕조에 대한 설명으로 옳지 않은 것은?

상 난이도

① 페르시아 제국의 부활을 내세웠다.
② 시아파 이슬람교를 국교로 삼았다.
③ 이스탄불을 수도로 삼아 발전하였다.
④ 군주에게 '샤'라는 칭호를 사용하였다.
⑤ 중계 무역으로 경제적 번영을 누렸다.

13 다음 (가) 국가에 대한 설명으로 옳은 것을 **보기**에서 모두 고르면?

중 난이도

보기
ㄱ. 티무르의 후손 바부르가 세웠다.
ㄴ. 술탄 아흐메트 사원을 건립하였다.
ㄷ. 인도 문화와 이슬람 문화가 융합되었다.
ㄹ. 술탄의 친위 부대인 예니체리를 두었다.

① ㄱ, ㄴ ② ㄱ, ㄷ ③ ㄴ, ㄷ
④ ㄴ, ㄹ ⑤ ㄷ, ㄹ

14 무굴 제국의 발달 과정을 순서대로 바르게 나열한 것은?

중 난이도

ㄱ. 바부르가 북인도에 진출하였다.
ㄴ. 인도 남부 대부분을 차지하였다.
ㄷ. 서양 세력의 침투로 쇠퇴하였다.
ㄹ. 북인도와 아프가니스탄을 차지하였다.

① ㄱ－ㄴ－ㄷ－ㄹ ② ㄱ－ㄴ－ㄹ－ㄷ
③ ㄱ－ㄹ－ㄴ－ㄷ ④ ㄴ－ㄱ－ㄷ－ㄹ
⑤ ㄴ－ㄹ－ㄷ－ㄱ

15 다음에서 설명하는 인물로 옳은 것은?

하 난이도

- 데칸고원을 넘어 인도 남부 대부분을 차지하였다.
- 이슬람교도가 아닌 사람에게 세금을 거두고 다른 종교를 탄압하여 각지에서 반란이 일어났다.

① 티무르 ② 바부르
③ 술레이만 1세 ④ 아크바르 황제
⑤ 아우랑제브 황제

16 중요 아크바르 황제에 대한 설명으로 옳은 것을 보기에서 모두 고르면?

중 난이도

보기
ㄱ. 힌두교도와 시크교도를 탄압하였다.
ㄴ. 무굴 제국 최대의 영토를 차지하였다.
ㄷ. 다른 종교를 존중하는 관용 정책을 폈다.
ㄹ. 힌두교도에게 거두던 인두세를 폐지하였다.

① ㄱ, ㄴ ② ㄱ, ㄷ ③ ㄴ, ㄷ
④ ㄴ, ㄹ ⑤ ㄷ, ㄹ

17 다음 건축물에 대한 설명으로 옳지 않은 것은?

중 난이도

① 샤자한이 왕비를 위해 만든 묘당이다.
② 연꽃 문양과 차도리는 인도 양식이다.
③ 돔형 지붕과 아라베스크는 이슬람 양식이다.
④ 무굴 제국의 인도·이슬람 양식을 보여 준다.
⑤ 내부가 푸른색이어서 '블루 모스크'라고도 불린다.

18 다음 자료로 탐구 수업을 할 때 주제로 가장 적절한 것은?

하 난이도

• 힌디어와 페르시아어가 혼합된 우르두어
• 페르시아의 세밀화와 인도 미술이 어우러진 무굴 회화

① 이슬람 제일주의 정책
② 술탄 칼리프 제도의 실시
③ 오스만 제국의 관용 정책
④ 인도·이슬람 문화의 발달
⑤ 동서 교류의 중심, 이스탄불

주관식·서술형

19 다음에서 설명하는 군대를 쓰시오.

'새로운 군대'라는 뜻으로 정복지의 크리스트교도를 이슬람교로 개종시켜 군대로 편성하였다. 이들은 오스만 제국의 영토 확장 과정에서 크게 활약하였다.

20 오스만 제국의 관용 정책에 대해 세 가지 이상 서술하시오.

21 다음 자료를 보고 물음에 답하시오.

(1) 위 건축물의 이름을 쓰시오.

(2) 위 건축물을 만든 국가의 문화의 내용을 세 가지 서술하시오.

22 다음에서 설명하는 종교를 쓰시오.

힌두교와 이슬람교를 절충한 종교로, 우상 숭배와 카스트제를 부정하며 유일신을 섬긴다.

04 신항로 개척과 유럽 지역 질서의 변화

1 신항로 개척

(1) 배경과 전개

배경	• 동방에 대한 호기심 고조(마르코 폴로의 『❶ 』) • 이탈리아와 이슬람 상인들이 지중해 무역 독점 • 지리학·천문학·조선술·항해술 발달
전개	포르투갈과 ❷ 주도 → 바스쿠 다 가마(인도 항로 개척), ❸ (서인도 제도 도착), 마젤란 일행(세계 일주 성공)

(2) 아메리카의 변화

아메리카 문명	• 아스테카 문명(멕시코고원), ❹ 문명(안데스고원) 발달 • 에스파냐의 침입으로 파괴
아메리카의 변화	• 금과 은 수탈, ❺ 농장 경영 • 고된 노동, 질병으로 원주민 인구 감소 → 아프리카 노예 유입

2 신항로 개척의 영향

(1) 무역의 확대

삼각 무역	• 무역의 중심지가 지중해에서 ❻ 으로 이동 • 유럽·아메리카·아프리카를 잇는 삼각 무역 발달
인도양 무역	유럽인들이 동남아시아 및 중국과 교역 → 아메리카의 은이 유럽을 거쳐 중국으로 이동

(2) 유럽과 아프리카의 변화

유럽	• 감자·옥수수 등의 새로운 작물 전래 • 금과 은의 유입으로 물가 상승(❼) • 근대 자본주의 발달의 바탕 마련(상업 혁명)
아프리카	노예 무역으로 인구 감소, 성비 불균형, 부족 간 갈등

3 절대 왕정

(1) 의미와 특징

의미	16~18세기에 나타난 중앙 집권적 정치 체제
특징	왕권신수설, 관료제와 상비군, ❽ 정책(경제)

(2) 서유럽의 절대 왕정

에스파냐	펠리페 2세: 가장 먼저 절대 왕정 확립, 무적함대
영국	엘리자베스 1세: 에스파냐의 무적함대 격파, 동인도 회사 설립, 영국 국교회 확립
프랑스	루이 14세: 콜베르 등용, ❾ 궁전 건설, 태양왕 자처

(3) 동유럽의 절대 왕정

프로이센	프리드리히 2세: 슐레지엔 지방 차지, 상수시 궁전 건설, 계몽 군주 자처
러시아	❿ 대제: 서유럽의 문화와 제도 수용, 발트해 진출, 상트페테르부르크 건설

정답 ❶ 동방견문록 ❷ 에스파냐 ❸ 콜럼버스 ❹ 잉카 ❺ 플랜테이션 ❻ 대서양 ❼ 가격 혁명 ❽ 중상주의 ❾ 베르사유 ❿ 표트르

실력 확인 문제

[01~02] 다음 지도를 보고 물음에 답하시오.

01 위와 같이 신항로 개척이 이루어진 배경으로 옳지 않은 것은? (중요) (난이도 중)

① 동방에 대한 호기심이 커졌다.
② 천문학과 지리학이 발달하였다.
③ 장거리 항해에 나침반이 사용되었다.
④ 산업 혁명 이후 식민지를 찾아 나섰다.
⑤ 이탈리아와 이슬람 상인들이 지중해 무역을 장악하였다.

02 위 지도의 (가) 항해와 관련 있는 설명을 보기에서 모두 고르면? (난이도 중)

보기
ㄱ. 서인도 제도에 도착하였다.
ㄴ. 인도로 가는 항로를 개척하였다.
ㄷ. 최초로 세계 일주에 성공하였다.
ㄹ. 지구가 둥글다는 사실을 입증하였다.

① ㄱ, ㄴ ② ㄱ, ㄷ ③ ㄴ, ㄷ
④ ㄴ, ㄹ ⑤ ㄷ, ㄹ

03 신항로 개척을 주도한 나라를 보기에서 모두 고르면? (난이도 하)

보기
ㄱ. 에스파냐 ㄴ. 포르투갈
ㄷ. 이탈리아 ㄹ. 오스만 제국

① ㄱ, ㄴ ② ㄱ, ㄷ ③ ㄴ, ㄷ
④ ㄴ, ㄹ ⑤ ㄷ, ㄹ

04 다음에서 설명하는 인물로 옳은 것은?

하 난이도

① 마젤란 ② 콜럼버스 ③ 이븐 바투타
④ 마르코 폴로 ⑤ 바스쿠 다 가마

중요 **05** 다음 ㉠에 들어갈 내용으로 적절하지 않은 것은?

중 난이도

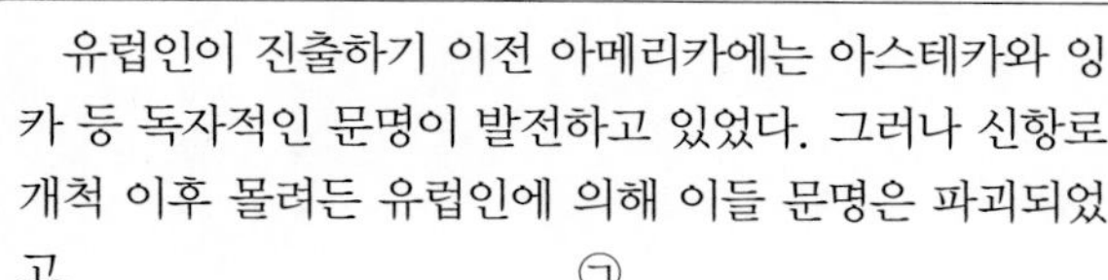
유럽인이 진출하기 이전 아메리카에는 아스테카와 잉카 등 독자적인 문명이 발전하고 있었다. 그러나 신항로 개척 이후 몰려든 유럽인에 의해 이들 문명은 파괴되었고, ______㉠______

① 대규모 상품 작물이 재배되었다.
② 막대한 양의 금과 은이 약탈되었다.
③ 고된 노동으로 인구가 크게 줄었다.
④ 천연두, 홍역 같은 전염병이 들어왔다.
⑤ 금과 은의 유입으로 물가가 크게 올랐다.

06 다음과 관련된 문명으로 옳은 것은?

난이도

▲ 마추픽추

① 마야 문명 ② 잉카 문명
③ 이집트 문명 ④ 아스테카 문명
⑤ 메소포타미아 문명

07 다음 질문에 대한 학생의 답변으로 적절하지 않은 것은?

상 난이도

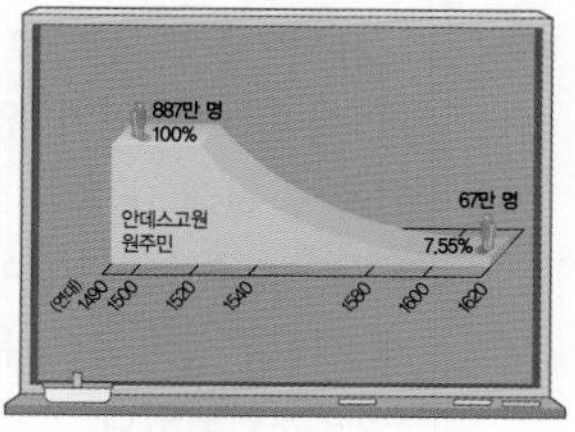

① 아메리카 원주민 수가 감소하고 있어요.
② 고된 노동 때문에 인구가 많이 줄었어요.
③ 천연두, 홍역 같은 질병 때문이기도 해요.
④ 유럽인은 아프리카인을 노예로 데려왔어요.
⑤ 포르투갈이 신항로 개척에 나선 배경이에요.

08 다음 ㉠, ㉡에 들어갈 말로 적절한 것은?

중 난이도

> 신항로 개척 이후 유럽의 무역 중심지는 (㉠)(으)로 바뀌었고, 유럽은 아메리카와 아프리카를 잇는 (㉡)을 이끌며 세계 교역의 중심지가 되었다.

	㉠	㉡
①	지중해	삼각 무역
②	지중해	인도양 무역
③	대서양	삼각 무역
④	대서양	인도양 무역
⑤	태평양	삼각 무역

중요 **09** 신항로 개척 이후 유럽에서 나타난 변화를 보기 에서 모두 고르면?

중 난이도

보기

ㄱ. 감자, 옥수수 등의 작물이 들어왔다.
ㄴ. 금·은의 유입으로 물가가 크게 올랐다.
ㄷ. 이탈리아 도시 국가들이 교역을 이끌었다.
ㄹ. 서유럽 세계는 오스만 제국과 십자군 전쟁을 벌였다.

① ㄱ, ㄴ ② ㄱ, ㄷ ③ ㄴ, ㄷ
④ ㄴ, ㄹ ⑤ ㄷ, ㄹ

10 다음 상황과 관련된 유럽의 변화로 옳지 않은 것은?

중 난이도

유럽인들은 신항로 개척 이후 아메리카 원주민을 동원해 대량의 금·은을 채굴하였다. 이렇게 채굴된 금·은은 유럽으로 유입되었다.

① 물가가 급등하여 가격 혁명이 일어났다.
② 이후 자본주의가 발달하는 계기가 되었다.
③ 이 과정에서 신흥 상공업자의 지위는 향상되었다.
④ 유입된 은은 아프리카에서 노예를 얻는 데 사용되었다.
⑤ 고정된 지대를 받던 봉건 영주는 경제적으로 타격을 입었다.

11 유럽의 신항로 개척 이후 나타난 변화에 대한 설명으로 옳은 것은?

중 난이도

① 유럽에서는 플랜테이션 농장이 늘어났다.
② 아메리카에는 유럽 각국의 식민지가 건설되었다.
③ 감자와 토마토 등의 작물이 아메리카에 전해졌다.
④ 지중해에 위치한 이탈리아가 번영을 누리게 되었다.
⑤ 아시아, 아프리카, 유럽을 잇는 삼각 무역이 시작되었다.

12 노예 무역이 아프리카에 미친 영향을 보기에서 모두 고르면?

중 난이도

보기
ㄱ. 잉카 문명이 파괴되었다.
ㄴ. 부족 간의 갈등이 깊어졌다.
ㄷ. 플랜테이션 농장이 생겨났다.
ㄹ. 남녀 성 비율의 균형이 깨졌다.

① ㄱ, ㄴ　② ㄱ, ㄷ　③ ㄴ, ㄷ
④ ㄴ, ㄹ　⑤ ㄷ, ㄹ

[13~14] 다음 자료를 보고 물음에 답하시오.

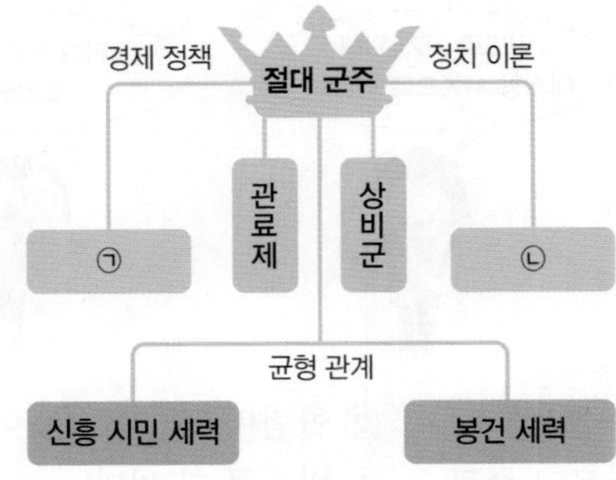

중요

13 위 자료에서 ㉠, ㉡에 들어갈 말로 적절한 것은?

상 난이도

	㉠	㉡
①	중상주의	왕권신수설
②	중상주의	사회 계약설
③	중농주의	왕권신수설
④	자유방임주의	왕권신수설
⑤	자유방임주의	사회 계약설

14 위 체제에 대한 설명으로 옳은 것을 보기에서 모두 고르면?

중 난이도

보기
ㄱ. 군주는 상공 시민 계층을 지원하였다.
ㄴ. 산업 혁명 이후 유럽에서 시작되었다.
ㄷ. 주군과 봉신의 주종 관계로 이루어졌다.
ㄹ. 16~18세기에 나타난 국왕 중심 중앙 집권 체제이다.

① ㄱ, ㄴ　② ㄱ, ㄹ　③ ㄴ, ㄷ
④ ㄴ, ㄹ　⑤ ㄷ, ㄹ

15 절대 왕정의 경제 정책에 대한 설명으로 옳지 않은 것은?

중 난이도

① 상공 시민 계층을 후원하였다.
② 국내 산업을 보호·육성하였다.
③ 국가가 경제 활동을 통제하였다.
④ 해외 식민지 개척에 적극 나섰다.
⑤ 수입품에 붙던 관세를 폐지하였다.

정답 41쪽

16 다음 (가)~(마) 국가의 절대 군주가 바르게 연결되지 않은 것은?

하 난이도

① (가): 에스파냐 – 펠리페 2세
② (나): 프랑스 – 루이 14세
③ (다): 영국 – 엘리자베스 1세
④ (라): 프로이센 – 프리드리히 2세
⑤ (마): 러시아 – 마리아 테레지아

17 다음에서 설명하는 절대 군주로 옳은 것은?

난이도

아메리카 식민지에서 들어온 금과 은을 바탕으로 국력을 키웠으며, 무적함대를 바탕으로 해상권을 장악하였다.

① 루이 14세　② 펠리페 2세
③ 표트르 대제　④ 엘리자베스 1세
⑤ 프리드리히 2세

중요 18 다음 인물에 대한 설명으로 옳은 것을 보기에서 모두 고르면?

난이도

보기
ㄱ. 베르사유 궁전을 건설하였다.
ㄴ. 계몽 전제 군주를 자처하였다.
ㄷ. 콜베르를 재상으로 등용하였다.
ㄹ. 에스파냐의 무적함대를 격파하였다.

① ㄱ, ㄴ　② ㄱ, ㄷ　③ ㄴ, ㄷ
④ ㄴ, ㄹ　⑤ ㄷ, ㄹ

주관식·서술형

19 다음에서 설명하는 말을 쓰시오.

아메리카에 진출한 유럽인들이 고무, 커피, 담배 등 한 가지 작물을 대규모로 재배한 농업 경영 방식이다.

20 다음 지도를 보고 물음에 답하시오.

(1) (가), (나) 지역에서 발달한 문명을 쓰시오.

(가) ______　(나) ______

(2) 신항로 개척 이후 아메리카의 변화를 세 가지 이상 서술하시오.

21 다음에서 설명하는 인물을 쓰시오.

에스파냐의 무적함대를 물리쳤고, 해외 개척에도 적극적으로 나서 동인도 회사를 세워 인도에 진출하였다. 또한 영국 국교회를 확립하고 모직물 공업 등 상공업 육성에 힘썼다.

22 절대 왕정의 특징을 세 가지 이상 서술하시오.

01 유럽과 아메리카의 국민 국가 체제

1 영국 혁명

청교도 혁명	찰스 1세의 전제 정치 → 의회의 권리 청원 제출 → 의회파와 왕당파 사이에 내전 발생 → ❶□□□이 이끄는 의회파 승리 → 공화정 수립 → 크롬웰의 독재 정치 → 크롬웰 사망 후 왕정 부활
명예혁명	제임스 2세의 전제 정치 → 의회가 제임스 2세 폐위, 메리와 윌리엄을 공동 왕으로 추대 → ❷□□ □□ 승인 → 의회 중심의 입헌 군주제 확립

2 미국 혁명

전개	❸□□□ □ 사건 → 대륙 회의 → ❹□□ □□□ 발표 → 요크타운 전투에서 대승 → 파리 조약으로 독립 승인
결과	연방 헌법 제정 → 조지 워싱턴을 대통령으로 선출 → 삼권 분립에 바탕을 둔 세계 최초의 민주 공화국 수립

3 프랑스 혁명

배경	❺□□□의 모순, 시민 계급 성장
전개	• 삼부회 소집 → 표결 방식을 두고 대립 • 국민 의회: 테니스코트의 서약, 바스티유 감옥 습격, ❻□□ □□ 발표 • 입법 의회: 혁명 전쟁 시작, 민중이 왕궁 습격 • ❼□□ □□: 루이 16세 처형, 로베스피에르의 공포 정치(혁명 재판소·공안 위원회 설치) • 로베스피에르 처형 후 총재 정부 수립
나폴레옹 전쟁	• 나폴레옹의 쿠데타 → 통령 정부 수립 → 개혁 실시 → 국민 투표를 통해 황제 즉위 → 러시아 원정 패배 • 자유주의와 민족주의 이념 유럽 확산

4 자유주의의 확산

❽□ □□	유럽의 영토와 정치 체제를 프랑스 혁명 이전으로 되돌림 → 자유주의와 민족주의 운동 탄압
프랑스	• 7월 혁명: 샤를 10세의 전제 정치 → 루이 필리프를 왕으로 세우고 입헌 군주제 수립 • ❾□□ □□: 노동자들이 선거권 확대 요구 → 루이 필리프가 물러나고 공화정 수립
영국	❿□□□□ 운동: 노동자들이 선거권을 요구하며 인민헌장 발표

5 민족주의의 확산과 국민 국가

통일 운동	• 이탈리아: 사르데냐의 카보우르 주도, 가리발디의 활약 • 독일: 프로이센의 비스마르크 주도(철혈 정책)
라틴 아메리카	• 볼리바르, 산마르틴의 활약 • ⓫□□ □□: 아메리카에 대한 유럽의 간섭 거부
미국	⓬□□ □□: 링컨의 대통령 당선 → 남부 11개 주 연방 탈퇴 → 노예 해방 선언 → 북부 승리

정답 ❶ 크롬웰 ❷ 권리 장전 ❸ 보스턴 차 ❹ 독립 선언서 ❺ 구제도 ❻ 인권 선언 ❼ 국민 공회 ❽ 빈 체제 ❾ 2월 혁명 ❿ 차티스트 ⓫ 먼로 선언 ⓬ 남북 전쟁

실력 확인 문제

01 다음 밑줄 친 '이들'에 해당하는 계층으로 옳은 것은?

(하) 난이도

이들은 귀족과 자영농 사이의 지주층을 말해.

① 영주 ② 기사
③ 자본가 ④ 노동자
⑤ 젠트리

02 다음 사건이 일어난 시기를 연표에서 고르면?

(중) 난이도

> 의회파를 이끈 크롬웰은 왕당파와의 내전에서 승리한 후 찰스 1세를 처형하고 공화정을 수립하였으며 독재 정치를 시행하였다.

	1628		1642		1688		1689	
(가)		(나)		(다)		(라)		(마)
	권리 청원 제출		청교도 혁명		명예혁명		권리 장전 승인	

① (가) ② (나) ③ (다) ④ (라) ⑤ (마)

03 다음 상황을 배경으로 일어난 혁명으로 옳은 것은?

(중) 난이도

> 18세기 후반 영국은 프랑스와 벌인 오랜 전쟁으로 재정이 악화되자 식민지에서 세금을 걷어 재정을 충당하려고 하였다. 이에 식민지에서 수입하는 차와 설탕 등에 세금을 부과하고, 모든 인쇄물에는 인지를 붙이도록 하는 인지세법을 제정하였다.

① 명예혁명 ② 미국 혁명
③ 산업 혁명 ④ 프랑스 혁명
⑤ 청교도 혁명

정답 42쪽

04 다음 지도에 나타난 혁명에 대한 보고서를 쓸 때 조사 내용으로 옳지 않은 것은?

중 난이도

① 대륙 회의에서 논의된 내용을 찾아본다.
② 보스턴 차 사건의 전개 과정을 알아본다.
③ 영국이 식민지에 부과한 세금을 조사해 본다.
④ 「인간과 시민의 권리 선언」의 의미를 파악해 본다.
⑤ '대표 없는 곳에 과세할 수 없다.'의 의미를 알아본다.

05 중요 다음 자료에 대한 설명으로 옳은 것을 보기에서 모두 고르면?

중 난이도

아메리카 합중국 헌법
제1조 헌법에 따라 부여되는 모든 입법 권한은 미국 연방 의회에 속하며, 연방 의회는 상원과 하원으로 구성한다.
제2조 행정권은 미국 대통령에 속한다.
제3조 미국의 사법권은 대법원과 의회가 제정·설치하는 하급 법원에 속한다.

보기
ㄱ. 삼권 분립의 원리가 나타나 있다.
ㄴ. 입헌 군주제의 토대가 마련되었다.
ㄷ. 미국 혁명 결과 수립된 정부의 헌법이다.
ㄹ. 메리와 윌리엄 공동 왕이 문서를 승인하였다.

① ㄱ, ㄴ ② ㄱ, ㄷ ③ ㄴ, ㄷ
④ ㄴ, ㄹ ⑤ ㄷ, ㄹ

06 다음 ㉠에 들어갈 인물로 옳은 것은?

난이도

독립 후 13개 주의 대표는 각 주의 독립성을 보장하는 동시에 연방 정부의 권한을 강화하는 연방 헌법을 제정하고 이듬해 (㉠)을(를) 대통령으로 선출하였다.

① 링컨 ② 크롬웰
③ 나폴레옹 ④ 조지 워싱턴
⑤ 로베스피에르

07 다음 자료에 대한 설명으로 옳지 않은 것은?

중 난이도

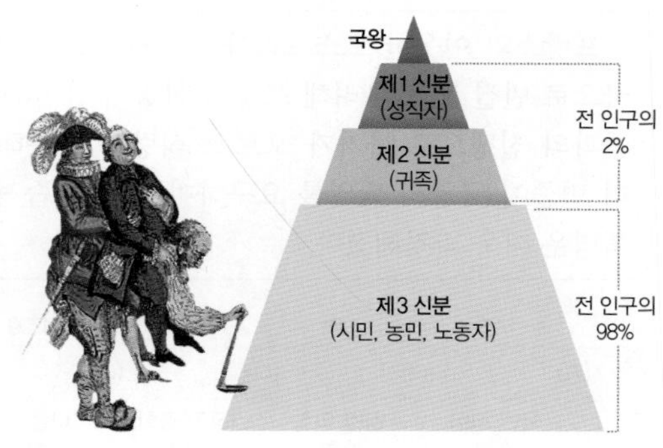

① 프랑스 혁명 전의 신분 구성이다.
② 제3 신분은 많은 세금을 부담하였다.
③ 제3 신분은 정치에 참여할 기회가 적었다.
④ 성직자와 귀족은 고위 관직을 독점하였다.
⑤ 제2 신분은 구제도의 모순에 불만이 많았다.

08 중요 프랑스 혁명의 전개 과정을 순서대로 바르게 나열한 것은?

중 난이도

① ㄱ－ㄴ－ㄷ－ㄹ ② ㄱ－ㄷ－ㄹ－ㄴ
③ ㄱ－ㄹ－ㄴ－ㄷ ④ ㄴ－ㄱ－ㄷ－ㄹ
⑤ ㄴ－ㄷ－ㄱ－ㄹ

09 다음에서 설명하는 시기로 옳은 것은?

난이도

- 공화정이 선포되고 루이 16세가 처형되었다.
- 혁명 재판소와 공안 위원회가 설치되어 공포 정치가 실시되었다.

① 국민 의회 ② 입법 의회 ③ 국민 공회
④ 총재 정부 ⑤ 통령 정부

10 다음 상황이 전개된 시기를 연표에서 고르면?

중 난이도

프랑스와 이웃한 오스트리아와 프로이센은 혁명이 자국으로 번질 것을 우려해 프랑스 혁명에 간섭하였다. 이들과의 전쟁으로 물가가 오르고 식량이 부족해지자 파리 민중이 국왕의 퇴위를 요구하며 왕궁을 습격하는 등 혁명은 더욱 과격해졌다.

	1789		1791		1792		1799	
(가)		(나)		(다)		(라)		(마)
	국민 의회 수립		입법 의회 수립		국민 공회 수립		나폴레옹 집권	

① (가) ② (나) ③ (다) ④ (라) ⑤ (마)

11 중요 선생님의 질문에 대한 학생의 답변으로 적절하지 않은 것은?

중 난이도

쿠데타를 통해 권력을 잡은 인물이 황제 대관식을 하고 있는 모습입니다. 이 인물에 대해 말해 볼까요?

① 빈 체제를 주도했어요.
② 대륙 봉쇄령을 내렸어요.
③ 새로운 법전을 편찬했어요.
④ 대프랑스 동맹을 격파했어요.
⑤ 국민 교육 제도를 도입했어요.

12 다음에서 설명하는 제도로 옳은 것은?

중 난이도

나폴레옹이 영국을 경제적으로 고립시키기 위해 시행한 것으로, 영국과의 무역 활동과 서신 왕래를 금지하고 영국과 그 식민지에서 온 선박들의 대륙 내 항구 출입을 금지하였다.

① 항해법 ② 곡물법
③ 심사법 ④ 공장법
⑤ 대륙 봉쇄령

13 중요 다음에서 풍자하고 있는 체제에 대한 설명으로 옳지 않은 것은?

중 난이도

유럽 각국의 대표가 유럽의 질서를 프랑스 혁명과 나폴레옹 전쟁 이전으로 되돌리려 하는 모습을 풍자하였다.

① 유럽 각국의 왕정이 부활하였다.
② 메테르니히의 주도로 이루어졌다.
③ 2월 혁명의 영향으로 붕괴되었다.
④ 오스트리아 빈에서 회의가 열렸다.
⑤ 자유주의와 민족주의 운동을 지원하였다.

14 다음 ㉠에 들어갈 혁명으로 옳은 것은?

중 난이도

「민중을 이끄는 자유의 여신」은 프랑스의 화가 들라크루아가 (㉠)을 기념하여 그린 작품이다. 이 혁명은 시민, 학생, 노동자 등이 샤를 10세의 전제 정치에 반발하여 일으켰으며 결국 샤를 10세가 물러나고 입헌 군주정이 수립되었다.

① 7월 혁명 ② 2월 혁명
③ 명예혁명 ④ 프랑스 혁명
⑤ 청교도 혁명

15 중요 다음과 관련된 자유주의 운동에 대한 설명으로 옳은 것은?

상 난이도

1. 21세 이상 모든 남자의 선거권 인정
2. 유권자 보호를 위해 비밀 투표 실시
3. 하원 의원의 자격 중 재산 조항 폐지
4. 하원 의원에게 보수 지급
5. 인구 비례에 따른 평등한 선거구 결정
6. 의원의 임기를 1년으로 하여 매년 선거 실시

① 영국 의회가 권리 청원을 제출하였다.
② 제3 신분이 머릿수 표결을 주장하였다.
③ 파리 노동자들이 2월 혁명을 일으켰다.
④ 프랑스 시민들이 선거권을 요구하였다.
⑤ 영국 노동자들이 차티스트 운동을 벌였다.

정답 42쪽

16 이탈리아의 통일 과정을 순서대로 바르게 나열한 것은?

중 난이도

ㄱ. 이탈리아 왕국이 수립되었다.
ㄴ. 북부와 중부 이탈리아를 통합하였다.
ㄷ. 베네치아와 로마 교황령을 통합하였다.
ㄹ. 가리발디가 시칠리아와 나폴리를 점령하였다.

① ㄱ－ㄴ－ㄷ－ㄹ ② ㄱ－ㄷ－ㄹ－ㄴ
③ ㄴ－ㄱ－ㄹ－ㄷ ④ ㄴ－ㄷ－ㄹ－ㄱ
⑤ ㄴ－ㄹ－ㄱ－ㄷ

17 다음과 같은 주장을 한 인물로 옳은 것은?

하 난이도

우리는 힘을 모아 국가를 튼튼하게 하고 때를 기다려야 한다. 연설이나 투표에 의해서는 문제를 해결할 수 없으며, 오직 철과 피에 의해서만 통일이 가능하다.

① 링컨 ② 나폴레옹
③ 카보우르 ④ 가리발디
⑤ 비스마르크

18 미국 남북 전쟁에 대한 설명으로 옳은 것을 보기에서 모두 고르면?

중 난이도

보기

ㄱ. 상공업이 발달한 북부는 노예제를 반대하였다.
ㄴ. 대농장이 발달한 남부는 보호 무역을 주장하였다.
ㄷ. 노예제 확대에 반대하는 링컨이 대통령이 되었다.
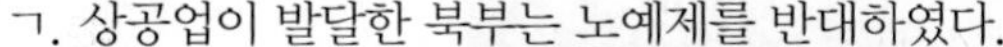
ㄹ. 우세한 경제력을 바탕으로 남부가 승리를 거두었다.

① ㄱ, ㄴ ② ㄱ, ㄷ ③ ㄴ, ㄷ
④ ㄴ, ㄹ ⑤ ㄷ, ㄹ

주관식·서술형

19 다음 자료를 보고 물음에 답하시오.

제1조 국왕이 의회의 동의 없이 법의 효력을 정지하거나 법의 집행을 정지하는 것은 위법이다.
제4조 국왕이 의회의 승인 없이 세금을 거두어들이는 것은 위법이다.
제6조 의회의 동의 없이 평상시에 군대를 징집하고 유지하는 것은 위법이다.

(1) 위 문서의 명칭을 쓰시오.

(2) 위 문서와 관계 깊은 혁명의 의의를 서술하시오.

20 다음에서 설명하는 인물을 쓰시오.

혁명 재판소와 공안 위원회를 설치하여 공포 정치를 실시하다가 이에 대한 시민들의 불만으로 반대 세력에 의해 처형되었다.

21 빈 체제의 성격과 특징을 서술하시오.

22 다음에서 설명하는 선언을 쓰시오.

아메리카에 대한 유럽의 간섭을 거부한다는 미국 대통령의 선언으로, 라틴 아메리카에 대한 미국의 영향력을 확대하려는 의도가 담겨 있다.

02 유럽의 산업화와 제국주의

1 산업 혁명

의미	18세기 후반 기계의 발명과 기술 혁신으로 경제와 사회 구조에 나타난 큰 변화
배경	❶ ☐☐ 에서 시작된 이유 → 명예혁명 이후 정치적 안정, 인클로저 운동으로 노동력 풍부, 석탄·철 등의 지하자원 풍부, 모직물 공업 발달로 자본 축적, 넓은 식민지 확보
전개	• 기계의 발명: 방적기와 방직기 발명, 제임스 와트가 개량한 ❷ ☐☐ ☐☐ 이 동력으로 사용 • 교통과 통신의 발달: 증기 기관차와 증기선 개발, 전신과 전화 발명 → 대량 수송 가능, 시간상의 거리 단축 • 산업 혁명의 확산: 벨기에, 프랑스, 미국(19세기 전반) → 독일, 러시아, 일본(19세기 후반)

2 산업 사회의 형성과 사회 문제

(1) 산업 사회의 형성

산업 사회	• 가내 수공업 → 공장제 ❸ ☐☐ 공업 발달 • 물질적으로 풍요로운 생활, 도시 발달, 인구 증가
자본주의 체제	• 자본가와 노동자 계급 등장 • 애덤 스미스: ❹ ☐☐☐☐☐☐☐ 주장

(2) 사회 문제

도시 문제	주택과 상하수도 시설 부족, 전염병 유행, 환경 오염
노동 문제	빈부 격차, 낮은 임금과 장시간 노동, 여성과 아동 노동
해결 노력	• ❺ ☐☐☐☐ 운동: 기계 파괴 운동 • 노동조합 결성: 임금 인상과 노동 조건 개선 요구 • ❻ ☐☐☐☐ 등장: 생산 수단을 공동으로 소유할 것을 주장 → 초기 사회주의(자본가와 노동자의 협동 강조), 마르크스(노동자들의 혁명 강조)

3 제국주의 열강의 침략

제국주의	• 선진 자본주의 국가들이 군사력을 앞세워 약소국을 식민지로 삼고 지배 • ❼ ☐☐ ☐☐☐, 인종주의 → 약소국 침략을 정당화하는 데 이용
아프리카 침략	• 영국: 이집트 카이로와 남아프리카의 케이프타운을 연결하는 종단 정책 추진 • 프랑스: 알제리에서 마다가스카르섬을 연결하는 횡단 정책 추진 • ❽ ☐☐☐ 사건: 영국과 프랑스가 파쇼다에서 충돌
아시아·태평양 침략	• 영국: 동인도 회사 통한 ❾ ☐☐ 진출, 말레이반도와 미얀마로 세력 확대 • 프랑스: 인도차이나반도 진출 → 베트남과 캄보디아 차지 • 네덜란드: 인도네시아 지배 • ❿ ☐☐: 필리핀 차지, 괌과 하와이 지배

정답 ❶ 영국 ❷ 증기 기관 ❸ 기계 ❹ 자유방임주의 ❺ 러다이트 ❻ 사회주의 ❼ 사회 진화론 ❽ 파쇼다 ❾ 인도 ❿ 미국

실력 확인 문제

01 (중요) 다음 ㉠에 들어갈 혁명으로 옳은 것은?

하 난이도

> 18세기 중엽 기계의 발명과 기술 혁신으로 공업 생산력이 늘어나고 경제와 사회 구조에 큰 변화가 나타났는데, 이를 (㉠)이라고 한다.

① 시민 혁명 ② 산업 혁명 ③ 농업 혁명 ④ 기술 혁명 ⑤ 정보 혁명

02 다음 밑줄 친 '운동'의 영향으로 옳은 것은?

중 난이도

> 영국에서 지주들이 공유지와 황무지에 울타리를 쳐서 자신의 사유지로 만들었던 운동이다. 1차는 양 사육지를 늘리기 위해, 2차는 대규모의 상업적 농업을 위해 전개되었다.

① 해외 식민지를 확보하였다.
② 영국의 정치가 안정되었다.
③ 값싼 노동력이 풍부해졌다.
④ 차티스트 운동이 전개되었다.
⑤ 사회주의 운동이 확산되었다.

03 다음과 같이 증기 기관을 개량한 인물로 옳은 것은?

하 난이도

> 수증기의 압력으로 기계를 움직이는 증기 기관이다. 기존보다 석탄을 적게 쓰면서 더 강력한 동력을 기계에 공급하였다.

① 벨 ② 모스 ③ 풀턴 ④ 스티븐슨 ⑤ 제임스 와트

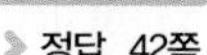

정답 42쪽

04 산업 혁명의 전개 과정에 대한 설명으로 옳지 않은 것은?

중 난이도

① 전신과 전화가 발명되었다.
② 각지에 철도가 건설되었다.
③ 면직물 공업에서 시작되었다.
④ 방직기와 방적기가 발명되었다.
⑤ 마차가 주요 운송 수단이 되었다.

05 다음 자료와 관련된 각 국가의 산업 혁명에 대한 설명으로 옳은 것은?

상 난이도

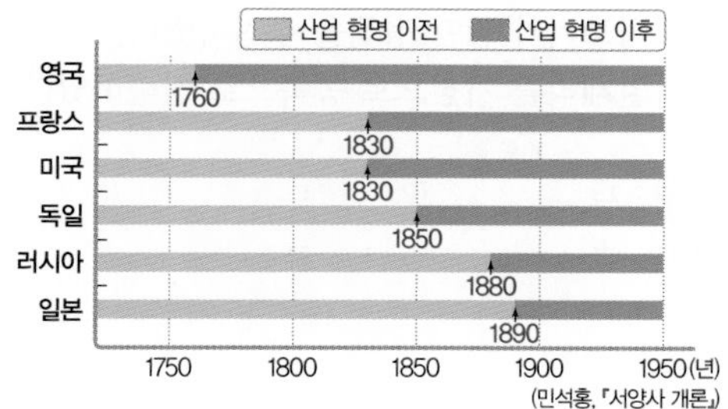

(민석홍, 『서양사 개론』)

① 독일: 남북 전쟁 이후 발전하였다.
② 영국: 19세기 후반부터 추진하였다.
③ 러시아: 뒤늦게 시작하여 정부가 적극 개입하였다.
④ 미국: 가장 먼저 시작하며 '세계의 공장'이라 불렸다.
⑤ 일본: 20세기에 시베리아 횡단 철도를 놓으며 본격화되었다.

06 다음 주장에 대한 설명으로 옳은 것을 보기에서 모두 고르면?

중 난이도

보기
ㄱ. 애덤 스미스의 주장이다.
ㄴ. 노동자 계층의 지지를 받았다.
ㄷ. 경제 활동의 자유를 주장하였다.
ㄹ. 사회주의 체제를 이론적으로 뒷받침하였다.

① ㄱ, ㄴ ② ㄱ, ㄷ ③ ㄴ, ㄷ
④ ㄴ, ㄹ ⑤ ㄷ, ㄹ

07 산업 혁명 이후 사회 모습으로 옳지 않은 것은?

중 난이도

① 도시의 인구가 크게 증가하였다.
② 귀족이 사회 주도 세력이 되었다.
③ 자본주의 경제 체제가 확립되었다.
④ 공장에서 물건이 대량으로 생산되었다.
⑤ 자본가와 노동자라는 새로운 계급이 등장하였다.

08 다음과 같은 사회 문제를 해결하기 위한 노력을 보기에서 모두 고르면?

중 난이도

▲ 아동 노동 ▲ 러다이트 운동

보기
ㄱ. 만국 박람회를 개최하였다.
ㄴ. 임금이 싼 여성과 아동을 주로 고용하였다.
ㄷ. 노동조합을 결성하고 임금 인상을 요구하였다.
ㄹ. 공동 생산, 공동 분배를 추구하는 사상이 나타났다.

① ㄱ, ㄴ ② ㄱ, ㄷ ③ ㄴ, ㄷ
④ ㄴ, ㄹ ⑤ ㄷ, ㄹ

09 다음 자료에 대한 설명으로 옳은 것을 보기에서 모두 고르면?

중 난이도

대다수의 노동자들은 자본가의 욕심 때문에 경제적 어려움에 빠지고 있습니다. 그러므로 우리는 노동자 계급의 투쟁과 혁명을 통해 평등한 사회를 건설해야 합니다. 혁명으로 자본주의 사회가 무너지면 노동자들이 주인공인 사회주의 사회가 건설될 것입니다.

보기
ㄱ. 초기 사회주의자들의 주장이다.
ㄴ. 노동자들의 투쟁을 강조하였다.
ㄷ. 마르크스가 대표적인 사상가이다.
ㄹ. 자본가와 노동자의 협동을 강조하였다.

① ㄱ, ㄴ ② ㄱ, ㄷ ③ ㄴ, ㄷ
④ ㄴ, ㄹ ⑤ ㄷ, ㄹ

10 다음 풍자화의 주제로 가장 적절한 것은?

중 난이도

① 사회주의 사상의 등장
② 기계 발명과 공업 발달
③ 산업 사회의 사회 문제
④ 자본주의의 빛과 그림자
⑤ 제국주의 열강의 아프리카 침략

중요 11 다음과 같이 제국주의 국가들이 식민지를 확대해 나간 이유로 적절하지 않은 것은?

중 난이도

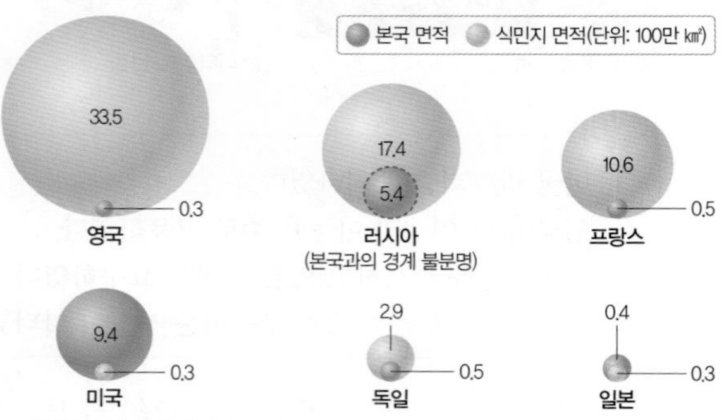

▲ 제국주의 열강의 식민지 보유 규모

① 침략적 민족주의가 등장하였다.
② 값싼 원료를 확보하고자 하였다.
③ 자본을 투자할 곳이 필요하였다.
④ 상품을 수출할 시장이 필요하였다.
⑤ 신항로 개척이 본격적으로 이루어졌다.

12 다음과 같은 주장을 나타내는 용어로 옳은 것은?

중 난이도

① 인종주의 ② 자본주의
③ 사회주의 ④ 사회 진화론
⑤ 자유방임주의

13 다음 자료에 나타난 국가에 대한 설명으로 옳은 것을 보기에서 모두 고르면?

상 난이도

우리는 4천만 국민을 피비린내 나는 내란으로부터 구하기 위해 새로운 영토를 개척해야만 한다.

◀ 세실 로즈 풍자화

보기
ㄱ. '해가 지지 않는 나라'라고 불렸다.
ㄴ. 아프리카 횡단 정책을 추진하였다.
ㄷ. 아프리카 종단 정책을 추진하였다.
ㄹ. 알제리를 거점으로 동쪽으로 진출하였다.

① ㄱ, ㄴ ② ㄱ, ㄷ ③ ㄴ, ㄷ
④ ㄴ, ㄹ ⑤ ㄷ, ㄹ

14 다음 지도의 (가), (나)에 해당하는 국가를 바르게 연결한 것은?

중 난이도

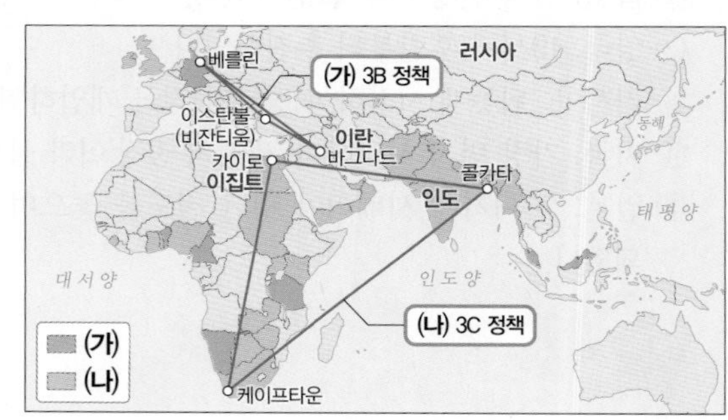

	(가)	(나)
①	영국	독일
②	영국	프랑스
③	독일	영국
④	독일	프랑스
⑤	프랑스	영국

중요 15 다음에서 설명하는 국가로 옳은 것은?

중 난이도

알제리를 시작으로 사하라 사막 이남의 서부 아프리카부터 동쪽의 마다가스카르섬을 연결하다가 수단의 파쇼다에서 영국과 충돌하였다.

① 이란 ② 미국
③ 독일 ④ 벨기에
⑤ 프랑스

중요 **16** 다음 ㉠에 들어갈 국가로 옳은 것을 보기에서 모두 고르면?

중 난이도

> 리빙스턴과 스탠리 등 탐험가들에 의해 아프리카 내륙 사정이 유럽에 전해지면서 서양 열강은 앞다투어 아프리카로 진출하여 풍부한 자원과 넓은 시장을 차지하려 하였다. 그리하여 20세기 초에는 (㉠)를 제외한 아프리카의 대부분 지역이 제국주의 열강의 식민지가 되었다.

보기

ㄱ. 이집트 ㄴ. 알제리
ㄷ. 라이베리아 ㄹ. 에티오피아

① ㄱ, ㄴ ② ㄱ, ㄷ ③ ㄴ, ㄷ
④ ㄴ, ㄹ ⑤ ㄷ, ㄹ

17 다음 지도의 (가)~(마) 지역을 식민지로 삼은 국가를 바르게 연결한 것은?

상 난이도

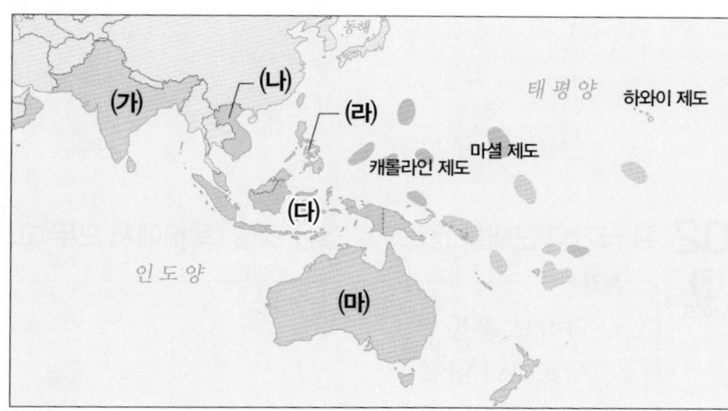

① (가): 독일 ② (나): 영국
③ (다): 네덜란드 ④ (라): 포르투갈
⑤ (마): 에스파냐

18 다음에서 설명하는 국가로 옳은 것은?

중 난이도

> • 에스파냐와의 전쟁에서 승리하여 필리핀을 식민지로 만들었다.
> • 태평양의 여러 섬에도 진출하여 괌과 하와이를 차지하였다.

① 영국 ② 미국
③ 독일 ④ 프랑스
⑤ 네덜란드

주관식·서술형

19 산업 혁명이 영국에서 가장 먼저 시작된 배경을 세 가지 이상 서술하시오.

20 다음 자료를 보고 물음에 답하시오.

> 영국에서는 기계가 자신들의 일자리를 빼앗는다고 생각한 일부 노동자가 <u>기계 파괴 운동</u>을 벌였다.

(1) 밑줄 친 '기계 파괴 운동'의 명칭을 쓰시오.

(2) 위와 같이 산업 혁명 이후 발생한 사회 문제를 세 가지 이상 서술하시오.

21 다음 ㉠에 들어갈 알맞은 말을 쓰시오.

> 산업 혁명 이후 사회 문제가 확산되자 일부 지식인은 자본주의 체제를 비판하는 (㉠) 사상을 제시하였다. 이들은 사유 재산 제도를 부정하고, 공동 생산과 공동 분배를 통해 평등 사회를 건설하고자 하였다.

22 다음 ㉠에 들어갈 알맞은 말을 쓰시오.

> 19세기 후반 선진 자본주의 국가들이 군사력을 앞세워 약소국을 식민지로 삼고 지배하였는데 이러한 대외 팽창 정책을 (㉠)(이)라고 한다.

03 서아시아와 인도의 국민 국가 건설 운동

1 서아시아의 국민 국가 건설 운동

(1) 오스만 제국의 개혁

쇠퇴	서양 열강의 압력과 제국 내 여러 민족의 독립으로 쇠퇴
❶□□□□	행정과 조세 제도 개편, 서양식 군대 양성, 민족과 종교에 따른 차별 폐지
입헌 정치 추진	서양식 의회 개설, 헌법 제정 → 러시아와의 전쟁에서 패하자 술탄은 헌법을 폐지하고 의회 해산
청년 튀르크당의 혁명	청년 장교와 지식인 등이 ❷□□□□□□□ 결성 → 무력 혁명으로 정권을 잡은 뒤 헌법과 의회 부활, 근대적 개혁 추진

(2) 아랍의 민족 운동

❸□□□ 운동	•「❹□□」의 가르침 대로 이슬람교 본래의 순수성을 되찾자는 운동 • 아랍 민족주의와 결합 → 사우디아라비아 왕국이 건설되는 계기
아랍 문화 부흥 운동	해외 문학 작품을 아랍어로 번역하고 아랍 고전 연구 → 아랍 민족의 단결과 독립 운동 자극

(3) 이란의 입헌 혁명

담배 불매 운동	카자르 왕조가 ❺□□에 담배 독점 판매권을 넘기자 담배 불매 운동 전개
입헌 혁명	• 카자르 왕조의 전제 정치에 반대하는 입헌 혁명 → 헌법 제정, 의회 설립 • 보수 세력의 반발과 열강의 간섭으로 좌절 → 영국과 러시아가 분할 점령

(4) 이집트의 근대화 운동

무함마드 알리의 개혁	근대적 군대 창설, 서양식 행정 기구·교육 제도 도입 등 근대화 추진 → 오스만 제국으로부터 자치권 인정 받음
❻□□□ 운하 건설	지중해와 홍해를 잇는 수에즈 운하 건설 → 부채 증가 → 영국과 프랑스의 내정 간섭 심화 → 아라비 파샤의 혁명 → 영국의 보호국이 됨

2 인도의 국민 국가 건설 운동

영국의 인도 지배	영국이 플라시 전투에서 ❼□□□를 물리치고 벵골 지역의 통치권 차지 → 영국의 인도 수탈 시작
❽□□□의 항쟁	• 동인도 회사의 용병인 세포이들이 봉기 → 민족 운동으로 확대 → 영국군의 반격으로 실패 • 영국은 무굴 제국 황제를 폐위시키고 동인도 회사 해체 → 영국령 인도 제국을 세워 직접 통치
인도 국민 회의	영국에 협조적인 관리와 지식인들을 모아 결성 → ❾□□□□□을 계기로 반영 운동 → 영국 상품 불매, 인도인의 자치(❿□□□□), 국산품 애용(스와데시), 민족 교육 주장

정답 ❶ 탄지마트 ❷ 청년 튀르크당 ❸ 와하브 ❹ 쿠란 ❺ 영국 ❻ 수에즈 ❼ 프랑스 ❽ 세포이 ❾ 벵골 분할령 ❿ 스와라지

실력 확인 문제

[01~02] 다음 지도를 보고 물음에 답하시오.

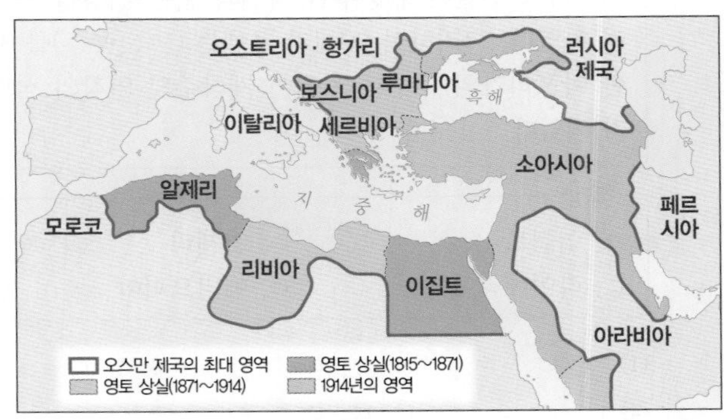

01 위 지도로 탐구 수업을 할 때 주제로 가장 적절한 것은?
하 난이도

① 이란의 입헌 혁명
② 오스만 제국의 쇠퇴
③ 아랍 민족주의의 등장
④ 이집트의 근대화 운동
⑤ 아프리카의 국민 국가 건설 운동

02 위 국가의 근대화 운동으로 옳은 것을 보기에서 모두 고르면?
중 난이도

보기
ㄱ. 와하브 운동
ㄴ. 세포이의 항쟁
ㄷ. 탄지마트 개혁
ㄹ. 청년 튀르크당의 혁명

① ㄱ, ㄴ ② ㄱ, ㄷ ③ ㄴ, ㄷ
④ ㄴ, ㄹ ⑤ ㄷ, ㄹ

중요 **03** 탄지마트에 대한 설명으로 옳은 것을 보기에서 모두 고르면?
중 난이도

보기
ㄱ. 서양식 군대를 양성하고자 하였다.
ㄴ. 청년 튀르크당이 주도하여 추진하였다.
ㄷ. 세금과 교육 제도를 서양식으로 바꾸었다.
ㄹ. 개혁의 성공으로 오스만 제국이 발전하였다.

① ㄱ, ㄴ ② ㄱ, ㄷ ③ ㄴ, ㄷ
④ ㄴ, ㄹ ⑤ ㄷ, ㄹ

정답 43쪽

04 다음 ㉠에 들어갈 구호로 가장 적절한 것은?

난이도

▲ 청년 튀르크당의 시가행진

① 『쿠란』으로 돌아가자!
② 의회를 당장 해산하라!
③ 입헌 정치를 실시하라!
④ 수에즈 운하를 국유화하자!
⑤ 아랍 민족의 단결을 이루자!

05 다음 ㉠에 들어갈 민족 운동으로 옳은 것은?

중 난이도

사우디아라비아의 국기는 (㉠) 당시에 쓰였던 깃발에서 유래하였다.

① 탄지마트
② 입헌 혁명
③ 와하브 운동
④ 담배 불매 운동
⑤ 청년 튀르크당의 혁명

중요 **06** 다음 지역에서 전개된 민족 운동에 대한 설명을 보기에서 모두 고르면?

중 난이도

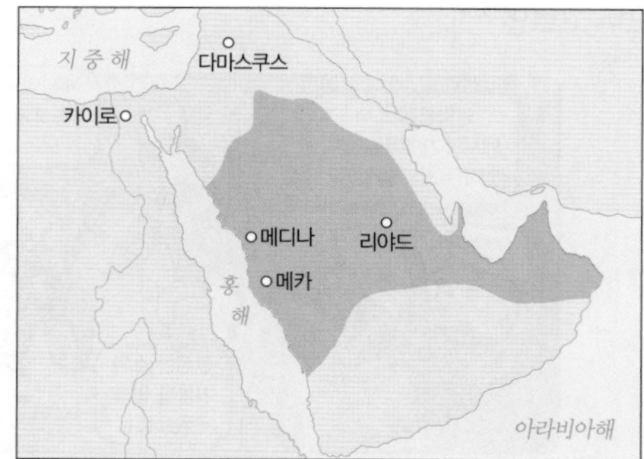

보기
ㄱ. 이슬람교 본래의 순수성을 되찾자는 운동이다.
ㄴ. 아프가니를 비롯한 종교 지도자들이 주도하였다.
ㄷ. 사우디아라비아 왕국이 건설되는 계기가 되었다.
ㄹ. 카자르 왕조의 전제 정치에 반대하는 혁명이었다.

① ㄱ, ㄴ
② ㄱ, ㄷ
③ ㄴ, ㄷ
④ ㄴ, ㄹ
⑤ ㄷ, ㄹ

07 다음 ㉠에 들어갈 운동으로 옳은 것은?

중 난이도

19세기 초 해외 문학 작품을 아랍어로 번역하고 아랍 고전을 연구하는 등 (㉠)이(가) 일어났다. 이는 아랍 민족의 단결과 독립 운동을 자극하였으며 아랍 민족주의의 기반이 되었다.

① 스와데시
② 스와라지
③ 탄지마트
④ 담배 불매 운동
⑤ 아랍 문화 부흥 운동

[08~09] 다음 지도를 보고 물음에 답하시오.

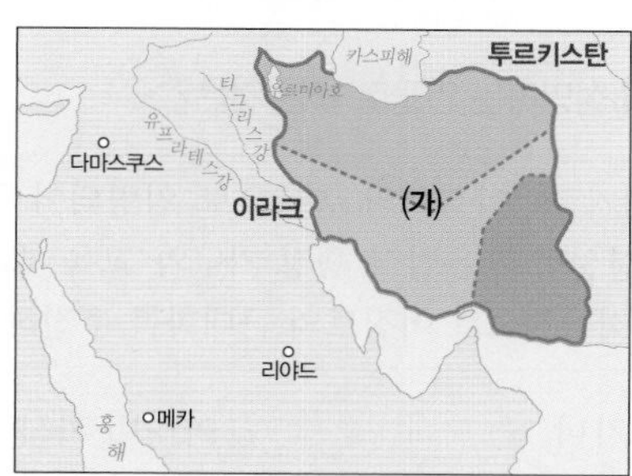

08 (가) 국가와 관련 있는 민족 운동을 보기에서 모두 고르면?

중 난이도

보기
ㄱ. 탄지마트
ㄴ. 입헌 혁명
ㄷ. 와하브 운동
ㄹ. 담배 불매 운동

① ㄱ, ㄴ
② ㄱ, ㄷ
③ ㄴ, ㄷ
④ ㄴ, ㄹ
⑤ ㄷ, ㄹ

09 (가) 국가에서 있었던 일을 순서대로 바르게 나열한 것은?

난이도

ㄱ. 이란 지역을 카자르 왕조가 재통일하였다.
ㄴ. 이슬람 성직자들이 담배 불매 운동을 벌였다.
ㄷ. 영국과 러시아에 의해 영토가 분할 점령되었다.
ㄹ. 의회가 구성되고 입헌 군주제 헌법이 제정되었다.

① ㄱ－ㄴ－ㄷ－ㄹ
② ㄱ－ㄴ－ㄹ－ㄷ
③ ㄱ－ㄹ－ㄷ－ㄴ
④ ㄴ－ㄱ－ㄷ－ㄹ
⑤ ㄴ－ㄹ－ㄱ－ㄷ

10 이집트의 근대화 운동에 대한 설명으로 옳은 것을 보기에서 모두 고르면?

중 난이도

보기
ㄱ. 오스만 제국으로부터 자치권을 얻었다.
ㄴ. 청년 튀르크당이 무력 혁명을 일으켰다.
ㄷ. '이집트인을 위한 이집트 건설'을 내세웠다.
ㄹ. 카자르 왕조에 반대하는 입헌 혁명이 일어났다.

① ㄱ, ㄴ ② ㄱ, ㄷ ③ ㄴ, ㄷ
④ ㄴ, ㄹ ⑤ ㄷ, ㄹ

11 다음에서 설명하는 인물로 옳은 것은?

하 난이도

19세기 초 이집트의 총독으로 임명되어 근대적인 군대를 창설하고 유럽식 행정 기구와 교육 제도를 도입하는 등 적극적으로 이집트의 근대화를 추진하였다.

① 아프가니 ② 아라비 파샤
③ 미드하트 파샤 ④ 무함마드 알리
⑤ 이븐 압둘 와하브

12 다음 ㉠에 대한 설명으로 옳지 않은 것은?

중 난이도

쥘 베른의 소설 『80일간의 세계 일주』에서 주인공이 80일 만에 세계 일주에 성공할 수 있었던 것은 지중해와 홍해를 연결하는 (㉠) 덕분이었다. 이로써 유럽에서 인도에 이르는 항로가 1만km 가량 단축되고 항해 시간이 3분의 1로 줄어들었다.

① 바스쿠 다 가마가 새롭게 개척하였다.
② 건설 과정에서 많은 빚을 지게 되었다.
③ 많은 이집트인들이 건설에 동원되었다.
④ 1956년 이집트가 국유화 조치를 내렸다.
⑤ 운영권을 둘러싸고 열강의 간섭이 심하였다.

13 다음 ㉠에 들어갈 국가로 옳은 것은?

중 난이도

- 이란의 카자르 왕조가 (㉠)에 담배 독점 판매권을 넘기자 아프가니와 종교 지도자를 중심으로 저항 운동이 일어났다.
- 이집트는 수에즈 운하를 건설하는 과정에서 부채가 늘어 20세기 초 (㉠)의 보호국이 되었다.

① 인도 ② 영국
③ 러시아 ④ 프랑스
⑤ 오스만 제국

14 다음 사건을 일어난 순서대로 바르게 나열한 것은?

중 난이도

ㄱ. 플라시 전투에서 영국이 이겼다.
ㄴ. 영국이 영국령 인도 제국을 세웠다.
ㄷ. 인도의 세포이들이 항쟁을 일으켰다.
ㄹ. 인도 국민 회의가 반영 운동에 나섰다.

① ㄱ－ㄴ－ㄷ－ㄹ ② ㄱ－ㄷ－ㄴ－ㄹ
③ ㄱ－ㄹ－ㄷ－ㄴ ④ ㄴ－ㄱ－ㄷ－ㄹ
⑤ ㄴ－ㄷ－ㄱ－ㄹ

중요 **15** 다음 상황과 관련된 인도의 민족 운동 결과로 옳은 것을 보기에서 모두 고르면?

중 난이도

보기
ㄱ. 벵골 분할령이 철회되었다.
ㄴ. 동인도 회사가 해체되었다.
ㄷ. 무굴 제국 황제가 폐위되었다.
ㄹ. 인도에 명목상 자치가 허용되었다.

① ㄱ, ㄴ ② ㄱ, ㄷ ③ ㄴ, ㄷ
④ ㄴ, ㄹ ⑤ ㄷ, ㄹ

정답 43쪽

[16~17] 다음 지도를 보고 물음에 답하시오.

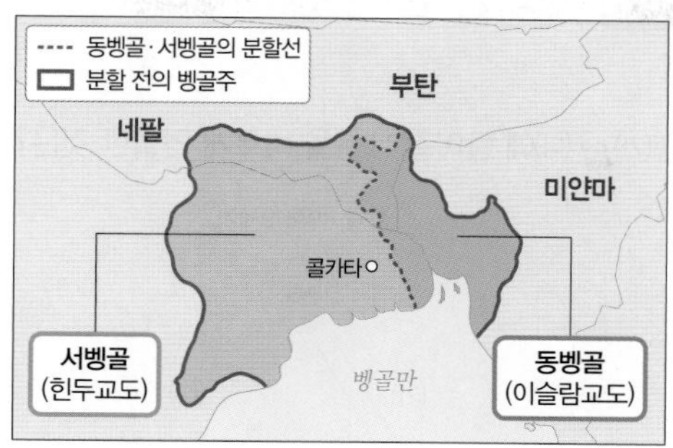

16 지도에 나타난 영국의 정책으로 옳은 것은?

하 난이도

① 종단 정책 ② 횡단 정책
③ 대륙 봉쇄령 ④ 벵골 분할령
⑤ 수에즈 운하 국유화

17 영국이 위 지도에 나타난 정책을 시행한 목적으로 옳은 것은?

중 난이도

① 지하자원을 얻기 위해
② 종교 충돌을 막기 위해
③ 카스트제를 완화하기 위해
④ 면직물 산업을 활성화하기 위해
⑤ 인도의 민족 운동을 분열시키기 위해

18 다음 자료를 바탕으로 탐구 활동을 할 때 주제로 가장 적절한 것은?

중 난이도

• 민족 교육
• 영국 상품 불매
• 국산품 애용(스와데시)
• 인도인의 자치(스와라지)

① 무굴 제국의 수립
② 플라시 전투의 결과
③ 세포이의 항쟁 전개
④ 영국령 인도 제국 수립
⑤ 인도 국민 회의의 반영 운동

주관식·서술형

19 다음 밑줄 친 '근대적 개혁'의 명칭을 쓰시오.

> 19세기 초 오스만 제국은 유럽의 제도를 적극 도입하여 행정·조세 제도를 개편하고, 서양식 군대를 양성하는 근대적 개혁을 추진하였다.

20 다음 ㉠에 들어갈 운동의 명칭을 쓰시오.

> 18세기 아라비아반도에서는 이슬람교 초기의 순수성을 되찾자는 (㉠)이(가) 일어났다. 이 운동은 이슬람교의 근본 원리를 중시하고, 『쿠란』의 가르침에 따라 생활할 것을 주장하였다.

21 세포이의 항쟁이 가져온 결과를 서술하시오.

22 다음 글을 읽고 물음에 답하시오.

> 인도인의 민족 운동이 확대되자 영국은 협조적인 관리와 지식인들을 모아 단체를 만들게 하였다. 초기의 이 단체는 영국이 허용하는 범위 내에서 온건한 개혁 운동을 전개하려는 태도를 보였다.

(1) 밑줄 친 '단체'의 명칭을 쓰시오.

(2) 위 단체가 전개한 반영 운동을 서술하시오.

04 동아시아의 국민 국가 건설 운동

1 중국의 국민 국가 건설

(1) 아편 전쟁

제1차 아편 전쟁	• 배경: 영국의 아편 밀수출(삼각 무역) • ❶ ☐☐ ☐☐ 체결: 5개 항구 개항, 홍콩 할양
제2차 아편 전쟁	• 배경: 애로호 사건 • 톈진 조약·베이징 조약 체결: 항구 추가 개항, 외국 공사의 베이징 주재 허용, 크리스트교 포교 허용 • 러시아는 청으로부터 ❷ ☐☐☐를 넘겨받음

(2) 중국의 근대화 운동

❸ ☐☐☐☐ 운동	홍수전이 청을 몰아내고 한족의 국가를 세우자고 주장하며 봉기 ➡ 토지 균등 분배, 남녀평등 주장 ➡ 신사층이 조직한 의용군과 외국 군대에 의해 진압
양무운동	한인 관리들이 '❹ ☐☐☐☐'을 내세우며 추진 ➡ 군수 공장 설립, 근대적 군대 설립 등 ➡ 청일 전쟁의 패배로 한계 드러냄
❺ ☐☐☐☐ 운동	캉유웨이 등이 일본의 메이지 유신을 모델로 제도 개혁 주장(의회 설립, 입헌 군주제 확립 등) ➡ 보수파의 반발로 실패
의화단 운동	'청을 도와 서양 세력을 몰아내자(부청멸양)'라는 구호를 내걸고 반외세 운동 전개 ➡ 철도와 전신 파괴, 교회와 외국 공관 습격 ➡ 8개국 연합군에게 진압 ➡ 신축 조약 체결

(3) 신해혁명

전개	쑨원의 ❻ ☐☐☐☐를 바탕으로 혁명 운동 전개 ➡ 민간 철도 국유화 조치를 계기로 우창의 신식 군대 봉기
결과	쑨원을 임시 대총통으로 추대하여 중화민국 수립 ➡ 위안스카이가 황제를 퇴위시킴, 청 멸망

2 일본의 국민 국가 건설과 제국주의화

개항	미일 화친 조약, 미일 수호 통상 조약 ➡ 미국의 최혜국 대우와 영사 재판권 인정
❼ ☐☐☐ ☐☐	막부를 무너뜨리고 천황 중심의 새로운 정부 수립 ➡ 중앙 집권 체제 마련, 근대 산업 육성, 신분제 폐지, 징병제·신식 교육 실시 ➡ 입헌 군주제 국가 수립
제국주의화	• ❽ ☐☐ 전쟁 승리 ➡ 시모노세키 조약 체결 • 러일 전쟁 승리 ➡ 포츠머스 조약 체결 • 한반도와 만주로 세력 확대

3 조선의 국민 국가 건설 운동

개항	운요호 사건을 계기로 일본과 ❾ ☐☐☐ 조약 체결
근대화 노력	• 갑신정변: 급진 개화파가 메이지 유신을 모델로 근대화 추진 • 동학 농민 운동: 농민들이 외세 배격과 정치 개혁 요구 • 갑오개혁: 과거제와 신분제 폐지 • 독립 협회: 자주 국권 운동과 자강 개혁 운동 전개 • ❿ ☐☐ ☐☐: 광무개혁 추진

정답 ❶ 난징 조약 ❷ 연해주 ❸ 태평천국 ❹ 중체서용 ❺ 변법자강 ❻ 삼민주의 ❼ 메이지 유신 ❽ 청일 ❾ 강화도 ❿ 대한 제국

실력 확인 문제

01 다음 (가)~(다)에 들어갈 내용을 바르게 연결한 것은?

하 난이도

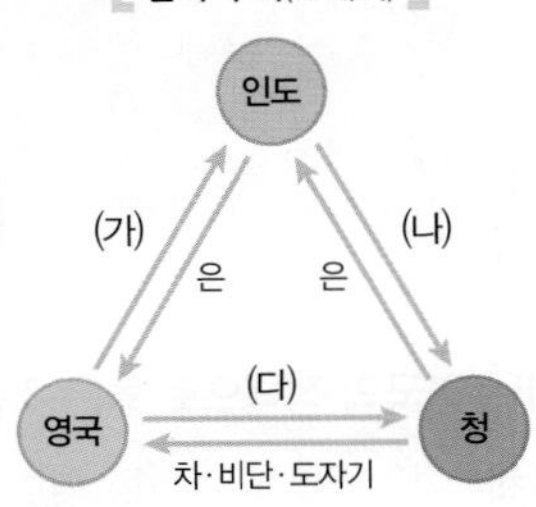

	(가)	(나)	(다)
①	은	아편	면직물
②	아편	은	면직물
③	아편	면직물	은
④	면직물	은	아편
⑤	면직물	아편	은

02 다음 전쟁이 일어나게 된 배경으로 옳지 않은 것은?

중 난이도

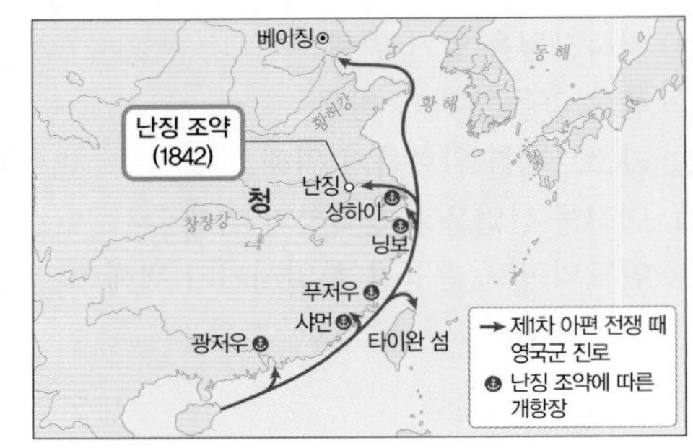

① 애로호 사건이 발생하였다.
② 청은 외국과 공행 무역을 하였다.
③ 영국이 청에 아편을 밀수출하였다.
④ 청에서 아편이 사회 문제가 되었다.
⑤ 청이 임칙서를 광저우에 파견하였다.

03 (중요) 난징 조약의 결과로 옳은 것을 보기에서 모두 고르면?

중 난이도

보기
ㄱ. 홍콩을 영국에 넘겨주었다.
ㄴ. 러시아에 연해주를 넘겨주었다.
ㄷ. 상하이 등 5개 항구를 개항하였다.
ㄹ. 크리스트교 신앙과 포교를 허용하였다.

① ㄱ, ㄴ ② ㄱ, ㄷ ③ ㄴ, ㄷ
④ ㄴ, ㄹ ⑤ ㄷ, ㄹ

04 다음 (가), (나)에서 설명하는 근대화 운동을 바르게 연결한 것은?
중요
중 난이도

> (가) 홍수전이 청을 몰아내고 모든 사람이 평등한 세상을 만들자고 주장하였다.
> (나) 산둥 지방에서 결성된 비밀 결사가 철도와 전신을 파괴하고 교회를 공격하였다.

	(가)	(나)
①	양무운동	의화단 운동
②	양무운동	태평천국 운동
③	의화단 운동	양무운동
④	의화단 운동	태평천국 운동
⑤	태평천국 운동	의화단 운동

05 다음 지도에 나타난 근대화 운동에서 제기된 주장을 보기에서 모두 고르면?
중 난이도

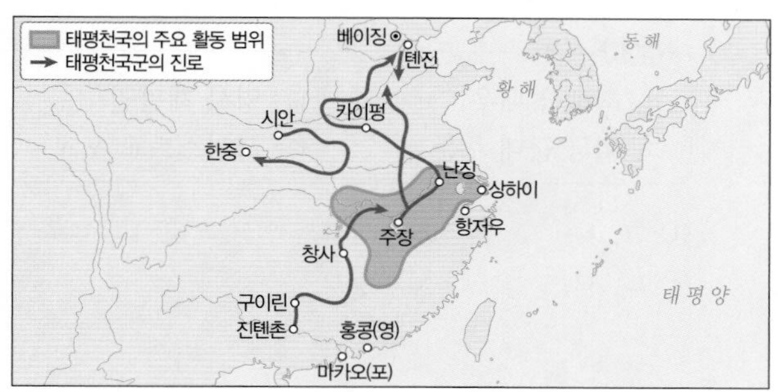

보기
ㄱ. 남녀평등　　ㄴ. 중체서용
ㄷ. 토지 균등 분배　　ㄹ. 입헌 군주제 확립

① ㄱ, ㄴ　② ㄱ, ㄷ　③ ㄴ, ㄷ
④ ㄴ, ㄹ　⑤ ㄷ, ㄹ

06 다음과 같은 주장을 한 근대화 운동으로 옳은 것은?

중 난이도

① 신해혁명　② 양무운동
③ 의화단 운동　④ 태평천국 운동
⑤ 변법자강 운동

07 다음에서 설명하는 근대화 운동이 실패한 원인으로 옳은 것을 보기에서 모두 고르면?
중요
중 난이도

> • 중심 인물: 이홍장, 증국번
> • 내용: 군수 공장 설립, 근대적 군대 양성, 신식 학교 설립 등

보기
ㄱ. 서양의 기술만을 배우고자 하였다.
ㄴ. 지방 관료가 추진하여 일관성이 없었다.
ㄷ. 서태후를 비롯한 보수파가 정변을 일으켰다.
ㄹ. 영국, 일본을 비롯한 8개국 연합군이 진압하였다.

① ㄱ, ㄴ　② ㄱ, ㄷ　③ ㄴ, ㄷ
④ ㄴ, ㄹ　⑤ ㄷ, ㄹ

[08~09] 다음 글을 읽고 물음에 답하시오.

> 개혁적 지식인들이 황제의 지지 속에 입헌 군주제와 의회 제도를 도입하여 정치 제도를 개혁하고, 과거제 폐지와 서양식 교육 도입, 신식 군대 육성 등을 도모하였으나, 보수파의 반발로 100여 일 만에 실패로 끝났다.

08 위와 같은 상황이 전개된 시기를 연표에서 고르면?
중 난이도

	1851		1861		1894		1899	
(가)		(나)		(다)		(라)		(마)
	태평천국 운동		양무 운동		청일 전쟁		의화단 운동	

① (가)　② (나)　③ (다)　④ (라)　⑤ (마)

09 밑줄 친 '개혁적 지식인'에 해당하는 인물로 옳은 것은?
중 난이도

① 홍수전　② 증국번
③ 이홍장　④ 캉유웨이
⑤ 위안스카이

[10~11] 다음 자료를 보고 물음에 답하시오.

▲ 철도를 파괴하는 의화단원

10 위 운동에서 제기된 주장으로 적절한 것은?

중 난이도

① 청을 도와 서양 세력을 몰아내자.
② 메이지 유신을 본받아 제도를 개혁하자.
③ 청을 무너뜨리고 공화제 정부를 수립하자.
④ 만주족을 몰아내고 한족의 국가를 세우자.
⑤ 중국의 전통은 지키고 서양의 기술을 배우자.

11 위 운동의 결과 체결된 조약의 내용으로 옳은 것은?

중 난이도

① 홍콩을 영국에 할양하였다.
② 러시아에 연해주를 넘겨주었다.
③ 크리스트교의 포교를 허용하였다.
④ 상하이를 비롯한 5개 항구를 개항하였다.
⑤ 베이징에 외국 군대의 주둔을 허용하였다.

12 중요 다음 사건의 결과로 옳은 것을 보기에서 모두 고르면?

중 난이도

> 청 정부는 재정 위기를 해결하기 위해 민간 철도를 국유화하고 이를 담보로 외국 자본을 빌리려고 하였다. 이에 반대하는 움직임이 확산되는 가운데 우창의 신식 군대가 봉기를 일으키자 여러 지역이 청으로부터 독립을 선언하였다.

보기
ㄱ. 8개국 연합군이 진압에 나섰다.
ㄴ. 위안스카이가 청 황제를 퇴위시켰다.
ㄷ. 서태후를 비롯한 보수파가 반발하였다.
ㄹ. 중국 최초의 공화국인 중화민국을 세웠다.

① ㄱ, ㄴ ② ㄱ, ㄷ ③ ㄴ, ㄷ
④ ㄴ, ㄹ ⑤ ㄷ, ㄹ

13 다음과 같은 주장을 한 인물로 옳은 것은?

하 난이도

> 민족주의는 만주족의 통치를 뒤엎고 한족 정권을 회복하는 것이며, 민권주의는 군주제를 철폐하는 것이며, 민생주의는 토지 소유를 균등하게 하는 것이다.

① 쑨원 ② 홍수전
③ 이홍장 ④ 캉유웨이
⑤ 위안스카이

14 다음 ㉠에 들어갈 내용으로 옳은 것을 보기에서 모두 고르면?

중 난이도

> 에도 막부는 페리 함대의 군사적 위협에 굴복하여 미일 화친 조약을 맺어 개항하였고, 뒤이어 미일 수호 통상 조약을 체결하였다. 이 조약들은 (㉠)을(를) 인정한 불평등 조약이었다.

보기
ㄱ. 최혜국 대우 ㄴ. 영사 재판권
ㄷ. 외국 군대 주둔 ㄹ. 크리스트교 포교

① ㄱ, ㄴ ② ㄱ, ㄷ ③ ㄴ, ㄷ
④ ㄴ, ㄹ ⑤ ㄷ, ㄹ

15 중요 다음과 같은 변화를 가져온 일본의 개혁에 대한 설명으로 옳은 것을 보기에서 모두 고르면?

중 난이도

▲ 근대 공장 설립

▲ 근대 교육 실시

보기
ㄱ. '중체서용'을 내세웠다.
ㄴ. 자유 민권 운동을 전개하였다.
ㄷ. 번을 폐지하고 현을 설치하였다.
ㄹ. 징병제와 신식 교육을 실시하였다.

① ㄱ, ㄴ ② ㄱ, ㄷ ③ ㄴ, ㄷ
④ ㄴ, ㄹ ⑤ ㄷ, ㄹ

16 (가), (나) 전쟁의 결과 체결된 조약을 바르게 연결한 것은?

중 난이도

(가) 1894년 조선에서 동학 농민 운동이 일어나자 일본은 이를 계기로 청일 전쟁을 일으켰다.
(나) 1904년 일본은 만주와 한반도 지배권을 둘러싸고 러시아와 대립하다가 러일 전쟁을 일으켰다.

	(가)	(나)
①	강화도 조약	포츠머스 조약
②	강화도 조약	시모노세키 조약
③	포츠머스 조약	강화도 조약
④	포츠머스 조약	시모노세키 조약
⑤	시모노세키 조약	포츠머스 조약

17 강화도 조약 이후 조선이 추진한 개화 정책을 보기에서 모두 고르면?

하 난이도

보기
ㄱ. 신식 군대인 별기군을 창설하였다.
ㄴ. 구식 군인들이 임오군란을 일으켰다.
ㄷ. 유생들이 위정척사 운동을 전개하였다.
ㄹ. 일본에 수신사와 조사 시찰단을 보냈다.

① ㄱ, ㄴ ② ㄱ, ㄹ ③ ㄴ, ㄷ
④ ㄴ, ㄹ ⑤ ㄷ, ㄹ

18 조선의 근대화 운동을 순서대로 바르게 나열한 것은?

중 난이도

ㄱ. 갑신정변 ㄴ. 광무개혁
ㄷ. 독립 협회 설립 ㄹ. 동학 농민 운동

① ㄱ－ㄴ－ㄷ－ㄹ ② ㄱ－ㄷ－ㄹ－ㄴ
③ ㄱ－ㄹ－ㄷ－ㄴ ④ ㄴ－ㄱ－ㄷ－ㄹ
⑤ ㄴ－ㄷ－ㄱ－ㄹ

주관식·서술형

19 다음 글을 읽고 물음에 답하시오.

(가) 태평천국 운동을 진압한 이홍장 등 한인 관리들이 서양의 과학 기술을 받아들여 부국강병 정책을 추진하였다.
(나) 캉유웨이를 비롯한 개혁적 지식인들이 일본의 메이지 유신을 모델로 개혁을 추진하였다.

(1) (가), (나) 운동의 명칭을 쓰시오.

(가) ________ (나) ________

(2) (가), (나) 운동의 차이점을 서술하시오.

20 쑨원이 주장한 삼민주의의 내용을 서술하시오.

21 다음 밑줄 친 '개혁'의 명칭을 쓰시오.

개항 이후 일본에서는 일부 지방의 하급 무사들이 에도 막부를 무너뜨리고 천황 중심의 새로운 정부를 세워 대대적인 <u>개혁</u>을 추진하였다.

22 다음 ㉠에 들어갈 알맞은 말을 쓰시오.

임오군란 이후 청의 간섭이 심해지자 김옥균을 비롯한 급진 개화파 세력은 (㉠)을(를) 일으켰다.

01 제1차 세계 대전과 국제 질서의 변화

1 제1차 세계 대전

(1) 제국주의 국가 간의 대립

3국 동맹	독일, 오스트리아·헝가리 제국, 이탈리아
3국 협상	영국, 프랑스, 러시아
❶ □□□□의 상황	'유럽의 화약고'라 불리며 범슬라브주의와 범게르만주의의 대립 심화

(2) 제1차 세계 대전의 전개

발단	사라예보 사건(1914) → 오스트리아·헝가리 제국이 세르비아에 선전 포고, 동맹국과 협상국 참전 → 세계 대전으로 확대
경과	• 불가리아·오스만 제국 → 동맹국, 이탈리아·일본 → 연합국 • 독일의 무제한 잠수함 작전 → ❷ □□이 연합국으로 참전 • 독일 항복으로 전쟁 종결(1918) → 연합국 승리
특징	신무기 등장, 참호전, 총력전

2 러시아 혁명

(1) 배경과 전개

배경	산업화로 노동자 계층 증가 → 사회주의 확산 → 전제 정치 심화 → 피의 일요일 사건 → 황제의 헌법 제정, ❸ □□(두마) 설치 약속 → 성과 없이 제1차 세계 대전으로 중단
전개	• 2월 혁명: ❹ □□□□를 조직하여 임시 정부 수립 • 10월 혁명: 레닌이 이끄는 볼셰비키가 소비에트 혁명 정부 수립

(2) 소련의 수립과 사회주의의 확산

❺ □□의 정책	• 독일과 강화 조약 체결, 사회주의 개혁 추진, 신경제 정책 실시, 소비에트 사회주의 공화국 연방(소련) 결성 • 코민테른: 세계 각국에 공산당 결성, 반제국주의 운동 확산
❻ □□□의 정책	독재 체제 강화, 경제 개발 5개년 계획 추진

3 제1차 세계 대전 이후의 세계

파리 강화 회의	전후 처리 문제 논의, 미국 윌슨 대통령의 14개조 평화 원칙을 기초로 진행
❼ □□□□ 조약	독일과 전승국 사이에 체결 → 독일의 영토 축소, 군대 보유 제한, 막대한 배상금 강요 → 승전국 중심의 새로운 국제 질서인 베르사유 체제 성립
❽ □□ □□ 창설	국제 평화를 목적으로 창설 → 침략국을 제재할 군사적 수단 동원 불가능

4 아시아 지역의 민족 운동

한국	3·1 운동 → ❾ □□□□□□□□□ 수립
중국	신문화 운동, 21개조 요구 → 5·4 운동 → 국공 합작
인도	간디, 네루의 독립 운동 → 인도의 자치권 일부 허용
베트남	호찌민 → 베트남 공산당 결성
오스만 제국	무스타파 케말 → ❿ □□□□ 공화국 수립
이집트	적극적 반영 운동으로 독립 달성

정답 ❶ 발칸반도 ❷ 미국 ❸ 의회 ❹ 소비에트 ❺ 레닌 ❻ 스탈린 ❼ 베르사유 ❽ 국제 연맹 ❾ 대한민국 임시 정부 ❿ 튀르키예

실력 확인 문제

01 다음 ㉠에 들어갈 국가로 옳은 것은?

(하) 난이도

> 제국주의 경쟁에 뛰어든 독일은 오스트리아·헝가리 제국, (㉠)을(를) 끌어들여 3국 동맹을 맺었다.

① 미국 ② 영국 ③ 러시아
④ 프랑스 ⑤ 이탈리아

02 다음 풍자화와 관련된 지역에 대한 설명으로 옳지 않은 것은?

(중) 난이도

① '유럽의 화약고'라고 불린 발칸반도를 풍자한 것이다.
② 19세기부터 범게르만주의와 범슬라브주의가 등장하며 대립이 심화되었다.
③ 범게르만주의의 세르비아와 범슬라브주의의 오스트리아·헝가리 제국이 대립하였다.
④ 오스트리아·헝가리 제국이 보스니아 헤르체고비나를 합병하자 세르비아와의 긴장이 고조되어 갔다.
⑤ 다양한 민족이 살고 있는 발칸반도를 오스만 제국이 지배하면서 민족, 종교 문제가 발생하기 시작하였다.

03 다음 사건을 일어난 순서대로 바르게 나열한 것은?

(하) 난이도

> ㄱ. 사라예보 사건
> ㄴ. 3국 동맹, 3국 협상 결성
> ㄷ. 오스트리아·헝가리 제국이 세르비아에 선전 포고

① ㄱ－ㄴ－ㄷ ② ㄱ－ㄷ－ㄴ
③ ㄴ－ㄱ－ㄷ ④ ㄴ－ㄷ－ㄱ
⑤ ㄷ－ㄱ－ㄴ

04 다음에서 설명하는 사건의 영향으로 옳은 것은?

중 난이도

The New York Times.
LUSITANIA SUNK BY A SUBMARINE, PROBABLY 1,000 DEAD; TWICE TORPEDOED OFF IRISH COAST; SINKS IN 15 MINUTES; AMERICANS ABOARD INCLUDED VANDERBILT AND FROHMAN; WASHINGTON BELIEVES THAT A GRAVE CRISIS IS AT HAND

영국이 독일을 압박하려고 해상을 봉쇄하자, 독일이 영국에서 서유럽으로 향하는 모든 배를 무차별 공격하였다.

① 미국이 연합국으로 참전하였다.
② 이탈리아가 연합국 측에 가담하였다.
③ 러시아에서 사회주의 혁명이 일어났다.
④ 동부 전선에서 독일군이 러시아군에 승리를 거두었다.
⑤ 오스트리아·헝가리 제국의 황태자 부부가 암살당하였다.

05 다음과 관련된 제1차 세계 대전의 특징으로 옳지 않은 것은?

중요 · 중 난이도

산업 혁명 이후 이룩한 과학 기술 발전은 제1차 세계 대전을 지금까지 인류가 겪었던 전쟁과는 전혀 다른 양상으로 만들었다.

① 기관총, 장거리 대포 등 새로운 무기가 사용되었다.
② 독가스 등 화학 무기의 사용으로 방독면이 개발되었다.
③ 전선을 따라 참호를 파고 대치하면서 전쟁이 장기화되었다.
④ 적의 포격을 막아 내며 참호를 돌파하기 위해 탱크가 사용되었다.
⑤ 전쟁에 투입된 군인뿐만 아니라 후방의 군수 공장에서도 남성들의 역할이 확대되었다.

06 러시아 혁명의 배경으로 옳은 것을 보기에서 모두 고르면?

중 난이도

보기

ㄱ. 대공황으로 경제가 악화되었다.
ㄴ. 제1차 세계 대전의 참전으로 경제난이 심화되었다.
ㄷ. 자유주의, 사회주의 사상이 확산되었지만 전제 정치는 계속되었다.
ㄹ. 상공업이 발달하며 성장한 시민 계급이 구제도의 모순을 비판하기 시작하였다.

① ㄱ, ㄴ　② ㄱ, ㄷ　③ ㄴ, ㄷ
④ ㄴ, ㄹ　⑤ ㄷ, ㄹ

07 다음 러시아에서 일어난 (가)~(다) 사건에 대한 설명으로 옳지 않은 것은?

중요 · 중 난이도

(가)	피의 일요일 사건
↓	
(나)	2월 혁명
↓	
(다)	10월 혁명

① (가): 노동자들의 평화적 시위를 무력으로 진압하였다.
② (가): 황제는 헌법 제정과 의회 설치를 약속하였으나 성과를 거두지 못하였다.
③ (나): 로마노프 왕조가 무너지고 임시 정부가 수립되었다.
④ (나): 시민과 노동자들이 선거권을 요구하며 혁명을 일으켰다.
⑤ (다): 레닌이 이끄는 볼셰비키가 무장 봉기를 통해 임시 정부를 무너뜨렸다.

08 다음 ㉠에 들어갈 인물로 옳은 것은?

중 난이도

(㉠)은(는) 러시아에서 혁명이 일어나자 전쟁을 중지하고 모든 권력을 소비에트가 가져야 '빵과 토지, 평화'를 얻을 수 있다고 주장하였다. 이를 바탕으로 그는 10월 혁명을 성공시키고 사회주의 국가를 세웠다.

① 레닌　② 윌슨　③ 처칠
④ 스탈린　⑤ 히틀러

09 다음 밑줄 친 ㉠의 사례로 옳은 것은?

중 난이도

러시아 혁명의 확산
러시아 혁명 이후 사회주의가 확산되며 ㉠ 여러 국가에 영향을 미쳤다.

① 프랑스에서 7월 혁명이 일어났다.
② 일본은 메이지 유신을 추진하였다.
③ 이탈리아에서 공산당이 결성되었다.
④ 인도에서 세포이의 항쟁이 일어났다.
⑤ 영국에서 차티스트 운동이 전개되었다.

10 러시아 혁명 이후 레닌이 추진한 정책으로 옳지 않은 것은?

중 난이도

① 코민테른 조직
② 신경제 정책(NEP) 실시
③ 경제 개발 5개년 계획 추진
④ 주요 산업 시설과 토지의 국유화
⑤ 소비에트 사회주의 공화국 연방(소련) 결성

중요

11 베르사유 조약에 대한 설명으로 적절한 것을 보기에서 모두 고르면?

중 난이도

보기
ㄱ. 국제 연맹이 체결을 주도하였다.
ㄴ. 승전국과 독일이 맺은 조약이다.
ㄷ. 독일에 막대한 배상금을 강요하였다.
ㄹ. 제2차 세계 대전이 끝나고 맺어진 조약이다.

① ㄱ, ㄴ ② ㄱ, ㄷ ③ ㄴ, ㄷ
④ ㄴ, ㄹ ⑤ ㄷ, ㄹ

12 다음 국제 평화를 위한 노력을 일어난 순서대로 바르게 나열한 것은?

상 난이도

ㄱ. 워싱턴 회의
ㄴ. 국제 연맹 창설
ㄷ. 부전 조약 체결

① ㄱ－ㄴ－ㄷ ② ㄱ－ㄷ－ㄴ
③ ㄴ－ㄱ－ㄷ ④ ㄴ－ㄷ－ㄱ
⑤ ㄷ－ㄱ－ㄴ

중요

13 국제 연맹에 대한 설명으로 옳지 않은 것은?

중 난이도

① 독일과 소련의 가입을 허용하지 않았다.
② 미국은 의회의 반대로 참여하지 못하였다.
③ 국제 평화와 안전 유지를 위해 설립되었다.
④ 해군 함선의 수량 제한 및 폐기를 합의하였다.
⑤ 침략국을 제재할 군사력을 보유하지 못하였다.

14 다음 밑줄 친 '베르사유 체제'에 대한 설명으로 옳지 않은 것은?

하 난이도

베르사유 조약으로 승전국 중심의 새로운 국제 질서가 마련되었는데 이를 베르사유 체제라고 한다.

① 독일의 군대가 지원병 제도로만 축소되었다.
② 독일은 해외 식민지와 영토의 일부를 상실하였다.
③ 미국은 전후 처리를 주도하며 영향력을 확대하였다.
④ 민족 자결주의 원칙에 따라 모든 약소국이 독립하였다.
⑤ 승전국은 다른 패전국과 개별 강화 조약을 체결하였다.

중요

15 중국의 5·4 운동에 대한 설명으로 옳은 것을 보기에서 모두 고르면?

중 난이도

보기
ㄱ. 미국의 지원을 받았다.
ㄴ. 베이징 학생들의 시위로 시작되었다.
ㄷ. 민족 자결주의 원칙의 영향을 받았다.
ㄹ. 일본의 메이지 유신을 모델로 개혁을 추진하였다.

① ㄱ, ㄴ ② ㄱ, ㄷ ③ ㄴ, ㄷ
④ ㄴ, ㄹ ⑤ ㄷ, ㄹ

16 다음 ㉠～㉢에 대한 설명으로 옳지 않은 것은?

중 난이도

제1차 세계 대전 중 일본은 중국 정부에 ㉠'21개조 요구'를 강요하였다. 이에 중국은 일본의 요구를 무효화하고자 하였으나 ㉡열강이 이를 승인하였다. 이러한 소식이 전해지자 중국에서는 대대적인 ㉢민족 운동이 일어났다.

① ㉠: 산둥반도에 관한 이권을 요구하는 내용 등이 포함되었다.
② ㉡: 파리 강화 회의에서 영국, 프랑스 등이 일본의 요구를 인정하였다.
③ ㉢: 반제국주의·반군벌적 성격의 운동이다.
④ ㉢: 이후 중국 국민당과 중국 공산당이 조직되었다.
⑤ ㉢: 어떠한 위협에도 폭력을 쓰지 않는다는 비폭력·불복종 운동을 전개하였다.

17 다음 (가) 시기에 중국에서 일어난 일로 옳은 것은?

상 난이도

제1차 국공 합작 → (가) → 제2차 국공 합작

① 톈안먼 시위가 발생하였다.
② 국민당과 공산당이 연합하여 항일 투쟁에 나섰다.
③ 위안스카이가 혁명파와 손잡고 황제를 퇴위시켰다.
④ 장제스가 공산당을 몰아내고 국민당 정부를 세웠다.
⑤ 유교를 비판하고 과학과 민주주의를 강조하는 신문화 운동을 전개하였다.

18 인도에서 민족 운동이 일어난 배경으로 옳은 것을 보기에서 모두 고르면?

중 난이도

보기

ㄱ. 군벌이 곳곳에서 일어났다.
ㄴ. 제1차 세계 대전 이후 이후 영국의 식민 지배가 강화되었다.
ㄷ. 제1차 세계 대전에서 자치를 약속받고 영국을 지원하였다.
ㄹ. 카자르 왕조가 영국에 담배 독점 판매권을 넘겨 반영 감정이 높아졌다.

① ㄱ, ㄴ ② ㄱ, ㄷ ③ ㄴ, ㄷ
④ ㄴ, ㄹ ⑤ ㄷ, ㄹ

19 다음 ㉠에 들어갈 인물로 옳은 것은?

하 난이도

베트남은 독립 보장을 조건으로 제1차 세계 대전에서 프랑스를 지원하였다. 그러나 프랑스가 약속을 지키지 않자 (㉠)은(는) 베트남 공산당을 결성하여 독립 운동을 전개하였다.

① 간디 ② 네루 ③ 쑨원
④ 장제스 ⑤ 호찌민

중요 **20** 각국의 민족 운동에 대한 설명으로 옳지 않은 것은?

중 난이도

① 필리핀은 미국으로부터 자치권을 인정받았다.
② 태국은 프랑스의 지배에 맞서 독립 운동을 전개하였다.
③ 오스만 제국은 술탄제를 폐지하고 튀르키예 공화국을 수립하였다.
④ 이집트는 영국이 수에즈 운하 관리권을 유지하는 조건으로 독립을 인정받았다.
⑤ 인도네시아는 수카르노가 결성한 국민당과 이슬람 동맹이 네덜란드에 맞서 독립 운동을 전개하였다.

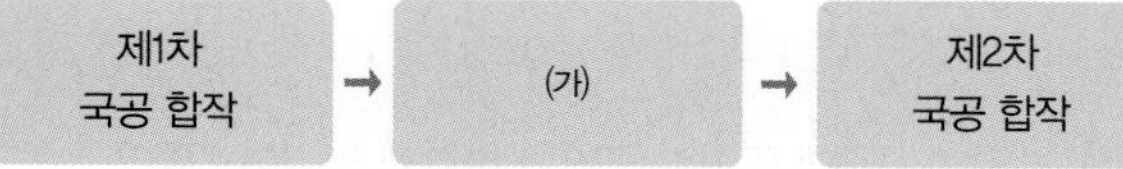

주관식·서술형

21 다음 글의 ㉠에 들어갈 국가를 쓰시오.

발칸반도에서 (㉠)와(과) 오스트리아·헝가리 제국이 대립하는 가운데, 이 지역의 사라예보를 방문한 오스트리아·헝가리 제국의 황태자 부부가 (㉠)계 청년에게 암살되었다. 이에 오스트리아·헝가리 제국은 (㉠)에 선전 포고를 하였고 제1차 세계 대전이 일어났다.

22 다음 글의 ㉠에 들어갈 정책을 쓰시오.

레닌은 러시아 혁명 이후 경제난이 심화되자 자본주의적 요소를 일부 허용하는 (㉠)(NEP)을(를) 실시하였다.

23 다음 글을 읽고 물음에 답하시오.

베르사유 조약

• (㉠)은(는) 해외 식민지에 관한 모든 권한을 연합국의 주요 국가에 넘긴다.
• (㉠)은(는) 알자스·로렌을 프랑스에 반환한다.
• (㉠)은(는) 200억 마르크 금화에 해당하는 배상금을 우선 지불한다.

(1) ㉠에 들어갈 국가를 쓰시오.

(2) 자료의 내용으로 알 수 있는 베르사유 조약의 특징을 서술하시오.

24 다음 밑줄 친 두 인물이 전개한 민족 운동을 비교하여 서술하시오.

제1차 세계 대전 이후 인도인에 대한 영국의 탄압이 계속되자 <u>간디</u>와 <u>네루</u>는 영국에 저항하는 민족 운동을 이끌었다.

02 대공황과 제2차 세계 대전 ~ 03 민주주의와 평화 확산을 위한 노력

2 대공황과 제2차 세계 대전

1 대공황의 발생과 전체주의의 등장

(1) **대공황의 발생과 극복 노력**

대공황	제1차 세계 대전 이후 ❶ ___ 이 세계 경제 주도 → 생산·소비 불균형 → 대공황 발생(1929) → 전 세계로 확산
미국	❷ ___ 실시 → 국가가 경제에 적극 개입, 대규모 공공사업 실시, 사회 보장 제도 강화
영국·프랑스	블록 경제 실시로 자국 산업 보호

(2) **전체주의의 출현**

전체주의	민족이나 국가 전체의 이익을 강조하며 개인의 희생 강요
이탈리아	무솔리니의 파시스트당이 정권 장악 → 에티오피아 침공
독일	❸ ___ 의 나치당이 일당 독재 체제 수립 → 오스트리아, 체코슬로바키아 합병
일본	군부 세력이 정권 장악 → ❹ ___ 강화, 만주 사변, 중일 전쟁

2 제2차 세계 대전

발단		독·소 불가침 조약 체결 → 독일의 ❺ ___ 침공
전개	유럽 전선	• 영국, 프랑스의 선전 포고 → 독일의 계속된 승리 → 프랑스 파리 점령 → 독·소 불가침 조약 파기 • 독일의 스탈린그라드 전투 패배 → 연합국의 노르망디 상륙 작전 → 소련군의 베를린 포위 → 독일의 항복(1945. 5.)
	아시아·태평양 전선	• 일본의 동남아시아 침략 → 미국의 경제 제재 → ❻ ___ 기습(태평양 전쟁) → 미국의 참전 • 일본의 미드웨이 해전 패배 → 미국의 ❼ ___ 투하 → 일본 항복(1945. 8.)

3 민주주의와 평화 확산을 위한 노력

1 민주주의의 확산

정치·경제 체제의 변화	제1차 세계 대전 이후 유럽 대부분 국가에서 ❽ ___ 수립, 보통 선거 채택, 자본주의 발전
여성 참정권 운동	제1차 세계 대전부터 여성의 사회·경제적 참여 확대 → 유럽, 미국 등에서 여성 ❾ ___ 인정
노동자의 권리 보호	제1차 세계 대전에서 노동자 역할 확대로 사회적 지위 상승 → 유럽 각국 노동조합 결성, 미국 와그너법으로 단결권·단체 교섭권 인정, 국제 노동 기구 설립

2 인권 회복과 평화 확산을 위한 노력

대량 학살과 인권 유린	제2차 세계 대전 전후 대량 살상 무기 사용, 집단 학살, 대도시 공습 → 홀로코스트(독일), 난징 대학살, 731 부대, 일본군 '위안부'(일본) 등 다수 민간인 희생 발생
평화 확산 노력	• 전후 처리 회담, 독일·일본 전범 재판 • ❿ ___ ___(UN) 창설: 강대국 참여, 군사적 제재 수단 보유

정답 ❶ 미국 ❷ 뉴딜 정책 ❸ 히틀러 ❹ 군국주의 ❺ 폴란드 ❻ 진주만 ❼ 원자 폭탄 ❽ 공화정 ❾ 참정권 ❿ 국제 연합

실력 확인 문제

01 다음 ㉠, ㉡에 들어갈 국가를 바르게 연결한 것은?

난이도 중

> 제1차 세계 대전 이후 (　㉠　)이(가) 세계 경제를 주도하였다. 그러나 급격하게 늘어난 생산에 비해 소비가 늘어나지 않아 재고가 쌓여 갔다. 이후 (　㉡　)의 주가가 급격하게 하락하며 대공황이 시작되었다.

	㉠	㉡
①	미국	미국
②	일본	미국
③	중국	일본
④	독일	영국
⑤	프랑스	소련

02 미국에서 다음과 같은 정책을 시행한 배경으로 옳은 것은?

난이도 하

> 국가가 기업의 생산 활동에 개입하고 생산을 조절하였다. 또한 대규모 공공사업을 통해 실업자를 구제하고 사회 보장 제도를 실시하였다.

① 대공황이 발생하였다.
② 신경제 정책이 실시되었다.
③ 사회주의 정권이 수립되었다.
④ 경제 개발 5개년 계획을 실시하였다.
⑤ 범슬라브주의와 범게르만주의가 대립하였다.

03 중요 각국의 대공황 극복 노력으로 옳은 것을 보기에서 모두 고르면?

난이도 중

> 보기
> ㄱ. 미국: 뉴딜 정책 실시
> ㄴ. 독일: 자유방임주의의 경제 원칙 적용
> ㄷ. 영국: 본국과 식민지를 묶는 블록 경제 실시
> ㄹ. 프랑스: 독재 체제를 수립하고 비밀경찰을 이용한 강압적 정책 시행

① ㄱ, ㄴ　② ㄱ, ㄷ　③ ㄴ, ㄷ
④ ㄴ, ㄹ　⑤ ㄷ, ㄹ

정답 45쪽

04 뉴딜 정책의 내용으로 옳지 않은 것은?

중 난이도

① 사회 보장법 ② 농업 조정법
③ 대규모 공공사업 ④ 국가 산업 부흥법
⑤ 보통 선거권 보장

05 다음 ㉠에 들어갈 내용으로 옳지 않은 것은?

중 난이도

> 역사 탐구 계획서
> • 주제: 전체주의의 등장
> • 내용: ㉠

① 개인의 희생을 강요하였다.
② 민족 자결주의를 제시하였다.
③ 국가 전체의 이익을 강조하였다.
④ 대공황을 극복하는 과정에서 강화되었다.
⑤ 파시스트당의 정권 장악으로 시작되었다.

중요 **06** 다음에서 설명하는 국가로 옳은 것은?

하 난이도

> 베르사유 조약으로 많은 배상금을 지불하였고, 대공황으로 다시 타격을 입었다. 이후 나치당이 선거에서 승리하며 일당 독재 체제를 수립하였다.

① 독일 ② 일본 ③ 프랑스
④ 에스파냐 ⑤ 이탈리아

07 다음 연설 이후 전개된 상황으로 옳은 것은?

상 난이도

> 1941년 12월 7일, 치욕스러운 날로 기억될 어제, 일본의 해군과 공군은 미합중국을 용의주도하게 기습 공격하였습니다. …… 일본은 태평양 전역을 기습 공격한 셈입니다.
>
> – 루스벨트 대통령의 미국 의회 연설 –

① 일본이 중일 전쟁을 일으켰다.
② 미국이 제2차 세계 대전에 참전하였다.
③ 독일과 일본은 방공 협정을 체결하였다.
④ 일본이 하와이 진주만 기지를 기습하였다.
⑤ 미국이 일본에 석유와 철강 수출을 금지하였다.

중요 **08** 다음 (가) 시기에 들어갈 사건으로 옳지 않은 것은?

상 난이도

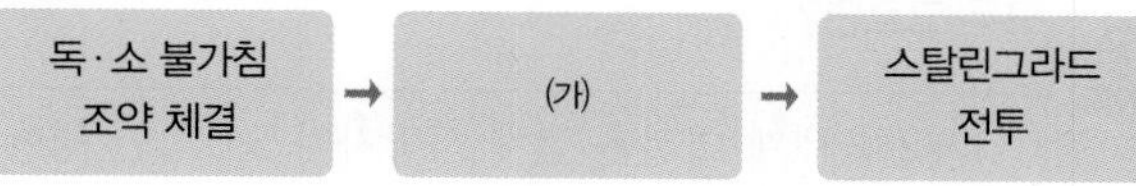

① 독일의 파리 점령
② 독일의 폴란드 침공
③ 일본의 진주만 기습
④ 일본에 원자 폭탄 투하
⑤ 영국과 프랑스의 선전 포고

09 태평양 전쟁 중의 일을 일어난 순서대로 바르게 나열한 것은?

중 난이도

> ㄱ. 미드웨이 해전
> ㄴ. 미국의 경제 제재 정책
> ㄷ. 일본의 하와이 진주만 기습

① ㄱ – ㄴ – ㄷ ② ㄱ – ㄷ – ㄴ
③ ㄴ – ㄱ – ㄷ ④ ㄴ – ㄷ – ㄱ
⑤ ㄷ – ㄱ – ㄴ

10 다음 ㉠, ㉡에 들어갈 말을 바르게 연결한 것은?

하 난이도

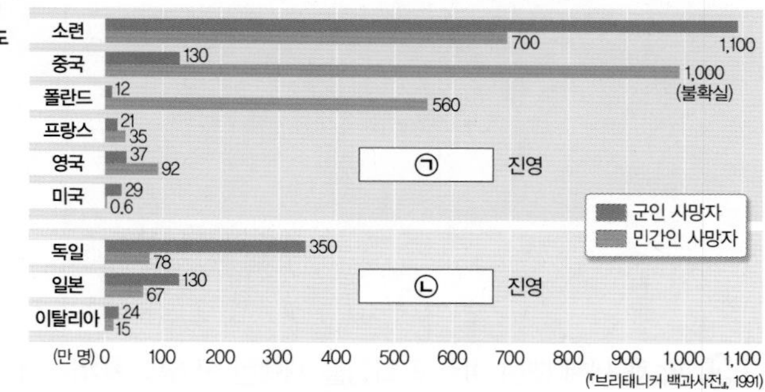

	㉠	㉡
①	동맹국	연합국
②	동맹국	추축국
③	연합국	동맹국
④	연합국	추축국
⑤	추축국	연합국

11 다음 밑줄 친 ㉠ 상황이 나타난 원인으로 옳은 것을 보기에서 모두 고르면?

중요 / 중 난이도

> 제2차 세계 대전은 전체 사망자가 5,000만 명에 달할 정도로 역사상 가장 피해가 큰 전쟁이었다. 사망자가 가장 많았던 나라는 소련이었다. 일본군에 의한 민간인 사망이 많았던 중국과 유대인이 많이 살고 있는 폴란드에서도 ㉠민간인 사상자가 많았다.

보기
ㄱ. 식민지 쟁탈전의 심화
ㄴ. 전염병과 기아의 발생
ㄷ. 대도시 공습과 대량 학살
ㄹ. 무제한 잠수함 작전 실시

① ㄱ, ㄴ ② ㄱ, ㄷ ③ ㄴ, ㄷ
④ ㄴ, ㄹ ⑤ ㄷ, ㄹ

12 다음 ㉠에 들어갈 검색어로 옳은 것은?

하 난이도

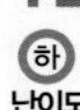
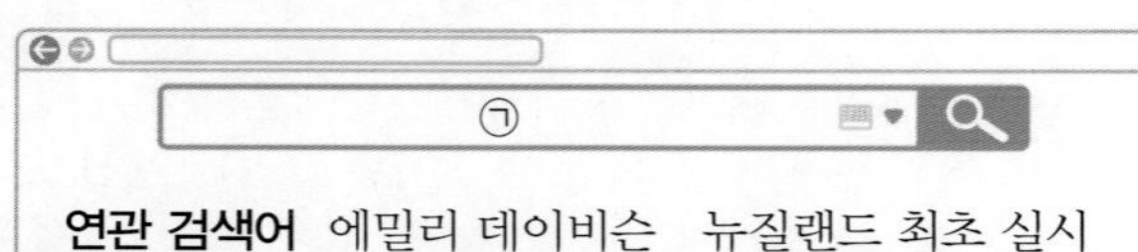

① 산업 혁명 ② 노동 운동
③ 인종 차별 ④ 사회주의의 확산
⑤ 여성 참정권 운동

13 제1차 세계 대전 이후 공화정을 채택한 국가를 보기에서 모두 고르면?

하 난이도

보기
ㄱ. 독일 ㄴ. 영국
ㄷ. 러시아 ㄹ. 이탈리아

① ㄱ, ㄴ ② ㄱ, ㄷ ③ ㄴ, ㄷ
④ ㄴ, ㄹ ⑤ ㄷ, ㄹ

14 다음 밑줄 친 '다양한 정책'에 해당하는 내용으로 옳지 않은 것은?

상 난이도

> 미국은 대공황 이후 다양한 정책을 시행하며 노동자의 권리를 신장시켰고, 이는 유럽에서도 노동자의 권리를 확대하는 계기가 되었다.

① 최저 임금제 시행
② 노동자의 단결권 인정
③ 주 40시간 근로제 도입
④ 노동자에게 선거권 부여
⑤ 노동자의 단체 교섭권 인정

15 여성의 참정권이 확대된 배경으로 옳은 것을 보기에서 모두 고르면?

중 난이도

보기
ㄱ. 와그너법의 제정
ㄴ. 차티스트 운동의 전개
ㄷ. 전쟁 중 여성의 역할 확대
ㄹ. 공화정과 민주주의 제도의 확대

① ㄱ, ㄴ ② ㄱ, ㄷ ③ ㄴ, ㄷ
④ ㄴ, ㄹ ⑤ ㄷ, ㄹ

16 다음 내용을 포괄하는 주제로 가장 적절한 것은?

중요 / 하 난이도

> • 아우슈비츠 수용소 • 홀로코스트

① 유대인 대학살
② 대공황 극복 노력
③ 국제 평화 유지 노력
④ 제2차 세계 대전의 종결
⑤ 일본군 '위안부' 강제 동원

17 다음 (가)에 들어갈 내용으로 옳은 것은?
중 난이도

카이로 회담 → (가) → 포츠담 회담

① 얄타 회담 ② 워싱턴 회의
③ 국제 연맹 조직 ④ 파리 강화 회의
⑤ 대서양 헌장 발표

18 제2차 세계 대전 전후 평화를 위한 노력으로 옳지 않은 것은?
하 난이도

① 국제 연합(UN) 결성
② 대서양 헌장으로 전쟁 이후 평화 원칙 발표
③ 미국 윌슨 대통령의 14개조 평화 원칙 제시
④ 뉘른베르크 군사 재판에서 나치당 전범 처벌
⑤ 극동 국제 군사 재판에서 태평양 전쟁 전범 처벌

19 제2차 세계 대전 전후 처리 과정에 대한 설명으로 옳은 것은?
상 난이도

① 대서양 헌장: 국제 연맹 창설 합의
② 포츠담 회담: 독일 분할 점령 논의
③ 얄타 회담: 일본에 무조건 항복 요구
④ 얄타 회담: 전후 영토 처리 문제 논의
⑤ 카이로 회담: 한국의 독립과 중국 점령지 반환

20 중요 국제 연합에 대한 설명으로 옳은 것을 보기에서 모두 고르면?
상 난이도

보기
ㄱ. 국제 분쟁을 억제할 군사적 능력을 보유하였다.
ㄴ. 5개 상임 이사국은 결의안에 대한 거부권을 가진다.
ㄷ. 안전 보장 이사회는 법적 분쟁을 해결하는 특별 기구이다.
ㄹ. 5개의 상임 이사국은 미국, 러시아, 프랑스, 영국, 일본으로 구성되어 있다.

① ㄱ, ㄴ ② ㄱ, ㄷ ③ ㄴ, ㄷ
④ ㄴ, ㄹ ⑤ ㄷ, ㄹ

주관식·서술형

21 다음 ㉠, ㉡에 들어갈 알맞은 말을 각각 쓰시오.

미국의 루스벨트 대통령은 (㉠)을(를) 극복하기 위해 대규모 공공사업을 국가 주도로 실시하여 실업자를 구제하는 등의 (㉡)을(를) 실시하였다.

㉠ ________ ㉡ ________

22 다음 ㉠에 들어갈 알맞은 말을 쓰시오.

(㉠)을(를) 떠나서는 인간과 영혼의 가치도 존재하지 않는다. 어떤 단체도 (㉠)을(를) 떠나서는 존재하지 않으며, 국민이 (㉠)을(를) 발생시키는 것이 아니라, (㉠)이(가) 국민을 창조한다.

– 무솔리니, 『파시즘 독트린』 –

23 다음 글을 읽고 물음에 답하시오.

일본은 중일 전쟁 당시 난징 대학살을 자행하였다. 또한 한국, 필리핀 등의 아시아인 여성을 (㉠)(으)로 강제 동원하였다. 이와 관련한 ㉡전후 일본 정부의 태도는 논란이 되고 있다.

(1) ㉠에 들어갈 인권 유린 사례를 쓰시오.

(2) 밑줄 친 ㉡에 해당하는 일본 정부의 태도를 서술하시오.

24 다음 ㉠에 들어갈 내용을 두 가지 서술하시오.

01 냉전 체제와 제3 세계의 형성 ~ 02 세계화와 경제 통합

1 냉전 체제와 제3 세계의 형성

1 냉전 체제의 형성과 전개

(1) 냉전 체제의 성립 미국 중심 자본주의 진영 vs 소련 중심 공산주의 진영

자본주의 진영	• 미국이 공산주의의 팽창을 막겠다고 선언 → ❶ ☐☐☐ 독트린 • 경제 – 마셜 계획, 군사 – 북대서양 조약 기구
공산주의 진영	공산당 정보국 – 코민포름, 경제 – 경제 상호 원조 회의(코메콘), 군사 – ❷ ☐☐☐☐ 조약 기구

(2) 냉전의 확산

독일	베를린 봉쇄 → 동·서 분단 → ❸ ☐☐☐ 장벽 설치
쿠바 미사일 위기	소련이 쿠바에 핵미사일 기지 건설 시도
아시아 확산	중국의 국공 내전, 한국의 6·25 전쟁, 베트남 전쟁

2 아시아·아프리카의 새로운 국가 건설

아시아	• 인도: 독립 직후 인도(힌두교), 파키스탄(이슬람교)으로 분리 • 서아시아: 시리아·요르단·레바논 등이 독립, 팔레스타인에서 이스라엘 건국 → ❹ ☐☐ 전쟁
아프리카	• 이집트: 나세르가 공화정 수립, 수에즈 운하 국유화 • ❺ ☐☐☐☐ 의 해(1960): 17개 독립국 탄생

3 제3 세계의 등장

제3 세계	어느 진영에도 속하지 않는 독자 세력 → 비동맹 중립주의
평화 10원칙	❻ ☐☐ 회의에서 제시 → 제3 세계 형성 공식화

2 세계화와 경제 통합

1 냉전 체제의 해체

❼ ☐☐ 독트린	냉전 완화의 전기 마련 → 미군의 베트남 전쟁 철수, 미·중 국교 수립, 미·소의 전략 무기 제한 협상
❽ ☐☐ 의 해체	고르바초프의 개혁·개방 정책 → 소련 내 국가들 독립 → 소련 해체
동유럽의 변화	폴란드 바웬사의 개혁, 독일 통일
중국의 변화	❾ ☐☐☐☐ 의 개혁·개방 정책

2 세계화가 가져온 변화

자유 무역의 확대	• 자유 무역 체제 확산 → 세계 무역 기구(WTO) 출범 • ❿ ☐☐☐☐☐ 경제 정책 실시 → 복지비 삭감, 국영 기업 민영화, 규제 완화
지역화	지역별 경제 협력체 구성 → ⓫ ☐☐ ☐☐(EU)이 대표적

정답 ❶ 트루먼 ❷ 바르샤바 ❸ 베를린 ❹ 중동 ❺ 아프리카 ❻ 반둥 ❼ 닉슨 ❽ 소련 ❾ 덩샤오핑 ❿ 신자유주의 ⓫ 유럽 연합

실력 확인 문제

01 (중요) 다음 밑줄 친 ㉠이 실현된 정책으로 옳은 것은?

난이도 중

> 오늘날 전 세계의 모든 나라는 두 가지 생활 방식 중 하나를 선택해야 합니다. …… 나는 모든 민족이 자유로운 상황에서 운명을 스스로 결정할 수 있도록 …… 그래서 ㉠ 무엇보다 재정적인 지원을 염두에 두고 있습니다.
>
> – 트루먼 대통령의 의회 연설(1947) –

① 코민테른을 조직하였다.
② 코민포름을 창설하였다.
③ 마셜 계획을 수립하였다.
④ 바르샤바 조약 기구를 결성하였다.
⑤ 경제 상호 원조 회의를 조직하였다.

02 다음에서 설명하는 체제가 전개된 시기의 사건으로 옳은 것을 보기에서 모두 고르면?

난이도 중

> 자본주의 진영과 공산주의 진영이 직접적인 무력 충돌보다는 정치, 군사, 외교 등에서 경쟁과 대립을 유지하던 상황을 말한다.

보기
ㄱ. 소련 해체
ㄴ. 쿠바 미사일 위기
ㄷ. 베를린 장벽 설치
ㄹ. 세계 무역 기구(WTO) 출범

① ㄱ, ㄴ ② ㄱ, ㄷ ③ ㄴ, ㄷ
④ ㄴ, ㄹ ⑤ ㄷ, ㄹ

03 다음 ㉠에 들어갈 사건으로 옳은 것을 보기에서 모두 고르면?

난이도 중

> 냉전은 아시아 지역에서 군사적 충돌로 이어졌다. 그 예로는 (㉠) 등이 있다.

보기
ㄱ. 6·25 전쟁 ㄴ. 베트남 전쟁
ㄷ. 플라시 전투 ㄹ. 스탈린그라드 전투

① ㄱ, ㄴ ② ㄱ, ㄷ ③ ㄴ, ㄷ
④ ㄴ, ㄹ ⑤ ㄷ, ㄹ

정답 47쪽

04 냉전이 전개되면서 분단된 국가로 옳은 것은?

하 난이도

① 독일 ② 인도
③ 알제리 ④ 이집트
⑤ 이스라엘

05 다음 ㉠, ㉡에 들어갈 국가를 바르게 연결한 것은?

중 난이도

• (㉠)은(는) 오랜 독립 운동 끝에 1947년 영국의 지배에서 벗어났다. 그러나 종교 갈등이 지속되어 힌두교 국가인 (㉠)와(과) 이슬람교 국가인 파키스탄으로 분리되었다.
• (㉡)에서는 청년 장교들이 중심이 되어 정권을 장악하였다. 이들은 공화정을 수립하고, 수에즈 운하의 국유화를 선언하였다.

	㉠	㉡
①	인도	알제리
②	인도	이집트
③	베트남	리비아
④	베트남	탄자니아
⑤	방글라데시	나이지리아

중요

06 다음 대화의 주제로 가장 적절한 것은?

중 난이도

• 갑: 1950년대 중반부터 미국과 소련 어느 진영에도 속하지 않는 세력이 등장하였어.
• 을: 인도와 중국의 지도자가 평화 5원칙을 발표하였지.
• 병: 미국과 소련 중심의 국제 질서에 새로운 변화를 가져왔어.

① 냉전의 확산
② 지역화의 전개
③ 제3 세계의 등장
④ 아시아 지역의 냉전
⑤ 아시아 사회주의 정권의 변화

07 다음 (가) 시기의 일로 옳은 것을 보기에서 모두 고르면?

중 난이도

닉슨 독트린 → (가) → 독일 통일

보기
ㄱ. 마셜 계획 ㄴ. 몰타 회담
ㄷ. 평화 5원칙 합의 ㄹ. 미·중 국교 수립

① ㄱ, ㄴ ② ㄱ, ㄷ ③ ㄴ, ㄷ
④ ㄴ, ㄹ ⑤ ㄷ, ㄹ

중요

08 다음 원칙과 관련된 변화로 옳은 것을 보기에서 모두 고르면?

상 난이도

미국은 '태평양 국가'로서 아시아 지역에서 중요한 역할을 계속하지만 직접적·군사적·정치적 과잉 개입은 하지 않는다.
– 닉슨 대통령의 연설(1969) –

보기
ㄱ. 바르샤바 조약 기구 설립
ㄴ. 북대서양 조약 기구 설립
ㄷ. 베트남 전쟁에서 미군 철수
ㄹ. 미국과 중국의 국교 정상화

① ㄱ, ㄴ ② ㄱ, ㄷ ③ ㄴ, ㄷ
④ ㄴ, ㄹ ⑤ ㄷ, ㄹ

[09~10] 다음 글을 읽고 물음에 답하시오.

(㉠)은(는) 소련 공산당 서기장에 당선된 이후, 개혁과 개방 정책을 추진하여 시장 경제 제도를 받아들이고 민주화를 추진하였다. 또한 ㉡미국의 부시 대통령과 함께 냉전이 끝났음을 공식적으로 선언하였다.

09 ㉠에 들어갈 인물로 옳은 것은?

하 난이도

① 바웬사 ② 스탈린 ③ 호찌민
④ 마오쩌둥 ⑤ 고르바초프

10 밑줄 친 ㉡에 해당하는 회의로 옳은 것은?

하 난이도

① 얄타 회담 ② 몰타 회담
③ 카이로 회담 ④ 포츠담 회담
⑤ 워싱턴 회의

11 다음 사건에 대한 해석으로 가장 적절한 것은?

중 난이도

• 레닌 동상 철거 • 베를린 장벽 붕괴

① 세계화가 전개되었다.
② 민족주의의 확산되었다.
③ 대중문화가 확산되었다.
④ 냉전 체제가 해체되었다.
⑤ 지역별 경제 협력체가 확산되었다.

12 다음 밑줄 친 '그'가 추진한 정책으로 옳지 않은 것은?

중 난이도

그는 "흰 고양이든 검은 고양이든 쥐만 잘 잡으면 된다."라고 말하면서 중국 인민을 잘 살게 할 수 있다면 자본주의든 공산주의든 가리지 않겠다고 선언하였다.

① 경제 특구 지정
② 대약진 운동 실시
③ 외국인의 투자 허용
④ 서방의 자본과 기술 수용
⑤ 기업가와 농민의 이윤 보장

13 다음에서 설명하는 정책이 추진된 시기로 옳은 것은?

상 난이도

1970년대 후반 실권을 잡은 덩샤오핑은 개혁·개방 정책을 내걸고 자본주의 시장 경제 원리를 도입하면서 중국의 경제 성장을 이루었다.

(가)	(나)	(다)	(라)	(마)

국공 합작 / 중화 인민 공화국 수립 / 대약진 운동 / 문화 대혁명

① (가) ② (나) ③ (다)
④ (라) ⑤ (마)

14 다음 밑줄 친 ㉠에 해당하는 사건으로 옳은 것은?

중 난이도

중국은 경제 성장을 이루는 과정에서 ㉠ 민주화를 요구하는 시위를 무력으로 진압하여 민주주의가 후퇴하기도 하였다.

① 5·4 운동 ② 톈안먼 사건
③ 문화 대혁명 ④ 신문화 운동
⑤ 대약진 운동

중요

15 다음 ㉠에 들어갈 검색어로 옳은 것은?

하 난이도

㉠

연관 검색어 대처주의 레이거노믹스 세계 무역 기구

① 공산주의 ② 민족주의
③ 제국주의 ④ 자유주의
⑤ 신자유주의

16 다음 ㉠에 들어갈 내용으로 옳지 않은 것은?

중 난이도

역사 탐구 계획서
• 주제: 세계화로 나타난 변화
• 내용: ㉠

① 문화 획일화 현상
② 국가 간 기술 협력
③ 다국적 기업의 쇠퇴
④ 세계 시장의 통합화 진전
⑤ 경제적 상호 의존도 상승

17 다음 밑줄 친 ㉠의 사례로 옳은 것은?

하 난이도

> 특정 국가들이 군사적 또는 경제적으로 ㉠ 지역 통합을 추구하는 현상을 의미한다.

① 국제 연맹
② 국제 연합
③ 유럽 연합
④ 국제 통화 기금
⑤ 세계 무역 기구

18 다음 ㉠, ㉡에 들어갈 답을 바르게 연결한 것은?

중 난이도

> [형성 평가] 세계화와 경제 통합
>
> 1. 필리핀, 말레이시아, 싱가포르 등을 중심으로 인접 국가 간의 협력 증진을 도모하는 지역별 경제 협력체는?
>
> 정답 ㉠
>
> 2. 아시아 및 태평양 연안 국가들의 원활한 정책 추진과 협력 증진을 위해 설립된 지역별 경제 협력체는?
>
> 정답 ㉡

	㉠	㉡
①	유럽 연합	아프리카 연합
②	남미 국가 연합	동남아시아 국가 연합
③	아프리카 연합	북미 자유 무역 협정
④	동남아시아 국가 연합	남미 국가 연합
⑤	동남아시아 국가 연합	아시아·태평양 경제 협력체

19 다음 ㉠에 대한 설명으로 옳은 것은?

상 난이도

> 브렉시트는 영국의 (㉠) 탈퇴를 뜻하는 말로 영국(Britain)과 탈퇴(Exit)의 합성어이다. 2016년 (㉠) 탈퇴를 묻는 국민 투표를 통해 브렉시트가 결정되었다.

① 유로화를 단일 화폐로 사용한다.
② 서유럽에 대한 경제적 지원을 추진하였다.
③ 세계 평화와 전쟁 방지를 위한 국제기구이다.
④ 서유럽 국가 간 군사 원조를 위해 창설되었다.
⑤ 제1차 세계 대전에 대한 반성으로 등장하였다.

주관식·서술형

20 다음 ㉠에 들어갈 알맞은 말을 쓰시오.

> 제2차 세계 대전 이후 미국을 중심으로 한 자본주의 진영과 소련을 중심으로 한 공산주의 진영으로 나뉘어 대립하는 (㉠) 체제가 형성되었다. 베를린을 동서로 나누는 베를린 장벽은 (㉠)의 상징이었다.

21 다음 글을 읽고 물음에 답하시오.

> 1969년, 미국은 아시아에서 일어나는 전쟁에 참여하지 않겠다는 (㉠)을(를) 발표하였다. 또한 미국은 ㉡ 냉전 체제를 완화하기 위한 여러 가지 노력을 하였다.

(1) ㉠에 들어갈 알맞은 말을 쓰시오.

(2) ㉡의 사례를 두 가지 서술하시오.

22 다음 ㉠에 해당하는 사례를 두 가지 이상 서술하시오.

> 제2차 세계 대전을 전후하여 미국은 자유 무역이 이루어질 수 있도록 ㉠ 세계 경제를 통합하고자 하였다.

23 다음에서 설명하는 용어를 쓰시오.

> 1970년대 두 차례의 석유 파동을 겪으면서 세계 경제는 불황기에 접어들었다. 그러자 정부의 경제 개입을 줄이고 무역의 자유화와 시장 개방을 추구하는 경제 정책이 등장하였다.

03 탈권위주의 운동과 대중문화의 발달 ~ 04 현대 세계의 문제 해결을 위한 노력

3 탈권위주의 운동과 대중문화의 발달

1 탈권위주의 운동의 전개

(1) 민권 운동

남아프리카 공화국	❶□□ □□□가 아파르트헤이트 정책에 맞서 흑인 민권 운동 전개 → 인종 차별 금지법 제정
❷□□	마틴 루서 킹이 백인과의 차별 폐지 추진 → 민권법 통과로 흑인과 백인의 법적 차별 폐지

(2) 학생 운동

배경	고등 교육 혜택, 기성세대의 가치관 강요에 불만
❸□□□의 68 운동	표현의 자유, 반전과 평화, 차별 폐지 주장 → 세계 각지로 영향력 확산

(3) 여성 운동

배경	남성 중심 사회 질서와 성차별에 반대하며 전개
성과	• 영국: 차별 금지법 통과 • 미국: 여성 평등권 명시한 헌법 개정

2 대중 사회와 대중문화

대중 사회	❹□□이 사회의 주체가 되어 영향력 행사
❺□□□□의 확산	• ❻□□ □□: 신문, 라디오, 텔레비전, 인터넷 등 • 1960년대: 탈권위주의적 청년 문화 등장 → 록 음악·장발·청바지 유행, 우드스탁 페스티벌, 히피 문화 등장 • 20세기 후반: 휴대 전화, 인터넷 보급 등으로 쌍방향 소통 가능 → 대중의 능동적 사회 참여 확대

4 현대 세계의 문제 해결을 위한 노력

❼□□ 문제	• 배경: 종교·인종·지역·계급 갈등, 정치 문제 등으로 난민 발생 • 사례: 옛 유고슬라비아 지역의 내전, 르완다 내전, 카슈미르 분쟁 등
빈곤 문제	• 배경: 신자유주의 및 세계화 확산 → 국가 간 빈부 격차 심화, 선진국 내 빈부 격차 발생 • ❽□□□□: 북반구의 선진국과 남반구의 개발 도상국 간 경제 격차
질병 문제	환경 파괴, 무분별한 개발 등으로 발생
❾□□ 문제	지구 온난화, 사막화, 열대림 파괴, 생물종 감소, 오존층 파괴, 기상 이변 등 → 인류 생존 위협

↓

국제 사회의 노력	국제 연합(UN)의 활동, 기후 협약 체결 등 국제 협력 강화, ❿□□□ 기구(NGO)의 활동 등

정답 ❶ 넬슨 만델라 ❷ 미국 ❸ 프랑스 ❹ 대중 ❺ 대중문화 ❻ 대중 매체 ❼ 난민 ❽ 남북문제 ❾ 환경 ❿ 비정부

실력 확인 문제

01 다음과 같은 연설을 한 미국의 민권 운동가로 옳은 것은?

하 난이도

① 밥 딜런 ② 넬슨 만델라
③ 로자 파크스 ④ 마틴 루서 킹
⑤ 시몬 드 보부아르

02 중요 다음 항목을 포괄하는 개념으로 옳은 것은?

중 난이도

• 민권 운동 • 여성 운동 • 학생 운동

① 환경 운동 ② 민주화 운동
③ 자유주의 운동 ④ 반전 평화 운동
⑤ 탈권위주의 운동

03 다음 ㉠에 들어갈 학생의 대답으로 옳은 것은?

하 난이도

① 간디 ② 밥 딜런
③ 로자 파크스 ④ 넬슨 만델라
⑤ 마틴 루서 킹

정답 47쪽

04 미국의 민권 운동과 관련된 설명으로 옳은 것을 보기에서 모두 고르면?

상 난이도

보기
ㄱ. 노예제 폐지 이후 모든 차별이 사라졌다.
ㄴ. 민권법이 통과되면서 흑인과 백인의 법적 차별이 폐지되었다.
ㄷ. 로자 파크스의 체포로 몽고메리 버스 보이콧 운동이 전개되었다.
ㄹ. 아파르트헤이트 정책에 맞서 흑인의 권리를 신장하기 위해 노력하였다.

① ㄱ, ㄴ ② ㄱ, ㄷ ③ ㄴ, ㄷ
④ ㄴ, ㄹ ⑤ ㄷ, ㄹ

05 68 운동에 대한 설명으로 옳은 것을 보기에서 모두 고르면?

중 난이도

보기
ㄱ. 프랑스의 대학생과 노동자들을 중심으로 전개되었다.
ㄴ. 남성 중심 사회 체제에 대한 변화를 추구하며 시작되었다.
ㄷ. 국가 권력의 감시와 억압을 반대하고 개인의 자유와 권리 신장을 주장하였다.
ㄹ. 독일 대학생이 대학 내 정치 발언의 자유를 요구하는 운동을 벌이면서 시작되었다.

① ㄱ, ㄴ ② ㄱ, ㄷ ③ ㄴ, ㄷ
④ ㄴ, ㄹ ⑤ ㄷ, ㄹ

06 다음 밑줄 친 '청년 문화'의 사례로 옳지 않은 것은?

하 난이도

1960년대에는 유럽과 미국의 청년들을 중심으로 전쟁을 비판하고 기성세대의 문화와 가치관을 부정하는 청년 문화가 발달하였다.

① 히피 문화가 확산되었다.
② 청바지로 개성을 표현하였다.
③ 우드스탁 페스티벌이 열렸다.
④ 록 음악을 통해 감정과 생각을 표현하였다.
⑤ 인터넷 게임을 전 세계 젊은이들이 즐기게 되었다.

07 여성 운동 전개 과정에서 나온 주장을 순서대로 바르게 나열한 것은?

상 난이도

ㄱ. 여성 참정권 확보
ㄴ. 여성의 신체적 자기 결정권 확보
ㄷ. 인종, 민족, 사회 계급 차이에 따른 차별에 주목

① ㄱ – ㄴ – ㄷ ② ㄱ – ㄷ – ㄴ
③ ㄴ – ㄱ – ㄷ ④ ㄴ – ㄷ – ㄱ
⑤ ㄷ – ㄴ – ㄱ

08 다음 ㉠에 들어갈 내용으로 옳지 않은 것은?

중 난이도

역사 탐구 계획서
• 주제: 여성 운동의 전개와 사례
• 내용: ㉠

① 영국의 차별 금지법 통과
② 신체적 자기 결정권 주장
③ 몽고메리 버스 보이콧 운동
④ 사우디아라비아 여성 운전 허용
⑤ 보스턴 마라톤 최초의 여성 주자

09 대중 매체에 해당하는 것을 보기에서 모두 고르면?

하 난이도

보기
ㄱ. 신문 ㄴ. 버스 ㄷ. 인터넷
ㄹ. 자동차 ㅁ. 비행기 ㅂ. 텔레비전

① ㄱ, ㄴ, ㄷ ② ㄱ, ㄷ, ㅂ ③ ㄴ, ㄷ, ㅁ
④ ㄷ, ㅁ, ㅂ ⑤ ㄹ, ㅁ, ㅂ

10 대중 사회의 형성 배경으로 옳지 않은 것은?

중 난이도

① 평균 수명이 연장되었다.
② 대중 매체가 발달하였다.
③ 보통 선거가 확대되었다.
④ 교육의 기회가 확대되었다.
⑤ 각 분야에서 대중의 영향력이 커졌다.

11 다음 ㉠에 들어갈 사례로 옳지 않은 것은?

하 난이도

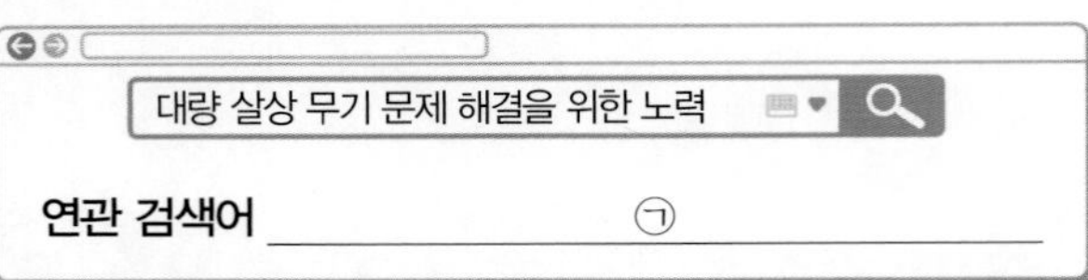

① 교토 의정서
② 핵 확산 금지 조약
③ 화학 무기 금지 협약
④ 생물 무기 금지 협약
⑤ 대량 살상 무기 확산 방지 구상

중요

12 다음 ㉠, ㉡에 들어갈 답을 바르게 연결한 것은?

중 난이도

[형성 평가] 현대 세계의 문제 해결을 위한 노력

1. 기술과 자본을 가진 선진국에 세계의 부가 집중되어 선진국과 개발 도상국 사이의 경제적 차이로 발생하는 문제는?

정답 ㉠

2. 전쟁이나 정치·종교·사상적 박해를 피해 다른 지역으로 이주하게 되어 발생하는 문제는?

정답 ㉡

	㉠	㉡
①	남북문제	난민 문제
②	남북문제	환경 문제
③	환경 문제	난민 문제
④	난민 문제	질병 문제
⑤	질병 문제	환경 문제

13 난민 문제의 사례로 적절하지 않은 것은?

하 난이도

① 르완다 내전　② 시리아 내전
③ 코소보 사태　④ 카슈미르 분쟁
⑤ 조류 인플루엔자

[14~15] 다음 자료를 보고 물음에 답하시오.

강연 주제: 기후 변화 협상의 전개
(가) 교토 의정서
(나) 파리 기후 협약
(다) 리우 기후 변화 협약(리우 선언)

14 (가)~(다)를 체결된 순서대로 바르게 나열한 것은?

중 난이도

① (가) – (나) – (다)　② (가) – (다) – (나)
③ (나) – (가) – (다)　④ (나) – (다) – (가)
⑤ (다) – (가) – (나)

15 (가)에 대한 설명으로 옳은 것을 보기에서 모두 고르면?

상 난이도

보기

ㄱ. 선진국에만 온실가스 배출량 감축의 의무를 부여하였다.
ㄴ. 최초로 온실가스 배출량 감축에 대한 협의를 이끌어 내었다.
ㄷ. 기후 문제에 대한 공동의 차별화된 책임 원칙을 제시하였다.
ㄹ. 선진국과 개발 도상국의 구분 없이 의무 감축 대상국을 확대하였다.

① ㄱ, ㄴ　② ㄱ, ㄷ　③ ㄴ, ㄷ
④ ㄴ, ㄹ　⑤ ㄷ, ㄹ

16 다음 자료로 알 수 있는 현대 사회의 문제로 옳은 것은?

하 난이도

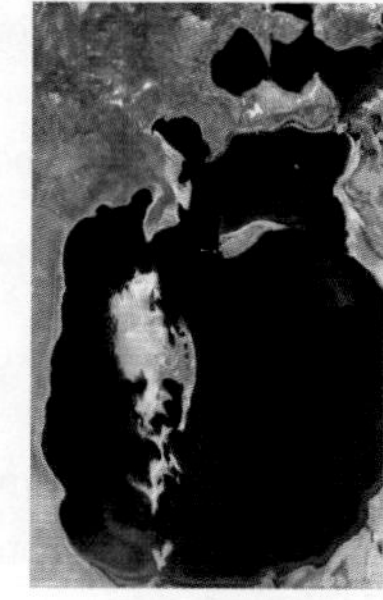
▲ 1989년의 아랄해

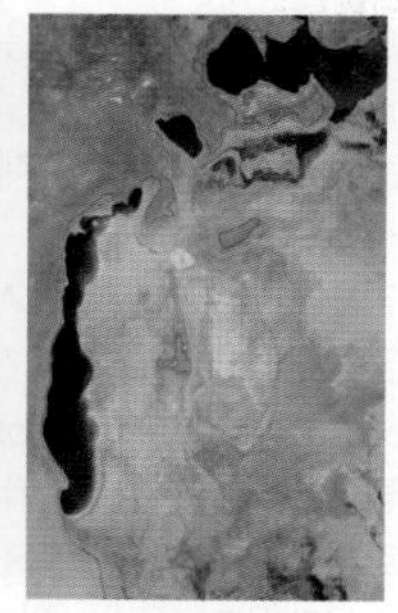
▲ 2008년의 아랄해

① 기아 문제
② 빈곤 문제
③ 질병 문제
④ 난민 문제
⑤ 환경 문제

중요

17 다음 단체에 대한 설명으로 옳은 것을 보기에서 모두 고르면?

상 난이도

1971년에 설립된 국제 환경 보호 단체로 세계 곳곳에서 다양한 활동을 활발하게 펼치고 있다.

보기

ㄱ. 비정부 기구(NGO)에 해당한다.
ㄴ. 환경 보호의 중요성을 홍보하고 있다.
ㄷ. '환경과 개발에 관한 공동 선언'을 주도하였다.
ㄹ. '지속 가능한 발전'을 공동의 목표로 제시하였다.

① ㄱ, ㄴ
② ㄱ, ㄷ
③ ㄴ, ㄷ
④ ㄴ, ㄹ
⑤ ㄷ, ㄹ

18 현대 사회의 문제와 이를 해결하기 위한 국제 사회의 노력으로 옳지 않은 것은?

중 난이도

① 기아 문제 – 유네스코
② 환경 문제 – 그린피스
③ 난민 문제 – 유엔 난민 기구
④ 질병 문제 – 국경 없는 의사회
⑤ 인권 문제 – 국제 사면 위원회

주관식·서술형

19 다음 글의 ㉠에 들어갈 알맞은 말을 쓰시오.

마틴 루서 킹과 넬슨 만델라는 (㉠)을(를) 주도했다는 공통점이 있다. 특히 넬슨 만델라는 남아프리카 공화국의 (㉠)을(를) 이끈 공로를 인정받아 노벨 평화상을 수상하기도 하였다.

20 다음 글을 읽고 물음에 답하시오.

(㉠) 사회의 출현과 (㉠) 매체의 발달로 특정 계층이 아닌 대다수의 사람들이 쉽게 접하고 즐기는 (㉠)문화가 등장하였다. 그러나 (㉠) 문화가 발달하면서 ㉡ 여러 가지 문제점이 발생하기도 하였다.

(1) ㉠에 들어갈 알맞은 말을 쓰시오.

(2) 밑줄 친 ㉡에 해당하는 사례를 두 가지 서술하시오.

21 다음 글을 읽고 물음에 답하시오.

오늘날 세계 곳곳에서 종교·인종·부족 간의 갈등과 분쟁, 테러 등이 일어나고 있다. 분쟁 지역에서는 수많은 사상자가 발생하고 박해를 피해 다른 나라로 이동하는 (㉠)이(가) 늘고 있다.

(1) ㉠에 들어갈 알맞은 말을 쓰시오.

(2) ㉠ 문제를 해결하기 위한 국제 사회의 노력을 두 가지 서술하시오.

사진출처

개념책

008쪽 유물 국립중앙박물관
008쪽 기록물 문화재청
009쪽 알타미라 동굴 벽화 위키 공용(Museo de Altamira y D. Rodríguez)
014쪽 함무라비 법전 위키공용(Mbzt)
014쪽 지구라트 위키공용(Hardnfast)
014쪽 피라미드와 스핑크스 위키공용(Hamish2k~commonswi-ki)
015쪽 모헨조다로 위키공용(Saqib Qayyum)
015쪽 인장 위키공용(ALFGRN)
015쪽 제사장 추정 인물 위키공용(Mamoon Mengal)
015쪽 갑골문 위키공용(BabelStone)
015쪽 청동 제기 위키공용(Mlogic)
020쪽 뿔잔 위키공용(Arashk rp2)
020쪽 물병 위키공용(Marie-Lan Nguyen)
020쪽 페르세폴리스 위키공용(Alborzagros)
021쪽 화폐 통일 대영박물관
026쪽 파르테논 신전 flickr(Steve Swayne)
027쪽 콜로세움 위키공용(Alessandroferri)
027쪽 로마의 분할을 나타낸 조각상 위키공용(Nino Barbieri)
038쪽 아소카왕의 돌기둥 위키공용(Chrisi1964)
038쪽 산치 대탑 위키공용(Abhishek Pradhan)
039쪽 그리스 조각 위키공용(Tetraktys)
039쪽 쿠샨 왕조의 금화 위키공용(World Imaging)
039쪽 엘로라 석굴 위키공용(G41rn8)
044쪽 윈강 석굴 위키공용(Maksim)
048쪽 13번 문제(도다이사) 위키공용(663highland)
051쪽 아스트롤라베 위키공용(Luis García (Zaqarba))
056쪽 성 소피아 대성당 위키공용(Arild Vågen)
057쪽 샤르트르 대성당 위키공용(Olvr)
057쪽 스테인드글라스 위키공용(PtrQs)
066쪽 1번 문제(석가모니) 위키공용(Syed Muhammad Naqvi)
074쪽 9번 문제(교초) 위키공용(PHGCOM)
074쪽 13번 문제(천문대) 위키 공용(tak.wing_)
074쪽 13번 문제(청화 자기) 국립중앙박물관
078쪽 3번 문제(자금성) 위키공용(Asadal)
082쪽 술탄 아흐메트 사원 위키공용(Cem Topçu)
083쪽 사마르칸트 위키공용(espiritu_protector)
083쪽 타지마할 위키공용(Dhirad, picture edited by J. A. Knudsen)
099쪽 베르사유 궁전 위키공용(ToucanWings)
106쪽 18번 문제(비스마르크) 위키공용
108쪽 제임스 와트의 증기 기관 위키공용(Nicolás Pérez)
109쪽 러다이트 운동 위키공용(Christopher Sunde)
113쪽 02번 문제(마르크스) 위키공용(John Jabez Edwin Mayall)
124쪽 11번 문제(야하타 제철소) 위키공용
125쪽 03번 문제(쑨원) 위키공용
132쪽 탱크 위키공용
132쪽 비행기 위키공용
133쪽 레닌 위키공용
134쪽 간디 위키공용
134쪽 무스타파 케말 위키공용(Presidency of the Republic of Turkey)
138쪽 17번 문제(인도네시아 지폐) 위키공용(Government of Indonesia)
141쪽 독일의 폴란드 침공 위키공용(Hans Sönnke)
141쪽 일본의 진주만 기습 위키공용(National Archives and Records Administration)
141쪽 스탈린그라드 전투 위키공용(Zelma / Георгий Зельма)
141쪽 노르망디 상륙 작전 위키공용(MIckStephenson)
143쪽 11번 문제(원자 폭탄) 위키공용(Charles Levy)
147쪽 04번 문제(난징 대학살) 위키공용(Shinju Sato)
155쪽 몰타 회담 위키공용(Yuryi Abramochkin / Юрий Абрамочкин)
156쪽 02번 문제(베를린 봉쇄) 위키공용(Henry Ries / USAF)
156쪽 02번 문제(6·25 전쟁) 위키공용(US Navy)
156쪽 02번 문제(쿠바 미사일 위기) 위키공용
156쪽 02번 문제(베트남 전쟁) 위키공용
160쪽 마틴 루서 킹 위키공용
160쪽 68 운동 위키공용(André Cros)
161쪽 아랄해 위키공용(NASA)

문제책

08쪽 10번 문제(마스크) 위키공용(Manadily)
20쪽 15번 문제(호류사) 위키공용(663highland)
24쪽 바위돔 위키공용(Andrew Shiva)
24쪽 카바신전 flickr(Al Jazeera English)
43쪽 06번 문제(마추픽추) 위키공용(Colegota)
52쪽 12번 문제(스펜서) 위키공용
77쪽 17번 문제(그린피스) 위키공용(Roberta F.)

MEMO

MEMO

올쏘

All about Society

중학 역사 ❶

All about Society

올바른 역사 개념은 옳소
핵심 문제서 올쏘

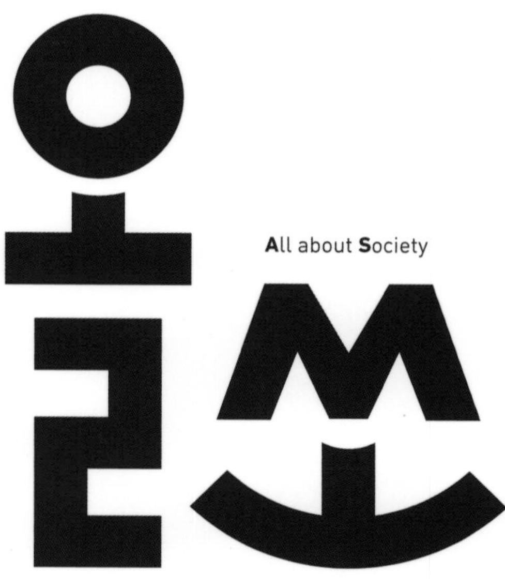

중학 역사 1

정답과 해설

자세하고 친절한 해설

동아출판

정답과 해설 2

중학 역사 ①

개념 학습 정리책 02

실력 확인 문제책 34

개념 학습 정리책

I 문명의 발생과 고대 세계의 형성

01 역사의 의미와 역사 학습의 목적 ~ 02 세계의 선사 문화

STEP 1 개념 확인 010쪽

01 (1) ㄴ (2) ㄱ (3) ㄴ **02** ㉠ 랑케 ㉡ 카 **03** (1) ㉡, ㉣ (2) ㉠, ㉢ **04** (1) 신석기 혁명 (2) 간석기 **05** (1) × (2) × (3) ○ **06** (1) 교훈 (2) 호모 사피엔스

STEP 2 대표 문제 010~012쪽

01 ⑤ **02** ② **03** ② **04** ⑤ **05** ④ **06** ④ **07** ⑤ **08** ② **09** ⑤ **10** ⑤ **11** ① **12** ② **13** ② **14** ① **15** ③

01 제시문은 영국의 학자 카가 한 말이다. 카는 역사는 과거의 사실과 현재 역사가의 해석 사이에 상호 작용을 통해 형성된다고 보았다. 이는 '기록으로서의 역사'와 관련된 것이다.

왜 틀렸지? ①, ②, ③, ④ 사실로서의 역사에 대한 설명이다.

역사의 두 가지 의미

사실로서의 역사	• 과거에 있던 사실 그 자체, 객관적 사실 • 대표적 학자: 랑케
기록으로서의 역사	• 역사가가 연구하여 남긴 과거 사실에 대한 기록, 주관적 • 대표적 학자: 카

02 제시된 내용은 같은 인물에 대해 역사가가 서로 다른 평가를 내리고 있는 모습을 보여 준다. 이는 기록으로서의 역사를 보여 주는 것이다.

왜 틀렸지? ② 사실로서의 역사에 대한 설명이다.

03 역사 연구의 기반이 되는 다양한 형태의 자료는 사료이다.

사료

의미	역사 연구에 필요한 자료, 남아 있는 과거의 흔적	
종류	유물	옮길 수 있는 것
	유적	옮길 수 없는 것
	기록물	과거 사람이 기록해 남긴 것

04 역사 연구 과정은 주제 선정 → 사료 수집 → 사료 비판 → 역사 서술의 순서로 이루어진다.

05 제시된 주제에 대해 학생들이 말하는 내용은 역사를 배우는 이유에 대한 것이다.

06 제시된 자료는 주먹도끼로 구석기 시대의 유물이다. 구석기 시대에는 사냥과 채집으로 식량을 구하였다.

왜 틀렸지? ①, ③ 청동기 시대, ②, ⑤ 신석기 시대에 대한 설명이다.

07 제시된 자료는 구석기 시대 사람들이 남긴 라스코 동굴 벽화이다. 구석기 시대 사람들은 사냥의 성공을 기원하며 동굴 벽화를 남겼다. 현재 남아 있는 대표적인 동굴 벽화로는 라스코와 알타미라 동굴 벽화가 있다.

왜 틀렸지? ①, ② 청동기 시대, ③ 신석기 시대에 대한 설명이다.

08 제시된 유물은 구석기 시대의 조각상인 빌렌도르프의 비너스이다. 빌렌도르프의 비너스는 구석기 시대에 풍요와 다산을 기원하면서 만들어졌다.

왜 틀렸지? ① 구석기 시대의 유물이다. ③ 토테미즘과 애니미즘 등의 원시 신앙은 신석기 시대에 등장하였다. ④ 토기는 신석기 시대의 유물이다. ⑤ 신석기 혁명은 신석기 시대에 농경과 목축이 시작되면서 일어난 생활 모습의 변화이다.

09 제시된 글은 신석기 혁명의 개념에 해당한다.

10 신석기 시대에는 신석기 혁명으로 농경과 목축이 시작되어 인류가 스스로 식량을 생산하게 되었다. 또한 토기를 제작하여 수확한 곡식이나 채집한 식량을 저장하고 조리하였다.

왜 틀렸지? ㄱ, ㄴ. 구석기 시대에 대한 설명이다.

11 제시된 벽화는 알제리의 타실리나제르 벽화이다. 씨를 뿌리는 여성들의 모습이 나타나 있어 당시 농경이 이루어졌음을 보여 준다. 이를 통해 선생님이 말하는 시대는 신석기 시대임을 알 수 있다.

왜 틀렸지? ② 구석기, ③, ⑤ 청동기 시대에 해당한다.

12 제시된 사진은 토기와 움집이다. 이들은 신석기 시대의 문화유산에 해당한다.

왜 틀렸지? ㄴ. 구석기, ㄹ. 청동기 시대에 해당한다.

13 (가) 시대에 제시된 도구는 뗀석기(주먹도끼)로 구석기 시대의 대표적인 도구, (나) 시대에 제시된 도구는 간석기로 신석기 시대의 대표적인 도구이다.

왜 틀렸지? ② 동식물 숭배 사상(토테미즘)은 신석기 시대에 나타난 원시 신앙이다.

구석기 시대와 신석기 시대

	구석기 시대	신석기 시대
도구	뗀석기	간석기, 토기
경제	사냥, 채집	농경과 목축 시작(신석기 혁명)
주거	이동 생활(바위 그늘, 동굴, 막집)	정착 생활(움집)
특징	동굴 벽화, 조각상	원시 신앙(애니미즘, 토테미즘 등)

14 제시된 내용은 신석기 시대 생활 모습에 해당한다.

왜 틀렸지? ㄷ. 구석기 시대, ㄹ. 청동기 시대에 해당한다.

15 제시된 내용은 신석기 시대 생활 모습의 변화에 해당한다.

왜 틀렸지? ① 청동기 시대, ②, ④ 구석기 시대와 관련된 내용이다. ⑤ 선사 시대와 역사 시대를 나누는 기준은 문자의 사용이다. 문자는 청동기 시대에 등장하였다.

STEP 3 주관식·서술형 013쪽

01 예시답안 역사는 '사실로서의 역사'와 '기록으로서의 역사'의 두 가지 의미를 가진다. '사실로서의 역사'는 과거에 있었던 일 그 자체, '기록으로서의 역사'는 수많은 과거의 사실 중 역사가가 연구하여 남긴 기록을 의미한다.

	채점 기준
상	'사실로서의 역사', '기록으로서의 역사' 두 가지를 모두 정확히 서술한 경우
중	위의 내용 중 한 가지만 서술한 경우
하	위의 내용을 전혀 서술하지 못한 경우

02 예시답안 역사가는 연구하려는 연구 주제를 설정한 후 관련된 사료를 수집한다. 그러나 사료에는 과거의 모든 일이 담겨 있지는 않으며 사료를 작성한 사람의 주관이 개입하기 때문에 사료 비판을 해야 한다. 사료를 검토한 뒤에는 이를 정리하여 역사 서술을 한다.

	채점 기준
상	주제 설정, 사료 수집, 사료 비판의 세 가지를 모두 서술한 경우
중	위의 내용 중 두 가지만 서술한 경우
하	위의 내용 중 한 가지만 서술한 경우

03 (1) (가) 구석기 (나) 신석기

(2) 예시답안 구석기 시대에는 동물을 사냥하거나 식물을 채집하여 먹을 것을 마련하였다. 신석기 시대에는 농경과 목축이 시작되어 식량을 직접 생산하는 단계로 발전하였다.

	채점 기준
상	구석기 시대, 신석기 시대의 식량 생산 방식을 모두 서술한 경우
중	위의 내용 중 한 가지만 서술한 경우
하	위의 내용을 전혀 서술하지 못한 경우

04 (1) 신석기 혁명

(2) 예시답안 토기를 제작하여 식량을 저장하였다. 움집을 짓고 정착 생활을 하였다. 농경과 밀접한 자연물을 숭배하면서 종교적 관념이 생겨났다.

	채점 기준
상	토기, 정착 생활, 종교적 관념 중 두 가지를 서술한 경우
중	위의 내용 중 한 가지만 서술한 경우
하	위의 내용을 전혀 서술하지 못한 경우

03 세계의 고대 문명

STEP 1 개념 확인 016쪽

01 (1) ㄷ (2) ㄹ (3) ㄱ (4) ㄴ　02 ㉠ 개방적 ㉡ 내세적　03 (1) ㉠ (2) ㉡　04 (1) 메소포타미아 문명 (2) 바빌로니아 왕국　05 (1) × (2) ○ (3) ×　06 (1) 갑골문 (2) 봉건제

STEP 2 대표 문제 016~018쪽

01 ②　02 ①　03 ③　04 ④　05 ⑤　06 ④　07 ③　08 ⑤　09 ⑤　10 ④

01 ㉠에는 문명의 성립 조건에 대한 내용이 들어간다.

왜 틀렸지? | ② 신석기 시대에 나타난 사회적 변화에 해당한다.

02 제시된 내용은 함무라비 법전이다. 함무라비 법전은 메소포타미아 문명의 바빌로니아 왕국에서 만든 법전이다. 메소포타미아 문명은 60진법과 태음력을 사용하였으며, 문자로 쐐기 문자를 만들어 사용하였다.

왜 틀렸지? | ㄷ, ㄹ. 이집트 문명에 대한 설명이다.

03 제시된 개방적인 지역으로 왕조가 자주 변천된 곳은 메소포타미아 지역이다. 메소포타미아 문명은 잦은 왕조의 변천으로 현세적인 문화가 발전하였다. 또한 메소포타미아 문명에서는 신전인 지구라트를 건설하였다.

왜 틀렸지? | ①, ④ 이집트 문명, ②, ⑤ 중국 문명에 해당한다.

04 지도의 (가)는 이집트 문명, (나)는 메소포타미아 문명에 해당한다.

왜 틀렸지? | ㄱ. 지구라트는 메소포타미아 문명에 해당하며 ㄷ. 「사자의 서」는 이집트 문명에 해당한다.

메소포타미아 문명과 이집트 문명

	메소포타미아 문명	이집트 문명
발생 지역	티그리스·유프라테스강 유역	나일강 유역
지리	개방적 → 잦은 왕조 교체	폐쇄적 → 왕조가 오래 유지
특징	지구라트, 60진법, 태음력	• 사후 세계 중시: 피라미드, 미라 등 제작 • 10진법, 태양력
문자	쐐기 문자	상형 문자(그림 문자)

05 밑줄 친 '이 문명'은 이집트 문명이다.

왜 틀렸지? | ① 중국 문명, ②, ④ 메소포타미아 문명, ③ 인도 문명에 해당한다.

06 (가)는 메소포타미아 문명의 쐐기 문자, (나)는 이집트 문명에서 사용한 상형 문자이다.

왜 틀렸지? | ① 중국 문명, ② 인도 문명, ③ 메소포타미아 문명, ⑤ 이집트 문명에 해당한다.

07 제시된 지도의 (가)는 인도 문명 지역에서 나타난 아리아인의 이동을 나타낸 것이다. 이와 관련하여 아리아인이 토착민을 지배하는 과정에서 엄격한 신분 제도인 카스트제가 나타났다.

왜 틀렸지? | ① 중국, ②, ⑤ 메소포타미아 문명, ④ 아리아인 이동 이전 인더스 문명에 대한 설명이다.

08 제시된 도표는 아리아인의 이동과 관련하여 나타난 엄격한 신분 제도인 카스트제이다. 아리아인의 자연 숭배 사상이 발전하여 경전인 『베다』와 엄격한 제사 의식을 특징으로 하는 종교인 브라만교가 나타났다.

왜 틀렸지? | ①, ④ 이집트 문명, ② 메소포타미아 문명, ③ 중국 문명에 해당한다.

09 (가)는 중국 문명의 갑골문, (나)는 인도 문명(인더스 문명)에서 사용한 동물 인장과 그림 문자이다.

왜 틀렸지? | ① 인도 문명, ②, ④ 이집트 문명, ③ 중국 문명(주)에 해당한다.

10 제시된 지도는 중국 문명과 관련된 것으로 (가)는 상, (나)는 주의 세력 범위를 나타낸 것이다. 상에서는 신권 정치가 이루어져 점을 쳐서 국가의 중요한 일을 결정하였으며, 주에서는 넓어진 영토를 다스리기 위해 봉건제가 시행되었다.

왜 틀렸지? | ㄱ. 인도 문명, ㄷ. 중국 문명의 하 왕조에 해당하는 설명이다.

중국 문명의 발전

왕조	특징
상	• 신권 정치 발달, 국가의 중요한 일은 점을 쳐서 결정 • 청동기 문화 발달, 갑골문(오늘날 한자의 기원)
주	• 창장강 유역까지 영역 확장 • 봉건제: 수도는 왕이 다스리고, 주변 지역은 제후에게 나누어 다스리게 함

STEP 3 주관식·서술형

019쪽

01 (1) 큰 강 유역

(2) 예시답안 물을 구하기 쉽고 토지가 비옥하여 농사에 유리하였으며, 가뭄과 홍수에 대비하기 위한 대규모 토목 공사를 진행하면서 지배 계급이 등장하였다(도시가 발달하였다.).

채점 기준	
상	농사에 유리하다는 내용, 대규모 토목 공사, 계급(권력) 발생, 도시 발달 중 두 가지를 서술한 경우
중	위의 내용 중 한 가지만 서술한 경우
하	위의 내용을 전혀 서술하지 못한 경우

02 (1) 함무라비 법전

(2) 예시답안 신분에 따라 처벌을 달리하는 사회였다. 잘못에 같은 방식으로 벌을 주었다(복수주의). 화폐(은)가 사용되었다.

채점 기준	
상	신분에 따른 처벌, 잘못을 같은 방식으로 처벌한다, 화폐(은)가 사용되었다는 내용 중 두 가지를 서술한 경우
중	위의 내용 중 한 가지만 서술한 경우
하	위의 내용을 전혀 서술하지 못한 경우

03 (1) 사자의 서

(2) 예시답안 이집트 문명, 이집트 문명이 사후 세계를 중시하는 내세적 문화를 가지고 있다는 것을 알 수 있다.

채점 기준	
상	이집트 문명과 이집트 문명이 내세적이라는 점을 모두 서술한 경우
중	위의 내용 중 한 가지만 서술한 경우
하	위의 내용을 전혀 서술하지 못한 경우

04 (1) 봉건제

(2) 예시답안 주, 넓어진 영토를 효율적으로 다스리기 위해서 봉건제를 시행하였다.

채점 기준	
상	주 왕조와 넓어진 영토를 효율적으로 다스리기 위해서를 모두 서술한 경우
중	위의 내용 중 한 가지만 서술한 경우
하	위의 내용을 전혀 서술하지 못한 경우

04 고대 제국의 특성과 주변 세계의 성장 ①

STEP 1 개념 확인

022쪽

01 (1) ㄱ (2) ㄴ (3) ㄷ (4) ㄷ **02** ㉠ 법가 ㉡ 화폐 **03** (1) ㉡ (2) ㉠ (3) ㉢ **04** (1) 법가 (2) 유교 **05** (1) ○ (2) × (3) ○ **06** (1) 왕의 길 (2) 훈고학

STEP 2 대표 문제

022~024쪽

01 ⑤ **02** ② **03** ⑤ **04** ② **05** ② **06** ⑤ **07** ② **08** ⑤ **09** ④ **10** ④ **11** ① **12** ②

01 아시리아는 우수한 철제 무기와 기마 전술을 바탕으로 서아시아 세계를 최초로 통일하였다. 그러나 피정복민을 가혹하게 통치하였으며, 이에 따른 반란으로 멸망하였다.

왜 틀렸지? | ㄱ, ㄴ. 사산 왕조 페르시아에 대한 설명이다.

02 자료의 (가)는 아시리아, (나)는 아케메네스 왕조 페르시아에 해당한다. 아시리아는 우수한 철제 무기와 기마 전술을 바탕으로 서아시아 세계를 최초로 통일하였다. 아케메네스 왕조 페르시아는 아시리아 멸망 이후 분열된 서아시아 세계를 재통일하였으며, 다리우스 1세 때 전성기를 맞이하였다.

왜 틀렸지? | ㄹ. 사산 왕조 페르시아에 대한 설명이다.

03 제시된 사진은 비시툰(베히스툰) 비문으로 다리우스 1세와 관련된 문화유산이다. 다리우스 1세는 아케메네스 왕조 페르시아의 왕으로, '왕의 길', '왕의 눈', '왕의 귀' 등 중앙 집권화 정책을 펼쳤다.

왜 틀렸지? | ㄱ. 사산 왕조 페르시아, ㄴ. 로마 제국 시기의 사실이다.

다리우스 1세의 정책

지방 통치	• 전국을 20개 주로 나누고 총독 파견 • '왕의 눈', '왕의 귀'라는 감찰관 파견해 총독 감시
도로 정비	'왕의 길'이라는 도로를 건설해 정보와 물자 유통 촉진

04 (가)는 사산 왕조 페르시아이다. 사산 왕조 페르시아는 아케메네스 왕조 페르시아의 부흥을 주장하면서 번성하였다.

왜 틀렸지? | ① 로마 제국, ③, ④ 아케메네스 왕조 페르시아, ⑤ 아시리아에 대한 설명이다.

05 제시된 자료는 사산 왕조 페르시아와 신라의 물병이다. 두 물병의 모습이 비슷한 것을 통해 사산 왕조 페르시아의 문화가 동아시아에까지 영향을 끼쳤다는 것을 알 수 있다. 이처럼 사산 왕조 페르시아는 동서 교역로에 위치하여 활발히 동서 교역을 하였다.

왜 틀렸지? | ③ 아시리아, ⑤ 아케메네스 왕조 페르시아에 대한 설명이다.

06 ㉠에 들어갈 종교는 조로아스터교이다. 조로아스터교는 선과 빛의 신 아후라 마즈다를 유일신으로 숭배하였으며, 불을 아후라 마즈다의 상징으로 여겼다. 아케메네스 왕조 페르시아는 조로아스터교를 우대하였으며, 사산 왕조 페르시아는 조로아스터교를 국교로 삼았다.

07 제시된 지도는 춘추 전국 시대이다. 주가 유목 민족의 침입을 피해 수도를 옮기면서 주 왕실의 권위가 약해졌고 춘추 전국 시대가 시작되었다. 춘추 전국 시대에는 철기가 보급되면서 전쟁이 활발해졌고, 농업 생산량 증가로 상공업이 발달하였다. 또한 각국이 부국강병을 위해 인재를 등용하면서 제자백가라는 다양한 사상가가 등장하였다.

왜 틀렸지? | ① 주, ③, ④ 진, ⑤ 한 무제 때의 사실이다.

08 (가) 유가, (나) 법가, (다) 도가의 주장이다. 춘추 전국 시대에는 각국이 부국강병을 위해 활발히 인재를 등용하여 제자백가라 불리는 다양한 사상가가 등장하였다.

제자백가

사상	주장	주요 사상가
유가	인과 예를 통한 도덕 정치	공자, 맹자
법가	엄격한 법을 통한 통치	순자, 한비자
도가	자연의 순리에 따른 삶	노자, 장자
묵가	자신과 타인을 차별 없이 사랑	묵자

09 제시된 건축물은 만리장성으로 춘추 전국 시대를 통일한 진의 시황제가 건설하도록 하였다. 진의 시황제는 중국을 통일한 이후 '황제' 칭호를 처음으로 사용하였으며, 강력한 중앙 집권 정책을 펼쳐 화폐·도량형·문자를 통일하였다. 또한 흉노를 북쪽으로 몰아내고 만리장성을 세웠다.

왜 틀렸지? | ㄱ, ㄷ. 한 무제에 대한 설명에 해당한다.

10 제시된 (가)는 한 무제 때 장건의 서역 여행로이다. 한 무제는 북방의 흉노와 맞설 동맹을 찾기 위해 장건을 서역으로 파견하였다.

왜 틀렸지? | ① 주 왕조, ② 진 시황제, ③ 한 고조, ⑤ 춘추 전국 시대에 대한 설명이다.

11 한대에는 유학과 역사학 등이 발달하였으며, 채륜이 제지법을 개량하는 등 과학 기술도 발전하였다. 이를 통해 한대에는 중국 전통문화의 기틀이 마련되었다.

왜 틀렸지? | ㄷ. 제자백가의 등장은 춘추 전국 시대의 일이다. ㄹ. 비단길이 개척되었다.

12 제시된 내용은 중국 북쪽 초원 지대에서 성장한 흉노에 대한 설명이다. 흉노를 막기 위해 진의 시황제는 만리장성을 쌓기도 하였으며, 한 고조 때는 흉노에 패배하여 화친을 맺기도 하였다. 이후 한 무제는 흉노와 함께 싸울 동맹을 찾기 위해 장건을 서역에 파견하였으며, 흉노를 공격하여 그 세력을 크게 약화시켰다.

왜 틀렸지? | ㄴ. 황건적의 난은 중국 내 농민 반란, ㄷ. 대월지에 해당한다.

STEP 3 주관식·서술형

025쪽

01 (1) 왕의 길

(2) 예시답안 다리우스 1세, 넓은 영토를 효율적으로 다스리려 하였다.

채점 기준	
상	다리우스 1세와 넓은 영토를 효율적으로 통치하려 한 목적을 모두 서술한 경우
중	위의 내용 중 한 가지만 서술한 경우
하	위의 내용을 전혀 서술하지 못한 경우

02 (1) 사산 왕조 페르시아

(2) 예시답안 페르시아 문화가 동아시아 지역까지 널리 전파되었다.

채점 기준	
상	페르시아 문화의 전파를 바르게 서술한 경우
하	페르시아 문화의 전파를 바르게 서술하지 못한 경우

03 (1) 시황제

(2) 예시답안 중국의 다양한 제도를 통일하여 중앙 집권 체제를 강화하려고 하였다.

채점 기준	
상	중앙 집권 체제 강화를 바르게 서술한 경우
하	중앙 집권 체제 강화를 바르게 서술하지 못한 경우

04 (1) 한 무제

(2) 예시답안 장건의 서역 파견은 흉노를 정벌하기 위해 이루어졌다. 장건의 서역 파견의 결과 비단길이 개척되어 동서 교류가 활발해졌다.

채점 기준	
상	흉노 정벌과 비단길 개척, 동서 교류를 모두 서술한 경우
중	위의 내용 중 한 가지만 서술한 경우
하	위의 내용을 전혀 서술하지 못한 경우

04 고대 제국의 특성과 주변 세계의 성장 ②

STEP 1 개념 확인

028쪽

01 (1) ㄱ (2) ㄹ (3) ㄷ (4) ㄴ　02 ㉠ 솔론 ㉡ 도편 ㉢ 페리클레스
03 (1) ㉠, ㉢ (2) ㉡　04 (1) 민주정 (2) 로마　05 (1) × (2) ×
06 (1) 헬레니즘 (2) 라티푼디움 (3) 밀라노

STEP 2 대표 문제

028~030쪽

01 ①　02 ④　03 ⑤　04 ④　05 ②　06 ④　07 ⑤
08 ②　09 ①　10 ①　11 ①　12 ①　13 ④

01 그리스 지역에서는 해안 등 방어에 유리한 지역을 중심으로 폴리스라는 도시 국가가 등장하였다. 폴리스는 종교와 군사 거점인 아크로폴리스를 중심으로 이루어졌으며, 동족 의식을 가지고 있었다.

02 제시된 그리스의 도시 국가는 폴리스이다. 폴리스는 종교 및 군사 거점인 아크로폴리스와 집회, 경제 활동이 이루어지는 아고라를 중심으로 구성되었다. 그리고 폴리스들은 같은 언어를 사용하고 같은 신을 숭배하였으며, 4년마다 올림피아 제전을 열어 동족 의식을 강화하였다.

왜 틀렸지? ㄴ. 각 폴리스는 정치적으로 독립되어 있었다.

03 아테네 민주정의 발달 과정에 대한 글이다. 부유한 평민들이 전쟁에 참여하자 솔론은 재산의 정도에 따라 참정권을 부여하는 개혁을 추진하였다.

04 제시된 내용은 도편 추방제이다. 도편 추방제는 클레이스테네스가 도입한 제도로 도자기 파편 등에 독재자가 될 가능성이 높은 인물의 이름을 써서 투표를 하는 것이다.

05 아테네는 ㄴ. 솔론의 재산에 따른 참정권 부여, ㄱ. 클레이스테네스의 도편 추방제 시행을 거쳐 페리클레스 시기에 전성기를 맞이하여 ㄷ. 민회 중심의 직접 민주 정치가 꽃을 피웠다. 이후 ㄹ. 펠로폰네소스 전쟁에서 패배하면서 쇠퇴하였다.

아테네 민주 정치의 발전

솔론	재산 정도에 따른 참정권 부여
클레이스테네스	도편 추방제
페리클레스	민주 정치 전성기, 민회의 입법권 행사, 공직 추첨제

06 그리스에서는 인간 중심적·합리적인 문화가 발전하였다. 문학에서는 『일리아드』, 『오디세이』가, 역사학에서는 헤로도토스가 저술한 『역사』가, 건축에서는 파르테논 신전이 대표적이다. 한편 철학에서는 소피스트가 진리의 상대성을 주장하였고, 소크라테스는 진리의 절대성을 주장하였다. 이후 소크라테스의 철학은 플라톤, 아리스토텔레스로 계승되었다.

왜 틀렸지? ④ 시민법을 발전시킨 만민법이 발달한 것은 로마 문화에 해당한다.

07 제시된 (가)는 알렉산드로스 제국이다.

왜 틀렸지? ①, ③ 그리스, ②, ④ 로마에 대한 설명이다.

08 (가)는 그리스 문화의 파르테논 신전, (나)는 헬레니즘 문화의 라오콘 군상이다.

왜 틀렸지? ㄴ. 스토아학파는 헬레니즘 문화와 관련이 있다. ㄹ. 소크라테스는 그리스 문화와 관련이 있다.

그리스 문화와 헬레니즘 문화

구분	그리스 문화	헬레니즘 문화
특징	합리적·인간 중심적	세계 시민주의, 개인주의
철학	소피스트, 소크라테스, 플라톤, 아리스토텔레스	스토아학파, 에피쿠로스학파
예술	조화와 균형 강조, 파르테논 신전	사실적 미를 중시, 라오콘 군상

09 로마에서는 공화정이 발달하면서 원로원과 집정관, 호민관과 평민회가 조화를 이루는 정치 체제가 발달하였다. 제시된 표는 ㉠ 원로원, ㉡ 집정관, ㉢ 호민관에 대한 설명이다.

10 포에니 전쟁은 지중해의 패권을 둘러싸고 로마와 카르타고가 벌인 전쟁이다. 포에니 전쟁 결과 자영농이 몰락하고 라티푼디움이 확대되었다.

왜 틀렸지? ②, ⑤ 콘스탄티누스 대제의 업적, ③ 그리스·페르시아 전쟁, ④ 아테네 민주정의 발달과 관련이 있다.

11 제시문은 로마가 카르타고에 맞서 서지중해 패권을 장악하게 된 포에니 전쟁 이후 나온 티베리우스 그라쿠스의 연설이다. 그라쿠스 형제는 포에니 전쟁 이후 자영농이 몰락하고 라티푼디움이 발달하자 토지 개혁을 주장하였다.

왜 틀렸지? ③ 로마의 이탈리아반도 통일 전쟁, ④ 알렉산드로스의 원정, ⑤ 그리스·페르시아 전쟁에 해당한다.

12 로마는 처음에는 왕정이었으나, ㄱ. 귀족들이 왕을 몰아내고 공화정을 수립하였다. 포에니 전쟁 승리 이후 대토지 소유가 심화되자 ㄴ. 그라쿠스 형제가 개혁을 추진하였으나 실패하고, 내분이 심화되었다. 이후 ㄷ. 옥타비아누스가 제정을 시작하고 200여 년의 번영을 누렸다. 그 뒤 로마 제국이 위기를 맞자 디오클레티아누스 황제는 ㄹ. 제국을 넷으로 나누고 공동 통치를 하였다.

13 제시된 문화유산은 콜로세움과 아피우스 가도로 로마 시대의 것이다. 로마 시대에는 법률과 건축 등 실용적인 문화가 발달하였다.

왜 틀렸지? ㄹ. 헬레니즘 문화에 대한 설명이다.

STEP 3 주관식·서술형

031쪽

01 (1) 민주주의(민주정)

(2) 예시답안 아테네 민주 정치는 오늘날 민주 정치와 달리 시민인 성인 남성만이 참여하였다.

채점 기준	
상	시민인 성인 남성만 참여할 수 있었음을 서술한 경우
하	위의 내용을 전혀 서술하지 못한 경우

02 (1) 헬레니즘 문화

(2) 예시답안 알렉산드로스의 원정으로 그리스 문화와 페르시아 문화가 융합되면서 나타났다. 헬레니즘 문화에서는 세계 시민주의와 개인주의가 발달하였다.

	채점 기준
상	알렉산드로스의 원정, 세계 시민주의, 개인주의를 모두 서술한 경우
중	위의 내용 중 두 가지만 서술한 경우
하	위의 내용 중 한 가지만 서술한 경우

03 (1) 포에니 전쟁

(2) 예시답안 포에니 전쟁 이후 유력자들이 노예를 이용해 대농장(라티푼디움)을 경영하였다. 그 결과 자영농이 몰락하였다.

	채점 기준
상	유력자들의 대농장 경영, 자영농 몰락을 모두 서술한 경우
중	위의 내용 중 한 가지만 서술한 경우
하	위의 내용을 전혀 서술하지 못한 경우

04 (1) 크리스트교

(2) 예시답안 콘스탄티누스 대제 때 밀라노 칙령으로 공인되었고, 이후 테오도시우스 황제 때 국교로 선포되었다.

	채점 기준
상	콘스탄티누스 대제, 밀라노 칙령, 테오도시우스 황제를 모두 서술한 경우
중	위의 내용 중 두 가지만 서술한 경우
하	위의 내용 중 한 가지만 서술한 경우

대단원 마무리 문제

034~037쪽

01 ④ **02** ② **03** ③ **04** ④ **05** 해설 참조 **06** ① **07** ③ **08** ④ **09** ⑤ **10** ③ **11** ② **12** ⑤ **13** 함무라비 법전 **14** ③ **15** ④ **16** ② **17** ③ **18** 해설 참조 **19** ③ **20** ③ **21** ① **22** 해설 참조 **23** ① **24** ② **25** ⑤

01 ㉡은 모든 수많은 과거의 사실 중 역사가의 관점과 선택에 따라 의미 있는 것들이 선택되어 역사가 된다는 의미이다.

02 과거 사람들이 남긴 다양한 흔적을 사료(史料, 역사의 재료)라고 한다.

03 사료가 전하는 사실이 믿을 만한 것인지 판단하는 과정을 사료 비판이라고 한다.

04 왜 틀렸지? ④ 사료는 과거의 인류가 남긴 모든 흔적을 의미한다. 자연 현상은 사료에 해당하지는 않는다.

05 예시답안 역사 학습을 통해 현재를 바르게 이해하고 미래를 설계한다. 삶의 교훈과 지혜를 얻을 수 있다. 역사적 사고력과 비판력을 기를 수 있다. 세계 역사를 이해함으로써 서로의 전통과 문화를 존중할 수 있다.

	채점 기준
상	역사를 배우는 목적을 세 가지 이상 서술한 경우
중	위의 내용 중 두 가지만 서술한 경우
하	위의 내용 중 한 가지만 서술한 경우

06 ㈎는 오스트랄로피테쿠스 아파렌시스이다. 아프리카에서 출현한 이들은 원숭이와 비슷하게 생겼지만 직립 보행을 시작하며 간단한 도구를 사용하였다.

07 ㄷ. 오스트랄로피테쿠스 아파렌시스 – ㄱ. 호모 에렉투스 – ㄴ. 호모 네안데르탈렌시스 – ㄹ. 호모 사피엔스 순으로 진화하였다.

08 설명에 해당하는 여인상은 ④이다.

왜 틀렸지? ① 주먹도끼, ② 빗살무늬 토기, ③ 간석기, ④ 빌렌도르프의 비너스, ⑤ 청동 솥(상 왕조)이다.

09 왜 틀렸지? ⑤ 농경의 시작과 애니미즘과 같은 원시 신앙의 등장은 신석기 시대에 해당한다.

10 신석기 혁명은 농경과 목축의 시작으로 말미암은 변화를 의미하는 용어이다.

왜 틀렸지? ①, ②, ④, ⑤ 구석기 시대에 해당한다.

11 자료에서 설명한 변화에 따라 큰 강 유역을 중심으로 문명이 발생하였다.

12 자료의 설명은 메소포타미아 문명에서 세운 신전인 지구라트에 대한 것이다.

왜 틀렸지? ① 청동 솥(상 왕조), ② 피라미드, ③ 함무라비 법전이 새겨진 기둥, ④ 모헨조다로 유적이다.

14 제시된 그림은 이집트 문명의 「사자의 서」이다. 이집트 문명에서는 태양력과 10진법을 사용하였다.

15 드라비다인은 인더스강 유역에서 문명을 발전시켰으나 아리아인의 이동으로 아리아인의 지배를 받게 되었다. 이 과정에서 카스트제와 브라만교가 등장하였다.

16 ㉠ 왕조는 중국 문명의 상 왕조이다. 점을 쳤다는 내용을 통해 신권 정치가 이루어졌음을 알 수 있다.

17 지도의 왕조는 아케메네스 왕조 페르시아이다. 아케메네스 왕조 페르시아의 다리우스 1세 때 '왕의 귀'라 불리는 감찰관을 파견해 각 지역의 총독을 감시하였다.

18 예시답안 아시리아는 피지배 민족에 대해 가혹한 정책을 펼쳤다. 이에 피지배 민족의 반발로 멸망하였다. 아케메네스 왕조 페르시아는 피지배 민족에 관용적인 정책을 실시하여 200여 년간 번영하였다.

	채점 기준
상	아시리아의 가혹한 정책, 아케메네스 왕조 페르시아의 관대한 정책을 모두 서술한 경우
중	위의 내용 중 한 가지만 서술한 경우
하	위의 내용을 서술하지 못한 경우

19 철제 농기구가 중국에 도입된 것은 춘추 전국 시대의 일이다. 이 시기에 각국의 경쟁이 치열해지면서 부국강병을 위해 인재를 등용해 제자백가가 출현하였다.

왜 틀렸지? ㄴ. 주, ㄷ. 진에 대한 설명이다.

20 자료의 인물은 진 시황제이다. 그는 유가를 탄압하는 분서갱유를 단행하였다. 또 흉노를 몰아내고 만리장성을 축조하기도 하였다.

21 밑줄 친 '황제'는 한의 무제이다. 그는 고조선을 공격하고 북베트남까지 세력을 확장하는 등 영토 확장 정책을 실시하였다.

22 예시답안 전쟁에 참여하여 활약한 부유한 평민들이 정치에 참여할 권리를 요구하였고, 이에 따라 아테네 민주정이 발전하였다. 이후 독재자의 출현을 막기 위해 도편 추방제가 시행되었다. 그리고 시민인 성인 남성이 직접 민회에서 나랏일을 결정하는 직접 민주 정치가 발전하였다.

채점 기준	
상	평민이 참여하는 민주정 발전, 도편 추방제, 시민인 성인 남성이 참여한다는 내용을 모두 서술한 경우
중	위의 내용 중 두 가지만 서술한 경우
하	위의 내용 중 한 가지만 서술한 경우

23 제시된 호메로스의 작품은 『일리아드』로 그리스 문화와 관련되어 있다.

왜 틀렸지? | ②, ⑤ 헬레니즘 문화, ③ 로마 문화의 특징이다. ④ 소피스트들은 진리의 상대성을 강조하였다.

24 관련된 국가는 알렉산드로스 제국이다. 알렉산드로스 제국은 동방의 군주정을 받아들이고 페르시아인을 관리로 등용하는 등 동서 융합 정책을 펼쳤다.

왜 틀렸지? | ① 로마, ④ 아테네에 대한 설명이다.

25 로마는 ㄷ. 옥타비아누스가 아우구스투스의 칭호를 받으며 제정이 시작되었다. 이후 ㄹ. 200여 년간의 로마의 평화를 거쳐 혼란을 맞았고, ㄴ. 콘스탄티누스 대제 때 수도를 콘스탄티노폴리스로 옮겼다. ㄱ. 테오도시우스 황제는 크리스트교를 국교화하였다.

Ⅱ 세계 종교의 확산과 지역 문화의 형성

01 불교 및 힌두교 문화의 형성과 확산

STEP 1 개념 확인

040쪽

01 (1) ㄱ (2) ㄱ (3) ㄷ (4) ㄴ 02 ㉠ 대승 불교 ㉡ 쿠샨 03 (1) ㉠, ㉢ (2) ㉡, ㉣ 04 (1) 크샤트리아 (2) 힌두교 05 (1) ○ (2) × (3) × 06 (1) 간다라 양식 (2) 굽타

STEP 2 대표 문제

040~042쪽

01 ② 02 ⑤ 03 ③ 04 ② 05 ① 06 ② 07 ④
08 ⑤ 09 ① 10 ③ 11 ⑤ 12 ⑤ 13 ① 14 ①

01 기원전 7세기 무렵 철기 문화가 확산하면서 전쟁이 증가하여 크샤트리아 계층이 성장하였다. 또한 철기의 보급으로 상공업이 발달하면서 바이샤 계급도 성장하였다. 크샤트리아와 바이샤 계급 사이에 엄격한 신분제를 강조하는 브라만교에 대한 불만이 커졌으며, 이를 배경으로 고타마 싯다르타(석가모니)가 불교를 창시하였다.

왜 틀렸지? | ㄴ, ㄹ. 불교 등장 이후의 상황이다.

02 자료는 불교 교리의 특징이다. 불교를 창시한 인물은 석가모니(고타마 싯다르타)이다.

03 지도의 왕조는 마우리아 왕조이다. 마우리아 왕조는 찬드라굽타 마우리아 때 북인도의 정치적 혼란을 수습하였으며, 아소카왕 때 전성기를 맞아 인도 대부분의 지역을 통일하였다.

왜 틀렸지? | ①, ⑤ 쿠샨 왕조, ②, ④ 마우리아 왕조 성립 이전의 상황에 해당한다.

04 제시문은 마우리아 왕조의 아소카왕이 불교에 귀의하는 내용을 담고 있다. 아소카왕은 잦은 전쟁과 살생에 후회하여 불교에 귀의하였다. 이후 아소카왕은 불교의 가르침과 통치 방침을 새긴 돌기둥을 각지에 세우고, 불교 경전을 정리하였으며, 사원과 불탑을 건설하고, 주변 지역에 불교를 포교하는 등 불교 진흥 정책을 펼쳤다. 이를 바탕으로 마우리아 왕조 때 상좌부 불교가 발달하였다.

05 제시된 문화유산은 마우리아 왕조의 산치 대탑이다. 산치 대탑은 아소카왕 때 지어졌으며, 현존하는 가장 오래된 불탑이다.

왜 틀렸지? | ㄷ. 굽타 왕조, ㄹ. 쿠샨 왕조에 대한 설명에 해당한다.

06 제시된 특징을 보인 왕조는 쿠샨 왕조에 해당한다. 쿠샨 왕조는 기원전 1세기경 이란 계통의 유목 민족인 쿠샨족이 세웠으며, 마우리아 왕조 이후 혼란하던 인도 북부 대부분을 차지하였다. 그리고 쿠샨 왕조는 카니슈카왕 때 전성기를 맞았다.

07 (가)는 상좌부 불교의 전파 경로로 마우리아 왕조, (나)는 대승 불교의 전파 경로로 쿠샨 왕조와 관련이 있다.

왜 틀렸지? | ㄱ. 쿠샨 왕조, ㄷ. 굽타 왕조이다.

상좌부 불교와 대승 불교

구분	상좌부 불교	대승 불교
관련 왕조	마우리아 왕조	쿠샨 왕조
강조점	수행을 통한 개인의 해탈	많은 사람의 구제
주요 전파 지역	동남아시아	동북아시아

08 ㉠은 쿠샨 왕조이다. 쿠샨 왕조 시기에는 간다라 지방을 중심으로 인도 불교문화와 헬레니즘 문화가 융합하여 간다라 양식이 발달하였다. 간다라 양식의 탄생으로 그리스 신상을 닮은 불상이 만들어졌다.

왜 틀렸지? | ②, ④ 굽타 왕조, ③ 마우리아 왕조에 해당한다.

09 제시된 자료는 간다라 양식의 성립 과정에 해당한다.

왜 틀렸지? | ②, ③ 마우리아 왕조 성립 이전, ④ 마우리아 왕조, ⑤ 굽타 왕조이다.

10 제시된 지도는 쿠샨 왕조 시기에 해당한다.

왜 틀렸지? | ①, ②, ④ 굽타 왕조, ⑤ 마우리아 왕조에 해당한다.

11 제시문은 힌두교에 대한 설명이다. 힌두교는 제사 의식을 간소화하여 모두가 제사를 지낼 수 있도록 하였으며, 토착적 성격이 강해 백성에게 쉽게 수용되었다. 또한 카르마와 카스트에 따른 의무 사항을 중시하여 카스트제가 정착되는 데 영향을 주었다.

12 4세기경 북인도 지역을 중심으로 굽타 왕조가 성립되었다. 굽타 왕조는 찬드라굽타 2세 때 전성기를 맞아 북인도 대부분 지역을 통일하고 남쪽으로 세력을 확장하였다.

왜 틀렸지? | ①, ③, ④ 쿠샨 왕조, ② 마우리아 왕조에 해당한다.

13 제시된 문화유산은 엘로라 석굴과 아잔타 석굴 벽화이다. 이들은 굽타 왕조 시기 인도 고전 문화의 발달과 관련이 깊다.

왜 틀렸지? | ㄷ. 마우리아 왕조, ㄹ. 쿠샨 왕조 시기에 해당한다.

14 제시된 내용은 굽타 왕조 시기 발달된 인도 고전 문화에 해당한다. 굽타 왕조 시기에는 산스크리트 문학과 굽타 양식 등 인도 고유의 색채가 뚜렷해진 인도 고전 문화가 발달하였다.

STEP 3 주관식·서술형

043쪽

01 예시답안 정복 전쟁이 잦아지면서 크샤트리아 계급이, 상공업이 발달하면서 바이샤 계급이 성장하며 브라만 계급을 중심으로 하는 카스트제와 브라만교에 대한 불만이 고조되었다. 이러한 상황에서 고타마 싯다르타가 창시한 불교는 해탈에 이른 이는 모두 평등하다고 보았으며, 생명에 대한 자비를 강조하였다.

채점 기준	
상	크샤트리아와 바이샤 성장, 평등과 자비를 모두 서술한 경우
중	위의 내용 중 두 가지만 서술한 경우
하	위의 내용 중 한 가지만 서술한 경우

02 (1) 아소카왕

(2) 예시답안 아소카왕은 곳곳에 통치 방침과 불교의 가르침을 담은 돌기둥을 세웠으며, 불경을 정리하고 전국에 사원과 탑을 세우는 등 불교를 장려하였다. 또한 주변 지역에 사절과 승려를 파견하여 불교를 포교하였다.

채점 기준	
상	돌기둥 건설, 불교 장려 사례, 불교 포교 사례를 모두 서술한 경우
중	위의 내용 중 두 가지만 서술한 경우
하	위의 내용 중 한 가지만 서술한 경우

03 (1) 간다라 양식

(2) 예시답안 알렉산드로스의 원정으로 전파된 헬레니즘 문화가 인도 불교문화와 융합되었다.

채점 기준	
상	헬레니즘 문화의 영향을 서술한 경우
하	위의 내용을 전혀 서술하지 못한 경우

04 (1) 굽타 왕조

(2) 예시답안 헬레니즘 문화의 영향을 받은 간다라 양식과 달리 굽타 양식에서는 인도 고유의 색채가 강화되었다.

채점 기준	
상	인도 고유의 색채가 강화되었음을 서술한 경우
하	위의 내용을 전혀 서술하지 못한 경우

02 동아시아 문화의 형성과 확산

STEP 1 개념 확인

046쪽

01 (1) ㄷ (2) ㄱ (3) ㄴ (4) ㄹ **02** ㉠ 균전제 ㉡ 모병제 ㉢ 조·용·조 **03** (1) ㉢ (2) ㉠, ㉡ **04** (1) 불교 (2) 양세법 **05** (1) ○ (2) × (3) × **06** (1) 국제 (2) 다이카 개신

STEP 2 대표 문제

046~048쪽

01 ② **02** ② **03** ① **04** ⑤ **05** ④ **06** ① **07** ③
08 ③ **09** ⑤ **10** ② **11** ① **12** ② **13** ③ **14** ②

01 제시된 내용은 삼국 시대를 통일한 진을 북방의 여러 유목 민족이 공격한 5호 16국 시대에 대한 설명이다. 이 시기에는 북방의 여러 민족(5호)이 진을 공격하여 화북 지방을 차지하고 여러 나라를 세웠다(16국). 화북 지방을 잃은 진은 남쪽으로 내려가 동진을 세웠다.

왜 틀렸지? | ① 불교가 전파된 것은 한대의 일이다. ③, ④ 당 때 일어난 일이다. ⑤ 후한 멸망 이후 중국은 삼국으로 분열되었다.

02 제시된 토지 제도는 균전제이다. 북위 때 시행된 균전제는 이후 수·당대에도 계속 이어져서 시행되었다.

03 남북조 시대 남조에서는 귀족 문화가 크게 발달하였다. 또한 자유로운 정신세계를 중시하는 청담 사상도 유행하였다.

왜 틀렸지? | ㄷ. 당, ㄹ. 북조의 문화에 대한 설명이다.

04 제시된 문화유산은 북위에서 조성된 윈강 석굴이다. 남북조 시대에는 불교가 발달하였으며, 북위 왕실에서는 불교를 보호하여 윈강과 룽먼 등에 대규모 석굴 사원을 건설하기도 하였다.

왜 틀렸지? | ①, ②, ④ 당, ③ 한에 대한 설명이다.

05 ㉠ 왕조는 수에 해당한다. 수는 문제 때 분열되어 있던 중국을 다시 통일하였으며, 과거제 등 제도를 정비하였다. 그리고 수 양제는 대운하를 건설하고, 고구려를 공격하였다. 하지만 대규모 토목 공사와 고구려 원정의 실패로 각지에서 반란이 일어나 수는 곧 멸망하였다.

왜 틀렸지? | ㄱ, ㄷ. 당에 대한 설명이다.

06 제시된 시설은 수대에 조성한 대운하이다. 수 양제는 강남의 물자를 정치 중심지인 화북 지역으로 옮기기 위해 대운하를 건설하였다. 하지만 무리한 토목 공사와 고구려 원정의 실패로 수는 멸망하게 된다.

왜 틀렸지? | ②, ③ 당, ④ 북위, ⑤ 동진에 대한 설명이다.

07 (가) 왕조는 당이다. 당은 수 멸망 이후 중국을 다시 통일하였으며, 수의 제도를 바탕으로 내부를 정비하고, 대외 진출에 나서 영토를 넓혔다. 하지만 안사의 난 등 절도사의 반란으로 위기를 맞았다.

왜 틀렸지? | ① 남조, ②, ④ 북위, ⑤ 수에 해당한다.

08 제시문의 제도는 양세법이다. 당은 조세 제도로 조·용·조를 운영하였지만, 안사의 난 이후에는 빈부의 격차를 반영해 1년에 두 번 세금을 징수하는 양세법을 시행하였다.

09 제시문은 돌궐에 대한 설명이다.

10 제시된 자료는 당삼채와 대진경교유행중국비이다. 당삼채는 흰색과 녹색, 황색 등의 색을 이용한 도자기로 서역인의 모습과 낙타 등이 표현되어 있다. 대진경교유행중국비는 경교(네스토리우스교)가 중국에 퍼진 것을 알 수 있는 비석이다. 두 자료 모두 당대에 서역과 활발히 교류하여 국제적 문화가 발전하였음을 보여 준다.

11 제시된 내용은 동아시아 문화권의 성립과 관련된 내용이다. 당대에 국제적인 교류가 활발하게 일어나면서 중국의 문화가 주변 지역으로 전파되었고, 각 지역에서는 전통문화와 중국 문화를 융합하여 독자적인 문화를 발전시켰다. 이 과정에서 한자, 율령, 유교, 불교를 공통으로 하는 동아시아 문화권이 형성되었다.

12 제시문은 발해의 대외 관계에 대한 설명이다.

13 제시된 자료는 나라 시대에 형성된 도다이사이다. 나라 지역으로 수도를 옮기며 나라 시대가 시작되었고, 이 시기에는 견당사와 견신라사 등을 파견하였다.

왜 틀렸지? | ㄴ. 야마토 정권 시기, ㄷ. 헤이안 시대에 대한 설명이다.

일본 고대 국가의 형성

시대	특징
야마토 정권	• 4세기경 야마타이국 중심 소국 통합 • 아스카 시대: 쇼토쿠 태자가 중국과 한반도 문물 수용해 중앙 집권 체제 강화, 불교문화 발전 • 다이카 개신: 당 율령 수용해 국왕 중심 중앙 집권 체제 • 7세기 말: '일본', '천황' 처음 사용
나라 시대	• 헤이조쿄 건설, 나라 천도 • 불교문화 발전, 견당사와 견신라사 파견 • 『일본서기』, 『고사기』 등 편찬
헤이안 시대	헤이안쿄로 천도, 국풍 문화 발전(가나, 일본 독자성 강화)

14 지도의 (가) 시대는 헤이안 시대, (나) 시대는 나라 시대에 해당한다.

왜 틀렸지? | ㄴ. (나)-(가) 순이며, ㄹ. 헤이안 시대에 대한 설명이다.

STEP 3 주관식·서술형

049쪽

01 (1) 위진 남북조 시대

(2) 예시답안 왕실에서 불교를 숭상하여 왕권을 강화하려 하였다. 그 결과 북조 지역에서 윈강, 룽먼 석굴 사원 등 대규모 석굴 사원이 조성되었다. 남조 지역에서는 청담 사상이 유행하였으며, 귀족 문화가 발달하였다. 또한 이 시기 도교가 성립하였다.

채점 기준	
상	불교의 발전, 도교의 성립, 귀족 문화를 모두 서술한 경우
중	위의 내용 중 두 가지만 서술한 경우
하	위의 내용 중 한 가지만 서술한 경우

02 (1) 수 양제(양제)

(2) 예시답안 화북과 강남 지역을 연결하려고 하였다.

채점 기준	
상	화북과 강남의 연결을 서술한 경우
하	위의 내용을 전혀 서술하지 못한 경우

03 예시답안 균전제는 농민에게 일정한 면적의 토지를 분배해 주는 토지 제도이다. 조·용·조는 곡물과 노동력, 특산물(직물)을 징수하는 세금 제도이다. 부병제는 농민을 군인으로 동원하는 제도이다.

채점 기준	
상	균전제, 조·용·조, 부병제의 세 가지를 모두 서술한 경우
중	위의 내용 중 두 가지만 서술한 경우
하	위의 내용 중 한 가지만 서술한 경우

04 (1) 장안

(2) 예시답안 당의 수도 장안에는 조로아스터교, 경교, 이슬람교 사원 등 외래 종교 사원이 건립되었다.

채점 기준	
상	외래 종교 사원의 건립을 서술한 경우
하	위의 내용을 전혀 서술하지 못한 경우

03 이슬람 문화의 형성과 확산

STEP 1 개념 확인 052쪽

01 (1) ㄴ (2) ㄱ (3) ㄹ (4) ㄷ 02 ㉠ 아바스 ㉡ 다마스쿠스 ㉢ 아랍인 03 (1) ㉡ (2) ㉠ (3) ㉢ 04 (1) 칼리프 (2) 『쿠란』 05 (1) × (2) ○ (3) ○ 06 (1) 바그다드 (2) 모스크

STEP 2 대표 문제 052~054쪽

01 ⑤ 02 ① 03 ⑤ 04 ⑤ 05 ④ 06 ⑤ 07 ② 08 ① 09 ④ 10 ④ 11 ③ 12 ① 13 ② 14 ⑤ 15 ②

01 이슬람교는 사산 왕조 페르시아와 비잔티움 제국의 대립 심화로 아라비아반도에서 상업이 발달하는 가운데 등장하였다. 이 시기 동서 교역로가 혼란스러워지면서 아라비아반도를 통과하는 대체 교역로가 발달하였고, 메카와 메디나는 상업으로 번영하였다. 이 과정에서 빈부 격차가 심화되었으며, 교역로를 둘러싼 각 부족의 갈등도 깊어졌다. 무함마드는 이러한 상황에서 이슬람교를 창시하였다.

02 이슬람교는 유대교와 크리스트교의 영향을 받아 메카에서 창시되었다. 무함마드는 알라에 대한 유일신 사상과 신 앞에 만인의 평등을 강조하였다.

왜 틀렸지? ㄷ. 이슬람교는 메카 지역에서 창시되었다. 바그다드는 이후 등장한 아바스 왕조의 수도이다. ㄹ. 이슬람교는 유대교와 크리스트교의 영향을 받았다.

03 제시된 내용은 정통 칼리프 시대의 통치 방식에 해당한다. 정통 칼리프 시대에는 이슬람 세계를 이끄는 정치·종교 지도자인 칼리프를 선출하였다.

이슬람 제국의 발전

무함마드 시기	• 이슬람교 창시 • 헤지라 → 메카 재입성 → 아라비아반도 통일
정통 칼리프 시기	• 칼리프 선출 • 사산 왕조 페르시아 정복, 시리아·이집트 진출
우마이야 왕조	• 칼리프 세습, 시아파와 수니파로 분열되는 계기 • 아랍인 중심 정책: 비아랍인 이슬람교도에 인두세 징수, 관직 진출 제한 → 반발
아바스 왕조	• 바그다드 수도, 동서 교역으로 번영 • 아랍인 중심 정책 폐지

04 4대 칼리프 알리가 암살된 이후 이슬람 사회는 칼리프 선출을 둘러싸고 시아파와 수니파로 분열되었다.

시아파와 수니파

구분	시아파	수니파
주장	무함마드의 후손인 알리와 그 후손이 정통 칼리프	전체 이슬람 공동체의 지지를 받으면 칼리프가 될 수 있음
특징	이슬람 소수파	이슬람 다수파

05 무함마드가 이슬람교를 창시한 후 메카 귀족의 박해를 받자 헤지라를 단행하여 메디나로 피신하였다. 이후 교세를 확장하여 메카를 확보하고 아라비아반도를 통일하였다. 그의 사후 정통 칼리프 시대가 시작되었다.

왜 틀렸지? ① 우마이야 왕조 이후에 성립하였다. ② 정통 칼리프 시대 말기의 일이다. ③ 파티마 왕조는 아바스 왕조 시기에 성장하였다. ⑤ 아바스 왕조 시기의 일이다.

06 정통 칼리프 시대와 아바스 왕조 사이에는 우마이야 왕조가 성립하였다. 우마이야 왕조는 아랍인 중심 정책을 펼쳤다.

왜 틀렸지? ① 아바스 왕조 멸망과 관련된 것이다. ②, ④ 무함마드 시기의 일이다. ③ 아바스 왕조 시기의 일이다.

07 ㉠ 왕조는 우마이야 왕조에 해당한다. 우마이야 왕조의 수도는 다마스쿠스이다.

왜 틀렸지? ① 무함마드 시기, ③, ④ 정통 칼리프 시대, ⑤ 아바스 왕조 시기에 해당한다.

08 제시된 내용은 우마이야 왕조에 대한 설명이다. 정통 칼리프 시대 4대 칼리프인 알리가 암살된 이후 우마이야 왕조가 성립하여 칼리프 지위를 세습하였다. 이 과정에서 이슬람 사회는 시아파와 수니파로 분열되었다.

왜 틀렸지? ②, ③ 아바스 왕조, ④ 정통 칼리프 시대, ⑤ 셀주크 튀르크에 해당한다.

09 제시된 지도는 아바스 왕조의 영역이다. 아바스 왕조는 바그다드를 수도로 발전하였으며, 우마이야 왕조 시기의 아랍인 중심 정책을 폐지하였다.

왜 틀렸지? ㄱ, ㄷ. 우마이야 왕조에 해당한다.

10 ㄴ. 무함마드가 메디나로 이주(헤지라)한 이후 이슬람 세력은 아라비아반도를 통일하는 등 세력을 확대하였고, ㄹ. 정통 칼리프 시대, ㄷ. 우마이야 왕조, ㄱ. 아바스 왕조의 순서로 팽창하였다.

11 제시된 내용은 이슬람교와 관련된 것이다.

12 제시된 종교는 이슬람교이다.

왜 틀렸지? ㄷ. 힌두교, ㄹ. 조로아스터교에 해당한다.

13 제시된 내용은 『쿠란』에 대한 설명이다. 『쿠란』은 이슬람교의 경전으로 이슬람교도의 일상생활까지 규정하였다.

14 제시된 건축물은 모스크이다. 모스크는 이슬람 예배당으로 둥근 지붕(돔)과 뾰족한 탑(미너렛)을 특징으로 한다. 모스크는 우상 숭배 금지의 영향으로 발달한 기하학적인 무늬인 아라베스크 무늬로 장식되었다.

왜 틀렸지? ㄱ. 메소포타미아 문명의 신전, ㄴ. 12세기 교회 건축 양식의 특징에 해당한다.

15 제시된 내용은 대표적인 이슬람 문학인 『천일 야화』에 해당한다. 이슬람 사회에서는 상업 활동, 성지 순례와 관련해 지리학과 역사학이 발달하였다. 또한 자연 과학도 발달하여 아라비아 숫자를 완성하여 사용하였고, 연금술 연구 과정에서 화학도 발달하였다. 그리고 그리스 철학을 연구하여 유럽의 사상 발달에도 영향을 주었다.

왜 틀렸지? ② 제지법은 중국에서 발명되었다.

STEP 3 주관식·서술형

055쪽

01 (1) 무함마드

(2) 예시답안 사산 왕조 페르시아와 비잔티움 제국이 대립하면서 새로운 교역로가 발달하였고, 메카와 메디나가 번성하였다. 이 과정에서 빈부 격차와 부족 간의 대립이 심화되었다.

채점 기준	
상	사산 왕조 페르시아와 비잔티움 제국의 대립, 메카와 메디나의 번영, 빈부 격차와 부족 간 대립의 심화를 모두 서술한 경우
중	위의 내용 중 두 가지만 서술한 경우
하	위의 내용 중 한 가지만 서술한 경우

02 (1) 우마이야 왕조

(2) 예시답안 비아랍인 이슬람교도에게 세금을 거두고, 관직 진출을 차별하는 등 아랍인 중심 정책을 펼쳤다.

채점 기준	
상	비아랍인 이슬람교도에게 세금 징수, 관직 진출 차별을 모두 서술한 경우
중	위의 내용 중 한 가지만 서술한 경우
하	위의 내용을 전혀 서술하지 못한 경우

03 (1) 모스크

(2) 예시답안 뾰족한 탑과 돔(둥근 지붕)을 세우고 아라베스크 무늬로 장식하였다.

채점 기준	
상	뾰족한 탑, 돔, 아라베스크 무늬 세 가지를 모두 서술한 경우
중	위의 내용 중 두 가지만 서술한 경우
하	위의 내용 중 한 가지만 서술한 경우

04 예시답안 화학에서는 연금술 연구 과정에서 알칼리, 알코올 등의 개념을 사용하였다. 수학에서는 아라비아 숫자 체계를 완성하였다.

채점 기준	
상	화학, 수학 분야에서 각각 한 가지씩 모두 서술한 경우
중	위의 내용 중 한 가지만 서술한 경우
하	위의 내용을 전혀 서술하지 못한 경우

04 크리스트교 문화의 형성과 확산

STEP 1 개념 확인

059쪽

01 (1) ㉡ (2) ㉢ (3) ㉠ **02** (1) 봉건제 (2) 농노 **03** (1) 비잔티움 제국 (2) 셀주크 튀르크 **04** (1) × (2) × (3) × **05** (1) 알프스 (2) 레오나르도 다빈치 **06** (1) ㄱ (2) ㄷ (3) ㄴ

STEP 2 대표 문제

059~062쪽

01 ④ **02** ⑤ **03** ⑤ **04** ④ **05** ⑤ **06** ④ **07** ②
08 ① **09** ② **10** ③ **11** ⑤ **12** ② **13** ④ **14** ②
15 ④ **16** ① **17** ③ **18** ① **19** ⑤

01 제시된 내용은 게르만의 이동에 따른 서로마 제국 멸망과 관련된 것이다. 훈족의 압박을 받은 게르만족이 이동하면서 서로마 제국이 멸망하였고, 게르만족은 유럽 곳곳에 나라를 세웠다.

02 밑줄 친 '그대'는 카롤루스 대제이다. 카롤루스 대제는 옛 서로마 제국 영토의 대부분을 회복하였고, 이들 지역에 크리스트교를 전파하였다. 이 결과 교황은 카롤루스를 서로마 제국 황제로 대관하였다. 또한 카롤루스 대제의 활동으로 로마 문화와 크리스트교, 게르만 문화가 융합하여 중세 서유럽 문화의 기틀이 마련되었다.

왜 틀렸지? | ① 유스티니아누스 황제, ② 우르바누스 2세, ③ 레오 3세, ④ 그레고리우스 7세이다.

03 제시된 국가는 프랑크 왕국이다. 프랑크족은 원 거주지에서 멀지 않은 지역에 프랑크 왕국을 세웠다. 또한 프랑크 왕국은 이른 시기부터 크리스트교를 받아들여 로마 교회의 지지를 받았으며, 게르만족이 세운 국가 중 가장 번영하였다. 그리고 8세기 카롤루스 마르텔은 이베리아반도를 넘어 침입한 이슬람 세력을 격파하여 크리스트교 세계를 보호하였다.

왜 틀렸지? | ①, ④ 비잔티움 제국, ② 키예프 공국, ③ 서로마 제국에 대한 설명이다.

04 제시된 내용은 봉건제 형성 과정에 해당한다. 프랑크 왕국이 분열된 이후 노르만족의 침입으로 서유럽 세계는 혼란에 빠졌다. 이 시기 각지의 유력자들이 성을 쌓고 기사로 무장하였고, 이들 기사가 서로 주종 관계를 맺으면서 봉건제가 형성되었다.

05 (가), (나) 모두 기사 계급으로 (가)는 주군, (나)는 봉신에 해당한다. 이 두 주체의 주종 관계는 쌍무적 계약 관계이다.

06 제시된 그림은 장원에 해당한다. 주군이 봉신에게 수여한 토지는 장원으로 경영되었다. 장원은 주군의 간섭을 받지 않고 운영되었으며, 장원에 속한 농노는 거주 이전의 자유가 없었다.

07 제시된 인물은 비잔티움 제국의 유스티니아누스 황제이다. 유스티니아누스 황제는 옛 서로마 제국의 영토를 상당 부분 회복하였으며, 로마법을 집대성하여 『유스티니아누스 법전』을 완성하였고, 성 소피아 대성당을 세웠다.

08 제시된 제국은 비잔티움 제국이다. 비잔티움 제국은 콘스탄티노폴리스를 수도로 번영하였으나, 이슬람 세력의 공격, 십자군 전쟁 과정에서 쇠퇴하여 오스만 제국에게 멸망하였다.

왜 틀렸지? | ㄷ, ㄹ. 중세 서유럽 문화에 해당한다.

09 ㉠은 비잔티움 문화이다. 비잔티움 제국은 그리스 정교를 바탕으로 그리스·로마 문화와 헬레니즘 문화를 융합한 비잔티움 문화를 발전시켰다. 이러한 비잔티움 문화는 슬라브족에게 영향을 끼쳐 동유럽 문화가 형성되는 데 기여하였다.

왜 틀렸지? ① 로마, ③, ⑤ 서유럽, ④ 이탈리아에 해당한다.

10 제시된 내용은 7성사 중 세 가지로 중세 크리스트교가 유럽인들의 일상생활을 강력히 지배하였다는 사실을 추론할 수 있다.

11 제시된 그림은 카노사의 굴욕과 관련된 것이다. 카노사의 굴욕은 교황과 신성 로마 제국 황제가 성직자 임명권을 둘러싸고 대립하여 일어났다.

12 제시된 건축은 고딕 양식의 샤르트르 대성당이다. 고딕 양식은 높고 뾰족한 첨탑과 스테인드글라스를 특징으로 한다.

왜 틀렸지? ㄴ. 비잔티움 양식으로 성 소피아 대성당이 대표적이며, ㄹ. 르네상스 양식으로 성 베드로 대성당이 대표적이다.

13 지도는 십자군 전쟁의 전개를 보여 준다. 셀주크 튀르크가 예루살렘을 차지하고, 비잔티움 제국을 위협하였다. 이에 교황이 성지 탈환을 내세우면서 십자군 파병을 호소하여 십자군 전쟁이 시작되었다. 십자군 전쟁은 1차 원정에서 예루살렘을 탈환하기도 하였으나 결국 실패하였다. 십자군 원정의 결과 십자군을 주도한 교황의 권위가 떨어졌으며, 원정에 참여한 영주와 기사의 세력도 약화되었다. 한편 십자군 전쟁 과정에서 상공업이 발달하였다.

왜 틀렸지? ④ 십자군 전쟁은 셀주크 튀르크가 예루살렘을 점령하고 비잔티움 제국을 위협한 것이 계기가 되어 시작되었다.

14 장원제는 상공업이 발달해 도시가 성장하고 농노의 지위가 향상되면서 무너졌다.

왜 틀렸지? ② 9세기 노르만족의 침입으로 봉건제가 확산되었다.

15 (가)에서는 알프스 이북, (나)에서는 이탈리아 르네상스가 발달하였다.

왜 틀렸지? ④ 알프스 이북 르네상스의 특징이다.

이탈리아와 알프스 이북 르네상스

	이탈리아 르네상스	알프스 이북 르네상스
지역	이탈리아 지역	알프스 이북 지역
특징	인문주의 발달	사회·교회 비판적

16 16세기 종교 개혁에 해당하는 것으로 루터와 칼뱅의 개혁이 있다.

왜 틀렸지? ㄷ, ㄹ. 종교 개혁 이전 교황권과 세속 군주권의 변화 과정에서 나타난 사건에 해당한다.

17 제시된 「천지 창조」는 인간의 신체와 감정을 아름답게 묘사한 이탈리아 르네상스 예술의 특징을 잘 보여 준다.

18 자료는 칼뱅의 종교 개혁에 대한 설명으로 칼뱅의 직업 소명설과 예정설은 상공업자들의 환영을 받았다.

루터와 칼뱅의 종교 개혁

	루터	칼뱅
지역	독일	스위스
특징	「95개조 반박문」	예정설, 직업에 충실할 것 강조
공인	아우크스부르크 화의	베스트팔렌 조약

19 제시된 내용은 30년 전쟁에 해당한다. 이 전쟁 결과 베스트팔렌 조약이 체결되었다.

STEP 3 주관식·서술형

063쪽

01 (1) (가) 영주 (나) 농노

(2) 예시답안 농노는 노예와는 달리 재산을 보유하거나 결혼을 하여 가정을 이룰 수 있었다.

채점 기준	
상	재산 보유, 결혼 가능을 모두 서술한 경우
중	위의 내용 중 한 가지만 서술한 경우
하	위의 내용을 전혀 서술하지 못한 경우

02 (1) 성 소피아 대성당, 콘스탄티노폴리스(오늘날의 이스탄불)

(2) 예시답안 성 소피아 대성당은 비잔티움 양식으로 건축되었다. 비잔티움 양식은 외부의 돔과 내부의 모자이크 벽화 장식이 특징이다.

채점 기준	
상	비잔티움 양식, 돔, 모자이크 등 세 가지를 모두 서술한 경우
중	위의 내용 중 두 가지만 서술한 경우
하	위의 내용 중 한 가지만 서술한 경우

03 (1) 흑사병

(2) 예시답안 흑사병으로 유럽 인구가 줄고 노동력이 부족해지자 농노는 영주에게 처우 개선을 요구하였다. 그 결과 영주의 속박에서 벗어난 자영 농민이 늘어나면서 장원이 해체되어 갔다.

채점 기준	
상	노동력 부족, 농노에 대한 영주의 처우 개선에 대한 내용이 들어간 경우
중	위의 내용 중 한 가지만 서술한 경우
하	위의 내용을 전혀 서술하지 못한 경우

04 (1) 에라스뮈스

(2) 예시답안 알프스 이북 르네상스는 이탈리아 르네상스에 비해 사회와 교회에 대하여 비판적이다. 이를 보여 주는 또 다른 사례로 토머스 모어의 『유토피아』가 있다.

채점 기준	
상	특징과 사례를 모두 서술한 경우
중	위의 내용 중 한 가지만 서술한 경우
하	위의 내용을 전혀 서술하지 못한 경우

대단원 마무리 문제

066~069쪽

01 ③ **02** ④ **03** ⑤ **04** 아소카왕 **05** ④ **06** ④ **07** ② **08** ① **09** ① **10** ④, ⑤ **11** ① **12** ④ **13** 한자, 율령, 불교, 유교 **14** ② **15** ③ **16** ⑤ **17** ③ **18** 해설 참조 **19** ④ **20** ① **21** ④ **22** 해설 참조 **23** ③ **24** ⑤ **25** ⑤

01 석가모니가 창시한 종교는 자비와 평등을 강조하는 불교이다.

02 제시된 유물은 마우리아 왕조 아소카왕 때 세워진 돌기둥 머리 부분에 해당한다.

03 ㉠에 들어갈 왕조는 쿠샨 왕조이다. 쿠샨 왕조는 동서 무역로를 차지해 중계 무역이 발전하였다.

05 (가)는 마우리아 왕조, (나)는 굽타 왕조이다.

왜 틀렸지? ④ 굽타 왕조에서는 산스크리트 문학 등 인도 고전 문화가 발달하였다.

06 (가)는 5호 16국 시대를 통일한 북위에 해당한다. 북위의 효문제는 한화 정책을 추진하였다.

07 제시된 글은 도연명의 「귀거래사」로 위진 남북조 시대의 대표적 문학 작품이다.

왜 틀렸지? ② 이 시기에는 귀족 문화가 발달하였다.

08 자료는 윈강 석굴의 불상으로 위진 남북조 시대 북위에서 만들어졌다. 위진 남북조 시대에 유목 민족이 화북 지방에 왕조를 세웠고, 호족이 문벌 귀족으로 성장하였다.

왜 틀렸지? ㄷ. 수·당대, ㄹ. 수대의 사실이다.

09 제시된 글의 제도는 과거제로 수대에 처음 시행하였다.

왜 틀렸지? ① 수대에 대운하를 건설하였다.

10 자료의 왕조는 수이다. 수는 고구려 원정과 대운하 등 토목 사업으로 각지에서 반란이 일어나 멸망하였다.

11 당의 국제적인 문화를 보여 주는 유물로는 당삼채가 있다.

왜 틀렸지? ② 아잔타 석굴 벽화, ③ 갑골문, ④ 만리장성, ⑤ 윈강 석굴에 해당한다.

12 자료에서 설명하는 제도는 균전제에 해당한다.

14 **왜 틀렸지?** ㄴ. 힌두교, ㄹ. 불교에 해당한다.

15 지도와 같이 아라비아반도의 교역로가 활성화되면서 빈부 격차가 심해진 상황에서 이슬람교가 창시되었다.

16 제시된 설명은 정통 칼리프 시대에 해당한다. 이 시대에 사산 왕조 페르시아가 멸망하였다.

17 (가)는 아바스 왕조에 해당한다. 아바스 왕조는 탈라스 전투에 승리하여 동서 교역로를 확보하였다.

18 **예시답안** 우마이야 왕조는 비아랍인 이슬람교도에게 인두세를 받고 관직 임명에 차별을 두는 등 차별적 통치 정책을 시행하였다. 그에 비해 아바스 왕조는 아랍인을 우대하는 정책을 폐지하였다.

채점 기준	
상	우마이야 왕조와 아바스 왕조의 정책을 모두 서술한 경우
중	위의 내용 중 한 가지만 서술한 경우
하	위의 내용을 거의 서술하지 못한 경우

19 제시된 자료는 프랑크 왕국이 로마 교회의 지지를 얻는 과정을 보여 준다.

20 자료는 봉건제의 형성 과정과 운영 방식에 해당한다.

21 자료의 문화유산은 비잔티움의 제국의 성 소피아 대성당이다.

왜 틀렸지? ④ 비잔티움 제국은 지방 분권적 봉건제가 시행되었던 중세 서유럽과 달리 중앙 집권적 제도가 운영되었다.

22 (1) 카노사의 굴욕

(2) **예시답안** 교황이 성직자 임명권을 교황이 가지겠다고 선언하자 황제가 이에 반발하였다.

채점 기준	
상	교황이 성직자 임명권을 가진다는 선언과 황제의 반발을 모두 서술한 경우
하	위 내용을 전혀 서술하지 못한 경우

23 스콜라 철학, 수도원 중심의 학문 연구, 고딕 양식의 성당 건축은 크리스트교 중심 중세 서유럽 문화의 대표적 사례에 해당한다.

24 자료는 클레르몽 공의회에서 교황 우르바누스 2세가 십자군의 결집을 호소하는 내용이다.

25 영국과 프랑스는 백년 전쟁과 장미 전쟁 등을 거치면서 왕권이 강화되었다. 에스파냐에서는 이슬람 세력을 몰아내는 과정에서 중앙 집권 국가가 등장하였다.

Ⅲ 지역 세계의 교류와 변화

01 몽골 제국과 문화 교류

STEP 1 개념 확인 072쪽

01 (1) ⓒ (2) ⓛ (3) ㉠ 02 ㉠ 사대부 ⓛ 항저우 03 ㉠ 화약 ⓛ 나침반 ⓒ 활판 인쇄술 04 (1) 몽골 제일주의 (2) 잡극(원곡) 05 (1) ㄱ (2) ㄴ (3) ㄷ (4) ㄹ 06 (1) × (2) ○ (3) ○

STEP 2 대표 문제 072~074쪽

01 ③ 02 ④ 03 ① 04 ⑤ 05 ⑤ 06 ⑤ 07 ① 08 ③ 09 ③ 10 ③ 11 ② 12 ④ 13 ③

01 5대 10국의 혼란을 수습하고 송을 건국한 송 태조(조광윤)는 황제권을 강화하기 위한 다양한 정책을 펼쳤다. 우선 과거제를 정비하고 전시를 시행하여 과거 시험 합격자의 시험 성적을 황제가 결정하도록 하였다. 이를 통해 관료들이 황제에게 충성하도록 하였다. 한편 군대도 황제 직속으로 두어 황제가 군사권을 장악하였다.

02 10세기 이후 북방 민족은 거란, 탕구트, 여진 순서로 성장하였다. 여진이 세운 금이 화북 지역을 차지하자 송은 강남 지역으로 쫓겨 갔다(남송).

03 여진의 아구다가 만주 지역에서 금을 건국하였다. 금은 송과 함께 요를 멸망시켰고, 이후에는 송을 공격하여 화북을 차지하였다. 이 과정에서 송은 강남 지역으로 이동하였다(남송).

04 (가)는 북송이다. 송대에는 모내기법이 보편화되는 등 다양한 농업 기술이 도입되었으며, 여러 상품 작물이 재배되었다. 또한 상공업이 발달하여 교자·회자 등의 지폐가 사용되고, 상공업자 조합이 생겨났다.

왜 틀렸지? | ⑤ 송대에는 강남 지방을 중심으로 경제가 크게 발달하였다. 이에 동전도 대량으로 유통되었다.

05 왜 틀렸지? | ① 몽골 제국의 교역로에 설치된 숙박 시설, ② 송대에 사용된 지폐, ③ 원대에 사용된 지폐이다. ④ 칭기즈 칸이 죽은 뒤 몽골 제국이 분열된 국가 단위이다.

06 제시된 발명품은 송대의 활판 인쇄술이다. 송대에는 활판 인쇄술이 발명되어 지식 보급과 문화 발전에 기여하였다.

왜 틀렸지? | ㄱ. 나침반, ㄴ. 화약에 대한 설명이다.

송의 과학 기술

과학 기술	영향
나침반	해상 교역 발달, 유럽에 전해져 신항로 개척에 영향
활판 인쇄술	지식 보급과 문화 발전에 기여
화약	화약 무기가 실전에 사용됨

07 칭기즈 칸이 죽고 몽골 제국이 여러 한국으로 나뉜 가운데 쿠빌라이 칸은 국호를 원으로 고치고 남송을 정복하였다. 이후 왕위 다툼과 교초의 남발로 원의 국력이 약화되면서 홍건적의 난이 일어났고, 원은 북쪽으로 밀려났다.

몽골 제국의 발전

칭기즈 칸	• 몽골족 통일, 테무친을 칭기즈 칸으로 추대 • 주변 지역 정복하여 몽골 제국 수립 • 칭기즈 칸 사후 여러 한국으로 나뉨
쿠빌라이 칸	• 수도를 대도로 옮기고 원 건국 • 남송 정복해 중국 전역 지배
쇠퇴	• 왕위 다툼과 교초의 남발에 따른 경제 혼란 • 홍건적의 난으로 쇠퇴하여 북쪽으로 밀려남

08 (가) 몽골인, (나) 색목인, (다) 한인, (라) 남인이다. 원은 넓은 영토와 다양한 민족을 다스리기 위해 민족 차별 정책인 몽골 제일주의를 실시하였다. 몽골 제일주의에서 몽골인은 최고 신분으로 국가 고위직을 독점하였으며, 색목인은 조세와 재정 등을 담당하였다. 원에 끝까지 저항한 남송 지배하의 한족은 남인으로 관직 진출이 제한되는 등 가장 차별을 받았다.

왜 틀렸지? | ③ 원에 끝까지 저항한 계층은 남인이다.

09 원에서 사용한 지폐는 교초이다. 원대에는 상공업이 발달하여 교초가 널리 사용되었다. 또한 이 시기에는 육로를 통한 동서 교류가 활발하였으며, 해상 교역도 발달하였다.

왜 틀렸지? | ①, ② 송대에 사용한 화폐이다. ④ 한, ⑤ 진에서 사용한 화폐이다.

10 제시된 시기는 원대이다. 원대에는 경제 발전에 따라 서민 문화가 발달하여 잡극(원곡) 등이 유행하였다. 원대에는 목화 재배가 확산되었으며, 초원길과 비단길 등 육로와 바닷길 등 해상을 통한 교류가 활발하였다.

왜 틀렸지? | ㄱ, ㄹ. 송대에 대한 설명이다.

11 마르코 폴로는 원을 다녀간 경험을 바탕으로 『동방견문록』을 남겼다. 몽골 제국 시기에는 몽골 제국이 동서 교역로를 장악하였으며, 역참을 설치하는 등 교역로를 정비하여 동서 교류가 활발하였다. 이 시기에는 마르코 폴로, 이븐 바투타 등 여행가들도 활발히 활동하였다.

왜 틀렸지? | ① 마젤란 일행, ③, ⑤ 콜럼버스, ④ 이븐 바투타에 대한 설명이다.

12 몽골 제국의 주요 교통로를 나타낸 지도이다. 몽골 제국 시기에는 주요 교통로에 역참을 설치하는 등 교역로가 정비되어 동서 교류가 활발하였다.

왜 틀렸지? | ④ 「곤여만국전도」는 명대에 서양 선교사인 마테오 리치가 제작하였다.

13 이슬람 문화의 영향으로 원은 천문대를 건설하고 청화 자기를 만들었다. 이 시기에는 이슬람 문화가 원에 전해졌으며, 화약, 나침반, 활판 인쇄술 등 송대의 주요 발명품이 이슬람 세계를 거쳐 유럽에 전해졌다.

STEP 3 주관식·서술형

075쪽

01 (1) (가) 카이펑 (나) 임안(항저우)

(2) 예시답안 금은 요를 멸망시킨 후 송을 공격하여 화북 지방을 차지하였다. 이때 송은 남쪽으로 쫓겨 가 항저우로 수도를 옮겼다.

채점 기준	
상	금이 요를 멸망시킨 후 화북 지방을 차지하였고, 이에 송이 쫓겨 내려갔다는 내용을 모두 서술한 경우
중	금에게 쫓겨 내려갔다고만 서술한 경우
하	북방 민족의 침입으로 쫓겨 내려갔다고만 서술한 경우

02 (1) 나침반

(2) 예시답안 나침반의 사용으로 항해 기술이 발전하여 해상 무역이 발달하였고, 유럽으로 전해져 신항로 개척의 배경이 되었다.

채점 기준	
상	항해 기술의 발전으로 해상 무역이 발달하였고, 유럽에서 신항로 개척의 배경이 되었다는 내용을 모두 서술한 경우
중	유럽의 신항로 개척에 영향을 주었다는 내용만 서술한 경우
하	해상 무역이 발달하였다는 내용만 서술한 경우

03 (1) (가) 색목인 (나) 남인

(2) 예시답안 원은 몽골 제일주의를 내세워 몽골인과 색목인은 우대하고, 한인과 남인은 차별하였다.

채점 기준	
상	몽골 제일주의를 내세워 몽골인과 색목인은 우대하고, 한인과 남인은 차별하였다는 내용을 모두 서술한 경우
중	몽골인과 색목인은 우대하고, 한인과 남인은 차별하였다는 내용만 서술한 경우
하	몽골 제일주의를 내세웠다는 내용만 서술한 경우

04 (1) 마르코 폴로

(2) 예시답안 몽골 제국은 전국을 연결하는 도로망을 건설하고 곳곳에 역참을 설치하였다. 이 시기에는 바닷길을 통한 동서 교류도 활발히 이루어졌다.

채점 기준	
상	몽골 제국은 도로망을 건설하여 역참을 설치하였고, 바닷길을 통한 교류도 이루어졌다는 내용을 모두 서술한 경우
중	몽골 제국의 육로 교통이 발달하였다는 내용만 서술한 경우
하	위의 내용을 전혀 서술하지 못한 경우

02 동아시아 지역 질서의 변화

STEP 1 개념 확인

078쪽

01 (1) ㉠ (2) ㉣ (3) ㉡ (4) ㉢ **02** ㉠ 이갑제 ㉡ 곤여만국전도 ㉢ 도요토미 히데요시 **03** (1) × (2) ○ (3) ○ (4) × **04** (1) 임진왜란 (2) 고증학 (3) 가마쿠라 **05** (1) ㄷ (2) ㄱ (3) ㄹ (4) ㄴ

STEP 2 대표 문제

078~080쪽

01 ② 02 ① 03 ② 04 ⑤ 05 ④ 06 ③ 07 ⑤ 08 ④ 09 ④ 10 ① 11 ⑤ 12 ③ 13 ④

01 명의 홍무제는 이갑제를 시행하고 토지 대장과 호적 대장을 마련하였으며, 몽골 풍습을 금지하고 과거제와 학교 교육을 강화하였다.

왜 틀렸지? ② 영락제 때의 일이다.

02 홍무제는 한족의 유교 전통을 회복하기 위해 육유를 반포하여 유교의 가르침을 전파하였다.

03 제시된 사진은 영락제 때 건설된 자금성이다. 영락제는 베이징으로 수도를 옮기면서 자금성을 건설하였다. 이후 자금성은 청대까지 궁성으로 사용되었다.

04 정화의 항해로 명은 동남아시아와 인도 및 아프리카 동부 해안까지 진출하였고, 이를 통해 명은 국력을 과시하고 조공·책봉 관계를 확대하였다.

왜 틀렸지? ㄱ, ㄴ. 마젤란 일행에 대한 설명이다.

명의 발전과 쇠퇴

홍무제	• 난징을 수도로 명 건국 • 황제권 강화, 이갑제 시행, 토지 및 호적 대장 마련 • 몽골 풍습 금지, 과거제 강화, 육유 반포
영락제	• 베이징 천도, 자금성 건설 • 대외 팽창 정책: 몽골 공격, 베트남 정복, 정화의 항해
쇠퇴	• 내부 분열, 북로남왜, 잦은 전쟁으로 재정난 • 이자성의 난으로 멸망

05 제시된 내용은 임진왜란과 관련된 것이다. 전국 시대를 통일한 도요토미 히데요시가 조선을 침략하면서 임진왜란이 일어났다. 임진왜란으로 조선은 인구가 크게 줄고, 일본에 대한 적개심이 높아졌다. 중국에서는 명의 국가 재정이 약화되었으며, 만주 지역에서는 여진이 성장하였다. 한편 일본에서는 도쿠가와 이에야스가 에도 막부를 세웠다.

왜 틀렸지? ④ 도요토미 히데요시가 전국 시대를 통일하고 임진왜란을 일으켰다.

06 명이 쇠퇴하자 누르하치는 만주에서 후금을 세웠고, 이어 홍타이지는 나라 이름을 청으로 바꾸고 조선을 침략하였다. 명이 멸망하자 청은 베이징을 점령하여 수도로 삼고 중국 전역을 지배하였다.

청의 발전

누르하치	여진 통합, 후금 건국
홍타이지	국호 청으로 바꿈, 조선 침략(병자호란)
전성기	• 명 멸망 이후 중국 장악 • 강희제~건륭제까지 전성기를 맞음

07 청은 소수의 만주족이 다수의 한족을 다스리기 위해 회유책과 강압책을 함께 펼쳤다. 회유책으로는 만한 병용제와 함께 유학 교육을 장려하고 과거제를 시행하였으며, 대규모 서적 편찬 사업을 펼쳤다. 강압책으로는 한족에게 만주족의 풍습인 변발과 호복을 강요하였으며, 한족의 중화사상을 탄압하고, 청을 비판하는 서적을 금지하였다.

왜 틀렸지? ⑤ 청은 중요한 관직에 만주족과 한족을 같이 임명하는 만한 병용제를 실시하였다.

08 명대에는 지식과 실천의 일치를 강조하는 양명학이 발달하였으며, 청대에는 문헌에 근거하여 실증적으로 학문을 연구하는 고증학이 발달하였다.

09 명 중기 이후 유럽의 선교사들이 중국에 들어와 선교 활동을 하였는데, 그중 마테오 리치는 「곤여만국전도」를 만들어 중국인의 세계관에 큰 영향을 끼쳤다.

왜 틀렸지? ④ 송의 발명품들은 원대에 이슬람 세계를 거쳐 유럽에 전해졌다.

10 무사 정권은 쇼군이 최고 지배자로서 무사 계급을 다스리는 일본 특유의 봉건제이다.

왜 틀렸지? ① 천황은 형식적인 지위만 유지하였고, 실질적인 지배자는 쇼군이었다.

11 일본의 무사 정권은 12세기 가마쿠라 막부, 14세기 무로마치 막부, 15세기 전국 시대, 17세기 에도 막부로 이어졌다.

무사 정권의 변천

가마쿠라 막부	• 최초의 무사 정권 • 쇼군이 실질적 지배권 행사하는 일본 특유 봉건제 성립
무로마치 막부	명과 조공·책봉 관계 맺음
에도 막부	• 도쿠가와 이에야스가 에도에 수립 • 막번 체제 성립, 산킨코타이 제도 시행

12 제시된 (가)는 무로마치 막부, (나)는 가마쿠라 막부, (다)는 에도 막부이다.

왜 틀렸지? ㄱ. 일본 최초의 무사 정권은 가마쿠라 막부이다. ㄹ. 전국 시대를 통일한 도요토미 히데요시는 조선을 침략하였다.

13 에도 막부 때 유행한 가부키와 우키요에이다. 에도 막부 시기에는 상공업이 발달하면서 조닌 계층이 성장하였다. 조닌 계층의 경제력을 바탕으로 가부키, 우키요에 등의 조닌 문화가 발달하였다.

왜 틀렸지? ④ 에도 막부는 해외 무역을 엄격히 통제하였으나, 나가사키를 통한 네덜란드와의 교역은 허용하였다.

STEP 3 주관식·서술형

081쪽

01 (1) 정화

(2) 예시답안 정화의 항해로 명은 동남아시아, 인도, 아프리카 동부 해안까지 진출하여 국력을 과시하였고, 주변국과의 조공·책봉 관계를 확대하였다.

	채점 기준
상	명이 국력을 과시하고 조공·책봉 관계를 확대하였다는 내용을 모두 서술한 경우
중	명이 조공·책봉 관계를 확대하였다고만 서술한 경우
하	명이 국력을 과시하였다고만 서술한 경우

02 (1) ㉠ 만한 병용제 ㉡ 변발

(2) 예시답안 (회유책) 청은 한족 학자들을 동원하여 대규모 서적 편찬 사업을 추진하였다.
(강압책) 한족의 중화사상을 탄압하고, 청 왕조를 비판하는 서적을 금지하였다.

	채점 기준
상	회유책과 강압책의 내용을 각각 한 가지씩 옳게 서술한 경우
중	회유책과 강압책의 내용 중 한 가지만 옳게 서술한 경우
하	위의 내용을 전혀 서술하지 못한 경우

03 (1) ㉠ 쇼군(장군) ㉡ 다이묘(영주)

(2) 예시답안 쇼군은 최고 지배자로 다이묘에게 토지를 주고, 다이묘는 그 대가로 쇼군에게 충성을 맹세하고 군사적 의무를 졌다.

	채점 기준
상	쇼군이 최고 지배자로 다이묘에게 토지를 주고, 다이묘는 그 대가로 쇼군에게 충성을 맹세하고 군사적 의무를 졌다는 내용을 모두 서술한 경우
중	위의 내용 중 한 가지만 서술한 경우
하	위의 내용을 전혀 서술하지 못한 경우

04 (1) 조닌 문화

(2) 예시답안 에도 막부 시대에는 농업 생산력이 향상되고 수공업과 상업이 발달하면서 경제력을 갖춘 상공업자인 조닌 계층이 성장하였다. 이들의 지원을 바탕으로 조닌 문화라고 하는 서민 문화가 발달하였다.

	채점 기준
상	에도 막부 시대에 경제가 발달하면서 상공업자인 조닌 계층이 성장하였고, 이들을 바탕으로 조닌 문화가 발달하였다는 내용을 모두 서술한 경우
중	에도 막부 시대에 농업 생산력이 향상되고, 수공업과 상업이 발달하였다는 내용만 서술한 경우
하	에도 막부 시대에 조닌 계층이 성장하였다고만 서술한 경우

03 서아시아·북아프리카 지역 질서의 변화

STEP 1 개념 확인

084쪽

01 (1) 술탄 (2) 오스만 (3) 술레이만 1세 02 ㉠ 티마르 ㉡ 예니체리 ㉢ 밀레트 03 (1) ㉠ (2) ㉢ (3) ㉡ 04 (1) 사마르칸트 (2) 시아파 (3) 시크교 05 (1) × (2) × (3) ○

STEP 2 대표 문제

084~086쪽

01 ⑤ 02 ① 03 ⑤ 04 ④ 05 ③ 06 ⑤ 07 ①
08 ② 09 ⑤ 10 ④ 11 ① 12 ②

01 셀주크 튀르크는 중앙아시아에서 성장하여 바그다드를 점령하였다. 이 과정에서 셀주크 튀르크는 아바스 왕조의 칼리프로부터 술탄의 칭호를 얻었다.

02 (가)는 오스만 제국이다. 오스만 제국은 비잔티움 제국을 멸망시키고 콘스탄티노폴리스를 수도로 삼았으며, 아시아와 유럽, 아프리카에 걸친 대제국을 건설하였다. 한편 오스만 제국의 지배자는 '술탄 칼리프'의 호칭을 사용하였다.

왜 틀렸지? | ① 셀주크 튀르크에 대한 설명이다.

03 오스만 제국의 술레이만 1세는 발칸반도로 진출하고 오스트리아의 수도 빈을 공격하였으며, 유럽의 연합 함대를 격파하여 지중해 해상권을 장악하였다.

왜 틀렸지? | ㄱ. 오스만 제국의 메흐메트 2세, ㄴ. 무굴 제국의 아우랑제브 황제이다.

04 오스만 제국의 티마르 제도이다. 오스만 제국은 각 민족의 언어, 종교, 전통을 인정하는 관용 정책을 펼쳤다.

왜 틀렸지? | ④ 오스만 제국에서는 이슬람교도가 아니어도 정해진 세금만 내면 종교를 유지할 수 있었다.

05 오스만 제국은 정복지의 크리스트교도 중 우수한 인재를 뽑아 이슬람교로 개종시킨 후 엄격한 훈련을 거쳐 예니체리로 편성하였다.

오스만 제국의 통치 정책

특징	넓은 영토를 효율적으로 다스리려 관용적인 정책 시행
밀레트 제도	이슬람교도가 아니어도 정해진 세금을 내면 종교를 인정하고 자치적 공동체 허용
예니체리	정복지의 크리스트교도를 이슬람교로 개종시켜 예니체리라는 군대로 편성

06 ① 그랜드 바자르, ② 성 소피아 대성당, ③ 톱카프 궁전, ④ 술탄 아흐메트 사원이다.

왜 틀렸지? | ⑤ 무굴 제국의 타지마할이다.

07 오스만 제국 시기에 만들어진 술탄 아흐메트 사원이다. 술탄 아흐메트 사원은 내부가 푸른색의 타일로 장식되어 있어 블루 모스크라고도 불린다. 오스만 제국 시기에는 비잔티움 양식의 영향을 받은 모스크가 건설되었다.

왜 틀렸지? | ① 무굴 제국에서 힌디어와 페르시아어가 혼합되어 사용된 언어이다.

08 (가)는 티무르 왕조, (나)는 사파비 왕조이다. 티무르 제국은 티무르가 몽골 제국의 부활을 내세우면서 건국하였으며, 중앙아시아에서 서아시아에 이르는 넓은 영토를 차지하였다. 사파비 왕조는 페르시아 제국의 부활을 내세우면서 건국되었으며, 시아파 이슬람교를 국교로 삼고, 페르시아의 군주 호칭인 '샤'를 사용하여 페르시아 문화를 부흥시켰다.

왜 틀렸지? | ㄴ. 무굴 제국, ㄹ. 오스만 제국에 대한 설명이다.

09 티무르 왕조의 수도는 사마르칸트이다. 사마르칸트는 동서 교역의 중심지에 위치하여 중계 무역으로 번영하였다.

10 무굴 제국의 아크바르 황제는 이슬람교뿐만 아니라 다른 종교도 존중하는 관용 정책을 펼쳤다.

11 바부르가 세운 무굴 제국은 아크바르 황제 때 북인도 전체를 차지하고 아우랑제브 황제 때 남인도 지역을 정복하였다가 서양 세력이 진출하면서 점차 쇠퇴하였다.

무굴 제국의 발전

바부르	북인도에 진출, 무굴 제국 건국
아크바르 황제	• 북인도와 아프가니스탄 장악 • 관용 정책: 힌두교도에게 거두던 지즈야(인두세) 폐지
아우랑제브 황제	• 남인도 정복, 무굴 제국 최대 영토 • 이슬람 제일주의: 힌두교와 시크교 탄압하여 각지에서 반란

12 타지마할은 인도 고유문화와 이슬람 문화가 융합된 인도·이슬람 양식으로 지어졌다. 연꽃 문양, 벽돌 장식, 돔 옆의 작은 탑(차도리)은 인도 양식이고, 돔형 지붕, 아치 입구, 뾰족한 탑, 『쿠란』 구절, 아라베스크는 이슬람 양식이다.

인도·이슬람 문화

종교	시크교: 힌두교와 이슬람교 융합
언어	우르두어: 힌디어와 페르시아어 혼합
미술	무굴 회화: 페르시아 세밀화와 인도 양식 결합
건축	타지마할: 힌두 양식과 이슬람 양식 결합

STEP 3 주관식·서술형

087쪽

01 (1) 셀주크 튀르크

(2) 예시답안 셀주크 튀르크가 예루살렘을 정복하고 비잔티움 제국과 대립하면서 십자군 전쟁이 일어났다.

채점 기준	
상	셀주크 튀르크가 예루살렘을 정복하고 비잔티움 제국과 대립하면서 십자군 전쟁이 일어났다는 내용을 모두 서술한 경우
중	셀주크 튀르크가 비잔티움 제국과 대립하였다는 내용만 서술한 경우
하	위의 내용을 전혀 서술하지 못한 경우

02 (1) 밀레트

(2) 예시답안 오스만 제국은 넓은 영토를 효율적으로 다스리기 위해 각 민족의 언어, 종교, 전통을 인정하는 관용 정책을 펼쳤다.

채점 기준	
상	넓은 영토를 효율적으로 다스리기 위해 관용 정책을 펼쳤다는 내용을 모두 서술한 경우
중	오스만 제국은 관용 정책을 펼쳤다는 내용만 서술한 경우
하	넓은 영토를 효율적으로 다스리기 위해 다양한 정책을 펼쳤다고만 서술한 경우

03 (1) 이스탄불

(2) 예시답안 이스탄불은 유럽과 아시아가 만나는 통로에 위치하여 동서 교역의 중심지로 발전하였다.

	채점 기준
상	이스탄불이 유럽과 아시아가 만나는 통로에 위치하여 동서 교역의 중심지로 발전하였다는 내용을 모두 서술한 경우
중	이스탄불이 동서 교역의 중심지로 발전하였다는 내용만 서술한 경우
하	이스탄불이 유럽과 아시아가 만나는 통로에 위치하였다는 내용만 서술한 경우

04 (1) 아우랑제브 황제

(2) 예시답안 아우랑제브 황제는 이슬람 제일주의를 내세워 힌두교와 시크교를 탄압하였고 지즈야(인두세)를 부활하여 각지에서 반란이 일어났다.

	채점 기준
상	이슬람 제일주의를 내세워 힌두교와 시크교를 탄압하고 지즈야를 부활시켰다는 내용을 모두 서술한 경우
중	이슬람 제일주의를 내세워 힌두교와 시크교를 탄압하였다는 내용만 서술한 경우
하	힌두교와 시크교를 탄압하였다는 내용만 서술한 경우

04 신항로 개척과 유럽 지역 질서의 변화

STEP 1 개념 확인 090쪽

01 (1) ㉠ (2) ㉢ (3) ㉡ 02 (1) 삼각 (2) 상공 시민 (3) 표트르 대제 03 (1) 동방견문록 (2) 플랜테이션 (3) 왕권신수설 04 (1) ○ (2) × (3) × 05 ㉠ 에스파냐 ㉡ 엘리자베스 1세 ㉢ 동인도 회사 ㉣ 루이 14세 ㉤ 베르사유

STEP 2 대표 문제 090~092쪽

01 ④ 02 ① 03 ③ 04 ⑤ 05 ⑤ 06 ④ 07 ①
08 ① 09 ① 10 ② 11 ⑤ 12 ①

01 (가)는 대서양을 건너 서인도 제도에 도착한 콜럼버스, (나)는 희망봉을 돌아 인도에 도착한 바스쿠 다 가마이다. 십자군 전쟁 이후 동방과의 무역이 활발해졌지만, 이탈리아와 이슬람 상인이 지중해 무역을 장악하였다. 또한 동방에 대한 관심이 높아지고, 지리학, 천문학, 조선술, 항해술 등이 발달하였다. 이 영향으로 대서양 연안에 위치한 포르투갈과 에스파냐를 중심으로 신항로 개척이 이루어졌다.

02 1519년에 출발한 마젤란의 함대는 1522년에 에스파냐로 돌아와 최초로 세계 일주에 성공하였다. 마젤란 일행의 세계 일주로 지구가 둥글다는 것이 증명되었다.

신항로 개척

바스쿠 다 가마	희망봉 거쳐 인도로 가는 항로 개척
콜럼버스	서인도 제도 도착
마젤란 일행	세계 일주 성공

03 (가)는 아스테카 문명, (나)는 잉카 문명이다. 멕시코고원에서는 아스테카 문명이, 안데스고원 지역에서는 잉카 문명이 발달하였다.

왜 틀렸지? ㄱ. 잉카 문명에 대한 설명이다. ㄹ. 아스테카 문명과 잉카 문명은 에스파냐인의 침입으로 파괴되었다.

04 신항로 개척 이후 유럽, 아메리카, 아프리카를 잇는 삼각 무역이 이루어졌다. 삼각 무역으로 유럽인은 총과 무기를 주고 아프리카 노예를 사서 아메리카로 보냈다. 그리고 이들 노예가 생산한 물품을 유럽으로 가져와 큰 이익을 남겼다.

왜 틀렸지? ⑤ 신항로 개척 이후 무역의 중심지는 지중해에서 대서양으로 바뀌었다.

05 에스파냐는 주로 아메리카에 진출하여 식민지를 건설하였고, 포르투갈은 주로 인도, 동남아시아 지역에 진출하여 향신료 무역에 주력하였다.

06 신항로 개척 이후 담배, 감자, 고구마, 옥수수, 고추 등의 작물이 아메리카에서 유럽으로 건너갔고, 밀과 소·말·돼지·양 등의 가축과 천연두, 홍역 등의 질병이 아메리카로 건너갔다.

07 아메리카의 금과 은이 대량으로 들어오면서 유럽에서는 물가가 상승하는 가격 혁명이 일어났다. 가격 혁명으로 상공업에 종사하던 시민 계층은 이익을 보았지만, 고정된 지대를 받던 봉건 영주는 타격을 입었다. 그리고 이 과정에서 상공업과 제조업, 금융업이 발전하였고, 상공업자들이 자본을 축적하면서 근대 자본주의 발달에 영향을 끼쳤다(상업 혁명).

08 (가)는 영국의 엘리자베스 1세, (나)는 프랑스의 루이 14세로 대표적인 절대 군주이다. 절대 왕정은 왕권신수설을 바탕으로 관료제와 상비군을 갖추었고, 중상주의 정책을 실시하여 상공 시민 계층을 지원하였다.

09 절대 왕정의 군주는 완성품의 수입을 막기 위해 관세를 높이고, 국내 산업을 보호하여 수출을 늘렸으며, 더 넓은 시장과 원료 확보를 위해 해외 식민지를 개척하였다.

10 서유럽과 달리 동유럽에서는 도시와 상공업 발달이 늦어 상공 시민 계층이 성장하지 못하였고, 농노를 이용한 농업 경제를 벗어나지 못하여 절대 왕정이 늦게 수립되었다.

11 제시된 내용은 프로이센의 프리드리히 2세와 관련된 것이다. 프로이센의 프리드리히 2세는 군주를 '국가 제일의 심부름꾼'이라 하였다.

12 서유럽의 문화와 제도를 적극 받아들이려 한 인물은 러시아의 표트르 대제이다. 표트르 대제는 스웨덴과의 전쟁에서 승리하여 발트해로 진출하였고, 상트페테르부르크를 건설하여 수도로 삼았다.

왜 틀렸지? ②, ③ 에스파냐의 펠리페 2세, ④ 영국의 엘리자베스 1세, ⑤ 프로이센의 프리드리히 2세이다.

신항로 개척

서유럽	에스파냐	펠리페 2세: 유럽에서 가장 빨리 절대 왕정 확립, 무적함대
	영국	엘리자베스 1세: 무적함대 격파, 동인도 회사 설립, 영국 국교회 확립
	프랑스	루이 14세: 중상주의, 관료제와 상비군 정비, 베르사유 궁전 건설
동유럽	프로이센	프리드리히 2세: 슐레지엔 차지, 상수시 궁전 건설, 계몽 군주 자처
	오스트리아	마리아 테레지아: 중앙 집권화, 근대 산업 육성 노력
	러시아	표트르 대제: 서유럽 문화와 제도 수용, 발트해 진출, 상트페테르부르크 건설

STEP 3 주관식·서술형

093쪽

01 (1) (가) 콜럼버스 (나) 마젤란

(2) 예시답안 마르코 폴로의 『동방견문록』 같은 책을 통해 동방에 대한 호기심을 갖던 유럽인들은 십자군 전쟁 이후 동방의 산물이 전해지자 관심이 더욱 커졌다. 이탈리아·이슬람 상인이 지중해 무역을 장악해 포르투갈, 에스파냐 등은 새로운 교역로를 찾았고, 지리학, 천문학의 발달과 나침반 사용 등으로 신항로 개척은 활발히 이루어졌다.

채점 기준	
상	동방에 대한 호기심이 커졌고, 이탈리아·이슬람 상인이 지중해 교역을 장악했으며, 지리학, 천문학 등의 발달로 신항로 개척이 이루어졌다는 내용을 모두 서술한 경우
중	위의 내용 중 두 가지만 서술한 경우
하	위의 내용 중 한 가지만 서술한 경우

02 (1) (가) 아스테카 문명 (나) 잉카 문명

(2) 예시답안 신항로 개척으로 유럽인이 아메리카에 진출하여 토착 문명을 파괴하였고, 원주민을 동원하여 금과 은을 약탈하였다. 플랜테이션 농장에서 사탕수수, 커피 등을 재배하였으며, 고된 노동과 질병으로 원주민의 인구가 감소하였다.

채점 기준	
상	토착 문명이 파괴되었고, 금과 은을 약탈당하였으며, 플랜테이션 농장이 운영되었고, 아메리카 원주민이 감소하였다는 내용을 모두 서술한 경우
중	위의 내용 중 두 가지만 서술한 경우
하	위의 내용 중 한 가지만 서술한 경우

03 (1) 삼각 무역

(2) 예시답안 유럽에는 아메리카의 감자, 옥수수, 담배 등의 새로운 작물이 전해졌다. 유럽에 아메리카의 금과 은이 대량으로 들어오면서 물가가 크게 올랐다(가격 혁명). 또한 상공업과 금융업, 제조업이 크게 발달하였다(상업 혁명).

채점 기준	
상	유럽에 새로운 작물이 전해졌음과 가격 혁명, 상업 혁명을 모두 서술한 경우
중	삼각 무역 결과 유럽에 나타난 변화를 한 가지만 서술한 경우
하	위의 내용을 전혀 서술하지 못한 경우

04 (1) 중상주의 정책

(2) 예시답안 절대 왕정은 수출을 장려하고 수입을 억제하여 국가의 부를 늘리고자 하였다. 이를 위해 관세를 높이고 국내 산업을 보호하였으며, 해외 식민지를 적극 개척하였다.

채점 기준	
상	수출을 장려하고 수입을 억제하기 위해 관세를 높이고 국내 산업을 보호하였으며, 해외 식민지를 적극 개척하였다는 내용을 모두 서술한 경우
중	수출을 장려하고 수입을 억제하였다는 내용만 서술한 경우
하	위의 내용을 전혀 서술하지 못한 경우

대단원 마무리 문제

096~099쪽

01 ④ **02** ③ **03** ④ **04** 칭기즈 칸 **05** ⑤ **06** ③ **07** ③ **08** ③ **09** ⑤ **10** ① **11** ① **12** 해설 참조 **13** ⑤ **14** ③ **15** ⑤ **16** ③ **17** ③ **18** ⑤ **19** 해설 참조 **20** ① **21** ③ **22** ② **23** 해설 참조 **24** ③ **25** ③

01 왜 틀렸지? ④ 송은 조광윤이 5대 10국의 혼란을 수습하고 건국하였다.

02 송대에는 강남 지방을 중심으로 경제가 크게 발달하였다.

왜 틀렸지? ③ 교초는 원대에 사용된 화폐이다.

03 왜 틀렸지? ④ 양명학은 명대에 발달하였다.

05 제시된 국가는 몽골 제국이다.

06 왜 틀렸지? ③ 남송 지배하 한족인 남인이 가장 큰 차별을 받았다.

07 원대에는 경제 발달로 서민들의 생활 수준이 높아져 서민 문화가 발달하였다.

08 주원장(홍무제)이 난징을 중심으로 명을 세우고 이갑제를 시행하였다. 이후 영락제가 수도를 베이징으로 옮기고 전성기를 맞이하였으나, 무능한 황제들이 즉위하면서 환관이 권력을 장악하였다.

09 왜 틀렸지? ⑤ 정화는 대규모 함대를 이끌고 항해에 나서 동남아시아와 인도 및 아프리카 동부 해안까지 진출하였다. 이 과정에서 명의 국력을 과시하고, 조공·책봉 관계를 확대하였다.

10 만주족이 세운 청은 명이 멸망하자 베이징을 점령하여 수도로 삼고 중국 전역을 지배하였다.

왜 틀렸지? ① 명에 대한 설명이다.

11 왜 틀렸지? ㄷ, ㄹ. 청이 한족을 다스리기 위한 회유책이다.

12 예시답안 명대에는 이론과 형식에 치우친 성리학을 비판하고 지식과 실천의 일치를 강조한 양명학이 나타났고, 청대에는 문헌에 근거하여 실증적으로 학문을 연구하는 고증학이 발달하였다.

채점 기준	
상	양명학과 고증학의 내용과 명칭을 정확하게 서술한 경우
중	양명학과 고증학의 명칭만 서술한 경우
하	양명학과 고증학 중에서 한 가지만 서술한 경우

13 제시된 ㉠은 전국 시대이다. 도요토미 히데요시는 전국 시대를 통일하고 임진왜란을 일으켰다.

왜 틀렸지? | ①, ④ 가마쿠라 막부, ②, ③ 에도 막부에 대한 설명이다.

14 에도 막부 시대에는 조닌 문화라고 불리는 서민 문화가 발달했는데, 가부키와 우키요에가 대표적이다.

왜 틀렸지? | ③ 가마쿠라 막부에 대한 설명이다.

15 (가)는 셀주크 튀르크이다.

왜 틀렸지? | ㄱ, ㄴ. 오스만 제국에 대한 설명이다.

16 오스만 제국은 술탄이 직접 다스리는 곳을 제외한 영토에는 티마르 제도를 시행하고, 같은 종교를 바탕으로 한 자치 공동체인 밀레트에 폭넓은 자율권을 부여하였다.

17 16세기 초 이란 지역에서는 페르시아 제국의 부활을 내세우며 사파비 왕조가 세워졌다.

18 왜 틀렸지? | ⑤ 무굴 제국의 아우랑제브 황제는 이슬람 제일주의를 내세워 힌두교를 탄압하였다.

19 (1) 타지마할

(2) 예시답안 종교에서는 시크교가 등장하였고, 미술에서는 무굴 회화가 발달하였으며, 언어는 우르두어를 사용하였다.

채점 기준	
상	인도·이슬람 문화의 사례를 세 가지 모두 서술한 경우
중	인도·이슬람 문화의 사례를 두 가지만 서술한 경우
하	인도·이슬람 문화의 사례를 한 가지만 서술한 경우

20 왜 틀렸지? | ① 신항로 개척에 가장 적극적이었던 나라는 포르투갈과 에스파냐였다.

21 왜 틀렸지? | ㄱ. 신항로 개척 이전의 아메리카에 대한 설명이고, ㄹ. 신항로 개척 이후 유럽에 대한 설명이다.

22 왜 틀렸지? | ② 아메리카의 은은 유럽을 거쳐 중국을 비롯한 아시아로 이동하였다.

23 예시답안 가격 혁명으로 상공업에 종사하던 시민 계층은 이익을 보았다. 하지만 고정된 지대를 받던 봉건 영주층은 타격을 입었다.

채점 기준	
상	상공업 종사 시민 계층이 이익을, 봉건 영주층이 타격이 입었다는 내용을 모두 서술한 경우
중	위의 내용 중 한 가지만 서술한 경우
하	위의 내용을 전혀 서술하지 못한 경우

24 베르사유 궁전을 세운 프랑스의 루이 14세는 스스로 '태양왕'이라 칭하였다.

왜 틀렸지? | ① 프리드리히 2세, ②, ⑤ 엘리자베스 1세, ④ 표트르 대제이다.

25 러시아의 표트르 대제는 서유럽의 문화와 제도를 적극 받아들이려고 하였다.

IV 제국주의 침략과 국민 국가 건설 운동

01 유럽과 아메리카의 국민 국가 체제

STEP 1 개념 확인 — 103쪽

01 (1) ㉡ (2) ㉢ (3) ㉠ (4) ㉣ 02 (1) 머릿수 (2) 카보우르 (3) 아이티 03 ㉠ 국민 의회 ㉡ 국민 공회 ㉢ 나폴레옹 04 (1) 크롬웰 (2) 대륙 봉쇄령 (3) 비스마르크 05 (1) × (2) ○ (3) ×

STEP 2 대표 문제 — 103~106쪽

01 ⑤	02 ②	03 ③	04 ①	05 ④	06 ②	07 ⑤
08 ③	09 ①	10 ①	11 ②	12 ①	13 ②	14 ①
15 ④	16 ③	17 ⑤	18 ④	19 ⑤	20 ③	21 ③

01 크롬웰이 이끈 의회파가 왕당파를 격파한 후 찰스 1세를 처형하고 공화정을 수립한 영국의 청교도 혁명에 대한 설명이다.

02 청교도 혁명 이후 정권을 장악한 크롬웰은 엄격한 금욕주의 정책을 펴다가 국민들의 반발을 샀다.

03 명예혁명 과정에서 승인받은 권리 장전은 의회가 왕의 권력을 제한하는 내용을 포함하고 있다. 명예혁명으로 영국에서는 절대 왕정이 무너지고 의회를 중심으로 한 입헌 군주제의 토대가 마련되었다.

04 영국이 아메리카 식민지에 차세, 설탕세, 인지세 등 각종 세금을 부과하자 식민지인이 이에 반발하여 미국 혁명이 일어났다.

05 보스턴 차 사건으로 시작된 미국 혁명은 대륙 회의, 독립 선언서 발표, 요크타운 전투 승리 등을 거쳐 파리 조약으로 독립을 승인받으며 마무리되었다.

06 미국 독립 선언서에는 국민 주권, 혁명권 등 근대 민주주의의 기본 원리가 담겨 있다. 이후 제정된 헌법에서는 연방주의, 삼권 분립 등을 규정하였다.

07 (가)는 제2 신분인 귀족, (나)는 제1 신분인 성직자, (다)는 제3 신분인 평민이다. 프랑스에서는 소수의 성직자와 귀족이 많은 토지를 소유하면서 세금을 내지 않았고, 제3 신분은 과도한 세금에 시달리면서도 정치적 권리는 거의 없었다.

구제도의 모순

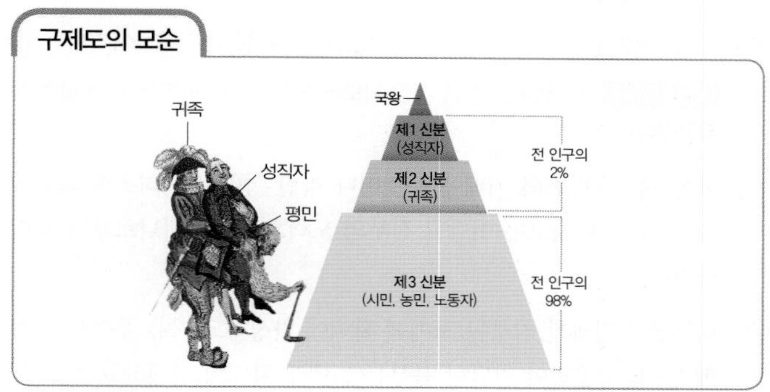

08 왕이 군대를 동원하여 국민 의회를 해산하려 하자 분노한 파리 시민이 바스티유 감옥을 습격하였다(1789. 7.).

09 테니스코트의 서약으로 결성된 국민 의회는 인권 선언을 발표하였다.

왜 틀렸지? | ②, ⑤ (라), ③ (마), ④ (가) 시기의 일이다.

10 국민 의회는 봉건제 폐지를 선언하고 인권 선언을 발표하였다.

11 나폴레옹은 황제에 즉위하고 정복 전쟁에 나서 유럽 대부분을 점령하였다. 마지막까지 저항하던 영국을 굴복시키기 위해 대륙 봉쇄령을 내렸고, 이를 지키지 않는 러시아 원정에 나섰다가 실패하였다.

12 프랑스 혁명과 나폴레옹 전쟁 이후 오스트리아의 메테르니히가 주도하는 빈 체제가 성립하였다.

13 프랑스에서는 7월 혁명 이후 노동자들이 선거권을 요구하며 2월 혁명을 일으켰다. 2월 혁명은 유럽 각국에 영향을 주어 자유주의와 민족주의 운동이 확산되었고, 빈 체제는 완전히 무너졌다.

프랑스의 자유주의 운동

구분	7월 혁명	2월 혁명
배경	샤를 10세의 전제 정치	중소 시민층, 노동자의 선거권 확대 요구
결과	입헌 군주제 수립, 루이 필리프를 왕으로 추대	공화정 수립, 자유주의·민족주의 운동 확산, 빈 체제 붕괴

14 국민 공회는 공화정을 선포하고 성인 남성의 보통 선거권을 보장하는 등의 개혁을 추진하였다. 중소 시민층과 노동자가 선거권을 요구하며 일으킨 2월 혁명의 결과 루이 필리프가 물러나고 공화정이 세워졌다.

15 영국에서는 제1차 선거법 개정으로 도시 중산층에게 선거권이 주어졌지만, 선거권이 없던 노동자는 인민헌장을 발표하고 차티스트 운동을 벌였다. 이 운동은 성공하지 못했지만, 이후 여러 차례 선거법이 개정되어 노동자와 농민도 선거권을 갖게 되었다.

16 (가)는 사르데냐의 총리 카보우르이고, (나)는 나폴리와 시칠리아를 점령하여 사르데냐 국왕에게 바친 가리발디이다.

17 사르데냐의 총리 카보우르의 북부와 중부 이탈리아 통합과 가리발디의 남부 이탈리아 점령을 바탕으로 이탈리아 왕국이 세워졌다. 이후 베네치아와 교황령을 통합하였다.

18 독일의 통일은 관세 동맹, 프랑크푸르트 국민 의회, 북독일 연방, 남독일 통합을 거쳐 독일 제국 수립으로 이어졌다. 특히 프로이센의 재상 비스마르크는 군비 확장을 추구하는 철혈 정책을 내세우며 독일의 통일을 이끌었다.

19 라틴 아메리카의 독립 운동은 크리오요를 중심으로 이루어졌다.

왜 틀렸지? | ⑤ 영국은 상품 시장 확보를 위해 라틴 아메리카의 독립을 지지하였다.

20 아이티는 프랑스의 지배에서 벗어나 라틴 아메리카 최초의 독립국을 세웠고, 멕시코는 이달고 신부의 노력으로 에스파냐로부터 독립하였다.

21 대농장이 발달한 남부는 노예제 확대에 찬성하고 자유 무역을 지지한 반면, 상공업이 발달한 북부는 노예제 확대에 반대하고 보호 무역을 지지하였다. 노예제 확대에 반대하는 링컨이 대통령에 당선되자 남부 11개 주가 연방을 탈퇴하여 남북 전쟁이 일어났다.

남북 전쟁 배경

구분	남부	북부
경제	대농장 발달	공업 발달
노예 제도	확대 찬성	확대 반대
무역 정책	자유 무역 지지	보호 무역 지지
정치 형태	지방 분권 주장	연방 정부 강화 주장

STEP 3 주관식·서술형

107쪽

01 (1) 국민 의회

(2) 예시답안 인권 선언에는 국민 주권, 자유와 평등, 재산권 보호 등 혁명의 기본 이념과 근대 민주주의의 원리가 담겨 있다.

채점 기준	
상	인권 선언에 나타난 혁명의 이념을 세 가지 이상 서술한 경우
중	인권 선언에 나타난 혁명의 이념을 두 가지만 서술한 경우
하	인권 선언에 나타난 혁명의 이념을 한 가지만 서술한 경우

02 (1) 인민헌장

(2) 예시답안 19세기 초 영국에서는 제1차 선거법 개정으로 도시 중산층에게 선거권이 주어졌지만 선거권이 없는 하층 시민과 노동자들은 선거권 확대를 요구하며 인민헌장을 발표하고 차티스트 운동을 벌였다.

채점 기준	
상	제1차 선거법 개정으로 도시 중산층에게 선거권이 주어졌지만, 선거권이 없는 하층 시민과 노동자들이 선거권을 요구하며 차티스트 운동을 벌였다는 내용을 모두 서술한 경우
중	하층 시민과 노동자들이 선거권 확대를 요구하며 차티스트 운동을 벌였다는 내용만 서술한 경우
하	제1차 선거법 개정으로 도시 중산층에게 선거권이 주어졌다는 내용만 서술한 경우

03 (1) 사르데냐 왕국

(2) 예시답안 이탈리아는 오스트리아와의 전쟁에서 승리하여 북부와 중부 이탈리아를 먼저 통합하고, 가리발디가 나폴리와 시칠리아를 점령하여 사르데냐 국왕에게 바침으로써 이탈리아 왕국을 세웠다. 이후 베네치아와 로마 교황령을 통합하여 국민 국가를 완성하였다.

채점 기준	
상	북부와 중부 이탈리아를 먼저 통합하고, 가리발디가 나폴리와 시칠리아를 바쳐 이탈리아 왕국이 세워졌으며, 이후 베네치아와 로마 교황령을 통합하였다는 내용을 모두 서술한 경우
중	북부와 중부 이탈리아를 먼저 통합하고, 이후 이탈리아 왕국을 세웠다는 내용만 서술한 경우
하	사르데냐 왕국이 통일을 주도했다고만 서술한 경우

04 (1) 아이티

(2) 예시답안 영국은 상품 시장 확보를 위해 라틴 아메리카의 독립을 지지하였고, 미국도 아메리카에 대한 유럽의 간섭을 거부하는 먼로 선언을 발표하여 라틴 아메리카의 독립이 더욱 확산되었다.

채점 기준	
상	영국과 미국의 반응을 모두 서술한 경우
하	영국과 미국의 반응 중 한 가지만 서술한 경우

02 유럽의 산업화와 제국주의

STEP 1 개념 확인 110쪽

01 (1) 인클로저 (2) 러다이트 (3) 동인도 02 (1) 영국 (2) 마르크스 (3) 제국주의 03 ㉠ 종단 ㉡ 횡단 ㉢ 파쇼다 04 (1) ㉡ (2) ㉠ (3) ㉢ 05 (1) × (2) ○ (3) ○

STEP 2 대표 문제 110~112쪽

01 ② 02 ② 03 ④ 04 ① 05 ③ 06 ③ 07 ③
08 ② 09 ④ 10 ⑤ 11 ② 12 ① 13 ②

01 왜 틀렸지? ② 산업 혁명으로 가내 수공업에서 공장제 기계 공업으로 바뀌어갔다.

02 영국의 산업 혁명은 민간 주도로 이루어졌고, 뒤늦게 시작한 독일, 러시아, 일본 등은 정부가 적극 개입하여 산업 혁명을 이끌었다.

03 영국에서는 인클로저 운동으로 토지를 잃은 농민들이 도시로 몰려들어 노동력이 풍부하였다.

04 제임스 와트가 개량한 증기 기관이 동력으로 사용되면서 공장제 기계 공업이 발달하였다.

왜 틀렸지? ① 산업 혁명 이후 여성과 아동도 장시간의 노동에 내몰렸다.

제임스 와트의 증기 기관

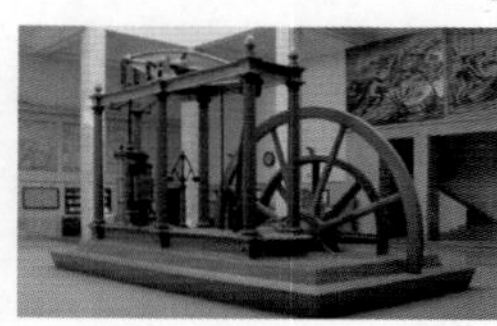

기존의 증기 기관보다 싼 비용으로 더 강한 동력을 공급할 수 있도록 개량되었다. 이후 기계와 증기 기관이 여러 분야에 활용되면서 산업 혁명은 더욱 빠르게 진행되었다.

05 (가)는 산업 혁명이 가장 먼저 시작된 영국, (나)는 20세기 초 세계 경제를 이끈 미국이다.

06 가장 먼저 산업 혁명을 이룬 영국은 '세계의 공장'이라 불렸으며, 미국은 남북 전쟁 이후 산업이 빠르게 발전하였다.

왜 틀렸지? ㄱ. 영국은 민간 주도로 이루어졌다. ㄹ. 러시아에 대한 설명이다.

07 산업 혁명으로 많은 인구가 도시로 몰리면서 주택 문제, 위생 문제, 환경 오염 문제가 발생하였고, 빈부 격차도 커졌다.

왜 틀렸지? ③ 자본가들은 선거권을 얻어 내며 사회 주도 세력이 되어 갔지만, 노동자들은 19세기 후반까지 정치에 참여할 기회를 갖지 못하였다.

08 (가) 오언과 같은 초기 사회주의자들은 협동 정신에 바탕을 둔 이상적 사회를 건설하고자 하였고, (나) 마르크스는 노동자들의 투쟁을 통해 사유 재산 제도가 없는 사회를 만들어야 한다고 주장하였다.

09 산업 혁명으로 사람들은 이전보다 풍요로운 생활을 누릴 수 있게 되었지만, 빈부 격차와 노동 문제 등 여러 가지 사회 문제도 나타났다.

10 19세기 후반 등장한 서양 열강의 대외 팽창 정책을 제국주의라고 한다.

11 (가)는 아프리카 종단 정책을 실시한 영국, (나)는 횡단 정책을 실시한 프랑스이다.

왜 틀렸지? ㄹ. 20세기 초 아프리카는 라이베리아와 에티오피아를 제외하고 대부분 식민지가 되었다.

12 영국은 프랑스를 몰아낸 후 인도 대부분 지역을 지배하였고, 말레이 반도와 미얀마에도 세력을 확대하였다.

13 인도에서 영국에 밀린 프랑스는 인도차이나반도에 진출하여 베트남과 캄보디아를 차지하였다.

왜 틀렸지? ①, ⑤ 미국, ③ 네덜란드, ④ 영국에 대한 설명이다.

STEP 3 주관식•서술형 113쪽

01 (1) 영국

(2) 예시답안 영국은 명예혁명 이후 정치적으로 안정되어 있었고, 인클로저 운동으로 노동력이 풍부했으며, 석탄과 철 등의 지하자원이 풍부하였고, 넓은 식민지를 차지하여 충분한 원료 공급지와 상품 시장을 갖고 있었다.

채점 기준	
상	영국에서 시작된 배경을 세 가지 이상 서술한 경우
중	영국에서 시작된 배경을 두 가지만 서술한 경우
하	영국에서 시작된 배경을 한 가지만 서술한 경우

02 (1) 사회주의

(2) 예시답안 마르크스는 초기 사회주의자들의 비현실성을 비판하면서 노동자들의 투쟁과 혁명을 통해 사유 재산 제도가 없는 사회를 건설해야 한다고 주장하였다.

채점 기준	
상	노동자들의 투쟁과 혁명을 통해 사유 재산 제도가 없는 사회를 건설해야 한다는 내용을 모두 서술한 경우
중	노동자들의 투쟁을 강조하였다는 내용만 서술한 경우
하	사회주의 사회를 건설하자고 주장한 내용만 서술한 경우

03 (1) 제국주의

(2) 예시답안 열강은 값싼 원료 공급지와 상품 판매 시장을 확보하고, 잉여 자본을 투자하기 위해 약소국을 침략하여 식민지로 삼았다.

채점 기준	
상	열강이 값싼 원료 공급지와 상품 판매 시장을 확보하고, 잉여 자본을 투자하기 위해 약소국을 침략하였다는 내용을 모두 서술한 경우
중	위 내용 중 두 가지만 서술한 경우
하	위 내용 중 한 가지만 서술한 경우

04 (1) (가) 영국 (나) 프랑스

(2) 예시답안 영국은 이집트 카이로에서 남아프리카의 케이프타운을 연결하는 종단 정책을 추진하였고, 프랑스는 알제리에서 마다가스카르섬을 연결하는 횡단 정책을 추진하였다.

채점 기준	
상	영국과 프랑스의 침탈 내용을 모두 서술한 경우
중	영국과 프랑스의 침탈 내용 중 한 가지만 서술한 경우
하	아프리카를 침탈하였다는 내용만 서술한 경우

03 서아시아와 인도의 국민 국가 건설 운동

STEP 1 개념 확인

116쪽

01 (1) ㉡ (2) ㉠ (3) ㉢ 02 (1) 청년 튀르크당 (2) 영국 (3) 벵골 분할령 03 ㉠ 와하브 ㉡ 사우디아라비아(와하브) 04 (1) 러시아 (2) 수에즈 운하 (3) 인도 국민 회의 05 (1) × (2) × (3) ○

STEP 2 대표 문제

116~118쪽

01 ① 02 ① 03 ① 04 ⑤ 05 ② 06 ② 07 ③
08 ④ 09 ① 10 ⑤ 11 ① 12 ② 13 ⑤ 14 ③
15 ⑤

01 오스만 제국은 제국 내 여러 민족의 독립 운동과 서양 열강의 침략으로 쇠퇴하였다.

왜 틀렸지? ㄷ. 프랑스, ㄹ. 이집트에 대한 설명이다.

02 오스만 제국은 1839년부터 탄지마트라는 근대적 개혁을 추진하였다.

왜 틀렸지? ②, ⑤ 이란, ③ 아랍, ④ 인도의 민족 운동이다.

03 오스만 제국은 탄지마트라는 근대화 정책을 실시했으나 큰 성과를 거두지 못하자 혁신적인 관료들이 입헌 정치를 실시하였다. 이후 러시아와의 전쟁에서 패하자 술탄은 전제 정치를 부활시켰고, 이에 반발한 청년 장교와 지식인들이 청년 튀르크당을 만들어 혁명을 일으켰다.

04 탄지마트는 서양 문물을 수용하여 부국강병을 이루고자 한 위로부터의 개혁이었다.

왜 틀렸지? 문항 4의 청년 튀르크당은 술탄의 전제 정치가 강화되자 청년 장교와 지식인들이 조직한 단체이다.

05 오스만 제국이 러시아와의 전쟁에서 패하자 술탄은 헌법을 정지시키고 의회를 해산하는 등 전제 정치를 부활시켰다. 이에 청년 장교와 지식인 등은 청년 튀르크당을 만들어 혁명을 일으켰다.

06 사우디아라비아의 국기는 와하브 운동 당시 사용되었던 깃발을 바탕으로 제작되었다.

왜 틀렸지? ㄴ. 인도 세포이의 항쟁, ㄹ. 이란의 담배 불매 운동에 대한 설명이다.

07 아라비아반도에서는 이븐 압둘 와하브가 주도한 와하브 운동의 영향으로 사우디아라비아 왕국이 세워졌고, 19세기 초에는 아랍 문화 부흥 운동이 일어났다.

왜 틀렸지? ㄱ, ㄹ. 이란 지역에 대한 설명이다.

08 20세기 초 이란에서는 카자르 왕조의 전제 정치에 반대하는 입헌 혁명이 일어나 의회가 구성되고 입헌 군주제 헌법이 제정되었다.

왜 틀렸지? ① 오스만 제국, ②, ⑤ 이집트, ③ 인도의 경우이다.

09 19세기 말 이란 카자르 왕조에서는 정부와 영국에 맞서 담배 불매 운동이 일어났다.

10 무함마드 알리는 이집트의 근대화 정책을 추진하였다.

11 수에즈 운하는 지중해와 홍해를 잇는 세계 최대의 인공 수로이다.

왜 틀렸지? ㄷ. 수에즈 운하는 1956년 이집트가 국유화할 때까지 영국이 관리하였다. ㄹ. 이집트가 영국과 프랑스의 자금을 빌려 건설하였다.

12 플라시 전투에서 승리한 영국이 인도의 지배권을 획득하였다.

13 19세기 이후 기계로 만든 영국산 면직물이 판매되면서 노동력에 의존하던 인도의 면직물 산업은 몰락하였다.

14 영국의 강압적 지배 정책으로 인도인의 불만이 높던 가운데 세포이들이 사용한 종이 탄약통에 소나 돼지의 기름이 발라져 있다는 소문이 돌면서 세포이의 항쟁이 일어났다.

15 인도 국민 회의는 벵골 분할령을 계기로 반영 운동에 앞장섰고 영국은 벵골 분할령을 취소하고 명목상 인도인의 자치를 인정하였다.

인도 국민 회의의 반영 운동

발단	영국의 벵골 분할령 발표
전개	영국 상품 불매, 국산품 애용(스와데시), 자치 획득(스와라지), 민족 교육
결과	벵골 분할령 철회, 형식적 인도 자치 인정

STEP 3 주관식·서술형

119쪽

01 (1) 탄지마트

(2) 예시답안 탄지마트는 민족과 종교에 따른 차별을 폐지하고, 세금과 교육 제도를 서양식으로 바꾸었으며, 서양식 군대를 양성하고자 한 개혁이었다.

채점 기준	
상	탄지마트의 내용을 세 가지 이상 서술한 경우
중	탄지마트의 내용을 두 가지만 서술한 경우
하	탄지마트의 내용을 한 가지만 서술한 경우

02 (1) 와하브 운동

(2) 예시답안 와하브 운동은 이슬람교 초기의 순수성을 되찾자는 운동으로, 이슬람교의 근본 원리를 중시하고, 『쿠란』의 가르침에 따라 생활할 것을 주장하였다.

채점 기준	
상	와하브 운동의 주장을 모두 서술한 경우
중	와하브 운동의 주장을 한 가지만 서술한 경우
하	이슬람교를 중심으로 이루어졌다고만 서술한 경우

03 (1) 세포이

(2) 예시답안 세포이의 항쟁을 계기로 영국은 무굴 제국 황제를 폐위시키고, 동인도 회사를 해체하였으며, 영국령 인도 제국을 세워 인도를 직접 통치하였다.

채점 기준	
상	세포이의 항쟁 영향을 세 가지 모두 서술한 경우
중	세포이의 항쟁 영향을 두 가지만 서술한 경우
하	세포이의 항쟁 영향을 한 가지만 서술한 경우

04 (1) 벵골 분할령

(2) 예시답안 영국이 벵골 분할령을 발표하자 인도 국민 회의는 영국 상품 불매, 인도인의 자치(스와라지), 국산품 애용(스와데시), 민족 교육을 주장하며 반영 운동에 앞장섰다.

채점 기준	
상	인도 국민 회의의 활동 내용을 모두 서술한 경우
중	인도 국민 회의의 활동 내용 중 두 가지만 서술한 경우
하	인도 국민 회의가 반영 운동을 벌였다고만 서술한 경우

04 동아시아의 국민 국가 건설 운동

STEP 1 개념 확인

122쪽

01 (1) ㉣ (2) ㉢ (3) ㉤ (4) ㉡ (5) ㉠ 02 (1) 중체서용 (2) 변법자강 (3) 청일 전쟁 03 (1) 태평천국 (2) 중화민국 (3) 강화도 조약 04 (1) × (2) × (3) ○ 05 ㉠ 갑신정변 ㉡ 동학 농민 운동 ㉢ 갑오개혁

STEP 2 대표 문제

122~124쪽

01 ③ 02 ⑤ 03 ④ 04 ② 05 ① 06 ③ 07 ③
08 ① 09 ④ 10 ② 11 ⑤ 12 ② 13 ⑤ 14 ①

01 차와 도자기 등의 수입으로 무역 적자가 컸던 영국은 인도에서 재배한 아편을 청에 밀수출하여 적자를 메웠다. 청이 아편 밀무역을 단속하자 영국이 이를 구실로 제1차 아편 전쟁을 일으켰다.

청과 영국의 무역 변화

02 제1차 아편 전쟁에서 패한 청은 영국과 난징 조약을 맺어 5개 항구를 개항하였고 막대한 배상금을 지불하였다.

03 홍수전은 청을 몰아내고 모든 사람이 평등한 세상을 만들자고 주장하며 태평천국 운동을 일으켰다.

왜 틀렸지? ④ 의화단 운동의 주장이다.

04 증국번, 이홍장 등의 한인 관료들은 양무운동을 통해 군수 공장 설립, 근대적 군대 양성, 신식 학교 설립 등을 추진하였다.

05 증국번, 이홍장 등의 한인 관료들은 '중체서용'을 내세우며 양무운동을 추진하였다.

왜 틀렸지? ㄷ, ㄹ. 변법자강 운동에 대한 설명이다.

06 캉유웨이와 량치차오 등은 일본의 메이지 유신을 본보기로 삼아 변법자강 운동을 전개하였다.

왜 틀렸지? ①, ④ 신해혁명, ⑤ 의화단 운동에 대한 설명이다.

07 의화단은 "청을 도와 서양 세력을 몰아내자."라는 구호를 내걸고 반외세 운동을 전개하였으나, 8개국 연합군에게 진압되었다.

왜 틀렸지? ㄱ. 양무운동, ㄹ. 태평천국 운동이다.

08 삼민주의는 신해혁명의 이념적 기반이 되었고, 신해혁명 이후 중국 최초의 공화국인 중화민국이 세워졌다. 이후 위안스카이가 혁명파와 손을 잡고 황제를 퇴위시킴으로써 청은 멸망하였다.

09 태평천국 운동, 양무운동, 변법자강 운동, 신해혁명의 순서로 전개되었다.

10 메이지 정부는 중앙 집권 체제를 마련하고 신분제를 폐지하였으며, 토지 제도와 조세 제도를 개혁하고 서양식 교육 제도를 도입하였다.

왜 틀렸지? ② 미일 화친 조약은 메이지 유신 전에 체결되었다.

11 청일 전쟁에서 승리를 거둔 일본은 배상금으로 근대 공업을 발전시키고 군사력을 강화하여 제국주의 열강의 대열에 합류하였다.

12 청일 전쟁에서 승리한 일본은 시모노세키 조약을 체결하여 타이완을 식민지로 차지하였고, 러일 전쟁에서 승리한 후에는 포츠머스 조약을 체결하여 한반도에서의 우월적 지위를 인정받았다.

13 강화도 조약 이후 설치된 별기군과의 차별 대우에 불만이 컸던 구식 군인들은 임오군란을 일으켜 개화 정책에 반대하였다.

왜 틀렸지? ㄱ. 강화도 조약은 별기군이 설치되기 전에 체결되었다. ㄴ. 동학 농민 운동에 대한 설명이다.

14 임오군란 이후 청의 간섭이 심해지자 김옥균을 비롯한 급진 개화파는 갑신정변을 일으켰다.

STEP 3 주관식·서술형

125쪽

01 (1) 삼각 무역

(2) 예시답안 상하이, 광저우 등 5개 항구를 개항하고, 홍콩을 영국에 할양하였다. 또한 공행을 폐지하고 영국에 전쟁 배상금을 지불하였다.

채점 기준	
상	난징 조약의 내용을 세 가지 이상 서술한 경우
중	난징 조약의 내용을 두 가지만 서술한 경우
하	난징 조약의 내용을 한 가지만 서술한 경우

02 (1) (가) 양무운동 (나) 변법자강 운동

(2) 예시답안 (가)가 중국의 제도는 유지하면서 서양의 기술만 받아들이자는 주장이라면, (나)는 입헌 군주제와 의회 제도 도입 등 정치 제도의 개혁까지 주장하였다.

채점 기준	
상	(가)와 (나)의 주장을 비교하여 서술한 경우
중	(가)와 (나)의 주장 중에 한 가지만 서술한 경우
하	정치 제도 개혁에 대한 주장이 달랐다고만 서술한 경우

03 (1) 신해혁명

(2) 예시답안 신해혁명의 결과 혁명파는 쑨원을 임시 대총통으로 추대하여 중화민국을 세웠고, 이후 위안스카이가 청 황제를 퇴위시키면서 청이 멸망하였다.

채점 기준	
상	중화민국을 세우고 청이 멸망하였다는 내용을 모두 서술한 경우
중	위 내용 중 한 가지만 서술한 경우
하	중화민국이 수립되었다고만 쓴 경우

04 (1) 시모노세키 조약

(2) 예시답안 일본은 시모노세키 조약을 통해 타이완을 차지하고 막대한 배상금을 얻었다. 일본은 이 배상금을 군비 확장에 사용하여 본격적인 대외 침략을 준비하였다.

채점 기준	
상	일본이 타이완을 차지하고 막대한 배상금을 얻었으며, 배상금을 군비 확장에 사용하였다는 내용을 모두 서술한 경우
중	위 내용 중 한 가지만 서술한 경우
하	일본이 막대한 배상금을 받았다는 내용만 서술한 경우

대단원 마무리 문제

128~131쪽

01 ③ **02** ④ **03** ⑤ **04** ③ **05** 차티스트 운동 **06** ②
07 ④ **08** ① **09** 러다이트 운동 **10** ③ **11** ① **12** 프랑스
13 ③ **14** ④ **15** 이슬람교 **16** ④ **17** ③ **18** 해설 참조
19 ① **20** ⑤ **21** 의화단 운동 **22** 해설 참조 **23** ⑤
24 강화도 조약

01 찰스 1세의 전제 정치 강화로 청교도 혁명이 일어났다.

02 영국이 인지세를 비롯한 각종 세금을 부과하자 식민지인들은 '대표 없는 곳에 과세할 수 없다.'라고 주장하며 저항하였고, 이는 보스턴 차 사건으로 이어졌다.

03 인간과 시민의 권리 선언(인권 선언)은 프랑스 혁명 때 발표되었다.

04 7월 혁명의 결과 입헌 군주제 정부가 세워졌고, 2월 혁명의 결과 공화정이 수립되었다.

06 독일의 통일은 프로이센이 중심이 되어 먼저 관세 동맹을 체결하였고, 이후 비스마르크가 철혈 정책을 내세우며 추진되었다.

07 산업 혁명으로 인해 단순 기술을 이용하여 소량 생산이 이루어지던 가내 수공업이 기계를 중심으로 대량 생산이 가능해진 공장제 기계 공업으로 바뀌었다.

08 산업 혁명 과정에서 어린아이들도 힘든 노동에 내몰렸다.

10 제국주의 시대에는 서양 열강의 자본가, 군인, 성직자가 동원되어 식민지를 수탈하였다.

11 (가)는 영국, (나)는 프랑스이다.

왜 틀렸지? ① 20세기 초 아프리카는 라이베리아와 에티오피아를 제외하고 대부분 식민지가 되었다.

13 오스만 제국은 제국 내 여러 민족의 독립과 서양 열강의 침략으로 쇠퇴하자 근대적 개혁인 탄지마트를 추진하였다.

왜 틀렸지? ㄱ. 이란의 담배 불매 운동, ㄹ. 아라비아반도의 와하브 운동이다.

14 술탄의 전제 정치에 반발한 청년 장교와 지식인 등은 청년 튀르크당을 만들어 혁명을 일으켰다.

왜 틀렸지? ① 이란, ③ 아라비아반도, ⑤ 인도에서 있었던 일이다. ② 탄지마트는 청년 튀르크당이 결성되기 전에 추진되었다.

16 이집트의 총독 무함마드 알리는 적극적인 근대화 정책을 추진하였다.

17 세포이의 항쟁을 진압한 영국은 영국령 인도 제국을 세워 인도를 직접 통치하였다. 인도 국민 회의는 벵골 분할령을 계기로 반영 운동에 나섰다.

18 (1) 플라시 전투

(2) 예시답안 영국은 값싼 면직물을 생산하여 인도로 수출하고, 인도에서는 면화, 차, 아편 등을 재배하게 하였다.

채점 기준	
상	영국이 면직물을 인도로 수출하고, 인도에서는 면화, 차, 아편 등을 재배하게 하였다는 내용을 모두 서술한 경우
하	위 내용 중 한 가지만 서술한 경우

19 제1차 아편 전쟁의 결과 청은 영국과 난징 조약을 맺어 5개 항구를 개항하고 홍콩을 영국에 넘겨주었다.

20 중국의 근대화 운동은 ㄷ. 태평천국 운동, ㄴ. 양무운동, ㄱ. 변법자강 운동, ㄹ. 신해혁명의 순서로 전개되었다.

22 (1) 메이지 유신

(2) 예시답안 메이지 정부는 다이묘가 통치하던 번을 없애고 관리를 파견하여 중앙 집권 체제를 마련하였고, 신분제를 폐지하였으며, 징병제와 신식 교육을 실시하였고, 외국에 사절단을 파견하였다.

채점 기준	
상	메이지 정부의 개혁 내용을 세 가지 이상 서술한 경우
중	메이지 정부의 개혁 내용을 두 가지만 서술한 경우
하	메이지 정부의 개혁 내용을 한 가지만 서술한 경우

메이지 정부의 개혁 내용

정치	중앙 집권 체제 확립
경제	토지·조세 제도 개혁, 근대적 산업 육성, 철도 부설
군사	근대적 군대 육성, 징병제 실시
사회	신분제 폐지, 서양식 교육 도입, 유학생 및 사절단 파견

23 일본은 청일 전쟁에서 승리한 후 청으로부터 받은 배상금으로 군사력을 강화하여 제국주의 열강에 합류하였다.

V 세계 대전과 사회 변동

01 제1차 세계 대전과 국제 질서의 변화

STEP 1 개념 확인 135쪽

01 (1) ㄷ (2) ㄹ (3) ㄴ (4) ㄱ 02 (1) ㉠, ㉢ (2) ㉡, ㉣
03 (1) 미국 (2) 국제 연맹 (3) 네루 04 (1) × (2) ○ (3) ×
05 (1) 파리 강화 회의 (2) 국공 합작

STEP 2 대표 문제 135~138쪽

01 ②	02 ⑤	03 ④	04 ⑤	05 ③	06 ⑤	07 ②
08 ①	09 ②	10 ②	11 ①	12 ⑤	13 ③	14 ④
15 ③	16 ④	17 ⑤	18 ②	19 ④	20 ⑤	

01 (가)는 독일의 주도로 형성된 3국 동맹을 나타낸 것이다.

왜 틀렸지? ① 독일은 범게르만주의를 내세웠다. ③ 제국주의 열강이었다. ④ 3국 협상과 3국 동맹은 주로 아프리카와 아시아의 식민지를 놓고 대립하였다. ⑤ 3국 협상국인 영국, 프랑스에 해당한다.

02 발칸반도는 강대국 세력이 충돌하는 지역으로 '유럽의 화약고'라고 불렸다. 특히 러시아와 세르비아가 중심이 된 범슬라브주의, 독일과 오스트리아·헝가리 제국이 중심이 된 범게르만주의의 대립이 심하였다.

03 19세기 후반부터 제국주의 국가들 사이의 이해관계에 따라 동맹 또는 대립 관계가 형성되었고, 이를 배경으로 제1차 세계 대전이 일어났다.

04 1914년에 시작된 제1차 세계 대전 중 독일은 무제한 잠수함 작전을 통해 군함 이외에 상선이나 민간 선박까지 공격하였고, 이러한 독일의 행위는 1917년 미국의 참전을 가져왔다.

왜 틀렸지? ①, ②, ③ 제1차 세계 대전 이후의 일이다. ④ 1905년에 러시아에서 일어난 사건이다.

05 전 세계의 수많은 국가가 가담한 제1차 세계 대전은 연합국의 승리로 끝이 났으며, 총력전, 참호전을 통한 장기전, 탱크·전투기와 같은 신무기 등장 등의 특징이 있었다.

왜 틀렸지? 3, 4 문항에서 학생의 답이 틀렸으므로 총 3점을 획득하였다.

신무기의 등장

▲ 탱크

▲ 전투기

제1차 세계 대전 당시 참호전이 계속되었고, 전투기, 탱크, 잠수함 등 다양한 신무기들이 등장하여 대량 살상이 이루어졌다.

06 혁명 전 러시아에서는 정치적 후진성과 경제적 어려움이 더해져 민중의 불만이 높았다.

왜 틀렸지? ⑤ 제1차 세계 대전의 발단이 된 사라예보 사건에 대한 설명이다.

07 피의 일요일 사건은 1905년, 10월 혁명은 1917년의 일이다. 이 사이에 로마노프 왕조가 2월 혁명으로 무너졌다.

왜 틀렸지? ① 1904년, ③ 1918년, ④ 10월 혁명 이후의 일이고, ⑤ 1922년의 일이다.

08 레닌은 10월 혁명을 성공시키고 사회주의 개혁을 추진하였다. 또한 소비에트 사회주의 공화국 연방(소련)을 결성하고 코민테른을 조직하였다.

러시아 혁명을 이끈 레닌

레닌은 러시아의 혁명가이자 정치가로, 노동자와 농민이 억압받는 러시아에서 사회주의 혁명이 성공한다고 보았다. 그는 1917년 10월 혁명을 이끌어 사회주의 국가를 건설하였다.

09 코민테른의 활동으로 세계 여러 나라에서 공산당이 결성되었고, 식민지에서는 반제국주의 운동이 확산되었다.

10 베르사유 조약은 승전국인 연합국 전체와 패전국 독일 사이에 맺어진 조약으로 패전국 독일에 대한 철저한 응징이 목적이었다.

11 윌슨이 제안한 14개조 평화 원칙에는 민족 자결주의와 국제기구 창설 등의 내용이 포함되었다. 이는 제1차 세계 대전이 끝나고 열린 파리 강화 회의와 국제 연맹 창설의 기초가 되었다. 그러나 민족 자결주의는 패전국의 식민지에만 적용되는 한계가 있었다.

12 제1차 세계 대전이 끝나고 국제 분쟁의 평화적 해결을 위한 국제기구로 국제 연맹이 창설되었다. 그러나 침략국을 제재할 수 있는 군사적 수단을 갖추지 못하여 유명무실해졌다.

13 워싱턴 회의에서 군비 축소에 대한 국제 사회의 논의가 있었다.

14 제1차 세계 대전 이후 체결된 베르사유 조약과 이후 여러 조약으로 베르사유 체제가 형성되었다.

15 (가) 지역은 인도이다.

왜 틀렸지? ①, ④ 베트남의 민족 운동을 설명하고 있다. ② 이집트에 대한 설명이다. ⑤ 튀르키예 공화국의 개혁 내용이다.

간디의 비폭력·불복종 운동

간디는 영국의 관리나 경찰이 어떠한 위협을 가하더라도 폭력을 쓰지 않는 대신에 영국의 법률이나 명령을 따르지 않는 비폭력·불복종 운동을 이끌었다.

16 (다) 지역은 베트남이다.

왜 틀렸지? ① 인도, ②, ③ 중국, ⑤ 튀르키예 공화국이다.

17 제시문은 인도네시아의 독립 운동가 수카르노에 대한 설명이다.

왜 틀렸지? (가) 인도, (나) 태국, (다) 베트남, (라) 필리핀이다.

18 5·4 운동은 파리 강화 회의에서 승전국들이 일본의 요구를 인정한 것을 계기로 일어났다.

19 제2차 국공 합작은 1937년, 일본의 21개조 요구는 1915년, 장제스의 국민당 정부 수립은 1928년의 일이다.

20 제시문은 제1차 세계 대전 후 성립한 튀르키예 공화국에 대한 설명이다. 제1차 세계 대전에서 패하여 약소국으로 전락한 오스만 제국에서는 무스타파 케말의 주도로 튀르키예 공화국이 수립되고 여러 개혁 정책이 시행되었다.

STEP 3 주관식·서술형

139쪽

01 (1) (가) 3국 협상 (나) 3국 동맹

(2) 예시답안 제1차 세계 대전은 나라의 모든 인적·물적 자원을 총동원하는 총력전의 양상을 띠었고, 참호전이 진행되며 장기화되었다. 또한 탱크, 독가스 등 신무기가 등장하였다.

채점 기준	
상	총력전, 장기전, 신무기 등장 등 제1차 세계 대전의 특징을 세 가지 이상 서술한 경우
중	제1차 세계 대전의 특징을 두 가지만 서술한 경우
하	제1차 세계 대전의 특징을 한 가지만 서술한 경우

02 (1) 2월 혁명

(2) 예시답안 레닌이 이끄는 볼셰비키가 무장 봉기를 통해 임시 정부를 무너뜨리고 소비에트 정부를 수립하였다.

채점 기준	
상	레닌, 볼셰비키, 무장 봉기, 소비에트 정부 수립의 내용을 모두 포함하여 서술한 경우
중	임시 정부를 무너뜨리고 소비에트 정부를 수립하였다고만 서술한 경우
하	임시 정부를 무너뜨렸다고만 서술한 경우

03 (1) 국제 연맹

(2) 예시답안 국제 연맹의 창설을 제안한 미국이 불참하였다. 독일과 소련이 제외되었다. 침략국을 제재할 수 있는 군사적 수단을 갖추지 못하였다.

채점 기준	
상	국제 연맹의 한계점을 두 가지 이상 서술한 경우
중	국제 연맹의 한계점을 한 가지만 서술한 경우
하	국제 연맹이 한계점을 가지고 있었다고만 서술한 경우

04 (1) 간디

(2) 예시답안 영국 상품 불매, 납세 거부, 평화 시위, 소금 행진 등의 비폭력·불복종 운동을 전개하였다.

채점 기준	
상	영국 상품 불매, 납세 거부 등의 사례를 두 가지 이상 서술한 경우
중	위 내용 중 한 가지만 서술한 경우
하	구체적인 사례를 쓰지 못한 경우

02 대공황과 제2차 세계 대전 ~
03 민주주의와 평화 확산을 위한 노력

STEP 1 개념 확인

143쪽

01 (1) ㉢ (2) ㉡ (3) ㉠ 02 (1) ㄴ (2) ㄱ (3) ㄷ (4) ㄹ 03 (1) 폴란드 (2) 미드웨이 해전 (3) 노르망디 상륙 작전 04 (1) × (2) ○ (3) ○ 05 (1) 바이마르 (2) 진주만 (3) 국제 연합(UN)

STEP 2 대표 문제

143~146쪽

01 ①	02 ⑤	03 ④	04 ④	05 ④	06 ②	07 ③
08 ①	09 ②	10 ②	11 ⑤	12 ②	13 ①	14 ⑤
15 ①	16 ①	17 ⑤	18 ④	19 ②	20 ⑤	21 ④

01 자료는 대공황에 대한 내용이다. 제1차 세계 대전 이후 세계 경제를 주도하던 미국에서 생산과 소비의 불균형으로 대공황이 시작되었고, 전 세계로 영향을 끼쳤다.

대공황 시기 실업률

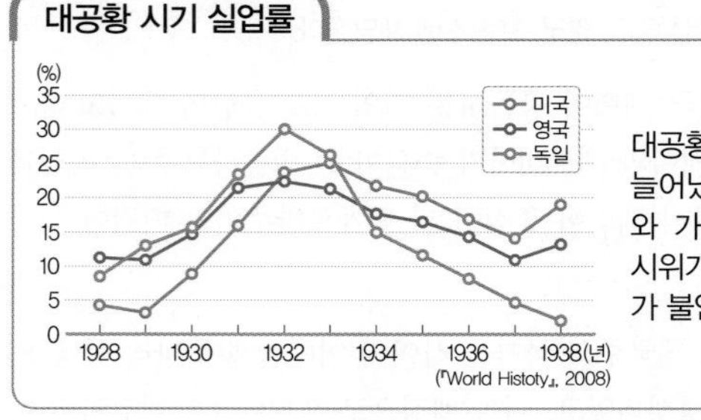

대공황 이후 실업자가 크게 늘어났다. 이 시기 일자리와 가난 해소를 요구하는 시위가 연일 벌어지며 사회가 불안하였다.

02 미국은 대규모 공공사업과 사회 보장 제도 실시를 주된 내용으로 하는 뉴딜 정책으로 대공황을 극복하고자 하였다.

03 영국과 프랑스 등은 자국의 식민지를 하나로 묶는 블록 경제 형성으로 대공황을 극복하고자 하였다.

04 독일, 이탈리아, 일본 등에서는 전체주의에 바탕을 둔 대외 팽창 정책을 시행하여 대공황을 극복하고자 하였다.

전체주의 국가의 특징

이탈리아	무솔리니의 파시스트당이 정권 장악 → 파시즘 강화, 에티오피아 합병
독일	히틀러의 나치당 일당 독재 체제 → 나치즘, 인종 차별 정책, 국민 통제, 오스트리아와 체코슬로바키아 합병
일본	군부의 정권 장악 → 군국주의 강화, 만주 사변, 중일 전쟁

05 전체주의에 대한 설명이다. 독일, 이탈리아, 일본 등에서는 대공황 전후 혼란한 상황을 틈타 전체주의 세력이 정권을 잡았다.

06 (가) 시기 일본에서는 군부가 권력을 잡고 군국주의를 강화하여 대외 침략에 나섰다.

왜 틀렸지? ① 1922년 이탈리아, ③ 1941년, ④ 독일, ⑤ 각각 1905년, 1910년의 일이다.

07 독일과 일본은 코민테른과 소련에 대항하기 위하여 방공 협정을 체결하였고, 여기에 이탈리아가 참여하면서 추축국이 성립하였다.

08 독일과 일본이 1936년 방공 협정을 체결하고 여기에 이탈리아가 참여하면서 추축국이 성립하였다. 독일은 1939년 비밀리에 소련과 독·소 불가침 조약을 맺은 후 폴란드를 침공하면서 제2차 세계 대전을 일으켰다.

왜 틀렸지? | ㄷ, ㄹ. 제2차 세계 대전 중의 일이다.

09 일본은 하와이 진주만을 기습하여 태평양 전쟁을 일으켰고, 이를 계기로 미국이 참전하면서 전선이 전 세계로 확대되었다.

10 연합군은 노르망디 상륙 작전을 감행하여 프랑스를 해방하였다.

왜 틀렸지? | ①, ③, ④, ⑤ 노르망디 상륙 작전 이전에 일어난 일이다.

노르망디 상륙 작전

연합군의 노르망디 상륙 작전은 1,200척이 넘는 함선과 15만 명에 이르는 병력을 동원한 '지상 최대의 작전'이었다. 이 작전의 성공으로 프랑스가 해방되어 연합국이 승리하는 발판이 되었다.

11 일본은 1945년 8월 히로시마와 나가사키에 원자 폭탄이 투하되고 소련군이 공격해 오자 무조건 항복하였다. 이로써 제2차 세계 대전은 막을 내렸다.

12 제2차 세계 대전은 독일의 폴란드 침공으로 시작되었다. 전쟁 초반 독일은 영국을 제외한 서유럽의 대부분을 장악하였다. 그러나 소련과의 전투에서 패하고 일본의 진주만 기습으로 미국이 참전하면서 연합국에 유리하게 전개되었다.

13 왜 틀렸지? | ① 탱크, 독가스, 전투기, 잠수함 등의 신무기가 등장한 것은 제1차 세계 대전의 일이다.

14 제1차 세계 대전 이후 유럽에서는 대부분 전제 군주정이 무너지고 공화정이 수립되었다. 독일 바이마르 공화국이 대표적이다.

15 제1차 세계 대전이 끝나고 유럽 대부분의 국가는 공화정을 채택하였다.

왜 틀렸지? | ㄷ, ㄹ. 제1차 세계 대전 이전의 일이다.

16 제1차 세계 대전 이후 재산에 따른 선거권 차별이 사라져 갔으며 남녀평등의 보통 선거가 확대되어 나갔다.

17 19세기부터 전개된 여성의 참정권 획득 노력과 제1차 세계 대전에서 여성의 역할 확대로 여성 참정권 요구가 확산되었다.

18 제1차 세계 대전 전후 자본주의가 발달하여 노동자의 경제적 역할이 확대되었으며, 노동자가 전쟁에서 큰 역할을 하면서 사회적 지위가 상승하였다. 이에 따라 노동자의 권리가 점차 강화되었다.

왜 틀렸지? | ④ 마르크스 등이 주장한 사회주의 사상과 관련이 있다.

19 홀로코스트는 본래 동물을 태워 제물로 바치는 종교 의례를 뜻하지만 역사적으로는 제2차 세계 대전 중 독일이 약 600만 명의 유대인을 학살한 사건을 의미한다.

20 제2차 세계 대전은 인류 역사상 가장 큰 피해를 가져왔다. 특히 민간인 사망자가 군인 사망자보다 많았던 전쟁이었다. 이는 홀로코스트, 난징 대학살 등의 대량 학살과 원자 폭탄 등의 대량 살상 무기의 사용의 영향이 컸다.

21 제2차 세계 대전 이후 높아진 세계 평화에 대한 염원을 바탕으로 국제 연합이 결성되었다. 국제 연합은 평화 유지군, 안전 보장 이사회, 국제 사법 재판소 등을 갖추었다.

STEP 3 주관식·서술형

147쪽

01 (1) 대공황

(2) 예시답안 미국은 뉴딜 정책을 시행하고 달러 블록을 형성하였다. 영국은 파운드 블록을 형성하는 블록 경제를 실시하였다. 독일은 나치당이 독재 체제를 수립하고 군비를 증강하여 대외 침략에 나섰다.

채점 기준	
상	미국, 영국, 독일의 정책을 모두 서술한 경우
중	미국, 영국, 독일의 정책 중 두 가지만 서술한 경우
하	미국, 영국, 독일의 정책 중 한 가지만 서술한 경우

02 (1) 무솔리니

(2) 예시답안 이탈리아에서는 파시스트당이 일당 독재를 강화하였고, 에티오피아를 침략하였다. 독일에서는 나치당이 일당 독재를 수립하고 유대인을 박해하는 등 인종 차별 정책을 펼쳤고, 오스트리아와 체코슬로바키아를 점령하였다. 일본은 군부가 권력을 잡고 군국주의를 강화하였으며 만주 사변과 중일 전쟁을 일으켰다.

채점 기준	
상	이탈리아, 독일, 일본의 정책을 모두 서술한 경우
중	이탈리아, 독일, 일본의 정책 중 두 가지만 서술한 경우
하	이탈리아, 독일, 일본의 정책 중 한 가지만 서술한 경우

03 (1) 국민

(2) 예시답안 국민이 국가의 주인인 공화정을 채택하였으며 여성의 참정권을 포함한 보통·평등·직접·비밀 선거를 규정하였다. 또한 노동자의 권리를 보장하였다.

채점 기준	
상	공화정 채택, 여성 참정권, 노동자의 권리 보장 등을 모두 서술한 경우
중	위 내용 중 두 가지만 서술한 경우
하	위 내용 중 한 가지만 서술한 경우

04 (1) 난징 대학살

(2) 예시답안 중국 난징에서 민간인 대학살을 감행하였다. 731 부대는 살아 있는 인간을 상대로 생체 실험을 하였다. 전쟁터 각지에서 국가가 직접 일본군 '위안부'를 운영하며 여성 인권을 유린하였다.

채점 기준	
상	난징 대학살, 731 부대, 일본군 '위안부'의 사례를 모두 서술한 경우
중	위 내용 중 두 가지만 서술한 경우
하	위 내용 중 한 가지만 서술한 경우

대단원 마무리 문제

150~153쪽

01 ⑤ 02 ④ 03 ③ 04 ③ 05 ④ 06 레닌 07 해설 참조 08 ① 09 ④ 10 ① 11 ④ 12 ④ 13 ⑤ 14 ⑤ 15 ③ 16 ⑤ 17 ④ 18 ⑤ 19 ⑤ 20 ① 21 ② 22 ③ 23 해설 참조 24 ⑤ 25 해설 참조

01 제1차 세계 대전은 제국주의 열강의 대립이 심화된 가운데 사라예보 사건이 발발하며 세계 대전으로 전개되었다.

왜 틀렸지? ㄱ, ㄴ. 제1차 세계 대전 이후의 일이다.

02 ㄴ. 사라예보 사건, ㅁ. 오스트리아·헝가리 제국의 선전 포고, ㄹ. 독일의 무제한 잠수함 작전 실시, ㄷ. 미국의 연합국 참전, ㄱ. 독일의 항복 순서로 진행되었다.

03 제1차 세계 대전은 참호전, 장기전, 신무기의 등장과 같은 특징을 보였다.

왜 틀렸지? ③ 제1차 세계 대전은 주로 유럽과 그 식민지를 중심으로 전개되었다.

04 러시아에서는 2월 혁명으로 로마노프 왕조가 무너졌고, 10월 혁명으로 세계 최초의 사회주의 국가가 수립되었다.

왜 틀렸지? ③ 2월 혁명은 소비에트, 10월 혁명은 볼셰비키가 주도하였다.

05 왜 틀렸지? ④ 스탈린 집권 시기의 정책이다.

07 예시답안 중국, 일본, 한국 등 아시아 지역에서 공산당이 결성되었고, 이들에 의해 아시아에서 반제국주의 운동이 확산되었다.

채점 기준	
상	공산당 결성과 이들에 의한 반제국주의 운동의 확산을 서술한 경우
하	반제국주의 운동이 확산되었다고만 서술한 경우

08 윌슨의 14개조 평화 원칙에 대한 설명이다.

왜 틀렸지? ㄷ. 대공황 시기 미국의 뉴딜 정책의 내용이다. ㄹ. 빈 체제의 특징이다.

09 제1차 세계 대전의 승전국과 독일이 맺은 조약을 베르사유 조약이라 하고, 이후의 국제 질서를 베르사유 체제라고 한다.

왜 틀렸지? ④ 윌슨이 주장한 민족 자결주의의 원칙은 승전국의 식민지에는 적용되지 않았다.

10 제1차 세계 대전 중 일본은 독일이 가지고 있던 산둥반도의 이권을 넘겨 달라고 요구하였고, 베르사유 조약으로 이를 승인받았다. 중국에서는 이에 반대하는 5·4 운동이 전개되었다.

11 왜 틀렸지? ④ 중국에서는 제1차 세계 대전 이후 5·4 운동, 국민당과 공산당의 연합(국공 합작) 등의 민족 운동이 전개되었다.

12 제1차 세계 대전 이후 미국이 세계 경제를 주도하며 산업이 급격히 발전하였다. 그러나 소비가 생산을 따라가지 못하면서 재고가 쌓여 갔고 결국 미국 주식 시장의 주가가 폭락하면서 대공황이 시작되었다.

13 대공황을 극복하기 위해 미국은 뉴딜 정책을 시행하고 달러 블록을 형성하였다. 영국과 프랑스도 각각 파운드 블록과 프랑 블록을 형성하였다.

왜 틀렸지? ⑤ 독일은 전체주의 체제를 강화하였다.

14 전체주의에 대한 설명이다. 이탈리아에서는 파시스트당이 정권을 장악하고 대공황 시기 전체주의를 강화하였다. 독일은 나치당이 독재 체제를 수립하고 국민을 탄압하였고, 일본은 군부 세력이 군국주의를 주도하였다.

15 왜 틀렸지? ③ 제1차 세계 대전 직후의 일이다.

16 독일과 일본이 방공 협정을 체결하고 여기에 이탈리아가 참여하며 추축국이 형성되었다. 이후 독일은 소련과 불가침 조약을 맺은 뒤 폴란드를 침공하였다. 전쟁 과정에서 일본의 진주만 기습, 연합군의 노르망디 상륙 작전이 전개되었다.

17 일본은 진주만을 기습하여 태평양 전쟁을 일으켰고, 이를 계기로 미국이 제2차 세계 대전에 참전하였다.

18 왜 틀렸지? ⑤ 독일이 전쟁 중 불가침 조약을 파기하고 소련을 침략하면서 소련이 참전하게 되었다.

19 두 차례의 세계 대전은 모두 연합국이 승리를 거두었다.

왜 틀렸지? ⑤ 제1차 세계 대전의 패전국은 독일, 오스트리아·헝가리 제국, 오스만 제국, 제2차 세계 대전의 패전국은 독일, 이탈리아, 일본이다.

20 지도의 신생 국가는 제1차 세계 대전 이후 탄생하였으며 대부분 민주주의에 입각한 공화정을 채택하였다.

21 제1차 세계 대전 이후 민주주의가 더욱 발전하여 대부분의 유럽 국가에서 공화정이 수립되었으며 보통 선거를 실시하였다. 또한 노동자의 권리를 보장하는 법도 제정되었다.

22 제1차 세계 대전에서 여성들이 군수 물자 생산을 담당하는 등 그 역할이 커지면서 여성의 참정권 획득이 이루어졌다.

23 예시답안 독일은 나치의 주도로 유대인을 학살하는 홀로코스트를 일으켰다. 또한 정치범, 장애인 등 사회적 약자와 소수 인종을 사회에서 제거하고, 수용소에 수감된 사람을 대상으로 생체 실험도 하였다.

채점 기준	
상	독일이 저지른 대량 학살과 인권 유린 사례를 모두 서술한 경우
중	독일이 저지른 대량 학살과 인권 유린 사례 중 한 가지만 서술한 경우
하	독일이 대량 학살과 인권 유린을 저질렀다고만 서술한 경우

24 제2차 세계 대전 이후 평화를 위한 노력이 전개되었다.

왜 틀렸지? ⑤ 전쟁과 관련 없는 민간인이 대규모로 희생되었다.

25 (1) 국제 연합(UN)

(2) 예시답안 국제 연합은 국제 연맹과 달리 미국, 소련 등 강대국이 참여하였고 국제 연합군과 평화 유지군을 두어 국제 분쟁을 억제할 군사적 능력을 갖추었다.

채점 기준	
상	강대국 참여, 국제 연합의 군사 조직 명칭과 역할을 서술한 경우
하	국제 연합이 군사 조직을 갖추었다고만 서술한 경우

Ⅵ 현대 세계의 전개와 과제

01 냉전 체제와 제3 세계의 형성 ~ 02 세계화와 경제 통합

STEP 1 개념 확인 156쪽

01 (1) ㄴ (2) ㄷ (3) ㄱ (4) ㄹ **02** ㉠ 자본주의 ㉡ 공산주의
03 (1) ㉡ (2) ㉠ (3) ㉢ **04** (1) 이슬람교 (2) 반둥 회의 (3) 고르바초프 (4) 신자유주의 **05** (1) × (2) ◯ (3) ◯

STEP 2 대표 문제 156~158쪽

01 ② **02** ① **03** ③ **04** ⑤ **05** ② **06** ② **07** ②
08 ④ **09** ② **10** ⑤ **11** ③ **12** ⑤ **13** ⑤ **14** ③

01 냉전 체제는 미국 중심의 자본주의 진영과 소련 중심의 공산주의 진영의 대립을 말한다. 미국은 마셜 계획, 북대서양 조약 기구 등으로 자본주의 진영의 결속을 다졌고, 이에 맞서 소련은 코민포름, 코메콘, 바르샤바 조약 기구를 결성하였다.

02 독일의 베를린 봉쇄, 한국의 6·25 전쟁, 쿠바 미사일 위기, 베트남 전쟁은 모두 냉전의 확산 과정에서 일어난 일이다.

03 (가)에 들어갈 정책은 미국의 서유럽 경제 원조 정책인 마셜 계획이다. 제2차 세계 대전 이후 유럽에서 공산주의가 확대되는 것을 막기 위해 시행하였다.

04 마오쩌둥은 중국 공산당을 이끌고 중국 국민당과의 내전에서 승리하여 중화 인민 공화국을 수립하였다. 공산당에 밀린 국민당 정부는 타이완으로 이동하였다.

05 (가)는 인도, (나)는 파키스탄이다. 인도는 영국으로부터 독립한 직후 종교적 차이로 힌두교를 믿는 인도와 이슬람교를 믿는 파키스탄으로 분리되었다.

06 제2차 세계 대전 이후 이집트에서는 나세르가 중동 전쟁에서 패배한 왕정을 몰아내고 공화정을 세운 후 영국과 프랑스가 차지하고 있던 수에즈 운하의 국유화를 선언하였다.

07 인도네시아 반둥에서 열린 회의로 29개국 대표가 모였으며 아시아·아프리카 회의라고도 부른다.

08 제3 세계는 제2차 세계 대전 이후 비동맹 중립주의를 내세운 아시아와 아프리카의 국가들을 가리킨다. 자본주의 진영을 이룬 제1 세계, 공산주의 진영을 이룬 제2 세계에 속하지 않아 제3 세계라고 부른다.

09 1960년대 이후 냉전 체제에 변화의 조짐이 나타났다. 자본주의 진영에서는 닉슨 독트린, 서독의 동방 정책, 공산주의 진영에서는 중국과 소련의 국경 분쟁 등이 영향을 미쳤다.

10 고르바초프에 대한 설명이다. 그는 공산당의 권력을 축소시키고 언론 통제를 완화하였으며 동유럽 국가들에 간섭하지 않겠다고 선언하였다.

11 소련이 동유럽에 대한 불간섭을 선언한 이후 동유럽 국가에서 민주화 운동이 일어나 공산 정권이 붕괴하였으며, 독일이 통일되었다. 소련은 해체되었고, 러시아를 중심으로 독립 국가 연합을 결성하였다.

왜 틀렸지? | ③ 중국의 마오쩌둥이 추진한 정책이다.

12 냉전 체제가 해체되면서 세계화와 지역화가 진행되었다.

왜 틀렸지? | ⑤ 냉전 체제에 대한 설명이다. 미국과 소련은 1989년 몰타 회담에서 냉전 종식을 선언하였다.

13 신자유주의는 1970년대 석유 파동에 따른 경제 위기를 극복하기 위한 방안으로 등장하였다. 경제 활동에 관한 국가의 개입과 정부의 규제를 최소화하고 기업의 자유를 보장해 주고자 하였다.

14 왜 틀렸지? | ③ 미국과 서유럽 국가의 상호 군사 원조 및 집단 방어 기구이다.

STEP 3 주관식·서술형 159쪽

01 (1) 냉전

(2) 예시 답안 독일의 분단과 베를린 장벽 설치, 쿠바 미사일 위기, 중국에서 공산당과 국민당의 내전과 중화 인민 공화국 수립, 한국에서 일어난 6·25 전쟁, 남베트남과 북베트남의 내전인 베트남 전쟁 등이 있다.

채점 기준	
상	냉전 체제가 전개되는 과정의 사건을 세 가지 이상 서술한 경우
중	냉전 체제가 전개되는 과정의 사건 중 두 가지만 서술한 경우
하	냉전 체제가 전개되는 과정의 사건 중 한 가지만 서술한 경우

02 (1) 제3 세계

(2) 예시 답안 제3 세계 국가들은 비동맹 중립 노선을 추구하며 상호 협력을 강화하였다. 이들이 점차 국제적 영향력을 강화하면서 미국과 소련 중심의 냉전 체제 완화에 영향을 주었다.

채점 기준	
상	제3 세계 국가의 비동맹 중립 노선 추구, 국제적 영향력 강화, 냉전 체제 완화에 영향 등의 내용을 모두 서술한 경우
중	제3 세계 국가들의 영향력 강화를 냉전 체제 완화와 연결하여 서술한 경우
하	냉전 체제 완화에 영향을 주었다고만 서술한 경우

03 (1) 미국

(2) 예시 답안 미국은 베트남 전쟁에서 군대를 철수하고, 중국과 국교를 수립하였으며 소련과 군비 축소 협정을 맺어 전쟁 위협을 줄여 나가기로 하였다.

채점 기준	
상	베트남 전쟁에서 미군 철수, 중국과 국교 수립, 소련과 군비 축소 협정 체결을 모두 서술한 경우
중	위 내용 중 두 가지만 서술한 경우
하	위 내용 중 한 가지만 서술한 경우

04 (1) 유럽 연합(EU)

(2) 예시답안 세계화가 확대되면서 국가 간 무역 경쟁이 치열해졌다. 이 과정에서 지역 간 상호 협력을 강화하고 공동의 이익을 추구하기 위해 지역별 경제 협력체를 구성하였다.

채점 기준	
상	세계화 확대로 인한 무역 경쟁 심화, 지역 간 상호 협력 및 공동의 이익 추구 등의 내용을 모두 서술한 경우
중	지역 간 상호 협력 강화, 공동의 이익 추구의 내용만 서술한 경우
하	이익을 얻기 위해서라고만 서술한 경우

03 탈권위주의 운동과 대중문화의 발달 ~ 04 현대 세계의 문제 해결을 위한 노력

STEP 1 개념 확인 162쪽

01 (1) ㄹ (2) ㄱ (3) ㄷ (4) ㄴ 02 (1) 탈권위주의 운동 (2) 카슈미르 (3) 개발 도상국 03 (1) 넬슨 만델라 (2) 68 운동 (3) 대량 살상 무기 04 (1) × (2) ○ 05 ㉠ 리우 ㉡ 온실가스 ㉢ 파리

STEP 2 대표 문제 162~164쪽

01 ③ 02 ② 03 ④ 04 ② 05 ③ 06 ③ 07 ②
08 ⑤ 09 ③ 10 ① 11 ② 12 ⑤ 13 ① 14 ②
15 ④

01 남아프리카 공화국, 미국 등에서는 두 차례의 세계 대전 이후에도 여전히 백인 중심의 사회 질서가 유지되고 흑인 차별 정책을 지속하였다. 이러한 상황에서 흑인 민권 운동이 활발하게 전개되었다.

02 프랑스에서 일어난 68 운동은 학생의 자유를 제한하는 대학의 조치에 저항하여 일어났으며 세계 각지의 체제 저항 운동으로 이어졌다.

03 제시문은 보스턴 마라톤의 성차별에 반대하며 여성 참가를 이끌어 낸 여성의 이야기로 대표적 여성 운동의 사례이다.

04 대중 매체에 대한 설명이다. 대중 매체가 발달하면서 사람들은 서로 많은 양의 정보를 주고받게 되었고 이를 바탕으로 대중의 영향력이 확대되었다.

05 제시문은 튀니지의 재스민 혁명이다. 대중 매체의 발달로 대중의 능동적 사회 참여가 가능해졌다.

06 대중 매체의 발달에 따른 대중문화 발전에 대한 내용이다. 대중은 라디오, 텔레비전, 인터넷과 같은 대중 매체를 통해 정보를 얻고 여론을 형성하는 데 참여하고 있다.

07 전쟁에 반대하고 평화를 지키고자 하는 반전 평화 운동에 대한 설명이다. 베트남 전쟁 반대, 이라크 전쟁 반대 등이 대표적이다.

08 제시문은 대량 살상 무기 문제 해결을 위한 노력에 대한 설명이다.

09 왜 틀렸지? ㄱ. 종족 간의 갈등으로 발생하였다. ㄹ. 독재 및 경제 위기로 인하여 생긴 난민이다.

10 북반구에 몰려 있는 선진국과 남반구에 몰려 있는 개발 도상국 사이의 빈부 격차 문제인 '남북문제'는 오늘날 국제적 문제로 떠올랐다.

11 제시된 의견은 모두 세계화의 부작용으로 벌어지는 현상들이다.

12 환경 문제에 대한 설명이다. 환경 문제는 한 국가의 노력만으로 해결할 수 없어 국제 협력이 강조되고 있다.

13 사막화는 강수량에 비해 증발량이 많아 초목이 거의 자랄 수 없는 불모의 토지가 되는 현상이다. 1989년에 비해 2008년에 아랄해가 사막화로 황폐화되었음을 확인할 수 있다.

14 제시문은 파리 기후 협약의 주요 내용이다. 국제 사회는 환경 문제 해결을 위해 제네바 협약, 몬트리올 의정서, 생물 다양성 협약, 사막화 방지 협약, 기후 변화 협약 등 다양한 협약을 체결하고 있다.

15 난민, 빈곤, 질병, 환경 등 다양한 현대 사회의 문제를 해결하기 위해 국제 사회의 협력이 전개되고 있다.

STEP 3 주관식·서술형 165쪽

01 (1) 마틴 루서 킹

(2) 예시답안 마틴 루서 킹은 미국에서 벌어진 인종 차별에 저항하여 흑인이 백인과 동등한 시민권을 얻기 위한 흑인 민권 운동을 주도하였다. 그 결과 민권법이 통과되어 흑인과 백인 사이의 법적 차별이 없어졌다.

채점 기준	
상	마틴 루서 킹의 흑인 민권 운동 내용과 그 결과를 모두 서술한 경우
중	마틴 루서 킹의 흑인 민권 운동 내용과 그 결과 중 한 가지만 서술한 경우
하	마틴 루서 킹이 흑인 민권 운동을 전개하였다고만 서술한 경우

02 (1) 대중 매체

(2) 예시답안 대중문화가 발달하면서 대중의 능동적 사회 참여가 가능해지고, 다른 나라의 문화를 실시간으로 경험할 수 있게 되었다. 그러나 문화 획일화 현상과 정보 조작, 지나친 상업성 추구 등의 문제점도 나타났다.

채점 기준	
상	대중문화의 긍정적 측면과 부정적 측면을 모두 서술한 경우
중	대중문화의 긍정적 측면과 부정적 측면 중 한 가지만 서술한 경우
하	대중문화가 큰 영향을 미치고 있다고만 서술한 경우

03 (1) 르완다 난민 문제

(2) 예시답안 국제 연합은 평화 유지군을 분쟁 지역에 파견하거나 난민 기구를 통해 난민들의 생계를 지원하고 있다. 또한 국제적으로 대량 살상 무기의 사용을 제한하는 협약을 체결하고 전쟁 반대 시위를 전개하는 등 반전 평화 운동에 나서고 있다.

	채점 기준
상	국제 연합의 활동, 국제 협약 체결, 반전 평화 운동 등의 내용을 모두 서술한 경우
중	위 내용 중 두 가지만 서술한 경우
하	위 내용 중 한 가지만 서술한 경우

04 (1) 남북문제

(2) 예시답안 신자유주의와 세계화가 확대되면서 국가 간 경제 교류가 활발해졌다. 이에 따라 높은 기술과 자본을 가진 선진국에 부가 집중되었고, 선진국이 몰려 있는 북반구와 개발 도상국이 몰려 있는 남반구 사이에 경제적 차이가 생겨났다.

	채점 기준
상	신자유주의, 세계화, 선진국이 몰려 있는 북반구, 개발 도상국이 몰려 있는 남반구의 내용을 모두 서술한 경우
중	신자유주의, 세계화의 내용만 서술한 경우
하	국가 간 빈부 격차가 커졌다고만 서술한 경우

대단원 마무리 문제

168~171쪽

01 ① **02** 마셜 계획 **03** ① **04** ① **05** ② **06** ① **07** ④
08 ② **09** ④ **10** ④ **11** 덩샤오핑 **12** ③ **13** ⑤ **14** ①
15 해설 참조 **16** ② **17** ① **18** ② **19** ⑤ **20** ④ **21** ④
22 남북문제 **23** 해설 참조 **24** ② **25** ⑤

01 트루먼 독트린은 공산주의의 확산을 억제하고자 트루먼이 발표한 미국 외교 정책에 관한 원칙이다.

03 아시아 지역에서 냉전은 열전의 형태로 나타나기도 하였다. 한국의 6·25 전쟁, 베트남의 베트남 전쟁 등이 여기에 해당한다.

04 냉전 체제의 확산 과정에서 독일은 서독과 동독으로 분단되어 베를린 장벽이 세워졌다.

왜 틀렸지? ① 냉전 체제의 해체와 관련이 있다.

05 비동맹 중립주의를 추구한 아시아와 아프리카의 국가들을 제3 세계라고 부른다.

06 제3 세계는 미국 중심의 제1 세계, 소련 중심의 제2 세계에 속하지 않는 세력을 뜻한다. 반둥 회의를 통해 세력 형성이 공식화되었다.

07 소련의 고르바초프가 추진한 개혁·개방 정책은 동유럽의 민주화 운동에도 큰 영향을 주었다.

08 제시된 글은 닉슨 독트린의 일부이다. 아시아의 방위는 아시아의 힘으로 한다는 원칙을 담았으며 냉전 완화 분위기 형성에 영향을 주었다.

09 1980년대 소련의 개혁(페레스트로이카)과 개방(글라스노스트)을 이끌었던 인물은 고르바초프이다.

10 소련 해체 이후 독립 국가 연합(CIS)이 결성되었으며, 시장 경제 체제를 받아들였다.

12 세계화는 교통과 통신의 발달을 바탕으로 자유 무역 체제가 확산되는 과정이다.

13 ㉠은 동남아시아 국가 연합(ASEAN)이고, ㉡은 아시아·태평양 경제 협력체(APEC)이다.

14 1950년대부터 통합을 추진한 유럽은 유럽 연합(EU)을 출범하고 단일 화폐인 유로화를 사용하여 경제적 통합을 추구하였다.

15 예시답안 세계화로 국가 간 장벽이 낮아지면서 자본과 노동의 이동을 바탕으로 다국적 기업이 성장하였다.

	채점 기준
상	세계화와 다국적 기업의 성장을 연결하여 서술한 경우
하	다국적 기업이 성장하였다고만 서술한 경우

16 마틴 루서 킹 목사의 연설 내용이다. 그는 미국의 흑인 민권 운동을 이끌었다.

17 1968년에 프랑스에서 일어난 68 운동에 대한 설명이다.

18 제시된 글은 남성 중심의 전통적인 사고방식에 저항하는 여성 운동의 사례이다.

19 오늘날 인터넷의 발달로 쌍방향 소통이 가능해지면서 한 국가 내에서 유행한 대중문화가 전 세계로 전파되어 유행하기도 한다.

20 제시된 조약은 인류의 생존을 위협하는 대량 살상 무기의 확산을 막기 위한 노력에 해당한다.

21 카슈미르 분쟁은 대표적인 종교 갈등으로 힌두교와 이슬람교 사이의 갈등이 주요 원인이다.

23 예시답안 지구 온난화, 사막화, 열대림 파괴와 생물종 감소, 오존층 파괴 등이 전 세계적으로 발생하고 있다.

	채점 기준
상	환경 문제를 세 가지 이상 서술한 경우
중	환경 문제를 두 가지만 서술한 경우
하	환경 문제를 한 가지만 서술한 경우

24 오늘날 환경, 빈곤, 질병, 난민 문제 등 다양한 문제가 발생하고 있다.

왜 틀렸지? ② 냉전은 종결되었으나 갈등과 분쟁은 계속되고 있다.

25 인류가 당면한 문제를 해결하기 위해 세계 시민 의식과 공동체 의식이 필요하며 국제 사회의 긴밀한 협조가 요구된다.

실력 확인 문제책

I 문명의 발생과 고대 세계의 형성

01 역사의 의미와 역사 학습의 목적 ~ 02 세계의 선사 문화

실력 확인 문제

02~05쪽

01 ③ 02 ② 03 ③ 04 ⑤ 05 ① 06 ② 07 ④
08 ③ 09 ① 10 ② 11 ⑤ 12 ⑤ 13 ② 14 ③
15 ⑤ 16 ② 17 ⑤ 18 ② 19 사료
20 역사적 사고력 21 해설 참조 22 해설 참조

01 사실로서의 역사는 과거에 발생한 사실 그 자체가 역사라고 보는 입장이다.

02 밑줄 친 부분은 역사를 과거에 있었던 사실 그 자체로 보는 입장에 해당한다.

03 '기록으로서의 역사'는 역사의 서술 과정에 역사가의 사관이 반영된다고 본다. 이런 입장에서 E. H. 카는 역사란 '과거와 현재의 대화'라고 비유적으로 표현하였다.

04 역사가가 관점에 따라 같은 사건을 다르게 해석하고 있음을 보여 주는 자료에 해당한다.

05 역사 연구 과정에서 연구 주제를 설정한 후 사료를 수집하고 비판하는 과정을 거쳐 역사 서술을 한다.

06 국가적으로 남긴 기록물 외에 개인적으로 남긴 유물·유적·기록물 등도 사료에 포함된다.

07 역사 서술의 근거가 되는 사료는 기록자의 주관이 반영되어 과장되거나 누락·조작된 내용이 들어갈 수 있다. 이에 따라 사료 비판이 필요하다.

08 '통감'이라는 표현을 통해 역사를 거울로 삼아 교훈을 얻는다는 입장을 확인할 수 있다.

09 역사를 학습하는 목적 중 하나는 한국사와 세계사에 대한 올바른 이해를 바탕으로 다름에 대한 관용을 배우는 것이다.

10 왜 틀렸지? ① 신석기 시대 인류, ③ 호모 에렉투스, ④ 호모 네안데르탈렌시스, ⑤ 호모 사피엔스에 대한 설명이다.

11 빌렌도르프의 비너스는 구석기 시대 유물에 해당한다.
왜 틀렸지? ㄱ. 청동기, ㄴ. 신석기 시대에 대한 설명에 해당한다.

12 농경과 목축이 시작되고 간석기와 토기를 도구로 사용하면서 신석기 시대가 시작되었다.
왜 틀렸지? ㄱ, ㄴ. 구석기 시대 인류의 생활 모습 변화에 해당한다.

13 (가)는 구석기, (나)는 신석기 시대에 해당한다.
왜 틀렸지? ㄴ. 신석기 시대, ㄷ. 구석기 시대에 해당한다.

14 자료는 왼쪽부터 차례로 갈돌과 갈판, 토기, 간석기이다. 이 유물들은 신석기 시대에 만들어진 것이다.
왜 틀렸지? ③ 뗀석기는 구석기 시대부터 사용되었다.

15 신석기 혁명은 농경과 목축으로 인한 생활의 변화이다.

16 제시된 ㉠에 들어갈 내용은 신석기 시대이다.
왜 틀렸지? ② 신석기 시대에 인류는 농경과 목축을 시작하였다.

17 왜 틀렸지? ⑤ 구석기 시대 호모 네안데르탈렌시스 때 나타난 특징이다.

18 태양과 바람 등 자연물에 영혼이 있다고 믿는 신앙은 신석기 시대에 처음 등장하였다.

21 예시답안 (가) 오스트랄로피테쿠스는 직립 보행을 시작하였고 (나) 호모 에렉투스는 불과 언어를 사용하였다. (다) 호모 네안데르탈렌시스는 시체 매장을 하였고 (라) 호모 사피엔스는 현생 인류에 해당한다.

채점 기준	
상	네 가지 특징을 모두 서술한 경우
중	네 가지 특징 중 세 가지만 서술한 경우
하	네 가지 특징 중 두 가지만 서술한 경우

22 (1) 간석기
(2) 예시답안 신석기 시대에 농경과 목축이 시작되어 식량을 생산할 수 있게 되었다.

채점 기준	
상	신석기 시대, 농경과 목축의 시작을 모두 서술한 경우
중	농경과 목축만 서술한 경우
하	신석기 시대만 서술한 경우

03 세계의 고대 문명

실력 확인 문제

06~09쪽

01 ② 02 ③ 03 ④ 04 ⑤ 05 ④ 06 ② 07 ②
08 ⑤ 09 ④ 10 ① 11 ① 12 ④ 13 ③ 14 ⑤
15 ⑤ 16 ① 17 ④ 18 ④ 19 해설 참조
20 카스트제 21 해설 참조

01 제시된 내용은 문명 발생 과정이다. 문명이 탄생하는 과정에서 정복 전쟁이 활발해져 여러 부족이 통합되었다.
왜 틀렸지? ㄴ, ㄹ. 신석기 시대의 특징이다.

02 ③ 원시 신앙은 신석기 시대에 처음 나타났다.

03 문명은 청동기 시대를 배경으로 등장하였다.

04 자료에서 설명하는 내용은 메소포타미아 문명의 특징에 해당한다.

05 (가)는 이집트 문명, (나)는 메소포타미아 문명에 해당한다.

06 세계 주요 문명은 큰 강 유역에서 발생하였다.

07 ㄱ, ㄷ. 메소포타미아 문명은 수메르인이 청동기 문화를 바탕으로 건설하였으며 태음력과 60진법을 사용하였다.
왜 틀렸지? ㄴ, ㄹ. 이집트 문명에 대한 설명이다.

08 제시된 자료는 바빌로니아 왕국의 함무라비 법전이다. 함무라비 법전은 바빌로니아의 왕국의 함무라비왕이 만들었다.

09 이집트 문명에서는 내세적인 문화를 중시하였고, 피라미드와 스핑크스 등의 문화유산을 남겼다.

왜 틀렸지? ㄱ, ㄷ. 메소포타미아 문명과 관련이 있다.

10 밑줄 친 '이 문명'은 이집트 문명에 해당한다.

왜 틀렸지? ① 쐐기 문자는 메소포타미아 문명에서 사용되었다.

11 (가) 메소포타미아 문명의 지구라트, (나) 이집트 문명의 피라미드이다. 메소포타미아 문명은 티그리스강과 유프라테스강 사이에서 발달하였다. 한편 이집트 문명에서는 사후 세계를 중시하여 피라미드, 미라 등을 제작하였다.

12 제시된 인장은 인더스 문명의 유물에 해당한다.

왜 틀렸지? ① 중국, ② 메소포타미아, ③ 이집트, ⑤ 페니키아에 대한 설명이다.

13 자료의 문명은 중국 문명으로 상 왕조에 대한 설명이다.

왜 틀렸지? ① 이집트 문명, ②, ④, ⑤ 인도 문명에 대한 설명이다.

14 중국 문명의 갑골문을 통해 상 왕조에서 신권 정치가 행해졌음을 알 수 있다.

15 자료는 갑골문으로 중국 문명의 상 왕조에서 사용되었다. 중국 문명에서는 청동 솥 등 제사 도구를 제작하기도 하였다.

왜 틀렸지? ①, ④ 메소포타미아 문명, ② 인도 문명, ③ 이집트 문명에 해당한다.

16 주 왕조는 호경을 수도로 봉건제를 시행하였다.

왜 틀렸지? ㄷ. 상, ㄹ. 하에 해당한다.

17 점복의 내용을 기록한 갑골문과 신전에 해당하는 지구라트를 통해 두 문명 모두 신권 정치를 하였음을 추론할 수 있다.

18 (가)는 중국, (나)는 인도 문명이다.

왜 틀렸지? ④ 메소포타미아 문명에 대한 설명이다.

19 (1) ㉠ 이집트 ㉡ 메소포타미아

(2) 예시답안 이집트 문명에서는 「사자의 서」, 피라미드, 미라 등이 제작되었고 메소포타미아 문명에서는 「길가메시 서사시」에 현세의 삶을 즐겨야 한다는 내용이 기록되어 있다.

채점 기준	
상	이집트 문명과 메소포타미아 문명의 문화유산을 모두 바르게 서술한 경우
중	두 가지 중 한 가지만 서술한 경우
하	위의 내용을 전혀 서술하지 못한 경우

21 (1) 주

(2) 예시답안 자료에 나타난 제도는 봉건제로 주의 왕은 수도인 호경과 그 주변 지역을 다스리고 나머지 지역은 공신이나 왕족을 제후로 임명하여 다스리게 하였다.

채점 기준	
상	'봉건제' 명칭과 시행 방식을 모두 바르게 서술한 경우
중	시행 방식만 서술한 경우
하	'봉건제' 명칭만 서술한 경우

04 고대 제국의 특성과 주변 세계의 성장

실력 확인 문제

10~13쪽

01 ② 02 ⑤ 03 ① 04 ② 05 ③ 06 ① 07 ②
08 ③ 09 ⑤ 10 ⑤ 11 ① 12 ⑤ 13 ⑤ 14 ⑤
15 ⑤ 16 ② 17 ⑤ 18 (가) 유가 (나) 법가
19 헬레니즘 20 해설 참조

01 왜 틀렸지? ㄴ. 아케메네스 왕조 페르시아에 대한 설명이다.

02 자료는 아케메네스 왕조 페르시아의 다리우스 1세 시기에 해당한다. 그는 '왕의 눈' 등의 감찰관을 파견하여 총독을 감시하였다.

왜 틀렸지? ①, ② 그리스, ③ 사산 왕조 페르시아, ④ 아시리아에 해당한다.

03 제시된 국가는 사산 왕조 페르시아로 조로아스터교를 국교로 삼았다.

왜 틀렸지? ② 아시리아, ③, ④ 아케메네스 왕조 페르시아, ⑤ 로마이다.

04 제시된 자료는 페르시아에서 국제적 문화가 발전하였음을 보여 준다.

05 자료는 조로아스터교로 사산 왕조 페르시아의 국교가 되었다.

06 지도의 시대는 춘추 전국 시대로 이 시기에 제자백가가 출현하였다.

왜 틀렸지? ②, ③, ⑤ 진, ④ 한에 해당한다.

07 제시된 자료는 진의 화폐 통일에 해당한다.

08 제시문은 진승·오광의 난에 대한 글이다.

왜 틀렸지? ㄱ, ㄹ. 춘추 전국 시대에 대한 설명에 해당한다.

09 제시된 ㉠ 민족은 흉노이다.

왜 틀렸지? ⑤ 묵특 선우는 한 고조를 패배시켰다.

10 한 무제는 재정 문제를 해결하기 위해 전매 제도를 실시하였다.

11 왜 틀렸지? ㄷ. 아크로폴리스와 아고라를 중심으로 형성되었으며, ㄹ. 각 폴리스는 정치적으로 독립되어 있었다.

12 밑줄 친 전쟁은 그리스·페르시아 전쟁이다.

13 제시된 문화유산은 그리스의 파르테논 신전이다. 그리스 시대에 소피스트, 소크라테스가 활동하였다.

왜 틀렸지? ①, ②, ④ 로마, ③ 헬레니즘 문화이다.

14 (가) 도시는 알렉산드리아로 알렉산드로스 제국 때 건설되었다.

왜 틀렸지? ①, ③ 그리스, ②, ④ 로마에 해당한다.

15 왜 틀렸지? ㄱ, ㄴ. 로마 문화에 해당한다.

16 (가) 그리스 아테네의 파르테논 신전, (나) 로마 제국의 콜로세움이다.

17 자료는 그라쿠스 형제의 개혁에 대한 반대이다.

20 (1) 콘스탄티누스 대제

(2) 예시답안 밀라노 칙령으로 크리스트교를 공인하였다. 이후 유럽 사회에 크리스트교 문화권이 형성되는 데 큰 영향을 미쳤다.

채점 기준	
상	밀라노 칙령과 그 영향을 모두 서술한 경우
중	영향만 서술한 경우
하	밀라노 칙령의 내용만 서술한 경우

실력 확인 문제

Ⅱ 세계 종교의 확산과 지역 문화의 형성

01 불교 및 힌두교 문화의 형성과 확산

실력 확인 문제 14~17쪽

01 ④ 02 ④ 03 ① 04 ① 05 ② 06 ① 07 ④
08 ② 09 ② 10 ① 11 ① 12 ④ 13 ③ 14 ③
15 ③ 16 ③ 17 ③ 18 ㉠ 카스트제 ㉡ 불교
19 해설 참조 20 해설 참조

01 『마누 법전』과 관련된 종교는 힌두교이다.

02 제시된 문화유산은 산치 대탑으로 마우리아 왕조 시기에 해당한다.
왜 틀렸지? | ①, ② 쿠샨 왕조, ③, ⑤ 굽타 왕조에 대한 설명이다.

03 자료에 설명된 인물은 마우리아 왕조의 전성기를 이끈 아소카왕이다.

04 밑줄 친 '나'는 아소카왕이다. 자료의 상황 이후 그는 불교에 귀의하고 전국에 불교의 가르침을 정리한 돌기둥을 세웠다.
왜 틀렸지? | ② 간다라 불상, ③ 아잔타 석굴 벽화, ④ 불국사 3층 석탑, ⑤ 엘로라 석굴 사원이다.

05 제시된 불상은 간다라 불상으로 쿠샨 왕조 시기에 만들어졌다. 쿠샨 왕조는 카니슈카왕 때 전성기를 맞았다.

06 왜 틀렸지? | ㄷ, ㄹ. 굽타 왕조 시기에 해당한다.

07 제시문의 왕은 카니슈카왕이다.
왜 틀렸지? | ①, ② 마우리아 왕조, ③ 굽타 왕조 시기이다.

08 (가)는 대승 불교로 쿠샨 왕조와 관련이 깊다.

09 (가)는 마우리아 왕조, (나)는 쿠샨 왕조에 해당한다. 마우리아 왕조는 아소카왕 때 전성기를 맞았다.
왜 틀렸지? | ①, ④ 굽타 왕조, ③ 마우리아 왕조와 관련된 설명이다.

10 (가)는 마우리아 왕조, (나)는 쿠샨 왕조이다.
왜 틀렸지? | ㄷ, ㄹ. 굽타 왕조 시기에 해당한다.

11 굽타 왕조는 찬드라굽타 2세 때 전성기를 맞았다가 에프탈의 침입으로 약화되어 6세기경 멸망하였다.
왜 틀렸지? | ㄷ. 마우리아 왕조에 해당한다.

12 지도의 왕조는 굽타 왕조에 해당한다.
왜 틀렸지? | ④ 굽타 왕조 시기에는 산스크리트 문학 등 인도 고전 문화가 발달하였다.

13 자료의 왕조는 굽타 왕조에 해당한다. 이 시기에는 인도 고전 문화가 발달하였다.

14 '인도의 종교'라는 의미를 가졌으며, 굽타 왕조 시기에 창시된 종교는 힌두교이다.

15 힌두교는 카스트제 등 힌두교도가 지켜할 것들을 『마누 법전』으로 규정하였다.
왜 틀렸지? | ㄱ, ㄹ. 불교에 대한 설명이다.

16 인도 고전 문화의 예로 인도 고유의 색채가 강한 양식인 굽타 양식과 산스크리트 문학을 들 수 있다.

17 자료는 아잔타 석굴 벽화로 굽타 양식을 잘 보여 준다. 굽타 왕조 시기에 굽타 양식, 산스크리트 문학 등 인도 고전 문화가 발달하였다.

19 (1) 아소카왕
(2) 예시답안 아소카왕은 스리랑카, 동남아시아 등지에 사절단을 보내 불교를 전파하였다. 그 결과 이 지역을 중심으로 상좌부 불교가 발전하였다.

	채점 기준
상	전파된 지역과 상좌부 불교를 모두 서술한 경우
중	상좌부 불교만 서술한 경우
하	전파된 지역만 서술한 경우

20 (1) (가) 쿠샨 왕조 (나) 굽타 왕조
(2) 예시답안 (가)는 간다라 양식, (나)는 굽타 양식으로 간다라 양식은 옷의 주름을 섬세하게 표현하고 그리스 신상을 본떠 얼굴을 표현하는 등 헬레니즘 양식의 영향을 강하게 받았다. 굽타 양식은 인체의 윤곽 표현에 집중하는 등 인도 고유의 특색을 드러냈다.

	채점 기준
상	(가), (나) 양식의 명칭과 특징을 모두 서술한 경우
중	특징만 서술한 경우
하	명칭만 서술한 경우

02 동아시아 문화의 형성과 확산

실력 확인 문제 18~21쪽

01 ② 02 ④ 03 ⑤ 04 ② 05 ④ 06 ④ 07 ⑤
08 ④ 09 ① 10 ③ 11 ③ 12 ⑤ 13 ③ 14 ④
15 ② 16 ④ 17 ④ 18 ⑤ 19 해설 참조
20 율령 21 해설 참조

01 제시문은 북위 효문제의 한화 정책에 해당한다. 북위에서는 균전제를 시행하였다.
왜 틀렸지? | ① 주, ③, ⑤ 수, ④ 당에 해당한다.

02 자료의 제도는 위진 남북조 시대의 9품중정제이다.

03 자료의 9품중정제를 통해 호족이 문벌 귀족화되었다.

04 도연명의 「귀거래사」는 위진 남북조 시대 귀족 문화를 잘 보여 준다. 이 시기 청담 사상이 유행하였다.
왜 틀렸지? | ① 춘추 전국 시대, ③, ④ 한, ⑤ 당에 해당한다.

05 제시된 문화유산은 위진 남북조 시대의 윈강 석굴과 「여사잠도」이다.
왜 틀렸지? | ④ 북위 효문제가 시행한 한화 정책의 영향으로 유목민과 한족 문화가 융합되었다.

06 (가)는 수에 해당한다. 수는 대운하를 건설하는 등 대규모 토목 공사를 진행하고 고구려 원정에 실패하면서 멸망에 이르렀다.

왜 틀렸지? | ㄱ. 북위, ㄷ. 당에 해당한다.

07 자료는 당 문화의 국제성을 보여 주는 것이다.

08 ㉠은 조·용·조, ㉡은 양세법에 해당한다. 양세법은 안사의 난을 전후로 균전제가 무너지고 장원제가 확대되자 빈부의 격차를 반영하여 차등 과세한 제도이다.

09 수 왕조에서 시행된 정책들이 당 왕조 율령 체제의 근간이 되었다.

왜 틀렸지? | ① 양세법은 당 중기에 나왔다.

10 자료는 당의 영역 지도로 이 시기에 율령 체제가 운영되었으나 안사의 난 이후 무너지고 당 역시 쇠퇴하였다.

왜 틀렸지? | ㄱ. 위진 남북조 시대, ㄹ. 수에 해당한다.

11 당삼채는 당대의 유물로 이 시기에 훈고학이 집대성되고 현장이 인도에서 불경을 가지고 왔다.

왜 틀렸지? | ㄱ. 한, ㄹ. 위진 남북조 시대에 해당한다.

12 동아시아 문화권에 대한 설명으로 율령, 불교, 유교, 한자가 공통 요소이다.

13 지도와 같이 당이 여러 문화를 수용하고 동아시아 주변국에 당 문화를 전파하면서 동아시아 문화권이 성립하였다.

14 통일 신라와 발해가 병립하던 남북국 시대이다. 이 시기 당의 문물을 수용하여 동아시아 문화권을 형성하였다.

15 한반도와 중국에서 문물을 수용해 중앙 집권 체제를 강화한 인물은 쇼토쿠 태자이다.

16 제시된 역사서가 쓰여진 시대는 나라 시대에 해당한다.

왜 틀렸지? | ㄱ. 야마토 정권 시기, ㄷ. 헤이안 시대에 해당한다.

17 다이카 개신은 일본에서 당의 율령 체제를 수용하여 국왕 중심 중앙 집권 체제를 강화한 것이다.

18 제시된 내용은 국풍 문화에 대한 설명이다. 국풍 문화는 헤이안 시대에 발전하였다.

19 (1) 효문제

(2) 예시답안 한족의 성씨, 언어, 의복을 쓰고, 한족과 결혼을 장려하였으며 선비족의 복장과 언어를 금지하였다. 이러한 정책으로 한족과 유목 민족의 문화가 융합되었다.

채점 기준	
상	정책 세 가지와 그 의의를 모두 서술한 경우
중	정책만 서술한 경우
하	의의만 서술한 경우

21 (1) 안사의 난

(2) 예시답안 안사의 난 이후 균전제가 무너지고 빈부의 격차가 심화되면서 양세법이 도입되었다. 양세법은 빈부의 격차를 반영해 차등적으로 1년에 두 번 징수한 세금제이다.

채점 기준	
상	양세법, 도입 배경, 시행 방법을 모두 서술한 경우
중	도입 배경, 시행 방법을 서술한 경우
하	양세법만 서술한 경우

03 이슬람 문화의 형성과 확산

실력 확인 문제

22~25쪽

01 ⑤	02 ④	03 ⑤	04 ③	05 ①	06 ③	07 ⑤
08 ③	09 ⑤	10 ①	11 ①	12 ⑤	13 ④	14 ②
15 ②	16 ③	17 ②	18 ③	19 해설 참조		
20 헤지라	21 시아파	22 해설 참조				

01 ㉠은 이슬람교에 해당한다.

왜 틀렸지? | ⑤ 이슬람교는 유대교와 크리스트교의 영향을 받았다.

02 (가) 시기에 무함마드가 아라비아반도를 통일하고 이후 정통 칼리프 시대에 사산 왕조 페르시아를 정복하였다.

왜 틀렸지? | ㄱ, ㄷ. 그 이후의 사실이다.

03 자료는 우마이야 왕조에 대한 설명에 해당한다.

왜 틀렸지? | ①, ③ 아바스 왕조, ② 무함마드 시기, ④ 정통 칼리프 시대에 해당한다.

04 (가)는 우마이야 왕조로 아랍인 우대 정책을 폈고 북아프리카 지역을 이슬람화하고 이베리아반도까지 진출하였다.

왜 틀렸지? | ㄱ. 아바스 왕조, ㄹ. 셀주크 튀르크에 해당한다.

05 제시된 상황으로 알리의 추종 세력이 오늘날 시아파를 이루었다.

06 아바스 왕조는 바그다드를 수도로 하였으며, 탈라스 전투에서 승리하면서 동서 교역을 주도하며 번영하였다.

07 자료는 아바스 왕조의 탈라스 전투에 해당한다. 아바스 왕조는 비아랍인에 대한 각종 차별을 폐지하였다.

왜 틀렸지? | ① 우마이야 왕조, ② 정통 칼리프 시대에 해당한다.

08 탈라스 전투 결과 중국의 종이 기술자들이 포로로 잡혀 와 제지법이 이슬람 세계에 전해졌다.

09 지도는 아바스 왕조의 영역이다.

왜 틀렸지? | ⑤ 우마이야 왕조에 대한 설명이다.

10 왜 틀렸지? | ㉠은 코르도바, ㉡은 다마스쿠스이다.

11 왜 틀렸지? | ① 헤지라는 무함마드가 메카에서 메디나로 피난한 일이다.

12 ㄹ. 사산 왕조 페르시아와 비잔티움 제국이 대립하면서 새로운 동서 교역로가 발달하였고 메카, 메디나가 번영하였다. 이후 이슬람교가 성립하고, 정통 칼리프 시대에 ㄴ. 사산 왕조 페르시아를 정복하였다. 우마이야 왕조 때 ㄱ. 칼리프의 지위가 세습되고 아랍인 중심 정책을 펼쳤으며, 아바스 왕조 때 ㄷ. 아랍인 중심 정책이 폐지되었다.

13 제시된 자료는 이슬람교도가 일상적으로 지키는 5행이다.

14 제시된 건축 양식은 모스크 양식에 해당한다. 모스크를 사원으로 하는 이슬람교에서는 『쿠란』을 경전으로 삼으며 돼지고기를 금기시한다.

15 자료는 이슬람교의 5행 중 메카 순례의 의무와 관련된 것이다.

16 자료의 내용을 통해 이슬람 세계가 동서 교류에 영향을 끼쳤음을 확인할 수 있다.

17 왜 틀렸지? ② 『베다』는 브라만교의 경전에 해당한다.

18 제시된 내용은 이슬람 문화권의 학문의 발전을 잘 보여 준다.

왜 틀렸지? ③ 활판 인쇄술과 제지법은 중국에서 발명된 기술에 해당한다.

19 예시답안 비잔티움 제국과 사산 왕조 페르시아의 전쟁이 계속되면서 아라비아반도를 통한 교역이 활성화되었다. 그 결과 아라비아에서 빈부의 격차와 부족 갈등이 심해져 사회적 혼란이 가중되자 무함마드가 이슬람교를 창시하였다.

채점 기준	
상	교역의 변화 및 이슬람교 등장에 끼친 영향을 모두 서술한 경우
중	두 가지 중 한 가지만 서술한 경우
하	위 내용을 전혀 서술하지 못한 경우

22 예시답안 연금술을 연구하는 과정에서 화학이 발달해 알칼리, 알코올 등의 화학 용어가 사용되기도 하였다. 수학에서는 인도 등지의 수학을 집대성해 아라비아 숫자가 성립하였다. 의학에서는 바그다드에 병원이 생겨났고 특히 이븐 시나는 『의학전범』을 작성해 의학을 집대성하였다.

채점 기준	
상	과학과 수학, 의학의 발달 근거 중 두 가지를 서술한 경우
중	두 가지 중 한 가지만 서술한 경우
하	위 내용을 전혀 서술하지 못한 경우

04 크리스트교 문화의 형성과 확산

실력 확인 문제

26~29쪽

01 ④ 02 ④ 03 ① 04 ⑤ 05 ③ 06 ⑤ 07 ⑤
08 ⑤ 09 ⑤ 10 ③ 11 ④ 12 ③ 13 ② 14 ②
15 ③ 16 ② 17 ④ 18 모자이크 19 해설 참조
20 해설 참조

01 제시된 사건은 프랑크 왕국과 크리스트교의 관계에 대한 것이다.

02 동·중·서프랑크는 오늘날 독일, 이탈리아, 프랑스의 기원이 되었다.

03 제시된 자료는 봉건 사회의 구조로 (가), (나)는 쌍무적 계약 관계를 맺고 토지를 주고받았다. 이들은 모두 기사 계급으로 장원 내에서는 영주로서 농민을 지배하였다. (다)는 피지배층으로 영주에게 각종 의무를 감당해야 했다.

04 제시된 자료는 장원의 모습이다. 장원에서 영주는 재판권과 징세권을 행사하였다.

05 제시된 내용은 농노에 대한 설명이다.

06 제시된 (가)는 비잔티움 제국의 전성기를 이끈 유스티니아누스 황제이다. 그는 『유스티니아누스 법전』을 편찬하고 성 소피아 대성당 건립을 추진하기도 하였다.

07 제시된 성당은 성 소피아 대성당에 해당한다.

왜 틀렸지? ① 바위 돔, ② 샤르트르 대성당, ③ 성 베드로 대성당, ④ 로마의 콜로세움에 해당한다.

08 자료는 카노사의 굴욕과 관련된 그림으로 이 사건은 성직자 임명권을 두고 교황 그레고리우스 7세와 신성 로마 제국 황제 하인리히 4세가 대립하면서 일어났다.

09 제시된 전쟁은 십자군 전쟁이다. 십자군 전쟁은 교황 우르바누스 2세가 클레르몽 공의회에서 한 연설을 계기로 시작되었다.

왜 틀렸지? ① 그리스·페르시아 전쟁, ③ 백년 전쟁에 해당한다.

10 십자군 전쟁 결과 교황권은 쇠퇴하고 전쟁에 참여한 영주와 기사 계급도 다수 몰락하였다.

11 자료는 14세기 장원의 해체와 도시의 성장에 대한 수업 장면에 해당한다.

왜 틀렸지? ④ 게르만족의 침입은 4세기 말경부터 시작되었다.

12 14세기 흑사병의 유행으로 농노의 수가 급감해 농노의 지위는 올라갔고, 결국 장원이 해체되었다.

13 자료의 사건은 백년 전쟁에 해당한다. 14세기경부터 시작된 이 전쟁 중 프랑스에서 자크리의 난 등 농민 반란이 일어났다. 또한 이 시기에는 흑사병의 유행으로 인구가 크게 줄고, 장원의 해체가 가속화되었다.

14 자료는 르네상스에 대한 글이다. 알프스 이북 르네상스를 대표하는 작품으로는 토머스 모어의 『유토피아』가 있다.

15 르네상스 시기 코페르니쿠스가 지동설을 제기하고, 활판 인쇄술이 개량되기도 하였다.

16 자료는 칼뱅의 종교 개혁에 대한 설명이다.

17 제시된 전쟁은 30년 전쟁이다. 전쟁의 결과 1648년 베스트팔렌 조약이 체결되었다.

19 예시답안 동서 교회의 갈등이 심화되어 로마 가톨릭교회와 그리스 정교로 분리되었다.

채점 기준	
상	교회의 분열을 서술한 경우
하	교회의 분열을 서술하지 못한 경우

20 (1) 루터

(2) 예시답안 루터의 종교 개혁은 교회의 면벌부 판매가 원인이 되어 일어났으며 이후 아우크스부르크 화의에서 루터파가 공식적으로 인정받았다.

채점 기준	
상	면벌부 판매와 아우크스부르크 화의를 서술한 경우
중	아우크스부르크 화의를 서술한 경우
하	위 내용을 전혀 서술하지 못한 경우

Ⅲ 지역 세계의 교류와 변화

01 몽골 제국과 문화 교류

실력 확인 문제 30~33쪽

01 ④ 02 ④ 03 ⑤ 04 ⑤ 05 ① 06 ② 07 ⑤
08 ③ 09 ④ 10 ③ 11 ② 12 ⑤ 13 ③ 14 ①
15 ③ 16 ④ 17 ⑤ 18 ④ 19 해설 참조
20 시박사 21 역참 22 해설 참조

01 왜 틀렸지? | ④ 지나친 문치주의 정책으로 송의 국방력은 약화되었고, 북방 민족의 침입에 시달렸다.

02 송대에는 유교 지식을 갖춘 사대부가 정치의 중심 세력으로 떠올랐다.

왜 틀렸지? | ① 한, ② 명·청, ⑤ 위진 남북조 시대의 지배층이다.

03 금은 송과 연합하여 요를 멸망시킨 다음 송을 공격하여 화북 지방을 차지하였다.

왜 틀렸지? | ㄱ. 거란, ㄴ. 몽골에 대한 설명이다.

04 요와 금은 한족을 효율적으로 다스리기 위해 이중적인 통치 방식을 사용하였고, 한족 문화에 동화되는 것을 막기 위해 고유 문자를 만들어 사용하였다.

05 왜 틀렸지? | ① 교초는 원대에 사용되었고, 송대에는 교자, 회자 등이 사용되었다.

06 송대에는 성리학이 발달하였다.

07 왜 틀렸지? | ㄱ. 후한대 채륜이 제지술을 개량하였다.

08 나침반은 송의 해상 무역 확대에 기여하였고, 이슬람 세계를 통해 유럽에 전해져 신항로 개척 때 활용되었다.

왜 틀렸지? | ㄱ. 활판 인쇄술, ㄹ. 화약에 대한 설명이다.

09 왜 틀렸지? | ④ 수대에 화북 지역과 강남을 연결하는 대운하를 건설하였다.

10 칭기즈 칸이 죽은 뒤 몽골 제국은 왕위 계승을 둘러싼 분쟁과 점령 지역을 자손들에게 나누어 주던 관습의 영향으로 여러 한국(울루스)으로 나뉘었다.

왜 틀렸지? | ① 송, ④ 금에 대한 설명이다. ⑤ 금이 몽골의 침략으로 멸망하였다.

11 칭기즈 칸은 천호제를 바탕으로 기마병을 조직하고, 이슬람 상인 등의 지원을 받아 몽골 제국을 건설할 수 있었다.

12 칭기즈 칸의 손자인 쿠빌라이 칸은 수도를 대도(베이징)로 옮기고 국호를 원으로 고쳤다.

13 왜 틀렸지? | ③ 몽골의 침입 때 저항이 컸던 남인은 가장 심한 차별을 받았다.

14 원은 몽골 제일주의를 내세워 몽골인을 최고 신분으로 하고 색목인을 우대하였으며, 한인과 남인을 차별하였다.

15 14세기 들어 원은 쿠빌라이 칸이 죽은 후 왕위 계승을 둘러싼 분쟁, 지폐의 남발로 인한 경제 혼란을 겪으며 국력이 약화되었다.

왜 틀렸지? | ㄱ. 당, ㄹ. 수의 쇠퇴 원인이다.

16 원대에는 상업이 발달하면서 도시의 서민들을 중심으로 서민 문화가 발달하였다.

17 이탈리아 상인 마르코 폴로는 중국을 다녀간 뒤 『동방견문록』을 저술하였다.

18 제시된 나라는 원이다.

왜 틀렸지? | ④ 중국에 불교가 전해진 것은 한대의 일이다.

19 예시답안 송 태조는 전시를 실시하여 황제가 직접 과거 합격자의 성적을 정하였고, 군대를 황제 직속으로 두어 황제가 군사권을 장악하였으며, 문관을 우대하는 문치주의를 실시하였다.

채점 기준	
상	송 태조의 정책을 세 가지 이상 서술한 경우
중	송 태조의 정책을 두 가지만 서술한 경우
하	송 태조의 정책을 한 가지만 서술한 경우

22 (1) 몽골 제일주의

(2) 예시답안 원은 몽골 제일주의를 내세워 몽골인을 최고 신분으로 하였고, 색목인을 우대하였으며, 한인과 남인을 차별하였다.

채점 기준	
상	몽골인, 색목인, 한인·남인을 대하는 방식을 모두 서술한 경우
중	위의 내용 중 두 가지만 서술한 경우
하	위의 내용 중 한 가지만 서술한 경우

02 동아시아 지역 질서의 변화

실력 확인 문제 34~37쪽

01 ② 02 ② 03 ③ 04 ⑤ 05 ② 06 ① 07 ②
08 ④ 09 ⑤ 10 ② 11 ⑤ 12 ⑤ 13 ③ 14 ⑤
15 ④ 16 ③ 17 ③ 18 ㉠ 양명학 ㉡ 고증학
19 해설 참조 20 ㉠ 후금 ㉡ 청 21 해설 참조

01 명을 건국한 홍무제는 육유를 반포하여 유교 질서를 회복하려 하였다.

왜 틀렸지? | ② 영락제에 대한 설명이다.

02 홍무제는 이갑제를 시행하여 향촌 사회에 대한 지배력을 강화하였다.

03 영락제는 자금성을 건설하여 수도를 베이징으로 옮겼다. 그리고 적극적인 대외 팽창 정책을 펴서 북으로는 몽골 원정에 나섰고 남으로는 베트남까지 정복하였다.

왜 틀렸지? | ㄱ, ㄹ. 홍무제에 대한 설명이다.

04 왜 틀렸지? | ⑤ 정화의 항해는 포르투갈의 바스쿠 다 가마가 희망봉을 돌아 인도에 도착한 때보다 90년 정도 앞섰고 규모도 더 컸다.

05 영락제는 정화에게 대규모 함대를 이끌고 항해에 나서게 하였다.

실력 확인 문제책

06 왜 틀렸지? ① 임진왜란 이후 명이 쇠퇴하자 누르하치가 여진(만주족)을 통합하여 후금을 세웠다. 이후 홍타이지는 나라 이름을 청으로 바꾸고 조선을 침략하였다.

07 홍타이지가 사망한 이후 청이 베이징을 수도로 중국 전역을 지배하게 되었다.

08 청은 소수의 만주족이 다수의 한족을 지배하기 위해 회유책과 강압책을 함께 썼다. 제시된 내용은 강압책에 해당한다.

왜 틀렸지? ㄱ, ㄷ. 회유책에 해당한다.

09 왜 틀렸지? ⑤ 성리학은 남송의 주희가 완성하였다.

10 명·청대에는 신사층이 사회를 주도하였다.

11 16~18세기 유럽 상인들이 차, 비단, 도자기와 같은 중국의 물품을 수입하고 그 대금으로 은을 지불하면서 대량의 은이 중국으로 들어왔다.

12 「곤여만국전도」는 명대에 서양 선교사인 마테오 리치가 제작한 세계 지도이다.

왜 틀렸지? ⑤ 송대에 대한 설명이다.

13 헤이안 시대 후반 천황의 권위가 약화되고 혼란이 지속되자 귀족과 지방 세력은 자신의 토지와 재산을 지키기 위해 무사(사무라이)를 고용하였다.

14 무사 정권에서 천황은 형식적인 지위만 유지하고 쇼군이 실질적인 통치자가 되었다.

15 13세기 말 가마쿠라 막부는 몽골과 고려 연합군의 침입을 막아 냈으나 이 과정에서 점차 쇠퇴하였다.

16 (가)는 에도(도쿄)로, 이 지역에서 에도 막부가 성립하였다. ㄱ. 에도 막부는 해외 무역을 엄격히 통제하였다. ㄹ. 네덜란드 상인을 통해 들어온 서양의 학문과 기술을 토대로 난학이 발달하였다.

17 가부키와 우키요에는 대표적인 조닌 문화이다.

왜 틀렸지? ㄱ. 명, 청대의 궁성인 자금성, ㄹ. 명대에 마테오 리치가 만든 세계 지도이다.

19 예시답안 임진왜란 이후 조선은 인구가 줄고 국가 재정이 궁핍해졌으며, 중국에서는 명이 쇠퇴하고 후금이 성장하였고, 일본에서는 도쿠가와 이에야스가 에도 막부를 수립하였다.

채점 기준	
상	조선, 중국, 일본에 미친 영향을 모두 서술한 경우
중	조선, 중국, 일본에 미친 영향 중 두 가지만 서술한 경우
하	조선, 중국, 일본에 미친 영향 중 한 가지만 서술한 경우

21 (1) 산킨코타이 제도

(2) 예시답안 에도 막부는 산킨코타이 제도를 통해 다이묘를 통제하고 중앙 집권적 봉건 체제를 확립하였다.

채점 기준	
상	다이묘를 통제하고 중앙 집권적 봉건 체제를 확립하였다는 내용을 모두 서술한 경우
중	중앙 집권적 봉건 체제를 확립하였다는 내용만 서술한 경우
하	다이묘를 통제하였다는 내용만 서술한 경우

03 서아시아·북아프리카 지역 질서의 변화

실력 확인 문제

38~41쪽

01 ④ 02 ③ 03 ⑤ 04 ② 05 ② 06 ② 07 ①
08 ③ 09 ④ 10 ⑤ 11 ② 12 ③ 13 ② 14 ③
15 ⑤ 16 ⑤ 17 ⑤ 18 ④ 19 예니체리
20 해설 참조 21 해설 참조 22 시크교

01 11세기 무렵 중앙아시아에서 성장한 셀주크 튀르크는 서아시아 지역과 중앙아시아에 이르는 대제국을 건설하였다.

왜 틀렸지? ⑤ 오스만 제국과 관련된 설명이다.

02 셀주크 튀르크가 비잔티움 제국과 대립하며 십자군 전쟁이 일어났다.

03 오스만 제국은 비잔티움 제국의 수도 콘스탄티노폴리스를 함락시켰다.

04 왜 틀렸지? ㄴ. 티무르 왕조, ㄹ. 셀주크 튀르크에 대한 설명이다.

05 왜 틀렸지? ② 오스만 제국은 비잔티움 제국을 정복하고 콘스탄티노폴리스(이스탄불)를 수도로 삼았다.

06 ㄱ. 셀주크 튀르크가 바그다드를 점령하였다. 이후 ㄷ. 셀주크 튀르크가 예루살렘을 장악하고, 유럽과의 십자군 전쟁이 발생하였다. 이후 등장한 오스만 제국은 ㄴ. 비잔티움 제국을 멸망시켰다. 이후 ㄹ. 술레이만 1세는 유럽 연합 함대를 물리치고 지중해 해상권을 장악하였다.

07 오스만 제국은 이슬람교도가 아니어도 지즈야(인두세)를 내면 자치 공동체(밀레트)를 이루어 자신들의 종교와 언어, 풍습을 유지할 수 있도록 하였다.

08 오스만 제국은 넓은 영토와 다양한 민족을 다스리기 위해 관용 정책을 펼쳤다.

09 술탄 아흐메트 사원은 비잔티움 양식의 영향을 받아 여러 개의 돔이 중첩된 형태로 만들어졌다.

왜 틀렸지? ① 그랜드 바자르, ② 성 소피아 대성당, ③ 타지마할, ⑤ 사마르칸트의 레기스탄 광장과 주변 건축물이다.

10 왜 틀렸지? ㄱ. 무굴 제국의 특징이다.

11 티무르 왕조는 사마르칸트를 수도로 삼았다.

12 (가)는 16세기 초 이란 지역에서 성장한 사파비 왕조이다.

왜 틀렸지? ③ 이스탄불은 오스만 제국의 수도이다.

13 왜 틀렸지? ㄴ, ㄹ. 오스만 제국에 대한 설명이다.

14 티무르의 후손 바부르가 세운 무굴 제국은 아크바르 황제 때 북인도 전체와 아프가니스탄을 정복하고, 아우랑제브 황제 때 남인도를 정복하였으나 서양 세력이 진출하면서 쇠퇴하였다.

15 아우랑제브 황제는 이슬람 제일주의를 내세워 이슬람교도가 아닌 사람을 탄압하였다.

16 왜 틀렸지? ㄱ, ㄴ. 아우랑제브 황제에 대한 설명이다.

17 무굴 제국의 황제 샤자한이 왕비 뭄타즈 마할을 추모하며 만든 타지 마할이다.

왜 틀렸지? ⑤ 오스만 제국의 술탄 아흐메트 사원이다.

18 무굴 제국에서는 인도 고유문화와 이슬람 문화가 융합된 인도·이슬람 문화가 발달하였다.

20 예시답안 오스만 제국은 이슬람교도가 아니어도 세금만 내면 그들의 종교를 유지할 수 있도록 하였고, 자치적인 공동체(밀레트)를 허용하였다. 공식 문서에는 튀르크어를 사용하였지만 일상생활에서는 각 민족이 자신들의 언어를 자유롭게 쓸 수 있도록 하였다.

채점 기준	
상	오스만 제국의 관용 정책을 세 가지 이상 서술한 경우
중	위 내용 중 두 가지만 서술한 경우
하	위 내용 중 한 가지만 서술한 경우

21 (1) 술탄 아흐메트 사원

(2) 예시답안 오스만 제국에서는 아라베스크 무늬가 발달하였고, 페르시아의 영향을 받아 세밀화가 그려졌으며, 천문학·지리학 등의 실용적인 학문이 발달하였다. 또한 웅장한 모스크가 만들어졌다.

채점 기준	
상	오스만 제국의 문화에 대해 세 가지 서술한 경우
중	위 내용 중 두 가지만 서술한 경우
하	위 내용 중 한 가지만 서술한 경우

04 신항로 개척과 유럽 지역 질서의 변화

실력 확인 문제

42~45쪽

01 ④ 02 ⑤ 03 ① 04 ② 05 ⑤ 06 ② 07 ⑤
08 ③ 09 ① 10 ④ 11 ② 12 ④ 13 ① 14 ②
15 ⑤ 16 ⑤ 17 ② 18 ② 19 플랜테이션
20 해설 참조 21 엘리자베스 1세 22 해설 참조

01 왜 틀렸지? ④ 신항로 개척은 산업 혁명 이전에 이루어졌다.

02 마젤란 일행은 세계 일주에 성공하여 지구가 둥글다는 것을 증명하였다.

왜 틀렸지? ㄱ. 콜럼버스, ㄴ. 바스쿠 다 가마이다.

03 지중해 무역에서 소외되어 있었던 포르투갈과 에스파냐가 신항로 개척에 가장 적극적으로 나섰다.

04 콜럼버스는 1492년에 대서양을 횡단하여 오늘날 아메리카 대륙에 있는 서인도 제도에 도착하였다.

05 왜 틀렸지? ⑤ 신항로 개척 이후 유럽에 나타난 변화이다.

06 15세기 무렵 안데스고원에 세워진 마추픽추는 잉카인의 뛰어난 건축술을 보여 준다.

07 아메리카 원주민은 고된 노동과 유럽에서 전해진 천연두, 홍역 등의 질병으로 인구가 급격히 줄어들었다. 노동력이 부족해지자 유럽인은 아프리카인을 노예로 끌고 와 노동에 동원하였다.

08 신항로 개척 이후 유럽의 무역 중심지는 지중해에서 대서양으로 바뀌었고, 유럽은 아메리카와 아프리카를 잇는 삼각 무역을 이끌었다.

09 신항로 개척 이후 유럽에는 아시아의 향신료, 면직물, 차 등이 이전보다 싼값에 들어오고, 아메리카에서는 감자와 옥수수, 담배 등 새로운 작물이 전해졌다.

왜 틀렸지? ㄷ, ㄹ. 신항로 개척 이전의 상황이다.

10 아메리카에서 대량의 은이 들어오면서 유럽에서는 가격 혁명이 일어났다.

왜 틀렸지? ④ 각종 공산품을 이용해 아프리카에서 노예를 얻었다.

11 신항로 개척 이후 아메리카에는 유럽 각국의 식민지가 건설되었다.

왜 틀렸지? ① 아메리카의 상황이다. ③ 유럽으로 전해졌다. ④ 대서양의 에스파냐, 포르투갈 등이 번성하였다. ⑤ 아프리카, 유럽, 아메리카를 잇는 삼각 무역이 발달하였다.

12 아프리카는 노예 무역으로 인구가 줄고 남녀 성 비율의 균형이 깨졌으며 부족 간의 갈등도 깊어졌다.

13 절대 왕정의 군주는 중상주의 정책을 실시하여 국가의 부를 증대하고자 하였고, 왕권신수설을 내세워 절대 권력을 정당화하였다.

14 왜 틀렸지? ㄴ. 절대 왕정은 산업 혁명 이전인 16~18세기에 나타났다. ㄷ. 중세 봉건제에 대한 설명이다.

15 절대 왕정은 중상주의 정책을 펴 국내 산업을 보호하고 수출을 장려하였으며 수입품에 대해서는 관세를 높이는 등 수입을 억제하였다.

16 왜 틀렸지? ⑤ 러시아의 절대 군주는 표트르 대제이다.

17 에스파냐의 펠리페 2세는 아메리카에서 들여온 금과 은으로 무적함대를 육성하여 해상 무역을 장악하였다.

18 프랑스의 루이 14세는 스스로를 '태양왕'이라 칭하며 베르사유 궁전을 건설하였고, 콜베르를 등용하여 중상주의 정책을 강화하였다.

왜 틀렸지? ㄴ. 프로이센의 프리드리히 2세, ㄹ. 영국의 엘리자베스 1세이다.

20 (1) (가) 아스테카 문명 (나) 잉카 문명

(2) 예시답안 아메리카에 진출한 유럽인은 막대한 양의 금과 은을 약탈하였고, 플랜테이션 농장에서 사탕수수와 커피 등을 재배하였다. 아메리카 원주민의 인구도 고된 노동과 유럽에서 전해진 천연두, 홍역 등의 질병으로 크게 줄었다.

채점 기준	
상	아메리카의 변화를 세 가지 이상 서술한 경우
중	위 내용 중 두 가지만 서술한 경우
하	위 내용 중 한 가지만 서술한 경우

22 예시답안 절대 왕정은 왕권을 신에게서 받았다는 왕권신수설을 내세웠고, 왕의 명령을 효과적으로 시행할 수 있는 관료제와 상비군을 갖추었으며, 중상주의 경제 정책을 실시하였다.

채점 기준	
상	절대 왕정의 특징을 세 가지 이상 서술한 경우
중	위 내용 중 두 가지만 서술한 경우
하	위 내용 중 한 가지만 서술한 경우

Ⅳ 제국주의 침략과 국민 국가 건설 운동

01 유럽과 아메리카의 국민 국가 체제

실력 확인 문제

46~49쪽

01 ⑤ 02 ③ 03 ② 04 ④ 05 ② 06 ④ 07 ⑤ 08 ② 09 ③ 10 ③ 11 ① 12 ⑤ 13 ⑤ 14 ① 15 ⑤ 16 ⑤ 17 ⑤ 18 ② 19 해설 참조 20 로베스피에르 21 해설 참조 22 먼로 선언

01 16세기 이후 영국에서는 중소 지주층인 젠트리가 성장하여 의회에 다수 진출하였다.

02 의회파와 왕당파 사이의 내전인 청교도 혁명에서 크롬웰이 이끄는 의회파가 승리하였다.

03 영국이 아메리카 식민지에 각종 세금을 부과하자 식민지 주민들이 반발하여 미국 혁명이 일어났다.

04 왜 틀렸지? | ④ 인권 선언은 프랑스 혁명 때 발표되었다.

05 왜 틀렸지? | ㄴ, ㄹ. 명예혁명 때 승인된 권리 장전에 대한 설명이다.

06 조지 워싱턴은 미국의 초대 대통령으로 선출되었다.

07 왜 틀렸지? | ⑤ 많은 세금을 부담하면서도 정치에 참여할 기회가 적었던 제3 신분(평민)은 이러한 구제도의 모순에 불만이 많았다.

08 프랑스 혁명은 국왕의 삼부회 소집, 국민 의회의 테니스코트 서약, 파리 민중의 바스티유 감옥 습격, 국민 공회의 루이 16세 처형 순서로 전개되었다.

09 국민 공회는 공화정을 선포하고 외국으로 탈출하려던 루이 16세를 처형하였다.

10 국민 의회가 해산되고 입법 의회가 소집된 가운데 혁명이 자국으로 번질 것을 두려워한 오스트리아, 프로이센 등이 프랑스 혁명에 간섭하였다.

11 그림에 나타난 인물은 나폴레옹이다.

왜 틀렸지? | ① 오스트리아의 메테르니히에 대한 설명이다.

12 나폴레옹은 끝까지 저항하는 영국을 굴복시키기 위해 유럽 대륙과 영국의 통상을 금지하는 대륙 봉쇄령을 내렸다.

13 빈 체제는 자유주의와 민족주의 운동을 탄압하면서 보수적인 질서를 지키려 하였다.

14 샤를 10세가 전제 정치를 펴자 파리 시민들은 7월 혁명을 일으켜 루이 필리프를 왕으로 세우고 입헌 군주제를 수립하였다.

15 영국의 노동자들은 선거권 확대를 요구하면서 인민헌장을 발표하고 차티스트 운동을 벌였다.

왜 틀렸지? | ① 청교도 혁명, ② 프랑스 혁명, ③, ④ 2월 혁명에 대한 설명이다.

16 이탈리아는 오스트리아와의 전쟁에서 승리하여 중·북부 이탈리아를 통합한 다음 가리발디가 시칠리아와 나폴리를 사르데냐 왕에게 바침으로써 이탈리아 왕국을 수립하였으며, 이후 베네치아와 로마 교황령을 통합하였다.

17 프로이센의 재상 비스마르크는 철혈 정책을 내세워 독일의 통일 운동을 주도하였다.

18 왜 틀렸지? | ㄴ. 남부는 자유 무역을 주장하였다. ㄹ. 남북 전쟁은 북부가 승리하였다.

19 (1) 권리 장전

(2) 예시답안 명예혁명으로 영국에서는 절대 왕정이 무너지고 의회를 중심으로 한 입헌 군주제의 토대가 마련되었다.

채점 기준	
상	명예혁명으로 의회를 중심으로 한 입헌 군주제의 토대가 마련되었다는 내용을 서술한 경우
중	입헌 군주제의 토대가 마련되었다고만 서술한 경우
하	의회에 의해 왕권이 제한되었다고만 서술한 경우

21 예시답안 빈 체제는 유럽 각국의 영토와 지배권을 프랑스 혁명 이전으로 되돌리자는 보수 반동 체제로 자유주의와 민족주의 운동을 탄압하였다.

채점 기준	
상	빈 체제의 성격과 특징을 모두 서술한 경우
하	자유주의와 민족주의 운동을 탄압했다고만 서술한 경우

02 유럽의 산업화와 제국주의

실력 확인 문제

50~53쪽

01 ② 02 ③ 03 ⑤ 04 ⑤ 05 ③ 06 ② 07 ② 08 ⑤ 09 ③ 10 ⑤ 11 ⑤ 12 ④ 13 ② 14 ③ 15 ⑤ 16 ⑤ 17 ③ 18 ② 19 해설 참조 20 해설 참조 21 사회주의 22 제국주의

01 기계 발명과 기술 혁신으로 인한 사회 구조의 변화를 산업 혁명이라고 한다.

02 인클로저 운동으로 토지를 잃은 농민들이 도시로 몰려들어 값싼 노동력이 풍부해졌다.

03 제임스 와트가 개량한 증기 기관이 동력으로 사용되면서 공장제 기계 공업이 발달하였다.

04 왜 틀렸지? | ⑤ 증기 기관의 개량으로 증기 기관차와 증기선이 개발되었다.

05 왜 틀렸지? | ① 미국, ② 독일·러시아·일본, ④ 영국, ⑤ 러시아에 대한 설명이다.

06 경제 활동의 자유를 주장한 애덤 스미스의 자유방임주의는 자본주의 체제를 이론적으로 뒷받침하였다.

07 왜 틀렸지? | ② 산업 혁명 이후 등장한 자본가가 새로운 사회 주도 세력이 되었다.

08 빈부 격차와 노동 문제 등 자본주의의 문제점이 나타나자 노동자들은 노동조합을 결성하여 노동 조건의 개선을 요구하였다. 또한 공동 생산과 공동 분배를 추구하는 사회주의 사상이 자본주의 체제를 비판하며 등장하였다.

09 마르크스는 노동자들의 투쟁을 통해 문제를 해결할 수 있다고 보았다.
왜 틀렸지? | ㄱ, ㄹ. 초기 사회주의자와 관련이 있다.

10 제국주의 열강은 아프리카가 엄청난 지하자원을 보유하고 큰 상품 시장이 될 수 있다는 것을 알게 되자 앞다투어 아프리카로 진출하였다.

11 ⑤ 신항로 개척은 15세기 무렵 본격적으로 이루어졌고 제국주의는 19세기 이후 등장하였다.

12 스펜서는 강한 나라가 약한 나라를 지배하는 것이 당연하다는 사회 진화론을 내세웠다.

13 영국은 이집트의 카이로와 남아프리카의 케이프타운을 연결하는 아프리카 종단 정책을 추진하였다.
왜 틀렸지? | ㄴ, ㄹ. 프랑스에 대한 설명이다.

14 독일은 베를린, 이스탄불(비잔티움), 바그다드를 연결하는 3B 정책을 추진하였고, 영국은 카이로, 케이프타운, 콜카타를 연결하는 3C 정책을 추진하였다.

15 프랑스는 아프리카 동서를 연결하는 횡단 정책을 추진하였다.

16 20세기 초 아프리카는 라이베리아와 에티오피아를 제외하고 대부분 식민지가 되었다.

17 왜 틀렸지? | ㈎, ㈒ 영국, ㈏ 프랑스, ㈑ 미국이 식민지로 삼았다.

18 필리핀, 괌, 하와이를 식민지로 차지한 나라는 미국이다.

19 예시답안 영국은 명예혁명 이후 정치적으로 안정되었고, 인클로저 운동으로 노동력이 풍부하였다. 또한 석탄과 철 등의 지하자원이 풍부하였고, 모직물 공업의 발달로 자본이 축적되어 있었으며, 넓은 식민지를 확보하고 있었다.

채점 기준	
상	산업 혁명이 영국에서 시작된 배경을 세 가지 이상 서술한 경우
중	산업 혁명이 영국에서 시작된 배경을 두 가지만 서술한 경우
하	산업 혁명이 영국에서 시작된 배경을 한 가지만 서술한 경우

20 (1) 러다이트 운동
(2) 예시답안 산업 혁명 이후 도시 인구가 늘어나면서 주택과 위생 시설이 부족하였고, 공장이 밀집하여 환경 오염이 심각해졌으며, 저임금 장시간 노동과 아동 노동 등 노동 문제가 발생하였다.

채점 기준	
상	산업 혁명 이후 발생한 사회 문제를 세 가지 이상 서술한 경우
중	산업 혁명 이후 발생한 사회 문제를 두 가지만 서술한 경우
하	산업 혁명 이후 발생한 사회 문제를 한 가지만 서술한 경우

03 서아시아와 인도의 국민 국가 건설 운동

실력 확인 문제

54~57쪽

01 ② 02 ⑤ 03 ② 04 ③ 05 ③ 06 ② 07 ⑤
08 ④ 09 ② 10 ② 11 ④ 12 ① 13 ② 14 ②
15 ③ 16 ④ 17 ⑤ 18 ⑤ 19 탄지마트
20 와하브 운동 21 해설 참조 22 해설 참조

01 19세기 들어 오스만 제국은 제국 내 여러 민족의 독립 운동과 서양 열강의 침략으로 쇠퇴하기 시작하였다.

02 왜 틀렸지? | ㄱ. 아라비아반도, ㄴ. 인도에서 일어난 민족 운동이다.

03 왜 틀렸지? | ㄴ. 탄지마트는 청년 튀르크당이 결성되기 이전에 실시되었다. ㄹ. 보수 세력의 반발과 서양 열강의 개입으로 큰 성과를 거두지는 못하였다.

04 청년 튀르크당은 헌법과 의회를 부활시키고 근대적 개혁을 추진하였다.

05 사우디아라비아의 국기는 와하브 운동 당시 사용되었던 깃발을 바탕으로 제작되었다.

06 18세기 후반 아라비아반도에서는 이슬람교의 근본 교리와 경전인 『쿠란』으로 돌아가자는 와하브 운동이 일어났다.
왜 틀렸지? | ㄴ. 이란의 담배 불매 운동, ㄹ. 입헌 혁명이다.

07 19세기 초 아라비아반도에서는 아랍 문화 부흥 운동이 일어났다.

08 왜 틀렸지? | ㄱ. 오스만 제국, ㄷ. 아라비아반도에서 일어났다.

09 사파비 왕조 이후 분열되어 있던 이란 지역은 카자르 왕조가 재통일한 이후 영국과 러시아의 경쟁에 휩쓸려 많은 영토와 이권을 빼앗겼다. 개혁 세력과 이슬람 세력은 담배 불매 운동을 벌였고 20세기 초에는 입헌 혁명이 일어났으나 결국 영국과 러시아에 의해 분할 점령되었다.

10 왜 틀렸지? | ㄴ. 오스만 제국, ㄹ. 이란의 근대화 운동이다.

11 무함마드 알리는 군사와 교육, 조세 제도를 서양식으로 개편하는 등 이집트의 근대화를 추진하였다. 이후 오스만 제국으로부터 자치권을 인정받았다.

12 ㉠은 수에즈 운하이다. 1498년 바스쿠 다 가마가 아프리카 남단 희망봉을 돌아 인도에 도달하는 항로를 개척하였으나, 수에즈 운하의 개통으로 지중해와 홍해가 연결되었다.

13 영국은 이란을 분할 점령하였고, 이집트를 보호국으로 삼았다.

14 영국의 인도 지배 과정에서 ㄱ. 플라시 전투, ㄷ. 세포이의 항쟁, ㄴ. 영국령 인도 제국 수립, ㄹ. 인도 국민 회의의 반영 운동이 일어났다.

15 세포이의 항쟁 결과 영국은 무굴 제국 황제를 폐위시키고 동인도 회사를 해체하였으며, 이후 영국령 인도 제국을 세워 인도를 직접 통치하였다.

16 영국은 벵골 분할령을 통해 인도 벵골 지방을 힌두교도가 많은 서벵골과 이슬람교도가 많은 동벵골로 나누어 통치하려고 하였다.

17 영국은 인도의 벵골 지방을 동·서로 나누는 벵골 분할령을 발표하였다. 이는 인도의 민족 운동을 종교를 이용하여 분열시키려는 속셈이었다.

18 영국이 벵골 분할령을 발표하자 인도 국민 회의는 콜카타 대회를 열어 4대 강령을 채택하고 반영 운동에 나섰다.

21 예시답안 세포이의 항쟁 결과 영국은 무굴 제국 황제를 폐위시키고 동인도 회사를 해체하였으며, 이후 영국령 인도 제국을 세워 인도를 직접 통치하였다.

채점 기준	
상	무굴 제국 황제 폐위, 동인도 회사 해체, 영국령 인도 제국 수립을 모두 서술한 경우
중	위 내용 중 두 가지만 서술한 경우
하	위 내용 중 한 가지만 서술한 경우

22 (1) 인도 국민 회의

(2) 예시답안 영국이 벵골 분할령을 발표하자 인도 국민 회의는 영국 상품 불매, 인도인의 자치(스와라지), 국산품 애용(스와데시), 민족 교육을 주장하며 반영 운동에 나섰다.

채점 기준	
상	인도 국민 회의의 반영 운동을 모두 서술한 경우
중	인도 국민 회의의 반영 운동을 두 가지만 서술한 경우
하	인도 국민 회의의 반영 운동을 한 가지만 서술한 경우

04 동아시아의 국민 국가 건설 운동

실력 확인 문제

58~61쪽

01 ⑤ 02 ① 03 ② 04 ⑤ 05 ② 06 ② 07 ①
08 ④ 09 ④ 10 ① 11 ⑤ 12 ④ 13 ① 14 ①
15 ⑤ 16 ⑤ 17 ② 18 ③ 19 해설 참조 20 해설 참조 21 메이지 유신 22 갑신정변

01 차와 도자기 등의 수입으로 청과의 무역에서 적자가 컸던 영국은 인도에서 재배한 아편을 청에 밀수출하여 적자를 메웠다.

02 청이 영국의 아편 밀무역을 단속하자 영국은 이를 구실로 제1차 아편 전쟁을 일으켰다.

왜 틀렸지? ① 제2차 아편 전쟁의 원인이다.

03 왜 틀렸지? ㄴ, ㄹ. 제2차 아편 전쟁 결과 체결된 베이징 조약과 관련이 있다.

04 (가) 홍수전이 주도한 태평천국 운동, (나) 반외세 운동을 전개한 의화단 운동이다.

05 태평천국 운동은 토지 균등 분배, 남녀평등, 악습 폐지 등을 주장하여 농민들의 지지를 얻었고, 세력을 확대하여 난징을 점령하였다.

왜 틀렸지? ㄴ. 양무운동, ㄹ. 변법자강 운동과 관련이 있다.

06 태평천국 운동을 진압한 이홍장 등 한인 관리들은 서양의 과학 기술을 받아들여 부국강병을 이루려는 양무운동을 추진하였다.

07 왜 틀렸지? ㄷ. 변법자강 운동, ㄹ. 의화단 운동의 실패 원인이다.

08 변법자강 운동은 서태후를 중심으로 한 보수파가 일으킨 정변으로 100여 일 만에 실패로 끝났다.

09 캉유웨이와 량치차오 등은 일본의 메이지 유신을 본보기로 삼아 변법자강 운동을 전개하였다.

10 의화단은 '청을 도와 서양 세력을 몰아내자(부청멸양).'라는 구호를 내걸고 반외세 운동을 전개하였다.

왜 틀렸지? ② 변법자강 운동, ③ 신해혁명, ④ 태평천국 운동, ⑤ 양무운동의 주장이다.

11 의화단 운동이 연합군에게 진압된 후 청은 열강의 요구에 따라 신축 조약을 체결하여 막대한 배상금을 지불하고 베이징에 외국 군대가 주둔하는 것을 허용하였다.

왜 틀렸지? ①, ④ 난징 조약, ②, ③ 베이징 조약과 관련이 있다.

12 신해혁명 이후 혁명파는 쑨원을 임시 대총통으로 추대하여 중국 최초의 공화국인 중화민국을 세웠다. 이후 혁명을 진압하러 간 위안스카이가 혁명파와 손을 잡고 황제를 퇴위시킴으로써 청은 멸망하였다.

왜 틀렸지? ㄱ. 의화단 운동, ㄷ. 변법자강 운동의 결과이다.

13 쑨원은 민족, 민권, 민생의 삼민주의를 내세우며 혁명 운동을 전개하였다.

14 미일 화친 조약과 미일 수호 통상 조약은 미국의 최혜국 대우와 영사 재판권 등을 인정한 불평등 조약이었다.

15 메이지 유신 이후 일본에서는 근대식 공장과 학교가 세워졌다.

왜 틀렸지? ㄱ. 중국의 양무운동이다. ㄴ. 메이지 정부는 자유 민권 운동을 탄압하였다.

16 (가) 청일 전쟁의 결과 시모노세키 조약, (나) 러일 전쟁의 결과 포츠머스 조약이 체결되었다.

17 왜 틀렸지? ㄴ, ㄷ. 임오군란과 위정척사 운동은 개화 정책에 반대하는 입장이었다.

18 조선의 근대화 운동은 갑신정변(1884), 동학 농민 운동(1894), 독립 협회 설립(1896), 광무개혁(1897)의 순서로 전개되었다.

19 (1) (가) 양무운동 (나) 변법자강 운동

(2) 예시답안 양무운동은 중체서용을 내세워 중국의 제도는 유지하면서 서양의 기술만을 받아들이려 하였고, 변법자강 운동은 입헌 군주제 수립과 의회 설립 등 정치 제도까지 개혁하려 하였다.

채점 기준	
상	양무운동과 변법자강 운동의 차이점을 정확히 서술한 경우
중	양무운동과 변법자강 운동의 차이점을 간략히 서술한 경우
하	양무운동과 변법자강 운동 중 한 가지의 특징만 서술한 경우

20 예시답안 민족주의는 만주족이 세운 청을 타도하고 한족의 국가를 세우는 것이고, 민권주의는 군주제를 폐지하고 공화제 국가를 세우는 것이며, 민생주의는 토지 소유를 균등하게 하는 것이다.

채점 기준	
상	삼민주의의 내용을 세 가지 모두 서술한 경우
중	삼민주의의 내용을 두 가지만 서술한 경우
하	삼민주의의 내용을 한 가지만 서술한 경우

V 세계 대전과 사회 변동

01 제1차 세계 대전과 국제 질서의 변화

실력 확인 문제 62~65쪽

01 ⑤ 02 ③ 03 ③ 04 ① 05 ⑤ 06 ③ 07 ④
08 ① 09 ③ 10 ③ 11 ③ 12 ③ 13 ④ 14 ④
15 ③ 16 ⑤ 17 ④ 18 ③ 19 ⑤ 20 ②
21 세르비아 22 신경제 정책 23 해설 참조 24 해설 참조

01 왜 틀렸지? ②, ③, ④ 3국 협상을 맺은 국가들이다.

02 발칸반도를 풍자한 그림이다.
왜 틀렸지? ③ 범게르만주의 국가는 독일, 오스트리아·헝가리 제국이며, 범슬라브주의 국가는 러시아, 세르비아 등이 있었다.

03 제1차 세계 대전의 발단에 해당하는 사건에 대한 순서이다.

04 독일의 무제한 잠수함 작전에 대한 설명이다. 이 사건을 계기로 미국이 연합국 측으로 참전하게 되었다.

05 기술의 발전으로 전쟁에 신무기가 등장하고, 총력전, 참호전의 양상을 띠게 되었다.
왜 틀렸지? ⑤ 군수 공장 등에서 여성의 역할이 커졌다.

06 제1차 세계 대전에 참전하며 러시아는 많은 인명 피해를 보았으며 경제난을 겪었다.
왜 틀렸지? ㄱ. 대공황은 제2차 세계 대전과 관련이 있다. ㄹ. 프랑스 혁명의 발생 배경이다.

07 러시아 혁명의 진행 과정을 나타낸 것이다.
왜 틀렸지? ④ 프랑스의 2월 혁명에 대한 설명이다.

08 레닌이 이끄는 볼셰비키가 무장 봉기를 통해 임시 정부를 무너뜨리고 소비에트 혁명 정부를 수립하였다.

09 사회주의의 확산으로 독일에서 혁명이 일어나고 프랑스, 이탈리아 등 여러 국가에서 공산당이 결성되었다.

10 왜 틀렸지? ③ 레닌의 뒤를 이은 스탈린이 추진한 정책이다.

11 제1차 세계 대전이 끝나고 연합국과 독일 사이에 베르사유 조약이 체결되었다.

12 ㄴ. 국제 연맹 창설(1920), ㄱ. 워싱턴 회의(1921~1922), ㄷ. 부전 조약 체결(1928)의 순서로 일어났다.

13 왜 틀렸지? ④ 워싱턴 회의의 내용에 대한 설명이다.

14 왜 틀렸지? ④ 민족 자결주의 원칙은 패전국의 식민지 국가에만 제한적으로 적용되었다.

15 5·4 운동은 제1차 대전 이후 민족 자결주의의 영향을 받아 전개되었으며 베이징의 학생들을 중심으로 민중이 적극적으로 참여한 대대적인 민족 운동이었다.

16 중국에서 일어난 5·4 운동의 배경에 대한 설명이다.
왜 틀렸지? ⑤ 인도의 간디가 영국의 지배에 맞서 전개한 운동이다.

17 왜 틀렸지? ①, ③, ⑤ 제1차 국공 합작 이전에 발생하였다. ② 제2차 국공 합작에 대한 설명이다.

18 왜 틀렸지? ㄱ. 중국 5·4 운동 ㄹ. 이란의 담배 불매 운동이 발생하게 된 배경이다.

19 베트남의 민족 운동을 주도한 호찌민에 대한 설명이다.

20 왜 틀렸지? ② 태국은 동남아시아 국가 중 유일하게 독립을 유지하였다.

23 (1) 독일
(2) 예시답안 승전국들의 이익을 중시하고 패전국인 독일에 대한 보복적 성격이 강하였다.

채점 기준	
상	베르사유 조약의 특징을 서술한 경우
하	베르사유 조약의 특징을 서술하지 못한 경우

24 예시답안 간디는 인도 국민 회의를 이끌며 비폭력·불복종 운동을 전개하였다. 네루는 인도의 완전한 독립을 주장하며 인도 독립 동맹을 결성하고 무력 투쟁을 전개하였다.

채점 기준	
상	간디와 네루가 전개한 민족 운동을 비교하여 서술한 경우
하	간디와 네루 중 한 사람의 경우만 서술한 경우

02 대공황과 제2차 세계 대전 ~ 03 민주주의와 평화 확산을 위한 노력

실력 확인 문제 66~69쪽

01 ① 02 ① 03 ② 04 ⑤ 05 ② 06 ① 07 ②
08 ④ 09 ④ 10 ④ 11 ③ 12 ⑤ 13 ② 14 ④
15 ⑤ 16 ① 17 ① 18 ③ 19 ⑤ 20 ① 21 ㉠ 대공황 ㉡ 뉴딜 정책 22 국가 23 해설 참조 24 해설 참조

01 대공황은 제1차 세계 대전 이후 세계 경제를 주도하던 미국에서 시작하여 전 세계로 확산되었다.

02 미국의 뉴딜 정책에 대한 설명이다. 각국은 제1차 세계 대전 이후 발생한 대공황을 극복하기 위해 노력하였다.

03 왜 틀렸지? ㄴ. 독일은 나치당이 독재 체제를 수립하고 대외 팽창에 나섰다. ㄹ. 프랑스는 프랑 블록을 형성하여 대공황을 극복하고자 하였다.

04 미국의 대공황 극복 방안인 뉴딜 정책은 정부가 적극적으로 경제 활동에 개입하고, 사회 보장 제도를 실시한다는 내용을 담고 있다.

05 이탈리아의 무솔리니가 이끄는 파시스트당이 정권을 장악하며 국가 전체의 이익을 강조하는 전체주의가 나타났다.

왜 틀렸지? ② 제1차 세계 대전 이후 미국 윌슨 대통령이 제시한 14개조 평화 원칙의 내용이다.

06 독일에서는 대공황 시기 히틀러가 이끄는 나치당 독재 체제가 수립되었다.

07 제시문은 일본이 하와이 진주만 기지를 기습 공격하자 루스벨트 대통령이 미국 의회에 선전 포고를 요청하며 한 연설이다. 이후 미국은 제2차 세계 대전에 참전하였다.

08 독·소 불가침 조약 체결은 1939년, 스탈린그라드 전투는 1942~1943년에 일어났다.

왜 틀렸지? ④ 미국의 원자 폭탄 투하는 1945년의 일이다.

09 미국이 일본에 석유 수출을 금지하는 경제 제재 정책을 펴자 일본이 미국 하와이 진주만을 기습하였다. 이후 전개된 태평양 전쟁의 미드웨이 해전에서 미국이 승리하며 승기를 잡았다.

10 제2차 세계 대전의 연합국에는 미국, 영국, 소련 등이 속하였다. 이들은 독일, 이탈리아, 일본이 결성한 추축국에 맞서 싸웠다.

11 제2차 세계 대전은 전쟁 중 전염병과 기아가 발생하고, 대도시에 대한 공습과 대량 학살 등이 자행되어 군인보다 훨씬 더 많은 수의 민간인이 목숨을 잃었다.

왜 틀렸지? ㄱ, ㄹ. 제1차 세계 대전과 관계가 깊다.

12 19세기 이후 여성들은 참정권 운동을 전개하였다. 영국의 에밀리 데이비슨의 죽음으로 여성 참정권 운동이 확산되었으며, 1893년 뉴질랜드에서 최초로 여성 참정권이 보장되었다.

13 독일과 러시아는 전후 공화정을 채택하였다.

14 미국은 대공황 이후 노동자의 단결권과 단체 교섭권을 인정한 와그너법, 최저 임금제와 주 40시간 근무제 등을 통해 노동자의 권리를 확대하였다.

왜 틀렸지? ④ 19세기 전반 영국의 선거법 개정에 대한 설명이다.

15 제1차 세계 대전이 총력전으로 진행되며 여성의 역할이 증대되었다. 이후 공화정과 민주주의 제도가 확대되며 전후 대부분의 유럽 국가가 여성의 참정권을 인정하였다.

왜 틀렸지? ㄱ. 노동자의 단결권과 단체 교섭권을 인정한 법안이다. ㄴ. 19세기 전반에 진행된 영국 노동자들의 선거법 개정 운동이다.

16 독일의 나치 정권은 아우슈비츠를 비롯한 여러 수용소에서 유대인을 대량 학살하였는데, 이를 홀로코스트라고 부른다.

17 제2차 세계 대전 전후 처리 문제를 논의하기 위해 카이로·얄타·포츠담 회담이 차례로 열렸다.

왜 틀렸지? ②, ③, ④, ⑤ 카이로 회담 이전의 일이다.

18 **왜 틀렸지?** ③ 제1차 세계 대전 이후 열린 파리 강화 회의의 기초가 된 원칙이다.

19 대서양 헌장으로 전쟁 이후의 평화 원칙을 발표한 이후 카이로 회담에서는 한국의 독립과 중국 점령지 반환, 전후 일본 처리 문제가 논의되었고, 얄타 회담에서는 독일 분할 점령, 국제 연합의 창설 합의가 이루어졌다. 포츠담 회담에서는 일본의 무조건 항복을 요구하였다.

20 **왜 틀렸지?** ㄷ. 안전 보장 이사회는 국제 평화, 안전 유지를 목적으로 하는 집행 기구이며, 국제 사법 재판소가 법적 분쟁을 해결하는 특별 기구이다. ㄹ. 5개의 상임 이사국은 미국, 러시아, 프랑스, 영국, 중국이다.

23 (1) 일본군 '위안부'

(2) **예시답안** 일본은 난징 대학살에 대해서는 책임이 없다고 항변하고 있다. 또한 일본군 '위안부' 문제는 강제 동원이 아니라고 부인하며 총리가 전범을 합사한 야스쿠니 신사를 참배하는 등 반성하지 않는 모습을 보여 주고 있다.

채점 기준	
상	난징 대학살, 일본군 '위안부' 문제에 대한 일본 정부의 태도를 서술한 경우
하	위 내용 중 한 가지만 서술한 경우

24 **예시답안** 미국, 소련 등 강대국이 모두 참여하였다. 국제 분쟁의 처리 과정에서 경제적 제재 외에도 평화 유지군 등의 군사적 수단을 동원할 수 있다.

채점 기준	
상	다른 점을 모두 서술한 경우
하	다른 점을 한 가지만 서술한 경우

Ⅵ 현대 세계의 전개와 과제

01 냉전 체제와 제3 세계의 형성 ~ 02 세계화와 경제 통합

실력 확인 문제 70~73쪽

01 ③ 02 ③ 03 ① 04 ① 05 ② 06 ③ 07 ④
08 ⑤ 09 ⑤ 10 ② 11 ④ 12 ② 13 ⑤ 14 ②
15 ⑤ 16 ③ 17 ③ 18 ⑤ 19 ① 20 냉전
21 해설 참조 22 해설 참조 23 신자유주의

01 냉전 체제의 형성 과정에서 미국의 정책을 묻는 문제로, ㉠은 서유럽 경제 지원 정책인 마셜 계획이다.

왜 틀렸지? | ① 러시아 혁명 직후의 상황이다. ②, ④, ⑤ 소련의 정책이다.

02 냉전 체제에 대한 설명이다.

왜 틀렸지? | ㄱ, ㄹ. 냉전 체제의 해체 이후의 일이다.

03 왜 틀렸지? | ㄷ. 1757년 인도의 지배권을 두고 영국과 프랑스가 벌인 전투이다. ㄹ. 제2차 세계 대전 중의 일이다.

04 제2차 세계 대전 이후 독일이 동서로 분단되었고 베를린을 동서로 나누는 베를린 장벽이 설치되었다.

05 각각 인도와 이집트에 대한 설명이다. 제2차 세계 대전 이후 많은 아시아와 아프리카 국가들이 독립을 이루었다.

06 대화 내용은 비동맹 중립주의를 추구한 제3 세계에 대한 것이다.

07 닉슨 독트린은 냉전 완화의 신호탄이었고, 독일 통일은 냉전 체제의 해체를 알린 사건이었다.

왜 틀렸지? | ㄱ, ㄷ. 닉슨 독트린 발표 이전의 일이다.

08 제시된 원칙은 닉슨 독트린이다. 이후 냉전이 완화되어 미국은 베트남 전쟁에서 철수하고 중국과 국교를 수립하였다.

왜 틀렸지? | ㄱ, ㄴ. 냉전 체제의 형성과 관련이 있다.

09 고르바초프는 개혁(페레스트로이카)과 개방(글라스노스트) 정책을 추진하는 한편 미국의 부시 대통령과 몰타 회담을 열어 냉전 종식을 선언하였다.

10 고르바초프는 1989년 미국의 부시 대통령과 몰타 회담을 열어 냉전이 끝났음을 공식 선언하였다.

11 레닌 동상의 철거와 베를린 장벽의 붕괴는 냉전 체제의 해체를 상징하는 사건이다.

12 밑줄 친 '그'는 중국의 개혁·개방을 이끈 덩샤오핑이다.

왜 틀렸지? | ② 대약진 운동은 1950년대 말 마오쩌둥이 추진하였다.

13 중국의 개혁·개방 정책은 덩샤오핑 주도로 1970년대 후반에 추진되었다.

14 5·4 운동 70주년을 맞이한 1989년에 독재 반대, 언론과 결사의 자유를 요구하는 시민들의 집회가 이어지자 중국 공산당은 군대를 동원하여 시위대를 무력 진압하였다.

15 1970년대 말 석유 파동에 따른 경제 위기를 극복하기 위해 신자유주의가 등장하였다. 영국의 대처 정부와 미국의 레이건 정부가 대표적이며 자유 무역을 강화하고 시장에 대한 규제를 완화하였다.

16 왜 틀렸지? | ③ 세계 여러 나라에서 상품을 생산·판매하는 다국적 기업은 생산비를 줄이고 무역 장벽을 극복하여 세계화 추세 속에서 성장하고 있다.

17 지역화와 관련된 설명이다. 각국은 상호 국제 협력 강화를 추구하며 지역별 경제 협력체를 구성하고 있다.

18 각각 동남아시아 국가 연합과 아시아·태평양 경제 협력체에 대한 설명이다.

19 ㉠은 유럽 연합(EU)으로 마스트리흐트 조약을 체결한 이듬해인 1993년 창립되었다.

21 (1) 닉슨 독트린
(2) 예시답안 베트남 전쟁에서 미군을 철수하였다, 닉슨 대통령이 직접 중국을 방문하고 중국과 국교를 정상화하였다. 소련과 전략 무기 제한 협상을 벌였다.

채점 기준	
상	㉡의 사례를 두 가지 이상 서술한 경우
하	㉡의 사례를 한 가지만 서술한 경우

22 예시답안 브레턴우즈 회의를 열어 미국의 달러를 주거래 화폐로 정하였다. 그리고 국제 통화 기금과 세계은행을 설립하여 국제 무역을 지원하기로 합의하였다. 이후 관세 및 무역에 관한 일반 협정을 체결하며 자유 무역은 더욱 확대되었다.

채점 기준	
상	자유 무역을 위한 세계화의 사례를 두 가지 이상 서술한 경우
하	자유 무역을 위한 세계화의 사례를 한 가지만 서술한 경우

03 탈권위주의 운동과 대중문화의 발달 ~ 04 현대 세계의 문제 해결을 위한 노력

실력 확인 문제 74~77쪽

01 ④ 02 ⑤ 03 ④ 04 ③ 05 ② 06 ⑤ 07 ①
08 ③ 09 ② 10 ① 11 ① 12 ① 13 ⑤ 14 ⑤
15 ① 16 ⑤ 17 ① 18 ① 19 흑인 민권 운동
20 해설 참조 21 해설 참조

01 미국의 흑인 민권 운동을 이끈 마틴 루서 킹의 유명한 연설 중 일부이다.

02 민권 운동, 여성 운동, 학생 운동은 탈권위주의 운동의 사례로 볼 수 있다.

03 넬슨 만델라는 남아프리카 공화국의 흑인 민권 운동을 주도하여 아파르트헤이트 정책을 폐지시켰고, 그 공로를 인정받아 노벨 평화상을 수상하였다.

04 왜 틀렸지? ㄱ. 노예제 폐지 이후에도 미국의 흑백 차별은 여전하였다. ㄹ. 아파르트헤이트는 남아프리카 공화국의 인종 분리 정책이다.

05 68 운동은 프랑스에서 정부의 실정과 사회 모순에 저항하며 일어난 체제 저항 운동으로 세계 각지로 퍼져 나갔다.

왜 틀렸지? ㄴ. 여성 운동에 대한 설명이다.

06 1960년대 청년 문화는 자유분방한 록 음악과 장발, 청바지 등의 옷차림, 히피 문화 등으로 상징된다.

왜 틀렸지? ⑤ 인터넷의 등장은 1990년대의 일이다.

07 20세기 초 여성 운동이 참정권 확보에 집중했다면 1970년대는 여성의 신체적 자기 결정권을 주장하였고, 1980년대에는 성차별뿐만 아니라 인종, 민족, 사회 계급에 따른 차별에도 주목하기 시작하였다.

08 19세기부터 본격적으로 시작된 여성 운동은 현재까지도 계속되고 있으며 다양한 분야로 관심의 폭을 넓혀 가고 있다.

왜 틀렸지? ③ 미국의 흑인 민권 운동에 해당한다.

09 대중 매체는 많은 사람들에게 대량의 정보를 전달하는 수단을 뜻한다.

왜 틀렸지? ㄴ, ㄹ, ㅁ. 대중교통에 해당한다.

10 제2차 세계 대전 이후 산업화와 도시화 진행, 의무 교육과 보통 선거 확대, 대중 매체의 발달 등으로 대중의 영향력이 커지며 대중 사회가 형성되었다.

11 왜 틀렸지? ① 교토 의정서는 환경 문제 해결을 위한 국제 사회의 노력에 해당한다.

12 ㉠ 남북문제, ㉡ 난민 문제에 대한 설명이다.

13 난민은 종교 및 문화, 정치 갈등 등으로 발생한다.

왜 틀렸지? ⑤ 질병 문제에 해당한다.

14 환경 문제 해결을 위한 국제 사회의 협약은 리우 기후 변화 협약(리우 선언, 1992), 교토 의정서(1997), 파리 기후 협약(2015)의 순서로 체결되었다.

15 교토 의정서는 최초로 전 세계의 온실가스 감축을 협의하였고, 선진국만 의무 감축 대상으로 정하였다.

왜 틀렸지? ㄷ. 리우 선언, ㄹ. 파리 기후 협약에 관한 설명이다.

16 제시된 사진은 사막화가 진행된 아랄해의 모습으로 환경 문제에 해당한다.

17 국제 환경 보호 단체인 그린피스의 활동과 관련된 자료이다.

왜 틀렸지? ㄷ. 리우 선언, ㄹ. 온실가스 배출 문제를 논의하는 과정에서 도출된 공동 목표에 해당한다.

18 왜 틀렸지? ① 유네스코는 교육, 과학, 문화의 보급 및 교류를 통하여 국가 간의 협력 증진을 목적으로 설립된 국제 연합 전문 기구이다.

20 (1) 대중

(2) 예시답안 특정 지역의 문화가 대중 매체를 통해 전 세계에 퍼지면서 각 지역의 문화가 고유성을 잃고 획일화되었다. 지나치게 흥미를 추구하여 상업성을 띠거나 문화 생산자의 의도대로 정보가 조작되기도 하였다.

채점 기준	
상	㉡의 사례를 두 가지 이상 서술한 경우
중	㉡의 사례를 한 가지만 서술한 경우
하	㉡의 사례를 서술하지 못한 경우

21 (1) 난민

(2) 예시답안 국제 연합은 평화 유지군을 분쟁 지역에 파견하고 난민 기구를 통해 난민 구호 활동에 앞장서고 있다. 전 세계에서 반전 평화 운동이 벌어지고 있으며, 비정부 기구의 활동도 활발하게 전개되고 있다.

채점 기준	
상	국제 사회의 노력을 두 가지 이상 서술한 경우
하	국제 사회의 노력을 한 가지만 서술한 경우